LES VOYAGES FAMEVX DV SIEVR VINCENT LE BLANC MARSEILLOIS,

Qu'il a faits depuis l'aage de douze ans iusques à soixante, aux quatre parties du Monde;

A SCAVOIR

Aux Indes Orientales & Occidentales, en Perse & Pegu. Aux Royaumes de Fez, de Maroc, & de Guinée, & dans toute l'Afrique interieure, depuis le Cap de bonne Esperance iusques en Alexandrie, par les terres de Monomotapa, du Preste Iean & de l'Egypte. Aux Isles de la Mediterranée, & aux principales Prouinces de l'Europe, auec les diuerses obseruations qu'il y a faites.

Le tout recueilly de ses memoires par le sieur COVLON.

A PARIS,
Chez GERVAIS CLOVSIER au Palais, sur les degrez de la Saincte Chappelle.

M. DC. XLVIII.
AVEC PRIVILEGE DV ROY.

A MESSIRE
MESSIRE EVSTACHE
PICOT,
CONSEILLER, AVMOSNIER du Roy, Maistre de la Chappelle de Musique de sa Majesté, Abbé des Abbayes de Chaumont, & de N. Dame de Chaliuoy, Chanoine de la Saincte Chappelle, Prieur de Giem, &c.

ONSIEVR,

Ce Voyageur fameux apres vn exil volon-

ã ij

EPISTRE.

taire de plus de soixante ans, n'a point d'autre ambition, que d'estre receu parmi vos Domestiques, & de se reposer à vos pieds, apres auoir parcouru tant de vastes Prouinces, pour reprendre dans vostre maison, qui est le séjour ordinaire des Graces, l'humeur & la courtoisie Françoise, corrompuë par la longue frequentation des peuples du nouueau monde. Les Sauuages mesmes, qui l'ont accompagné depuis les extremitez de la terre, attirez du doux bruit de vostre gloire, vous supplient de leur en accorder l'entrée, pour y apprendre comme dans l'Eschole des vertus, la science des mœurs, & mediter dans l'expression de vostre belle vie les verités Chrestiennes, qui leur ont esté preschées par la bouche des Predicateurs Euangeliques. De dire que les Amphions & les Orphées ont autrefois animé les rochers, & appriuoisé les lions au son de leur luth, c'est vne fiction, qui n'est permise qu'aux Maistres de l'Art de bien mentir. Mais que les peuples Barbares se rangent maintenant aupres de vous, pour profiter de vos entretiens, c'est vne verité, qui ne peut estre contestée, que par des passionnez, ou par des ignorans, qui ne considerent pas, que vous auez peu charmer innocemment l'esprit, & faire tomber les armes des mains du plus Auguste Conquerant de l'Vniuers, par la douceur de vostre rauis-

EPISTRE.

sante conuersation, & par les accords de vos agreables concerts. Il est vray, MONSIEVR, qu'ils ont à se plaindre du sort, venans en France, d'auoir rencontré vn si mauuais Interprete, qui a beaucoup plus de peine d'exprimer luy-mesme les sentimens naturels de son ame pour vous honorer, que les ciuilitez estrangeres de leurs pays pour vous complimenter, & qui dans la charge qu'il entreprend de les introduire, n'a aucune qualité considerable, que le desir d'estre toute sa vie,

MONSIEVR,

Vostre tres-humble & obeyssant seruiteur,
LOVYS COVLON.

Extraict du Priuilege du Roy.

PAr grace & Priuilège du Roy; Il est permis à GERVAIS CLOVZIER Marchand Libraire à Paris, d'imprimer, vendre & distribuer, vn Liure intitulé *Les Voyages fameux du sieur Vincent le Blanc Marseillois, qu'il a fait aux quatre parties du monde*, & deffenses sont faites à tous Imprimeurs, Libraires & autres personnes de quelque qualité & condition qu'ils soient, d'imprimer, faire imprimer, vendre, distribuer ny extraire aucunes choses dudit Liure sans le consentement dudit CLOVZIER, sur peide confiscation des liures & exemplaires qui auront esté mis en vente, au prejudice des presentes, & de 1500. liures d'amende, moitié à nous, & l'autre audit CLOVZIER, & de tous despens dommages & interests : & ce durant le temps & terme de 10. ans, à compter du iour qu'il sera acheué d'imprimer, ainsi qu'il est porté plus ampement dans l'original. Donné à Paris, le 15. iour de Septembre, l'an de grace 1647. & de nostre regne le cinquiesme. Par le Roy en son Conseil. RENOVARD.

Acheué d'imprimer pour la premiere fois le 18. iour d'Aoust 1648.

Les Exemplaires ont esté fournis.

ADVIS AV LECTEVR.

'INCLINATION de voyager est si naturelle à l'homme comme l'Image viuante de Dieu, qu'il tasche d'occuper tous les lieux par vne presence successiue, ne pouuant pas les remplir par vne immensité, & qu'il est poussé comme le Prince legitime de l'Vniuers, d'vn genereux desir de parcourir les plus grandes Prouinces de son Empire, des aussi-tost qu'il en a la cognoissance. Aussi les plus Sages de l'antiquité, qui se consideroient les Maistres du monde, & non les simples Bourgeois d'vne cité, passoient les plus beaux iours de leurs vie à visiter les peuples éloignez, les vns pour se perfectionner dans les veritez de la Morale, les autres dans les maximes de la Politique, & tous pour apprendre à bien viure. Le plus illustre des Philosophes, n'a point voulu dans ses Escholes d'autres Disciples que des voyageurs, & s'est persuadé, que sa secte seroit plus considerable sous le nom de Peripateticiens, que sous le tiltre de Contemplatifs, & que l'esprit d'vn Philosophe se feroit beaucoup mieux remarquer sur la terre, comme fait le Soleil au Ciel, dans le mouuement que dans le repos. Et à dire le vray, qu'est-ce que nostre vie, sinon vn voyage perpetuel, qui a son entrée & sa sortie aux deux grandes portes de la nature, la naissance & la mort ? Ce fut dans ces pensées, que Vincent le Blanc Marseillois sortit dés l'âge de treize ans de la maison de son pere, pour voyager par toutes les parties du monde, auec tant de courage & de succez, que si les Vespuces, les Coulons, & les Magellans n'eussent point eu le bonheur de naistre deuant luy, iamais ils n'eussent eu la gloire de descouurir les terres neuues, & l'Amerique auroit plustost veu sur ses riuages les Lys de France, que les Tours de Castil-

le, & les Bezans de Portugal. Pour vous donner quelque idée de l'esprit & du merite de nostre voyageur, sçachez que feu Monsieur Perez Conseiller au Parlement de Prouence, qui tient rang parmy les Hommes Illustres, & Monsieur Bergeron celebre Aduocat au Parlement de Paris l'ont aymé pendãt sa vie, & l'ont honoré apres sa mort d'vn soin tres particulier, de recueillir ses memoires pour les donner au public. Mais la mort d'vne mesme humeur que la fortune, qui se plaist de ruiner les grãds desseins, osta le temps & les moyés à ces deux braues hommes de tesmoigner à cet Argonaute de nostre siecle, la passion qu'ils auoiét de l'honorer apres son deceds, en seruant le public. Enfin ie les ay retiré fort heureusemét d'vne des plus florissantes Bibliotheques, & des plus sainctes maisons de cette ville, comme les restes d'vn triste naufrage, ie les ay mis par ordre, i'en ay fait vn corps, que i'ay animé d'vne ame aucunement Françoise, ie veux dire le langage, au lieu d'vne certaine confusion de mots, qui n'estoit pas moindre que celle des ouuriers de Babel. Ie peus dire de luy, que de tous ceux qui ont redigé par escrit les Relations de leurs voyages, ie n'en ay point leu aucun, qui soit plus raisonnable en ses discours, & plus diligent en ses obseruations. Que s'il s'est mespris en quelques endroits, outre que c'est vn peché presque necessaire à tous ceux, qui parlent des choses éloignées de nostre cognoissance; quand il entreprit ses premiers voyages, il estoit dans vn âge, qui est comme le feu caché dans la terre, lequel a plus de chaleur que de lumiere. Au reste, mon cher Lecteur, ayez pitié de ce personnage, qui ayant eschappé tant de dangers pendant sa vie, est tombé apres sa mort entre les mains d'vn Imprimeur qui l'a si mal traité, que ses meilleurs amis auroient bien de la peine à le recognoistre, sans le remede que vous trouuerez à la fin de cet ouurage.

LES VOYAGES DV Sʀ VINCENT LE BLANC, MARSEILLOIS,

Par la pluspart des pays de l'Asie, & des Indes Orientales.

PREFACE DE L'AVTEVR.

E ne me puis assez estonner de la stupidité de ceux qui n'ont pas la creance qu'ils deuroient auoir de la Prouidence diuine, puis qu'on en voit tous les iours des effets si sensibles dans toutes les choses du monde, & plus particulierement aux actions des hommes, qui sont assez

A

Les Voyages

pareftre cette fage conduite des chofes à leur fin, par des moyens qui la plufpart nous font inconnus, & qui neantmoins nous menent doucement & puiffamment au but qu'elle s'eft propofé. I'en puis donner vn affez bon tefmoignage en mon particulier, qui dés ma plus tendre ieuneffe, iufques à l'aage de foixante dix-huict ans où ie me vois en cette année 1631. ay tellement efté affifté de cette diuine Sageffe & Bonté, que ie puis tefmoigner affeurément en auoir reffenty des effets merueilleux dans les continuels voyages que i'ay faits par tant d'endroits, & fi efloignez de la terre habitable, depuis plꝰ de foixante quatre ans, parmi tant de dangers que i'ay encourus par terre & par mer, & parmy des nations fi differentes en religion, loix, mœurs, langues & façons de viure, où il a pleu à Dieu me conferuer fain & fauf iufques à prefent, & me donner moyen d'en mettre quelque chofe en lumiere, qui puiffe feruir à mon pays, & à la pofterité. Car ayant toufiours eu vne tres-grande inclination à voyager, deflors mefme que i'eftois à peine forty de l'enfance, & que mon efprit n'eftoit pas encores capable de raifon ny d'eflection, ie reffenty en moy de fi forts mouuemens, quoy que fecrets, qu'il me fut impoffible d'y refifter, & fans rien cognoiftre, ie me iettay comme à corps perdu dans cette forte de vie errante, que i'ay embraffée depuis auec plus de fermeté & de refolution, y eftant principalement attiré par les occafions, & par le contentement incroyable que i'y prenois; dequoy il ne fe faut pas beaucoup eftonner, puis qu'à le bien confiderer, toute noftre vie n'eft qu'vn perpetuel voyage, fans repos, ny demeure affeurée, iufques à ce que nous ayons atteint ce dernier but, auquel gift noftre fouueraine felicité dans vn eftat perdurable.

Embarquement de l'Auteur pour Alexandrie, & son naufrage.

CHAPITRE PREMIER.

JE n'auois pas encores atteint la quatorziéme année de mon âge, qui estoit l'an 1567. de nostre Redemption, que poussé de ce noble desir de courir le monde, voyant qu'vn vaisseau se preparoit pour prendre la route d'Alexandrie & du grand Caire, ie me resolus de m'y embarquer secrettement & sans le sceu de pere ni de mere. Ce vaisseau, appellé Nostre Dame de la Victoire, qui appartenoit à vn Marchand nommé Robert Pontoyne & à Rafaël le Blanc mon pere, m'auoit donné vne telle passion dés mon enfance, que i'estois presque tousiours dedans. Ie suppliay plusieurs fois mon pere de m'accorder ce voyage, sans que iamais il me le voulût permettre, preuoyant bien, comme vn homme experimenté en telles affaires, les trauaux & dangers que i'aurois à souffrir, estant si ieune. Ie me resolus toutefois d'y aller en quelque façon que ce fust ; & bien que ma mere m'eust mal traitté pour ce suiet, ie ne laissay pas de me pouruoir d'vn habit & de quelques chemises, auec lesquelles ie pris vn matin le chemin de la Ciutat, qui est à cinq lieuës de Marseille ; mais ma mere s'en doutant sur vne parole que i'auois dite, qu'ils ne me reuerroient iamais, elle me fit suiure & attraper par le chemin, & fus ainsi ramené par de belles paroles. Elle enfin voyant que i'estois du tout resolu à cela, & que i'espiois toutes les occasions pour m'en fuir vne autre fois, elle me permit de m'en aller, sans que mon pere en sceust rien, car il n'y eust iamais consenty : si bien que m'ayant donné quelque argent, & recommandé à vn nommé Baptiste Cote, fort honneste Marchand, elle

Les Voyages

n'en voulut rien dire au Capitaine du nauire qui estoit mon parrain de confirmation, afin qu'il ne pensast pas que ce fust de son Consentement. Ie m'embarquay donc en cachete dans ce vaisseau de la Victoire, où estoit pour Pilote vn nommé Augustin Bataillon, que ie priay de me vouloir reccuoir secretement. Ce qu'il fit voyant ma bonne volonté, & pour la cognoissance qu'il auoit de mon pere.

Alexandrie.

Caire.

Estans ainsi partis de Marseille, nous prismes la volte d'Alexandrie, & eûmes le vent si fauorable, que nous y arriuasmes en peu de iours, & de là au grand Caire, dont ie ne parleray point iusques à mon retour de mon grand voyage d'Orient, lors que nous reuinmes par l'Afrique; pource que lors, à cause de ma ieunesse, ie ne pû remarquer ce que i'ay fait depuis; & ie me contenteray de dire, qu'ayant demeuré là huict mois entiers, & nostre patron ayant chargé son vaisseau en Alexandrie de toutes sortes de drogues, espiceries, & autres marchandises des Indes, reprit le chemin du retour: nous singlâmes quelques iours assez heureusement iusques vers l'Isle de Candie, où nous commençâmes à ressentir les premiers effets de la disgrace qui accompagne assez souuent les voyages de mer. Car le malheur voulut que nostre nauire perdit l'aiguille du tymon, qui est vn accident fort dangereux, pour estre l'vne des principales pieces du vaisseau: si bien que nous fûmes contraints de nous mettre à terre pour le faire racommoder. Et lors tous les mariniers & marchands s'estans mis vn iour de feste à faire bonne chere par les hostelleries, furent si bien attirez par la beauté & l'artifice des Courtisanes de cette Isle, que non seulement ils y consumerent tout leur argent, mais encores vendirent à vil prix la pluspart de leurs marchandises pour satisfaire à leurs plaisirs, dont ils se saoulerent de telle sorte, que quelques vns en moururent miserablement. Et enfin apres auoir passé pres de deux mois en ceste sorte de vie, nous reprimes la route de France, & passames vn iour & vne nuict auec assez bon vent, qui tout soudain se changea en Grec, & en vne Tramontane si furieuse, que nous fûmes contraints d'aborder

Retour & naufrage en Candie.

du sieur Vincent le Blanc.

à vne petite Isle nommée Turluru, près la Canée, qui est vn port & vne ville de Candie, & y mouillâmes l'ancre pour laisser passer ce mauuais temps. Il nous arriua vne autre infortune par la malice de quelques vns de nos marchands & mariniers, qui se voyans reduits à vne extreme pauureté pour les folles despenses qu'ils auoient faites en Candie, prirent vn dessein furieux de perdre le nauire pour payer leurs creanciers tout à la fois, laissans couler l'ancre qui demeure au costé entre deux eaux, de sorte qu'en moins d'vn quart d'heure le vaisseau coula à fonds, & eux ayans preparé la petite barque pour se sauuer à terre, se ietterent dedans sur les vnze heures de la nuict, nous laissans vne trentaine que nous estions à la mercy des ondes, qui remplissoient desia tout nostre vaisseau : de sorte qu'estans reduits presque au desespoir, l'on n'entendoit entre nous que cris & gemissemens, accompagnez de prieres à Dieu, dont le iuste iugement ne voulut laisser impunis, ceux qui nous auoient ainsi perdus; car leur barque s'estant renuersée à cent pas du nauire, ils furent tous submergez en vn instant.

Où il faut remarquer que la pluspart de ceux de nostre vaisseau estoient gens sans Dieu, & vrays Athées, iusques là mesme que quelques-vns de nos matelots voyans le peril euident du vaisseau plein d'eau, prirent quelques flacons de vin & se mirent à boire d'autant. Entre autres vn certain Honorat de Marseille s'en alla à la caisse de ses hardes, où il prit ses plus baux habits, & quelque argent de France, & m'ayant dit adieu, se laissa couler en mer, & comme il se vouloit ietter, ces canailles le conuioient de venir boire auec eux, & qu'il valoit mieux mourir saoul que le ventre vuide, mais il ne laissa pas de poursuiure son dessein ; & ne sçachant pas nager, se perdit bien tost, & quelques iours apres son corps fut ietté sur le riuage, & l'Escriuain du nauire, nommé Brancay Augié de Manosque, prit son argent & ses hardes, & le fit enterrer : & depuis estant enuoyé en France pour auoir vne procuration des marchands pour retirer quatre ou cinq mil sequins qu'on auoit sauuez de la vente

Turluru, isle. Canée.

Autre naufrage par malice.

Punition des meschans.

des marchandises restées du naufrage, alla trouuer la vefue de cet Honorat pour luy porter les nouuelles de la mort de son mary ; on ne sçait pas s'il luy rendit ses hardes ainsi qu'il nous voulut persuader à son retour. Cependant la pluspart de nous se vint perdre à la plage, de sorte que de soixante & cinq que nous estions en tout, il n'en eschappa que cinq, dont par la grace de Dieu i'en fus l'vn ; car nous estans sauuez qui deçà qui delà du mieux que nous pûmes, ie me rencontray de bonne fortune, sans y penser, sur vne petite piece de bois qui me porta à bord, apres auoir demeuré dans l'eau iusques à trois heures apres midy, & ainsi ie me sauuay auec l'Escriuain du nauire. Et apres nous estre vn peu remis par le repos & par le manger, l'Escriuain s'en alla vers le riuage de la mer pour voir les restes du naufrage, & le Consul de la nation Françoise qui estoit dans la ville de la Canée, à huict lieuës du naufrage, en estant aduerty, vint aussi tost auec vingt soldats pour conseruer les marchandises qui restoient, & les faire secher, & les rendre à ceux à qui elles appartenoient. Ayant pris ses droicts & laissé ledit Escriuain auec les soldats pour y prendre garde, il m'emmena dans son logis, où il me fit pouruoir d'habits à la Greque, & des autres choses dont i'auois besoin. Ie demeuray six ou sept mois auec ce Consul, qui me traitta fort bien, pour la cognoissance qu'il auoit de mon pere, attendant la commodité de quelque nauire allant en Ierusalem ; car ie m'estois voué au sainct Sepulchre pour y rendre graces à Dieu de ce grand danger dont i'estois eschappé.

Au bout de ce temps vn vaisseau arriua de Venise pour Ierusalem, dans lequel estoit vn patron de Marseille, nommé *Guillem de Cassis*, qui fut fort estonné de me voir, me disant qu'il auoit assisté à mes funerailles à Marseille, mes parens ayans eu nouuelles que i'estois mort auec les autres, & qu'ils auoient plus de regret de ma perte que de celle du vaisseau, dont la moitié, comme i'ay dit, appartenoit à mon pere, & l'autre à vn Italien nommé Robert Pentoine, qui sur cette perte fut contraint de faire banqueroute, & se retirer en son païs dans vne polacre qu'il auoit. Ie m'accorday donc d'aller auec ce Guillem Caſſis, qui me promit de me porter en Ieruſalem, & le Conſul me donna cent ſequins pour mon voyage, m'aduertiſſant de ne monſtrer mon argent à perſonne.

Des villes de Tripoli & de Damas, auec l'histoire d'vn Aſſaſſin.

CHAPITRE II.

Stans partis de la Canée au mois d'Aouſt 1568. nous prîmes la route de Syrie, qui eſt vn païs ſi celebre & renommé de tout temps : les Hebrieux l'appelloient *Aram*, puis *Halab* & *Sobal* ; il eſtoit autrefois de fort grande eſtenduë, & contenoit les prouinces de Comagene, Cæleſyrie, Phenice, Paleſtine, ou Iudée, Meſopotamie, & vne partie d'Arabie, & autres. Du temps de nos guerres ſainctes il s'eſtendoit depuis le fleuue Tigris iuſques en Egypte, & de la Cilicie ou Caramanie iuſques à la mer rouge. Autresfois Antioche eſtoit la ville capitale de la Cæleſyrie. Le premier lieu où nous prîmes terre, fut à Tripoli de Syrie, où nous trouuâmes le Conſul de la nation Françoiſe, nommé Tourreau de Marſeille, qui nous receut fort bien, & nous donna des lettres de recommandation pour les Peres de Ieruſalem, dont nous n'eûmes point à faire. _{Antioche.} _{Tripoli.}

Quant au mont Liban, qui n'eſt qu'à deux lieuës de Tripoli, la neige s'y voit en toutes ſaiſons, lors meſme que la chaleur eſt plus grande, au pied : on trouue là la manne ou roſée du ciel, douce comme ſucre, & me ſuis veu allant par la campagne que ie penſois que ce fuſt de la neige en la voyant, mais au gouſter ie trouuay bien que non. Quand les Mores me la voyoient cueillir, ils me crioient, *Nazarani coul ſacar vala tayhon*, c'eſt à dire, Mange Chreſtien de la

8   *Les voyages*

manne, car elle est bonne.

Chrysorrhoas fleuue.   La riuiere de Chrysorroas, recommandée pour ses bonnes eaux, & qui passe par Damas, sort du Liban. Il en sort aussi vne fontaine, qui deuient vne riuiere, & arrouse toute cette contrée : ils l'appellent *Magora*, & s'embouche à Tripoli. En cette montagne est la grotte où ils disent qu'est le tombeau de Iosué, & où vont les Pelerins Chrestiens, & les Turcs aussi. I'ay ouy dire aux Maronites de ce mont Liban, qu'il y a là des vignes qui portent deux fois l'an, ce que ie ne trouue pas fort croyable. Ces Maronites sont la pluspart vignerons ou laboureurs, fort bons Archers, & fort courtois aux Nazarani Franques, comme il nous appellent.

Magora.

Aman.   De Tripoli nous allâmes à *Aman*, qui en est à trois iournées. Cette ville autresfois appellée *Emisus*, des Arabes *Camahale*, des Turcs *Amcus*, & des Indiens *Amsa*. C'est vn pays de meuriers & de soyes, où l'on voit force iardinages & des fruicts excellents, la ville est habitée de Grecs, Turcs, Mores, Armeniens & Iuifs : elle est à demy ruinée, n'ayant rien de plus entier que le Bafestan ou marché & bourse des marchands Indiens, Arabes, Egyptiens, François, Italiens, Anglois, Hollandois, &c. Le trafic s'y fait de cotton, soyes, toiles, tapis, laines, cendres. La terre est fertile en tous fruicts, bleds, vins, huiles.

Alep.   Il y a trois iournées de là à *Alep*, autresfois Hierapolis, ville de mesme & de plus grand trafic que Tripoli, & entreautres de pierreries, espiceries, & parfums d'Orient. Mon compagnon s'estant là informé de ce qu'il cherchoit, nous tirâmes droict à Damas, qui est la capitale de la Syrie. Ie diray que c'est vne des plus belles & marchandes villes de la Syrie, dont principalement on remarque la belle scituation, la salubrité de son air, la fertilité de son terroir, l'abondance d'eaux, de fruicts, & de toutes commoditez necessaires à la vie, ses grandes richesses, trafic, nombre de gens de guerre, belles maisons, force ouuriers d'espées, cousteaux & autres ouurages d'acier, qu'ils trauaillent fort delicatement auec vne trempe de musc & d'ambre gris.

Dama.

Ie vis

du sieur Vincent le Blanc.

Ie vis là vn certain maistre Pierre de Marseille coustelier, qui depensa enuiron cent sequins à forger vne lame, dont chacun s'estonnoit, lequel dix ans apres ie trouuay à Paris, qui me dit qu'il l'auoit venduë trois cens escus à Mʳ le Colonel d'Ornano. Damas est scituée dans vne belle campagne, dont le terroir est assez fertile à cause des eaux qui l'arrousent, auec force iardinages & vergers aux enuirons, qui portent toutes sortes de tres-bons fruicts. Elle est enuironnée de deux montagnes, dont l'vne s'appellé *Amon*, & l'autre *Sahanir*, où y a de fort belles grotes & lieux souterrains, qu'on dit auoir esté autrefois cauées & habitées par les Chrestiens pendant les persecutions. Il y en a vne capable de plus de 4000. personnes : elles sont sans comparaison plus belles que celles qui se voyent encores à Saragosse de Sicile. Vers le Leuant il y a vn lac d'enuiron sept ou huict lieuës de tour, où entrent deux agreables ruisseaux, l'vn appellé *Aman* ou *Amma*, qui passe au pied des murailles vers le midy, & l'autre *Farfar*, qui passe au milieu de la ville, laquelle outre cela est arrousée de plusieurs belles fontaines, qui viennent d'vn autre ruisseau nommé *Chrysoran*. Les maisons y sont bien basties à la Moresque, & les ruës couuertes de galeries comme à Alep. La ville est forte & enuironnée de bons fossez, bien entretenus & gardez en temps de guerre. Vn Bascha ou Gouuerneur pour le Turc y commande, qui a vn bon nombre de caualierie pour sa garde. Les fauxbourgs sont plus grands & habitez que la ville, ayant plus de 20000. personnes qui ne s'adonnent qu'à la culture des meuriers pour en tirer la soye, & bien autant d'ouuriers de cousteaux & autres ferremens. Du costé du Leuant il y a vne tour où l'on voit encor les Fleurs de Lys de France, ce qui doit estre resté du temps que les François dominoient en la Terre saincte. Il y a vn enclos où l'on tient qu'est le tombeau de Zacharie, pere de S. Iean Baptiste, qu'ils honorent fort, & bien que Mahometans font de grandes resioüissances au iour de sa feste. On monstre encor le lieu où S. Paul tomba de cheual allant persecuter les Chrestiens, & la tour où il fut emprisonné & de-

Coustelier François.

Amon & Sahanir, montagnes.

Grotes de Chrestiens.

Abana, & Pharphar, ruisseaux.

Chrysoran.

Soyes.

Armes de France.

Tombeau de Zacharie.

Tour où S. Paul fut emprisonné.

B

Les voyages

Lieu où Abel fut tué. nalé dans vne corbeille. Ils monstrent le lieu où ils disent que Caïn tüa son frere Abel. Ils ont vne mine d'albaftre
Albaftre. dont fe font de tres-beaux vafes & autres ouurages. C'eſt de
Carauanes. cette ville que partent ordinairement la pluſpart des Carauanes qui vont à Medine, la Meque, & autres endroicts d'Arabie & Orient.

Cette ville eſt plus belle par dehors que par dedans, pour ſon aſſiette & aſpect admirable, mais les ruës y font mal dreſſées & accommodées, le marché ou Baïar y eſt grand & beau, a portiques comme à Boulogne. La pluſpart des maiſons ont des fontaines qui viennent du fleuue Chryſorrhoas : ſes foſſez font remplis de meuriers pour la ſoye. Il y a vne citadelle qu'on dit auoir eſté baſtie par vn Florentin renié qui en eſtoit maiſtre.

Hiſtoire d'vn aſſaſſin. Durant noſtre ſejour à Damas, comme nous paſſions vn iour par la grande place où ſe vendent toutes ſortes de denrées, nous apperceûmes vn grand concours de peuple, & vn bourreau monté ſur vn puiſſant cheual, qui traînoit vn homme attaché par les pieds auec vne corde; & nous eſtans enquis de la cauſe de cette Iuſtice, on nous dit que c'eſtoit vn Chreſtien qui auoit tué vn Iuge du lieu. Ce pauure patient eſtoit de Saintonge, & s'appelloit Roubies, qui comme nous apprimes depuis par les atteſtations & par les lettres qu'il auoit dans vne boëte, reuenant de Ieruſalem, où il auoit receu la Croix de la main du Patriarche, & paſſant par cette ville rencontra ce Iuge, qui ſelon la couſtume ſuperbe de ces gens là, ennemis iurez des Chreſtiens, luy donna ſans ſuiet vn ſi grand ſoufflet qu'il l'abatit à ſes pieds : ce que l'autre endura pour lors, diſſimulant cette affront; mais reſolu de s'en venger cruellement en temps & lieu : il s'abſenta de cette ville là l'eſpace de trois ans, & ayant fort bien
Deruis. apris la langue Turque, ſe deſguiſa en *Deruis*, qui eſt vne ſorte de Religieux fort eſtimez entr'eux, & qui portent vn cimeterre au coſté, auec vn couſteau à la ceinture, diſans que c'eſt pour faire obſeruer les preceptes de leur grand *Nabi* ou Prophete. Ce ſupoſé Deruis reuint donc en Damas garni de ſon coutelas, où il aſſiſtoit tous les iours à l'audien-

du sieur Vincent le Blanc.

dience de ce Iuge son ennemy, ce que l'on interpretoit à fort bon augure de voir ce Religieux si assidu à la Iustice. Il continua ce mestier l'espace d'autres trois ans sans manquer vn seul iour à cette audience, attendant tousiours l'occasion propre pour faire son coup, iusques à ce qu'vn iour entendant vne sentence de ce Iuge contre vn orselin à qui l'on demandoit quelque heritage, il s'aprocha tout d'vn coup de luy, & luy donna vn si grand coup de cousteau au front qu'il le ietta mort à ses pieds, puis se mit froidement sur son siege, disant deuant tous que le iugement prononcé par ce Iuge estoit inique, & qu'il falloit reuoir le procez : sur quoy sans que personne se troublast aucunement pour le respect qu'on portoit à ce feint Deruis, le Conseil s'estant assemblé, il fut enfin prononcé par vn Armin, qu'il luy sembloit que la cause seroit iustement iugée, si l'orphelin iouïssoit de la moitié de l'heritage contentieux, auec le bon auis & consentement de tous les assistans, & sur tous du bon pere Deruis, lequel estant regardé d'vn chacun, ne respondit autre chose, qu'oüy ; & en mesme temps l'arrest fut donné au contentement de ceux qui auoient perdu par la premiere sentence du Iuge. Puis le corps de ce Iuge fut porté en sa maison, & le meurtrier grandement loüé pour cet acte de iustice. Luy donc se pensant bien vengé, & sans danger de sa personne, se retira doucement, & s'en alla à Tripoli, où par malheur pour luy il luy fut reproché par vn autre François qu'il l'auoit veu en cet habit de Deruis ; ce qu'il confessa & en dit inconsiderément la cause : ce qu'estant raporté à quelques Turcs, il fut soudain aprehendé, visité s'il estoit circoncis, & trouué que non, remené à Damas, condamné & executé de la sorte que nous le vîmes alors, puis son corps ietté à la campagne pour estre mangé des chiens. Telle fut la fin de ce malheureux assassin.

Ainsi Memet Bacha ... é par vn Deruis l'an 1579.

Non loin de Damas & des sources du Iourdain est la ville de Belinas, autresfois *Dan*, l Ancas ou Cesarée de Philippe, d'où estoit la femme hæmorrohisse guerie par Nostre Seigneur. Cette ville est proche du mont Liban, & entre elle & la mer de Gallilée ou Tiberiade, y a vne grande vallée, où

Dan.
Cesarée.
Mer Tiberiade.

Les Voyages

est vn estang ou lac par où passe le fleuue Iourdain, qui grossit par les neiges qui se fondent au mont Liban, & s'appelle *Es-Mal-Maron*: anciennement c'estoient les eaux de Meroé: ce fut là où Iosué deffit les Rois Chananeens. Ce lac en esté est presque à sec; & de là iusques à Iope est vne tres-fertile contrée qu'ils appellent de Charon; & vers la mer Tiberiade il y a vne autre vallée profonde entre deux montagnes du Liban, où le Soleil ne peut presque entrer. Ce mont commence à se hausser vn peu loin de la mer, & l'Antiliban finit au dessous de *Sidon* ou Sayete, & de l'autre costé tous deux vont finir aux monts d'Arabie voisins de Damas, où est la Region dite autresfois Palmyrene.

Eaux de Meroé.
Charon, contrée.
Sidon.
Palmyrene, region.

Des deserts de l'Arabie, de quelques fantosmes qu'on y rencontre, de la mer de Sodome, & des montagnes de Sinai & d'Oreb, & des trois Arabies.

CHAPITRE III.

Benin.
Macharib, iadis Misor.
Arnon, torrent.

Yans demeuré quelques iours à Damas, nous en partîmes, passant par *Benin*, & de là nous arriuâmes à *Macharaib*, ou *Macherib* & *Miserib*, à trois iournées de Damas. C'est vne petite ville de la Palestine, qui n'est pas fort belle, appellée autresfois *Misor*, qui estoit vne cité des Leuites, & qui auoit esté au Roy de Basan, pres le torrent d'*Arnon*, en la Tribu de Ruben. Estans venus là apres auoir payé le *Chiaoüs* qui nous conduisoit à six ducats pour chacun de nous, mon compagnon *Cassis* au lieu d'aller droit au cartier où habitent les Chrestiens, prit vn petit garçon pour le guider, & me mena dans vne maison de la ville au cartier habité des Turcs, dont ie m'estonnois fort, veu la diuersité de Religion qui cause vne grande haine entr'eux

du sieur Vincent le Blanc. 13

& nous. Et comme nous estions prests d'entrer en cette maison, il en sortit vne femme Turque de bonne mine tenant vn enfant entre ses bras. Elle commença à me demander brusquement en sa langue Syriaque, *Achibi Nazarani, che senti acheleet*, c'est à dire, que cherches-tu en ma maison: & luy ayant respondu, *Manar ienesay ana cardas amisi antina*, que mon compagnon y estoit entré & demandoit quelqu'vn: mais elle impatiente de m'oüir parler, me repoussoit de l'entrée, & tout ieune que i'estois ie m'auisay de luy donner vne paire de pendans d'oreille de corail; ce qu'elle eut fort à gré, & me dit, *Antina Nasarani mele oudda cardai marsous le madaza*, c'est à dire, tu es vn bon compagnon, mais l'autre est vn vilain qui ne m'a rien donné: & voulant sortir elle me prit & me dit, *le amissi*, ne t'en va pas; & me fit entrer dans sa maison, où ie vis mon compagnon qui auoit tiré quelque present de sa besace, qu'il presenta à des filles qui estoient là, nourrissans chacune vn petit enfant, & portans des anneaux d'or à leurs oreilles de deux grandes palmes de rondeur, & garnis de pierreries & de perles. Elles prirent chacune quelques curiositez de Venise qui ne valoient pas grand chose, dont elles firent neantmoins grand cas. Sur cela, comme nous entretenions ces femmes, arriua vn grand More qui estoit le frere de mon compagnon, qui ayant eu auis que deux hommes estrangers estoient entrez en sa maison, vint subitement tout épris de ialousie, comme ils y sont fort suiets, & nous le reconnûmes bien à son visage tout alteré & plein de furie; mais si tost qu'il eut reconnû son frere, il le courut embrasser auec grande ioye & caresses, & me touchant en la main, nous dit en langue Prouençale, que nous estions les tres-bien venus, qu'il estoit le renié Murat, qui s'appelloit Syluestre, que l'on l'auoit fait renier par force, mais qu'il estoit resolu de laisser cette Turquerie & s'en retourner en Chrestienté auec nous; & sur cela apres quelques autres paroles de complimens, il nous fit aporter à manger, & faisant mettre par terre vne belle nape de vache parée, qui fut aussi-tost couuerte de chair de mouton boüilly, auec du ris

Reception par Morat

B iij

Les Voyages

Manteque.
Ragui, boisson.
& de la *Manteque*, qui est leur beurre fondu, dont nous dînâmes fort bien, nous faisant boire du *Ragui*, qui est leur boisson, comme vne eau de vie qu'ils font auec des figues & des dates, car ils n'vsent point de vin. En mangeant ie consideroy fort ce renié Murat, qui estoit vn bel homme, grand & bien formé, & passoit de toute la teste mon compagnon, qui ne luy ressembloit en aucune sorte ; & ie considerois aussi ces femmes toutes rauies de nous voir deuiser ainsi.

Langue Arabique.
Or durant le disner ces deux freres commencerent à deuiser ensemble de leurs affaires & de leur dessein en langue Arabique, croyans que ie n'en entendois rien, mais i'en auois appris quelque chose au grand Caire pendant huit mois que i'y auois demeuré : de sorte que ie compris fort bien leur discours, & oüis comme mon compagnon luy disoit qu'il auoit perdu son vaisseau, & qu'il l'estoit venu voir pour estre aydé de luy, & auoir quelque moyen de se remettre : le renié luy respondit qu'il ne se faschât point, *Aouchala*

Projet d'aller à la Meque.
guibir, que Dieu estoit grand, qu'ils partiroient bien tost pour la Meque, & qu'il luy feroit gagner tant de *cherafs* ou ducats par mois, & qu'au retour de ce voyage il luy donneroit vne somme d'argent, & possible mesme s'en retourneroit-il auec luy. Sur cela mon compagnon luy repartit, qu'il m'auoit amené auec luy pour me conduire en Ierusalem où ie desirois aller, & que ce luy seroit vn grand reproche s'il m'abandonnoit estant encor si ieune : A quoy le renié luy repliqua, qu'il me feroit porter auec eux sur vn chameau, & puis au retour nous pourrions aller en Ierusalem. I'entendis fort bien tout cela, & n'estois pas fort content de voir ainsi mon dessein interrompu ; toutesfois ie n'en fis aucun semblant, de peur qu'ils ne me fissent quelque mauuais tour, considerant qu'ils me pourroient laisser là, ou me

Vin se vend par les Apoticaires.
vendre & changer à quelque baril de vin qui est fort rare & fort cher en ces païs là ; & les Apoticaires le vendent pour les malades ou pour les marchands Chrestiens. I'entendis donc qu'ils consultoient entr'eux comment ils se defferoient de moy : Enfin ayans quelque compassion de mon âge tendre, ils s'auiserent de sçauoir ma volonté, & lors

du sieur Vincent le Blanc.

mon compagnon me dit franchement le dessein de son frere, & qu'en ce voyage nous verrions le grand desert, les monts de Sinaï & d'Oreb, les villes de Medine, la Meque & autres lieux curieux, & qu'au retour nous irions en Ierusalem ; surquoy me montrant disposé à tout ce qu'ils voudroient, voyant qu'il n'y auoit autre moyen de me sauuer, & qu'aussi mon compagnon me promettoit au retour de me mener où ie desirois.

Cela ainsi resolu, ils firent prouision de six moutons gras, qui coûterent deux ducats, auec autres viures, qu'ils firent cuire dans vne grande chaudiere iusques à la separation des os, puis mirent la chair toute seule dans la mesme chaudiere auec force beurre à demy salé, & l'ayans bien frite, ils en remplirent deux cruches pour s'en seruir durant le voyage. Nous chargeâmes tout cela sur deux chameaux, auec force oignons, biscuit, trois bonnes bouteilles d'eau de vie, & des autres pleines d'eau, & autres petites commoditez, & prîmes vn autre chameau pour mon compagnon & pour moy. Ayans demeuré huit iours à *Mochavib* nous en partîmes auec la *Carauane* composée de grand nombre de marchands & de plus de vingt mil chameaux chargez de toutes sortes de marchandises ; cela tenoit plus de deux lieuës de païs. Le Capitaine de la ville nous accompagna auec cinq cens cheuaux iusqu'au desert, car ils ne peuuent passer plus outre, à cause que les sables brulent les pieds de leurs cheuaux & les encastellent : outre qu'il y a grande disette d'eaux qu'il faut porter dans des cuirs de prouision pour passer ces deserts d'*Arabie*, où il ne s'en trouue que rarement. Nous trauersâmes donc vne partie de la Terre sainte, laissant Ierusalem à main droite, auec bien du regret de passer à enuiron vne iournée ou deux pres, sans y pouuoir aller. La nuit nous reposions sous nos pauillons, qui sont bien aisez à dresser, en mettant vn bois au milieu auec des cordages qui soustiennent le reste par le moyen de quelques cheuilles posées en terre. Nous tirions tousiours vers le Midy en quelques vallées où nous pensions trouuer des eaux fraisches. Nous aperceûmes sur des tertres vn peu releuez quel-

Prouisions pour les deserts.

Carauane.

Sables brûlans.

Disette d'eau aux deserts.

Ierusalem.

ques vestiges de villes ruinées, & au plus bas vn lac que l'on nous disoit estre celuy de *Sodome* & *Gomorre*, ou *Mer morte*, que les Anciens appelloient *lac Asphaltite*, où paroissoient encor les tesmoignages des iustes iugemens de Dieu. Nous puisames de cete eau quoy que demi-salée, qui nous sembla assez bonne. De là apres nous estre reposez sept ou huit heures, nous prîmes le chemin du desert, marchans tous auec vn grand ordre à la file, & suiuant la guide d'vn *Iarabi* qui prit la charge de la conduite de la Carauane, se seruant de la Boussole comme les mariniers. En marchant ainsi on fut auerty de main en main qu'il manquoit quelqu'vn de la compagnie qui s'estoit esgaré ; c'estoit le compagnon d'vn marchand Arabe qui s'en affligeoit fort : Surquoy partie de la Carauane s'arresta vn peu, & l'on enuoya quatre Mores, moyennant cent ducats qu'on leur donna, pour en faire la queste : mais ils n'en purent iamais auoir nouuelles, soit qu'il fust demeuré enseuely dans les sables, ou qu'il eust eu quelqu'autre mauuaise rencontre, comme il arriue assez souuent ; ainsi qu'vn marchand de la troupe nous contoit que passant par ces deserts deux ans auparauant, vn sien camarade s'estant escarté vn peu de la troupe pour ses necessitez, il aperceut trois hommes qui l'appellerent par son nom, dont mesme l'vn ressembloit à son compagnon, & comme il estoit prest d'aller à eux pour les suiure, son vray camarade l'appella pour le faire reuenir à la troupe : de sorte qu'il commença à reconnoistre la force de la voix de cestui-cy, & qu'il estoit trompé par les autres, si bien qu'il fut ainsi garanty : & tous disent que parmi ces deserts il y a beaucoup de telles apparitions de fantômes & malins esprits, qui tâchent de faire esgarer les passans pour les perdre & les faire mourir desesperez de faim, & sans aucun secours. Ayans cheminé ainsi enuiron quinze iournées par ces deserts, tirans tousiours vers Medine, nous fûmes fort trauaillez de la soif, & lors vint vne voix par la troupe de main en main, que qui auroit des chameaux fort peu chargez il les donnast pour aller chercher des eaux fraiches ; mon compagnon & moy, nous nous offrîmes entr'autres

autres, & nous estans escartez enuiron soixante de la troupe, qui cependant nous attendoit par le signal donné de proche en proche, nous tirâmes vers le North, escortez d'vne bonne troupe que le Capitaine nous bailla de peur de surprise, à cause des Arabes voleurs, habitans l'Arabie deserte, & ne viuans que de rapine sur les Carauanes: & estans arriuez sur la pente d'vne petite montagne de sable, nous trouuâmes vne grande quantité de ces petits arbrisseaux nommez *Salicor*, dont on fait les verres; puis nous descouurîmes vne canne d'Inde auec vne banderole à la pointe pour signal d'eau en cet endroit là; sur quoy nous estans mis à manier le sable, nous trouuâmes vn grand cuir de chameau qui bouchoit le trou d'vn puits, & là chacun de rang quatre à quatre, nous puisâmes de l'eau pour boire & pour en porter à la troupe, que nous trouuâmes assez bonne, encor qu'elle fust vn peu salée & nitreuse. L'on donna quelque piece d'argent à celuy qui auoit donné le premier auis de ce puits, au pres duquel ayans sejourné enuiron dix heures, nous reprimes le chemin vers la troupe que nous ioignîmes, & luy departîmes de nostre eau. Cette nuict-là nous nous arrestâmes aupres d'vne montagne, & vne heure auant iour nous en deslogeâmes, entrans dans des sables fort blancs & si deliez qu'ils nous donnoient beaucoup d'incommoditez pour la poussiere. Nous estions lors entre l'Arabie *Petrée* & la *Deserte*. Continuans donc ainsi nostre chemin nous arriuâmes au pied du mont de *Sinay*, que les Arabes appellent *Lurié* ou *Tur*, montagne si renommée en l'Escriture, Exode 19. pour la loy donnee de Dieu à Moyse, & qui se ioint à celle d'*Oreb*, dite pour cela la montagne de Dieu. Ce fut vne des 40. Mansions du peuple d'Israel dans les deserts. Le mont *Oreb* est auiourd'huy appellé de *saincte Catherine*, à cause que l'on tient que le corps de cette Saincte y est enterré: Les Arabes ont ce mont de *Sinay* en grande reuerence, & il n'est pas permis d'y faire paistre le bestial. Ils disent que l'on y remarque encor le rocher dont Moyse tira de l'eau miraculeusement, & qui fut appellée l'eau de tentation, Exode 17. mais mainte-

Arabes, voleurs.

Salicor, dont se fait le verre.

Sables desliez.

Mont de Sinaï, nommé Lurié, ou Tur.

Oreb, ou mont saincte Catherine.

Les Voyages

nant il n'y en a point, bien qu'il n'y ait pas faute d'eau aux autres endroits de cette montagne: car les Prestres Caloiers qui y habitent, & les Mahometans mesmes qui y sont aussi, ont de fort bonnes eaux.

Quelques vns font deux montagnes de *Sinai*, & d'*Oreb*, autres n'en font qu'vne separée en deux coupeaux, dont l'Oriental est *Sinai*, & l'Occidental *Oreb*, qui n'est pas si haut que l'autre; Au pied de ce mont l'Empereur Iustinian bastit vn Monastere de saincte Catherine où il y a des Moines Grecs ou *Caloyers* de l'Ordre de saincte Basile, de mesme que ceux du *Mont Athos*, ou *Monte Santo* en la Grece. Cette montagne est abondante en herbes & pasturages.

Caloyers.

Les trois Arabies.

Arabie Petrée, dite Herac ou Arach, anciennemét Nabathée. Petra, ville.

Au reste des trois Arabies que l'on distingue ordinairement, à sçauoir *Petrée, Deserte*, & *Heureuse*, cette-cy est proprement la *Petrée*, où les enfans d'Israël passerent pour aller en la terre de promission; qui est ainsi appellée, non pour les pierres & rochers, mais à cause d'vne ancienne ville nommée *Petra*, dite depuis *Herac* ou *Arach*, qui en estoit la capitale, laquelle fut aussi nommée *Nabathée*. En cette Arabie estoient les contrées d'*Amalec*, *Edom*, *Moab* & *Madian*, comprenant plusieurs deserts, comme celuy de *Sin, Sur, Cedar, Cadez*, & autres. Elle commençoit prés le Iourdain, & finissoit au Midy vers la Deserte, auec de grandes montagnes entre deux, & le desert de *Benascali* de grande estenduë, où pour la commodité des passans on a fait des puits bastis d'os d'hommes & d'animaux à faute de pierres. La Deserte manque du tout d'eaux. Cette Arabie est appellée par aucuns *Etreiemin*, & par autres *Sobal*, par les Sarasins *Barraab*. La Deserte a la Meque & Medine. L'Heureuse vers Ader est appellée *Ayman*. La Petrée a esté habitée des Sarasins ou *Agarenes*, source du Mahometisme: Et la Deserte est habitée pour la plus part de brigans & voleurs. L'Heureuse, iadis *Sabée*, obeit en partie au Turc, partie au Sophy de Perse, & le reste à des Rois & Seigneurs particuliers.

Benascali, grand desert.

Puits bastis d'os d'hommes.

Arabie deserte, dite Etreiemin, ou Sobal, & Barraab. Sarrazins.

Arabie Heureuse, ou Rahabal, iadis Sabée.

La Petrée est enuironnée de grandes montagnes, & a quantité de bonnes sources d'eaux, ayant à l'Occident l'Egypte, & les deux autres Arabies vers le Septentrion la

du sieur Vincent le Blanc. 19

Iudée & Syrie, & venant de Syrie par la Petrée on laisse la plus part de la Deserte à main gauche. Cette Deserte a de grandes solitudes, qui ne sont aucunement peuplées, sinon en quelques endroits où il court des rivieres: & n'a autres villes que *Medine*, la *Meque*, & le chasteau de *Metar*, où ils disent que Mahomet escrivit son Alcoran. Elle est traversée par ce grand desert de *Benahali* ou *Benascali*, duquel ie viens de parler, qui est de douze iournées de long, couuert de sablons blancs & menus comme poussiere. L'Heureuse, que les Arabes appellent *Rahabac*, se separe de la Deserte au port de *Ziden*, & a de belles prouinces, comme *Aden*, *Agiaas* & autres, iusqu'en l'Isle de *Maera* ou *Mazira* vers le *Cap de Rosalgate*.

Medine, la Meque, Metar. Alcoran.

Ziden, port. Aden, Agiaas. Isle de Maera ou Mazira. Cap de Rosalgate.

De la ville de Medine, & des successeurs du faux Prophete Mahomet.

CHAPITRE IIII.

DV mont de Sinaï nous vînmes par nos iournées à vne petite montagne, où il y a vne villette nommé *Iusoreb*, presque toute habitée de Iuifs; & vne cisterne de la meilleure eau qu'il est possible de boire. Ces Iuifs vont quasi tous nuds, sinon qu'ils couurent leurs parties honteuses de quelque toile. Ils sont d'vn naturel cauteleux & malin, & sur tout fort adonnez au larcin, dont ils font vertu. Ils desroberent assez finement la robbe de mon compagnon qu'il auoit vestuë: Car vn certain contrefaisant le fol, s'adressa à luy en demandant l'aumosne, & ayant reconnu qu'il auoit vne robbe d'vn fort bon drap, il luy ietta malicieusement vne grande quantité de vermine qu'il tenoit dans vn panier, si bien qu'il le contraignit de se despoüiller pour se nettoyer, mesme de son pourpoint; & comme les autres venoient faire semblant de l'assister &

Iusoreb.

Iuifs larrõs.

C ij

battre ce fol, ils luy enleuerent finement, & la robbe & le pourpoint, dont il ne sceut depuis auoir aucunes nouuelles ; ce qui nous apprefta à rire tout le refte du voyage.

Mocherib. — Enfin, apres auoir cheminé quarante cinq iournées depuis *Mocherib*, fans auoir eu beaucoup de repos, fi ce n'eftoit les Vendredis que ces Mahometans font leur fefte, nous *Medinat-al-Nabi.* nous approchâmes de *Medinat-al-Nabi*, ou la cité du Prophete, & lors la carauane s'arrefta, chacun tendant fon pauillon. Il faifoit beau voir cette troupe qui refembloit vne grande armée en ordonnance. C'eftoit à l'entour d'vn puits qui eftoit au milieu de quelques palmiers. Nous arriuâmes donc à *Medine* autrefois *Ietrab*, ville de l'Arabie deferte où Mahomet mourut & eft enterré, car fa naiffance fut à *Ietrib* ou *Ietrib.* la *Mequa*. En cette ville font de tres bonnes eaux, ce qui *La Meque.* eft caufe qu'elle eft habitée. Ce fut là que mon compagnon *Tromperie* fift vne vilaine fourbe à fon frere le renegat. Car il luy don*de Caffis en-* na à entendre, que s'il luy vouloit mettre en main quantité *uers fon fre-* de fes marchandifes il iroit en faire trafic à *Ziden*, port de la *re.* mer rouge proche de la Meque, où eftoient arriuez quelques *Ziden.* vaiffeaux venus des Indes, comme il auoit eu auis par quelques Abiffins qu'il auoit trouuez en pelerinage au mont de Sinaï : ce que le renegat Murat crut aifément : fi bien qu'ayant acheté fix bons chameaux à Medine il les chargea de fes marchandifes, & les bailla à fon frere mon compagnon, à condition de luy en rendre bon conte à fon retour. Mais au lieu d'aller là où il difoit à fon frere, il fit def*Zibit, Aden,* fein deffein de prendre la route de l'Arabie Heureufe, *Zibit*, *Ormus.* *Aden, Ormus*, & paffer de là en Perfe, aux Indes Orientales, aux terres du Prefteian, & ailleurs, comme nous dirons.

Defcription Quant à la ville de Medine, quelques-vns ont donné à *de Medine.* entendre que le fepulchre de Mahomet eftoit là, ou à la Meque, tout de fer & fufpendu en l'air par le moyen de quelques pierres d'aymant : Mais c'eft vne chofe tres fauffe, eftât bien certain, comme ie l'ay appris fur le lieu mefme, que *Sepulchre* ce faux Prophete mourut & fut enterré à Medine, où l'on *de Mahomet.* voit encore fon fepulchre fort frequenté de pelerins Mahometans de tous les quartiers du monde, comme eft le S.

Sepulchre de Ierusalem de tous les Chrestiens. C'est là que vont les Carauanes qui partent d'Alep, de Damas, du grand Caire & d'ailleurs, & quelquefois il s'y trouue quarante à cinquante mil personnes, & non gueres moins de chameaux, auec quelques soldats de garde. Ce sepulchre est de marbre blanc ; auec les tombeaux de *Ebubeker*, *Ali*, *Omar*, & *Otman Califs*, successeurs de Mahomet, chacun ayant au pres de soy les liures de sa vie & de sa secte, qui sont fort diuers. Il y a de plus vn grand nombre de lampes tousiours ardentes. Nous fûmes curieux de sçauoir par le moyen de Murat, si iamais cette tombe de Mahomet auoit esté suspenduë en l'air; il nous fut respondu par vn *Alfaquis*, ou Prestre Turc, qu'autrefois le sepulchre de Mahomet auoit bien esté là ; mais qu'apres les Anges auoient transporté son corps deuant Dieu, pour l'assister à son grand iugement, & mille autres folies qu'ils nous dirent en suite. Surquoy Murat luy demanda, pourquoy on luy auoit donc basty cette tombe : à quoy il ne sceut respondre que des choses friuoles. Ce tombeau est trois degrez ou enuiron bas en terre, & ces degrez sont aussi de marbre blanc, les Turcs mesme croyent encor que cette tombe est en l'air, & s'estonnoient quand nous leur disions auoir veu le contraire.

Carauanes d'Alep, de Damas, & du grand Caire.

Liures des vies & sectes des successeurs de Mahomet.

Comment Mahomet composa son Alcoran, ses conquestes, & les raretez & ceremonies de la Meque.

CHAPITRE V.

LEs peuples de cette contree estoient appellez *Saracenes*, & depuis *Sarazins*, ou à cause d'vne ville appellee *Saraco*, ou plustost de *El Sarak*, c'est à dire en leur langue, viuans de larcin, comme tous ces peuples ont tousiours esté grands larrons & voleurs, aussi bien que la plus part des Arabes de ces deserts, & les Arabes d A-

Sarrazins.

Saraca, ou El Sarak.

Les voyages

frique qui viuent encor ainsi. Mahomet le faux Prophete naquit parmy eux à *Itrarip* ou *Istrib* petite ville qui est auiourd'huy la Meque ou proche d'icelle. Il se disoit descendu d'Ismaël, & meditant desia sa fausse loy, comme il estoit d'vn esprit fin & entreprenant, il prit l'occasion du mescontentement des Sarasins qui n'estoiēt pas payez de leur solde par les officiers de l'Empereur Grec Heraclius, & se seruit dextrement d'eux à courir les terres de l'Empire, ce qui luy succeda si bien dés le commencement, qu'il prit courage à entreprendre chose plus grande ; & pour y paruenir plus aisément, il leur donna vne loy plus nouuelle, composée du meslange de toutes celles qui lors auoient cours, leur faisant accroire qu'elle luy auoit esté inspirée & reuelée d'en haut : mais en effet que luy mesme auoit forgée à l'aide de quelques Chrestiens heretiques & apostats, & entr'autres de deux fourbisseurs d'espees Chrestiens esclaues demeurans à la Meque, fort ignorans ; & fit ainsi son Alcoran plein de sotises & impertinences, qu'il publia par les armes, & la fit receuoir par force à tous ceux qu'il peut. Car il vsa de trois moyens principaux pour fonder & establir sa secte. Le premier, de sortileges, impostures, tromperies & faussetez. Le second, d'vne liberté de conscience, sensualité & charnalité. Et la troisiesme, de la force des armes. La premiere ville qu'il prit fut Medine, où il fut créé Roy par ses Capitaines, *Ebubeker, Ali, Omar, Otman,* & les autres qui luy succederent apres, furent nommez Califes : il les enuoya ensuite faire leurs cōquestes par toute l'Asie & l'Afrique qu'ils subiuguerent au long & au large en peu d'années, y plantans leur loy & domination, qui y est demeurée tousiours depuis. Car eux & leurs successeurs y ont fondé les plus grands empires du monde, dont on voit encore auiourd'huy celuy du Turc, du Persan, du grand Mogor, du Tartare, de Fez & Marroc, & infinis autres petits Rois en Afrique & Asie, aux Indes Orientales, & Isles adiacentes, tant cette maudite doctrine a pululé en diuerses sectes toutes d'vne mesme origine.

Estans partis de Medine nous arriuâmes à la Meque, autre

du sieur Vincent le Blanc.

ville de l'Arabie deserte, à quelques vingt-deux degrez, & il n'y en a gueres d'autres que ces deux-là pour la mauuaistié du pays. Elle est à deux iournées de Medine, assez grande, comme pourroit estre Rouen, ou deux fois comme Marseille. Elle est enuironnée de grandes & fort hautes montagnes, qui luy seruent de murailles, pour auoir de tres difficiles auenuës de part & d'autre. Elle est fort riche & marchande, y ayant vne grande & celebre foire tous les ans au vingt-troisiesme de May, qu'ils appellent leur grand Iubilé. *Foire ou Iubilé.* Pour faciliter le passage de la montagne ils l'ont coupée auec le ciseau, & ont fait quatre auenuës depuis la pleine, fort faciles à garder. Pres la ville est vne montagne dite la *Iubara*, où ils se persuadent qu'Abraham voulut sacrifier son fils ; & là est vne habitation où leurs *Marabouts* vont faire les sacrifices, & les pelerins y immolēt des moutons, dont apres ils donnent la chair & les entrailles aux pauures qui se trouuent en grand nombre, & leur donne t'on aussi à boire de l'eau. Ils deuorent ces entrailles sans lauer & à demy creuës, n'ayans la patience d'attendre qu'elles soient entierement cuites, aussi ne les cuisent-ils que dans le sable & des petits creux qu'ils font. Cette montagne d'Abraham est enuiron à vne lieuë & demie de la ville, & y a vn village proche de quelque cent cinquante maisons, auec vne Mosquée qu'ils appellent aussi Meque, fort grande & bien bastie à piliers. A l'étrée de la porte, au iour du sacrifice, ils y font couler quelques eaux pour se lauer les pieds, car il n'y a aucunes sources par tous les enuirons, l'eau y estant apportée d'ailleurs, & si chere que rien plus ; & ne peut t'on enauoir pour boire pour peu que ce soit qui ne coûte vne estere, & en vn iour on n'en peut auoir moins que pour vn escu. Les Turcs montans cette montagne iettent des pierres en trois endroits, où se voyent de tres-grands monjoyes de pierres, & disent qu'ils font cela pour faire despit au diable qui voulut destourner le sacrifice d'Abraham en ces trois lieux : car ils disent que quand Isaac fut au pied de cette montagne prest à la monter, le diable s'aparut à luy, disant que son pere le vouloit sacrifier, & que luy ne respondit rien : mais que la seconde

Iubara, montagne d'Abraham.
Marabouts sacrificateurs

Les Voyages

fois que l'autre vint pour le tenter Isaac luy ietta vne pierre pour luy faire despit, dont vint cette coustume des pelerins. De là ces pelerins estans descendus viennent à la Mosquée, qui est enuiron à vne lieuë de là, & la teste baissée & les bras l'vn sur l'autre attendans que le Commis du Cherif leur iette sur la teste vn seau d'eau qu'ils tirent d'vne grande profondeur, les moüillans ainsi depuis la teste iusques aux pieds pour la purification & expiation de leurs pechez ; en luy disant *Ala rahmani ala ila*, c'est à dire, Dieu te purifie, puis vont faire les prieres en leur Mosquée : ce qui ne se fait qu'au temps qu'ils appellent *zilaire*, qui est au vingt-troisiesme de May : & en mesme temps auant que changer d'habits ils font leur oraison tous droits & auec vne gande modestie. En leurs iesnes ils ne mangent rien de iour ; mais apres ils mangent toute la nuit.

 Pour la Mosquée de la Meque, c'est vne grosse masse de pierre de forme ronde, comme Sainte Sophie de Constantinople, & y descend-on quinze ou seize degrez : Au dehors & tout à l'entour il y a des portiques & galleries où les marchands se tiennent pour vendre leurs drogues, odeurs, parfums, pierreries & autres marchandises. Car cette ville est l'abord de toutes les richesses des Indes, & les marchands y abordent de tous les costez du monde pour le trafic, qui viennent desbarquer au port de Ziden sur la mer rouge à douze lieuës de la Meque. Il semble que ce soient de vrayes processions sur le chemin de Ziden à la Meque, à voir les Marchands allans & venans auec leurs chameaux chargez de marchandises qu'ils portent en diuers endroits, vne partie pour la Syrie & pour l'Egypte, & de là pour nostre Europe.

 Les Chrestiens ne peuuent entrer dans la Mosquée, ils la voyent seulement par la porte & encor en habit inconnû & à leur mode. Comme l'on est entré en cette Mosquée, on voit la tombe de Mahomet à main gauche au milieu de celles de ses deux gendres, où l'on descend trois ou quatre degrez pour la visiter, quoy que dans ce tombeau, à ce qu'ils disent, il n'y ait point d'ossemens : car les Marabouts disent

Ceremonies Mahometanes.

Temple de la Meque ou reseruoirs.

du sieur Vincent le Blanc.

sent que les Anges emporterent le corps au Ciel. Au bout de ce costé là il y a comme vne tour parée richement, où l'on dit que sont les thresors du Soudan du lieu. Plus auant en tournant est l'Autel sans aucune figure, & en chaque costé vne douzaine de liures fort richemēt reliez. Tous les piliers sont couuerts de tapis fort precieux & de tres belles & viues couleurs, mais sans aucunes figures ou images de choses viuantes. Cette ville est gouuernée par vn Sultan & *Cherif*, qui est pour le temporel & spirituel, en grande estime parmy eux; car il donne l'absolution a tous ceux qui viennent visiter la Mosquée, & qui apres auoir sacrifié, vsent de certain lauemēt en façon de Baptesme. Leur Mosquée est fort richement parée & tapissée, mais sans aucunes images. On y descend dix-huict ou vingt degrez, & est plus grande en son circuit que le Colisée de Rome. Cette ville est estimée Saincte par les Mahometans, tant pour les reuelations qu'ils disent que leur faux Prophete y a euës, que pour le Temple superbe qui y est consacré à son nom, & qu'ils s'imaginent auoir esté basty par les Anges, visité par Adam, & transporté au sixiesme ciel durant le Deluge pour le preseruer des eaux, & depuis rebasty par Abraham sur le modelle de l'autre qui luy fut enuoyé du ciel; Ils le tiennent en grande reuerence auec vne pierre nommée *Alkible* ou *Aliete*, qu'ils y adorent, dont ils content mille fables. Le *Cherif* ou *Sultan* qui gouuerne à la Meque s'intitule *Alaman Alhascemi*, c'est à dire, le Prince descendu de *Hascem* bisayeul de Mahomet. Il estoit autrefois suiet au Soudan d'Egypte, & auiourd'huy du Turc; mais de telle sorte toutefois qu'il retient tousiours vne grande autorité, & le Turc ne se dit pas Roy & Seigneur de la Meque, mais humble suiet d'icelle. Il est aussi appellé *Emir*, c. Prince. Ce *Cherif* se dit estre de la race de Mahomet, lequel alla reconnoistre auec des presens Selin Empereur des Turcs, quand il eut conquesté l'Egypte, & aboly l'Empire des Mamelus, & Selin luy rendit de grands honneurs, & luy fit les mesmes presens que les Soldans auoient coustume de faire tous les ans, à sçauoir d'vn drap de soye pour couurir la maison du Prophete. Ils sont

Sultan Cheritif.

Temple de la Meque, & reliueries.

Alkible ou Aliete, pierre adorée.

D

26   Les Voyages

là fort incommodez des continuelles courses & voleries des Arabes.

Entre les choses plus rares que nous vîmes en cette ville, furent deux perles que la Sultane portoit à ses oreilles. Les trois que i'ay veuës depuis à Lisbone, qui payerent seize mil ducats de gabelle, n'estoient pas semblables : car celles-cy les surpassoient en grosseur & beauté. Ie vy aussi dans le Serrail du Sultā vne Licorne, comme i'en ay veu d'autres depuis aux Indes, & à l'Escurial. Ie sçay bien qu'il y en a qui doutent de cette beste Licorne, & s'il y en a au monde. Mais outre celles que i'ay veu, il y a plusieurs graues Autheurs qui tesmoignent le mesme, & Bartheme entr'autres, qui dit en auoir veu en ce mesme lieu de la Meque ; mais nous en parlerons encor ailleurs, traitans de Pegu & Canarane.

Licorne.

Bartheme en ses voyages.

De l'Arabie Heureuse, du Prince Sequemir qui y commande, de la casse, & des autres marchandises de la Sabée.

CHAPITRE VI.

Ziden est à 22. degrez.

Perfidie de Cassis.

Ayans demeuré quelques iours à la Meque, nous en partîmes, & comme ie pensois que mon compagnon deust prēdre le chemin de Ziden vers la mer rouge, ainsi qu'il auoit donné à entendre à son frere Murat & à moy, ie fus estonné qu'il laissa aller la plus part de la troupe vers Ziden, & luy auec le reste prit le chemin de Zibit en l'Arabie Heureuse : dequoy luy ayant demandé la raison, il me respondit en se riant, que cette marchandise qu'il portoit n'estoit pas à son frere cõme ie croyois, mais à luy, & que puis que sondit frere auoit renié Iesus Christ, il ne meritoit pas d'en auoir iamais rien, & valoit mieux que luy s'en seruit, & se l'appropriast du tout, & qu'il estoit re-

du sieur Vincent le Blanc. 27

solu d'aller voir le monde, & faire bonne chere à ses despens.

Surquoy ie iugeay deslors que i'estois en la compagnie d'vn tres-meschant homme, puis qu'il vsoit de cette perfidie enuers son frere qui s'estoit fié à luy. Toutefois de crainte qu'il ne me fit quelque desplaisir, ie dissimulay, esperant que Dieu me feroit la grace de m'en deliurer, & de me conduire en quelque lieu pour acheuer mon voyage, suiuant mon dessein. Nous prîmes donc la route de Zibit accompagnez de certains Chrestiens & autres marchans, & vînmes coucher le premier soir dans vn mauuais bourg appellé *Farragous*, où nous fumes fort mal. Le lendemain à *Outor*, qui est vn meschant chasteau, que quelquesvns marquent bien auant vers la mer rouge, bien qu'il n'en soit pas fort esloigné. Il y a là vn grand puits d'où l'on puise l'eau auec vne grâde roue tournée par vn couple de bœufs. L'eau en est aspre & aucunement salée, mais la necessité nous la faisoit trouuer assez bonne. Estans à deux lieües d'*Outor* nous laissames la plus part de nostre troupe, qui prit la main droite pour tirer droit à *Ziden*, & nous suiuîmes nostre route vers l'Arabie Heureuse, & vînmes à vne ville nommée *Gaza*, & de là à *Zibit*. *Farragous. Outor. Puits d'Outor.*

Ainsi donc nous quittâmes l'Arabie Deserte pour entrer en l'Heureuse, qui est comme vne Peninsule entre les deux mers, la Rouge & la Persique, située sous le Tropique de Cancer, ayant son estenduë depuis la Soltanie de *Sanna* vers la mer rouge, iusqu'à celle d'*Agior* vers le *Goulfe Persique*, ou mer *Elcatif*, comme l'appellent les Arabes; cette coste est ainsi appellée, laquelle i'ay souuent couruë en vendant nos marchandises, & visité plusieurs de ses villes. Toute ceste Arabie est de grande estenduë, partagée en plusieurs belles Prouinces & Royaumes. *Arabie Heureuse. Sanna. Golfe Persique.*

Estans arriuez à *Zibit*, ville & Soltanie, nous nous accompagnâmes d'vn marchand Iuif naturel de *Alibenali* grande prouince d'Arabie, & marié à *Zibit*; Il nous logea en sa maison, & sentant qu'il y auoit du gain à nous entretenir, il nous accompagnoit par tout où nous voulions aller, auec *Zibit. Alibenali.*

D ij

28 Les Voyages

des montures qu'il auoit, nous portant tousiours quelques petits rafraichissemens, comme vn homme qui entendoit la façon du païs. Il auoit raison de nous tenir si bonne compagnie, car mon compagnon ne la tenoit pas mauuaise à sa femme, qui auoit principalement excité son mary à se rendre ainsi nostre familier ; de sorte qu'il disoit mesme qu'il me vouloit donner vne sienne fille en mariage, croyant que ie fusse le fils de mon compagnon. Zibit est à cinq lieuës de la mer rouge, où il y a vne rade où les vaisseaux viennent aborder, & de là portent les marchandises venans des Indes à Ziden, Suez, & ailleurs. De Ziden nous allâmes à Aden, & de là nous suiuimes toutes ces contrées d'Arabie, negotians & visitans plusieurs belles villes & Royaumes, ou Soltanies.

Aden.

Bien qu'il n'y ait qu'vn grand Prince dit Sequemir ou Sechemir, qui commande à la plus part de ces prouinces de l'Arabie Heureuse, si est ce qu'il y a aussi quelques autres Seigneurs qui reconnoissent, les vns le Persien, les autres le Turc ; Car le Roy de Bacharin ou Bescharin qui est le plus proche de Perse, fut subiugué il y a quelques années par le Sophy, qui eust aussi pris celuy d'Elcatif, & autres en suite, sans l'assistance de ceux d'Erit, & d'autres voisins qui firent vn corps d'armée composé de ceux de Masa ou Massa, Fartac, Mascalat, Amazarit, Turmalaman ou Gubelaman, Machyra ou Macyra, Suxa, & autres. Cette armée auoit pour Chef le Sultan de Sanne qui menoit l'auant-garde, & celuy de l'Elcatif l'arrieregarde ; si bien qu'ils donnerēt vn mauuais choc au Persan, auec lequel depuis ils firent paix, & se sont ainsi conseruez.

Sequemir.

Erit.

Pour la Soltanie de Tanubari elle n'obeït plus au Sechemir, mais au Turc, qui la subiuga du temps qu'il faisoit guerre au Persan. En ce païs le sablon qui s'y trouue est tout diferent des autres, car il est noir comme charbon, il n'est pas neantmoins si fascheux à cheminer que l'autre, d'autant qu'il pese plus, & est mieux lié : Parmy les montagnes de ce païs-là on trouue force encens que les arbres portent auec le Storax, Benjoin & autres gommes odorantes, qui ne sont cueillis

Sablon noir.

Encens.
Storax.
Benjoin.

du sieur Vincent le Blanc. 29

que par ceux qui sont destinez à cela. Tout ce païs est proprement la *Sabée* tant celebrée des anciens.

Il y a aussi force oliuiers, arbres de myrrhe, aloës, ladanum, cinamome, & vne merueilleuse quantité d'arbres de casse, force faulcons, esperuiers, & autres oyseaux qui se plaisent à manger la casse; comme aussi l'on y est fort incommodé des moucherons que la casse produit en sa corruption: & lors les Arabes sont contraints d'en brûler vne partie, y ayant des endroits où ils ne daignent pas mesme la recueillir, à cause qu'estans loin de la mer, le port leur cousteroit plus que la chose ne vaut, bien qu'en plusieurs bonnes villes ils en employent beaucoup à cause des grandes chaleurs du païs, la faisans distiller, & en beuuans l'eau pour se rafraischir. I'ay pris garde que tous les habitans d'*Arcora*, *Ara*, *Teza*, *Samacara*, & autres villes se delectent grandement de boire de cette eau distilée, qui outre ce qu'elle rafraischit, lasche aussi; & mesme aux villes de *Andrinara*, *Lagi* & *Danti*, il n'y a personne qui n'en boiue d'ordinaire tout l'Esté. Le fruict de cet arbre estant en sa maturité est accompagné d'vne douceur fade, qui attire les marmots, escurieux, & vn autre animal qu'ils appellent *Mazari* (ceux de Fez le nomment *Chicali*) ressemblant au renard, qui va deseterrer les morts pour se repaistre de leur charongne. Ces animaux montent sur ces arbres, & font tomber les fruicts, dont ils font vn grand degast. C'est cette douceur aussi qui engendre les moucherons, dont nous auons parlé, & dont nous fûmes grandement incommodez en passant.

Toute cette Arabie est remplie de bonnes villes, à cause du trafic qui font venir les Marchands de tous les endroits, comme sont les villes de *Taiza*, *Cana*, *Asigni* & *Kada*, où est le cabal & principal magazin du *Seque*. Le principal port & plus proche de ce costé-là est *Pecher* dans la Soltanie de *Fartac*, où ceux de *Bengale*, *Baticala*, *Dabul*, *Cambaye* & *Malabar* apportent leurs marchandises pour troquer auec les drogues aromatiques du païs qui sont excellentes; mais les Iuifs qui y habitent sont si trompeurs & meschans qu'ils

D iij

Choses aromatiques, comment cueillies. Maltich.

falsifient tout ce qui passe par leurs mains. Ceux qui font la recolte de l'encens, storax, benioin, & mastich, sont gens dediez à cela, estant defendu à tous les autres. Ils font cette cueillete au mois de Iuillet, au temps de la Canicule, à cause que ces arbres sont lors en leur perfection & maturité. On en cueille bien en autre saison, mais c'est d'vne autre maniere, par vne incision qu'ils font à l'abre vers le Printemps, & de cette incision il sort vne liqueur & gomme qui s'epaissit, de couleur rougeastre, & qui n'est pas si parfaite que l'autre, aussi est-elle de moindre prix. Celle qui sort des ieunes arbres est plus blanche, & celle des vieux est plus exquise; ils ont aussi l'arbre de myrrhe,

Myrrhe

mais tout ce qui nous en vient par deçà est falsifié. Celuy qui sort du Royaume de *Giasimi* ou *Elcatif* est dedié pour le *Sequemir*, comme estant le plus parfait, lequel fait vendre ce qui luy en reste, & se vend aussi beaucoup plus, comme plus pur, & qui pour cela est appellé *Sequemir* pur, & se debite à *Naban, Quesibi, Naziri, Carmon, Liua-orba, Lanua-orba, Costague, Manabon, Batan, Caybir, Iugué, Aleron,* & autres lieux aux extremitez de l'Arabie, au Royaume de *Anna*, où passe le fleuue *Cosan* ou *Cosara*, fort rapide, qui s'embouche en la mer Persique, proche de l'embouchure de l'Eufrate.

De l'Estat du Sechemir Prince de l'Arabie Heureuse, & des Salsidas ses deuots, du Calife de Bagdet.

CHAPITRE VII.

Sechemir, & son Estat.

E *Sechemir* dont nous auons parlé est Seigneur de presque toute cette Arabie Heureuse, & est ainsi appellé, comme qui diroit Seigneur-Saint, pour sa bonté, à cause qu'il ne fait iamais mourir personne que ceux qu'il prend en guerre : mais quand quelqu'vn a commis vn crime il le fait mettre aux fers dans vne prison,

du sieur Vincent le Blanc. 31

où il l'entretient toute sa vie, sans le priuer de la veuë du Soleil, disant que Dieu a departy liberalement cette lumiere à toutes les creatures: on en a veu quelquefois plus de vingt mil en ces prisons. Sa Cour est grande & magnifique, entr'autres choses il a vn bon nombre d'hommes deuots à son seruice, comme les *Beduins* & *Arsacides* anciens, qui s'offrent volontairement à la mort pour luy, mesme à son simple commandement, croyans de s'enuoler droit au ciel s'ils meurent ainsi pour leur Prince. Ils content qu'vn des Empereurs Turcs s'en retournant de la guerre de Perse, & passant par ce païs, desira de voir ce *Sequemir* auec ses *Salsidas* ou *Saldridas*, comme ils appellent ces deuots, & l'ayant visité en sa ville de *Samacara*, capitale du païs, apres plusieurs festes & caresses il desira voir ces *Salsides*, & quelque espreuue de ce grand amour & fidelité qu'ils auoient enuers leur Prince: sur quoy le *Sequemir* en appella quelques-vns, & leur dit seulement ces mots *Amissibaron*, & à l'instant quatre se ietterent par les fenestres du Palais, & y en eust eu dauantage sans le grand Seigneur qui l'empescha, se contentant de cette preuue, qu'il admira tellement qu'il en demanda vne douzaine pour emmener en son païs, ce que le *Sequemir* luy accorda; & comme on leur demandoit s'ils aymeroient autant leur nouueau maistre, & s'ils voudroient mourir aussi franchement pour luy comme pour leur ancien Seigneur, l'vn d'eux respondit au Turc, Si nostre Prince nous commande de mourir pour toy, nous sommes tous prests dés cette heure mesme: le Turc leur dit qu'il seroit temps au besoin, & qu'il les vouloit conseruer comme ses bons amis, & les ayans emmenez auec luy il les tint tousiours en fort bon estat prés de sa personne; mais apres la mort de ce grand Seigneur, ils retournerent tous vers leur maistre en Arabie, leur estant auis qu'il n'y a autre biē & salut que d'estre au pres de ce Prince. Ils l'accompagnent tous les ans à la Meque le vingt-troisiesme de May pour celebrer leur grande feste de *Romadan*. Ce *Sequemir* va tousiours vestu d'vne peau de mouton deuant & derriere, à l'imitation de S. Iean Baptiste qu'ils honorent fort. Il marche à pied auec toute sa Cour; toute-

Salcidas, ou Deuoüez.

Samacara.

Romadan.

S. Iean Baptiste.

fois les courtisans vont comme bon leur semble, & menent de beaux & bons cheuaux auec leurs femmes & autre train.

Ce Roy est Seigneur des Soltanies de *Fartac, Siligni, Dofar* & autres. Il estoit autrefois maistre de toute l'Arabie Heureuse, mais le Turc & le Persan luy en ont escorné force prouinces. Sa demeure principale est à *Almacarama*, ou *Samacara*, qui est vne ville tres-forte, & mesme inexpugnable, estant située sur le sommet d'vne haute montagne, n'ayant que deux auenuës assez difficiles, & de facile garde. La ville est grande & fort peuplée, où il y a quantité de Noblesse. Il tient là toutes ses richesses & ses femmes. Ce Prince ne peut venir au Royaume que par la volonté & consentement du *Calife de Bagdet*, ainsi que celuy de la Meque, selon vne ancienne loy. Car ce Calife encores qu'il ne soit plus que de nom, retient toutefois encore le droit ancien d'adopter & confirmer les Rois d'Assyrie, Arabie & autres; de sorte que Soliman mesme passant par Babylone voulut, pour la forme, prendre les marques de l'Empire de sa main. Apres le *Sequemir* y a plusieurs Officiers, comme le *Gouuera*, l'*Amicabir*, l'*Amiracher*, le *Cajet*, le *Sidibir*, l'*Admimia*, le *Bosoldar*, l'*Amiseriech*, le *Tababait* & plusieurs autres: le *Taray pascou* est celuy qui conduit le bestial.

Samacara.

Calife & Bagdet.

Officiers du Sequemir.

Babylon, Merrouge, Homerites, Aden ville forte & port fameux, Camaran, & quelques autres places de la mer rouge.

CHAPITRE VIII.

Nous cheminions tousiours par l'Arabie allans de ville en ville, debitant & troquant nos marchandises, auec vn grand desir de gagner la Perse. Toutes ces villes d'Arabie sont assez belles, & portent vn grand reuenu au Sequemir, car de *Ziden* à *Zibit* on en trouue plusieurs assez peuplées, & de là à *Aden* vn bon nombre d'autres,

Zebit, Aden.

du sieur Vincent le Blanc. 33

rres. Au reste Zibit n'est point si proche d'Aden comme quelques vns la font, ainsi qu'ils mettent *Dalatia* d'Ethiopie à l'oposite de la Meque, d'où elle est esloignée plus de trois cens lieuës. *Dalacia.*

Cette Arabie du costé du Nort se ioint à la Perse, & pour y aller on passe par *Taeza*, *Sana*, *Soufar*, *Erit*, *Almacara* & autres. Ie tiray le plan d'*Almacara* qui est sur vne montagne, & a du costé du Leuant la ville de *Gaza* fort grande & bien peuplée, où se tient toutes les semaines vn marché comme vne foire, mais de nuict à cause des chaleurs: & là se fait trafic de toutes sortes de denrées, & principalement d'odeurs & de parfums. Tous les Seigneurs du païs se plaisent grandement de manger l'ambre, le musc, & autres senteurs. Le Soudan d'*Aden*, suiet du *Sequemir*, y emploie six mil ducats tous les ans pour luy & pour sa femme, aussi entrant en leurs cuisines, il semble qu'on soit dans la boutique d'vn parfumeur. *Almacara.* *Gaza.* *Odeurs.*

Toute la coste de la mer rouge tirant vers *Aden* est remplie de bonnes villes & marchandes, mais parmy les marchands se trouuent force larrons, dont il se faut bien donner de garde. On y trouue les villes d'*Abra*, *Damican*, *Coubits*, *Erit*, *Aridan*, *Magara*, *Rabon*, *Salta*, & autres, auec force villages tous suiets du *Seque*, qui commande à six Soltanies ou Royaumes, tous remplis de bonnes villes. Le long de la mer croissent quantité de grands roseaux, dont auec le temps se forment des isles, ce qui rend la coste de mauuais abord, & ceux du païs sont contraints de la netoyer soigneusement; C'est de là, à ce qu'on dit, que les Hebrieux appellent cette mer *Souf*, comme qui diroit des roseaux. *Aden.*

Il y a des Carauanes qui viennent à vne ville nommée *Albir* ou *Debir*, & se chargent là de marchandises qu'ils portent iusqu'en Babylone, comme nous trouuâmes force marchands qui y alloient, & en priay vn de m'apporter le plan de plus de villes qu'il pourroit, car i'estois fort curieux de cela, comme il fit, & entr'autres il me donna celuy de Babylone mesme, ou *Bagdet*, imprimé sur vn linge de coton, lequel plan ils font par coremonie, lors que le *Seque* va *Debir.* *Plan de Babylone.*

E

Les Voyages

prendre sa couronne, & la benediction du Calif de Bagdet, comme estant le plus ancien de la Meque. Et pour luy donner auis de son chemin, ils luy peignent *Samacara*, d'où il part pour aller iusqu'en Babylone. Ils passent à *Byr*, puis en douze iournées iusqu'à *Felouchia* sur vne barque fort plate, & de là en Babylone, qui en est à vne iournée.

Samacara, ou Aimacara.

Comme nous debitions nos marchandises en intention de passer aux Indes Orientales, nous recouurâmes entr'autres choses quelques pieces de velours que nous eûmes par eschange de nos quinquailleries, auec de l'*afion*. Ie diray en passant que ceux qui voudront faire ces voyages d'Arabie, doiuent porter sur tout des mors de cheuaux à la Françoise; car i'ay remarqué qu'ils viennent tres bien à leurs cheuaux, & en sont fort desireux, les payans à quelque prix que ce soit, pourueu toutefois que cela n'excede dix ducats chacun. Nous allâmes donc par la Soltanie de *Sanna* trauersans plusieurs belles villes comme *Adimar*, l'vne des plus florissantes d'Arabie, en intention de passer de là en l'Isle de *Cameran*, où il y auoit trois nauires Portugais prests pour *Calicut*. Mais nous trouuâmes vn si mauuais temps sur la mer, qui auoit commencé au premier quartier de la Lune, que nous changeâmes de resolution, & passâmes le long de la coste d'*Auisa*, puis en la montagne de la *Bacoure*, où nous vendîmes nos chameaux, à condition qu'ils nous porteroient nos marchandises iusqu'à *Aden*, qui n'en est qu'à deux lieuës.

Afion ou Anfian.

Trafic & debit en Arabie.

Cameran, isle.

Toute cette mer rouge depuis *Suez*, iusqu'au cap de *Gardafu*, est de quelque dix huict degrez, ou quatre cens lieuës de longueur, & cinquante de large ou plus. Elle est de fort difficile nauigation, mesmement la nuict à cause des seques ou basses, rochers, roseaux & isles, dont elle est remplie: & de iour mesme il faut tousiours qu'vn homme sur le mast descouure & guide soigneusement; depuis *Camaran* elle est plus nauigable: si bien que nous fûmes contraints de passer tout ce chemin par terre pour euiter les dangers de cette mer, dont l'eau ne me sembla point d'autre couleur que celle des autres, & en sa superficie & en son fonds, & faut

Mer rouge.

que le nom de rouge luy ait esté donné par allusion du nom *Erythrée* du Roy *Erythrée*, qui la surnomma ainsi, ou pour quelque *Roy.* sable rouge qui se trouue en quelques endroits. Cette mer est de la forme d'vn lezart ; & les Mores l'appellent *Bahar corzun*, c. mer fermée, dont les portes sont à *Babelmandel*, qui est à douze degrez & ⅓ : elle est aussi appellée mer de la Meque. Toute la coste d'Arabie le long de la mer rouge estoit autrefois habitée de plusieurs peuples, dont les principaux furent les *Sabeens*, dits depuis *Homerites*, qui receurent la *Sabées, Ho-* Foy Chrestienne au temps de l'Empereur Constance ; & *merites.* quelques vns mesmes veulent que ce soit de là, plustost que de l'Ethiopie, que vint la Reine de *saba*, & depuis l'Eunuque de la Reine *Candace*.

Au bout de cette mer, au sortir du destroit de *Babelmandel*, est la ville & port d'*Aden*, dit par ceux du païs Adedoun, l'vn *Aden.* des plus celebres de tout l'Orient, & vne des plus fortes villes d'Arabie & des plus importantes, à cause du trafic & du concours de toutes les Nations de l'Inde, Perse, Tartarie, Arabies, Ethiopie & Leuant. Elle estoit suiete au Soltan *Sequemir*, depuis les Portugais s'en emparerent, à qui le Turc la ostée. Elle a du costé de terre la fameuse montagne de l'*Abacoure* ou *Datzira*, qu'il faut monter & pas- *l'Abacoure* ser pour y venir, d'où le passage est tres difficile : & l'on y *ou Bacoures* trouue de premier rencontre deux forteresses qui defendent les auenuës. Du haut de la montagne vous descouurez *Aden* située en vne belle plaine, son port est tres beau & bon, regardant le cap de *Guardafu*. Cette ville s'est renduë celebre depuis l'entrée des Portugais aux Indes Orientales, car les marchands partans de la mer rouge, de crainte des Portugais s'arrestent là pour aller aux Indes, où auparauant ils passoient outre sans y prendre port. C'est là qu'abordent de l'Inde & d'ailleurs toutes les espiceries, bois *Trafic &* d'aloës, sendal, bresil, perles, pierreries, myrobolans, *denrées à* safran, cire, fer, sucres, ris, pourcelaines, toiles, argent- *Aden.* vif, vermillon, coton, soyes, escarlates, camelots, musc, ambre, benioin, rubarbe, azur, & autres denrées, qui de là se departent ailleurs.

E ij

Espiceries, & leur route de temps en temps.

De tout temps les espiceries arrivoient là, & de là par la mer rouge & le Nil, en Alexandrie. On dit qu'autrefois le Soldan Seigneur d'icelle & Sarasin, estoit si puissant qu'il enuoya au secours du Soldan d'Egypte contre les Chrestiens, vne armée de trente mil cheuaux, & quarante mil chameaux, & qu'ils auoiẽt alors la guerre ordinaire auec les Abissins Chrestiẽs. La ville d'*Aden* est bien murée & fortifiée de plusieurs bons chasteaux du costé du Leuant: au Septentrion elle a la *Bacoure* qui la separe du costé de l'Arabie Heureuse, & est enuironée de mer de tous les autres endroits. Du costé d'Occident la mer entre si auant en terre par vn golfe, qu'il semble que cette montagne soit vne isle. Son port est au Leuant, fort capable & asseuré, situé au pied de la montagne, & il semble en venant de l'Arabie que la ville soit au sommet, & cependant elle est dans vne belle plaine entourée en partie de la mer, auec vne forte citadelle dans vne isle tout ioignant, qui defend la ville & l'embouscheure du port, comme du costé de la montagne il y a nombre de forts gardans les auenuës. La coste vis a vis d'*Aden*, au deçà de l'isle & destroit de *Babelmantel*, est en Ethiopie, suiete la plus part au grand Neguz, auec vne pointe de mer ou est vn beau port, & son cap s'appelle *Foubical* ou *Guardafu*, anciennement le promontoire *Aromata*. D'vn riuage à l'autre le destroit est enuiron de quatre mil pas, & au milieu est cette isle d'enuiron deux lieuës. L'entrée est assez dangereuse pour les basses, & le reste de cette mer plein de rochers à fleur d'eau, & d'isles en grand nombre, de diuerses grandeurs, dont les vnes sont habitées, les autres non. Nous en auons couru la plus part, dont la principale est *Camaran*, approchant de la coste d'Arabie à quinze degrez d'eleuation, qui contient enuiron quinze mil de circuit. Elle a de fort bonnes eaux, & le port est du costé de terre ferme, qui n'en est qu'à deux lieuës & demie. La ville est petite, mais elle s'acroist tous les iours, & est suiete au *Seque*, & habitée de Mores.

Aden comment fortifiée.

Bab-Almandal, c'est à dire entrée funeste.

Gardafu.

Camaran.

Dalaʃcia.

De l'autre costé & vis à vis en Ethiopie on void *Dalaʃcia* ou *Dalaca*, ville fort belle, & habitée d'vn Roy idolatre, tributaire du Roy des Abiſſins, depuis la conqueſte qu'en fit le Preſteian Alexandre il y a enuiron trois cens ans, laquelle a touſiours depuis demeuré ſous ſon obeïſſance auec celle de *Rocca* ou *Excoco*, où il y a vn bon port de mer, habitée de *Chreſtiens Abiſſins*, qui ſont fort bonnes gens : quand ils voyent quelques Chreſtiens de deçà, qu'ils appellent *Romatas* ou *Roume*, ils pleurent de ioye, & ne ceſſent de les careſſer & leur departir liberalement tout ce qu'ils ont ſuiuant la charitable pratique de l'Egliſe primitiue. Ils ont encores plus haut vne autre belle iſle nommée *Mexua* ou *Mazuan*, habitée auſſi de Chreſtiens, où il y a vn tres-bon port qui ſert beaucoup à ſauuer les vaiſſeaux voguans ſur cette mer perilleuſe. Au deſſus de *Meſua* eſt vne autre iſle nommée *Ibrani* du meſme coſté d'Ethiopie, où il y a auſſi vn aſſez bon p t, & la plus part des Inſulaires ſont peſcheurs, pour la grande quantité de poiſſons dont cet endroit de mer abonde. Puis encores plus haut il y a l'iſle de *Camera* ſuiecte auſſi au Preſteian, qui a deux bons ports, l'vn au Midy, l'autre au Leuant. Elle a de bonnes eaux, & vn beau puits à deux cens pas de la mer, dans vne cour remplie d arbres fruictiers, & s'appelle ce quartier la *Magouda* ou *Magot* ; où il y a vingt ou trente maiſons qui ont chacune leurs petites barquetes pour ietter en mer quand bon leur ſemble, & viuent ainſi de peſcherie.

Ercoco.

Roumé.

Mazuan.

Ibrani.

Cam. a.

De Dalaſcie ville du grand Neguz, & de l'iſle de Socotora. Deſcription d'vne prodigieuſe tempeſte.

CHAPITRE IX.

Es Carauanes qui viennent du païs des Abiſſins ſe vont embarquer au port de *Dalaſcia* ou *Dalaca*, ou bien en l'iſle de *Suachen*, terre du grand *Neguz* pour de là aller en la terre Sainte. Ces lieux ſont la plus part habitez de Chreſtiens. *Suachen* eſt vne iſle à dix- *Suachen.*

huict degrez, assez grande tirant du Maestral au Midy, enuiron à vne bonne arquebusade de terre ferme. Pour *Dalacia* elle est au Neguz, mais commandée par vn Mahometan, qui luy paye tribut, & laisse viure les Chrestiens en liberté. Ils y ont de belles Eglises, & leurs Prestres se marient comme les Grecs, & obeïssent à l'*abuna*, ou Patriarche d'Ethiopie.

<small>Etiopie. Dalacia.</small>

Elle iouït d'vn fort bon air, & produit toute sorte de fruicts excellents, comme oranges, citrons, melons, figues, raisins; ils ont quantité de bestial, & principalement de ces grandes chevres, du poil desquelles on fait le camelot fin comme soye, leur poil est fort long, blanc, doux & delié, & en font de fort gentiles estofes, qui semblent toiletes blanches, dont ils trafiquent fort, & les vendent cherement; ils ont aussi de la *Laque*, la plus belle & fine du monde, qui vient de petites bestes & insectes, comme mouches à miel, qui mangent vne gomme rouge prouenante de certains arbres semblables aux cerisiers; & comme elle est fort purgatiue, ils la rendent plus belle & plus fine que deuant. Il y a des hommes qui ne font autre mestier que de la receuoir aussi-tost, & la poser sur de petites tabletes pour la netoyer, puis la mettent en des petits vases peints de diuerses couleurs, n'y en mettant pas plus de demi-once en chacun, qu'ils vendent cherement pour sa bonté, & appellent cela *Laca d'Alaca*; d'où l'on fait d'excellentes peintures. C'est aussi de cela que l'on fait la cire d'Espagne. Cette isle abonde en bestial, pacages, & pesche de toute sorte de poisson, bonnes eaux de fontaines, dont ils arrousent leurs iardins. Ils ont aussi du meilleur gingembre, duquel toutefois on ne fait pas tant de cas, à cause qu'il n'est pas de durée, & pour sa grande humidité est suiet à se pourrir. Ils ont aussi force santal rouge, blanc & citrin, & quantité de bois d'ebeine & de rose du plus exquis. Ils ont vn autre bois dit *Sorba* qui ressemble au bresil, mais il fait vne couleur fort basse, auec vne herbe appellée *Lagarozo*, qui estant en sa maturité fait vn tres beau cramoisy, & estant mis dans vn drap de coton, deuient tousiours plus vif plus on le laue.

<small>Camelots.

Laque, comme se fait.

Cire d'Espagne.

Gingembre.

Santal.
Ebeine.
Sorba.
Lagarozo.</small>

Les habitans de cette isle sont fort libertins & lascifs, estans partie Mores, & partie Chrestiens, chacun viuant à sa mode, mais sans confusion ny desordre. Le Prince Mahometan est fort gratieux, & fait caresse à vn chacun ; il va vestu à la Turque, auec force pierreries, & vne suite honorable.

Ceux de terre ferme disent par prouerbe de cette isle *Sarbaït Dalca*, c'est à dire, asnes de *Dalascia*, pour y auoir là de ces bestes des meilleures du monde, & dont ils tirent des seruices merueilleux : car ils passent les deserts mieux qu'autres animaux qu'il y ait, & i'en ay veu vendre en Perse iusqu'à cent ducats & plus, à cause qu'ils cheminent bien & font peu de despence, faisans leurs quinze lieuës par iour sans sembler estre las.

Asnes de Dalascia.

Le pere du Roy qui commandoit en ce païs quand i'y passay, auoit vn poisson merueilleux qu'il appelloit *Caymans* (*Caymans* est vn espece de lezards ou crocodiles aux Indes) & le gardoit dans vn reseruoir d'eau pres de la mer, & l'auoit nourry petit, prenant plaisir de luy donner à manger de sa main, car il estoit tout appriuoisé. Il estoit deuenu si grand, qu'il montoit dessus, & se faisoit porter en terre ferme, qui en est enuiron à trois cens pas. L'on m'asseuroit qu'il auoit pratiqué long-temps cette façon, & qu'il n'vsoit point de charmes pour cela, ainsi que l'on fait ailleurs, aux Indes Occidentales, aux *Tuberons* que l'on charme, afin qu'ils ne mangent & n'endommagent ceux qui vont pescher les perles.

Caymans ou Crocodiles.

Tuberons.

Or comme nous nauigions en cette mer Arabique dans vne almadie, auec bon nombre de marchands de toutes Nations & Religions, il me souuient entr'autres d'vne dispute qui s'excita vn iour entr'eux sur la diuersité des Religions du monde, y en ayant vn qui soustenoit à la mode de nos Deistes & Athées, que toutes estoient indiferentes & tollerables, & qu'il n'y auoit aucune repugnance, que tous adorans vn grand Dieu, ne peussent estre sauuez, s'estonnant que les Chrestiens se pensassent estre tels, & pour cela les blasmoit fort, en les appellant meschans, d'auoir

Estrange dispute & tempeste là dessus.

si bonne opinion d'eux, & si mauuaise des autres. Sur quoy il y eut vn Abissin qui luy respondit fort sagement & doctement, remonstrant ce qui estoit de la pureté de nostre Religion, & telle que les mauuais Chrestiens mourans en peché, estoient aussi bien damnez que les autres Infideles. Sur cela le Patron du vaisseau, commença auec vne grande presomption à nous vouloir persuader par beaucoup de paroles, que nous estions tous abusez, & qu'il n'y auoit que le grand *Duma* qui regissoit tout l'Vniuers; puis en vint vn autre qui disoit n'y auoir autre diuinité que la Nature, à quoy nostre Abissin respondit que ce *Duma* estoit Ministre du grand Dieu, & d'Ange de lumiere qu'il estoit à sa creation, auoit esté damné par son orgueil, & n'auoit aucun pouuoir, sinon en tant que Dieu luy permettoit. Enfin s'estans tenus plusieurs autres semblables discours, le temps estoit nebuleux & allions empoupez vers *Guardafu*, quand soudain nous aperceumes côme la forme d'vne fumée noire & espaisse, tombant assez loin de nous dans la mer. Il y eut lors vn des nostres Grec de l'isle de *Chio*, qui prit son espée, & disant quelques oraisons auec le signe de la Croix, commença à chamailler sur le tillac, dont il coupa deux ou trois pieces, ce qui faisoit rire la compagnie, & toutefois il sembloit que cela separoit cette grosse fumée, & la faisoit escarter du nauire. Sur cela s'esleuerent de si horribles tonnerres & esclairs que chacun en estoit extrémement effrayé; & moy ie me mis à prier Dieu de bon cœur pour la grande peur que i'auois, & la tempeste croissoit de telle sorte que vous n'eussiez oüy que cris & lamentations, chacun pensant estre à la fin du monde; Il y en eut de fort mal traitez; car ce monstre ou tourbillon fumeux couroit comme vn gros ballon par les cordages & les arbres du vaisseau d'vne incroyable vistesse accompagné de feux estincelans, auec vn si estrange bruit qu'on en estoit estourdy, & ne cessa qu'il n'eust mis les voiles en dix mil pieces. Il y eut quelques Gentils-hommes Indiens, qui prirent leurs alfanges ou cimeterres pour se defendre de ce Demon courant sans cesse, & reuersant tantost les vns, tantost les autres, Il en demeura

Duma Dieu des Peguans.

Tempeste estrange.

Demon tempestueux.

plusieurs

du sieur Vincent le Blanc. 41

plusieurs morts ou brûlez; quelques vns s'alloient cacher au fonds du vaisseau, d'autres mesmes se iettoient dans la mer comme desesperez. Nostre pauure *Abissin* receut vn grand coup sur la teste, & tout en sang qu'il estoit prit son liure & se mettant à genoux prononçant l'Euāgile de S. Iean, & soudain tout cela disparut, ayant duré plus d'vne heure & demie : nous estions tous plus morts que vifs. Mon compagnon en fut si mal traitté qu'il en porta plus de deux mois le bras en escharpe, auec vne meurtrisseure, & des marques noires comme poix, chacun resta si effrayé que l'on fut long-temps sans pouuoir ouurir la bouche pour prononcer vn seul mot, nous regardans l'vn l'autre auec estonnement, de voir tant de corps morts & blessez estendus çà & là par le vaisseau. Enfin il pleut à la bonté Diuine de nous faire aborder en terre, dont nous luy rendimes graces de bon cœur. Nous ne pûmes iamais retrouuer celuy qui disoit qu'il n'y auoit ny Dieu ny Diable, & ne sceut-on qu'il deuint : Le Patron demeura perclus d'vne iambe & d'vne cuisse, qui en demeura toute noire sans sentir toutesfois aucune douleur. Entr'autre vn ieune homme des nostres me dit qu'il auoit eu vne grande apprehension pendant cet orage pour sentir sa conscience chargée, de ce que comme il debitoit ses marchandises en vne ville où nous auions esté, vne certaine Dame More vint sous couleur d'achepter du musc, & disant qu'elle le vouloit montrer à son mary, luy laissa vne perle d'excessiue grosseur en gage, puis retourna demander le prix de la vessie au dernier mot, qui estoit de cinq ducats, & que luy vint querir l'argent chez elle, & l'ayant suiuie elle le tint trois iours durant en sa maison, luy faisant bonne chere. C'est ainsi que les Dames de ce païs là recherchent la ieunesse, & sur tout des estrangers de deçà, dont elles sont fort amoureuses.

Demon effacatté.

Femmes amoureuses.

Proche du cap de *Guardafu* est l'isle de *Socotora*, celebre pour l'ambre gris, la gomme, dit sang de dragon, & sur tout pour la plante dont se tire l'aloës, qui y est le meilleur qu'en autre part du monde. Cette isle fut premierement descouuerte par vn Fernand Bereyta, Capitaine Portugais;

Socotora.

F

Les Voyages

& tient-on qu'Alexandre, sur le rapport d'Aristote, la conquist en retournant des Indes, & la peupl. de Grecs pour auoir soin de la culture de cette precieuse plante d'aloës.

Aloës.

Chemins diuers des espiceries.

Auant les Portugais tout le trafic des Indes en espiceries & autres choses precieuses venoit de *Malaca*, par *Ormus* & *Aden*, & de là par carauanes au Leuant & par deçà, les vns par la mer *Persique*, *Balsera*, les bouches d'Euphrate, puis par l'Armenie en Trebisonde, par la mer Majour & Tartarie, ou par *Damas*, *Barut* & *Alep*, où les Venitiens, Geneuois & Catalans les venoient querir : les autres par la mer rouge, le Caire & Alexandrie, comme nous auons dit: autres par les fleuues d'*Indus* & *Oxus*, & de là par la *Caspie* en nos regions Occidentales : mais depuis cent vingt ans cela a esté destourné par vn autre chemin à l'entour de l'Afrique, comme il est encor aujourd'huy.

De l'Isle & Royaume d'Ormus, du Roy, de son gouuernement, du trafic qu'on y fait, & de ses diuerses conquestes.

CHAPITRE X.

Ormus.

Cheuaux Persiens.

Yant couru ce Golfe Arabique & ses costes, nous retournâmes à Aden, où nous demeurâmes encor quelques iours, trafiquâs & troquans nos marchandises, puis nous nous embarquâmes pour aller à *Ormus*, afin de payer la dace de quelques cheuaux Persiens qui estoient en nostre vaisseau, d'autant qu'à la faueur d'iceux on ne paye aucune gabelle par la plus part des Indes, en prenant vn *cartaco* ou passeport de franchise, que tous les Gouuerneurs des places sont obligez de donner.

Passans donc d'Aden le long de la coste d'Arabie par le cap de *Fartaque*, *Rosalgate*, & *Moncadon* ou *Moasandaon*, iusqu'aux bouches du Golfe Persique ou destroit de *Bazora*, nous abordâmes enfin à Ormus, nom de ville, d'isle & d'vn Royaume, qui s'estend deçà & delà dans les terres fermes de Perse & d'Arabie. Estans arriuez à Ormus nous fûmes logez chez vn Portugais qui faisoit du Seigneur, se faisant porter par vn valet vne grande espée dorée & vn poignard, auec vne tasse d'argent pour boire, ne daignant seulement toucher celles des autres, & cependant auec tout cela il tenoit cabaret à tous venans. La ville d'Ormus est dans vne isle à vingt six ou vingt sept degrez, à neuf mil de la Perse, & à trente d'Arabie. Le circuit de l'isle est de trente cinq à quarante mil, sterile en tout. La ville est belle & a vne bonne forteresse, ceinte de murailles & de huict tours en forme de chasteaux; la moitié est enuironnée de la mer, & a quatre grandes cisternes remplies de bonne eau, qu'ils apportent de terre ferme. Les peuples sont partie Mahometans, partie Chrestiens, & quelques-vns Idolatres. Il y auoit vn Roy fort puissant depuis trois cens ans que cet Estat fut establi; *Ceyfadin* y commandoit quand *Alfonce Albuquerque* y vint, qui le contraignit de reconnoistre le Roy de Portugal, & depuis ces Roys luy ont tousiours payé tribut, bien qu'on ne touche point à ses droits dans tout son Estat, où il a de grands reuenus, tant dans l'isle qu'en la terre ferme de Perse & d'Arabie. Du reste on luy fait iurer amitié & fidelité aux Portugais, & le Viceroy le reconnoist, l'honnore & le visite en son Palais. L'Isle seule est auiourd'huy tributaire à l'Espagne, & non le reste. Ce Roy vit auec grandeur & magnificence parmy ses suiets. Les confins de cet Estat sont vers le Septentrion, le Royaume de *Dori* vers Perse, & s'estend iusqu'au cap de *Rosalgate*, où commence le Goulfe, & de là iusqu'au cap de *Moncadon*, embrassant toutes les isles appellées *Gedri*, du nom d'vne grande riuiere, iusqu'à vne autre appellée *Dale*, qui separe la Perse vers la *Carmanie* ou *Chirman*. Dans le Goulfe est *Baharen*, isle assez celebre pour la pesche des perles les plus excellentes de l'Orient, où les Portugais ont vn facteur. Les peuples d'Ormus sont fort voluptueux, & marchans

Bazora.

Ormus.

Eaux manquent à Ormuz.

Ceyfadin. Albuquerque.

Roy d'Ormuz.

Dori.

Gedri.

Baharen isle.

Peuples d'Ormus, quels.
Areca.
Betel.

par la ville ils se font porter tousiours par vn page vn vase ou boëte pleine d'*Areca*, qui est vn manger delicieux des Indiens, aussi bien que le *Betel*; d'autres se font porter vn grand *Jombrero* ou chapeau, d'autre l'espée dorée; les Portugais en font de mesme. Ils ont de petites maisons dans la mer couuertes de feüillage pour s'aller rafraichir, lors

Vent abrasador.

que le vent que les Portugais appellent *abrazador*, vient à souffler, qui est apres Midy. Ce vent est si subtil & porte vne poudre si deliée qu'elle suffoque, & faut sçauoir l'vsage du païs pour s'en garantir; Ils sont assez courtois pour en auertir les estrangers. Leur plus grande incommodité est la disette d'eau fraische, mais ils la vont querir en terre ferme qui en est à huict ou neuf mil. Ils ont bien deux ou trois puits plus proches à cinq ou six mil de la ville dans vn lieu qu'ils appellent *Terabaguen*. En cette isle il n'y a que deux bons ports, l'vn à l'Orient, l'autre à l'Occident, les autres sont mal-asseurez. Il s'y prend quelques oyseaux, mais peu. Il y a vne soufriere & vne petite montagne de

Sel de mine.

sel de mesme bonté que celuy de Cardonne en Catalogne, qui leur apporte de grandes commoditez: car on s'en sert en beaucoup d'endroits, & le Prince en tire quelques droits. En la ville d'Ormus il y a vn abord de toutes choses venans des Indes, Perse, Arabie & Ethiopie, où trafiquent les marchands Indiens, Perses, Leuantins, Turcs, Abissins, Venitiens, Portugais, & autres. La carauane ou *Cafile* y arriue deux fois tous les ans d'Alep par terre, à sçauoir en Auril

Trafic d'Ormus.

& en Septembre. D'Alep ils viennent par Babylone à *Balsora*, escortez de Iannissaires, & delà à Ormus. Ils sont six ou sept mil à la fois; à Alep il y a des Comsuls François, Anglois & Venitiens pour le trafic; Ils remportent de là des espiceries, odeurs, perles, pierreries, tapis, soyes, camelots, cheuaux, conserues, & diuerses confitures.

Roy d'Ormus.

Nous nous rencontrâmes fort à propos à Ormus pour voir la creation ou election du nouueau Roy, qui se fait auec beaucoup de ceremonies; à quoy le Viceroy de Portugal contribuë de grands frais pour le seruice & la grandeur de son maistre. Cette election se fait d'vn Prince du

du sieur Vincent le Blanc. 45

sang Royal, Mahometan, que l'on fait iurer de maintenir son Royaume dans l'obeyssance du Roy d'Espagne. Et bien que toutes ses terres & Seigneuries soient situées en terre ferme de Perse & d'Arabie, où nul Chrestien ne peut faire mal ny desplaisir, toutesfois il ne laisse de iurer cette fidelité & obeissance entre les mains du Viceroy qui luy donne le sceptre dans la forteresse, & puis l'accompagne auec vne grande suite & magnificence iusques dans son Palais Royal, & luy ayant fait vne grande reuerence & sumission s'en retourne en sa citadelle. Ce Roy iure entr'autres choses, de ne faire iamais aucune grande assemblée sans en auertir premierement le Viceroy, & ainsi ils viuent en bonne paix & intelligence. Depuis ces dernieres années l'on nous rapporte que le Roy de Perse, à l'ayde des Anglois & Holandois, s'estoit emparé de cette isle d'Ormus sur les Portugais, & l'auoit remise en son obeissance comme elle estoit autresfois.

Roy d'Ormus comme esleu.

Ormus reprise par le Persan.

De la Perse, ses confins, ses Prouinces. De Babylon, du lac de Poix.

CHAPITRE XI.

Au partir d'Ormus nous prîmes resolution de courir toute la Perse auant que faire le voyage des IndesOrientales, comme estoit nostre premier dessein. Cela vint sur le suiet d'vn marchand dont i'ay parlé cy-dessus; Mais dautant qu'ayans passé & repassé plusieurs fois par diuerses villes & païs de la Perse; ie n'ay pas pû si bien remarquer ny les iournées, ny les distances, ny l'ordre & suite du voyage, à cause de ma ieunesse; Ie me contenteray d'en discourir à vuë de païs, selon que ma memoire m'en pourra fournir de plus certain. Et premierement ie diray en general que ce païs de Perse, dit *Azymia, Azimir,* &

Perse.
Limites de Perse.
Cyrus.

Estat de Perse, & ses reuolutions.

F iij

Farſi, eſt vn grand Empire qui s'eſtend depuis les confins du Turc vers l'Armenie entre le fleuue *Tigris*, la mer Perſique ou *Elcatif*, la mer *Caſpie* ou de *Bachu*, la mer Indique & le fleuue *Cheſel*, anciennement *Iaxartes*. Il confine vers l'Occident à l'Empire du Turc, du coſté du Leuant au Royaume de *Samarcant*, à l'Empire du grād Mogor & Cambaye, vers le Nort à la mer *Caſpie*, vers le Midy à la grande mer Indique, tirant vers la *Carmanie* deſerte & *Guzarate*. Ce Royaume contient pluſieurs grandes Prouinces ou pluſtoſt Royaumes, & vn bon nombre de belles & floriſſantes villes, ayant eſté touſiours celebre depuis ſon premier eſtabliſſement ſous le grand Cyrus il y a plus de deux mil deux cens ans, iuſqu'aux Grecs & Parthes qui le poſſederent, & puis il reuint aux naturels Perſes enuiron l'an de grace deux cens, qui le conſeruirent pluſieurs ſiecles, iuſqu'à ce quelque quatre cens ans apres les Saraſins & Mahometans s'en emparerent, qui l'ont touſiours gardé depuis parmy pluſieurs changemens & diuerſes races de Roys & Seigneurs Arabes, Saraſins, Parthes, Turcs & Perſans naturels par le dernier eſtabliſſement des Sophis il y a enuiron cent vingt ans.

Limites de Perſe.

Cyrus.

Ses Prouinces principales ſont *Sequelpech* autresfois *Suſiane*, *Chirman* ou *Carmanie*, *Struan* ou *Medie*, *Corozan*, *Zagathay* ou *Hircanie* & *Bactriane*, *Iex* ou *Parthie*, *Guzerat* ou *Gedroſie*, puis *Arac*, *Pedel*, *Iſilbas*, *Sigeſtan*, *Sableſtan*, *Chabul*, *Candahar*, & autres.

Prouinces de Perſe.

Ses riuieres principales ſont l'Eufrate ou *Aforat*, le *Tigris*, l'*Araxes* ou *Araſſe*, *Oxus*, & autres.

Fleuues.

L'Eufrate a ſur ſes bords pluſieurs belles villes, comme Babylone, où il y a force Chreſtiens, comme auſſi à *Maxeſtan*, *Aſimoſia*, *Artaſata*, *Tuniſſe*, *Perbent*, & ailleurs, qui viuent en liberté en payant vn certain tribut au Prince. Vers le Nort ſont les fameuſes villes de *Giet*, à ſix iournées de *Soltanie*, *Saban*, *Comer*, *Caſan*, *Egex*, *Iels*, *Sengan*, *Maluchia*, *Sio*, *Meſon*, *Ere*: puis vers le Goulfe Perſique & Sueſt il y a *Guerdi* ſur le fleuue *Bindinimar* ou *Bindamach*, & montant la riuiere l'on voit *Marous*, *Viegan*, *Naain*, *Sana*. En la Medie il y a *Tauris*, *Rip*, *Sidan*, *Eſtrana*, *Barbariben*, *Bachat*, *Madranelle*, *Samachi*, & autres: puis les villes Royalles de *Soltanie*, *Eſpahan*, *Casbin*, *Siras*, ſans

Ville de Perſe.

du sieur Vincent le Blanc. 47

côpter plusieurs autres villes sur le fleuue *Benmir*, que les Russes appellent *Bragadet*, où le trafic est en vogue, & s'y fait force draps d'or, d'argent & de soye, & on y vient de tous costez du monde pour ce commerce, comme des Indes, Ethiopie, Arabie, Egypte, Turquie, Tartarie, & autres païs, ce qui apporte vn grand profit au Roy de Perse.

Nous courûmes la pluspart de ces villes, où nous faisions grand profit de nos quinquailleries de forests, entr'autres en Babylone ou Bagdet, ville si renommée, autresfois l'œil & la merueille des villes d'Orient, assise sur le grand fleuue *Eufrate* ou *Frat*, & *Aforat*, & qui auoit iusqu'à cinquante mil de circuit. On n'en voit de cette ancienne auiourd'huy que les ruïnes depuis sa destruction totale par les Sarasins il y a enuiron 900. ans, & au lieu d'icelle de l'autre costé de l'Eufrate à quatre lieuës de là sur le confluent du Tigre & de l'Eufrate on bastit la ville de Bagdet ou nouuelle Babylone d'auiourd'huy, où les reliques de l'ancienne furent transportées en vne ville dite auparauant *Seleucie*, par le Calife *Almansor* ou *Elmantzur*. Cette ville a au Septentrion la grande Armenie, au Ponent l'Arabie deserte, au Midy l'Heureuse, & au Leuant la Perse. Le Tigris passe au pied des murailles : il y a de l'autre costé vn gentil village, comme est Trinquetaille à Arles, & Triane à Seuille, auec vn pont fait de barques, qui se hausse & s'abbaisse au cours de la riuiere. En ce bourg là se tient la foire, & presque tous les marchands y habitent & y font librement leurs negoces. La ville est grande & marchande, enuironnée de belles murailles, auec force iardinages & des terres labourables au dedans. Il y a vn bon chasteau bien muny d'artillerie, où le Bacha Lieutenāt du Turc faisoit alors sa demeure : car depuis quelque temps le Persan l'a reprise sur le Turc, ayant tousiours auparauant esté sous l'Empire de Perse iusques à ce que le grand Turc Soliman la prit & s'y fit couronner Roy par le Calife qui y est encores, mais sans pouuoir, ne retenant que le nom & quelque droit de receuoir & couronner les Empereurs d'Assyrie. Tous les mois on voit partir de cette ville des carauanes de marchands pour toutes les par-

Babylone.
Bagdet.
Seleucie.
Tigris.
Calife de Bagdet.

Les Voyages

ties du monde. Au lieu de radeaux dont nous vsons pour porter le bois sur nos riuieres, ils se seruent d'outres ou de peaux de boucs enflées sur lesquelles ils mettent des ais & tables bien liées pour porter leurs marchandises à la descente des riuieres: puis ils desenflent ces peaux & les reportent sur des chameaux pour s'en seruir vne autresfois. Ils disent que la Tour de *Babel*, si fameuse autresfois, estoit en vne grande pleine à deux lieuës de la ville, & qu'elle auoit de tour quelque trois mil pas, & que l'on n'en voit auiourd'huy que les vestiges sur vne grande montagne pleine de ruïnes: Vn marchand qui y auoit esté, me contoit que ce bastiment estoit fait de terre cuite, auec vn certain ciment si fort, que comme il en voulut leuer vne piece, il luy fut impossible; & qu'il y auoit vne couche de cette terre, puis vn autre de cannes entrelaisées comme de la natte, sans estre aucunement pourrie, forte au possible, & si bien agencée auec ce ciment, que c'est merueille. Il me dit qu'il auoit passé le lac de Poix ou Bitume, qui sort d'vn grand precipice dont ils trafiquent par tout, & que la grande ville de Niniue & les murs de Babylone auoient esté basties de ce bitume. Ils s'en seruent aussi pour se chauffer comme de la tourbe de Holande, & pour la lumiere mesme. Ce lac ou mer de poix est entre Babylone & vne autre ville appellée *Nane*, où est la source de la poix qui sort d'vn rocher par plusieurs endroits en telle quantité, principalement au plein de la Lune, que c'est chose espouuentable à voir: & de là ces sources se viennent degorger dans ce lac qu'elles font, & tous ceux des lieux maritimes en vont prendre pour poisser les nauires. Ceux du païs s'imaginent que c'est vne bouche d'enfer. C'est la Naphte & le Bitume dont les Anciens ont tant parlé, & dont on se seruoit aux bastimens, comme ils font encores auiourd'huy au lieu de chaux. Il me souuient d'auoir veu vne semblable source de poix en la Region d'*Alhema* aux Indes, qui iette vne espece d'Alquitran ou poix liquide, dont ceux du pays & des lieux circonuoisins se seruent pour flambeaux, qui iette vne fumée si espaisse & de si mauuaise odeur, qu'elle arreste, estourdit & fait mourir

Marchandises comment portées sur l'eau.

Tour de Babel. Voy les Relations de Balby & Federic Italiés, & du sieur de Feynes François.

Lac de Poix. Bitume.

Voy les Relations de Feynes.

Naphte.

mourir les oyseaux qui passent par dessus. Aux Indes Occidentales on en voit encores de mesme dans l'Isle de Cuba, & du costé du cap de la Magdelaine au païs d'Aute en la Prouince d'Apalihen. Cette source se voit floter sur l'eau, auec vne telle puanteur, que bien souuent les nauires escartez & esgarez se remettent en leur chemin par le moyen de cette odeur qui s'estend fort auant en la m.

Au reste l'Eufrate & le Tigris ioints ensemble pres Babylone, se vont rendre en la mer Persique pres *Balsora*, ville de grand trafic, qui est à quinze mil de la grande mer. *Balsora.*

La ville de *Bagdet* est diuisée en quatre quartiers, & quãd il arriue guerre, ou autre necessité, les quatre Estats de la ville se retirent chacun en son quartier, où ils tiennent chacun conseil, & celuy qui a le mieux opiné & fait voir au Conseil l'vtilité de son aduis, iouit de la liberté & franchise Royalle, sans payer aucune dace, taille ny imposition, quelques terres & biens qu'il ait, estant fort honoré du Prince, & ayant tousiours apres entrée & voix au Conseil general qui se tient vne fois l'an pour le bien du Royaume. Cela s'obserue aussi aux principales villes de Perse, ce qui est cause que tous ces peuples Orientaux s'adonnent fort à la science d'Astronomie, diuination, & toute autre sorte de Philosophie qui les peut rendre sages & prudens: mesmes ils s'appliquent fort aux vertus, excepté à la chasteté, estans tous fort lascifs & addonnez aux femmes, qui en tous ces pays-là sont les plus belles & agreables du monde: de sorte qu'on dit en commun prouerbe, Femme & cheual Persien. *Bagdet. C'est quasi le mesme à Palimbuth. Astronomie en Perse.*

G

De la ville de Tauris, Sumachie, Bachat, Casbin, & de quelques autres places plus considerables de la Perse.

CHAPITRE XII.

Tauris ou Tabris, iadis Terua ou Gerua.

Zagathay.

Mirza & son pere Xaabas.

DE Babylone nous allâmes par toutes les autres villes de Perse. Ie ne feray mention que des principales, comme de *Tauris* en Medie qui est vne grande ville fort marchande. Quelques vns la prennent pour l'antique *Ecbatanes*, ville Royale des premiers Roys des Medes. Elle a eu diuerses fortunes de prise & reprise par les Turcs & Perses, iusques à ce qu'elle est enfin demeurée à ceux-cy, apres les grandes batailles dernieres données par le Persan au Turc. Elle se perdit lors que le Roy de Perse alla donner secours au Prince de *Zagathay*, ce qui fut cause de la reuolte d'vne bonne partie de ses païs, tramée par son fils aisné. Ce Roy, pour recouurer ses païs & attraper son fils, s'auisa d'vne fine te, qui fut de faire courir le bruit qu'il estoit mort, & mesme fit faire ses obseques, se cachant dans vn lieu où estoient ses tresors : sur quoy son fils abusé, vint aussi tost, & fut ainsi pris, finissant ses iours en prison ; en suite dequoy ce Roy auec vne bonne armée alla reprendre les pays qu'il auoit perdus, comme *Sequerpec*, Armenie, les villes de *Siras*, & autres sur l'Eufrate, Tigris & Araxes.

La ville de Tauris a esté brûlée & pillée plusieurs fois en ses diuerses prises : elle peut estre grande comme Londres, & plus que Thoulouse, sans aucune murailles. Le Prince tire de cette ville vn grand reuenu tous les ans, tant des marchandises que de ses habitans, car ils payent tous vn certain tribut, & les artisans mesmes selon leurs facultez & mestiers ; les marchands passans payent pour leurs marchan-

du sieur Vincent le Blanc.

dises cinq pour cent pour les droicts de passage, & s'ils veulent s'y arrester, ils payent dix pour cent : Mais quelques grandes que soient ces daces, il ne laisse d'y aborder des marchands & marchandises de tous costez, comme par dépit ; car il en vient de l'Inde, Afrique, Ethiopie, *Baldac, Mosul, Cremesol, Cambalec, Melusia, Vaouta, Decherin, Saltamach, Chelmodate, Cotestan*, & autres endroits du monde. Ce qui apporte vn thresor inestimable au Sophy. Outre les autres villes qui payent les mesmes gabelles & daces, comme *Giac, Soltanie, Saban, Comer, Casera, Etget*, qui sont toutes opulentes. Puis vers *Cusistan*, la grande cité de *Guerd* sur le fleuue *Bindamar, Virgan, Marout, Asana, Nain*, où il y a vn peuple innombrable ; *Sidan, Reib, Estrana, Barbarihen, Samachir* : & d'autre part *Maluchia, Sengan, Sio, Meson, Ere*, & autres en grand nombre, y ayant plus de cinq cens lieuës de trauerse en tout ce grand Empire, depuis Babylone iusqu'à Carozan, & de la mer Persique iusqu'à la Caspie, tout habité de peuples fort ciuilisez, & la plus part de Religion Mahometane de la secte d'Hali.

Trafic à Tauris.

Villes principalles de Perse.

Au dessus de Tauris, tirant vers le Nort aux confins de la Medie, est *Arbena* ou *Derbent*, qu'on dit auoir esté bastie par le grand Alexandre, dont elle porte le nom, qui fut autresfois appellée *Porte du Caucase* ou *d'Iberie*, pour estre vn destroit de terre ou passage estroit entre la mer Caspie & les montagnes, qui empeschoit l'entrée des Scythes en la Medie. Depuis on l'a nommée *Temircapi*, ou porte de fer, & *Derbent*, c'est à dire, destroit. Aussi y a-il des portes de fer, auec vne bonne garnison pour fermer le passage aux peuples Septentrionnaux, *Circasses, Albaniens, Tartares*, & autres.

Derbent.

Plus bas que *Derbent* est *Sumachia*, ville riche & florissante en Noblesse, puis *Bachar* ou *Bacha*, vne autre ville de grand trafic pour estre sur la mer Caspie, & sur tout celebre, pour auoir les plus belles femmes de la Perse, comme les Persiennes emportent le prix de beauté, gentillesse, graces & attraits sur toutes les autres du monde : de sorte qu'ils ont vn prouerbe en Perse, que qui veut voir vne belle femme il faut aller à Bachat ; & on y vient de tous costez pour cela,

Sumachie. Bachat.

Femmes Persiennes tres-belles.

G ij

d'autant qu'elles y sont toutes de complexion amoureuse, & entr'autres il y a vn quartier de ville nommé *Gezempec*, où la plus part des courtisanes se retirent, qui sont curieusement visitees des estrangers. Les Iuifs qui habitent en cette ville vont soigneusement recherchant toutes les pauures filles qui ont quelque beauté, & les habillent richement, & les logent aupres de cette grande ruë ou quartier appellé le *Machif*, c'est à dire bordel, pour en tirer plus de profit. Elles sont toutes logées magnifiquement & habillées comme des Princesses ; pour pauures qu'elles soient, elles trouuent assez d'amis qui en ont soin. On les voit aux fenestres comme au cours à Rome, & les portes des logis estans toutes ouuertes, on y peut entrer librement pour les voir à son ayse & deuiser auec elles. Cependant le plus souuent elles sont mariées à des faquins & gens de vile condition, comme crocheteurs, portefais, bouchers & bourreaux mesmes, lesquels pendant ces doux entretiens on voit entrer audacieusement dans ces lieux-là comme les maistres de la maison. I'y ay veu vne Marseilloise appellée Louïse Canpane, qu'vn sien mary auoit menée là pour tenir banque ; mais elle estoit deuenuë si fiere & superbe pour sa brauerie & magnificence, qu'vn certain marchand luy ayant presenté dix escus ou sultanins pour s'approcher, elle les luy ietta par la fenestre par mespris, & toutesfois elle n'estoit pas des plus riches : & cependant elle habilloit son mary de soye, bien qu'il fut vn pauure marinier, laid & mal fait. Mais il est difficile que cette sorte de femmes ne deuiennent enfin miserables pour la grande despence qu'elles font : car mesme elles ne feront pas difficulté de donner par vanité à vn pauure en la ruë vn & deux escus d'aumosne à la fois. Cette Marseilloise auoit demeuré cinq ou six ans en grand vogue à Tauris, où elle auoit plus de six mil escus de son gain, qu'elle perdit tout par son arrogance, ayant esté bannie pour la brauade qu'elle fit à vn Seigneur qui l'entretenoit, auquel elle donna vn souflet. Depuis elle se retira en cette ville de Bachat.

Il y a vn nombre d'autres belles villes en la Perse, com-

Gezempec.
Courtisanes de Bachay.

Machif.

Marseilloise courtisane.

du sieur Vincent le Blanc. 53

me Spahan, Casbin, Siras, qui sont villes Royalles. Spahan est vne des demeures de la Cour, fort peuplée & riche; où il se fait vne grande quantité de draps de soy, & se trouuent plusieurs pierres de *Besouart*, qu'on dit se former dans l'estomach de certaines chevres. La mine des Turquoises n'est pas loin de là. Cette ville est fort voluptueuse, & les hommes & les femmes n'y recherchent que leurs plaisirs, & la fraischeur durant les chaleurs : Les fruits y sont en abondance de toutes sortes, & fort excellens. *Ispahan. Bezar ou Bezouart.*

Casbin est vne autre grande ville Royalle bien peuplée. Puis il y a *Siras*, la plus delicieuse & agreable ville de toute la Perse, auec de beaux iardins, fontaines, & autres rafraischissemens dans les grandes chaleurs. On y trouue force beaux & bons cheuaux. Quelques-vns pensent que cette ville a esté bastie sur les ruines de l'ancienne *Persepolis*, cité Royalle des anciens Roys de Perse, située pres le fleuue *Araxes*, dit auiourd'huy *Bradamir*, & que non loin de là se voyent encor les admirables ruïnes de ce fameux Palais des Roys Persans qu'Alexandre fit brûler pour plaire à sa courtisane Thaïs. Mais nous parlerons plus amplement cy apres de Siras. *Casbin. Siras. Garcias Figuerca. Ep. de reb. Pers.*

Nous repassâmes en continuant nostre voyage, tantost en vn endroit, tantost en vn autre sans tenir vne route certaine, afin de mieux vendre nos marchandises. Tirant donc droit vers le *Cusistan*, nous trouuâmes toutes les entrées pour la Perse de ce costé là assez mauuaises & difficiles, qui est cause que les Turcs n'y ont pas si bien fait leurs affaires. Nous trouuâmes que c'estoit vn estrange païs; & mesmes que toutes les sorties de la Perse de ce costé là sont si pleines de vastes solitudes & païs inhabitez, qu'il y fait fort dangereux passer, & que dans les montagnes habitent des gens barbares & insolens : puis on rencontre de grands marescages & de profondes & impenetrables forests, qui rendent les chemins si difficiles, que les marchands ont bien de la peine à les reconnoistre pour s'en asseurer, bien qu'ils ayent de bons guides, & ayent fait souuent ce chemin. Quand on a trouué de ces guides, qui entreprennent de conduire les marchands d'vn Royaume en l'autre, il faut

G iij

aller vers le Belierbeit ou Gouuerneur, pour luy rendre compte de ceux qu'on maine hors de l'Eſtat ; car on ne peut retourner au païs qu'on n'aye porté bonne quittance & deſcharge, auec le certificat & memoire de tout le chemin : qui eſt vn ordre tres-beau & loüable à ce Prince d'auoir vn tel ſoin des eſtrangers & de ſes ſuiets, qu'il veut qu'ils trafiquent en toute ſeureté en ſes païs. Nous allâmes donc vers Vacherin, pour entrer en la Tartarie, & fûmes iuſqu'en la Prouince de *Samarcant*, où eſt cette ville du meſme nom, ſi fameuſe pour auoir eſté autresfois le ſiege de ce grãd Tamerland, ſi renommé dans les hiſtoires depuis enuiron deux cens ans en ça. Mais voyans les grandes difficultez & incommoditez qu'il y auoit de paſſer plus auant, outre que les marchands les plus experimentez ne nous le conſeilloient pas, à cauſe principalement que nous reconnûmes en trafiquant que la monnoye de tous ces païs-là ne vaut rien du tout, n'eſtant ny d'or ny d'argent, mais de quelque autre mauuais metal, peut eſtre d'eſcorce d'arbre, comme Marc Pole remarque de la Tartarie liure 2. ch. 18. Nous ne voulûmes paſſer plus auant, & retournans ſur nos pas r'entrâmes dans la Perſe, & de là à grandes iournées vers l'Arabie Heureuſe & Ormus. Nous nous mîmes donc en la compagnie d'vne bonne trouppe de marchands pour ce voyage, & lors mon compagnon me fit doucement entendre qu'il eſtoit reſolu de paſſer de là aux Indes Orientales, & que ſi ie ne voulois point m'embarquer en vn ſi long voyage il ſe trouueroit des marchands François à Ormus qui me rameneroient en Europe ſi ie voulois, & qu'il me recommanderoit à eux. Pour moy ie me reſolus ayſement d'aller par tout où il voudroit & de ne le quiter point. Cela ainſi arreſté nous repaſſâmes par pluſieurs villes de Perſe, comme à *Soriſmel*, & à douze lieuës de là à *Sinderate* ſur la riuiere d'*Adalout*, où nous fûmes logez chez vn Renegat qui nous fit bonne chere : ſon logis eſtoit en partie ſur l'eau. Ce marchand Armenien qui deſiroit de paſſer à Pegu pour faire emplete de rubis, fut celuy qui fit reſoudre Caſſis à paſſer en l'*Indoſtan* ; nous conſultâmes en

du sieur Vincent le Blanc.

semble de regagner le chemin par où nous estions venus pour euiter les droits qui se payent quand on vient de deuers Samarcant & Corazan. Nous eûmes assez de plaisir en ce voyage.

Des Roys de Perse, leur puissance, delices. De Sophi, Hali & de quelques sectes de Religieux Persans. Des Mages anciens, & autres Officiers du Royaume.

CHAPITRE XIII.

LE Roy de Perse est vn des plus puissans Princes du monde, tant en estenduë de païs, tresors & richesses, qu'en nombre de gens de guerre. Il peut faire d'ordinaire cent mil hommes de cheual, & quatre-vingt mil pietons. L'Estat de sa Cour est tres-florissant & magnifique. Tous ses peuples sont fort belliqueux, auec vn grand nombre de Noblesse genereuse. Ce Roy se fait seruir par les plus grands Seigneurs de ses Royaumes. Il est Chef de la Religion par tout son Empire, & auec cela il mene vne vie fort lasciue & voluptueuse, pour le grand nombre de femmes qu'il tient toutes parées à la Royalle, & vse en tout de parfums tres-exquis, non seulement dans ses habits & ses meubles, mais encore dans ses viandes. Il porte des pierreries de valeur inestimable; il luy est permis d'espouser tant de femmes qu'il luy plaist comme le grand Seigneur; Il a des Seleris, gens fort qualifiez qui vont par tout son Empire voir & considerer les plus belles femmes, ayans permission d'entrer par tout, iusques dans leurs chambres pour les voir dormir, afin de sçauoir si elles ronflent & si elles se tourmentent & remuent en dormant, ou si elles ont vn dormir doux & tranquille; & lors les ayans choisies comme il les faut, ils les emmenent en litiere pour le seruice du Prince. Leurs parens sont fort honorez

Estat puissât des Roys de Perse.

Delices.

Seleris.

Femmes choisies.

& careſſez. Quand le Prince les a veuës, & quand il a choiſi pour ſoy les plus agreables, il donne les autres aux plus grands Seigneurs de ſa Cour, qui ſont bien plus heureuſes que celles qui demeurent au Roy, pour le grand nombre qu'il en a, dont peu ont l'honneur de ioüir de ſa perſonne. Elles ſont gardées par des Eunuques ou chaſtrez, comme celles du Turc. Le Roy mene quelquefois de ſes plus fauorites pour auoir le plaiſir de la chaſſe, ſans toutesfois eſtre veuës de perſonne, encores qu'elles puiſſent voir les autres. Il va à la chaſſe comme à la guerre, ſes gens portent diuerſes ſortes d'armes, comme des fleches, cimeterres, rondachés de bois, marchans tous en bon ordre, & gardans ſoigneuſement la perſonne du Prince, qu'ils adorent comme vn Dieu.

Chaſſe.

Leur diſcipline militaire eſt fort exacte, & ils endurent beaucoup dans leur exercice. Ils ne mangent point que leur chaſſe ne ſoit acheuée, puis ils font venir grande quantité de beſtes ſauuages deuāt la litiere des femmes pour leur donner plaiſir, en tuant deuant elles celles qui leur agreent le plus; quelquefois elles en font prendre en vie, & font donner la liberté aux autres. Tout ce païs eſt remply de grande & belles foreſts plus que tout le reſte de l'Orient.

foreſts.

Ce Prince eſt appellé du nom de *Sophi*, pluſtoſt pour la qualité de ſa Religion que pour autre raiſon, dautant qu'il tient la loy de *Hali* gendre de Mahomet, & pour marque de cela porte vn bonnet de laine & le turban rouge floqué de blanc, dont il eſt dit *Sophi*, qui veut dire bonnet ou floc rouge, & *Caſelbas*, c'eſt à dire teſte rouge. Bien que d'autres diſent que ce nom eſt Arabe & ſignifie vn homme de Religion plus pure que les autres. Ils ſont differens de religion d'auec les Turcs, qui ſuiuent la ſecte de *Homar* vn autre diſciple & ſucceſſeur de Mahomet: ce qui eſt cauſe des grandes & continuelles haines & guerres entr'eux.

Sophi, c'eſt à dire Sage.

Caſelbas.

Ce *Hali* des Perſes auoit eſté nommé par Mahomet pour Calife, & ſon ſucceſſeur apres ſa mort: mais il fut ſuplanté par *Ebubeker*, *Homar* & *Otman*, dont eſt venuë la diuiſion de cette ſecte. Hali fut enterré à *Cufa*, non loin de Bagdet, &

Hali.
Homar.

Cufa.

du sieur Vincent le Blanc. 57

ce lieu est fort honoré des Mahometans, & mesme les Empereurs Musulmans ou Turcs ont coustume d'estre couronnez par le Calife près la sepulture de *Hali*, dite *Massadali*, ou maison d'*Ali*. Les Turcs tiennent les Perses pour heretiques, & les Perses les autres de mesme: ceux cy suiuans l'interpretation d'*Ali* sur l'Alcoran, & ceux-là celle de *Homar*.

Les Perses depuis que leurs Califes & Roys furent deffaits, furent commandez par les Sophis de la race d'Ismaël, qui fleurissoit il y a cent vingt ans. Cet *Ismaël* se disoit descendu de Hali par vn Prophete nommé le *Sophi*, qui remit sus la Religion de Hali, duquel ils ont retenu le nom. *Ismaël Sophi.*

Ils ont plusieurs sortes de Religieux en leur secte. Entr'autres vne dite *Sacar*, qui vsent de grandes austeritez & abstinences, & sont si pauures qu'ils vont par le pais, portans des courges pleines d'eau par les lieux steriles & deserts pour en donner aux passans par charité au nom de Hali, & ne demandent rien pour cela: mais prennent seulement ce qu'on leur donne volontairement. *Sectes de Religieux Persans, cóme entre les Turcs.*

Il y en a vne autre sorte dite *Icorma*, qui consiste en pelerinages, & ceux qui en font ne portent pour tout habillement qu'vn long saye, vont nuds pieds & ont de riches ceintures garnies de clochettes d'argent, & s'appellent encor *Ianoban*, c'est à dire, Religion d'amour. Il y en a d'autres nommez *Calender*, comme parmy les Turcs, qui font vœu de chasteté, & ont les lieux reseruez pour l'Oraison, qu'ils appellent *Tachié* ou *Tachiur*. Ils escriuent sur la porte de leur demeure ces paroles, *Caeda normac dilersin cousionge al cachercuir*, c'est à dire, qui veut entrer icy il faut qu'il obserue virginité. Et pour cela ils portent des anneaux d'argent & de fer en leurs parties honteuses, ainsi qu'on boucle les iumens, pour s'empescher du peché de la chair. Puis il y a les *Derwis*, qui portent de riches bagues aux oreilles & ne sont couuerts que d'vne peau de mouton, & portent vn cousteau, duquel lors qu'ils sentent les esmotions de la chair, & qu'ils ont mangé certaine herbe qui les rend comme furieux, ils se donnent de grands coups & se font de cruelles playes, qu'ils guerissent auec de la *Nicetiane*. Quelques vns en meu- *Icorma.* *Calender.* *Derwis assassins.* *Nicetiane.*

H

58 Les Voyages

rent qu'ils mettent au nombre de leurs Saincts. Mais ces Dervis sont de tres-meschans voleurs & assassins, car ils tuent impunément tous ceux qu'ils rencontrent par les chemins, s'ils ne sont de leur Religion, pensans faire vn grand seruice à leur Prophete. Quand ils demandent l'aumosne ils disent *Ferdachiay, Malday Chinsila Eli,* c'est à dire, faites nous l'aumosne au nom du grand Hali. Cette sorte de Religieux n'est pas si bien venuë entre les Turcs depuis qu'vn d'iceux assassina Amurath,† & qu'ils en voulurent faire autant à Baiazeth second, & en Perse au Sophy mesme. Il y en eut vn aussi qui tua vn Bacha en la place de Babylone, appellée *Sambacarayma,* c'est à dire, place de liberté, & toutesfois il n'en fut recherché, pource qu'on l'estimoit estre ministre de Dieu. Vn de ceux là desguisé tua aussi vn Iuge à Damas, comme nous auons dit cy deuant.

† Autres disent que cet Amurat fut tué par vn soldat Triballien, mais il estoit peut estre desguisé en Deruis.

Il y a vne autre secte appellée *Durmisar,* qui se mesle de deuiner & prédire les natiuitez des hommes. On les appelle *Durmisarnari,* c'est à dire, Prophetes & diseurs de bonne auanture. Ils conferent auec les Demons, & les plus vieux d'entr'eux sont estimez saints, à qui les autres obeïssent comme à leur Charif ou Pontife. Ils sont grands hypocrites & faiseurs de chimagrées: il y en a de fort sçauans en l'Astronomie & Iudiciaire, & grands Predicateurs; en preschant au peuple ils disent des choses extrauagantes, & quelques predictions qui arriuent quelquefois. Ils ont vne grande creance parmi le peuple, & les Seigneurs mesmes, iusques-là que si le *Sophy* se rencontre dans vn lieu où vn de ces gens fasse la predication, il s'y arreste & le va entendre auec toute sa cour. Ils ont vne maison dans Bagdet en la grande place pres le Palais Royal: il semble que ce soient des restes de ces anciens Chaldées & Mages Persans tant renommez.

Durmisar.

Deuins & Iudiciaires.

Mages anciens.

Entre les Perses il y a vne certaine sorte d'hommes appellez *Erade,* qui ne seruent qu'à luiter, & qu'on commet souuent auec des bestes farouches, armez de cuirs luisans & oints afin que cela glisse & ne donne point de prise. Il y en a d'autres appellez *Plumiander,* armez d'autre sorte. Tous ces gens là sont bien venus aupres du Roy de quelque païs

Luiteurs.

Plumiander.

du sieur Vincent le Blanc. 59

qu'ils viennent, pourueu qu'ils soient forts & vaillans ; car il leur fait tenir escole publique & s'en sert à la guerre. Ils obeïssent au plus fort d'entr'eux qu'ils appellent *Barcas*. Et se trouue tel qui portera dix hommes sur ses bras, comme on feroit des cheureaux, & quand ils empoignent quelqu'vn qui veut resister ils le suffoquent à force de l'estreindre. Il y en a d'autres comme les *Salsidas* d'Arabie, si resolus & determinez qu'ils ne refusent aucun commandement de leur Roy, y allast-il de la vie, & luy obeïssent en toutes choses, comme à vn Dieu, s'estimans bien heureux & sauuez d'executer ce qui leur est commandé, sans qu'il soit loisible à aucun d'auoir pouuoir sur eux, sinon le Roy & le *Boluchassi* leur General. Il y a aussi les Aussares qui sont tousiours à l'entour du Roy, comme les Immortels de Xerxes.

Barcas.

Salsidas.

En la Cour du Sophy il y a plusieurs charges & dignitez principales, comme l'*Amicabir*, ou Capitaine general, qui tient vne grand' cour, conduit & dresse les armées, establit les Gouuerneurs des villes & places, & pouruoit à plusieurs offices, se seruant à cela des deniers du tresor, selon qu'il est besoin. Il y a apres le *Naibessan* ou *Nabassan*, comme vn Surintendant des finances & reuenus du Prince, qui marche apres l'*Amicabir*, & a bon nombre de cauallerie sous luy. Puis il y a l'*Estudar* ou *Ostader*, qui garde le Palais, & fournit de gens capables pour l'armée Royale. Il y a pareillement l'*Amirachor* ou *Amiracher*, qui est comme le grand Escuyer, ayant charge des cheuaux, & autres bestes de voicture de l'armée. Le *Caidsidibir* ou Maistre-de-Camp, renge les batailles. Le *Cassandera* ou Tresorier, tire vne partie des reuenus du Royaume pour payer les Officiers. L'*Amisratif* gouuerne & a soin des armes du Sophy. Le *Testacane* ou maistre de la garderobe, a charge des habillemens du Roy. Puis il y a les *Zebedare*, *Farassin*, *Tabucaina*, & autres Chefs de guerre, qui tous marchent en grand ordre & auec pompe. Il y a quatre sortes de troupes payées diuersement ; à sçauoir les *Cachias*, ou armez à la legere, qui sont tous Gentils-hommes, & fort adroits à piquer les cheuaux. Les

Officiers du Sophi, dont quasi les semblables sont en Pegu par imitation.

Nabassan.

Ostader.

Amirachor.

Cassandera.

Gens de guerre de quatre sortes.

H ij

Athefia, qui ne portent que le simple cimeterre. Les *Cara-mixa*, armez d'arcs & de flesches & cimeterre. Les *Algeleps* ou Renegats, qui sont Esclauons, Armeniens, Ruffiens, Guserates, ou d'autres nations, tous gens belliqueux & magnanimes, & marchans en tres bon ordre, sans iamais rompre leur rang pour quoy que ce soit.

Algeleps, Ar-chilep en Perse.

Des Indes Orientales, de leur conqueste, des Sectes & Religion de l'Orient. De Diu, de Cambaie, des Bramanes, des Elefans, & autres particularitez de ce pays.

CHAPITRE XIIII.

Enfin ayans couru & repassé vne bonne partie de la Perse & Arabie, nous reuinmes à Aden, pour de là passer par Ormus, & prendre la route des Indes Orientales, suiuant nostre premier dessein. A Aden donc nous nous accordâmes, & nous estans embarquez auec nos marchandises, nous suiuîmes la coste de cette mer Indique, le long de la *Carmante* deserte ou *Razigut* & *Guzerate*, & passans les caps de *Iarque*, *Guadel* & autres, nous vinmes aborder en *Cambaye*, à *Diu*, vers les emboucheures du grand fleuue Indus. Mais auant qu'entrer dans ce pays ie diray pour vne plus claire intelligence de ce que nous auons à remarquer dans ce grand voyage, que les Indes Orientales ont esté connuës de tout temps, depuis les conquestes d'Alexandre & de ses successeurs Rois de Syrie, Asie, Egypte, & par les Romains mesmes : & en ces derniers siecles par le moyen des Mahometans qui trafiquent dans nostre Occident par l'entremise des marchands de Venise, Genes & autres. Mais elles ont esté enfin plus des-

Indes Orientales.

Indes depuis quant connuës.

du sieur Vincent le Blanc. 61

couuertes & frequentées par les Portugais, depuis le nouueau chemin qu'ils y ont trouué en tournoiant toute l'Afrique, du temps du Prince Henry de Portugal, frere du Roy Edoüart, qui le premier par ses curieuses recherches de Mathematiques, fit en l'an mil quatre cens vingt entreprendre la nauigation, iusques aux caps de *Non* & *Boiador*, où nos François en conquestant les Canaries auoient desia esté. Puis le Roy Alfonce V. son neueu continua iusqu'au cap *Verd* & à la *Guinée*; & en suite les autres Roys par *Conge*, *Maniconge*, *Angola*, iusqu'au au cap de Bonne-Esperance, qui fut descouuert & doublé par le grand *Vasque de Gama* en l'an 1497. peu apres que le nouueau monde vers l'Occident eust esté trouué par Christophle Colomb. De là le chemin fut ouuert dans toutes les Indes d'Orient par *Cefala*, *Mozambique*, *Quiloa*, *Monbaje*, *Malinde*, costes d'*Abex*, *Arabie*, *Carmanie*, *Cambaye*, *Malabar*, *Coromandel*, *Harsinique*, *Bengale*, *Aracan*, *Pegu*, *Sien*, *Malaca*, *Camboye*, *Champa*, *Cochinchine* & *Chine*, qui est la derniere d'Orient, auec les isles innombrables à l'oposite de toutes ces costes, comme saincte *Heleine*, sainct *Laurens*, *Socotora*, les *Maldiues*, *Zeilan*, *Sumatre*, *Iaue*, *Bandan*, *Moluques*, *Philippines*, & tout le reste de la mer de l'*Antchidel* ou *Archipel* de sainct *Lazare*, iusqu'au *Iapon*.

François aux Canaries & Afrique en 1402. comme il se voit en la Relation de Messire Iean de Brehencourt premier conquerant de ces Isles.

Les Portugais s'y rendirent les maistres sous le fameux *Albuquerque* de *Goa* en 1510. puis en suite de *Malaca*, *Diu*, *Ormus*, & autres places où ils ont estably leur Empire & trafic, & la Religion Chrestienne, rendans ce chemin fort facile & court par la connoissance des diuers courans de mer, & *Monçons*, ou vens anniuersaires qui regnent continuement pendant six & sept mois d'vn costé, & autant d'vn autre en ces quartiers là, comme aux Indes d'Occident sont les *Brises*, ou vens Orientaux, qui dominent presque seuls par toute la Zone Torride entre les Tropiques. Et nonobstāt cette exacte connoissance & pratique des mers d'Orient & de Midy, depuis enuiron deux siecles si ne laissent-ils d'y souffrir de frequens & terribles naufrages & pertes de vaisseaux, hommes & richesses, dont apres auoir despouillé la terre, la mer demeure la seule heritiere: Mais cependant

Conquestes des Portugais en Orient.

Vens, Monçons, Brises.

H iij

c'est vne merueille de la Prouidence, qu'vne poignée d'hommes auec peu de moyens, ait pû si puissamment s'establir dans ces grandes Indes, & resister, & mesme dompter l'effort des plus puissans & riches Roys du monde, & que leur exemple ait attiré en suite les Anglois, Holandois & François, qui y frequentent & trafiquent auiourd'huy. En vn mot, les Portugais eurent affaire pour le temporel non seulement aux Indiens, Idolatres & Sarasins, mais mesme aux Mamelucs & Turcs, ausquels ils osterent la meilleure partie de ce riche commerce : Et pour le spirituel ils n'en ont pas eu moins contre les sectes establies là de long-temps, des Gentils, Mahometans, Iuifs, & Chrestiens Nestoriens du païs, que tous les iours ils vont desracinans auec beaucoup de peine & de danger. Mais où ils trauaillent le plus, & auec moindre fruict, c'est contre le Mahometisme, dont la sensualité & la licence est vn grand empeschement au progrez de nostre saincte Religion, encores qu'ils trouuent assez de resistance dans l'opiniastreté des Iuifs, & non gueres moins aux folles, enragées & horribles superstitions des Idolatres, fortifiées par la longue coustume, & plus encor par l'ambition, auarice & presomption de leurs *Bramins, Iogues, Talipoyes, Manigrepes, Bonses*, & autres Prestres & Religieux de leur creance : & tout cela est vne ample & riche moisson où trauaillent tous les iours plusieurs bons Religieux Cordeliers, Iacobins, Iesuites, & autres, dont les Seminaires sont à *Goa, Malaca, Machao*, & ailleurs. Les Peres de sainct François furent les premiers au trauail de cette vigne dés l'an mil cinq cens, & plutost encor ; & les premiers Euesques establis à *Goa* furent de leur Ordre : puis l'an mil cinq cens quarante & vn, les Peres Iesuites y allerent, dont le premier fut le Pere Sainct Xauier, qui Euangeliza par toute la coste des Indes, & aux Isles iusques au Iapon, & en la Chine, où il mourut enfin l'an 1552. Et depuis ceux de son Ordre ont continué cette mesme Mission, où ils font de grands progrez tous les iours au Mogor, Pegu, Sian, Chine, Iapon, Thebet, Iezo & autres lieux, le College de S. Paul de *Goa* estant le

Sectes en Orient.

Mahometisme est sensuel.

Christianisme és Indes.

Iesuites en Orient. S. Xauier.

du sieur Vincent le Blanc 63

Seminaire de ce grand œuure : car c'est là que reside l'Archeuesque, qui est comme le Primat & le Patriarche de toutes les Indes, ayant sous soy les Euesques de *Cochin, Malaca & Macao*; comme pour le temporel le Viceroy, duquel dependent tous les Gouuerneurs & Capitaines des autres places, tant d'Afrique que d'Orient.

De Diu, de son Estat, de ses forts, & païs voisins de Cambayete, de la fidelité des Sensals Indiens, & du flux & reflux merueilleux de la mer.

CHAPITRE XV.

Ais reuenons à nostre voyage, & arriuée à Diu, dont ie parleray icy plus amplement, comme de *Cambaye, Goa, Cochin, Calicut*, & autres en suite, pour y auoir esté plusieurs fois depuis. Diu est vne petite & gentille ville située en vne isle ioignant la terre ferme du Royaume de *Cambaye*, dont elle fait vne partie. Les Portugais y ont vne forteresse inexpugnable, auec vne loy establie par eux, que personne ne peut entrer dans cette ville sans le *Cartaco*, ou passe port du Viceroy, & les nauires y payent la gabelle. S'ils sont Gentils ils peuuent entrer dans la *Cambayete*, qui est le port de la ville. L'isle de *Diu* est appellée par les Indiens *Marmayrdixa*, à soixante mil de l'entrée du golfe de *Cambaye*, & à cent mil de la ville Royalle de *Cambaye*. Elle ioint presque cette terre ferme à vingt-trois degrez ½ d'eleuation, elle est abondante en bestial, & de grand trafic, frequentée de toutes les nations de l'Inde pour l'abondance de toutes denrées & marchandises qui s'y trouuent & debitent, comme or, argent, espiceries, drogues medicinales, bresil, pierreries, perles, odeurs, ambre, musc, mastic, girofles, safran, corail, cuiure, plomb, vif-argent, vermillon, laque, &c. La ville est grande comme

Diu.

Cambayette.

Trafic à Diu

Marseille, vn peu moins que Goa. Il y a nombre de belles Eglises, & les Iesuites y en ont vne tres-belle. L'Hospital est grand, riche & bien entretenu autant que tout autre apres celuy de Goa. Ceux des Indes Occidentales y viennent trafiquer, passans par la mer de Sur, auec plus d'asseurance, & en moins de temps que ceux qui viennent par le cap de Bonne-Esperance, qui est vne nauigation fort dangereuse, à cause des vents, tourbillons, pluyes & orages horribles, comme nous dirons ailleurs. Les Portugais s'estans saisis de cette ville sur *Badurius* Roy de *Cambaye*, dés leur establissement aux Indes, y ont mis l'Inquisition à la mode d'Espagne, si rigoureuse qu'il faut estre bien auisé pour s'en garder. I'y ay veu brûler vn pauure marchand Portugais que son esclaue auoit accusé d'auoir mis vne croix dans vn oreiller, & s'estre assis dessus par mespris, ce que toutesfois le miserable patient ne confessa iamais au suplice, disant tousiours qu'on le faisoit mourir pour ses richesses, qui estoient grandes.

 La ville de *Diu* fut bastie par vn Roy de *Guzarate* & *Cambaye*, qui en fit Capitaine, & comme Seigneur vn *Melique As* ou *I as*, qui la rendit vn bon port de mer, & s'en fit Souuerain, y mettant des Turcs pour sa garde. Puis l'an 1508. ceux du païs, assistez des forces du Soldan d'Egypte *Campson*, assaillirent les Portugais, qui les défirent, & en suite ataquerent *Diu* à diuerses fois, tant qu'enfin le Viceroy *Nonio Acugna* l'an 1535. y fit bastir vn fort auec le consentemét du Roy *Badur* qu'ils auoient defendu contre les Tartares, Mogors. Depuis cela les Indiens en ayans vn grād depit à cause de l'importance de la place, le Roy de Cambaye & autres Roys voisins firent ce qu'ils pûrent pour la recouurer par force, mais en vain : car les Portugais se deffendirent si bien, qu'ils en sont demeurez les maistres iusques auiourd'huy. Les Indiens auoient quelque raison, pource que c'est de là que depend le trafic de tous les Royaumes & païs voisins, & que les Portugais superbes & fiers tiennent toute cette coste en suiection, courans en toute liberté de *Diu* à *Goa* & au cap de *Comorin* plus de 270. lieuës. La plus part
de

[marginalia: Cap de bonne Esperance, quel. — Badur Roy. — Inquisition rigoureuse à Diù. — Estat de Diù. — Fort à Diù.]

de l'Orient se vient fournir de marchandises en cette coste qui est fort riche, peuplée & remplie de bonnes villes, & d'vn grand trafic. Car aux enuirons de *Diu* l'on trouue en terre ferme les Royaumes de *Circan* & de *Reytenbura*, où est *Ardanat* ville Royalle. Puis *Campanel* ville capitale de Cambaye au delà de la grande riuiere d'*Indus*, & les villes d'*Albiran*, *Casdar*, *Masure*, *Sudustan*, *Abedit*, toutes grandes, riches & marchandes, & où habitent force marchands Gentils, Mores, Iuifs & Chrestiens mesmes, refugiez des lieux que tiennent les Portugais. Dans toutes ces villes l'on ne fait jamais mourir aucun malfaicteur par le glaiue, mais par le poison.

Pays voisins de Diu.

Suplice par poison.

Au delà de la riuiere d'*Araba* on trouue plusieurs bonnes villes, comme *Sauadi*, *Barcar*, *Bermen*, *Patenisir*, qui est vn beau port de mer, riche & de grand trafic, où se font force tapis de soye figurez, & des plus exquis de l'Inde, que l'on transporte à *Bengale*, *Malaque*, *Pegu*, & autres lieux. Il s'y fait aussi des draps de coton de diuerses couleurs, qui est leur principal habillement, & dont plusieurs païs se viennent fournir. A vne demie iournée de *Patenisir* est *Diu*, assise sur vne pointe de terre qu'vne riuiere separe de terre ferme. Là se payent de grosses daces sur les marchandises, au grand profit des particuliers, dautant que la moindre part est au Roy d'Espagne, qui depend beaucoup plus à l'entretenement des garnisons: & le meilleur tombe dans la bourse des Officiers qui s'accordent fort bien en cela auec les Vicerois. De sorte que ce Roy a esté quelquefois sur le poinct d'abandonner tout, sans que son Conseil n'en a pas esté d'auis, pour la consequence & reputation, & pour le danger qu'il y auroit de perdre entierement le Christianisme, car les Turcs les sont venus souuent attaquer, & entr'autres par deux fois ils ont pris & sacagé le premier chasteau de *Diu*, & eussent emporté le reste sans trois nauires qui arriuerent de *Cochin* au secours auec deux cens hommes, qui conseruerent le reste & chasserent les Turcs. Les Portugais pour leur resister, & à ceux du païs mesmes, y ont fait deux bonnes forteresses, l'vne enuironnée de la mer, &

Patenisir, & ses tapis.

Depence des Rois d'Espagne ed Orient.

Diu attaqué des Turcs.

I

l'autre qui defend les auenuës. Quoy que ce soit, ceux du païs apres les auoir attaquez plusieurs fois en vain, sont enfin demeurez bons amis auec les Portugais, suiuant l'accord & conuentions faites entr'eux.

Cambayens quels.

Pour les Cambayens, ils sont adonnez à beaucoup de superstitions & ceremonies, dont ils sont si seueres obseruateurs, qu'ils ne mangeroient pas pour rien du monde auec vn Chrestien, quand ils le visitent, autrement ils s'estimeroient polluez: & mesme si on touchoit leur viande, ils n'en voudroient pas manger, & tiennent cela des *Gusarates*, en quoy ils sont plus superstitieux que les Iuifs.

Superstitiös.

Les grands & autres gens de qualité mangent sur des draps de soye de diuerses couleurs, au lieu de napes, & mettent dessous les plats de grandes feuilles d'arbre, afin de conseruer les estoffes. Leur manger est fort sobre, & ils vsent de diuerses boissons, où ils meslent de l'*Areca*, qui est vn fruict assez commun aux Indes, pource qu'il est fort sain, & qu'il les garentit de diuerses maladies, & sur tout du mal des dents qu'on ne sent point en toutes les Indes. Les femmes y sont fort respectées, sur tout les grandes Dames, qui ne bougent de leurs maisons. Il y en a mesme qui ne se plaisent pas de voir la lumiere du iour, & ne se seruent que de chandelle.

Areca.

Tout ce païs est habité de Gentils & *Gusarates*, qui est la nation la plus iuste, raisonnable & religieuse de tout l'Orient; car à la maniere des anciens Pytagoriciens, ils ne mangent chose qui ait eu vie. Leur viande n'est que ris blanc & noir, laict, fourmage, herbages, & autres choses semblables. Ils ne font mal à personne, & ne respandent pas mesme le sang de leurs ennemis. † Le païs produit force Turquoises & *lapis lasuli*, principalement vers *Rasigut*. Il y a aussi du storax, des cornalines blanches & rouges, & des calcedoines en mine, & de la meilleure *Scammonée* de tout le Leuant. Les *Bramins* & *Banians*, qui sont comme leurs Prestres & Religieux, ont beaucoup de choses semblables à ce que les Anciens nous content des *Bracmanes*, *Gymnosophistes*, & autres Philosophes Indiens, qui pouuoient habiter

Gusarates & leurs superstitions.

† *Comme quelques vns de nos Anabatistes de Morauie.*

Scammonée.

en ces païs-là ou aux environs, du temps des conquestes d'Alexandre, & des voyages d'Apollonius Thyaneen.

Ce Royaume s'estend vers Siroc & le Leuant, & a la mer deuers le Midy, & le *Guzarate* vers le Ponent. Au Leuant il a le païs de *Mandao* & *Paleacate*, & au Nort *Sangan*, *Dulcinde*, & les terres du grand *Mogor*.

Cette contrée est arrosée du grand & fameux fleuue *Indus*, dit *Indus*, *Inder* & *Schind*, qui a donné le nom à tout ce païs, & particulierement celuy d'*Indostan* à plusieurs païs voisins qui font l'Inde citerieure ou moyenne. Il sourd des hautes montagnes du Caucase & *Paropamisus*, que l'on dit estre auiourd'huy le *Nau...scot* & l'*Vssonte*, & ayant traversé plusieurs grands Royaumes, grossy en sa course de plusieurs autres grandes rivieres, se vient descharger en la mer Indique par deux bouches pres de la ville de *Cambaye*. *Bracmanes & Gymnosophistes. Indus Fleuue.*

La ville de *Cambaye* est grande & florissante, assise sur ce fleuue, & nommée par ceux du païs *Amondouat*, qui est son premier nom, qu'ils communiquent aussi à ce fleuue, qui separe les deux Prouinces de Guzerate & Cambaye, faisans vn mesme Royaume. Cette ville est enuiron à vne lieuë de la mer, & a la riuiere d'Inde qui luy fait son port en deux endroits, dont le principal est vn coin de la ville du costé du Nort, où en cas de necessité l'on y peut mettre vne chaisne pour le fermer. Les vaisseaux y montent & descendent à plaisir auec le flus & reflus; & se trouuent quelquefois en si grand nombre, que c'est merueille de les voir. Au reste, le flus & reflus de cette mer est aucunement different des autres: car comme il remonte le long de ce bras de mer vers la ville, & s'auance fort au Septentrion, il arriue le plus souuent qu'à la pleine Lune les eaux sont les plus basses, au contraire des nostres: ce qui met en admiration tous les Naturalistes, qui sont bien empeschez à en trouuer la raison. Tout le mesme arriue au Macaraon de Pegu, comme nous dirons en son lieu. *Cambaye ville. Flux & reflus merueilleux.*

Cette ville de Cambaye est l'vne des plus riches de l'Orient, bien bastie, quasi à la mode d'Italie, & qui a de bonnes forteresses aux auenuës. Les Portugais ont souuent *Cambaye païs bon.*

68 *Les voyages*

tasché de s'en rendre maistres, d'autant qu'elle est abondamment fourni de tout ce qui est necessaire pour la vie, & pour les delices mesmes, principalement de toutes sortes de fruits tres-excellens. L'isle de Diû se fournit là de tout ce dont elle a besoin, pour la confederation qui est entr'eux. Entr'autres denrées, elle produit le meilleur *Turbith, Galanga, Nardus, assa fœtida*, & autres semblables drogues. Elle est aussi riche en soyes, coton, ris blanc & noir, legumes, & en toutes sortes de pierres precieuses. Le Prince qui la possede est Mahometan, mais il laisse viure ses peuples en toute liberté de conscience, soient Chrestiens, Iuifs & Idolatres. Sa garde est de deux mil cheuaux & trois mil hommes de pied armez d'arcs & de cimeterres. Il tient quelque cinquante elefans, entr'autres qui sont appris à luy faire la reuerence tous les matins, bardez & enharnachez fort richement, sur tout aux iours de parade, & qui ont leur escurie bien accommodée, peinte & enjoliuée, & mangent mesme dans vaisselles d'argent, & ont des gouuerneurs qui les seruent & traittent auec grand respect & humilité, sans vser iamais d'aucune rudesse & inciuilité ; d'autant que ce sont des bestes fort aprochantes de la raison, à qui rien ne manque que la parole pour l'exprimer, & entendent fort bien la langue du pais, & comprennent promptement tout ce que leurs maistres leur apprennent. Il y en auoit encores lors que i'y estois quelques vns de ceux qui auoient seruy Mahomet, grand pere du Roy. Ce Prince se nourrissoit de viandes enuenimées, ausquelles il s'estoit accoustumé, si bien qu'il deuenoit si venimeux, qu'vne mouche le piquant mouroit aussi tost. Il tuoit ainsi toutes les femmes qui couchoient auec luy infectées de son haleine ; si bien qu'il luy en falloit changer tous les iours.

Leurs meubles sont riches & somptueux, ce qu'ils ont apris des Portugais ; aussi vont-ils comme eux en litiere & palanquin, & ayment fort la musique. Leurs maisons sont parées magnifiquement comme à Diû & à Ormus : quelques vnes enrichies de calcedoines, ametistes, topases, hyacintes, & autres pierres fines. Ils ont la mine de calce-

Drogues.

Roy de Cãbaye sous le Mogor auiourd'huy.

Elefans.

Roy venimeux.

Vartoman & Barbosa le rapportent aussi.

Magnificence des Cambayens.

doines à *Limadura*, village à trois lieues de la ville, d'où l'on en tire de trois sortes, blanche, rouge & meslée, qu'ils appellent *Bajayora*. Plusieurs marchands de diuers endroits viennent là s'en pouruoir, & abordent auec leurs vaisseaux iusques à *Nogar*, port de mer, qui n'est pas fort loin de la mine. Les marchandises qui se chargent en cette ville sont portées en diuers lieux du monde, comme à *Ormus*, *Ziden*, la *Meque*: les autres par les bouches de l'Eufrate à *Basora*, *Babylone*, *Byr*, *Alep*, *Damas*. Celles que l'on y apporte d'ailleurs, comme de la Meque, sont escarlattes, velours, draps, ferremens & quinquailleries, de *l'amsian*, qui est vne drogue comme *l'opium*, dont les Indiens vsent fort, & sur tout aux armées, à cause qu'elle rend les soldats plus courageux au combat, & comme furieux, combattans iusqu'à la derniere goutte de leur sang; d'où vient qu'il s'en fait vn grand trafic. Pour les autres drogues, comme *assœtida*, *Turbith*, les pierres agathes, grenats & autres, elles viennent de Diû, où il y a grand nombre d'orfevres & lapidaires : les marchands les portent là pour les faire tailler & mettre en œure.

Les soyes, pourcelaines, sendal, velours, yuoire, bresil, mirobolans, confections & conserues de toutes sortes, & espiceries leur viennent de la Chine & des autres lieux d'Orient. Ils ont aussi du meilleur *Borrax* du monde. Le negoce s'y fait auec vne grande fidelité : car les *Sensals* & courratiers qui font vendre & achepter les marchandises sont gens de qualité & credit, & soigneux de conseruer le biē d'autruy comme le leur propre : & mesmes ils sont tenus de pouruoir les marchands de maison & de quelques selles & tables, & parfois mesme d'autres commoditez. Les maisons y sont belles & agreables, où l'on trouue des femmes & filles de toutes sortes pour ses vsages, qu'on achepte & qu'on reuend quand on s'en est serui ; on fait choix de celles qui sont les plus saines & gaillardes. Tout y est à assez bon marché pour les choses necessaires à la vie, & chacun y vit auec grande liberté, sans estre incommodé en chose que ce soit ; & pourueu que l'on paye les droits des

Limaduna.

Nogar.

Trafic de Cambaye.

Amsian ou Amsion.

Borrax.
Sensals d'Inde, quels.

Femmes acheteés.

marchandises l'on n'est recherché d'autre chose, & les estrangers y viuent dans la mesme franchise & liberté que ceux du païs, chacun en sa religion.

<small>Iuoire.</small> Dans ce païs & par tous les lieux circonuoisins l'yuoire est fort estimé & en vogue, & s'y en consomme beaucoup, dautant que les femmes en portent des brasselets de diuerses façons; & si-tost que quelqu'vn de leurs parens meurt elles les rompent selon la coustume du païs, en signe de deuil, comme les hommes se font raser la barbe : de sorte que quand le temps du deuil est passé les femmes se font faire d'autres brasselets.

La ville de *Cambaye* peut estre grande comme Rouen, sans y comprendre les faux-bourgs, & ressemble fort au grand Caire en sa forme, sinon qu'elle n'est pas si grande. Les habitans l'appellent *Bir Admadouar*. <small>Enfans vendus.</small> Les peres & les meres ne font point de difficulté de vendre leurs enfans quand ils en sont trop chargez.

<small>Accident arriué au compagnon de l'Autheur.</small> Ie ne veux pas oublier icy de raconter vn accident qui arriua à mon compagnon estans à Cambaye : car apres y auoir demeuré quelques iours à negotier, il rencontra vn certain Xainctongeois qui faisoit le gros marchand, quoy que ce fust vn affronteur, comme il le monstra bien, lors que sous pretexte de trafic il luy emporta vn ballot de marchandise qui valoit plus de trois cens escus, & ayans trouué l'occasion à propos d'vne carauane qui s'en alloit à Ormus, s'y embarqua pour se sauuer auec son larcin : dequoy mon compagnon ayant eu auis, le suiuit en diligence auec vn autre vaisseau, en compagnie d'vn autre marchand à qui ce galand emportoit pour trois fois autant de marchandises. Cette diligence fut vn peu precipitée; car soudain qu'ils furent partis ie fus auerty par nostre hoste, qui estoit vn courratier riche marchand, que mon compagnon estoit party mal à propos, & qu'il ne feroit rien, pour n'auoir porté auec soy le rolle des marchandises prises, auec le *cartaco* ou passe-port du Viceroy : surquoy ie me <small>Cartaco ou passeport.</small> resolus d'aller moy-mesme apres en diligence, & luy porter les papiers necessaires; ce qui fut fort à propos. Ie trou-

luy que mon compagnon auoit bien attaqué son homme à Ormus, où il le trouua faisant bonne chere à ses despens, mais faute de memoire il ne pouuoit rien prouuer contre luy, si bien que l'autre luy nioit tout à belles iniures, & le mettoit en tres-grande peine luy mesme, pource que comme la Iustice ou l'*Alcalde* à qui mon compagnon s'estoit addressé pour en auoir raison, vit l'asseurance de l'autre, & le peu de preuue contre luy, outre quelque present qu'il luy auoit fait en secret; il estoit sur le poinct de mettre nos gens en prison, comme calomniateurs & imposteurs, si ie ne fusse arriué à Ormus trois iours apres, où ie les consolay & rasseuray, & m'estant presenté à la Iustice & representé ce qui estoit de la verité, ie fus receu à tesmoin & à la preuue, qui se fit en presence de l'*Alcalde* & d'vn Gentil-homme Portugais nommé le Señor Iacomo de Mendez, que le Viceroy auoit commis pour cette charge: lequel me regardant en face me dit, que ie prisse garde à moy, & qu'il n'y alloit que de ma vie si on me trouuoit menteur: puis m'ayant fait iurer & mettre la main sur vne croix qui estoit là sur vne *vare* ou baguette, ie leur racontay tout l'affaire, & comme dans la balle desrobée il y auoit tel memorial qui contenoit la quantité & les especes de marchandises qui estoient dedans, que ie leur specifiay particulierement, & dont mon compagnon mesme ne se souuenoit pas: puis ie leur montray le *cartaco* du Viceroy, & les autres memoires portans tesmoignage du payement des doüanes, suiuant l'aduis que m'auoit donné nostre courratier Iosepho Grogna, qui attestoit aussi la mesme chose: sur quoy nostre galand estant interrogé en ma presence, s'il me connoissoit, il se prit à me dire mille iniures, & à se deffendre auec force paroles & vne grande asseurance, disant qu'il n'auoit pas bien pris garde à ce qui estoit dans ses balles, & qu il estoit Gentilhomme, & ne tenoit pas le compte de ses marchandises. Mais tout cela ne luy seruit de gueres: car moy insistant tousiours que la balle fust desployée, on trouua tout ce qui estoit dedans en la sorte que ie l'auois dit, & le roolle

Dexterité de l'Autheur.

mesme conforme à mon liure de compte, & à mon escriture, qui fut examinée, & le tout si bien verifié, que ce miserable ne sçachant que respondre, fut conuaincu & condamné aux galleres perpetuelles, & cependant auec tous les siens mis en prison. Ainsi nous eûmes bonne & briefue iustice, & recouurâmes heureusement nos marchandises sans y rien perdre; & apres auoir fait vn present de quelques curiositez au Señor Mendez, nous reprimes la routte de Cambaye. Ce que i'ay bien voulu rapporter pour monstrer la fidelité & la preud'hommie de nostre hoste le courratier, qui fut cause de ce bien là; & veritablement leur fidelité est telle, que la iustice donne creance à leurs paroles & à leurs escrits comme à des choses sacrées, iusques-là mesme que si vn marchand venoit à mourir, son bien & ses marchandises seroient fidelement conseruées & rendués aux heritiers sans perdre chose quelconque.

Fidelité des Senfals Indiens.

I'auois oublié de dire que comme nous arriuâmes à Cambayete le premier port de Cambaye pour debarquer quelques cheuaux qui estoient portez par le passe-port que nous auions pris à Ormus, nous fûmes contraints mettre lesdits cheuaux dans de petites barques de quatre en quatre pour les porter à Cambaye, à cause que les eaux estoient fort basses, & qu'il faut alors aller quelques lieuës dans ce golfe à la maniere presque du *Macarson* de Pegu. De Cambayete iusques à *Amadauar* ou Cambaye il y peut auoir quinze lieuës ou vne iournée de chemin. Pour y aller par mer il faut attendre que la Lune soit nouuelle, à cause que les eaux sont alors en leur plus grande hauteur.

Golfe de Cambaye.

Flux grand à la nouuelle Lune.

De Diû & Cambaye iusques au cap de *Comorin* le long de la coste de *Malabar* il y a quelque 300. lieuës de nauigation, & proche de Cambaye est le Royaume de *Iogues*.

De Deli,

De Deli, Malabar, & des particularitez de la ville de Goa, capitale des Indes.

CHAPITRE XVI.

EN suite de Cambaye on trouue les Royaumes de *Deli* & *Decan*. On dit qu'il y a enuiron trois cens ans qu'vn *Sanofaradin* estoit Roy de *Deli*, fort puissant, & qu'il conquist *Decan, Canare, Ballagate, Concam, Goa*, & tous les païs iusqu'à *Comori* : mais que depuis sous ses successeurs ces pais furent diuisez à diuers Capitaines qui s'en rendirent maistres, reconnoissans neantmoins tousiours, mais par forme seulement, le Roy de Deli. L'*Idalcan* estoit à *Goa*, puis le *Nifamaluco*, le *Negotana*, & autres en d'autres lieux. Auiourd'huy la Cambaye & les autres païs voisins obeissent au grand *Mogor*, qui depuis soixante ou quatre-vingt ans a conquis vne bonne partie de cette Inde Orientale, & menace le reste tous les iours.

Le *Malabar* tient toute la coste Occidentale, depuis *Goa* iusqu'à *Comori*, comme est de l'autre coste vers l'Orient le *Coromandel*, où sont les Royaumes de *Bifnagar* ou *Narfingue*, d'*Orixa*, *M nduo*, & plusieurs autres : d'*Ormus* à *Goa* il y peut auoir cinq cens lieuës de chemin.

Nous suiuîmes toute cette coste, & vînmes à *Goa*, qui est vne isle & ville de *Malabar* aussi belle, riche & fleurissante qu'aucune autre qui soit auiourd'huy dans tout l'Orient, estant comme vne clef des Indes, en l'eleuation de seize degrez : elle est separée de terre ferme par vn grand fleuue nommé *Mandoua*, aussi grand que l'Eufrate, puis d'vne autre petite riuiere appellée *Guari*, dont la ville a pris son nom. Elle fut autresfois du Royaume de *Narfingue*, puis de celuy de *Decan* ou *Dealcan*, & enfin elle fut prise par les Portugais sous Alfonce Albuquerque sur le More *Sabaco*, Capitaine du

K

Roy de Decan l'an 1510. Elle a à l'Orient & au North le païs de Decan, à l'Occident la grande mer, & au Midy le Royaume de Mang., suiet au Roy de Narsingue.

Les insulaires & habitans ont esté de tout temps adonnez au trafic, gens superbes & courageux. Aussi est-ce vn grand abord de tous les peuples de l'Inde, où il y a vn havre, & vn bon port au village & bourg dit *Banastarin*, auec sa citadelle qui en deffend l'entrée, quoy qu'elle soit assez forte d'elle-mesme. Ils ont plusieurs autres bons ports, comme *Danda, Alinga, Banda, Amolapale,* & la *Puntadasal*; puis *Goa* le vieux, *Rama, Gousfantele*, & *Amadina*, dont chacun a sa riuiere. Du costé de terre ferme il y a force villes & habitations, mais la plus part de Mahometans & Idolatres que les Portugais tiennent en bride. Ils ont bien de bons ports & vne grande commodité de bois pour bastir des nauires, mais ils n'osent plus rien entreprendre depuis qu'vne fois ils en furent chastiez pour vne trahison & conspiration qu'ils vouloient faire, assistez de quelques voisins; & qui par la permission de Dieu fut descouuerte par d'autres barbares, à sçauoir par ceux de *Paleacate*. Et bien qu'ils fussent cent Gentils contre vn Chrestien ayans desia commencé de gagner l'entrée du fort, ils furēt repoussez par le Capitaine *Garcias Acugna* Gouuerneur de la citadelle, qui en recompensa bien ceux qui l'auoient auerty si à propos, leur departant liberalement les tresors du Roy : & depuis ces bons voisins de Paleacate furēt en mesme credit & franchise que les Portugais, à sçauoir francs de subsides, gabelles, & de toutes sortes d'imposts, auec vne telle confederation & amitié, que plusieurs d'eux se sont faits Chrestiens en suite, se lians par mariage les vns auec les autres. Pour les conspirateurs, la plus part furent punis de mort, ou bannis, & leurs biens confisquez.

L'Isle de Goa n'a pas plus de quinze ou seize mil de circuit. Les habitans sont forts & robustes de corps, de couleur vn peu oliuastre. La ville est grandement riche, & la ruë principale pleine d'vne infinité d'orfevres, qui ont leurs boutiques remplies d'or, d'argent & de pierreries. Les Gentils du lieu auoient tout ioignant Goa vn Temple basty

somptueusement d'vne riche pierre en vne petite isle nom-
mée *Dinary*, où ils adoroient le diable qui se monstroit à eux *Dinary.*
en diuerses & estranges formes : Les Portugais voyans Idolatrie des
cette profanation demolirent ce Temple & ses idoles, sans Goans.
y laisser aucun vestige, & des pierres ils en fortifierent
la ville, & bastirent de belles maisons. Ce qui leur excita
la haine de tous ces Idolatres. Ce Temple estoit basty d'v- Diable ado-
ne pierre noire, & leurs Pagodes ou Idoles estoient de forme ré.
horrible. Quand les Portugais eurent cette grande guerre
contre le *Samorin* de Calicut, ils pouuoient deslors abattre
le temple de ces Pagodes, mais le seul respect de l'Image
de la Vierge Marie que ces Gentils tiennent parmy leurs Vierge Ma-
Idoles, & laquelle ils honorent fort, fut cause que tout fut rie honorée
espargné pour lors. Ils appellent la Vierge *Sanacarin*, com- ez Indes.
me qui diroit vn oyseau, disans que c'est l'esprit de Dieu.
Ils reuerent aussi la Croix, & disent qu'en la fondation de
Goa ils en ont trouué vne en terre.

Les habitans viuent delicieusement, se faisans tousiours
porter apres eux vn beau vase plein d'Areca à la façon des
Indiens. Ils se font aussi porter dans des chaires richement
parées par des esclaues, & laissent viure tous les habitans
chacun en sa religion.

Au reste, ayant esté diuerses fois à Goa pendant nostre
negotiation, i'y ay admiré souuent plusieurs choses, comme Merueilles
son grand trafic, ses richesses, le bon ordre & la police de de Goa.
la Iustice, & sur tout vn reglement admirable dans leur ho- Hospital.
spital qui est fort riche, & où neantmoins quand il arriue
vne grande quantité de malades des armées, le Viceroy &
l'Archeuesque contribuënt liberalement leurs reuenus, les
Portugais se monstrans d'vn naturel fort pitoyable & be-
nin, bien que les Indiens les tiennent pour des perfides à
cause de tant de places qu'ils ont occupées sur eux.

Cet Hospital est le plus beau & accomply, comme ie croy,
qui soit au reste du monde, & i'oseray bien dire que ny celuy du S. Esprit de Rome, ny l'Enfermerie de Malte, où
on est seruy en vaisselle d'argent, ne sçauroient estre ega-
lez à cettuy-cy en richesses, ordre & seruice. On y est mieux

traité qu'en sa maison propre, quelque riche que l'on soit, comme i'ay veu souuent y allant visiter des François qui y estoient malades. Les Peres Iesuites en ont l'administration, en laquelle ils vsent de grandes charitez. Il est situé sur la riuiere, & fondé richement par les Rois de Portugal, outre les aumosnes particulieres de la Noblesse & des autres. Le plus souuent on tient vn facteur à *Cambaye*, terre abondante en grains, pour y faire à bon marché & commodement les prouisions necessaires. Il y a vn grand nombre d'esclaues qui rendent toutes sortes de seruices; & sont employez aussi pour seruir les autres Hospitaux des Indiens, & les Monasteres de femmes & de filles, & toutes les personnes necessiteuses. On y brûle tous les iours vne grande quantité d'odeurs aromatiques, pour en oster le mauuais air, & les senteurs fascheuses. On y vse de linges fort deliez, & l'on n'y boit que du vin de palme, & autres sortes, qui valent autant que le vin de raisin. Aussi les Portugais y sont grandement adonnez aux delices de la chair & des sens, & vsent en leur seruice de table, de pourcelaines, dont les bonnes ne peuuent tenir le poison, mais se cassent tout aussi-tost. Tout ce peuple est fort suiet à la verole, & a vne autre maladie qu'ils appellent *mordesin*, qui commence par des vomissemens & des maux de teste, & est pestilentielle, dont plusieurs meurent. Ils ont aussi le *scorbut*, & d'autres maux prouenans de l'ensorcellement des garces. Si tost qu'ils se trouuent mal ils se font porter à l'Hospital, où l'on vse de bons remedes pour les guerir, les logeant en des chambres gayes, & les faisant promener en de beaux iardins.

Les Eglises de Goa sont belles & bien parées, & les vitres de coquille de nacre fort industrieusement taillées. A Pegou ils les font d'escaille de tortuës de diuerses couleurs, les plus belles du monde. Les lanternes de l'Hospital sont aussi faites de nacre. On n'y brûle que de la cire, dont la ville est bien fournie, & est l vsage ordinaire.

Cette ville ayant enuiron huict mil pas de circuit, peut estre de la grandeur de Roüen ou Auignon, sans compter les fauxbourgs, bastie & couuerte de thuille à la façon de l'Europe. C'est vn Archeuesché qui a sous soy quatre Eues-chez, & la iurisdiction va iusqu'à Mosambique, &c.

Il y a nombre de belles Eglises & Monasteres, comme des Iesuites, Capucins, Augustins deschaussez, & plusieurs de filles tant vierges que repenties. Eglises de Goa.

Le trafic y est grand de toutes denrées & marchandises, entr'autres d'esclaues, dont il s'y fait vne grande vente, tant d'hommes que de femmes. Ils ne tiennent pas à grand peché qu'vn maistre habite auec son esclaue, & si elle en deuient enceinte, la loy la rend libre, & peut s'en aller si elle veut. Esclaues à Goa.

Les eaux y sont assez bonnes & salubres, & bien que la marée monte plus haut que la ville, si ne sont elles point salées. La bonne se va querir à demi mil de la ville en vn lieu dit Banquenin, qu'on vend par cruchées cinq bonsurus chacune. Les Portugais y sont somptueusement vestus auec des chausses à la marine, de riches boutons, des casaques & roupilles assez courtes, & de grands chapeaux. Ils se font porter vn parasol auec des vases pleins de epies & autres delicatesses pour le manger & pour le boire; puis de riches espées: en vn mot ils sont fort vains & superbes, & comme dit le prouerbe *Pocos y locos*. Eaux. Banquenin.

Le havre de la ville est bien bon, mais il y a vne barre de sable comme à *Larache* en Fez. Il est vray que celle-cy ne se ferme point, & celle de Goa se ferme fort bien. Ils ont vne Inquisition & vn Presidial ou Parlement, auec vne bonne police. Le Viceroy se change de trois en trois ans. Le profit n'est là que pour les Gouuerneurs & Officiers, & non pour le Roy, qui despend beaucoup en ses armemens & munitions, outre les gages de plus de trois mille Officiers. La Barre de Goa. Viceroy.

L'isle est montagneuse & pleine de sablon & de terre rougeastre, & neantmoins fort fertile, à cause des fontaines & riuieres qui l'arrousent. De cette terre ils en font plusieurs sortes de beaux vases gris & rouges, aussi fins que le verre, come du bolarmeni ou terre sigillée. Le ris & le mil y viennent deux fois l'an, & y la verdeur demeure toute l'année, &c. Vases. Ris & mil.

ste terre est situéequasi sous le Tropique du Cancer, & s'approche vn peu de l'Equinoxial. Il y a force palmiers, & plusieurs nauires y arriuent à toute heure chargez de cocos qui se debitent par la ville. Les vaisseaux demeurent à la barre pour ne pouuoir entrer, n'y ayant pas assez d'eau dans la riuiere pour les porter. On compte deux lieuës de la ville iusqu'à l'embouchure, où sont deux bonnes forteresses pour la conseruation des vaisseaux qui passent au milieu. Puis à vne lieuë plus haut il y en a vne autre dite *Pangari*, où demeure le Capitaine Maieur, duquel il faut prendre le *cartaco* pour negocier tant à l'entrée qu'à la sortie. Mais dautant que plusieurs ont amplement escrit de ce qui est de cette ville & de sa police, gouuernement, noblesse, soldats & maniere de viure des hommes & des femmes, tant Portugais qu'Indiens, ie n'en diray pas dauantage: seulement i'adiousteray, que comme nous estions là il arriua vne disgrace à quelques pauures François qui auoient pris vn vaisseau chargé de poiure, mais s'estant apres perdus sur vn banc de sable à douze lieues de Goa, le nauire fut pris & sauué, appartenant à vn marchand Portugais de Goa, & eux arrestez aussi-tost & condamnez à estre pendus à Goa, tant pour la prise du vaisseau, que pour auoir fait mourir le Capitaine auec quelques autres. Leur Capitaine s'appelloit *Raimondm*. Ils furent assistez au supplice par quelques bons Peres de l'Eglise des Cinq-playes, proche de la grande place où se faisoit l'execution, & ceux de N. Dame de la Misericorde, selon leur coustume les vestirent tous de blanc auec de longues robes iusqu'aux talons, vn bonnet blanc & la croix en la main. Ils moururent fort constamment, estans plaints & regrettez d'vn chacun. Ils en pendirent encores en d'autres places, comme en la *Caye* de Saincte Catherine & en l'*Alfandeque* où se vendent les grains. Il y en eut là six d'executez, dont l'vn, qui estoit le plus ieune, tomba de la potence en bas, deux grosses cordes s'estans rompuës. Le Iesuite qui l'assistoit fit tant qu'il fut remené en prison, & qu'il obtint sa grace. Il vouloit se faire de son Ordre, mais il desira plustost d'estre Ca-

du sieur Vincent le Blanc.

pucin, comme il fut au grand contentement de tout le monde, où il fut fort visité de la Noblesse. Il estoit enfant de Diepe de la maison des Ratelins, & s'estoit mis auec ce Capitaine Raimondin, en intention, non de pirater, mais de voir le monde seulement: aussi Dieu luy fit la grace d'en eschaper ainsi miraculeusement.

A ce propos il me souuient que depuis estant en Prouence au temps des guerres de la Ligue, il y eut vn ieune homme d'Aubagne qui fut pris pour quelque crime dont il estoit accusé; & son procez fait à Aubagne par le sieur d'Allert Conseiller, condamné à estre pendu, les deux cordes neuues qu'il auoit au col se rompirent, & luy tomba à terre sain & sauf, dont chacun cria grace, qui luy fut accordée: mais ne sçachant pas se preualoir de son bonheur, il s'alla faire pendre en vne entreprise qu'il vouloit faire pour la Ligue sur S. Maximin.

Il y eut aussi vn Gentil-homme Sicilien, qui accusé par trente faux tesmoins d'auoir voulu védre la ville de Messine au Turc, & condamné à estre pendu, & ses enfans auoir la teste trenchée, luy protestant à l'eschelle de son innocence, la corde se rompit, & derechef luy en estant remis vne autre neufue, elle rompit encor: ce qui fut cause que le peuple le sauua, & son prosez estant reueu, les faux tesmoins furent executez, & luy auec ses enfans alla pieds nuds à nostre Dame de Lorete, où ie le vis.

Au reste, tant à Goa qu'aux autres villes des Portugais, les marchands de toutes nations y peuuent seurement trafiquer, moyennant qu'ils ayent le *cartaço* ou permission du Viceroy, & qu'ils payent les droits, autrement tout seroit confisqué.

De Baticala, Decan, Amadiua, & du Royaume de Cananor.

CHAPITRE XVII.

Depuis Goa iusqu'au cap Comorin, qui est proprement la coste de *Malabar*, on trouue plusieurs autres forteresses des Portugais, comme à *Onor*, qui en est esloignée de 14. degrez, à *Barcelor* de 13. que les Indiens appellent *Barcelan*, à *Mangalor* de 12. à *Mosiri* ou *Cananor* 11. à *Cranganor* de 10. que ceux du païs nomment *Cagnanora*, puis à *Cochin* de 8. à *Coulan* qu'ils appellent *Cosmans*, & autres.

Barcelor.

De Goa nous vînmes à *Baticala*, qui est vn Royaume. La ville est belle, riche, & abondante en toutes commoditez, assise sur vne belle riuiere & profonde, qui en rend l'abord fort aisé : son port n'en est qu'à vn petit quart de lieuë, & est tousiours remply de nauires qui luy rendent vn grand trafic. Les habitans sont partie Gentils, partie Mahometans, mais fort ciuilisez, de couleur entre le blanc & le brun, de belle taille & disposition, tant les hommes que les femmes. La ville est enuironnée de plusieurs bonnes bourgades qui s'estendent iusques à *Decan*, qui en est à cinq lieuës ; de sorte que l'on ne voit que bourgs & villages par la campagne. Elle est ceinte de bonnes murailles, frequentée des Iuifs, lesquels y font vn grand trafic, & habitée de toutes sortes de nations. Ils sont tributaires au grand Roy de *Narsingue*. Ils ont accoustumé de se faire porter sur des palanquins par des *camalouts* ou porte-faix ; car de montures ils en ont bien peu. Nous nous y sommes quelques fois seruis de bœufs que l'on enharnache pour monter. On y mange du pain de ris, qui est plus appetissant que celuy de froment, en y meslant par fois de la manteque auec vn peu de

Baticala.

Decan.

Pain de ris.

du sieur Vincent le Blanc. 81

de sel, ce qui fait vn excellent manger. Il n'y croist point de legumes, mais il y a des fruits de toutes sortes & fort sauoureux: leur boisson est de palme.

Enuiron à trois mousquetades de cette ville il y a vne isle nommée *Amiadiua*, qui a vn beau port de mer vers la terre ferme, habitée de Mores, & abondante en herbages & en bestial, dont les peuples sont ennemis mortels des Portugais; mais leur isle estant petite, & n'ayant pas plus de huict lieuës de circuit, ils n'ont pas le pouuoir de leur nuire. La ville est belle & riche, & s'appelle *Centacola*, suiete au Roy de *Baticala*. Il y a quelques Iuifs parmy eux, qui monstrent bien à leur visage qu'ils ne sont pas de mesme nation, les autres estans de couleur tanée, & ceux-cy moins bazanez. Les femmes y vsent de certaines eaux & mixtions dont elles se frottent, ce qui les rend extremément agreables. Aussi sont-elles tenuës pour les plus belles & gentilles de l'Orient: les plus belles sont Iuifues, & ces Iuifues sont fort chastes, & tout ce qu'elles permettent aux estrangers, c'est d'estre visitées en certaines maisons des leurs, où se font des assemblées de belles filles, mais simplement parées, au contraire des autres de la ville. Elles chantent certaines chansons qui sont comme les Psalmes de Dauid, ce qu'elles prononcent auec vne fort bonne grace, y meslans aussi les instrumens; & entretiennent ainsi les compagnies qui les vont voir. Que si on leur veut faire quelques presens, elles ne les refusent pas: mais si on ne leur donne rien, elles monstrent aussi qu'elles n'en sont pas mescontentes. Les portes de ces maisons sont ordinairement ouuertes, où ils tiennent leurs synagogues. Chacun vit là en sa Religion auec toute liberté. Au milieu de cette isle il y a vn grand lac qu'ils appellent *Vecharin*, qui leur porte force bon poisson de diuerses sortes: mais d'ailleurs il est cause que l'air y est vn peu mal sain pour ceux qui n'y sont pas accoustumez. Les nauires y arriuent de tous costez pour se fournir de ce poisson pour sa bonté & pour ce qu'il se conserue long temps sans se corrompre. Ils ont grande quantité de poules qui sont à bon marché, & les

Amiadiua ou Anchedina isle.

Centacola ville.

Belles femmes.

Iuifs.

Vecherin lac.

L

nourriſſent de ris groſſier & non purgé, qu'ils appellent *Ieracoli*.

Ieracoli.

Pour reuenir à la ville de *Baticala*, elle a perdu beaucoup de ſon trafic depuis que les Portugais ont pris Goa : car ſelon les *chafar* ou regiſtres de leur doüane, leur reuenu eſt diminüé de plus de la moitié, ce qui eſt cauſe que leurs Princes ſe tiennent eſloignez en terre ferme, de peur de ſurpriſe des Portugais, qui leur ont fait mauuaiſe guerre, les prenans priſonniers & leur faiſans payer groſſe rançon & tribut ; nonobſtant que depuis les meſmes Portugais ayent fait de grands trafics en leur ville pour les attirer & addoucir, mais il n'y a moyen de les tirer de ſoupçon & de crainte. Ces peuples de *Baticala* ſe diſent originaires du païs de Sian. En ce Royaume de Baticala eſt la ville d'*Onor*, qui fournit toutes les autres de ris.

Chafar.

De *Baticala* nous vinmes à *Cananor* ou *Moſiri*, qui eſt vne grande ville ſans murailles, ſous la domination d'vn Roy particulier, où les Portugais ont deux forts, & qui eſt habitée de force Chreſtiens nouueaux, qui gardent mieux les commandemens de noſtre Religion que les vieux. Les Portugais ont fait à l'entour de leur fort quelques habitations de marchands & autres, qui ont formé vn bourg, appellé auſſi *Cananor*, où ils trafiquent en toute ſeureté : & quand les Indiens veulent negocier auec eux, il leur faut prendre paſſeport du Viceroy de Goa ; toutesfois les Portugais ne ſont touſiours en ſi bonne intelligence auec ceux du païs, que ſouuent il n'y arriue beaucoup de diſſenſions & de deſordres, ainſi que ſouuent on a veu ailleurs, & entr'autres à Pegu & à Calicut, qui fut cauſe de la ruïne de leur citadelle, & de la mort de pluſieurs pauures Chreſtiens, dont les Portugais ſe ſont bien vengez depuis, car ils ſont d'vn naturel vindicatif & cruel, & pour ce ſujet ils tiennent touſiours force bons vaiſſeaux & bien armez en mer, pour aſſiſter les flotes venans de Portugal, & font vne cruelle guerre à ces Indiens, qui quelquesfois ne leur ſuccede pas ſi heureuſement ; comme il arriua à vn *Alonce de Comera*, qui ne ſceut pas bien prendre ſon party auec deux bons

Cananor.

Naturel des Portugais.

Preſomption Portugaiſe dōmageable

vaisseaux qu'il auoit, lors qu'il rencontra vn nauire Mahometan chargé de grandes richesses & de plusieurs familles qui s'en alloient à *Gaza*, ville maritime d'Arabie, auec leurs femmes & enfans, & faisoient là leur retraitte, apres auoir demeuré long temps aux Indes : lesquels ayans fait rencontre de ce Capitaine Portugais, mirent leur esquif en mer & amenerent les voiles, le priant de vouloir entrer en vne honneste composition auec eux, & luy offrans iusques à la valeur de deux cens ducats : mais luy plein de presomption, sans daigner leur faire response, commence à les canonner furieusement pour les ioindre & les emporter tout d'vn coup : Eux se voyans perdus, se resolurent à la desesperade, de se bien deffendre, & vendre cherement leur peau, iusqu'aux femmes qui ne s'y espargnerent pas : si bien que le Capitaine Portugais n'y gaigna que des coups, & mesme y perdit vn œil auec plusieurs de ses gens, de sorte qu'il fut contraint de les quitter, & la nuit suruenāt la dessus, ils trouuerent le vent fauorable, & se retirerent brauement sans rien perdre. Ce qui monstre combien souuent nuist la presomption, & que ce n'est pas sans cause que l'on accuse les Portugais de folie & de vanité, qui leur a souuent cousté cher, & leur a acquis la haine de tous ces Indiens, ainsi qu'il leur est arriué à *Calicut*, où la rage des peuples s'est monstrée si horrible contre eux, qu'ils leur ruinerent en vn instant leur citadelle, n'y laissant pierre sur pierre : iusques-là mesme que qui en pouuoit porter vne au Roy, receuoit vne piece d'argent ; ce qui a depuis cousté beaucoup de pertes & de sang aux vns & aux autres. Le Roy de *Coulan* a voulu plusieurs fois attaquer leur fort, mais enfin apres force guerres, les vns & les autres sont demeurez en paix.

Le Roy de *Cananor* y est fort puissant, & est esleu d'entre les Princes du sang comme celuy d'Ormus. Il peut mettre cent mil hommes en campagne armez de rondaches & d'espées, qui portent vn petit bonnet rouge attaché auec vne bande, & vont quasi nuds. Il y a vn tiers d'eux qui sont *Naires*, c'est à dire Gentils hommes, portans le chapeau

Vaisseau eschapé.

Fort de Calicut ruiné.

Force de Cananor.

Naires.

rouge, & sont fort vaillans & determinez, n'espargnans aucunement leur vie pour le seruice du Prince.

Les Portugais ont vn bon chasteau au costé de la ville & vn autre sur la mer, garni de bonne artillerie. Ce qui leur a bien seruy, pour auoir esté attaquez plusieurs fois par ceux du pais, qui voyans que quelque grand nombre de *Naires* qu'ils fussent, & fort vaillans, ils ne pouuoient rien gagner contre eux, qu'ils trouuoient encor plus braues, la plus part se sont faits Chrestiens, & sont mesmes si deuots, que quand ils vont par la ville, bien que ce soit en litiere ou palanquin, si-tost qu'ils entendent sonner l'*Aue-Maria*, se font mettre à terre, & prient à deux genoux.

Terre & sa proprieté. A Cananor ils ont vne mine d'où se tire vne pierre appellée *Azazimir*, qui a la mesme vertu que la terre sigillée dont ils font grand estat par toutes les Indes : car elle est bonne contre la fievre, le flux de sang & l'indigestion, & à ce qu'ils disent, contre les poisons, comme le Besoüart : & de fait ils s'en seruent contre les morsures enuenimées, & en donnent aux verolez, pource qu'elle produit le mesme effet

Vin contre verole. que ce vin tant estimé par tout l'Orient, dont on se sert contre cette maladie ; & quand bien vn homme tomberoit par pieces, vsant de ce vin seulement tous les iours vn mois durant, indubitablement il en guerit.

Myrobolans. Ce pais-là produit les mirobolans citrins, qui est vn fruit excellent, & toutesfois commun entr'eux, dont les feuilles sont comme celles de nos pruniers. Ils les confisent auec du sucre, & en vient d'ordinaire. On trouue aussi là

Ebene. l'arbre d'ebene, qui est de la grandeur d'vn oliuier, & a ses feuilles comme de la sauge, mais polies comme celles de lentisque, la fleur semblable à des roses blanches. Le bois en est noir & fort dur quand il est sec. Pour les palmiers

Areca. qui portent l'*Areca*, ils en ont vne grande quantité. Ceux de Malaca appellent cela *faoufel*, & les Portugais *Aragueron*, en d'autres lieux on le nomme *Pinan*, la feuille est de mesme grandeur que celle de la palme ; le dedans de la tige est plein de filamens dont ils se seruent aussi, le foin est enueloppé d'vne gousse, laquelle venant à tomber, il demeure

du sieur Vincent le Blanc.

pendu à l'arbre d'vne couleur orangée. Il est fort sauoureux, & a la vertu de la chicorée, estant froid & sec : mais il a vne autre qualité fort astringête, la coque n'est pas de la grosseur de celle de la palme, mais plus petite, côme celle de pêchier de figure ouale, ressemblant aucunément à la muscade, ayāt par tout des veines blanches & rougeastres; & de ce fruit ils font leur *Areca* qui les empesche d'auoir mal aux dents. Pour les palmiers qui portent les dates, ils en ont en abondance.

Du Royaume & Samorin de Calicut, des naturels du pays, & de leurs horribles superstitions.

CHAPITRE XVIII.

E *Cananor* nous allâmes à *Calicut*, qui est à neuf degrez, bien que les anciens l'ayent mis à onze. Auant que d'y arriuer vn Dimanche au matin, tirant vers l'Orient, auant que le Soleil parût, nous entendîmes vn marinier criant *Iasan, Iasan, Malabar*, mais nous n'en estions pas si pres qu'il pensoit; car c'estoient les montagnes de Calicut qui se voyent d'assez loin, & n'abordâmes à son port qu'il ne fût nuit.

Calicut est vne grande ville, des principales, des plus riches & plus marchandes des Indes. Quelques vns veulent que ce soit la *Barygase* des anciens; toutesfois les Mores tiennent qu'elle n'a esté bastie que bien long-temps depuis, & qu'il y a vn peu plus de six cens ans qu'vn *Asarama Perimal* estoit Empereur de tout le Malabar, & ceux du pais comptent encor les années de son regne, comme de leur plus celebre Epoque, qui faisoit sa demeure Royale à *Coulan*, où estoit le commerce des espiceries, & qu'il bailla le lieu de *Calicut* aux Arabes qui y hantoient pour ce trafic : ils rendirent ce Roy Mahometan, & luy alla mourir à la *Meque* par

Calicut.
Barygase.
Coulan.

L iij

deuotion, ayant distribué tous ses Estats à diuers Seigneurs, auec titre de Roys, comme *Cananor*, *Coulan*, & autres. Mais celuy de *Calicut* demeura à vn sien neueu, qu'il nomma *Samorin*, c'est à dire Empereur & Souuerain sur tous les autres au temporel, comme celuy de Coulan l'estoit au spirituel, auec le surnom de *Cobricin*, c'est à dire Souuerain Pontife des *Bramins*. Ce *Samorin* donc bastit cette ville metropolitaine de *Calicut*, où les Mores s'estoient desia habituez, & où se fit le principal commerce des espiceries, que depuis les Portugais ont transporté en partie à *Cochin*, pour les fraudes du *Samorin*.

Samorin.

Auiourd'huy ce Prince est idolatre, bien que la ville soit habitée de gens de toutes Religions, Gentils, Mahometans, Iuifs & Chrestiens. Il est fort riche & puissant. La ville est bien bastie, mais les maisons sont basses, pource qu'elles n'ont point de fondement asseuré, à cause de l'eau de la mer qui se trouue incontinent, pour peu que l'on y creuse, quoy que par trauail & industrie ils ayent releué dauantage les Temples & les Palais, dont il y en a trois ou quatre Royaux, où habitent les femmes & concubines du Roy. Il y en a vn entr'autres hors la ville d'assez belle apparence & symmeterie & fort releué. Leurs Temples sont de mesme, & ce sont les premiers que ie vis en ces quartiers là de forme ronde. Au dedans c'est chose horrible & espouuentable à voir leurs Idoles & Demons, parmy lesquels, par vne grande profanation, ils tiennent vne Image de la Vierge Marie, à laquelle ils portent grande reuerence, sans que iamais on ayt pû la leur faire oster. Et quand ils voyent vn Chrestien, pour le bien caresser ils luy donnent de l'eau benifte à leur mode, auec certaine poudre qu'ils luy iettent sur le front, en disant *Andocray Maria*, c'est à dire, regarde Marie. Auec cela ils adorent le diable, figuré en toutes leurs monnoyes, en forme de deux demons embrassez, auec des pieds de cocq d'vn costé, & de l'autre certain caractere ou hieroglyphe, qui veut dire, *Pense à ton peuple*.

Maisons basses.

Serrails.

Idoles horribles à Calicut.

Image de la Vierge honorée.

Sathan adoré à Calicut, & ceremonies.

Le Roy est deuotieux à ses impietez, & fait tous les Mercredis vne merueilleuse ceremonie & adoration à Sathan,

du sieur Vincent le Blanc. 87

qu'ils figurent assis en vne chaire auec la thiare à trois couronnes sur la teste, enuironné d'infinis autres demons en diuerses formes, toutes horribles. Apres que ce Roy luy a fait vn long ensencement, il se couche à terre en signe de sumission, & fait son oraison; puis il s'estend sur vn riche tapis, & tenant sa teste appuyée sur sa main gauche, prend son repas, conuiant les demons à manger auec luy : quatre *Bramins* ou Prestres luy assistent à ce seruice, & entendent la predication que leur fait le Prince en mangeant, leur representant le seruice qu'ils doiuent rendre à leur Dieu ; & cependant eux ne respondent rien à cela, mais luy donnent à boire dans vne tasse d'vne boisson meslée de *betel* & d'*areca*. Il boit sans toucher la couppe de ses leures selon leur mode superstitieuse, pource qu'en ce iour là sa bouche est sacrée & pleine de louanges de son demon. Quand il a acheué son repas, on prend le relief des viandes, qu'ils portent en vn iardin où elles sont incontinent deuorées par des corneilles qui attendent ceste curée, en si grande quantité, qu'il n'y a pas vn morceau ou deux pour chacune.

Pour le regard de la ville de *Calicut*, il me semble qu'elle est bien aussi grande à peu pres que Milan, mais elle n'est pas si bien bastie & accommodée. L'incommodité que les estrangers & marchands y trouuent, c'est que si-tost qu'ils y arriuent il leur faut achepter vne maison pour habiter ; ce qui nous embarassa fort, ayans esté contraints à nostre depart de la laisser pour la moitié moins qu'elle ne nous auoit cousté. On achete des femmes pour le seruice, comme à Cambaye, que l'on reuend aussi, mais quasi tousiours auec perte. Le port est assez loin de la ville, où il n'y a qu'vne rade, dont les vaisseaux ne se peuuent approcher qu'a enuiron vn mil & demy, à cause des basses, où ils n'vsent que de petites barques ou *canoës* qui entrent par tout, & il y en a mesme de plates par dessous qui entrent dans la riuiere pour diuers seruices. Le Roy tient vne fregate pour son vsage, qu'ils appellent *Ionqui*, où il fait ses promenades, menant quelquesfois les Dames sous la courtine, comme les *Gondoles* de Venise, quand il se va diuertir à la pesche ;

Estrangers comment à Calicut.

Femmes achetées.

Canoës.

Ionqui.

88   *Les voyages*

Toutes les maisons de la ville sont couuertes de feuilles de palme, excepté celles du Roy qui le sont de thuille, afin que personne n'ait moyen de se fortifier dans son particulier, aussi sont elles fort suiettes au feu : ce qui fait qu'ils les tiennent escartées le plus qu'ils peuuent. Autour de la ville il y a force belles campagnes & de bons pasturages, mais ils ont cette superstition de ne mâger point de chair de vache, croyans que ce soient bestes saintes & sacrées, & que leur *Dume* & son Compagnon les ont données aux hommes pour labourer la terre seulement : d'où vient qu'il y a grand peine à en acheter ou vendre. Il est vray que cette superstition ne s'obserue qu'en public, car en particulier il y eut vn de ces *Bramins* qui nous donna vn iour à disner, vn Chrestien de ses amis luy ayant presté son cuisinier, qui nous fit manger tout vn petit veau, la teste bouillie auec le deuant, & le reste rosty à la Françoise. Il nous fit ce festin, pource qu'vn de la compagnie l'auoit guery d'vne maladie sans vouloir prendre de son argent : & ainsi ils font comme les Turcs, qui en cachete boiuent du vin, dont ils s'abstiennent en public selon leur loy. Cependant ces *Bramins* tiennent vne figure de Sathan la gueule ouuerte, rouge & enflambée, comme preste à deuorer les ames de ceux qui n'obseruent pas sa loy : & quand ils l'ont offencé ils luy offrent vn cocq blanc ; ce qui est tiré d'vne superstition fort ancienne des Payens, qui offroient vn cocq blanc à Hercule, à la Nuit, à Esculape & à Anubis : de sorte que le diable va renouuellant ainsi ces vieilles superstitions, & s'apparoist visiblement à ces gens là : les vns croyans qu'il est Dieu, les autres que c'est vne creature de Dieu : les vns le tenans bon, les autres meschant, & partant qu'il le faut seruir & adorer afin qu'il ne fasse aucun mal.

Non gueres loin de Calicut il y a vn ancien Temple ou Pagode, qu'ils appellent le *Dumana*, où il y a vn grand pardon ou Iubilé à certains iours de l'annee que tous peuuent gaigner ; & pour cela ils ont quinze iours si francs & libres, que mesmes les voleurs & bannis peuuent y venir faire leur sacrifice en toute seureté. Ce Temple est situé dans vn marescage,

Vaches sacrées.

Hypocrisies des Bramins.

Figures horribles du diable.

Cocq blanc en sacrifice.

Dumana.

Iubilé & feste solennelle des Idolatries.

du sieur Vincent le Blanc. 89

rescage, soustenu de grandes colomnes, auec quantité d'arbres de toutes sortes à l'entour. Chaque pelerin a liberté d'en choisir vn pour son repos & pour y pendre ses hardes.

Il y a vn grand nombre de lampes que les pelerins apportent & font brûler pour la purification de leurs pechez. Le *Bramin* leur dit quelques oraisons, & leur iette de l'eau beniste pour les expier. Puis estans ainsi lauez ils se presentent deuant l'Idole & luy font leurs deuotions, & de là s'en retournent sous leurs arbres, ayans garny leurs lampes pour luire toute la nuit, de sorte qu'il fait beau voir tant de lumieres. Le lendemain ils se lauent tous ensemble dans ce lac, hommes & femmes, filles & garçons, sans aucune crainte & honte de leur nudité; cela fait, chacun se reuest de ses plus riches habits & s'en reua au Temple pour assister aux sacrifices, qui estans acheuez, le *Bramin* leur fait vne petite predication, vestu d'vne tunique blanche, qui luy va iusques au dessous des genoux, des sandales aux pieds, les iambes garnies de cercles de leton ouuragé, & chargées de clochettes & sonnettes d'argent. Puis estant deuant l'image de satan couronné, les yeux flamboyans, & la gueule beante comme prest à les engloutir tous, ce Prestre commence son sacrifice, se iette à terre deuant l'Idole, barbotant ie ne sçay quoy entre les dents, & se tourmente auec vne telle furie, qu'il semble estre enragé: puis il se tourne vers le peuple, fort attentif à ses grimaces, en leur monstrant le demon, à la veuë duquel ils se mettent tous à crier misericorde, auec vn bruit & tintamarre si effroyable qu'on n'oyroit pas Dieu tonner. Plus, il prend vn cocq blanc qu'il esgorge dans vn grand vase plein d'eau beniste, & faisant vn meslange d'eau & de sang, il en arrouse tout le peuple, qui s'en retourne aussi content que s'il auoit gagné l'Empire du monde. Au milieu de leur chemin ils rencontrent vn homme de belle presence, mais insensé, qui est vestu d'vne longue tunique auec vne image du demon au col. A la teste du peuple la grande figure de satan est portée par huict de ces deuots habillez de cu-

Lampes allumées.

Ceremonies horribles à satan.

Eau beniste.

M

niques de coton, & fuiuie de quatre Bramins, & de quantité d'autres Prestres de ceux qui vont courans le païs comme perdus, qui tous vont fautans, dansans & chantans deuant le diable, se donnans auec des cousteaux de terribles coups par le visage & sur les bras; & celuy-là est estimé le plus sainct qui a de plus grandes playes, dont mesme plusieurs meurent. Quand ils arriuent deuant cet insensé, qui est sur vn theatre, ils s'arrestent pour faire la ceremonie du sacrifice, & ayant fait certaines suffamigations aromatiques, le *Chaouri* ou *Bramin* l'arrouse de l'eau du sacrifice, & tout le peuple luy fait l'aumosne, & luy ayant beny toutes leurs hardes & lumieres, ils rentrent par vne autre porte du Temple, remettans leur Idole en sa place, & finissent ainsi leur procession. De là ils vont trouuer leur disner tout prest qu'ils arrousent d'eau beniste, puis se gorgent des viandes du sacrifice & d'autres qu'ils ont apportées, apres les auoir fait passer premierement deuant l'Idole, afin qu'elle en sente la fumée, & ainsi se termine ce grand Iubilé.

Au reste ces Religieux ou Prestres *Bramins*, ne mangent aucune chose qui ait eu vie, comme les *Guzarates* & *racmanes*, & ne communiquent qu'auec leurs semblables, bien que nous ayons mangé auec eux en particulier, comme i'ay dit cy dessus. Ils portent le turban blanc, vne iaquette de coton qui leur va iusques aux talons, les souliers rouges, par dessous vne grande toile blanche qui leur fait deux ou trois tours par le corps, vne ceinture fort fine, les cheueux longs, les oreilles percées & des pendans precieux. Ils portent sur leur chair certain filet, qui est l'ordre de leur Religion, qui leur est donné en grande ceremonie. Il y en a de diuerses especes: les vns vont à la guerre auec les Naires, les autres trafiquent & sont riches marchands, & tous generalement sont gens doux & pacifiques. Le Roy mesme se plaist d'estre de leur ordre, portant ce cordon en escharpe sur le corps. Ils sont fort honorez par toutes les Indes, & il y a parmy eux de sçauans Medecins. Quand ils veulent asseurer quelque chose, ils mettent la main sur

du sieur Vincent le Blanc.

leur cordon, ou sur leur *sabaye* ou robbe. Les Portugais estoient assez bien auec eux, mais les Mores les ont mis si mal ensemble qu'ils se traittent fort cruellement. Il y a de ces Mores qui se licentient de porter les *alpargates* ou chaussure des Bramins; mais il faut estre fauory du Roy & des Bramins pour auoir cette permission. Quand ils mangent ils se mettent tous nuds, n'ayans qu'vn linge deuant leurs parties honteuses. Leurs femmes se plaisent de porter le nez percé, auec des verges d'or & d'argent. Il y a vne autre sorte de Bramins en *Surat, Guzerat* & *Cambaye*, qui ne sont pas si austeres, & qui sont sous l'obeïssance du grand Mogor. Ceux-là se plaisent à manger de la farine de *mandec*, qui vient du Bresil, & viuent dans vne grande abstinence.

Bramins diuers.

Du Royaume de Cochin, la bonté du Sol, & les mœurs des habitans. Histoire estrange de quelques pirates François.

CHAPITRE XIX.

DE Calicut nous allâmes à *Cochin*, qui est enuiron à huict degrez & à douze lieuës de Calicut. C'est vn Royaume confederé auec Calicut, estant de mesme Religion. La ville est situee dans vn air fort doux & temperé. Le païs abonde en bestail & en fruits; il est vray que le bled y manque, qu'on y apporte de *Cambaye* en abondance. Le poivre y croist en quantité, & il s'y en trouue de trois sortes; du long se font de tres bonnes conserues. En toute la coste de *Malabar*, qui est depuis *Goa* iusqu'à *Comori*, on trouue le poivre noir & blanc. Le noir est appellé *lada*, & le blanc *ladaponté*, le bon *pipili*. Le gingembre qu'ils confisent pour manger en toutes saisons, est nommé *aliaha* en langue Malaïque.

Cochin.

Poivre de trois sortes.

Les Portugais sont fort bien venus à *Cochin*, le Roy estant leur grand amy & allié, dés le temps de *Triumpara*, qui monstra vne si grande fidelité & constance pour eux, contre celuy de Calicut : depuis ces Rois de Cochin ne leur ont iamais manqué en ce qu'ils leur ont promis, mais ont inuiolablement gardé les conuentions, à sçauoir de donner au Roy de Portugal douze perles du poids d'vn *miticale* chacune, qui est d'vn escu & demi. Les Portugais trafiquent là principalement en poivre, qui se porte apres par tout le reste du monde. Celuy qui se transporte en Arabie, Surie, Perse, Babylone, & ailleurs en ces costes là, est beaucoup meilleur que celuy qui va en Portugal, tant à cause que la longue nauigation l'altere, comme aussi pource que le prix qui y a esté mis du commencement, n'augmentant ny diminuant, ils le leur donnent fort mal preparé, & la pluspart verd : mais quel qu'il soit, les Portugais ne laissent pas de le porter en Espagne. Aussi le chargent-ils à refus dans les nauires, c'est à dire sans estre ensaché : au lieu que les Mores qui le chargent pour la mer rouge, goulfe Persique & autres lieux de Leuant, en payent vn honneste prix, & ainsi on leur donne tout le bon.

Au reste, l'arbre du poivre n'a aucune ressemblance auec aucun autre qui soit en nostre Europe : Il est beau & grand, sa feuille longue & assez large & pleine de veines : il porte son fruit comme nos grappes de raisin & comme les lambrusques de Prouence, en grande quantité. I'en ay veu de deux differentes sortes, l'vne que les Indiens d'Occident à *Cartagene* & *Caramel*, où il en croist aussi, appellent *Ierac*, c'est à dire blanc, qui estant mis au Soleil deuient noir comme l'autre, & bien qu'vn peu different il est de grande vertu, & ressemble à la fève nouuelle, mais bien plus long. Son grain est serré dans vne petite gousse comme la fève : cette sorte d'arbre n'a aucunes feuilles, & l'autre ordinaire en a de fort longues & larges. Ils en vsent fort pour s'eschauffer, & en mettent mesme en leur potage. M'estant vn iour couché sur vn magazin qui en estoit plein, ie ne ressentis iamais vne telle chaleur.

Pour les autres drogues qui se prennent en la Seigneurie

du sieur Vincent le Blanc. 93

de Cochin, elles ne se peuuent vendre qu'aux Portugais: mais pour ne les payer comme font les Mores, elles passent comme marchandise de contrebande: Il est vray que tousiours quelqu'vn en paye la folle enchere, car si cela est descouuert, elles sont confisquées au Roy, quelquefois mesmes auec les nauires. Quand les Portugais les ont acheptées vn certain prix, si les Mores leur en donnent dauantage, la conuention est rompuë: pour obuier à cela le Roy les tient en crainte, & les fait chastier. Ce Prince, bien qu'il ne soit pas fort puissant, peut toutesfois mettre soixante mil hommes en campagne.

Debit des marchandises.

La ville de Cochin est située sur vne belle riuiere, esloignée de la mer d'enuiron demie lieuë. Il y a vn autre Cochin ioignant la mer sur la mesme riuiere, qui est sous l'oboïssance des Portugais. En cette ville il y a force Chrestiens, qui pour iouïr du priuilege de Citoyens, & ne payer aucun droit, se marient-là : car les autres payent quatre pour cent à l'vn & à l'autre Cochin, qui sont à demie lieuë l'vn de l'autre. Il y a là beaucoup de Chrestiens mariez de diuerses nations & sectes, comme Italiens, François, Allemans, Chrestiens de la Ceinture de Sainct Thomas, qui passent tous sous le nom de Portugais, & s'adonnent tous au negoce. Les marchandises y payent diuers droits, comme des succres qui viennent de *Bengalo*, où l'estranger paye huict pour cent, & dont les mariez sur le lieu sont exempts. Il y a aussi grand nombre d'*Amuchio*, qui sont des Gentils hommes portans l'espée auec la rondelle, & qui s'exposent brauement à la mort pour le Prince. Leurs femmes sont communes; car les Naires ne font point de difficulté de se les prester les vns aux autres; & quand ils entrent dans vne maison, ils laissent l'espée & la rondelle à la porte, sans que personne y ose entrer pendant qu'ils y sont.

Ville de Cochin quelle.

Chrestiens diuers à Cochin.

Femmes prestées.

Tous les vaisseaux que l'on charge pour Portugal, se preparent de partir depuis les mois de Decembre & Ianuier, & de là viennent à *Coulan* qui est à soixante douze mil de *Cochin*, où ils ont vne gente forteresse en la terre du Roy de

M iij

Coulan: de là au cap de *Comori*, qui n'est qu'à vingt cinq lieuës au bout de cette coste de l'Inde, où il y a grand nombre de Chrestiens: car depuis le cap de *Comori* iusqu'à la basse de *Chiloa* ou *Chilas*, qui est enuiron deux cens mil, ils ont tous presque esté conuertis par les Peres Iesuites de Saint Paul de *Goa*, qui y ont basti de belles Eglises, & auroient fait plus de progrez à *Calicut*, sans la malice des Mores, ennemis mortels des Chrestiens, qui les ont tousiours empeschez, depuis qu'ils furent cause de faire demolir la citadelle que les Portugais y auoient bastie.

Cochin e neuf. La rade de Cochin le neuf est fort ample, laquelle a certains grands rochers au dedans. La ville est remplie de belles Eglises, Monasteres, Hospitaux & Colleges. La riuiere qui arrouse ce terroir est belle & grande, & ayde à faire vn bon port, où les nauires entrent du costé du Nort dans vne gentille isle, où est la maison de l'Euesque, magnifiquement bastie : & bien qu'elle soit habitée de force *Chrestiens à Cochin.* Gentils, il ne s'y fait aucun exercice que du Christianisme, & qui le veut auoir des autres il faut aller à Cochin le vieux, qui est sur la mesme riuiere, bordée d'vne longue entresuite de maisons comme d'vn long faux bourg. Le trafic y est grand de tous les endroits de l'Inde. La grande incommodité des vaisseaux est, que quelquefois il faut demeurer trois *Barre de Cochin.* ou quatre mois & plus à la barre de la riuiere, pource que l'entrée se remplit de sable qui bouche le passage : ce qui se fait depuis May iusques en Septembre, tant qu'il vienne *Toumacaui vent de Midy regnant vers l'Oteri au Perou.* de grandes pluyes qui amenent vn vent de mer que ces Indiens Occidentaux appellent *Toumacaui*, lequel à la faueur des ondes chasse tous ces bancs de sables, & les fait fondre & escouler en mer. Ainsi presque toutes les villes qui ont leurs entrées & embouchures sur des riuieres sont *Ienibarou.* de cette sorte, comme i'ay veu en celle de *Ienibarou*, en la rade de l'Isle de Sainct Laurens, qui emporte ainsi le sable dans la mer, & fait le meilleur port du monde.

Portugais vont de Cochin en Portugal. Mais auant que de sortir de cette coste de *Cochin* & de *Malabar*, ie diray que quand les nauires Portugais ont chargé à *Cochin*, ils ne retournent plus à *Goa*, mais prennent tout droit la route de Portugal, & vont passer aux *Maldines*, & toutes les armées, flotes & autres sortes de vaisseaux qui viennent du Sud & des parties d'Occident à *Goa*, sont à la fin de leur voyage, quand ils sont à trente six mil de Goa, ayant monté ou doublé le cap de *Ramos*, où ils arborent leurs estendarts & bannieres, & tirent toute leur artillerie en signe de resioüissance, comme estans en toute seureté & à couuert des pirates, dautant qu'en cet endroit-là se fait la separation de la coste de *Malabar* & du Royaume de *Zacara* ou *Dealcan*; autant en font les vaisseaux qui viennent du costé du Nort, quand ils ont touché vne autre isle à trente six mil de *Goa*, qu'ils appellent *Quemada*. Ce qui toutesfois ne succeda pas si bien à vn Capitaine Portugais, nommé *Dom Sanche Sapatero*, qui comme i'ay appris depuis, estant arriué là fit bien tirer le canon en signe d'allegresse, & prit vn grand *sombrero* emplumé : mais vn certain Capitaine corsaire Rochelois, nommé *Boudart*, ayant mouillé l'ancre à Cananor, comme il se preparoit d'aller prendre vne hourque chargée de poivre qui estoit à *Cochin*, attendant le beau temps pour aller en Portugal, ayant le rendez vous d'vn autre vaisseau qui chargeoit en *Achez*, il eut nouuelles que ce Capitaine Dom Sanche deuoit passer, ce qui luy donna suiet de l'attendre de pied coy, en façon de nauire marchand du pais, & l'ayant rencontré luy tira de premier abord vne canonnade, dont il luy tua cinq matelots tout à la fois, & luy brûla toute sa plume : ce qui donna telle espouuente à ce pauure Capitaine, que perdant tout courage, il fit abattre aussi-tost sa banniere, en demandant humblement la vie sauue, offrant à l'autre tout ce qu'il voudroit dans son vaisseau. Lors nostre Rochelois vsa d'vn trait magnanime : car le pouuant faire esclaue luy & tous les siens, & emmener son vaisseau, il se contenta, apres auoir veu le registre, de luy prendre vn nauire chargé, & quelques canons & munitions des autres, laissant aller ledit Capitaine auec tout le reste, dont il fut fort resiouy : & ce d'autant plus que toute cette prise de marchandises estoit à des marchands Iuifs de Portugal,

Histoire estrange d'vn Capitaine Portugais, & de quelques corsaires François.

Courtoisie de pirate.

& qu'il croyoit n'en rien payer, puis que ce Boudart n'auoit rien eu de son vaisseau que deux canons & quelques munitions, auec vn present des raretez du pays. Mais il fut bien trompé, car estant arriué à *Goa* il fut mis en iustice, & comme l'on vit que toute cette perte estoit arriuee par sa faute & par son peu de preuoyance & de courage, d'autant qu'il estoit beaucoup plus fort que les ennemis, il fut ordonné que les trois vaisseaux participeroient egalement à la perte, puis qu'ils estoient venus de cōserue depuis Lisbonne : & pour luy qu'en consideration de la faute qu'il auoit faite, il ne pourroit iamais porter plume à peine de mille croisades, dont il eut tel regret qu'il en tomba malade, & se mit à l'hospital de *Goa*, se voulant laisser mourir pour la perte & la honte qu'il auoit receuë. Il fut bien vengé par la malheureuse fin que fit en suitte ce pauure Capitaine Boudart, qui enflé de ses prosperitez & de tant de richesses pillées, tant sur ces trois carauelles Portugaises, que sur vn autre vaisseau de *Cambaye* qui alloit à *Malaca* chargé d'or, d'argent, de pierreries, & autres riches marchandises, comme il s'en retournoit vers le cap de Bonne Esperance, en intention de venir passer le reste de ses iours en son pais en toute magnificence & plaisir, fut accueilly vers ce cap d'vne si horrible tempeste, que nenobstant qu'il fust vn tres bon & expert marinier, il ne pût resister, tant pour estre assisté de peu de gens, en ayant perdu la pluspart aux combats, & le reste accablé du *scorbut*, cruelle maladie sur la mer, que pour se sentir luy mesme si foible qu'il n'en pouuoit plus : de sorte qu'ayant combatu plusieurs iours contre la tourmente, voyant qu'il ne pouuoit plus suffire à vuider l'eau qui remplissoit l'vn de ses vaisseaux, il fut contrainct de le quitter auec toutes les richesses qui estoient dedans & se sauuer dans l'autre auec le peu de gens qui luy estoient restez comme demi-morts. Ce ne fut pas tout, car ce vaisseau ne fut pas mieux traité que l'autre, & ayant descouuert la coste du Bresil vers le cap de Sainct Augustin & *Fernambouc*, il se vit reduit à quitter aussi ce dernier vaisseau, qui coula à fonds à quinze mil de *Fernambouc*, & tout ce qu'il

Punition de vanité.

Tempeste contre corsaire.

qu'il pût faire fut de se sauuer dans la petite barque, & venir en terre auec vne vingtaine d'hommes, vers vne sucrerie de Portugais, qui voyans arriuer ces pauures miserables naufrages, esmeus de pitié naturelle & de l'affection qu'ils portent aux Fraçois, leur ayderent à traîner leur barque en terre, où ils les receurent & accommoderẽt du mieux qu'ils peurẽt, tant de viures que d'habits, & ceux cy leur aiderent à faire les sucres, qui se font là en telle quantité & à si bon marché, que l'*arrob*, qui sont vingt cinq liures, ne vaut pas plus d'vn *crusado*, ce qui ne reuient pas à deux sols la liure ; & tout le sucre que par deçà on tient de Madere vient de l'Amerique. Or comme ce Capitaine s'entretenoit ainsi doucement auec ces gens en ce lieu là, enuiron trois mois apres, il vit arriuer sur le bord de la mer certaines pieces de bois & ais de nauires fracassez, dont il resolut de se seruir pour bastir quelque petit vaisseau pour s'en retourner en France. A quoy il fut aydé par le maistre de cette sucriere & les siens ; si bien que l'ayant fait & parfait, & accommodé de tout ce qui estoit necessaire, & sur tout de farine de *mandoc*, de sucres, chairs & poissons salez, de fruits, de *patates*, qui est la principale nourriture de ce païs là, qui a le goust de la chastaigne, de racines de *cassala* & autres rafraischissemens, ils s'embarquerent sur cette petite tartane, apres mille remerciemens de tant de courtoisie & bonne chere, & promesse de s'en reuencher en temps & lieu : car ces bonnes gens leur auoient baillé iusqu'aux linceulx de leurs licts pour faire des voiles, dont ils furent mal recompensez. Ils partirent du cap de Sainct Augustin, autrement appellé de *Liunço*, à cause que toute cette coste du Bresil est blanche, & passerent heureusement à la veuë de *Fernambouc*, & tenant la route de France, ils rencontrerent vn petit nauire venant d'Espagne, chargé de draps, toiles, huiles & vins, qui tiroit au Bresil. Il y auoit dedans entr'autres, cinq femmes Portugaises, qui auec tous leurs biens s'en venoient en cette sucriere du cap de Sainct Augustin trouuer leurs maris, qui estoient ceux qui auoient si bien receu & caressé nos pirates : ce malheureux Capitai-

Sucres à bõ marché.

Patates.

Cap de Saint Augustin ou de Lieuço.

Perfidie de ce corsaire.

Anthropophages.

Mozambique.

ne fit vn acte le plus meschant qu'on sçauroit s'imaginer: car s'estant approché de ce vaisseau sous vn beau semblant de dire à ces pauures femmes des nouuelles de leurs maris, il s'en saisit, & fit sauter en mer vne partie de ceux qui estoient dedans, & retint le reste auec les cinq femmes, dont ils en menerent trois en terre de Sauuages, ausquels ils les troquerent pour des rafraichissemens : & ces barbares en assommerent aussi tost vne qu'ils mirent sur le *boucan*, pour en faire chere ensemble, & les autres furent depuis racheptées par leurs maris qui n'estoient pas à six lieuës de là, bien estonnez de l'ingratitude & de la meschanceté de ce Capitaine & des siens. Cependant le meschant tiroit chemin auec les deux autres femmes qu'il auoit retenuës pour son plaisir, lesquelles auoient impetré grace pour neuf autres Portugais, qui sans cela eussent couru la fortune de leurs compagnons. Mais enfin Dieu voulut faire ressentir sa iuste indignation à ce perfide voleur, luy enuoyant vne si furieuse tempeste, qu'il fut reietté vers le cap de Bonne-Esperance, & vers celuy *das agullas*, & contraint de prendre terre à toute peine à *Mozambique*, isle & forteresse des Portugais en la coste d'Affrique, où comme son vaisseau estoit à la rade vne fergate armée se presenta pour sçauoir qui il estoit : surquoy ces femmes faisans bonne mine, estans sur le tillac, dirent qu'elles venoient d'Espagne, puis voyans venir deux autres barques armées, elles prirent vn peu plus d'asseurance, leurs faisans signe qu'ils montassent hardiment : ce qu'ils firent, & ayans demandé le Capitaine pour parler au Gouuerneur, il s'y en alla tout tremblant & bien estonné auec trois des siens. Cependant les marchands qui estoient demeurez dans le vaisseau se sentans forts des leurs, dirent tout haut que le nauire & la marchandise qui estoit dedans estoit à eux : à quoy les autres compagnons du Capitaine ne respondirent autre chose, sinon qu'ils n'y demandoient rien, pourueu qu'on les mist à terre, ce qui leur fut promis ; & estans tous descendus en terre à Mozambique, ces femmes commencerent à faire leurs plaintes à bon escient, & demander iustice au Gouuerneur du tort qui leur auoit esté fait par ces brigands. Le Gouuerneur les fit prendre aussi tost, & les vouloit enuoyer à *Goa*, afin que le Viceroy mesme con- nût de ce fait : mais ces Dames sceurent si bien playder leur cause, que ce Gouuerneur, assisté de son Conseil, apres auoir bien examiné l'affaire, condamna le Capitaine & les trois plus apparens des siens à estre pendus, puis leurs corps brulez ; ce qui fut promptement executé : & lors, dit-on, qu'ils confesserent à la mort, non seulement ce fait, mais encor beaucoup d'autres crimes enormes qu'ils auoiēt commis en leur vie. Apres cela ces femmes bien conten- tes, se rembarquerent en leur nauire auec leurs marchan- dises, & s'en allerent heureusement trouuer leurs maris au Bresil. Quant au reste de ces voleurs ils furent enuoyez à Goa pour en estre fait iustice : mais estans arriuez tous malades pour le mauuais traittement & de fascherie, les Peres Iesuites impetrerent du Viceroy qu'ils fussent mis à l'hospital, où ils demeurerent pres de trois mois auant que d'estre gueris ; au bout desquels ils furent tirez de là, mis en prison, puis menez dans vne barque au lieu mesme où ils auoient volé *Dom Sanche Sapatarero*, & le poing droit leur ayant esté coupé, furent remenez à Goa, executez & brûlez, dont il s'en trouua cinq Protestans & le reste Ca- tholiques : entre les Protestans il se trouua vn Morisque Espagnol qui auoit demeuré long-temps à la Rochelle au seruice d'vn Seigneur ; & comme on le croioit Espagnol & Catholique, on ne vouloit pas le mettre au feu comme les autres, mais quand on vit qu'il reiettoit la croix & crioit *alla souala*, on luy mit vn baillon, & le laissant tomber de l'eschelle attaché par le col, comme il se fut fait oster le baillon criant tousiours *ala souala*, à la Morisque, il fut lapi- dé par les enfans, puis brûlé. Voyla la iuste fin de ces vo- leurs de mer, qui deuroit seruir d'exemple à tous ceux qui se meslent d'vn si meschant & dangereux mestier.

Mais reuenant à Malabar & Coromandel, ie diray auec beaucoup d'autres, la merueille de ces deux costes si differentes, qu'estans separées par la longue file des mon-

Punition des corsaires François.

Ala souala, c'est à dire, il n'est qu'vn Dieu, cry des Mahome- tans.

Merueille des saisons contraires en mesmes paralleles.

tagnes de *Gates*, l'vne à l'Orient & l'autre à l'Occident: elles sont fort differentes en temps & en saisons. Car en celle-là, qui est depuis Cambaye iusqu'à Comori, ils ont leur hyuer depuis Auril iusqu'en Septembre, auec des pluyes, tempestes, foudres & vents : & au mesme temps en ceste-cy est vn Esté doux, gracieux & serain ; puis aux autres mois est le contraire, & tout cela en mesmes esleuations & paralleles ; qui est la merueille qui donne bien à songer aux Astronomes & Philosophes naturels.

De l'Isle de Zeilan où se fait la pesche des perles. Charme de quelque gros poissons. Idole d'vne dent de singe. Isle deserte pour l'infectation des Demons. Isles Maldiues.

CHAPITRE XX.

Zelan isle.

Berbry.

A Pres la suite de la coste de Malabar & le cap de Comori, on vient a l'Isle de *Malaberi* ou *Zeilan* & *Ceilan*, l'vne des meilleures & plus belles de toute l'Inde, qui s'estend du Septentrion au Midy. A sa pointe Australe est le cap de *Berebeli* ou *Berberi*, qui regarde celuy de *Comori* ; & d'vn autre costé la coste de *Coromandel*, ayant au milieu vn goulfe qui l'en separe. Elle a au Midy & à l'Occident les *Maldiues*, au Nort le goulfe de *Bengala*, & à l'Orient la mer *Indique & Sumatre*. Elle est appellée par les habitans *T naristin*, fort peuplée, qui a vn grand nombre de bonnes villes, belles riuieres & beaux ports. Elle est si riche & delicieuse que les habitans sont forts suiets à leurs plaisirs, tellement qu'ils en deuiennent tous gros, gras & ventrus comme s'ils estoient enflez. L'air y est bien temperé, & la terre fertile en tout, & principalement en

Canelle.

bois de canelle, qu'ils appellent *esquirde*, qui est la meilleure & plus fine de tout l'Orient : comme aussi en poiure, gin-

du sieur Vincent le Blanc. 101

gembre & noix muscades. Ils cueillent la canelle au mois de Mars & d'Auril, qu'on fend sans aucune peine, puis la laissent quinze iours au Soleil, dont elle prend sa force & sa vertu. Ils ne la cueillent que de deux en deux ans, dautant que l'escorce qu'on luy leue la premiere année est de peu de valeur, toutesfois ils la font distiler auec certain ius, & en tirent vne eau dont les femmes se seruent à se lauer pour sentir bon, en y meslant des fleurs d'oranges & autres choses odorantes. *Eau odorante.*

Cet arbre est de la hauteur & forme presque d'vn laurier, ayant de petits grains ou baques, mais sa iambe est plus longue & vnie, la fueille plus large, & les veines plus subtiles. Il n'a aucune odeur, & quand il est en son vray temps de maturité & de leuer l'escorce, la feuille tombe, qui estant mise en la bouche, a la senteur de canelle, mais sans aucune substance. Cette canelle ou escorce ainsi tirée fraischement n'a aucun goust, non plus qu'vn autre bois commun; mais estant seichée quinze ou vingt iours au Soleil, elle prend vne telle force, qu'il est presque impossible d'en manger la grosseur d'vn pois seulement tant elle est violente. I'ay veu de cette drogue à *Zeilan* seulement, & en vn autre pais des Indes Occidentales, qui est à vingt six degrez au deçà de la ligne, nommé *Cheit*, où les habitans en font plus d'estat pour la brûler que pour en manger. Ils s'en seruent pour leurs sacrifices & pour brûler leurs morts auec toutes leurs richesses. La canelle est appellée par les Arabes *Quirfa*, par les Perses *Darchini*, par ceux de Zeilan *Curdo*, en Malabar *Camea*, & par les Malayes *Caysmon*. *Cheit. Il y a le païs de la canelle, dit Cumace, au delà de Quite, sous l'Equateur.*

Le païs abonde aussi en fruicts excellents, bons pasturages, en toutes sortes d'animaux, & mesme en elefans & en gibier, qui se donnent à vil prix. La plus part des habitans s'adonnent à la culture de la canelle, & font grand estat de l'huile qu'ils en tirent, qui est fort odoriferante, & leur sert à beaucoup de choses. Ils ont des mines d'or & d'argent, & ne manquent que de gens pour trauailler. Car tous ces insulaires sont fort faineants & adonnez à leur plaisir. *Huile de canelle.*

Le païs est aussi abondant en beurre & en miel, mais non **Beurre, miel.** en sucre, qui leur est apporté des païs voisins. Il y a force mines de pierres precieuses, dont la plus estimée est celle de rubis, qui est à vn bout de l'isle vers le Leuant, & bien **Rubis.** que ces rubis ne soient des plus excellens, toutefois ils sont fins, & peuuent passer par tout. Il y a aussi des crisolites, topases, iacinthes & grenats. A vn des costez de l'isle, **Betalla, pesche de perles** nommé *Betalla* ou *Batecalon*, il y a vne pesche de perles dangereuse à cause des *Tuberons*, poissons qui deuorent les pescheurs auec leurs filets; toutefois ils ont vn art de les char- **Tubarons charmez.** mer, si bien qu'ils n'ont plus de pouuoir de leur mal faire. Cette pesche ne se peut faire qu'au mois d'Auril, & en d'autres endroits au mois de May, & en d'autres iusqu'en Iuin. Le Roy tire de grandes commoditez de cette pesche, prenant la disme pour sa part, & des plus belles. On dit que ce Roy a aussi le plus beau rubis du monde, qu'ils ap- **Matouca, rubis.** pellent *Matouca*, & qu'vn Prince Tartare en auoit voulu donner autrefois vne grande & riche prouince en eschange. En vn mot cette isle est vne des plus riches de l'Vniuers, & du plus grand trafic de toutes choses, ce qui rend son Roy fort puissant & pecunieux : car de la seule mine des rubis il tire vn grand tresor, en ayant seulement vendu vn petit coin qui luy vaut beaucoup, & si encores ceux qui passent **Abir.** quatre *Abir* ou cinq carrats luy appartiennent. Pour les rubis de Pegu, ils sont aucunement hauts en couleur, & des plus fins d'Orient. Les maistres qui les trauaillent sçauent la maniere d'en hausser ainsi la couleur & les mettre au fin, en quoy ils sont fort experts.

Fort des Portugais. Les Portugais ont en cette isle vn fort du costé de l'Inde, hors de la ville de *Coulumbo*, qu'ils tiennent en suiection par le moyen d'iceluy.

Roy de Zeilan. Toute cette isle, ou la plus grande partie, est dominée par vn Roy, qui se fait de la sorte que celuy d'Ormus ; mais cettuy-cy a cette prérogatiue de ne payer aucun tribut aux Portugais, comme fait l'autre ; de sorte qu'il n'est qu'en suiection volontaire, ayant permis ce fort seulement pour la commodité du commerce, tenant les Portugais pour

du sieur Vincent le Blanc. 103

vaillans & fideles à leurs amis. Ce Roy a possedé autrefois de grandes Seigneuries & Royaumes en terre ferme. Il est Gentil de Religion, fort magnanime & liberal, & s'entretient doucement auec ses subiets, & auec les autres Princes ses voisins.

L'isle, à ce qu'on pense, est de quelque cinq cens lieuës de tour. Les peuples y sont de couleur plustost blanche que brune. Il n'y a point de Iuifs, mais force Mahometans. Les hommes & femmes se plaisent d'estre richement vestuës, & d'auoir des ceintures garnies de pierreries, dont i'en ay veu vne d'inestimable valeur. Les femmes se chargent les oreilles de diamans, perles & rubis. Le langage du païs est semblable à celuy de *Malabar*. Il y a quantité d'oranges en cette isle, & les habitans se plaisent fort à en manger l'escorce, qui est aussi bonne que celle des limons. Ils boiuent de l'*Areca*, & d'autres boissons delicieuses, & tousiours le sucre & la canelle y sont meslez. Ils en font qui enyure comme le vin, & les femmes se plaisent d'en boire aussi bien que les hommes, puis quand ils sont yures ils s'en vont coucher. Ils ont de cinq sortes de palmiers, dont ils font grand trafic, & vne herbe appellée *Nabuca*, dont ils tirent de l'huile d'aussi bon goust que celle de palme; car pour celle de canelle, ils la trouuent vn peu trop forte: ce *Nabuca* iette vne graine grisastre.

Ceux de *Bengale* & *Coromandel*, se plaisent fort à trafiquer en cette isle, où ils portent les choses les plus exquises des Indes pour troquer, mais ils y vont autant pour faire bonne chere auec eux, que pour le negoce. Le pain qu'ils mangent est fait de ris, comme celuy presque de tout le reste de l'Inde. Toute l'année les arbres y sont verdoyans, & vn fruict pousse & chasse l'autre, tant la terre y est fertile. Pour le trafic de la canelle il appartient au Roy seulement, comme aussi celuy des mines de pierreries. Le port le meilleur de l'isle est *Camouche* ou *Cosmuche*, qui est à l'embouchure d'vne riuiere: mais la ville n'est pas bien bastie. L'air y est tres-bon du costé de *Coromandel*, dont elle n'est separée que par vn destroit, qui n'est gueres plus large que celuy de

Habitans quels.

Pain de ris.

Port de Camouche.

Les Voyages

Destroit de Zeilan. Gilbraltar, mais bien plus dangereux, à cause que les courans de mer y font des barres de sable, de sorte qu'il n'y fait pas bon pour les grands vaisseaux, qui sont contraints de doubler l'isle par vn autre costé dit *Betalla*, où est la pesche des perles.

Zeilan la Taprobane. Cette isle de Zeilan est estimée par quelques-vns, comme par les Portugais, estre la *Taprobane* des anciens, auec beaucoup de raisons apparentes, quoy qu'il y en aye de plus fortes pour monstrer que c'est *Sumatra*. Quoy qu'il en soit, cette isle a esté tousiours fort puissante en son estat, qui a eu autrefois vn Roy seul, d'vne race qui se disoit descenduë du Soleil, & qui fut esteinte par vn de *Iafanapatan*, & depuis ce pays fut diuisé en plusieurs Royaumes. Les **Iafanapatan.** Portugais firent guerre au Roy de *Iafanapatan*, qui ayant **Manar, isle.** esté vaincu, fut contraint de leur ceder l'isle de *Manar* pour y habiter & s'y fortifier : mais les Chrestiens y furent fort **Badages.** tourmentez par les *Badages* leurs voisins, peuples barbares & grands voleurs, que les Portugais reprimerent à la fin. En cette guerre contre ce Roy, les Portugais prirent entre **Idole de dent de singe.** autres choses cette memorable Idole d'vne dent de singe, adorée par tous ces Indiens, & enrichie de pierreries. Le Roy de Pegu mesme l'estimoit tant, qu'il y enuoyoit tous les ans des Ambassadeurs pour en auoir seulement vne empreinte d'ambre, musc & autres odeurs, qu'il tenoit en grande reuerence : & depuis qu'elle fut prise, il la voulut rachepter fort cherement des Portugais, mais ils aymerent mieux perdre cette idolatrie que d'en profiter, & la brulerent, d'où il sortit vne fumée tres-puante.

Hanimam. Ils comptent mille fables de ce singe blanc, nommé *Hanimam*, qu'il auoit esté vn Dieu chassé du ciel pour quelque faute, & changé en singe, puis qu'il estoit venu en la terre des *Badages* en *Bisnagar*, & de là passé en Ceylan, où apres sa mort il auoit esté adoré & sa dent gardée pour relique.

Pescaria. Au reste toute cette mer qui est entre le cap de Comori, les basses de *Chilao* & l'Isle Zeilan, est appellée la *Pescaria delle perle*, qui dure en Mars & Auril enuiron cinquante iours, & au lieu que se doit commencer la pesche, on y voit en peu

du sieur Vincent le Blanc. 105

peu de temps dresser vn grand nombre de cabanes, qui ne durent qu'autant que la pesche, & lors de bons plongeurs vont sous l'eau remplir leurs sacs d'huitres, attachez à vne corde qu'on retire incontinent en haut, & chaque particulier en fait son petit monceau. Les saisons ne sont pas tousiours fauorables à cela, les vnes plus, les autres moins, & quelques-vnes fort dangereuses pour les *Tuburons* & *Caymanes*, qui mangent ces plongeurs, & des *Coroza*, que les Portugais appellent *Pecetspada*, qui coupent la cuisse ou le bras d'vn homme aussi net que feroit vn coutelas bien trenchant. Ces poissons ont deux rangs de dents afilées & fort longues à l'entour de la langue: ce qui est cause que pour euiter ce danger ils se seruent de Magiciens pour charmer ces poissons: & vn iour vn pescheur estant tout prest à estre denoré par vn qui auoit la gueule ouuerte à deux doigts pres du plongeur, le Magicien qui estoit present commença à crier tout haut *yeruas*, c'est à dire fort ou charme, & soudain le poisson le laissa, & le pescheur ayant receu vne espée en donna quelques coups au poisson, qui s'en fuit, laissant la mer toute teinte de son sang. Le soir quand ils se retirent ils rompent leurs charmes, afin que la nuit personne ne se hazarde à cette pesche. Il y a certains deputez, qu'ils appellent *Chitini*, pour mettre le prix aux perles selon la saison, dont il y en a de cinq sortes, à sçauoir estoiles, demi-estoiles, *pedrarie*, perles de conte, & *aliofar*, qu'ils mettent en cinq layes ou parties, & les marchands sont là de rang pour les achepter. Les Portugais ont celles de prix, qu'ils appellent de *Cuemos*. Ceux de Bengale ont les secondes: ceux de Canarane les troisiesmes: les plus menuës sont à ceux de Cambaye; & les dernieres, non accomplies, à certains Iuifs qui les accommodent pour tromper les autres. Il fait beau voir tant de marchands assemblez là de diuers lieux, & ces grands monts d'huitres deuant les cabanes, qui en peu de iours disparoissent toutes. Les perles les plus parfaites se peschent au canal de *Setin*, pres l'isle de *Zeilan*, où ils vont auec des barques plates, qu'ils appellent *Tuné*, à cause du peu de fonds. Il s'en prend aussi à l'autre costé de *Chilao*, entre l'isle de *Manar* & la terre ferme,

Pesche de perles comment se fait.

Coroza poissons.

Charmes pour poissons.

Chitini.

Setin.

O

Les Voyages

Cette pesche de perles ne se fait en tout l'Orient que là & à Baharem, au golfe Persique & dans l'isle d'Aynan pres de la Chine. Celles de *Baharem* sont plus grosses & excellentes, mais celles cy sont en plus grande quantité. Toute la coste de Malabar depuis Comori dans l'estenduë d'enuiron cinquante lieuës, habitée par les peuples dits *Paraues*, n'est frequentée que pour cette pesche, où plus de cinquante ou soixante mil personnes marchands & autres s'assemblent lors pour cela. Ces *Paraues* sont Chrestiens, & furent instruits par le Pere Xauier, & viuent sous la protection des Portugais, qui les ont garantis de la tyrannie des Mahometans leurs voisins.

Baharem.

Paraues.

Vers le Midy & Couchant de l'isle de Zeilan, sont les Isles des *Maldiues*, en tres grand nombre, & fort dangereuses pour les bancs & rochers : mais ie n'en parleray point, tant pour n'en auoir pas eu grande connoissance, que pour auoir esté bien amplement & exactement descrites par d'autres. Ie me contenteray seulemét de dire quelque chose d'vne certaine isle merueilleuse du costé des Maldiues vers le Midy à quelque douze degrez de la ligne, & appellée *Polouis* ou *Polouois*, maintenant deserte, & autrefois bien habitée & florissante, dont i'apris depuis estant à Pegu qu'elle auoit esté dominée par vn Prince nommé *Argiac*, puissant Roy de plusieurs Isles & Royaumes, qui ayans plusieurs enfans de diuerses femmes, la donna à l'vn d eux fort braue & vaillant, nommé *Abdenac*, pour son partage, auec quelques thresors. Cet *Abdenac* l'ayant possedée paisiblement l'espace de cinq ans, son frere aisné, nommé *Argiac* comme le pere, & Roy d'*Acen* en Sumatra, ne voulut point luy faire part des tresors que le pere auoit laissez, dont l autre irrité alla demander secours au Roy de *Bengale*, qui luy bailla quelques vaisseaux, auec lesquels il alla attaquer son frere, luy brûla sa ville, & fit mourir la plus part de ses gens : mais le malheur voulut qu'il y fut blessé à mort, & s'estant retiré en son isle de *Polouis* auec les tresors qu'il auoit reconquis sur son frere, se voyant proche de la mort, il departit toutes ses richesses aux vns & aux autres des siens ; & pour son isle il la laissa à son *Dame* ou demon qu'il fit son heritier, en le priant qu'il

Maldiues.

François Pyrard.

Pyrard liu. 1. c. 21.

Polouis isle des Demons.

Argiac Abdenac.

la luy conseruast iusqu'au iour du iugement qu'il esperoit *Dume laissé heritier.*
retourner au monde. Cela fait il mourut, & n'eut point
d'autre sepulture que les entrailles de ses parens & amis,
selon la coustume de ce temps là, ausquels en plusieurs *Morts mangez.*
lieux on mangeoit la chair de ses parents & amis defuncts, dans cette persuasion que l'ame en est mieux,
que si on laissoit pourrir le corps en terre, & qu'il n'y
auoit point de plus honorable tombeau que le corps d'vn
amy. Cette isle estant venuë au partage du Demon, il y
fit vn si beau mesnage, que dés lors qu'il en eut pris possession il n'y eut plus moyen d'y habiter ny de la frequenter,
& tous les habitans furent contraints de se retirer aux isles *Isle deserté par le demon.*
prochaines: depuis ce temps la cette Isle est demeurée de-
serte, mais nonobstant il ne laisse pas d'y auoir toutes sortes d'animaux & d'oyseaux. Quelquefois les barques des
Maldiues y ont abordé sans y penser, mais on a tousiours esté
contraint d'en sortir à grand haste pour les grands maux
que leur faisoient souffrir les malins esprits, qui excitent
d'ordinaire de terribles tempestes en cette mer. Pendāt que
i'estois à *Pegu* il y eut vn fameux Magicien qui promit au
Roy de luy amener des animaux de cette isle, & mesme de
luy apporter les tresors du Roy *Abdenac*; mais il ne peut effe- *Histoire du Magicien de Pegu.*
ctuer sa promesse pour le mauuais traittement que luy firent
les demons. Car comme il voulut aborder en cette isle, &
y faire ses coniurations, qu'il auoit escrites en vne feuille
d'arbre entre les mains d'vn sien disciple fort asseuré, il leur
prist vn si grand effroy par les illusions de Satan, que le pauure miserable disciple en mourut sur le champ, & le maistre
sorcier fut tellement battu, qu'estant trainé par les demons
iusques au pres de la barque, ses gens n'eurent autre loisir
que de le rembarquer en diligence & s'en retourner à Pegu sans faire autre chose. Tous les autres furent aussi estrangement batus & tourmentez, excepté le patron & ses mariniers, qui furent plus sages, & qui sçachans la condition
du lieu, ne voulurent pas mettre pied à terre, dont ils se
trouuerent bien: ainsi fut payé le pauure Magicien qui eut
bien de la peine à se guerir, mais ie parleray encores de
luy ailleurs.

O ij

Du Royaume de Bisnagar ou Narsingue. Du Roy. Des Bramins Prestres. De Meliapur, où l'on tient que repose le corps de S. Thomas l'Apostre. Histoire estrange d'vn ours.

CHAPITRE XXI.

Bisnagar ou Narsingue.

EN la coste de Coromandel au Leuant de Malabar, on trouue les Royaumes de Bisnagar, d'Orixa, Mandao, & autres. Bisnagar ou Narsingue a vn grand Roy, qui autresfois a esté l'vn des plus puissans de toutes les Indes entre les Gentils dont il estoit comme Empereur, & commandoit depuis Comori iusqu'à Orixa & Bengale, au long & large. Goa, Onor, Baricala, & autres lieux estoient encor de son Empire : mais auiourd'huy il est fort diminué, & toutesfois il s'estime encor tres puissant, & prend des titres fort superbes, comme de Dieu des grandes prouinces, le Roy des Rois, & Seigneur de tout le monde. On dit que marchant contre l'Idalcan il mena vne armée de plus de sept cens mil hommes de pied, quarante mil cheuaux, & sept cens elefans.

Armée merueilleuse.

Bisnagar est le nom du Royaume & de sa principalle ville. Nagapatan est son port. La ville de Bisnagar est grande & belle, située en vne campagne à dix-sept degrez à dix iournees de la ville de Narsingue & a huit de Goa : nous y vinmes faire le trafic & debit de nos marchandises qui payoient quatre pour cent, sçauoir celles qui venoient du Ponent, comme draps, escarlates, papier, safran, toutes sortes de ferremens & quinquailleries de forests, sauf les mors des cheuaux qui ne payent que deux pour cent aux Indes. En ces quartiers là les cheuaux y sont petits comme les Sardes, & toutesfois de grand prix ; mais beaucoup plus ceux qui

Mors de cheuaux.

du sieur Vincent le Blanc. 109

viennent de Perse, pource qu'ils sont plus grands & forts. Le Prince de Bisnagar, nommé *Bengatera* ou *Vente Capati*, c'est à dire, grand Roy, est fort magnifique en son Estat, & puissant en elefans & cauallerie, qu'il entretient la plufpart des gabelles de son païs. Et pour recouurer plus aisément des cheuaux pour se fortifier contre ses ennemis, il leur fait payer bien peu de chose. {Cheuaux de Bisnagar. Roy de Bisnagar, quel.}

Il y auoit quelques années quand nous arriuâmes là que la ville de *Bisnagar* auoit esté attaquée & saccagee par quatre Roys Mores fort puissans qui s'estoient ioints pour ruïner ce Roy. Ces Roys estoient l'*Idalcan*, *Nisamaluco*, *Cotamaluco*, & vn sien beaufrere, dit *Soltan Iordas*, Prince du Royaume de *Viridi* ou *Var*. La haine qu'ils luy portoient venoit de ce que ce Roy de Bisnagar estoit idolatre, & eux Mahometans. Ils pratiquerent deux Capitaines de cauallerie Mores pour trahir leur maistre : & de fait, au iour de la bataille ils tournerent la casaque, qui fut cause de la perte d'icelle, & de la prise & saccagement de la ville. Le Roy s'enfuit dans vne autre ville forte & puissante, nommée *Panigont* ou *Penacuta*, où il y a vn chasteau enuironné d'vne grande riuiere & de profonds fossez à dix iournées de Bisnagar. Ses ennemis le suiuirent, & luy donnerent vne autre grande bataille, où ce Prince les deffit, & les eût entierement perdus sans le secours que leur donna le Prince de la haute *Transiane*, ennemy mortel de ce Roy, qui cependant ayant attrappé l'vn de ces perfides Capitaines, en fit vne iustice exemplaire, l'ayant fait attacher en croix sur vn arbre fort esleué, & de là tiré à coups de flesches. Puis ayant ramassé vne tres-puissante armée pour recouurer la ville de Bisnagar, il prit vne hardie resolution d'aller attaquer la haute *Transiane* mesme, pour se saisir des païs du *Timeragi*, qui auoit donné le principal secours à ses ennemis : de sorte qu'il y fit vn grand degast, saccageant tout, auant que le *Timeragi* le pût secourir. Il y ruïna en passant vingt deux villes, & s'estant auancé iusqu'à *Gondariane*, ville capitale du Royaume, il la mit tout à feu & à sang, & brûla le Palais du Timeragi auec sa femme & ses enfans, & eut moyen de {Histoire de ce Roy en 1565. Var, ou Viridi. Panigont. Transiane. Suplice d'vn traistre. Timeragi. Gondariane.}

O iij

se retirer auant que l'autre fût venu au secours : passant par *Tazatay*, & desolant tout par où il marchoit tant qu'il fut de retour à *Panigont*, n'ayant demeuré que trois mois en cette expedition. Mais il ne se mit pas autrement en deuoir de recouurer *Bisnagar*, que ses ennemis auoient grandement fortifiee ; de laquelle chacun auoit pris son costé à fortifier, comme *Dealean* du costé de *Panigont*, & les autres endroits. Cependant ces quatre Roys occupoient le pais, qu'ils rauageoient : & pour se fortifier dauantage contre les habitans affectionnez & fidelles à leur Prince, ils manderent à tous les marchands & trafiquans aux pais d'alentour de leur amener force cheuaux, & qu'ils les payeroient bien. Il s'en trouua plusieurs qui leur en amenerent vn bon nombre auec des elefans : mais quand ils les eurent, ils renuoierent les marchands sans leur rien donner, qui fut vne grande perte pour eux.

Marchands trompez.

Quant à la ville de Bisnagar, autrement appellée *Chandegry*, elle a enuiron huict lieuës de circuit, & est si puissante qu'elle seule fournit à son Roy cent mil hommes de cheual.

Chandegry.

Pour la ville de *Narsingue*, capitale du Royaume, elle peut estre de la grandeur de Florence, fort bien bastie, mais les couuertures des maisons luy ostent vne partie de son lustre, pource qu'ils n'ont pas la liberté comme ailleurs aussi, de les couurir de tuille, ainsi qu'ils pourroient bien faire en ayans grande quantité. Cette ville est en partie située sur vne montagne assez esleuée, & a trois lieuës de circuit. Il y a vn magnifique Palais couuert de tuille, d'vne fort belle symmetrie & disposition. La ville est enuironnée de la mer d'vn costé, & de l'autre d'vn grand fleuue : elle est fort peuplée, les maisons couuertes d'vne grosse paille, comme ces petits roseaux de marests. Le Roy y tient vne milice fort grande, ce qui le rend redouté par tout l'Orient. Personne ne peut habiter là sans l'expres congé du Roy, & n'y souffre venir personne qui n'ait mine d'homme de bien. Si ce sont marchands, ou passans estrangers, ils ont leur *Carabachara*, ou habitation assez commode, en payant les droicts

Narsingue.

Maisons couuertes de paille.

du sieur Vincent le Blanc. 111

ordinaires. Chacun y vit en asseurance, à cause de la bonne iustice qui y est renduë, & les loix y sont si bien obseruées que personne ne les ose enfraindre crainte de punitiõ. Tous les citoyens sont obligez par serment d'aller seruir le Roy à son premier commandement, à peine de la vie, ou d'auoir pieds & poings coupez. Pour rendre son armée plus forte, il entretient les plus belles femmes du monde, qui sont magnifiquement parées, & ne s'adonnent qu'à de grands personnages, & à de braues hommes. Ce qui fait que plusieurs grands Seigneurs d'autre païs viennent se retirer pour iouir de ces belles Dames, ce qui n'arriue qu'apres qu'ils ont rendu preuue de leur valeur, & fait quelque exploit signalé pour le seruice du Prince; car lors ils sont caressez des Dames, & honorez du Roy, qui leur fait des presens pour les exciter à faire encores mieux. Il y en a qui s'abstiennent des femmes pour estre plus forts & robustes, & se vantent qu'ils ne veulent manger que de la chair de lyons, d'ours & tigres, & boire le sang des bestes plus sauuages & cruelles, tant ils ayment la magnanimité, & fuient tous delices & voluptez. Aussi ne s'adonnent ils qu'à des exercices fort violens, comme à la guerre, à la lute, à la chasse, ne mangeans que ce qui les peut rendre plus robustes. Ils se frotent de certaines mixtions qui leur endurcissent la peau. Au reste ils ne combatent que rarement en bataille rangée ; mais leurs Pontifs & *Bramins* conduisent les armées, qui n'oseroient marcher qu'ils ne soient à la teste, & quand ils ne les peuuent accorder les vns auec les autres, ils en choisissent quelque nombre de part & d'autre qu'ils font combattre entre les deux armées: puis ceux-là s'estans bien battus ils les font retirer, adiugeans la victoire au party de ceux qui ont mieux fait : quelquefois ils les font recommencer. Ces Prestres sont gens fort sages & posez, qui ne permettent iamais à leurs Rois d'entrer en ces fureurs de guerres aux despens du sang de leurs peuples ; ce qui est cause qu'il ne se donne guerre de batailles entre ces Rois Indiens, au moins de ceux qui sont Idolatres, car pour les Mahometans ils en vsent autrement.

Loix obseruées à Narsingue.

Femmes belles à quoy.

Gens robustes comment.

Bramins qui ẽ guerres.

Ainsi faisoient les Bardes entre les Gaulois Diodore liu. 5.

Les Voyages

Maniere de guerroyer du Roy de Narsingue.

Quand ce Roy veut faire la guerre aux autres Princes voisins ou estrangers, il sort de sa ville capitale auec toute sa Noblesse rangée en bataille, & toute sa caualerie & infanterie en bon ordre auec ses elefans, comme s'il estoit prest à faire iournée. Puis luy monté sur vn grand coursier, s'auance vers le païs où il veut porter la guerre, & y descoche vne flesche. Aussi-tost plusieurs hommes bien montez courent par le païs auec vn flambeau ardant pour annoncer le iour qu'il se faut trouuer en la ville Royale, & des maistres de camp se tiennent sur les auenuës pour ne receuoir & laisser passer aucun qui ne soit propre à cet effet: que si la guerre se doit faire bien loin, il commande de mettre le feu en leurs maisons, afin d'amener toute leur famille, & qu'il n'y reste personne. On ne brule neantmoins que le toict, car les meubles sont mis à couuert dans des maisons preparees à cela. Ces gens ainsi disposez suiuent le Roy auec vne belle resolution, & s'exposent librement aux dangers pour son seruice.

Cercles de fer empoisonnez.

Ils chargent leurs cheuaux & elefans à la guerre de certains cercles de fer ayans trois doigts de large, & trenchans comme rasoirs, dont ils se seruent aux combats, & les lancent auec vne merueilleuse force & dexterité, & auec telle vitesse, qu'vne flesche n'iroit pas plus viste en partant d'vn bon bras. Auec cela ils font de grandes playes, & le plus souuent incurables & mortelles, car ils les frotent de poison. Outre ces armes ils portent des espées & rondaches de diuerses sortes, des *Zigayes* ou iauelines, arcs, arbalestes, & peu de bastons à feu. Quand ils marchent au combat, c'est auec vne telle furie qu'ils monstrent bien faire peu de cas de leur vie, en seruant le Prince.

Paleacate.

Paleacate est vne autre ville & port celebre en Bisnagar, sur le golfe de *Bengale*: ses habitans sont Gentils, & font profession d'estre parfaits en la loy Malabare comme à Calicut, ne mangeans aucune chair de bœuf & de vache pour quoy que ce soit. Ils sont en perpetuelle guerre auec ceux de *Ternassari*, seulement pour le fait de la Religion, & sont bien venus auec ceux de Calicut: de sorte que qui

touche

touche l'vn touche l'autre, comme sont la pluspart des autres villes situées sur le mesme golfe, comme *Aremogan*, *Bingara*, *Caricola*, *Iutisama*, & autres beaux ports appartenans au Roy de *Bisnagar*. <small>*Aremogan.*</small>

Ceux de *Palacate* sont gens doux & bien appris; mais nonobstant cela il se faut garder d'eux. Ils ne portent point de hautechausses, ny de calsons, mais seulement vne soutane auec vn grand manteau de soye, & autres belles estoffes, vn bonnet de mesme, & des escarpins fort bien faits, sans bas de chausses: aussi leur soutane leur descend iusqu'à la cheuille du pied. Les femmes portent vne casaque à la Turque auec chausses de soye bien tirees, & des brodequins richement estoffez. Cette ville est de grand trafic, où est l'abord de presque toutes les marchandises & pierreries qui viennent de Pegu & d'ailleurs.

Entre Paleacate & Narsingue se trouue vne vallée profonde, peuplee de grands arbres, qui ressemblent à des sicomores, & qui distillent incessamment comme celuy de l'isle de fer aux Canaries: si bien que ce vallon estant chargé continuellement de nuages, & fort profond, il semble que ce soit vne eternelle nuit, le Soleil n'y entrant iamais, & pour cela il est tres-difficile de trouuer le chemin. Ce qui dure enuiron demie-lieuë: puis quand on vient à descouurir & entrer dans la grande pleine prochaine, il semble qu'on vienne dans vn autre monde. Il y passe vne petite riuiere qui sort de ce vallon. Cette campagne est à vn bout toute cultiuée de cannes de sucre, dont il y a trois sucrieres si abondantes, que cela peut donner occupation aux habitans pour toute l'année. Il est vray qu'ils n'ont pas la maniere de l'affiner, mais ils le laissent comme de la cassonnade. Ils nourrissent leur bestail, à sçauoir les iumens, les bufles & pourceaux de ces cannes, apres qu'ils les ont pressees: de sorte que cela leur fait vne chair sucrée & de fort bon goust: & les Medecins ne font point de difficulté d'ordonner de cette chair de pourceau aux malades, aussi est-elle meilleure que celle de mouton, pour estre nourrie d'vne si bonne substance. <small>*Arbres distillans l'eau.* *Vallée tenebreuse, peut estre que Odericq & Mandeville [...] de là [...] de [...] d'vne vallée tenebreuse en leurs Relations.* *Sucriere.*</small>

Les voyages

Proche de *Palissette* est la ville de *Méliapur*, ou Sainct Thomas, assez belle, où les Portugais ont vn fort. C'est où l'on dit que l'Apostre Sainct Thomas a presché, & où il est enterré, & qu'ayant eu en partage la prouince des Parthes, il vint de là iusques aux Indes & à *Coulan*. D'autres disent qu'il fut premierement à *Socotora*, vers le golfe Arabique, & de là à *Cranganor*, puis à *Coulan*, où estant persecuté par le Roy du lieu qu'il vint en *Coromandel* & en cette ville de *Méliapur*, où il fut martyrisé. Plusieurs sont d'opinion qu'il passa iusqu'à *Pegu* & en la *Chine* mesmes, & que de là sont restez tant de vestiges du Christianisme par toutes les Indes. Toutesfois il semble y auoir plus d'apparence, que la conuersion des Indiens se fit depuis par les predications d'vn *Panthenus* Philosophe Grec, enuiron l'an 200. mais plus encor depuis par *Ædesius* & *Frumentius* qui y planterent la foy, & Frumentius en fut le premier Euesque du temps du grand S. Athanase, comme nous dirons ailleurs plus au long. Apres cela les Chrestiens de ce païs enuoyerent en Armenie pour auoir des gens de qui ils pussent estre mieux instruits, & le Patriarche leur en enuoya qui alloient & venoient; ce qui continua tousiours ainsi depuis. Ces Armeniens auoient les Escritures Sainctes en langue Chaldeenne. Quoy que c'en soit on tient que l'Apostre S. Thomas est enterré en cette ville de *Méliapur*, où il fut martyrisé par les *Brachmanes* & par le Roy *Sagamo*. D'autres disent que ce fut en la ville de *Calamine*, & qu'il fut enterré à *Maliapur*, qui est vne mesme ville; & de fait sa memoire & son nom y sont encores grandement honorez par ceux du païs, Gentils & Mores mesmes. Il y a plusieurs autres endroits de ces Indes qui se vantent d'auoir le corps de ce Sainct, & mesme dit-on qu'il fut apres transporté en *Edesse*, & de là en Europe à *Ortone*. Il se trouue encor quelques Eglises de Sainct Thomas en diuers lieux. A cinq lieuës de Cochin il y en a vne belle, mais seruie par des Gentils qui s'en sont emparez & du reuenu sur les Chrestiens, & dit-on que ce Sainct fait force miracles parmy les Payens mesmes, & qu'il y en eut vn fort affectionné & deuot à ce Sainct, qui eut reuelation

Vn paon en Indien.
Meliapur ou San tomé.
S. Thomas où a presché.
Foy par qui preschée aux Indes.
Langue Caldeenne.
Meliapur, c'est à dire paon.
S. Thomas où enterré.

du sieur Vincent le Blanc.

qu'il n'estoit pas en la bonne voye, & qu'il allast en Ethiopie vers l'*Abuna*, comme il fit, & fut instruit en la foy, & depuis qu'il luy succeda en cette charge d'*Abuna*, à cause de sa foy & bonne vie. *Abuna d'Ethiopie.*

Les Chrestiens de ces lieux ont retenu encores quelque chose de l'instruction que leur a laissé autrefois S. Thomas ; mais ils sont en vne grãde ignorance des principaux points de la Foy, & ne sçauent que c'est que de psalmodier, & on a bien de la peine tous les iours à les remettre au bon chemin : car on leur a fait perdre de grandes idolatries qu'ils commettoient en certaines festes, comme de sacrifier tous les ans à Coulan en l'honneur de ce Sainct, vn ieune homme, soit esclaue achepté, ou autre de sa propre volonté, dont la race estoit pour cela ennoblie & honorée. Ils s'habilloient fort bien tout de neuf, le faisoient purger auec de certaines racines, l'amenant deuant le tombeau du Sainct, & luy faisoient prendre vne certaine potion composée du sang d'vn innocent, puis le conduisoient en vn Temple dit Darman, où ils luy faisoient vne belle predication sur son bon-heur d'estre choisy pour cela, & l'ayant fait disner luy demandoient s'il n'estoit pas bien content d'estre mis au rang des compagnons de leur grand Ozyma, & ayant respondu que ouy, ils le vestoient d'vne robbe blanche, & le menoient par toute la ville auec des fleutes & hautbois, les Prestres portant deuant luy vn chapeau de fleurs au bout d'vne perche, & vne croix au milieu, & le peuple prioit ce miserable d'auoir souuenance d'eux pour leur rendre le grand Dieu propice. Enfin apres beaucoup d'autres estranges ceremonies, il estoit egorgé par les Prestres. Voila ce que l'on conte qu'ils faisoient autrefois.

Ils disent aussi, que quand quelque Grand vouloit mourir en l'honneur de ce Sainct, il presentoit vne requeste au Prince, à ce qu'il luy fust permis de ce faire : ce que le Roy remettoit à son Conseil, qui voyant l'importance d'vn personnage si vtile à la Republique, presentoit vne autre requeste à ce que cela ne luy fust permis, pour le besoin que l'Estat en auoit, ce qui estant accordé, quatre des principaux d'entr'eux alloient prendre cet homme, l'amenoient deuant le Roy qui l'embrassoit, & luy remonstroit que luy & son Estat en auoient encores besoin, & qu'il estoit à propos qu'il se conseruast pour cela, & luy promettoit de luy donner en mariage vne de ses fauorites, auec de beaux presens; & ainsi cettuy là se laissoit persuader, remerciant le Roy de tant de faueurs, & s'en alloit auec sa nouuelle femme ioyeux & content. Ils content plusieurs autres choses de ces sacrifices sanglans, meslans ainsi plusieurs profanations & idolatries, auec ces processions pretenduës en la feste de S. Thomas, comme aussi de leur Idole à trois testes, dont ils disent mille fables, &c.

Les Chrestiens de S. Thomas portent les cheueux attachez sur la nuque d'vn filet de soye, & ont des Eglises qui ressemblent aux Synagogues des Iuifs. Leurs Prestres se marient comme les Grecs, mais ceux cy ne prennent que des filles, & ceux-là prennent aussi des vefues. Ils portent vne croix d'or au col, & appellent leurs femmes *Cataiaras*. Les filles n'heritent point de leurs peres & meres, & bien leur prend d'estre mariées de leur viuant, car autrement il faut qu'elles seruent pour viure, ou qu'elles fassent pis. Leur Caresme est de grande austerité, qu'ils commencent au Dimanche de la Quinquagesime, & ne mangent qu'vne fois le iour quand le Soleil est couché, ne boiuent point de vin, & sont obligez d'aller à l'Eglise trois fois le iour. Ils prient en l'Eglise comme les Abissins la teste contre terre. Ils iusnent tout l'Aduent, &c.

La ville de *Calamine* ou *Meliapur*, dite depuis de *Sanisome*, est vn bon port de mer en la coste de Coromandel à cinquante trois degrez de l'enclos du golfe de Bengale. Elle est suiette au Roy de Bisnagar ou Narsingue.

Ils racontent plusieurs miracles faits à l'inuocation de ce Sainct, comme d'vne Princesse de Narsingue fille du Roy *Zamaluco* ou *Nisamaluco*, que son mary le Roy de Narsingue tenoit dans vn riche & delicieux serrail, fort sage & vertueuse, & à ce que quelques-vns pensent Chrestienne, laquelle & auant son mariage auoit esté recherchee par vn

du sieur Vincent le Blanc. 117

autre Prince son voisin. Ayant demeuré trois ans enfermée en ce beau Palais, vn iour ses gardes eurent vne illusion qui leur fit voir à la fenestre de sa chambre la figure de ce Prince qui l'auoit aymée ; ce qui les estonna, car le lieu estoit si bien gardé & enceint de si bons fossez qu'il estoit impossible d'y pouuoir entrer. Si bien que le Roy en estant auerty il le voulut voir luy mesme, & ayant reconnû cela, meu de colere & de ialousie, fit prendre cette Princesse comme adultere, & la fit condamner à aualler vn verre de poison. Elle voyant que toutes ses excuses ne seruoient de rien pour prouuer son innocence, elle pria son mary qu'il luy fut permis au moins de mourir pres la tombe de S. Thomas; ce qu'il luy accorda, & fut conduite là, & en mesme temps vn feu fut allumé pour y ietter son corps. Elle vestuë d'vne simple robbe blanche auec ses cheueux qui la couuroient presque iusques sur les talons, prit le vase d'or où estoit le poison, & fit son oraison à Dieu en memoire du Sainct, à ce qu'il luy pleust luy faire misericorde, & faire voir son innocence : puis aualla le poison, & se ietta dans le feu, où sans aucune lesion de sa personne ny de ses habits, elle demeura à genoux, priant Dieu, iusqu'à ce que tout le bois fut consommé, d'où elle sortit au grand estonnement & admiration de tous les assistans : & estant remise en son palanquin, fut portée à Narsingue, & conduite en sa chambre, où depuis il ne fut iamais possible au Roy son mary de l'auoir en sa puissance, mais elle demeura tout le reste de sa vie ainsi recluse, viuant en grande abstinence & austerité.

La ville de *Meliapur* a plusieurs Chrestiens & quelques Eglises, comme celle de S. Paul des Iesuites, de S. Barthelemy & de S. Thomas, la plus honorée de toutes les Indes. Les vaisseaux tant des Chrestiens que des Idolatres & Mahometans arriuans là, y laissent de grandes aumosnes en l'honneur de ce Sainct. Ceux de *Paleacate* & ailleurs des enuirons y vont faire leurs vœux, ce qu'ils appellent *Selaseni*. Les *Selaseni.* Portugais qui habitent là s'adonnent à faire de ces belles *Indianes*, ou vases peints, auec le ius d'vne racine qu'ils ap- *Indianes ou vases.*

pellent *faya*, qui tient si bien que plus on les laue & plus la couleur en est viue en son cramoisi. Il y a là bonne rade & grand trafic, car on y aborde de tous les costez des Indes. Entr'autres ceux de *Bandan* y viennent troc quer leurs muscades auec ces Indianes & autres marchandises qu'ils portent de là à *Malaca* & *Goa*. Il s'y fait aussi trafic de *calan-four* ou cloux de girofle à bon prix.

Bandan, Muscades.

Mais auant que sortir de *Binasgar*, ie ne veux oublier de dire ce que i'appris dans vne ville nommée *Sigistan* ou *Sagistan*, proche de ces païs-là. Me trouuant donc là vn iour en la maison d'vn des habitans, qui sont fort courtois, & qui se plaisoient grandement à nostre conuersation, i'aperceu par hazard vne peinture d'vn ours qui se iouoit auec vne ieune fille, & leur demandant que cela vouloit dire, ils me conterent vne chose, que si elle n'est point fabuleuse, comme i'en doute fort, elle est du tout admirable & prodigieuse, qui est, qu'au temps d'vn Prince, nommé *Ismahan*, qui regna tant de Lunes (ainsi content-ils leurs années) dans la Prouince de *Bozari*, depuis nommée *Sigstan*. Ce Seigneur allant vn iour à la chasse prit vne ourse auec son petit ourseau qui suiuoit la mere, & les nourrit pendant quelque temps; mais la mere ayant esté tuée par vn sien valet qu'elle auoit mordu, le petit demeura tout seul, & alloit çà & là par le Palais, se nourrissant & apriuoisant peu à peu. Ce Prince auoit vne fille aagée de huict ans qui se plaisoit merueilleusement à se iouer auec cette petite beste, qu'elle nourrissoit curieusement, & luy donnoit à manger de sa main, & l'ourseau l'aymoit tellement qu'il la suiuoit par tout. La fille, nommée *Agarida*, estant deuenuë malade, l'ours se tenoit couché sous son lict, sans vouloir manger que ce que la fille luy iettoit, & estant guerie, elle continua son soin, le tenant propre & net, & luy aprenant mille gentillesses que l'ours faisoit auec grande dexterité. La mere s'estant vn iour aperceuë que l'ours luy haussoit la robe, & luy netoyoit ses souliers, elle indignée de telles caresses & priuautez, commanda à vn valet de battre ce *Sagistan* (ainsi s'appelloit l'ours) mais l'animal estant desia d'vne

Sagistan, & histoire ou fable de l'ours.

Ismahan.

Bozari.

Agarida.

demesurée grandeur, bien qu'il n'eust pas plus de quinze mois, se mit en furie contre ce valet, qui n'estoit armé que d'vn baston, & l'estrangla sur la place, auec vn autre qui le vouloit secourir: ce qui mit tout le Palais en alarme, chacun y acourant pour tuër la beste, laquelle fit vn merueilleux carnage, puis se sauua dans les bois, où il demeura trois ans sans que iamais on pût sçauoir ce qu'il estoit deuenu. Mais vn iour que la ieune fille *Agarida*, encores toute desolée pour la perte de son ours, se promenoit le long d'vne petite riuiere, accompagnée de plusieurs Damoiselles de sa suite, cette beste parut soudainement, & escartant cette trouppe de femmes, prit cette Damoiselle entre ses pates, & l'emporta d'vne telle vitesse qu'il n'y eut moyen de la secourir, & depuis on ne la peut iamais recouurer, quelque soigneuse recherche qu'on en sceût faire; l'ours l'ayant menée en des lieux escartez, où il la tint plusieurs années auec de grādes caresses, & desroba mesme vne autre ieune fille pour l'assister & la seruir, & ces deux femmes eurent moyen de recouurer des viures, & d'autres commoditez, & conterent depuis merueilles de cette beste, qui sembloit en ses actions vne vraye creature humaine. Enfin ils me disoient des choses estranges de cet animal, & comme la fille en eut cinq enfans qui furent tous braues hommes, & sans aucune apparence ny marque bestiale, qui sortoient de ces bois à l'aage de dix ans, & se firent vne petite cabane pour leur demeure. Mais l'vn des freres de leur mere chassant vn iour dans ces bois rencontra ce *Sagistan* & le tua d'vn coup de trait: dequoy elle indignée & desesperée enuoya ses enfans pour en prendre vengeance, comme ils firent allant au Palais Royal, où ils tuerent leurs deux oncles. Le grand pere *Ismahan* sans les reconnoistre voulant les faire prēdre pour les punir, fut tué luy-mesme auec deux de ces cinq freres, & les trois autres s'estans sauuez se rendirent si redoutables que personne ne s'osoit attaquer à eux: & ayās ouy parler d'vne guerre du Roy de *Bisnagar*, ils l'allerent trouuer pour luy faire seruice, portans pour enseigne la figure du *Sagistan* leur pere. Ce Roy ayant entendu leur auenture & estrange naissance, leur donna de grandes charges en ses batailles dont ils s'acquitterent fort bien, & firent de si hauts exploits que l'vn d'eux enfin espousa la Sultane de *Bisnagar*, & l'autre la fille de la Sultane, d'où est sortie cette grande & illustre famille de *Sagistan*, & qui a donné le nom à cette ville, dont ces deux freres furent les premiers fondateurs.

Sagistan ville.

Voilà ce qui me fut conté de cette histoire, ou plustost fable, que cependant ceux du païs croient pour veritable, comme toutes les origines des peuples des grandes villes & des familles illustres mesmes, ont tousiours quelque chose de fabuleux & romancier. Et toutesfois i'ay ouy asseurer d'vne certaine femme d'vn Capitaine Espagnol, qui ayant esté surprise auec vn autre en adultere par son mary, il se contenta de les exposer tous deux pour punition en vne isle deserte, où l'homme estant mort en peu de temps, la femme restant seule fut accostée d'vn gros guenon ou marmot, dont elle eut deux enfans: & au bout de trois ans vn vaisseau passant par là trouua cette pauure miserable qui auoit plutost apparence & forme de phantosme que de creature humaine: elle toute nuë les pria auec larmes de la tirer de cette cruelle & horrible captiuité, ce qu'ils firent; & comme ils s'embarquoient, le guenon voyant cela, plein de rage, luy tua ses enfans en sa presence, puis les luy ietta. Cette pauure femme fut amenée à Lisbone, où l'Inquisition auertie du fait, la fit aussitost prendre, & en eût fait faire la punition sans le Cardinal Caietan, pour lors Nonce de sa Saincteté, qui se trouuant là prît sa cause en main, & ayant remonstré la violēce & la necessité qu'elle auoit euë de se laisser acointer à cet animal, qui l'auoit nourrie de fruicts sauuages durant trois ans, la garantit du suplice, & elle se mit en vn Monastere, où elle vescut fort sainctement le reste de ses iours. Il se dit quelques histoires antiques & modernes semblables à tout cela, dont ie laisse la disquisition aux Naturalistes & Theologiens.

Histoire d'vne Espagnole & d'vn guenon.

Du

Du Royaume de Bengala & Ternaſſery. Du muſc. Quelques rares remarques de la riuiere du Gange. De la Zone torride. Conuerſion d'vn ieune Prince idolatre au Chriſtianiſme.

CHAPITRE XXII.

Viuant la coſte de Coromandel, & du golfe de Bengale, on vient à *Ternaſſery*, † qu'on tient eſtre le *Coſamba* de Ptolomée, Royaume entre ceux de *Bengale*, *Narſingue*, *Orixa* & la mer. La ville capitale de meſme nom eſt aſſiſe ſur le bord de la mer, & d'vne belle riuiere appellée Z*ura*, pource que dans la terre elle fait vne gentile iſle où il y a vne ville de ce nom. Elle eſt abandante en toutes choſes neceſſaires à la vie. Les vaches y ſont de fort petite ſtature, & leurs cornes ſe tiennent à la peau ſeulement. Les moutons n'y ont ny cornes ny laine, mais ont la peau comme vn veau. Il y croiſt force poivre long, qu'ils appellent *coſay*, & qu'ils confiſent & en mangent toute l'année auec du ſucre & du vinaigre, dont le gouſt en eſt fort delicat. Au milieu de l'iſle eſt vn lac qui porte de tres bon poiſſon, de meſme nom que la riuiere qui s'y deſgorge : les autres l'appellent *Adamas*. Il y a auſſi des truites, poiſſon le plus delicat d'Orient, auec des brochets & aloſes, qu'on ne prend qu'en Mars, & qui viennent de la mer. Ils n'en mangent point la teſte, pource qu'on trouue vn ver dedans, qui eſt cauſe que ce poiſſon va cherchant les riuieres les plus rapides, & monte touſiours, à cauſe que le fil de l'eau luy donne quelque ſoulagement.

La ville de *Ternaſſery* eſt belle, plaiſante, bien baſtie, ſans muraille du coſté de la riuiere, qui a neantmoins quel-

† Quelques vns, comme Magnus & barthema, mettent cette ville entre Bengale & Narſingue; mais la pluſpart des modernes, entre Malalaca & Marcabaa, ſi ce n'eſt qu'il y en ait deux de ce nom: cecy ſe rapporte à celle de Narſingue.

Aloſes.

Ternaſſery ou *Tenacerin*, en Indoſtar.

ques forts bien munis & gardez. Sa situation est dans vne plaine, auec vn chasteau du costé du Nort, où il y a vn clos ou parc, enceint d'vn fossé, où la Reine tient vn riche haras de belles iumens, que son pere luy dressa, à l'occasion d'vne prise de cent iumens qui venoient de la Perse, dont il se saisit sur vn autre Prince Indien, qui luy deuoit quelque argent, duquel il ne pouuoit estre payé ; car en ce païs-là les cheuaux sont de grand prix.

Ce Roy de *Ternassery* est aussi assisté de bonne cauallerie, qui le rend puissant & redouté. Il est homme fort & robuste de sa personne, & fait continuellement la guerre auec les Rois de Narsingue & de Bengale. Celuy de Narsingue l'incommoderoit fort, s'il se vouloit ioindre à l'autre ; mais il ne veut pas, tant il est magnanime & genereux. Ce Roy est Gentil, & a plus de mil elefans de guerre des plus

Elefans de guerre.

grands de tout l'Orient, qui sont bardez iusqu'à terre auec des cuirs de vaches parez de diuerses couleurs, & ces bardes se ioignēt & attachent auec des chaisnes de fer par dessous le ventre, en sorte que cela ne se peut renuerser. Quatre hommes peuuent dessus combattre aisément sans s'empescher les vns les autres, portans de grandes rondaches faites d'escailles de tortuës, qu'ils prennent en cette riuiere. Celuy qui demeure sur le col pour garder la beste & qui fait le cinquiesme, est le mieux armé de tous, pource qu'il est au descouuert. Leurs dards ont trois pointes bien acerées, auec vne petite piece de fer façonnée au milieu, qui leur sert de contrepoix. Ces peuples sont fort aguerris, & ne

Femmes belles.

manquent pour cela d'estre ciuils & courtois, & d'aymer leurs plaisirs : car ils ont de tres-belles femmes, qu'ils menent passer le temps en de beaux iardins remplis de toutes sortes de fruicts. Ils ont aussi du bestail & de la volaille & gibier de toutes sortes. Ils se plaisent tous grandement à l'odeur des parfums, tant en leur manger, qu'en leurs ha-

Musc, d'où. bits, & sur tout au musc, qu'ils appellent *sagay*. Le bon musc se tire non du bouton, ny du sang de l'animal, mais d'vne certaine tumeur & enfleure qui par interualle luy vient sous le ventre au plein de la Lune ; & celui-là est le plus parfait de tous : car là celles qui s'amassent des humeurs qui se meslent auec le sang, dont il se fait vne apostume, qui venant à se secher iette vne senteur si viue & penetrante, qu'elle tire le sang du nez : & auec les boutons & la peau qu'ils tirent de son corps, ils la lient estroittement auec de la soye, en y meslant aussi du sang & de sa chair parmy, & de cela ils en font du musc commun, auquel ils meslent vn peu du plus fin. I'estois logé chez vn Iuif qui me confessa qu'il auoit desia tiré douze ou treize boutons d'vne mesme beste. Cet animal est de la grandeur presque d'vn chevreuil, & a quatre dents plus longues que les autres, deux qui montent en haut & deux qui descendent. Ils font porter ces dents garnies d'argent au col de leurs petits enfans, comme nos hochets de dents de loup. Les plus releuez les garnissent du bois de *Betel*, qui a vne merueilleuse vertu contre les poisons : & en Ethiopie ils l'appellent *Enate*, & en font de la vaisselle de gentille façon, grandement estimée & recherchée des grands, qu'ils garnissent d'or, argent, pierreries, yuoire & corne de cerf : car ils croyent aussi que la corne de cerf a vne grande force contre les venins ; ce que i'ay moy mesme experimenté en beaucoup d'autres maladies, principalement aux pasles-couleurs des femmes, en leur faisant prendre du ius de pois-chiches rouges bien cuits, puis de la corne de cerf en poudre menuë comme farine, meslée auec de la poudre d'acier, du poids de demy escu, & le double de succre, pendant douze ou quinze iours tous les matins ; ce qui est vn remede infaillible contre ce mal & contre la iaunisse aussi. On dit qu'en cette ville de Ternassery ils ont cette vilaine coustume de faire depuceler leurs filles aux estrangers blancs, soient Chrestiens ou Mahometans, pourueu qu'ils ne soient Gentils ou Idolatres. Les femmes se brûlent aussi là apres la mort de leurs maris.

De *Tarnassery* nous passâmes à *Aysy*, ville qui confine au Maistrol à Narsingue, au Leuant à Bengale, & au Midy à la grand' mer. Elle est commandée par vn Prince Mahometan, fort puissant par mer & par terre, & ennemy iuré des

Musc, animal.

Dents de musc.

Enate.

Vertu de la corne de cerf

Contre les pasles couleurs.

Barthéme en ses Relations.

Le mesme des femmes de Roytelets en l'Isle Espagnole.

Aysy.

Portugais, ausquels il fait cruelle guerre. Sa ville est munie de tout ce qui est necessaire pour la guerre, & a vn bon port, dans lequel il peut tenir vne puissante flotte, ayant son entrée vers le Midy, qu'il peut fermer d'vne chaisne en cas de necessité. Il a encores vne autre ville tres-forte, appellée *Queiba*, puis *Maturane*, puissante & bien garnie de vaisseaux & d'almadies, dont il court cette mer au dommage des Portugais, qui aussi l'attaquent rudement, & luy donnent souuent de bien dures estretes. Les richesses de ce Roy sont principalement trois grandes mines de diamans, rubis & iacinthes, outre les espiceries de toutes sortes. Les almadies sont calfutrées auec certaine herbe, & au lieu de poix on vse de mastic. Elles sont basties de telle sorte que malaisement peuuent-elles aller à fonds, & sont fort asseurees sur la mer. Le Viceroy des Indes ayant sceu vn iour que ce Roy deuoit enuoyer ses almadies en la grand Iaue pour charger des espiceries, il depescha deux puissans nauires auec deux autres de Sainct Malo, qui tirans vers ce port, faisoient semblant d'auoir couru vne grande fortune de mer, & mesmes pour mieux couurir leur ieu toutes leurs voiles estoient deschirées. Cependant ils cachoient leur canon & leurs gens sous la couuerture. Sur cela ils firent rencontre de ces almadies chargées qui s'en retournoient, & les prierent par pitié de les assister en les remorquant & traisnant iusqu'au port de *Maturano*, pour y refaire leurs voiles, & qu'ils les recompenseroient bien : surquoy ces Mahometans, ennemis des Chrestiens, se resolurent de les conduire à leur port, pour en faire apres à leur volonté; & les ayans ainsi tirez deux nuits & vn iour durant iusques au port, soudain les autres commencent à faire iouer le canon, & s'estans saisis à l'improuiste de la place, firent vn grand carnage de ces pauures miserables, brûlans toutes leurs almadies, & se chargeans de leurs marchandises; puis ayans saccagé toute la ville & butiné de grandes richesses, se retirerent. Les deux vaisseaux François non contens encor de ce pillage & de force prisonniers, mirent le feu par toute la ville, ce qui est fort aisé à faire, à

Queiba. Maturane.

Mines des diamans.

Stratagemes des Portugais.

Ayh surpris par les Portugais, & saccagé par trois fois.

Vaisseaux François.

du sieur Vincent le Blanc.

cause que, comme nous auons desia remarqué ailleurs, toutes le maisons sont couuertes de palmes. Mais au retour voyans qu'ils n'auoient pas assez de viures pour tant de monde, s'estans plus chargez de richesses que d'autres choses plus necessaires, ils firent sauter tous les hommes dans la mer, & deschargerent les femmes dans vne isle. Cependant deux autres vaisseaux Portugais passans pres de cette ville, & la voyans toute en feu, & ses habitans en fuite, se saisirent du port, & tout à loisir saccagerent le reste, & se chargerent de force riches marchandises, qui estoient demeurees en des magasins ou on n'auoit point fouillé; & ainsi se retirent chargez de butin sans y penser. Telles sont les fortunes bonnes & mauuaises des gens de mer.

Ayans passé la coste de *Oromanael*, nous vinmes au Royaume de *Bengale*, dont la principalle ville est aussi appellee *Bengale* par les Portugais & par les autres nations : mais ceux du païs l'appellent *Batacouta*, qui est vne des plus anciennes villes des Indes, que quelques vns veulent estre l'ancienne *Gange*, ville Royalle sur le fleuue *Gange*. Ce Royaume de *Bengale* fut il y a quelque trois cēs ans subiugué par les grands Chams de Tartarie, puis il se remit en liberté : & depuis les *Parthes* ou *Patanes* l'ayans conquis, enfin il a esté assuietty de nostre temps par le grand Roy de *Mogor*, Prince Tartare, & Seigneur mesme de tout l'*Indostan* : & toutesfois il y a encores quelques Seigneurs du païs qui se tiennent Souuerains, & n'obeïssent que de bonne sorte au grand Mogor. Ce Royaume s'estend presque deux cens lieuës le long de la mer, qui comprend les Royaumes de *Siripur, Chandecan, Bacala, Aracan* ou *Moger*, & autres. Les habitans de Bengale sont partie Idolatres, partie Mahometans, & quelques-vns Chrestiens : car il y a des Portugais & des Peres Iesuites.

Bengale ou Batacouta.

Patates, Parthes.

La ville est situee sur l'vne des bouches du fleuue du *Gange*, qui en a deux principales. Pour le regard de ce fleuue que quelques-vns pensent, mais auec peu de raison, que ce soit l'vn des quatre du Paradis terrestre, nommé *Phison* ou *Gihon*. Il y a grande diuersité d'opinions entre les modernes

Gange fleuue.

Q iij

nes, si c'est le vray *Gange* des anciens, ou si l'ancien *Gange* est plutost celuy de *Canton* en la Chine, ou quelque autre plus Oriental que cettui cy ; mais i'en laisse la dispute aux plus curieux, & me contenteray de dire que tous les Portugais & plusieurs autres prennent cettui cy pour le vray Gange, se fondans principalement sur le nom de *Guenga* ou *Gangen* qu'il retient encor auiourd'huy. Cela mesme est confirmé par les Relations nouuelles du grand Royaume de Tebet ou Tibet & Cathay, car les Peres Iesuites disent auoir suiuy fort long-temps ce fleuue du Gange, estans partis de Lahir.

<small>Eau du Gâge sacrée.</small>

Les Mores & Gentils estiment qu'il y a quelque sainteté dans l'eau de ce fleuue, & s'y lauent par ceremonie & superstition, comme ie diray vn peu apres. Ils disent que c'est la meilleure & la plus saine du monde, & en vont querir de plus de cinq & six cens lieuës par religion. Il s'y trouue mesme quelquefois plus de quarante ou cinquante mil personnes qui s'y baignent. Quelques Roys mesmes y vont desguisez. Ce fleuue a son origine sur les montagnes de la haute Inde, non loing de celle d'Indus, & ceux du païs pensent qu'elle soit inconnuë, comme venant du Paradis terrestre. A l'embouchure de ce fleuue est le grand goulfe Gangetique ou de Bengale, dont l'arc ou circuit est de plus de cinq cens lieuës, & contient les costes des Royaumes de *Narsingue*, *Orixa*, *Ternassery*, *Bengala*, *Pegu*, *Sian*, & autres, iusqu'à *Malaca*. L'on m'a rapporté qu'vn certain François, nommé Malherbe Breton, grand voyageur, auoit entr'autres choses, veu assez particulierement cette riuiere qu'il auoit remontée plus de quatre ... lieuës haut, & qu'elle a trois emboucheures principales, l'vne vers Pegu, l'autre au milieu, faisant quelques Isles, & l'autre vers le païs de *Chingara*, que chacune est de plus de huict ou dix lieuës de large. Qu'à *Labas*, ville Royalle du Mogor, qui est à plus de quarante iournées de Bengale, vers le Nort, cette riuiere est de plus d'vne lieuë de large, son emboucheure vers Bengale est à vingt trois degrez.

<small>Goulfe de Bengale.</small>

<small>Malherbe Breton.</small>

<small>Bouches du Gange.</small>

Le Royaume de *Bengale* confine du costé du Nort à la Tar-

du sieur Vincent le Blanc.

tarie ou Mogor, & ses limites sont au fleuue de *Hieropec*, que quelques vns veulent estre l'ancien *Hyphasis* qui s'embouche dans l'Indus, le terme des conquestes du grand Alexandre en Orient. Vers le Leuant il a la prouince *Edaspa*, qui se va ioindre au Royaume d'*Aracan*, d'vn autre costé à la prouince de *Mien* & de *Tipaoura*, sous l'obeïssance de *Bengale*. Au Couchant il a *Orixa*, où est la mine des diamans, & les deserts du Royaume de *Deli* : au Midy la grande mer Indique.

Le Roy de *Bengale* seroit capable de conquerir aisement le Royaume de *Deli* son voisin, s'il n'estoit empesché par les grands deserts de *Damida*, & par les forests impenetrables de *Sacara*. Les deux limites, au Midy sont d'vn costé le cap de *Sagora* ou *Sagagoa*, & de l'autre celuy de *Castigan* ou *Catigan*, à la derniere bouche du Gange, où confronte le Royaume de *Verma*, où sont les mines de crysolite, sardoine & topase. Ce *Verma* a esté autresfois du Royaume de *Bengale*. Tous les peuples sont fort ciuilisez & adonnez à la marchandise, où plusieurs sortes de nations, comme Persans, Rume ou Grecs, Abissins, Chinois, Guzerates, Malabares, Turcs, Mores, Iuifs, Russes, Georgiens, & autres, trafiquent auec liberté. Il s'y fait particulierement vn grand trafic de pierreries & autres marchandises, qui viennent par l'emboucheure du Gange droit à Bengale, en remontant enuiron six mil de distance, mais plus de vingt mil par eau, à cause du flus & reflus, qui comme i'ay dit ailleurs, est là different des autres mers, les basses eaues estans au plein de la Lune ; mais pour basse que soit son eau, il n'y en a point moins tousiours que trois brasses de haut à l'entour de la ville : ce qui fait aisement arriuer les nauires de toutes parts, que l'on y voit en nombre infiny. Cette ville est estimee de quarante mil feux, & le Roy y fait le plus souuent sa demeure en vn beau Palais basty de brique bien industrieusement, auec force iardins. L'assiette de la ville est des plus agreables.

Commerce de Bengale.

Le Roy a vne grande Cour, tousiours accompagné de quantité de Noblesse, & sa principale garde est de femmes, à la maniere des Rois de Iaue, de Sumatra & de Tranziane, aufquelles il fe fie plus qu'aux hommes. Elles marchent auec vne grande grauité, fort vaillantes, expertes à picquer des cheuaux, voltiger auec le cimeterre & la rondache, tirer la maffe & l'*azagaye*. Quand elles marchent, il fe faut bien garder de paffer auprès d'elles, autrement elles vous difent des iniures & vous appellent *gueri area*, c'est à dire, vilain, effronté. Le Roy en tient vn bon nombre en fon Palais & des plus belles, en tres riche appareil. Si toft que le Soleil eft couché, il eft deffendu de s'approcher du dernier cartier du Palais Royal, ou eft le Serrail des femmes, qui a veuë fur vn beau iardin le long de la riuiere,

Serrail bien gardé.
où ces Dames fe vont promener le foir, & si quelqu'vn fe trouuoit lors près de là, il n'y va que de la vie. Car le Capitaine a de couftume de porter vn bouquet empoifonné,

Poifon fubtil.
qu'il met comme en fe iouant au nez de celuy qu'il veut faire mourir, & foudain il meurt en moins de deux heures, ou bien on luy fait couper les pieds & les mains. Ils font en cela plus rigoureux aux habitans qu'aux eftrangers. Que fi les femmes font furprifes en quelques amourettes, elles ne

Liberté des femmes à faire l'amour
courent aucun danger, si fait bien l'homme. Car ils content, qu'vn iour vne de ces femmes s'eftant adonnée à vn efclaue, & ayant efté amenée deuant le Roy, elle fe prit à pleurer, & dire pour fes excufes, que si elle n'euft fait cela c'eftoit fait de fa vie pour la matrice qui la fuffoquoit: ce que le Roy prit en bonne part, & fit retrancher l'efclaue, qui eftoit vn Cheualier de Malthe, & pour la femme il la

Cheualier de Malthe retranché.
maria richement auec vn des principaux Seigneurs de fa Cour.

Ce Roy de *Bengale* eft de religion Idolatre, comme font la plufpart de ces Orientaux. Il eft vaillant & braue de fa perfonne, & peut mettre en campagne vne grande armée de gens de pied & de cheual, n'ayant pas faute de moyens pour l'entretien d'icelle, car fon païs eft riche en mines d'or, d'argent & de pierreries. Il peut mener deux mille elefans bardez à la guerre. Ces beftes ont les dents armées de fonçarts d'acier, & portent autant d'hommes que ceux de Narfingue. Ils vfent d'arquebufes, moufquets, efpees,

du sieur Vincent le Blanc.

espées, iauelines, halebardes, & picques.

Au reste, les Bengaliens sont les plus beaux de l'Orient tant les hommes que les femmes, qui se plaisent d'aller richement vestuës & bien parfumées. Toutes les autres nations des Indes sont bien aises d'aller à Bengale pour y despendre leur argent, & principalement pour y achepter des ieunes esclaues garçons pour s'en seruir à garder leurs femmes, conseruer & mesnager leurs biens & marchandises. Ils les acheptent comme on fait icy des cheuaux, & les prennent petits afin de les faire chastrer plus aisément. Les peres & meres pauures ne font pas grande difficulté de vendre leurs enfans aux estrangers pour le prix de soixante, quatre-vingt & cent ducats, plus ou moins: car ils sont bien asseurez que leurs enfans ne courent point d'autre fortune, mais qu'on est tousiours curieux de leur enseigner la vertu. La loy du pais est, que quand vn enfant a esté vendu par son pere, s'il retourne chez luy, ils demeurent tous deux esclaues du maistre tant qu'ils se soient rachetez.

Le Roy de Bengale a plusieurs Rois tributaires, comme celuy d'*Apura*, qui luy doit cinquante elefans tous les ans, & douze perles du poids d'vn *miticalo*, qui est vn escu & demy chacune. Il donne cela pour la rançon de six villes que ce Roy luy auoit prises en guerre. Il s'est aussi rendu tributaire le Roy de *Dimali*, pour auoir donné secours à son ennemy le Roy d'*Apura*, & luy fait payer 50. cheuaux par an, auec 50000. cherafs ou escus. Le Roy d'*Orixa* est aussi son tributaire, & plusieurs autres, tant Gentils que Mahometans, bien qu'aujourd'huy luy mesme reconnoisse en quelque sorte le grand Mogor. Il tient vne armée tousiours preste, tellement qu'en vn instant il la peut mettre en campagne sans aucune peine, dautant que la Noblesse est tributaire, & luy quittant la redeuance, elle est obligée à venir seruir le Prince à son premier mandement, auec vn certain nombre de cheuaux & de viures necessaires. Et quand ils se sont engagez & endebtez pour cela, la guerre estant acheuée, le Roy y a esgard & les recompense de ses tresors & de ses caresses & bonnes graces, les embrassant

Femmes magnifiques.

Esclaues à Bengale.

Enfans vendus.

Apura.

Perles de tribut.

Roy bien serui.

R

comme ses enfans; & apres leur auoir fait vn festin solennel, les renuoye chacun chez soy pour se reposer. Ce qui les contente grandement, & les oblige à ne rien espargner pour son seruice.

Le climat de ce pais est assez temperé & d'vn fort bon air, ce qui les fait viure long-temps. Tesmoin ce More de Bengale âgé de trois cens trente ans en 1537. que les plus vieux du pais auoient tousiours veu de mesme âge & de mesme taille, & qui se souuenoit d'auoir veu Cambaye sans aucuns Mahometans. Il auoit changé quatre fois ses cheueux noirs & blancs, & aussi ses dents. Il auoit eu enuiron sept cens femmes en sa vie. Il auoit esté cent ans idolatre, & le reste Mahometan. Le Soldan de Cambaye *Badunus* luy fournissoit dequoy viure, que le Gouuerneur de Diû luy continüa. Or bien que ces Bengaliens soient aux extremi-

Zone Torride habitée pourquoy.

tez de la Zone Torride, ils sont rafraischis de force pluyes qui regnent continuellement là depuis la mi-May iusqu'à la mi-Aoust. Ces pluyes ne sont que depuis midy iusqu'à minuit, car de minuit à midy il n'y en a point du tout, & lors on a moyen de negotier & voyager. Telle est la disposition de l'air tout le long de cette Zone Torride, sans quoy naturellement elle seroit presque inhabitable pour le chaud, comme les anciens ont pensé, qui n'auoient pas la connoissance de ces contrées, ny de ces pluyes; outre plusieurs autres raisons des nuits presque tousiours esgales aux iours, des vents, & autres causes que l'on y remarque tous les iours.

Viure des Bengaliens.

La vie des Bengaliens est pleine de delices en leurs vestemens & en leurs viures. Pour leur manger, entr'autres choses, ils vsent de force confitures & conserues. Car

Confitures & conserues.

ayans les espiceries vertes ils en confisent de toutes sortes, entr'autres la pellicule de la noix muscade, dont ils font vne viande du tout excellente, puis le poiure long concassé & le gingembre. Ils font vne exquise boisson de l'*Areca* meslé auec la confection des fueilles de *betel*. Ils confisent aussi du *Tamar*, qui est vne espece de palme dite *Tamarindi*, des mirobolans, racine d'esquine, clouds de girofle, raci-

du sieur Vincent le Blanc.

ne dite *cycuma*, & plusieurs autres. La couleur de ce peuple est plustost blanche que noire. Leurs vestemens sont d'estoffes de coton & de soye, damas, satin & velours. Leurs chausses & casaques ou roupilles sont presque à l'Italienne, & principallement quand ils vont voir les dames, comme à *Ormus*. Leur principalle boisson est le lait auec le sucre & la canelle. Ils en font de trois autres sortes, mais tousiours y adioustent-ils du sucre & de la canelle, auec du poiure, *durions, manioustan, & bananes*.

Cet arbre de *bananes* a quelque quinze pans de haut, son tronc moüelleux & couuert d'vne escorce de feuilles rangees en escailles, ayas deux pieds de large & cinq de long, de couleur verdgay. Il fait vn tronc ou sep dans la terre, duquel sortent diuers reietons separez, qui croissent & deuiennent comme le premier. Comme cet arbrisseau est venu en sa grandeur, il iette du milieu du tronc vne fleur rougeastre de la grosseur & forme d'vn artichaut, de laquelle se forme vn rameau plein de fruicts iusqu'à la quantité de cent ou enuiron, dont chacun peut auoir vne palme de lõg & quatre doigts de large. Il ne porte qu'vne seule fois en sa vie, qui est chose admirable. Il est vray qu'incisant l'arbre il en sort grande quātité d'eau, qui est d'vn goust fort plaisant. Il y a quelques endroits en l'Inde où ils l'appellent *Musa*, & en d'autres *Pican*, & disent que c'est l'arbre du fruict de vie. En ce païs-là les perdrix sont toutes blanches & plus grosses que les nostres. Il y a aussi de toute autre sorte de gibier.

Nous partinmes de Bengale auec vne troupe de marchands pour aller trafiquer à *Castigan* ou *Catigan*, où estoient arriuez quelques vaisseaux de Portugal ; car c'est en ces rencontres que se fait le bon gain, soit au trafic d'or, d'argent, ou trocq de marchandises. *Catigan* est du Royaume de Bengale, que l'on dit s'estendre plus de quatre cens lieuës de païs, & de la Seigneurie d'*Aracan*, Royaume entre Bengale & Pegu, qui est fort puissant, mais plus par mer que par terre, & fait souuent la guerre à celuy de Pegu ; & dit-on que depuis quelques années il s'est rendu mai-

Bananes ou figues d'Inde.

Perdrix blāches.

R ij

stre de Pegu mesme, ruïné par ses voisins, & que pour cela il s'intitule maintenant Roy d'*Aracan*, *Tiperas*, *Chacomas*, *Bengale* & *Pegu*. Ce Roy a receu les Peres Iesuites à *Chandecan*, sa ville Royalle : car tous ces Estats ont merueilleusement changé depuis peu, comme tous ceux d'Orient sont fort suiets de passer d'vne main en l'autre, selon que le fort emporte le foible ; mais ie ne parle que de l'estat auquel ils estoient au temps que i'y fus.

<small>Mogox, Royaume.</small>

Catigan est vn tres bon port de mer au païs dit *Mogox*, qui est vn Royaume grand & riche en bestail de toutes sortes, en poisson, ris blanc & noir, espiceries, & sur tout en poiure, dont ils font d'excellentes confitures, comme aussi de mirobolans & gingembre qui y est meilleur qu'à Cananor. Le Prince de cette ville, nommé *Banastarin*, auoit son fils *Achamul*, qui fut conuerty par les Iesuites, & obtint permission de son pere de leur faire bastir vne belle Eglise; Il espousa la Princesse de *Cassubi* aussi Chrestienne, & baptisée de nouueau. Ce qu'il fit par le conseil des Peres Iesuites, car auparauant il estoit en quelque volonté de demeurer en celibat : Ils en content plusieurs miracles, & disent que la premiere nuict de leurs nopces s'estans mis tous deux en priere à genoux, ils furent esclairez d'vne grande lumiere, & sentirent vne tres-bonne odeur : ce qui les fit resoudre d'vn mutuel consentement à s'abstenir du

<small>Prince laisse le Royaume pour le ciel.</small>

plaisir de la chair pour la vie celeste : si bien que ce Prince laissa sa couronne à son frere *Agasima*, qu'il pria de conseruer la iustice en son Royaume, & de suiure le conseil & l'instruction du Pere Philippe Iesuite son Confesseur. Ce que l'autre luy promit en tant qu'il pourroit ; mais tous ces Princes apprehendent nostre Religion, pource qu'ils di-

<small>Idolatres, & leur crainte du Christianisme.</small>

sent que les Chrestiens adorent vn Dieu le plus grand de tous, qui n'en veut point souffrir d'autres, & mesme ne se daigne communiquer à personne, & qu'il est de telle nature qu'il fait plus d'estat des simples & paures gens que des Rois & Princes, & que les Princes auoient besoin de se conseruer en l'amitié & obeïssance de leurs suiets pour mieux regner. Ce furent les raisons qu'*Agasima* alleguâ lors

du sieur Vincent le Blanc. 133

à son frere, & c'est le langage ordinaire que ces pauures abusez tiennent, & la difficulté qu'ils trouuent en nostre Religion, pour n'en pas reconnoistre les vrais & purs fondemens qui enseignent mieux l'obeissance & la subiection des peuples enuers les Rois & Princes temporels, que toute autre.

Pour *Cassubi* ou *Chasubi*, suiet d'Aracan, nous en parlerons cy apres.

On trouue aussi dans le Royaume de Bengale la ville de *Sartagan* ou *Satogan*, assise sur vn fleuue qui s'embouche dans le Gange, où les Portugais ont vn fort. Le ris, les toilles fines, sucres, mirobolans, & toutes autres drogues, se trouuent là en abondance. Les peuples sont Gentils & adorent diuerses sortes d'Idoles en leurs Temples auec des formes fort estranges & hideuses. D'autres adorent les premieres qui se presentent, & ie me souuiens qu'estans logez chez vn certain *sensal* ou courratier qui auoit vne femme fort douce & bonne, comme nous retournions du marché, apportans de la volaille, ils se prosternoient au deuant, en leur faisans leurs oraisons, & se faschoient grandement quand ils voyoient que nous leur coupions la gorge, & leur representant l'abus où ils estoient, ils me respondoient que leurs peres leur auoient ainsi appris, & partant qu'ils croyoient que ce fut chose bonne. Ils me disoient aussi qu'ils ne tenoient pas la Religion des *Guserates*, mais qu'ils estoient du tout contraires aux Mahometans. Ils s'estiment heureux quand ils se trouuent aupres du Gange, croyans que cette eau les purifie de tous pechez, & pour ce suiet ils s'y font porter sains & malades; mesmes il y en a qui ordonnent apres leur mort que leurs corps soient brûlez, & les cendres iettées dans ce fleuue, afin que cela les fasse aller droit au ciel. D'autres en croient autant de l'Eufrate. C'est pourquoy les Portugais ont ces deux riuieres en abomination, & ne s'y lauent ny n'en boiuent que par force, qui est vne autre sorte de superstition toute contraire, cette eau du Gange estant la meilleure & la plus saine du monde; & i'ay ouy dire que quelques vns ayans mal d'estomac en

Sartagan.

Superstitions d'idolatres.

Gange, comme estimé.

Eau du Gange salubre.

R iij

beuuoient s'allans coucher, pour guerir & repofer mieux. Ces Indiens ont en leurs Temples des Preftres qui chantent depuis la pointe du iour iufqu'à midy, & apres difner ils ont d'autres prieres iufqu'au foir. Quand ils vont ouïr ce feruice ils fe defchauffent & fe lauent les pieds, les mains & la face, puis marchent fur des pierres mifes là expreffément iufqu'à l'Eglife, qui eft couuerte de nates par le bas, & s'y tiennent tous droits fans faire aucun mouuement; puis certain temps apres ils s'affifent les iambes croifées comme les tailleurs. On y void deux Autels, l'vn pour le Soleil leuant, l'autre pour le couchant, ayans en tous temps le vifage vers le Soleil. Ils enterrent leurs morts dans leurs Eglifes comme nous, & ont des femmes qui ne feruent qu'à pleurer les morts, veftuës de manteaux à l'Efpagnole, qui leur viennent iufqu'au deffous de la ceinture, de couleur de pourpre, & par en bas elles ont vne toille de coton bleuë, qui traifne iufqu'à terre, & font dix ou douze aiuftées de cette forte. Le corps cependant eft au milieu d'vne falle, couuert de quelque riche drap, felon fa qualité, & n'y a que quatre femmes à l'entour veftuës comme les autres, qui cependant vont par la ville pleurans la mort du deffunct, dont la derniere feparée des autres, dit le nom, qualitez & vie du mort, afin que tous fe preparent pour affifter à l'enterrement: & fur cela ce ne font que pleurs, auec des poftures & grimaces eftranges. Puis ayans fait le tour par la ville, elles retournent aupres du corps, qu'elles accompagnent auec beaucoup d'autres qui y viennent, & quand le corps eft emporté on entend les plus grandes lamentations du monde. Vne de ces femmes fait alors vne harangue à la louange du deffunct, difant combien fes enfans & fes amis y perdent: puis les autres refpondent en pleurant, que c'eft douleur & perte pour eux, & fur cela font de tels cris qu'il femble qu'ils foient defefperez & prefts à fe donner la mort. Lors que le corps fort on entend vn certain baffin fonner melodieufement auec des flutes qui l'accompagnent, & que les parents & amis fuiuent apres. C'eft vne chofe pitoyable à voir & ouïr.

Eftranges ceremonies.

Soleil adoré.

Pleureufes comme autrefois les Preficæ.

Enterremens

Son de flutes és mortuaires.

Des Isles de l'Archipelague de Sainct Laurens,
& particulierement de l'isle de Sumatra,
des elefans, & des autres particularitez.

CHAPITRE XXIII.

A V sortir du Golfe de Bengale, on trouve vn *Isles d'Ade-* grand nombre d'isles grandes & petites, qui *maon.* font vn Archipelague, dit de *Sainct Lazare*, de pres de quatre vingt lieuës, & qui se vont terminer vers les *Philipines* & le *Iapon*, dont les principales sont, *Sumatra, les Iaues, Borneo, Banda, les Moluques, les Philipines*, & autres.

Vers Sumatra sont les isles d'*Andreman* ou *Andemaon*, c'est à *Andrama-* dire, isles d'or, fort fameuses pour estre habitées de peuples *nia.* *Antropophages*, qui font vne cruelle guerre aux autres pour les attraper & les manger; car ils font prouision de chair humaine comme nous faisons de bœuf sallé. Chacune de ces Isles a son Roy. Il arriua vn iour qu'vn nauire Portugais ayant passé le canal de *Nicobar* & le cal de *Sombrero*, que les Indiens appellent *Ienibar*, qui est entre l'isle de Sumatre & la terre ferme (les Portugais l'appellent cal ou *canal de Sombrero*, pour ce que le reply & ombrage de cette isle les cou- *Accident aux* ure en passant comme vn bord de chapeau) il se trouua vne *Portugais.* nuit par la fortune d'vne grande bourrasque proche d'vne de ces isles d'*Andreman*, nommée *Madura*, à deux mil de laquelle il y auoit vn banc ou bas fond d'vne roche blanche fort dangereuse, & dont il est impossible presque d'eschaper sans faire naufrage : les Portugais appellent cela *Pedra branca*. Ceux du vaisseau se voyans en ce peril, commencerent à ietter en mer toute leur artillerie, puis tout le reste de ce qui y estoit, sans y laisser chose quelconque, & mesme couperent l'arbre du nauire qu'ils ietterent aussi ; si bien qu'ils passerent ce banc sans receuoir aucun dommage, vn grand coup de mer les ayant ietté heureusement hors de cette barre; mais le malheur voulut que pensans auoir eschappé vn danger, ils tomberent en vn autre plus grand, dautant que voyans leur vaisseau se remplir d'eau, ils ne trouuerent autre remede à cela que de se mettre à la mercy de leurs plus grands ennemis, dont tout l'or du monde n'estoit pas capable de les garantir. Surquoy leur Capitaine, nommé *Dom Sano Menao*, leur dit genereusement à tous, que chacun se preparast d'aborder en terre & se resolust de vendre bien cherement sa vie, puis qu'il n'y auoit autre esperance que de souffrir vne mort cruelle de ces barbares. Soudain ils se mirent tous à rompre le vaisseau pour en prendre les ais, & auec cela tascher de gagner la terre, qui en estoit à vne grande demie lieuë, & s'estans mis par troupes auec les armes qu'ils pouuoient porter, qui estoit l'espée & la rondelle, comme ils approcherent du bord, tous ces insulaires leur allerent au deuāt auec leurs arcs & sarbatanes, & en tuerent vne vingtaine de premier abord; mais le reste qui estoiēt encores enuiron soixante, ayans pris terre par force, firent vn grand carnage de ces infideles, & s'estans saisis de deux maisons de marchans, s'y fortifierent du mieux qu'ils purent, iusques à ce que ce peuple irrité les y vint assaillir & y mettre le siege. Comme les Portugais se virent en cette extremité, ils se resolurent chacun auec vn tison allumé de sortir & aller mettre le feu dans le bourg qui fut bien-tost embrazé, toutes les maisons n'estans basties que de cannes entrelassées & couuertes de palme; & de là se sauuer vers la marine dans les barques du lieu: mais trouuans qu'ils ne s'en pouuoient bien seruir, ils retournerent pour se fortifier dans le *caselba*, qui est leur Temple, où auec quelques viures qu'ils y trouuerent, ils tindrent bon onze iours durant, au bout desquels voyans qu'il n'y auoit aucun moyen d'auoir composition de ce peuple furieux, ils se resolurent de mourir brauement les armes au poing; & apres s'estre confessez les vns aux autres, se ietter nt à trauers ces infideles, dont ils firent vne estrange

Resolution extreme.

Caselba.

Fin de gens desesperez.

du sieur Vincent le Blanc. 137

ge boucherie, tant qu'enfin ils y moururent tous, & furent mangez & falez par ces barbares.

Pour le regard de *Sumatra*, c'est vne des belles & grandes Isles du monde, appellée autresfois *Taprobane* & *Palesimonde*. Il y en a qui veulent que ce soit la Chersonese d'or des anciens & l'*Ophir*, tant renommé de Salomon. Quelques peuples l'appellent *Tasan*, c'est à dire, isle grande, pource qu'elle a plus de huict cens lieuës de tour. Ceux de *Malaca* disent qu'elle estoit autresfois iointe à leur terre ferme, mais qu'vn tremblement de terre l'en a separée.

Elle est situee directement sous la ligne Equinoctiale, au premier climat, qui luy rend les iours & les nuits en perpetuelle egalité. Elle est diuisée en plusieurs prouinces, qui sõt trois grands Royaumes principaux, dont le plus estimé en richesses, est celuy de *Sougar*, communément appellé *Pedir*, bien que tous ayent des mines d'or, d'argent & autres metaux, & les meilleures drogues & espiceries de tout l'Orient: aussi le poivre qui en sort est plus gros & picquant que tout autre, pour estre mieux nourry, estant directement sous la Torride, qui rend le pais le plus temperé & le plus habité qui soit au monde, pour les raisons que nous en auons desia dites. L'air y est si bon que chacun y vit en santé long-temps. Les peuples sont dociles, mais de peu de foy, & ne fait pas bon negocier auec eux, car ils sont suiets à se desdire pour leur profit.

Royaumes diuers.

Poivre & autres espiceries.

Sumatrans perfides.

Le Royaume d'*Assy* est le plus riche en or & le plus fin du monde. Le plus puissant est celuy d'*Achen*. Cette isle est habitée de Gentils, Mores, & Iuifs: il y a force Turcs qui s'y sont retirez pour la bonté de l'air & du pais. Les Idolatres seuls sont naturels du lieu, les autres venus d'ailleurs. La terre est merueilleusement feconde en tout, & l'on n'y est incommodé que des grandes eaux, qui sans cesse y tombent depuis la mi-May iusqu'à la mi Aoust, & depuis midy iusqu'à minuit seulement, ainsi qu'à *Bengale*, & comme i arriue presque en tous les autres lieux de cette Zone.

Pluyes continuelles.

Le Roy de ce pais voyant son peuple de si peu de foy, & que cela luy tourne à mespris & dommage, il leur deffend de negocier, & fait reconnoiftre la quantité qu'vn chacun a de poivre & autres drogues, & y fait mettre vn certain prix auquel ils ayent quelque profit : puis il enuoye fon *Sabandar*, l'vn des principaux de fon Palais auec fes gens, aux magafins pour en negocier auec les marchans de dehors. Mais il faut eftre auerty de troequer les marchandifes à moitié, à fçauoir chofe pour chofe, & l'autre moitié en argent. Le *bahar* de poivre qui eft de trois cents foixante liures, peut valoir trois efcus & demy, ou quatre au plus fort : ce qui peut reuenir à vn ducaton ou cinquante cinq fols le quintal. Mais nonobftant cet ordre il y a quelques particuliers qui en ont bonne permiffion en fecret, & l'on peut par les truchemens parlans Portugais traitter auec eux & faire de tres-grands profits. Ils ont auffi plufieurs pierres pretieufes, drogues aromatiques & baumes excellens. Il y a de toute forte de chaffe, & de tres bons fruits. Ils mangent de la chair de bufle qu'ils eftiment excellente, & ont force bœufs qui ont vne grande enleueure fur le col comme les chameaux, laquelle n'eft que graiffe. Leurs moutons n'ont point de laine. Il y a force elefans domeftiques, & dans les forefts il y en a de fauuages. Ceux de *Malaca* qui font en terre ferme, viennent auec la permiffion du Roy chaffer en cette ifle aux elefans auec leurs chaffeurs & engins, & force trompettes, haut-bois & tambours & auec du feu, afin de les efpouuenter & les enclorre dans vn certain lieu : puis les ayant pris ils les laiffent ieufner long-temps, iufques à ce que les ayans reduits à n'en pouuoir quafi plus de faim, ils entrent auec les elefans domeftiques, & les appriuoifent ainfi peu à peu en leur donnant à manger : fi bien qu'enfin ils les rendent fi dociles qu'ils s'en peuuent feruir à tout. Le Roy mefme prend plaifir à leur voir donner à manger, & lors ils ont double portion. Au refte il y a vne chofe remarquable en cette ifle, c'eft qu'elle porte plufieurs hommes hermaphrodites; ce qui femble prouenir de la trop grande abondance de femence, mais imparfaite, caufée par les efpiceries & drogues chaudes du païs.

du sieur Vincent le Blanc. 139

J'ay oui asseurer à quelques-vns qu'ils auoient trouué des pierres de *Besouart* dans des corps de porceaux, & qu'elles estoient d'vne grande vertu. Ils m'en vouloient bailler en eschange pour quelque cimeterres. Cette sorte de besouart est ie croy celle que les Portugais appellent *Pedra de porco*: de sorte que ie ne me voulus point charger d'vne chose que ie ne connoissois point. Besouart

Toute cette chaisne d'isles depuis *Nicobar* iusqu'à Pegu, s'appelle l'*Archipel d'Andemaon*, dont les peuples se font la guerre les vns aux autres auec de petites barques, & mesmes se mangent, comme nous auons dit. Ils n'ont ny lettres ny monnoye: ils ont vne certaine escorce d'arbre qu'ils font mouiller, puis en la battant fort, la subtilisent en sorte qu'ils en font de la toile dont ils couurent leurs parties honteuses. Ils ont quantité de bestail de laines & force volatilles qu'ils nourrissent chez eux, & abondent en toutes sortes de commoditez pour la vie, comme noix d'inde & autres choses. Si on veut auoir quelque marchandise d'eux il faut leur porter des bagatelles de deçà: car tout ce qui est de peu d'estime entre nous leur est bon, & donnent pour cela force poivr, gingembre, benjoin & autres drogues qu'ils ont en abondance. Il est vray qu'il y a du danger de pratiquer auec eux pour leur brutalité & cruauté; mesmes depuis que des nauires venans de *Malaca* à *Sumatra* tuerent en passant quelques vns des leurs, ils ont tousiours esté sur leurs gardes, pour espier & surprendre tous ceux qu'ils pourroient, & de là ont mis vne telle crainte par tous ces endroits là, qu'il n'y faut passer que le plus fort & bien auisé, à cause de leurs courses & pilleries, tuans & mangeans tous ceux qu'ils attrapent. Ils n'ont point de monnoye qu'estrangere, encores peu, & la rompent en pieces comme font les Abissins, à cause qu'ils n'ont pas moyen de la trocquer. Leur Roy tient de grandes & longues barques dont il se sert en ses courses, & par fois pour se sauuer plus legerement s'il est viuement attaqué, comme souuent ils ont esté par les Anglois & Holandois qui les vont surprendre en leurs *Mazages* & habitations, où ils se chargent de

S ij

Les Voyages

Anglois & Hollandois en ces isles.

leur poivre & autres denrées qui ne leur couſtent rien. Ils ont meſme baſti des forts en quelques-vnes de ces iſles, par le moyen deſquels ils tirent force commoditez de ces gens là par tribut, ou autrement à l'amiable. Et qui les iroit attaquer auec quatre bons vaiſſeaux de guerre, on y pourroit faire vn tres-grand profit, à cauſe des mines d'or & d'argent qu'ils ont.

Autres Royaumes en Sumatra.

Pepitas. Voy Acoſta.l. 4. c. 4.

Outre les Royaumes de *Pedir* & *Pacem*, il y a encores ceux de *Campa* & *Manan*, tous arrouſez de belles riuieres, où ſe trouue de l'or affiné de *pepitas* ou grains, auec des branches comme de corail, que la force de l'eau a arrachées de la mine. Il y a auſſi le Royaume de *Caba*, abondant en poivre, ſuccre, breſil, maſtic, camfre, mine d'or & d'argent. A *Pacem* il y a force poivre, & le plus fin argent d'Orient. La ville de *Pacem* a vn grand fort & trois auenuës où on entre par vne pointe de terre vers le Septentrion. De cette ville on deſcouure le Pole Artique & le *Cruſero*, & la mer y monte de ſix en ſix heures ſans beaucoup de difference.

Fruits.

Quant à la ville d'*Achen* elle eſt bien baſtie & enuironnée de bonnes murailles, les maiſons y ſont ſur des pilliers, & couuertes de palme, n'ayans que deux eſtages. Il y fait bon viure, puis qu'on y trouue tout ce qu'on ſçauroit ſouhaitter, auec fruits excellens, differents des noſtres, comme eſt le *Macoudou*, qui reſſemble au limon. Les *durions, ananes, mangues, iacas, mangoſtan, bananes & cocos*, des oranges & limons à foiſon. Pour leurs habits les marchands y vont veſtus à la Turque, & ſe faut eſloigner quand on voit paſſer les femmes, qui autrement vous diſent des iniures,

Femmes ſuperbes.

Monnoye d'or.

& crachent à terre pour monſtrer voſtre indiſcretion. Pluſieurs ſortes de nations de l'Inde vont negocier là. Ils ont de la monnoye d'or qu'ils appellent *mas*, & en faut neuf pour faire vn eſcu, qui ont pour marque deux petits lions. Ils en ont auſſi de plomb, qu'ils appellent *caſſe*, & en faut plus de deux mille pour vne piece d'or. Toute autre ſorte de monnoye eſt appellée *dran* & *talé*. On y trouue force eſclaues à vendre pour ſeruir, & ſeruent fidellement.

du sieur Vincent le Blanc.

Les Rois d'*Achen* sont depuis long-temps Mahometans, & font vne guerre mortelle aux autres qui sont Idolatres, comme entr'autres vn Roy d'*Achen* fit autresfois à vn Roy de *Battas*, qui ne vouloit se faire Mahometan, ny repudier sa femme pour en espouser vne autre, sœur de celuy d'*Achen*; si bien que l'ayant subiugué il le rendit tributaire de cinq barres d'or, qui valent deux cens mil escus: mais depuis le voulant assuiettir & perdre du tout, l'autre implora le secours des Portugais de *Malaca*, par le moyen desquels il se garantit. <small>Barre d'or.</small>

Les auenuës de cette isle sont fort mauuaises & dangereuses à cause des bancs de sable en deux endroits, à sçauoir au Midy & au Nort, deux bras de mer à quoy il faut prendre garde pour la nauigation. L'vn de ces bras est appellé le *Canal de Nicouar*, & l'autre de *Catarana*, & par les Portugais de *Sombrero*, qui passent le long de l'isle. <small>Nicobar, Catarana, Cal de Sombrero.</small>

Les Insulaires sont la plufpart Idolatres, & appellent leur principale Idole *Pagode*, nom general des Indiens, & luy font des encensemens. Ils ont les *Bramins* pour leurs Prestres, qui excitent les femmes à se brûler apres la mort de leurs maris, si elles ne veulent estre estimées impudiques: & neantmoins ces Prestres font difficulté de hanter librement filles & femmes, encores que ce fussent leurs proches parentes. Ils ne tiennent pas grand compte des Chrestiens, & s'ils donnent à boire à quelqu'vn ils rompent aussi-tost le vase, encores qu'il fust de riche porcelaine, disans que cela est pollu. <small>Pagodes ou Idoles.</small> <small>Femmes se brûlent.</small>

Ceux de l'Isle de *Poloué* nous auoient asseuré que ces Insulaires mangeoient leurs morts, mais nous auons trouué le contraire, & les auons veu enseuelir. Ils croyent que les ames des deffuncts entrent en d'autres corps, comme les anciens Pythagoriens, & c'est le suiet pourquoy ils caressent les estrangers. Ils leur dressent de belles tombes & sepultures de pierre: & pour honorer leurs corps les accompagnent auec des instrumens de musique au sepulchre. Les parens font de grandes lamentations, & s'abstiennent pour vn temps de manger de l'*areca* & du *betel*. <small>Metemphycose.</small> <small>Areca.</small>

S iij

Cet *areca* est vne mixtion dont ils font grand estat pour sa vertu, & ne font autre chose que ruminer le *betel* en la bouche, & en presentent à leurs amis.

Ils ont vne sorte de pesche ou chasse assez plaisante, c'est que leur païs estant abondant en fruits de toutes sortes, comme ils viennent à maturité, puis à se pourrir aisement par les frequentes pluyes, ils les cueillent afin qu'ils ne gastent les autres, & les iettent dans les riuieres ou en la mer. Ces fruits estans de plusieurs sortes, comme melons, citrouilles, grenades, pasteques & autres, au mesme temps qu'ils les ont iettez en l'eau, vous voyez vn nombre infiny d'oyseaux, dont cette isle abonde, qui se iettent sur ces fruits pour s'en repaistre, & lors ces gens là se despoüillans derriere vn arbre, & mettans la teste dans vne grosse citrouille creuse qui les couure iusques sur les espaules, se iettent ainsi en l'eau, auec vn sac qu'ils tiennent, & les oyseaux ne se doutans de rien, car ils ne peuuent voir l'homme, se viennent percher aussitost sur ces fruits, ou s'en approchent de si pres, que l'on les peut prendre par les pieds fort aisement à la main, puis leur tordent le col, & les mettent dans leur sac. Ils en prennent ainsi en telle quantité qu'ils y sont à vil prix. Il y en a quelquesfois de si forts & puissants que l'homme ne les peut tirer & s'eschappent auec grand bruit, donnans l'alarme à tous les autres; & tout ce iour là ils se tiennent sur leurs gardes, sans ozer approcher : mais le lendemain ils ne s'en souuiennent plus, & estans pressez de la faim, ils reuiennent se laisser prendre comme auparauant.

Au reste les Rois de cette isle sont en vne condition fort miserable, pour la fortune qu'ils courent tous les iours d'estre tuez par le premier qui aura la resolution de l'entreprendre : car lors le peuple tiendra le meurtrier pour vn esleu de Dieu, & le receuans pour Roy, ils crient tous, *Dieu nous sauue nostre droit Prince & naturel Seigneur.*

Celuy qui regnoit à Pedir lors que nous y arriuâmes s'appelloit *Arjoufar*, & auoit esté vn pauure pescheur chargé d'enfans, qui auoit coustume de porter du poisson

du sieur Vincent le Blanc. 143

au Palais du Roy, où il estoit connû, & y auoit libre entrée pour cela.

Cettui-cy donc ayant perdu vn iour ses fillets, vint droit au Palais deuers ce Roy, qui auoit regné long-temps, & estoit fort debonnaire à son peuple, & l'ayant trouué seul, les gardes qui ne se messioient pas de luy, à cause que le Roy l'aymoit fort, l'ayans laissé entrer librement, il fut si meschant que de tuer ce pauure Prince, & assisté d'vn sien fils s'empara de tous les tresors, & fit si bien que les peuples le receurent pour leur Roy : disans tous, que c'estoit la volonté de Dieu. De sorte que ce meurtrier ayant à force d'argent mis sus vne puissante armée, se fit maistre de tout le Royaume de *Pedir* & de la pluspart des autres Estats de cette isle. Voila comment s'establissent là les Rois, & à quoy ils sont suiets. De *Sumatra* nous fûmes à la grande *Iaue*.

De l'Isle de Iaue, des mœurs des habitans, & des richesses du païs.

CHAPITRE XXIV.

LA grande *Iaue* est à l'Orient de *Sumatra*, dont elle n'est distante que de quarante cinq mil, & le destroit d'entre deux est appellé la *Sunde*, qui a donné le nom à toutes ces isles en general. Cet isle est fort grande & non du tout connuë, contenant plusieurs Royaumes ou Seigneuries, dont le principal est celuy de *Bentan* ou *Bantan*. Le climat est fort doux & temperé. Quelques vns la font de plus de cent cinquante lieuës de long, mais sa largeur est inconnuë, pour n'estre pas bien descouuerte, & quelques vns mesmes pensent qu'elle soit continente aux terres Australes. Elle court du Leuant au

Iaue. Marc Pol. l. 3. c. 10.
Oderic c. 7. *Sunde.*

Ponent & Midy. Les habitans sont Idolatres, fort grossiers & brutaux, & quelques vns Antropophages. Elle contient plusieurs Royaumes, comme *Drasima*, *Dragoyan*, *Lembri*, *Falec*, *Samara*, *Balambua*, *Panarucam*, *Passeruan*, *Andrageda*, *Auri*, *Sandacanda*, *Bacani*, *Iauara*, & autres.

Royaumes divers.

Les Iauans se disent issus des Chinois, dont estans oppressez de seruitude, ils se vinrent habituer là. Ils furent vn temps tributaires aux grands Chams de Tartarie. Le Royaume de *Falec* est abondant en or, argent, espiceries & toute sorte de bestail. Sa principale ville est *Bismari*, à deux iournées d'vne autre isle nommée *Cambabar*, où est *Basma*, ville assise sur la mer vers le Leuant, où l'on dit qu'il y a des elefans, des singes & des licornes. *Dragoyan* produit le camphre, comme *Borneo* aussi le bresil & le sandal rouge & blanc, & toute sorte d'espiceries. Proche d'icelle sont les isles de *Bamberi*, *Bacheri* & la petite *Iaue*. *Passeruan* a son Roy Mahometan, qui ayant demandé la fille du Roy de *Ballambua* en mariage; comme il l'eut, apres en auoir ioui, il la tua auec tous ceux qui l'auoient accompagnée; pource, disoit il, qu'elle n'estoit de sa religion. *Sandacanda* & *Bacani* ont force espiceries, & leurs Roys sont Mahometans, & furent infectez de cet erreur par vn grand corsaire, nommé *Mahamet Chops*, qui leur laissa deux nauires chargez des siens pour les gagner & instruire. Il y en a encor d'idolatres parmy eux, qui n'ont pas delaissé leur ancienne erreur, d'estrangler leurs proches parens quand ils les voyent atteints de maladie incurable. Sur quoy l'on me contoit qu'il y en eut vn, nommé *Besaram*, qui se voyant malade & tout prest d'estre ainsi tué, pria vn sien esclaue de le vouloir accompagner à la mort, ce qu'il n'osa luy refuser, & ayans esté liez ensemble furent iettez tous deux en la mer; mais l'esclaue fort & puissant en voulant sauuer sa vie, fit tant qu'il entraîna son maistre à terre, puis l'ayant deslié & remis en vn lict, il complota auec vn autre esclaue de se deffendre des *Aliris* & Magiciens quand ils viendroient, selon leur coustume, pour le deuorer: & de fait, comme ils arriuerent pour estrangler ce pauure miserable, ils

Parens estranglez.
Marc Pole conte le mesme à Dragoian en cette isle.
l. 3 c. 2 Mela & Strabin des Scithes. Procope des Herrules. Aliris Magiciens.

du sieur Vincent le Blanc.

ils les estrillerent si bien qu'ils n'eurent pas suiet d'y retourner, & le malade estant gueri vescut encores long-temps depuis. Et dessors on reconnut la meschanceté de ces Magiciens, qui comme ils voyoient quelqu'vn tant soit peu malade, pour se gorger de sa chair, luy faisoient accroire qu'il s'en alloit mourir, & qu'il falloit qu'il se depeschast d'aller auec le Dieu de leurs peres. Alors le pauure patient en pleurant, les prioit d'auoir commemoration de luy, & quand ils mangeroient la chair que ses os fussent bien nettoyez, croyans que tant qu'il reste quelque peu de chair auprés des os, que leur ame patiroit tousiours iusqu'à ce qu'elle fust tout consommée, & aprés cela qu'elle iroit se reioindre à toute la masse du corps pour demeurer ensemble dans vn repos eternel. *Malades mangez.*

Immortalité des ames.

Cependant le Roy du païs ayant entendu l'action de ce **Besaran** & de son esclaue, le fit venir deuant soy, & en riant luy dit, que s'il ne mangeoit le Magicien mesme il le feroit mourir : ce que l'autre ne refusa pas, disant qu'il estoit tout prest d'obeïr à son Prince, & que si le Magicien luy estoit amené il le mangeroit tout crud en sa presence. Les Iuges du lieu auoient desia condamné ces Magiciens pour leurs meschancetez & tromperies à estre bannis, & cestui cy, entr'autres, s'estoit sauué en l'isle de *Comorre* ; mais ayant esté pris & amené à *Besaran*, luy & ses esclaues en firent vne grasse curée. Voila comment viuent la pluspart de ces brutaux & miserables Insulaires. Et bien qu'ils ayent à commandement la *Rubarbe*, la *Scammonée*, l'*Agaric* & plusieurs autres drogues & bois excellens pour la Medecine, ils n'en font toutesfois aucun estat pour en vser: mais quand ils sont malades, ils ont l'auis de leurs Magiciens, qui sont leurs Medecins, qui les tirannisent fort, & par leurs enchantemens les reduisent en tel estat, qu'ils en font leurs morceaux friants, comme i'ay dit, à l'occasion de cette creance qu'ils ont de l'immortalité de l'ame, & qu'elle va habiter d'vn corps en vn autre, & mesme en vn corps d'estranger ; ce qui fait qu'ils caressent les estrangers. Si bien que quand il meurt quelqu'vn, il le faut en-

Comorre.

Rubarbe, Scammonée.

Magiciens Medecins mangent les malades.

Metemphysicose.

T

terrer secrettement ou le ietter en la mer, de peur que ces diables de Magiciens ne le mangent. Et cette canaille a coustume de dire que nous sommes de grands ignorans, de laisser pourrir en terre vne si excellente chair qu'est celle de l'homme. Leur Roy se tient en sa ville de *Gazuma*, ayant des femmes pour sa garde, ausquelles il ayme mieux se fier qu'à des hommes si meschans & desnaturez. Il en tient enuiron soixante ou quatre vingts des plus belles qu'il peut trouuer, armées d'arcs, flesches & cimeterres. Elles sont grandes archeres, & il les meine pourmener en d'autres villes maritimes, comme *Iapara* & autres.

Femmes gardes comme à Bengale.

Bien que ces insulaires ayent des mines d'or & d'argent, ils ne les daignent foüiller, à cause qu'estans presque tous nuds, les esclats des pierres leur donnant sur la chair, dont ils ne peuuent souffrir les atteintes. Aussi ne s'en soucient-ils pas beaucoup, pour auoir toutes sortes de viures, chairs, poissons, herbages & fruits en abondance; mais comme i'ay dit, ils sont fort friands de chair humaine, & de leurs proches mesmes, disans que c'est par charité & pour ne les laisser manger des vers. Surquoy vn marchand me contoit qu'il y eut vn iour deux pauures Religieux *Zocolants* de Saint François, qui meuz de zelle allerent en cette isle pour tascher de les conuertir, par le moyen de la langue du païs qu'ils auoient apprise; mais ils ne pûrent gagner autre chose de ces barbares, sinon qu'ils se mocquerent d'eux sans leur faire autre mal, estimans que leurs Idoles en prendroient la vengeance. Comme il y en eut quelques vns qui commençoient à gouster leurs discours, & que desia il y auoit du different entr'eux pour cela, le Roy du lieu en estant auerti, craignant que cela fit preiudice à son Estat, commanda que ces Religieux fussent iettez en la mer. Cette canaille ne voulant rien perdre de leur chair, les mit en vne maison, où ils leur tirerent tout le sang, dont ils se repurent, puis les remenerent en la place publique tous morts & defigurez. Il arriua que tous ceux qui en auoient gousté moururent de mort subite par vengeance diuine. Ce que le Roy sçachant, & ayant deman-

Antropophages.

Religieux mangez.

du sieur Vincent le Blanc.   147

dé pourquoy ils ne les auoient noyez suiuant son commandement, les Prestres luy respondirent qu'ils s'en estoient fuis au feu d'enfer, & n'auoient pas eu la puissance de les tuer. Lors le Roy ayant sceu leur mort en fut estonné, & alla au Temple en demander pardon à ses Idoles. Il y eut aussi vne barque d'enuiron quarante Holandois qui auoient perdu leur nauire sur vne barre, & s'estans sauuez à toute peine en cette terre, furent attrapez par ces insulaires, & tous cruellement occis & mangez. Ceux de la ville de *Iapara*, port de mer, adorent le Soleil, & sont tous camus, le nez applaty, les yeux grands, peu de poil à la barbe comme les Chinois. Ils mangent du pain fait de la racine *Igname*, qu'ils appellent *Gourra*, leur teint est plustost blanc que noir, & particulierement les femmes. Ils ne portent rien sur la teste que leurs cheueux entrelassez comme les courtisans d'Italie, & tiennent pour vne grande iniure de la couurir, & qui voudroit leur mettre quelque chose dessus il seroit en hazard d'estre assommé.

Iapara.
Igname.
Gourra.

Leurs maisons sont fort basses, n'ayans qu'vn plancher, car ils ne veulent rien auoir au dessus de leurs testes. Ils sont tous corsaires, larrons & enchanteurs. Ils s'entendent aussi à l'Astrologie pour connoistre les temps, & pour faire à propos leurs courses sur mer. Ils ont vn grand Magicien qu'ils appellent *Maguire*, auquel ils obeïssent, & qu'ils respectent comme leur Prince. Quand quelque Pirate aborde à leurs costes, pour leur enleuer leur bestail ou leur emporter autre chose, ce Magicien fait vn creux en terre, où il fait vriner vne fille vierge de celles qui sont gardées pour le sacrifice & feste de leur *Fotoque*, & en mesme temps il se leue tant d'orages & de tempestes, que les larrons n'ont pas presque le temps de se sauuer en leurs vaisseaux, & s'il en demeure quelques-vns, ils en font leur repas. Encores seroit-ce peu de les tuer promptement, mais ils sont si cruellement enragez, que leur ayant lié les mains, ils les abandonnent à la furie des enfans, qui leur font souffrir vn long supplice, les promenans ainsi attachez par toute la ville pour donner plaisir au monde, & leur

Astrologues Magiciens.

Pirates comme attrapez.

Fotoque.

Cruauté des Iauans.

T ij

mettant sur la teste vne citrouille entouree de plumes, & luy barboüillans le visage, n'y ayans femme ny enfant qui n'ait des aiguillons tous prests pour picquer ces pauures mal heureux : puis quand ils les ont bien fait promener & eschauffer comme on fait les taureaux en Espagne, afin que la chair en soit plus tendre, ils les mettent en pieces, & partagent la chair : s'il n'y en a pas assez pour tous, ils la iouent à la paume, & ceux qui remportent le prix de ce ieu, mangent ces pauures corps auec leurs amis. Voila la fortune que courent ceux qui vont par le monde, lesquels, comme dit le prouerbe Espagnol, *buscan la vida y topan la muerte*, en cherchant la vie trouuent la mort.

Ieu de paume.
Le mesme au Mexique, Martyr. decad. 5. c. vult.

C'est chose admirable de les voir iouer ainsi à ce ieu de paume, qu'ils appellent *masiris*, sans frapper iamais de bras ny de mains, mais des pieds, genoux, teste, coudes, talons, & de toutes les autres parties du corps auec vne merueilleuse dexterité.

Bantan.

Bantan est la ville capitale de l'isle, auec vn tres-bon port, & fort commode, où les Holandois ont vne maison de trafic, & où pareillement plusieurs peuples, comme Chinois, Guzerathes, Portugais, Persans, Peguans, Malacans, Turcs, Arabes & autres negotient. Cette ville peut estre grande comme Roüen, peuplée de diuerses nations, dans laquelle les Chinois ont vn Temple où ils adorent leur demon à trois couronnes, auquel ils presentent des fruits & autres choses, disans qu'estant malin il le faut ainsi appaiser, & que le grand Dieu qui est bon n'a point besoin de cela. Ils apportent la soye, pierreries, & autres raretez de leur païs dans cette ville, le siege du Roy qui est Mahometan & qui entretient tant ses peuples que les estrangers dans vne grande liberté & iustice, pour le trafic. Aussi est-il homme fort politique, bien aimé & respecté de ses suiets, faisant obseruer vn bon ordre pour le commerce, auquel gist le principal entretien de sa grandeur. Depuis quelques années les Anglois & Holandois y ont voyagé & trafiqué fort heureusement, & de fraische memoire nos François y ont fait quelques voyages, & ont

Diable adoré.

François à Bantan.

du sieur Vincent le Blanc. 149

esté receus auec de grandes caresses de ce Prince & des siens ; Il fit vn grand estat de la maiesté de nostre Roy quand il leur en ouit parler ; & leur permit de faire dire la Messe à quelques Peres Iacobins qu'ils y auoient menez, & leur promet toute faueur & assistance. On remarque entr'autres, que les Chinois qui sont là ayment grandement les François, dont l'humeur leur plaist fort. Les marchandises qu'ils y portent pour trocquer sont des reales d'Espagne, du fer, du plomb, du papier & du souffre.

A *Fideyda*, ville de la Iaue, se trouue le meilleur ambre gris d'Orient : celuy qui se trouue en l'Isle d'Aniane qui est proche, luy est egal en bonté. *Ambre gris.*

Il n'y a pas long-temps que la plus grande partie de cette isle de Iaue & les autres circonuoisines, comme *Baly*, *Madura*, & autres, obeissoit à vn puissant Prince & Empereur, qui faisoit sa principalle demeure en la grande ville de *Demaa*, & quelquefois à *Iapara*. Il estoit Mahometan, & les Portugais racontent que desirant amplifier sa loy, & voyant que le Roy de *Pasaruan* Idolatre n'en tenoit conte, il se resolut de luy faire la guerre auec vne tres puissante armée, tant de ses suiets que d'autres, & entr'autres des Portugais de *Malaca*. Sa principalle force estoit en certains soldats appellez *Amocos*, c'est à dire determinez, & mesprisans leur vie, qui auoient coustume de s'oindre de certaine confection ou huile odorant, pour monstrer leur resolution à la mort. Auec ces trouppes il alla assieger ce Roy de *Pasaruan*, qui se deffendit assez bien, mais à la longue il eust esté emporté, sans vn accident fauorable pour luy qui suruint à cet Empereur, qui pendant ce siege fut assassiné par vn sien ieune page, indigné de quelque affront qu'il luy auoit fait en luy frappant sur la teste comme en riant, qui est la plus grande iniure parmy eux, & ce garçon estant mis à la gesne ne confessa autre raison ; il fut empalé auec son pere, ses freres & plus de soixante de ses parens, & toute la race selon leur coustume : & ainsi par cette estrange mort ce Roy de *Pasaruan* fut garanty, & tout l'Empire de *Demaa* mis en trouble & en confusion. *Roy de Demaa. Voy Fernan Mandez. Amocos.*

T iij

Mais ce qu'il y a de plus singulier en la Iaue est l'os d'vn certain poisson, nommé Caba, qui se trouue là seulement, & qui a cette admirable propriété d'arrester le sang, comme on en vit l'experience sur vn Capitaine Malabarre, nommé *Neboada Beguea*, qui ayant esté tué en vn combat contre les Portugais du temps du grand Albuquerque, le sang ne luy peut sortir de ses playes que quand on luy eut osté cet os qu'il portoit. Cette rareté se perdit par naufrage, comme on la portoit au Roy Emanuel.

<small>Bonté d'air en Iaue.</small>

Toutes ces isles, tant de *Sumatra*, *Iaue*, que les autres en suite plus esloignées, sont de merueilleuse temperature, riches & fertiles; & dans la plusparton y vit fort long-temps & sans aucunes maladies, tant l'air y est bon: Mais aussi y a-t'il des endroits où si aucun deuient malade, il est in-

<small>Malades comme maudits.</small>

continent abandonné de ses parens & amis, comme vne chose souillée de peché, estimans que pour cela Dieu leur enuoye cette punition, qui est cause que quelques-vns se vont cacher en leurs maladies, & se laissent ainsi miserablement mourir sans aucun secours. Il y en a qui viuent iusqu'à cent quarante ans dispots & gaillards; ce qui est cause que plusieurs d'autres païs y vont habiter. D'autres y vont pour le trafic des espiceries, qui sont à si bon mar-

<small>Espiceries à vil prix.</small>

ché en certains endroits, que quelques vns m'ont dit auoir eu le poivre & la canelle à vingt sols le quintal. Comme en d'autres abondans en bestail, on a veu donner quatre vaches pour vne meschante chemise, & douze moutons pour vne cueillier de plomb ou d'estain, & vn marinier ayant monstré vne cueillier de cuiure à vn pasteur, qui luy demandant combien il en vouloit, l'autre luy dit tous ses moutons, ce que le berger ne trouua pas estrange, & dit seulement que c'estoit vn peu trop. Il me souient sur cela d'auoir veu donner en l'Isle de Sainct Laurent vn mouton pour vn ietton, & autant pour vne feuille de papier. Tout cela monstre la bonté de ces païs, & la simplicité des habitans. La plus part sont ciuilisez, viuans en la crainte d'vn Dieu, & croyans qu'en l'autre vie les bons seront recompensez, & les meschans punis. Il y en a qui n'ont au-

du sieur Vincent le Blanc. 151

cune Religion, & toutesfois ils vont naturellement à l'immortalité de l'ame & à quelque prouidence. *Religion des Iauans.*

Pour les espiceries de ces isles, la muscade se trouue particulierement aux isles de *Banda*, l'arbre qui la produit ressemble au peschier, mais il a les fueilles plus grandes & plus vertes. Elles sont comme celles d'vn poivrier, vn peu plus grandes. La noix est enfermée dans vne petite cocque comme vne amande, ou comme quand vne pesche s'ouure & monstre le noyau, qui est enuironné d'vn beau rouge qu'ils confisent à *Malaca*, comme chose fort delicate: quand elle vient à maturité la cocque s'ouure, & la noix tombe si on la laisse sur l'arbre plus que son temps. Ces noix se vendent par mesure, qu'ils appellent *Touman*, qui peut estre demi septier. Ils les nomment *Cari*, ceux de Bandan *Palla*, les lieux où elles croissent sont assez malsains. Ces arbres se trouuent parmy les deserts, & ne sont qu'à ceux qui les veulent aller cueillir. Il y en a d'autres qui sont gardez par des particuliers. *Espiceries d'Inde. Muscade de Banda. Touman, sorte de mesure en Mangi dont parle Odenic c. 18.*

Pour le *Calansour* ou girofle, que les *Moluques* produisent, c'est vn arbrisseau qui a la feuille comme celle de l'amandier, mais plus large & plus longue, & porte le girofle comme nos lambruches. Il desire auoir tousiours quelque arbre pour le soustenir, à cause qu'il est fort foible. On le laisse croistre en liberté, & vn de ces girofles tombant en peu de temps il en vient vn arbre de telle nature, qu'ils ne laissent gueres croistre aucun autre arbre à l'entour. *Moluques. Cloux de girofle.*

En *Sumatra* il vient assez gros, & se peut soustenir tout seul, ayant la couleur & le tronc comme vn coignier, mais non pas tortu, & iette vne grande quantité de fleurs blanches, qui apres deuiennent iaunes, puis rouges, & enfin en s'espaississant se font noires comme on les voit icy. Ils en confisent de toutes vertes, qui sont bonnes pour l'estomac. On les cueille depuis Septembre iusqu'en Ianuier.

Le *Cocuma* qui croist en la *Iaue*, est vne racine semblable au gingembre, & sa fleur ressemble au lys: quand elle est arrachée verte, elle tire sur le iaune, & est fort aisée à rompre estant seiche, elle est picquante, dont ils font grand *Cocuma.*

estat par toutes les Indes, s'en seruans pour assaisonner leurs viandes, estant meilleure que les autres espices, qui est la cause qu'ils n'en laissent point venir par deçà. Car ce qui reste de leur prouision, ils le consient & le debitent par tout le reste de l'Orient, où il est fort recherché.

Gingembre. Pour le gingembre, il croist aussi en quantité aux Indes Occidentales, & particulierement en la nouuelle Espagne, d'où l'on en chargea les cinquante ou soixante mil quintaux pour Seuille. Cette racine est de telle nature, que pour estre bonne il ne faut pas qu'elle demeure plus d'vn ou deux ans en vn endroit, mais s'il est possible il la faut changer tous les ans. Pour la cueillir ils la descouurent de terre, & luy ostent toutes les vieilles racines, & ne prennent que les nouuelles qu'ils vont planter ailleurs, & qui prennent aisement. En Occident elle est à vil prix, car aux *Barlouento isle.* isles de *Barlouento* vn Espagnol en eut sept quintaux pour vn escu.

Betel. Le *Betel*, dont nous auons parlé tant de fois, est vn arbre fort commun en tout l'Orient, & mesme aux Indes *Caramel.* d'Occident, où il s'en trouue comme à *Caramel* qu'ils appellent *Escarucou*. Il s'en trouue aussi à *Souac*, païs d'Ethiopie. C'est le seul arbre dont la feuille est meilleure que le fruit: il est presque de la hauteur & forme d'vn poirier, mais la fueille en est plus espaisse & moins veneuse. Les Arabes Siriens l'appellent *Tamboul*. Le goust de cette fueille est excellent, mais elle fait les dents noire. Il s'en trouue aux terres du *Prestrian*, où ces arbres sont gardez là pour la personne du Prince seulement en quelque endroit qu'ils croissent. Et si quelque marchand ou artisan estoit trouué en manger, il seroit condamné à mort; & celuy qui garde cet arbre le peut librement tuer sans en estre repris: car ces arbres sont au Roy, *Siramis d'E-thiopie.* & personne n'en ose manger s'il n'est *Siramis*, c'est à dire Seigneur ou Gentilhomme. Ceux qui en mangent ont les dents fort noires, ce qu'ils estiment à honneur, comme venant de manger d'vne viande Royale.

Pour les fruits d'Orient, il y en a de diuerses sortes. Ie parleray seulement des *Durions* que *Malaca* produit en abondance.

dance, & dont il y en a peu aux Indes Occidentales. C'est vn fruit comme vn melon, plus blanchastre & couuert d'vne peau fort deliée. Il est ferme à gouster, & ie n'en ay iamais mangé de meilleur goust. On trouue dedans vne grande quantité de petits trous où est la graine, qui se garde comme chose precieuse. Sa feuille est d'vn excessiue grandeur comme celle de la vigne ou du figuier: l'arbre est assez haut, & les branches comme celle du cerisier; le bois est de bonne odeur. Ils le gardent quand les femmes veulent accoucher, dont ils font vn sacrifice à leurs Idoles. I'en ay veu beaucoup au Caire & en Alexandrie.

Des Royaumes de Mala. & de Sian, auec vne histoire prodigieuse des serpens du pais.

CHAPITRE XXV.

Aissant toutes ces Isles pour reuenir en terre ferme, on trouue vis à vis de *Sumatra* vers le Nort, la ville & Royaume de *Malaca*, où est cette pointe de terre si fameuse, auec son cap & destroit dit de *Sincapura*, à vn degré vers le Nort. *Malaca* est vn Royaume puissant, que quelques vns pensent estre la *Chersonese* d'or des anciens, & l'*Ophir* de Salomon, à cause qu'on trouue force or en quelques endroits de l'isle de *Sumatra* qui en est proche, & que comme nous auons desia dit, les anciens croyoient estre iointe à la terre ferme. Ce païs estoit suiet au Roy de *Sian* auant qu'vn Seigneur *Iauan* s'en rendist maistre, qui à l'ayde de quelques pescheurs & pirates bastit la ville de *Malaca*. Depuis ces Malacans se firent Mahometans par le commerce des Perses & Guzerates, & en fin *Alphonse Albuquerque* surprit la ville pour le Roy de Portugal. Elle est comme le centre de tout l'Orient pour le trafic, & comme l'estape de toutes les marchandises des Indes Orientales, ce qui la rend grande, riche & puissante. Sa langue

Sincapura.

Malaca. Ophir.

est estimée la plus belle, la plus elegante & la plus delicate de toute l'Inde, & comme la mere des autres, à laquelle on s'estudie curieusement : aussi les *Malayes* se plaisent fort à la poësie, amours & autres galanteries. La situation de Malaca est sur une belle riuiere qu'ils appellent *Crisorant*, qui a quelque allusion à la *Chryse* ou terre d'or des anciens, que d'autres veulent estre plutost la *Chine* ou le *Iapon*. Cette riuiere peut estre grande comme la moitié du Rosne, & separe la ville en deux, qui sont iointes par de beaux ponts & bien bastis, comme est tout le reste de la ville. Les peuples sont fort ciuils & de belle taille, mais vn peu bazanez. Le païs est abondant en fruits, suiet au Roy de *Sian*, quoy que la ville soit aux Portugais, où ils ont vn bon fort, & le port leur est d'vn grand reuenu, à cause des daces imposées sur le nombre infiny de marchandises qui y abordent de toutes parts. Ces daces auoient accoustumé de se payer au Roy de *Sian*. Le Capitaine a deux beaux nauires bien equipez, auec lesquels il va par toutes ces mers, & mesme il les ennoye iusqu'à la *Chine* chargez de laque, verges d'or & d'argent, girofle, poiure, canelle, toiles, draps, escarlates, safran, corail, vif-argent, cinabre, anfian, & toutes autres denrees exquises de l'Inde, & qui luy rapportent d'autres singularitez de ces païs-là, comme des soyes, pourcelaines, satins, damas, brocarts, musc, rubarbe, perles, salpestre, fer, yuoire, boëtes, esuentails, &c. Il y a quelque huit cens lieuës de chemin de l'vn à l'autre, & vne grande riuiere, où l'on dit que les elefans tirent contremont les nauires iusqu'à la grande ville de *Quinsay* principalle de *Tabin* ou *Chine*, où les vaisseaux arriuans saluent le Roy de trois coups de canon, & la ville d'vn seulement, si bon luy semble : Puis le Capitaine venant en terre iure sur le portrait du Roy, qu'il vient pour negotier de bonne foy, & lors on luy donne l'entrée.

Au reste, l'air de *Malaca* n'y est gueres sain, tant aux estrangers, qu'à ceux du païs mesmes.

De *Malaca* nous allâmes au Royaume de *Sian* ou *Sion*, autrefois tres-puissant, & contenant plusieurs autres Royaumes: mais le Roy de Pegu son voisin luy en a osté beaucoup, sur

Chrysé, Crysorant.

Trafic de Malaca.

Quinsay.

Sian.

du sieur Vincent le Blanc.

le suiet d'vne guerre qu'il fit à celuy de *Siam*, pour luy oster l'elefant blanc qu'il auoit, & que les Peguans adorent. De sorte que depuis ce temps là le Royaume de Sian a esté fort diminué, & mesme diuisé par portions & Seigneuries qui ne reconnoissent ce Roy que de bonne sorte. Il contenoit autresfois seize ou dix sept Royaumes ou Seigneuries, & s'estendoit depuis *Tanauserin* ou *Tarnassery*, iusqu'à *Champaa*, plus de sept cens lieuës de coste à coste entre *Malaca*, les *Pacanes*, *Passiloco*, *Capimper*, *Chiammay*, les *Lahos* & *Gutos*: On l'appelloit l'Empire de *Sornao*, & son Roy *Prechau Saleu*, qui tenoit son siege Royal en la grande ville d'*Odiaa*, où les Rois suiets estoient tenus d'aller tous les ans en personne reconnoistre le Prince, luy payer tribut & faire la *sumbaya*, qui estoit baiser vn cimeterre qu'il portoit à son costé. Puis à cause de la grande distance & des courans des fleuues du païs, qui rendoiēt leurs voyages plus longs & penibles, il remit cette reconnoissance à vn sien Lieutenant ou Viceroy en la ville de *Lugor* plus proche & commode.

Ce païs confine auiourd'huy du costé de l'Occident à celuy de Pegu, du Nort au païs de *Chiammay*, vers le Midy à la prouince de *Cabury* & à la grande mer, & au Leuant au Golfe de *Camboie*. C'est l'vn des meilleurs, plus fertiles & delicieux du monde, abondant en toutes sortes de fruits, viures, mines d'argent, fer, plomb, estain, salpestre, souffre, soyes, miel, cire, succres, bois odorans, benioin, laque, coton, rubis, safirs, yuoire, & s'y apportent toutes sortes d'espiceries & autres denrées d'ailleurs; mais les habitans sont peu belliqueux. Les femmes y sont fort gentilles & de belle humeur, & se plaisent à porter force ioyaux, & pour cela vont retroussees, la iambe nuë & les pieds, pour monstrer comme elles sont chargées de pierreries, dont aussi leurs bras & leurs cheueux sont entrelasses & couuerts, imitans en cela celles de Pegu. Elles se font porter sur des *Palanquins*, auec des robes riches & fort façonnées, & si ouuertes par le deuant qu'on leur voit tout ..., leurs chemises estans coupées de mesme. Et non...nt qu'elles marchent à petit pas, & qu'elles se mets

Guerre pour l'elefant blanc.

Sornao Empire.

Odiaa.

La Sumbaya.

Lugor.

Delices de Sian.

Femmes gentilles.

V ij

tent les deux mains deuant par honneur pour se couurir vn peu; on ne laisse pas de les bien voir. Ils disent que cette loy & coustume fut establie autresfois par vne Reyne, nommée *Tirada*, la plus sage de son temps, aussi reuere t'on ses os comme vne chose saincte & sacrée. Voyant que les hommes du païs estoient grandement addonnez au peché contre nature, elle pensa par ces attraits charmans de les retirer de cette brutalité; comme de fait, les femmes disent que depuis ce temps là les hommes se sont fort chastiez de ce vice abominable. Et à la verité toutes ces femmes-là sont belles & bien proportionnées, & iouent de certain instrument qu'ils appellent *bembla*, dont elles apprennent curieusement l'artifice en leur ieunesse. Les hommes y peuuent prendre deux femmes, mais pour la seconde ils payent double tribut, qui est cause que la pluspart se contentent d'vne. Elles sont assez dociles, humbles & sages, n'ayans autre soin que de se faire aymer de leurs maris.

Ils font de cruels sacrifices de filles vierges, & leur façon d'enterrer les morts n'est pas moins inhumaine: car dés aussi tost qu'vn de leurs proches est decedé, ils luy dressent vn tombeau à la campagne, où chacun en a selon ses moyens: puis ils se font tous raser le corps en signe de dueil. Les femmes quittent leurs ioyaux & se vestent de blanc, qui est la couleur funebre. Tous les parens du deffunct y sont conuiez pour accompagner solemnellement le corps iusqu'au lieu designé qui est vestu d'vn riche habit dans son palanquin, assisté de six des plus signalez de la famille, & de six autres qui le tirent sur vn char à quatre rouës, couuertes d'vn drap cendré de mesme couleur que tous les parens sont vestus. Au deuant marchent six ioueurs de flutes, qui auec deux bassins sonnent si piteusement que chacun est excité à pleurer. Ces ioueurs d'instrumens sont louez & salariez du public pour cela, accompagnans leurs ieux d'airs plaintifs & si doux, que c'est merueille. Estans paruenus au tombeau, tous les assistans offrent force parfums qu'ils iettent sur le palanquin. Cela fait chacun

Tirada Reyne.

Remede contre sodomie à Sian. D'autres content cela de Pegu.

Estranges funerailles.

Instrumens funebres.

du sieur Vincent le Blanc.

se retire excepté les parents, qui despoüillent le coprs & le nettoyent tousiours en pleurant & lamentant, puis l'apprestent comme vne viande, le faisans cuire auec du bois aromatique & des odeurs, & s'estans assis tout à l'entour, & ietté de grands cris, en font leur triste repas, accompagné de larmes. Apres cela ils prennent les os bien nettoyez, & les parfument d'odeurs, & auec la mesme ceremonie & les mesmes instrumens les enuelopent dans de la toile faite de ce lin *asbeste*, qui ne se consume iamais au feu, mais s'y blanchit & nettoye, & ne se pourrit dans la terre, où il se conserue tousiours. I'en ay apporté de mes voyages que i'ay fait voir à plusieurs personnes curieuses. Toutes ces ceremonies acheuées & les os mis dans le tombeau, chacun se retire chez soy. Voila leur estrange façon enuers les morts.

Mort mangez.

Lin asbeste. Voy Pline, l. 19, c. 1.

La ville de *Sian* est située sur la belle & grande riuiere de *Menan*, qui vient du renommé lac de *Chianay*, & qui a de belles murailles, & quelque trente mille maisons, auec vn chasteau bien fortifié, quoy qu'elle soit assez forte d'elle-mesme, estant bastie sur les eaux comme *Temistitan* & Venise. Le pais porte quantité d'elefans, rinocerots, girafes, tygres, lyons, leopars, sinderos, & toutes sortes de sauuagine. Puis des martres zibelines & des plus belles hermines d'Orient, force chameaux & dromadaires; & selon quelques-vns on y trouue des licornes, qui pour estre des bestes fort timides, se monstrent peu deuant les hommes. Ils s'en trouue, à ce qu'ils disent, aux enuirons du lac *Chiamay* : mais nous en parlerons encor ailleurs. Ce lac a deux cens mil de tour, d'où sort vn grand nombre de grandes & fameuses riuieres, comme celle d'*Aua*, *Caypumo*, *Menan*, *Cosmin*, & autres, qui ont les mesmes inondations & desbordemens que le Nil. Ce lac a du costé de Leuant de grandes forests & des marescages impenetrables & dangereux pour les serpens d'vne grandeur prodigieuse qui y habitent, & qui ont des aislerons comme des chauue-souris, auec lesquelles ils s'esleuent de terre, & vont d'vne tres-grande vitesse, se soustenans en volant de la pointe de

Sian ville.

Licornes.

Chiamay lac.

Serpens.

V iij

la queuë, & il s'en trouua vne fois vne telle quantité qu'ils

Laict de figuier contre serpens. deserterent presque toute vne prouince, & sans le laict de figuier dont on se seruit contre leur venin, il ne fut eschappé personne ; mais le Prince du pais, magnanime & courageux, ayant mis toute sa Cour en armes, & fait faire de grandes & longues chaussees auec de profonds fossez, & quantité de chiens, lyons, tygres & autres bestes dressees à la chasse dés leur ieunesse, couuerts d'autres peaux par dessus comme chanfrins, pour les desguiser, & en vn besoin leur faire combattre leur semblable & toutes autres bestes, il fit vn grand massacre de ces serpens, qui se venoient precipiter dans ces fosses : puis il mit prix sur tous les autres qu'on pourroit prendre & qui luy seroient apportez, ce qui fut cause qu'on despeupla bien-tost la terre de cette engeance. Il s'en trouue toutefois encore par les forests, & i'en ay veu d'vne grandeur demesurée, qui se ruent sur les brebis & les autres animaux quand ils ont faim. En ces mesmes pais il y a vne autre beste qui a la face semblable à vn homme, toute repliée, & ne va que la nuit : on

Espalouco. pelle *Espalouco*. Elle monte sur les arbres, & fait de grands cris comme en se pleignant, pour attraper quelque chose, & quand elle ne peut rien trouuer, elle mange la terre. C'est vne beste qui va fort lentement, & s'en trouue en plusieurs lieux.

Le Royaume de *Sian* a receu autresfois de grandes secousses : car quelques années auparauant que nous y arri-

Changemés en Sian. uassions, le Roy, fort renommé pour ses victoires, auoit esté empoisonné par sa femme, pour espouser vn sien maistre d'hostel son adultere, qu'elle fit Roy, ayant aussi fait mourir son propre fils qui regnoit : puis eux mesmes ayans esté par coniuration tuez en vn festin, il y eut beaucoup de changemens dans l'Estat, iusqu'à ce que le *Bramaa* Roy de Pegu, prenant l'occasion, vint assieger la grande ville d'Odiaa, mais ayant esté tué durant ce siege, son successeur la vint depuis ruïner entierement pour auoir l'elefant blanc dont nous auons parlé : & depuis celuy de *Sian* a eu sa reuanche sur Pegu.

du sieur Vincent le Blanc. 159

Tel est le changement ordinaire des Royaumes de l'Inde, qui ne peuuent demeurer long-temps en vn mesme estat.

Du Royaume de Martaban. Estrange force du Macarou, ou flux de mer. Particularitez de Pegu.

CHAPITRE XXVI.

DE *Sian* on vient au Royaume & ville de *Martaban*, autresfois suiet à Pegu, mais dont le Roy de *Sian* s'est depuis emparé. Il confine du Ponent au golfe de *Bengale*, du Nort à *Pegu*, du Leuant à *Sian*, & du Midy à *Tanassesim* & *Iangome*. Les Peres Iesuites & Capucins y ont des Eglises. La terre y est si fertile que d'ordinaire on y fait trois cueillettes. Il y a force ris & autres grains, des arbres fruitiers de toutes sortes, des herbes odorantes & medicinales, des mines de tous metaux, rubis & autres pierres, & l'air y est tres-sain.

Martaban.

La ville capitale est *Martaban* à seize degrez vers le Nort, ayant vn beau port, assise sur la riuiere de *Caypoumo*, ou plutost sur vn bras de mer, où la marée monte vers Pegu d'vne façon estrange, car où toutes les autres montent par degrez, & d'vne action mediocre & sans violence, cette cy venant à remplir ce bras de mer, monte auec vne telle furie & impetuosité, comme si c'estoit vne grande quantité d'eaux roulant du haut des montagnes, qu'il n'y a torrent, pour impetueux qu'il soit, qui se puisse egaler à sa vitesse, & en trois grandes auenuës remplit son siege de telle force & rapidité que cela espouuante ceux qui le voyent. Ce bras de mer est appellé par les Indiens *Macaraou*, c'est à dire, garde-toy du Tygre, à cause de la vehemence de ces marées,

Caypoumo.

dont nous parlerons plus amplement cy apres.

La terre de *Martaban* va confiner à celle de *Dougon*, derniere ville & port de Pegu, dont les habitans s'adonnent fort au trafic, & principallement d'vne certaine laque, qu'ils tirent des arbres, fort fine, voire plus que celle qui se tire de *Dalascia* en Ethiopie, de laquelle nous auons parlé cy-dessus. Ils ont force autres drogues, comme galanga, turbit, & rubarbe, qu'ils trouuent parmy les montagnes vers Pegu, & l'apellent *Iubera*, ayant la feuille fort grande & amere comme fiel, qu'ils cueillent au mois de May, qui est la fin de leur hyuer, sa racine tire sur le tané, il y en a de iaune, de violete & de rouge, selon la terre qui la porte. Quelquesvns en assaisonnent leurs viandes, elle sert mesme à quelques infirmitez. Elle se vend à petit prix, & se mesle auec des parfums. Ils ont aussi le bois d'aloës, & le sendal rouge & citrin parmy ces montagnes. Les femmes en font brûler pour en faire des decoctions, & s'en seruir quand elles sont grosses, & quand elles sont acouchées elles cherchent vn agneau qui ait la teste noire, puis portent l'enfant au Temple couuertes de toutes sortes de fleurs, & l'enfant aussi auec plusieurs autres drogues. Là ils font leur sacrifice, mettans l'enfant & l'agneau entre les mains du *Banean*, ou Prestre dit *Saralico*, qui a pour sa part la peau, la teste, les pieds & la fressure, dont il fait bonne chere, & tout cela en l'honneur de leur *Castigay*. Tous ces Prestres sont grands Magiciens, & si tost qu'vn enfant est né, ils tirent son horoscope, & escriuent sur vne petite table tout ce qui luy doit arriuer. Ce que le pere & la mere gardent fort soigneusement, pour preuenir les accidens & y remedier. Car ils tiennent pour infaillibe tout ce que leur disent ces *Baneans*. Et lors qu'il y a quelque malade on leur va demander conseil s'il moura ou non, & quand ils en ont donné leur sentence, ils la croient comme si elle venoit de leur Dieu mesme. Vn ayant esté ainsi condamné à la mort par ces Magiciens, & quasi abandonné, quelqu'vn des nostres pour faire voir leurs folies, le medecina si bien qu'il en guerit dans neuf iours; de sorte qu'ils disoient que le Chrestien en sça-

Laque.

Rubarbe.

Bois d'aloës.

Enfans d'idolatres offerts au Temple. Castigay Idole.

Astrologues iudiciaires.

Guerison par Chrestiens.

uoit plus que tous leurs Magiciens. Le mesme estant arriué depuis à vn autre, sa femme fut persuadée par quelque Chrestien de fermer la porte au Magicien qui auoit desia condamné son mary, lequel ayant esté guery, l'autre luy remonstra l'abus de ces Prestres, & luy fit voir clairement les faulsetez de leur *Vestican, Pagodes, Castigay*, & de leurs Prestres; & au contraire la verité de nostre Religion, afin de luy faire quitter son erreur; mais la pauure femme endurcie, luy respondit, Ie croy, dit elle, que ton Dieu est plus puissant que le nostre, & qu'estant si grand & si majestueux comme il est, il ne daignera iamais se faire voir & cognoistre à nous qui sommes pauures & simples creatures; de sorte que ce seroit vne chose mal-seante de receuoir vn Dieu, sans qu'il le nous commande, car le nostre nous dit ses volontez, ausquelles nous obeissons, mais pour les *Baneans* ie n'y croiray iamais plus, car ce sont de faux Prophetes. De sorte qu'il fallut à cause de cela que ces pauures gens allassent habiter bié loin de là. Il seroit aisé de leur persuader la verité, estans assez simples, & croyans aisément ce qu'on leur dit, outre mesmes qu'ils ont la memoire de S. Thomas en grande reuerence, mais il faudroit trouuer moyen de rompre leurs idoles, afin qu'ils vissent que cela n'a mouuement ny force aucune. Il est vray qu'il y auroit du danger à l'executer, si ce n'estoit à main armée. Au reste cette canaille de *Baneans* asseruit tellement ces pauures gens qu'ils leur font accroire des choses estranges & absurdes, de sorte que quand il y a quelque feste de solemnité & deuotion, comme quand ils portent leurs idoles en triomphe sur des chariots ornez de fleurs, il s'en trouue de si abusez, que par zele ils se iettent sous les rouës du chariot pour en estre brisez. D'autres mettent leurs testes dans des cercles d'acier, dits *Parochiti*, trenchans comme des rasoirs, dont ils se coupent la gorge, en mettans leurs pieds dans vne corde attachée, & ceux-là sont apres adorez comme Saincts, & enregistrez en leurs Temples. Il y en a d'autres qui se font des incisions au costé, & se passent vne corde dans la chair, & se font ainsi traisner par ces chariots de leurs idoles,

X

puis quelques-vns de leurs amis leur viennent dire, *souviens-toy que i'ay toussiours esté de tes amis*, & là dessus croyent que cettuy-là aura puissance de les sauuer. Ses parens en sont fort estimez, & s'ils sont pauures ils sont secourus aux despens du public.

Sacrifices sanglans.

Ils ont vne feste solemnelle, en laquelle ils content les douze Lunes, auec les douze Signes, & y font de grandes resiouïssances. Quand ils menent le chariot de leurs idoles, il y en a vn autre de filles vierges qui les vont encensans, & parfumans sans cesse. A *Martaban* il y a vne sorte de fruicts, où se trouue en les ouurant la vraye figure d'vne croix. Il y auoit autrefois à *Martaban*, quelque trente ou quarante ans auant que nous y arriuassions, vn riche & puissant Roy nommé *Chaubaina*; qui, ainsi que content les Portugais, fut assiegé par le *Bramaa* de Pegu, & se voyant reduit à l'extremité, il implora le secours des Portugais, leur offrant de grandes richesses: ce qu'eux ayans refusé pour quelques considerations, ce pauure Prince fut contraint de se rendre luy, sa femme & ses enfans à ce cruel tyran de Pegu, qui contre toute foy donnée, les fist tous cruellement & barbarement mourir, & mit à sac vne si florissante ville, de quoy les Portugais furent fort blasmez pour ne l'auoir pas secouruë. Il y auoit de merueilleuses richesses, & dit-on qu'il y auoit trente-six mil marchands estrangers, trafiquans, de plus de quarante nations diuerses, tant de l'Inde que des païs plus esloignez, comme Portugais, Grecs, Venitiens, Abissins, Turcs, Iuifs, Arabes, Armeniens, Tartares, Mogores, Corazans, Perses, Malabares, Iauans, & autres. Cette ville auoit vingt-quatre portes.

Feste des 12. Lunes.

Chaubaina Roy, & son desastre. Voy Pinto en ses voyages.

Nous allâmes de *Martaban* à *Pegu*, qui sont quatre petites iournées par terre, & autant par mer, encores que le chemin soit bien plus long, mais la vitesse des fregates dont on se sert recompense cela, de sorte qu'allant auec la marée, si la fregate rencontroit vn rocher, & qu'elle fust assez forte pour en souste. l'ateinte, elle voleroit par dessus comme vn balon, n'y ayant flesche qui aille si viste. I'ay

Pegu.

passé sept ou huit fois le destroit de Gibraltar auec les marées contraires & vent en pouppe; & là on peut resister à l'eau, & s'entretenir iusqu'à ce que les eaux soient fauorables: mais en ce *Macaraou* pour aller à Pegu, il seroit impossible auec le plus fort vent du monde, de resister aux eaux contraires, qui nous font retourner plus viste que le pas, & cette furie de mer ne se trouue, que ie sçache, en autre lieu du monde qu'à *Martaban* & à *Pegu*. Car là y a vn grand abisme d'eaux, & la marée suruenant pour faire son cours, elle se rencontre auec ces eaux contraires, l'vne venant d'vne part, & le gros de toute la mer de l'autre; si bien qu'il se fait là vn terrible combat, où l'vn ayant resisté quelque temps de toute sa puissance, il faut enfin qu'il cede au plus fort, & lors ces deux ioints venans à se debander vers Pegu, c'est auec vne telle vitesse & roideur, qu'il semble que ce soit vne grande montagne qui tombe du haut en bas, & il n'y a courage si fort qui n'en tremble d'horreur & d'espouuente, & où auparauant se voyoit vne grande profondeur toute couuerte de vaisseaux à sec, on voit en vn instant vn flot si violent, qu'on diroit que toutes les puissances infernalles trauaillent à pousser ces eaux, qui font floter les vaisseaux bien esloignez de la mer. Ie n'ay iamais veu personne qui en sçeust rendre la raison, & la recherche de la cause d'vn si estrange effet est digne d'exercer les plus beaux esprits. Mais sur cela il me souuient que m'estant rencontré long-temps depuis à *Calis* auec le fameux Capitaine de mer Anglois le sieur François Drac, comme ie luy racontois cette merueille du *Macaraou*, & que difficilement la croiroit-on si ie la voulois mettre par escrit, il me respondit, que les paroles & peu de creance des ignorans, ne pouuoient preiudicier à l'experience d'vn homme de bié, & que luy mesme n'eust sceu croire s'il n'eust veu la rencontre des deux mers du Nort & du Sud au destroit de Magellan, où ces eaux contraires se viennent choquer d'vne merueilleuse impetuosité: celles du Nort entrans quelques soixante lieuës auant, & celles du Sud quarante, où elles se rencontrent au milieu du destroit auec vne telle furie,

Estrange Succes du Macaraou.

1589. *Drac à Calis*

Mers de Nord & Sud & leur rencontre au destroit de Magellan.

X ii

que cela estonne les esprits de merueille & d'horreur, ce qui luy faisoit croire que tous les discours de la Philosophie naturelle estoient incertains, puis que l'experience y apportoit tant de contradictions. Il me dit encores que suiuant ce que ie luy rapportois de ce *Macaraon*, il auoit toutes les enuies du monde d'aller voir cela, tant à *Cambaye* qu'à *Pegu*. Mais depuis i'ay reconnu qu'il n'y auoit rien de si approchant de cela que le Mascaret de Bordeaux, que cha-

Mascaret de Bordeaux. cun sçait estre vne grande montagne d'eau qui se fait en la riuiere de *Dourdonne* vers *Libourne*, au temps que les eaux sont les plus tranquilles : car cette montagne d'eau se forme en vn instant, & fait vne longue course le long de la riuiere, renuersant tous les basteaux qu'elle trouue en son chemin, ce que chacun tasche d'euiter en fuiant bien viste vers le riuage. Quand i'en ay demandé la raison à ceux du païs, ils m'ont dit tous que cela venoit du montant de la mer qui rencontre la descente de la riuiere, & de ce combat s'engendre cette montagne d'eau. Mais i'en ay veu d'autres plus subtils qui n'accordent pas cela, car il arriueroit aussi bien en la Garonne & ailleurs qu'en la Dourdonne, ce qui ne se fait pas : de sorte qu'auec plus d'apparence ils en attribuent la cause à vn air enclos au dedans de quelque canal sous terre, trauersant depuis la Garonne iusqu'au dessous de la

Raison du Palissi. Dourdonne, qui esleue ces montagnes d'eau quand la mer vient à monter. Mais ie ne sçay s'ils en pourroient dire autant de nostre *Macaraon*, ie leur en laisse la recherche & la dispute.

Royaume de Pegu. Le Royaume de *Pegu* est vn des plus grands & puissans de toutes les Indes, apres ceux de *Mogor* & de la *Chine*, au moins du temps que i'y estois : car depuis i'ay entendu qu'il y est suruenu d'estranges reuolutions, & qu'il est grandement descheu, & qu'il a esté demembré par les Rois de *Tangu* & d'*Aracan*, auquel est demeuré entr'autres l'elefant blanc,

Elefant b'ac. qui autrefois auoit esté le suiet de tant de guerres en *Sian*. Ce Royaume donc de mon temps contenoit plusieurs autres Royaumes, à sçauoir deux Empires, qui contenoient sous eux vingt six Estats couronnez. Il confine au Midy à

du sieur Vincent le Blanc. 165

Martaban & à Sian, au Leuant à *Brama, Cambaye & Cochin chi-* | Empire de
ne, au Nort à *Aua, Tazatay & Aracan,* & à l'Occident à *Ben-* | Pegu & son
gale & à son Golfe. | estenduë.

 La ville de *Pegu* est fort grande & quarrée, ayant cinq | Ville de Pe-
portes à chaque costé, enuironnée d'vn tres-bon fossé rem- | gu.
ply d'eau & de cocodrilles & autres serpens dangereux : les
murailles de bois auec de belles garites de mesme bien façonnées & enrichies d'or moulu que l'on renouuelle de dix
en dix ans. Les maisons belles & bien basties. Il y a *Pegu*
le neuf où se tient le Roy & toute sa Cour, dont les ruës
sont en droite ligne, qui est vne chose fort agreable à voir,
puis qu'estant au milieu de la ville vous descouurez presque
toutes les ruës, comme aussi à *Pegu* le vieux, où habitent les
marchands. Au neuf, les ruës sont embellies de palmiers
& de cocos chargez de leur fruit. Ce lieu sa esté tracé & basty en droite ligne dans vne grande forest de palmiers vers
le Nort en vne large campagne. Dans ses fossés pleins
de l'eau du fleuue qui la baigne d'vn costé, y a de certains
endroits accommodez en sorte qu'on s'y peut baigner en | Crocodilles.
asseurance & sans crainte des crocodilles, qui y sont en telle quantité & si dangereux, qu'on n'oseroit se hazarder
d'y nager sans cela. La ville peut estre grande comme
Fez, qui a aussi deux villes, *Fez* le vieux & *Fez* le neuf, comme Pegu.

 Le Roy de Pegu est si puissant qu'il ne va iamais en guer- | Armées de
re qu'il ne meine vn milion & demy d'hommes fort bien | Pegu.
armez, ayans des meilleurs arquebuziers du monde, bien
que non en grand nombre : mais leurs bastons à feu sont | Bastons à
meilleurs que les nostres ordinaires, estans mieux faits, de | feu.
bonne fonte, bien grauez & de meilleure forme. Il en peut
auoir enuiron cent mil qui sont tous bons soldats, viuent
de peu, & en vn besoin se contentent de feuilles & de racines, & sont braues & determinez aux combats. Sa garde
est de trente mil hommes de cheual, ayans chacun vn bon
cheual Turc ou Persan : & pour en recouurer plus aisement
il y a vn Edict, que tout marchand qui amenera vingt cheuaux pour les vendre, aura tout le reste de ses marchandi-

X iij

Cheuaux bons, d'où. ses franches de gabelles, ce qui est cause que l'on leur en ameine de tous les endroits de l'Inde, & sur tout de Perse & de la Soltanie de *Sana* en d'Arabie, où sont les meilleurs de monde. Les gens de guerre font vn grand exercice à tirer, & s'y occupent tout le iour, & le Roy donne vn prix à ceux qui font le mieux. Il peut auoir cinq mil elefans, & plusieurs autres bestes. Les marchands montent sur des bœufs en suiuant l'armée, qui tient vne merueilleuse esten-duë de pais en marchant.

Monture de bœufs.

Richesses de Pegu. Le pais est riche en mine d'or, d'argent, rubis, spinelle, saphirs & autres pierres: Ce qui rend ce Roy si riche que, son tresor augmente tous les iours, & il semble à voir les tresors de son Palais & de ses magasins, que toutes les richesses d'Orient y soient assemblées. En vne des cours de son palais, à Pegu le neuf, il y en a telle abondance, qu'on n'en tient presque conte, n'y ayant personne pour le garder, & les portes demeurans ouuertes. Entr'autres on y voit la figure d'vn grand homme toute d'or massif, la couronne d'or en teste, enrichie de rubis d'inestimable valeur, à l'entour quatre autres figures de ieunes garçons aussi d'or, ce qui semble estre quelqu'vne de leurs idoles, encores qu'ils dient que cela n'a esté fait que pour plaisir. En vne autre cour y a vn Geant assis, tout d'argent massif, auec vne couronne comme l'autre, mais plus riche er pierreries. En d'autres cours y a des statuës faites de *ganze*, qui est vne matiere meslée de plomb & de cuiure dont ils font leur *bize*, espece de monnoye, mais non royalle. Les couronnes de ces derniers sont aussi riches que les autres, auec des saphirs & rubis les plus gros qu'on sçauroit voir.

Statuës d'or & d'argent.

Ganzé.

Monnoye.

Habit des Peguans. Les vestemens des Peguans sont d'vne mesme sorte, à sçauoir de draps & toiles de coton, & chacun y va nuds pieds, mesmes les plus grands: & soit qu'ils aillent à pied ou à cheual, ou se fassent porter, ils n'ont iamais les pieds couuerts. Le pais abonde en succres dont ils font vn grand employ, car ils s'en seruent mesme à couurir leurs maisons, & le meslent auec le ciment. Leurs bastimens sont richement & somptueusement elabourez, sans espargner

Succres ez bastimens.

l'or & l'azur. Quand le Roy ou quelque Seigneur veut baſtir vn palais, il fait prouiſion de l'or le plus affiné pour le dorer. Car là, comme en pluſieurs autres endroits de l'Inde, l'or n'y eſt pas monnoyé, mais c'eſt marchandiſe : auſſi dans la place du *Tababa* au vieux Pegu, ſe voit vn grand nombre de boutiques d'affineurs & batteurs d'or & d'argent, qui le mettent en fueilles, pour eſtre plus aiſé à appliquer où ils veulent, s'en faiſant vn grandiſſime degaſt; car, comme i'ay dit, ils dorent iuſques aux tours & guarites des murailles de la ville, & leurs maiſons à la Perſienne: Pegu le neuf eſt quaſi tout de cette ſorte, où rien n'eſt eſpargné pour faire vn beau baſtiment, lequel ils couurent meſme de coquilles de tortuës, qu'ils ſçauent agencer fort proprement. Il y a vne place où il ne ſe fait autre choſe que palanquins, coffres, buffets, ſelles & harnois de cheuaux & d'elefans, tous couuerts d'or & d'argent. Ie vis achepter pour le Roy vne ſelle & bardes d'elefant, qui couſtoient vne tres grande ſomme d'argent.

Il y a vne choſe remarquable pour les baſtimens, c'eſt que ceux qui viuent de leurs rentes ne ſe ſoucient d'auoir de fortes maiſons & riches edifices, mais habitent en des maiſons comme champeſtres, faites de bois & couuertes de paille, aſſez commodes & ſuffiſantes de les garentir de l'iniure du temps. Pour les marchans, trafiquans & gens de boutique, qui ont quelque choſe à perdre dans leurs boutiques & magazins, ils ſe logent dans des maiſons fortes, & bien baſties de pierre & terre cuite, bien fermées auec bonnes portes & ſerrures, & appellent ces maiſons *Godons*.

Par toutes les villes de Pegu & ailleurs il y a les *Taregha*, ou Iurez qui ont le ſoin de faire faire bon & loyal debit des marchandiſes & denrées au marchand qu'ils prennent ſous leur charge, & s'ils font vn mauuais achapt il tōbe ſur eux, & auec vn grand deshonneur & reproche, qu'ils euitent de tout leur poſſible : de ſorte que c'eſt vn grand contentement de trafiquer auec ces gens-là pour leur fidelité & franchiſe, & pour le bon ordre qui s'y tient à vendre & achepter, car

Les voyages

l'on met en gros tout ce qu'on veut vendre ou acheter entre les mains du *Senfal*, qui donne auis du nombre & du prix de toutes ces marchandises, & fait vn estat de ce que l'on en doit tirer franc & quite, toutes daces payées; & si l'on connoist que ce prix soit bon, on luy lasche la main, & il en tient compte en toute fidelité, car ce sont gens choisis & riches, si bien qu'il ne faut pas craindre d'estre trompé, outre qu'ils font tout à l'auantage de ceux qui se commettent entre leurs mains: Et cas auenant que le marché ne contente, on a tout le iour pour s'en desdire, bien que cela tourne à l'infamie du courratier.

Senfals fideles.

Du Royaume de Pegu. D'vne guerre sanglante pour vn elefant blanc. Des crocodilles, & du naturel des elefans.

CHAPITRE XXVII.

L'Empire de *Pegu* abonde en toutes choses necessaires & commodes pour la vie, & confronte auec d'autres aussi riches & bons, comme à *Cochinchine, Sian, Tangu, Marsin, Iangoma, Bengale, Aua, Oregan,* & autres. Il est trauersé pour la pluspart de cette grande riuiere que ceux de la haute Inde appellent *Amoucharat,* & ceux du païs, la riuiere de Pegu ou *Caipoumo* & *Martaban,* qui par diuerses branches trauerse tout ce païs qui est plat, & le fertilise grandement. Ce fleuue abonde en poisson & crocodiles, dont ils se nourrissent par toute les Indes. Ce pendant ie diray que nos Geographes se trompent, qui mettent la riuiere qui arrouse le païs de *Tangu,* pour la mesme que celle-cy de Pegu, quoy qu'elles soient differentes & bien esloignées: Car celle cy vient de ce grand lac *Chiammay,* & passe à *Brema* ou *Brama,* traisnant

Caipoumo fleuue.

Erreur des Geographes modernes.

auec

du sieur Vincent le Blanc.

auec soy beaucoup d'or afiné qu'elle tire de diuerses mines dont le païs est remply. Elle arrouse encor le Royaume de *Prom*, où sont les belles villes de *Milintay, Calamba* & *Amirandon*, dont la Seigneurie va confiner à celle d'*Aua*; puis le Royaume de *Boldia*, que ceux de la haute Inde appellent *Siami*, où les peuples sont fort courtois, ce qui passe en prouerbe entr'eux, *Courtois comme Siamite!* ce *Siami* est vn grand Royaume qu'on appelle l'Empire du *Siammon*. Puis *Bermia* ou *Verma*, dont la capitale est *carpa*, qui confine du costé de *Taxatay* aux Royaumes de *Pandior* & *Muantay*. Le Roy de Pegu subiugua ce Royaume de *Berma* deux ans apres qu'il eust conquis celuy de *Sian*. Puis il y a ceux de *Vilet*, *Absiar*, & *Caypuma*, dont la capitale est *Canarane*, de qui nous parlerons cy-apres.

Siami ou Siammon.

Canarane.

Le Roy de Pegu a subiugué plusieurs autres païs par son *Talcada* ou Lieutenant, qui luy a assuietty toutes les Prouinces susdites de *Sian*, *Berma*, *Tauay*, *Manar*, & autres, iusqu'au Royaume de *Perpery*, *Tarnassari*, *Maragoura*, *Gueroalé*, *Lingoura*, *Nigrane* & *Ioncalan*, qui confine à *Malaca*. En gagnant *Sian*, il eut aussi *Ban*, *Ploan*, *Odiaa*, *Macaon*, & autres que le Roy de Sian auoit conquis.

Talcada.

Royaumes conquis par Pegu.

Ce Prince est curieux de se faire amener des bestes estranges & rares de tous costez du monde, qui abordent à diuers ports, comme à celuy de *Dagon* à deux iournées de Pegou, à *Martaban* qui en est à quatre, à *Gusan* à deux iournées de *Caponin*, où commence le grand golfe de *Sabaric* à l'embouchure du *Caypoumo*. Cette riuiere auec celle d'*Aua* & de *Sian* fait l'inondation comme le Nil, qui commence depuis la mi-May iusqu'à la mi-Aoust, ce qui rend ces païs tres fertiles. Elles traînent quantité d'or par filets & fort afiné, dont le Roy se sert pour l'enrichissement de ses Temples & de ses Idoles. Car l'or & l'argent, comme nous auons dit, n'est là que marchandise, & leur monnoye est d'airain, de plomb ou d'estain, qu'ils appellent *ganzé* ou *ganza*, & en fait qui veut, auec la permission du *Talcada*, qui est le General, ou du *Conbray*. Cette monnoye passe par tout le Royaume de *Tauay*, qui est le dernier de la Seigneu-

Inondation comme du Nil.

Or marchandises.

Y

rie de Pegu, au milieu de la Prouince de *Manar*, arrousée de cette grande riuiere de *Marsina* ou *Menan*.

Pegu & son air temperé. — Ce païs de Pegu est tellement temperé que la verdure y est toute l'année. Le peuple y est plustost blanc que noir & de belle taille, les femmes agreables, gentilles & proprement vestuës. Il y a force *hermaphrodites* comme à *Sumatra*.

Hermaphrodites.

Le païs porte du poivre, sendal, vif-argent, cinabre, girofles. Il s'y fait force camelots, tapisseries de plume, estoffes de soye, abondance de ris & de beste de chasse. Bref ils n'ont faute d'aucunes commoditez, sinon de bons cheuaux, que le Prince est fort curieux de recouurer de toutes parts, quittant ses droits aux marchands, pourueu qu'ils luy en ameinent.

Palais royal. — Le palais de ce Roy est à l'extremité de Pegu le neuf, ayant du costé du Nort vne plaisante colline qui le couure du vent. Il y a des vergers de toutes sortes d'harbres, & entr'autres de cinq sortes de palmiers, enfermez de murailles comme vn parc où l'on nourrit toutes sortes de bestes, qu'on peut voir par tout le reste du monde, le Prince estant soigneux d'en faire chercher par tout à quelque prix que ce soit, comme il se voit par les grandes guerres qu'il eut auec le Roy de *Sian*, pour l'elefant blanc, que ce Roy ne luy vouloit bailler pour le mettre en son *Calachar*, qui est ce grand parc. Ce fut *Aleagare* ou *Chaumigrem* Roy de Pegu, pere de celuy qui regnoit de mon temps, qui fit cette guerre auec vne armée d'vn million d'hommes bien aguerris, deux cens mil cheuaux, cinq mil elefans & trois mil chameaux. Il auoit cinquante mil cheuaux seulement pour auant coureurs. En fin il luy prit & ruïna sa principalle ville *Lagi* ou *Sian*, qu'on fait plus grand deux fois que Paris, & trois fois que Fez; Le siege dura vingt deux mois. Il y a de Pegu à Sian soixante cinq iournées de chameau. Il luy prit tous ses tresors, femmes & enfans, qu'il emmena en son païs auec l'elefant blanc. Ce pauure Roy s'estoit defendu iusqu'à l'extremité, & voyant tout perdu, se ietta du haut de son palais en bas, d'où il fut tiré en pieces. Il y eut vne de ses filles & quelques autres Princesses qui se firent

Vergers.

Guerre pour l'elefant blanc.

Lagi.

Desolation de Sian.

du sieur Vincent le Blanc. 171

mourir elles mesmes par le moyen d'vn fer rond dont ils vsent, & qui se serre en mettant la teste dedans, & le pied sur vn chesnon qui y pend, dont on est promptement estranglé : & si *Adigala*, l'vne de ses femmes, & les autres filles eussent eu le temps de ce faire, on ne les eut iamais emmenées en vie. On ne sauua qu'vne Princesse femme du fils du *Mogor*, qui prend le nom de Grand; car ce fils du *Mogor* suiuit l'armée du Roy de Pegu pour recouurer sa femme qu'on emmenoit prisonniere, & fit tant par ses prieres, s'estant ietté aux pieds de ce Prince, qu'il fut receu en grace, & eut permission de visiter sa femme & sa belle mere : & le Roy pour les consoler les alla visiter luy-mesme, leur representant le changement des choses du monde, tantost en bien, tantost en mal, & leur quittoit leur rançon, & les mit en pleine liberté, & ainsi les renuoya toutes auec de riches presens, faisant espouser à ce ieune Prince sa maistresse, car ils n'estoient que promis auparauant: puis il les fit accompagner par toutes ses terres en grand honneur & magnificence, & dés lors commença la grandeur de ce *Mogor* qui fut tributaire du Roy de Pegu, auquel il rompit depuis la foy qu'il luy auoit promise, s'estant rendu souuerain.

Mogor Roy suiet de celuy d'Aracan.

Voila le suiet qu'eut ce Roy de Pegu d'entreprendre cette grande guerre, qui causa tant de ruines & de desolations pour auoir seulement vn elefant blanc, qui est fatal & malheureux, comme le cheual de *Seian* à tous ceux qui le possedent, ayant desia cousté l'Estat & la vie à cinq ou six Rois, comme au dernier Roy de *Pegu*, à qui celuy d'*Aracan* l'a osté depuis par la trahison du Roy de *Tang* son beau frere. Pour l'elefant blanc, encores qu'il s'en trouue quelquefois, neantmoins ils sont si abestis, que mesmes ils l'adorent. A *Sian* on luy faisoit vne feste solennelle, où il y auoit de grandes magnificences, & cette feste se nommoit *Oniday pilau*, c'est à dire allegresse de gens de bien. Le Roy de *Pegu* en auoit quatre blancs pour son carrosse, il est vray que ie croy qu'en tout le reste de l'Orient on en eust pas trouué tant.

Elefant blāc adoré.

Y ij

Les voyages

Palais basty de pierres luisantes.

Le Palais de ce Prince, nommé par eux *Chalouf bem-ba*, est quarré en dôme, à chaque face il y a quatre geans en relief de marbre poly, qui comme des Atlats soustiennent ce grand bastiment, & font vne telle grimace, qu'il semble qu'ils se plaignent d'estre trop chargez. La pierre dont ce palais est basty ressemble à des miroirs, car on voit dedans toute la forest prochaine, & les iardins. Il y a de grands fossez à l'entour, & on passe par vn pont-leuis dans vne porte d'vne excessiue hauteur, où sont les figures d'vn geant & de sa femme d'vne piece chacun, & d'vn marbre meslé : le paué est de mesme, si poly qu'il represente comme dans vne mer tout ce grand edifice. L'or & l'azur n'y est point espargné, & on y voit en relief toutes les guerres & batailles que ces Rois ont données à leurs ennemis. On descend de là par quelques degrez de marbre dans vne cour plus basse enuironnée de balustres, où il y a vne fontaine fort belle, dont l'eau se porte en des iardins par diuers canaux, & ces iardins sont fermez d'vne bonne muraille, qui a vne lieuë & demie de long, où il y a quantité d'arbres d'vne merueilleuse hauteur, qui font vn ombrage tres agreable. A vn des bouts de ce iardin vers le Couchant passe la grande riuiere de *Caypoumo*, & de l'autre costé il y a vne grande allée, d'où l'on voit de larges prairies pour le pasturage des bestes qui sont en grand nombre à l'ombre de ces arbres, qui portent vne grande quantité de fruits de toutes sortes. L'on y voit pareillement force singes, des paons sauuages & domestiques, des perroquets, perdrix blanches, & autres sortes d'oyseaux. Il y a d'autres iardins & palais proches, bastis tout de marbre & de porphire de diuerses couleurs, auec vn lac qui a demie lieuë de tour. L'vn de ces palais est pour le logement de la Reyne & de sa cour, qui a quelque ressemblance auec l'Escurial, laquelle se va rendre à vn autre parc de bestes exquises & rares, comme l'*Agouari* qui porte le musc, la ciuete, la girafe, le *sindero* (qui est comme vn cerf, tels qu'on en voit en Suede, & duquel on se sert comme de cheuaux, & on les nomme *Arsinga*: ce sont les Rangiferes de Samuetenland en Mosco-

Geants.

Caypoumo.

Agouari beste de musc.

Sindero.

du sieur Vincent le Blanc. 173

uie) l'*abada* ou rinocerot. Il s'y voit mesme vne licorne qu'ils appellent *Drougala*, & la teste d'vne autre auec la corne au milieu du front, enchassée sur le reply d'vne fontaine & plusieurs autres choses rares & curieuses. Dans le grand iardin de la Sultane, il y a vne volerie où i'ay veu de ces oyseaux que nous appellons de Paradis, les Portugais les nomment *Saxaror del sol*, & les Indiens *Manucodiata* : la pluspart de nos Europiens les croyent estre sans pieds, comme on nous les apporte auec quelques nerfs & filets seulement, mais il est tres-certain que c'est vn abus, & que veritablement ils ont des pieds dont ils se seruent à cheminer & se reposer comme les autres : on dit aussi qu'ils ne descendent iamais en terre, & qu'ils font leur nid & leurs petits sur le dos du masle ; mais il est aysé de reconnoistre à ceux mesme qu'on apporte par deçà, qu'ils leur coupent les pieds fort dextrement pour les faire trouuer plus rares. I'en ay veu vn viuant à Goa qu'vn Portugais nourrissoit de fleurs les plus delicates, disant que cet oyseau aymoit fort cela, & sur tout la fleur du *Calansour* ou girofle. Dans ces iardins on y voit encores des animaux de *besouart*, & des pourceaux qui portent aussi, à ce qu'ils disent, les mesmes pierres.

Dans cette voliere il y a d'autres oyseaux d'estrange forme, vn qui a le bec fort long & pointu & est oyseau de rapine, viuant de chair, ils l'appellent *Tanarif*. Il y en a vn autre appellé *Tiscan*, blanc par tout le corps, & qui a dessous le ventre vne bande de plumage tirant sur la rose seiche : son bec est fort & puissant comme d'vn aigle, mais plus gros, noir & si fort qu'il rompt vn os de mouton ; ie croy que c'est celuy qu'on appelle *grifon*, bien qu'il n'ait que deux pieds : car pour ceux de quatre qu'on nous figure, ie n'ay pas ouy dire qu'il s'en trouue en aucun pais où i'ay esté. Cet oyseau est ennemy mortel du *Tanarif*, de sorte qu'ils sont contraints de les mettre à part. On y apporte beaucoup d'autres sortes d'oyseaux estranges qui viennent des *Moluques*, *Maldiues*, *Iauo*, *Sumatra*, & autres Isles de la mer Indique. Il y a des austruches qu'ils appellent *Zanzir*, du nom de l'Isle d'où on les apporte, d'vne prodigieuse gran-

Licorne.
Oyseau de Paradis.
Oyseaux de Paradis auec pieds.
Besouari.
Oyseaux estranges.
Tanarif.
Grifon.
Zanzir.

Y iij

deur. L'on void dans le lac du palais de la Sultane toutes sortes d'oyseaux aquatiques, & de couleurs si differentes que c'est chose émerueillable : ils se nourrissent de poisson & d'vn limon qui se fait là dedans, qu'ils trouuent si sauoureux, qu'en ayans vne fois gousté, ils n'en partent iamais, & multiplient fort. Il y a des connils comme de gros rats sans queuë, qui vont mangeans à l'entour de ce lac sous ces grands ombrages, & se plaisent fort à ronger de ce bitume ou limon. On y voit aussi de petits singes dont le poil est plus fin & delié que de la soye, violets & beaux par excellence. Il y auoit dans ce lac vn crocodile qui y auoit esté amené de la riuiere de *Pegou*, mais pource qu'il faisoit vn grand degast de tous ces oyseaux & animaux le Roy commanda qu'il fut tué. Aussi tost on amena trois *Panguins* qui sont comme *Almadies* couuertes, & on eut bien de la peine à le prendre, apres l'auoir blessé en plusieurs endroits au dessous du ventre. Nous nous rencontrâmes à sa prise plus d'vn mois apres le commandement du Roy, lequel faisoit de grands souspirs en mourant. Il fut escorché & la chair departie entre les courtisans, qui rendoit vne odeur aussi suaue comme si c'eust esté du musc. Cela donna suiet à vn de nos compagnons de dire que l'ambre gris asseurement prouenoit de cet animal, & qu'il l'auoit ouy de quelques Portugais. Mais pour moy ie ne suis pas de cette opinion, dautant qu'aux isles où se trouue l'ambre gris, blanc & noir, on n'a iamais veu de crocodiles : & selon ce que i'ay appris en mes voyages, il y a plus d'apparence qu'il s'engendre au fonds de la mer, comme ont remarqué quelques insulaires qui l'ont cueilly & ramassé, comme vn bitume ou poix qui s'espaissit. Ie croiray encor moins que ce soit la baleine qui porte cette liqueur, car ayant veu prendre & aydé moy mesme souuent à prendre des baleines, nous auons fait fouiller curieusement par toutes les entrailles d'icelles sans iamais y auoir trouué rien qui en approchast, & vn Portugais, nommé *Dom Iaime*, nous disoit qu'il en auoit veu prendre grand nombre à *Malaca* & *Tacola*, où il en fut pris cinq en deux ans d'vne grandeur demesurée qu'il auoit

Crocodille tué.

Ambre gris d'où.

du sieur Vincent le Blanc.

fait aussi visiter soigneusement, sans que l'on y eut trouué aucune apparence de cela.

Pres de ce Palais il y a vn autre parc remply de bestes, & d'oyseaux domestiques, comme francolins, paons, galispans ou coqs d'Inde, qui sont leurs poules ordinaires pour le seruice du Palais, auec des ieunes esclaues pour les gouuerner, & pour recueillir les œufs que ces oyseaux font. Il y a aussi force perdrix blanches, rouges & grises, ausquelles on donne à manger vne fois le iour d'vne petite graine faite comme le mil, mais fort noire, qu'ils appellent *Nauer*. Gallipauos. Parcs de bestes. Nauer.

Il y a le parc des lyons, & celuy des tygres, dits *Sipavo*, & d'autres pour d'autres animaux; mais c'est vne pitié de voir là tous les iours quelques paures miserables criminels condamnez à estre tuez par les elefans, & deuorez par les lyons & tygres. On y fonda vne Eglise à cause d'vn miracle arriué à vn Chrestien l'an 1572. qui ayant esté exposé aux lyons, puis aux elefans, & enfin aux tygres comme les plus cruels, en sortit tousiours sain & sauf, ces bestes ne luy ayans voulu toucher, dont il fut deliuré, & le Roy luy donna pension: estant enquis qui il estoit, il repondit qu'il estoit vn paure pelerin Chrestien, venu de France pour visiter le sainct Sepulchre en Ierusalem, & que depuis il auoit passé auec la carauane iusqu'au mont de Sinay en Arabie, & de là auoit eu deuotion de venir en la ville de *Saintomé* pour visiter le sepulchre de ce Sainct, & que là on luy dit qu'il falloit aller à *Cranganor*, où cet Apostre fut martyrisé: qu'en suite de cela il auoit eu la curiosité de venir voir la Cour de ce grand Monarque, dont on parloit par toute l'Inde, mais que voulant passer la riuiere de Pegou, on ne l'auoit voulu laisser passer sans argent, dont estant mal garny, il s'estoit ietté en l'eau pour la trauerser à nage, sur quoy ayant esté pris on l'auoit ainsi condamné aux bestes. Apres ce beau miracle, il y eut quelque Iesuite François à Santomé, qui en ayant eu auis, impetra du Roy de Pegu d'y bastir vne Eglise en memoire de cela. Ces Peres sont là vn grand fruict pour les conuersions. Siparo. Miracle d'vn François exposé aux bestes & garanty.

Viviers.

Tortuës.

Il y a semblablement dans ces parcs des viviers d'eau claire où l'on nourrit des tortuës de moyenne grandeur, & de couleurs tanées, noire & rouge dans vne mesme escaille, il ne s'en voit point ailleurs de si belles. Ils en font la pluspart de leurs vstensiles, & en marquetent les coffres, cabinets, & autres meubles, le tout fort delicatement, car ils les font polir & mettre en œuure sur la rouë des rubis & diamans, de sorte qu'ils les rendent transparentes, qui est vne chose belle & curieuse à voir, & dont on feroit beaucoup de cas par deçà, mais qui se voudroit hazarder d'en prendre pour en apporter en ces quartiers, il iroit de la vie.

Esté en Ianuier sur la fin.

Ce Prince prend vn grand plaisir tous les mois de Ianuier quand leur Esté s'approche (car à Pegu & en tous ces païs vers le Tropique & sous la Zone Torride, leur hyuer est ez mois de May, Iuin, Iuillet, &c. à cause des pluyes ordinaires de ce temps, qui leur seruent d'hyuer, & leur esté commence en Automne, & leur dure tous les mois de nostre hyuer par vne raison contraire, & le mesme se trouue en la *Cochinchine*, où ils ont trois mois d'hyuer & neuf d'esté) de visiter ces tortuës qu'ils appellent *elisar*, & fait tirer hors du viuier celles qui sont les plus hautes en couleur, ayant des hommes propres à cela, qui leur tirent l'escaille si douce-

Escailles ostees aux tortuës, viues.

ment que pour cela elles n'en meurent point, & dans trois ans elles sont aussi belles que iamais, & durent ainsi quinze ou vingt ans, puis estans vieilles elles deuiennent toutes rouges, & encores se seruent ils deux & trois fois de leurs coquilles estans tousiours belles. Quand le Roy en veut manger de quelqu'vne, qui est vn morceau fort delicat, on luy coupe la teste, & cinq iours apres on la luy apreste, & nonobstant cela elle demeure encore en vie, comme nous auons souuent experimenté. Dans ces viuiers il y a encor vn certain animal marin dont on se sert aussi pour couurir diuerses sortes de meubles & vstenciles, auec la peau qui est grise argentée : cet animal multiplie fort dans les eaux. On l'appelle *Asousa*, presque semblable à nostre veau marin, & de la grosseur d'vn petit mulet, qui est fort estimé parmy eux. Ils en ont d'vne autre sorte dont ils

Asousa.

du sieur Vincent le Blanc.

Ils se seruent pour faire des casaques & rondaches, qui sont si fortes qu'il n'y a fer qui le puisse entamer. Les quatre elefans blancs du Roy en sont armez, & luy mesme en porte vne armure, mais couuerte de quelque estoffe de soye legere. Ces elefans sont d'vne force prodigieuse, & le Roy se plaist de se faire traisner par eux sur vn *Telanzin*, qui est vne forme de littiere couuerte à quatre rouës. Ie le vis vn iour qu'il fit appeller son *Nangis*, qui est son maistre carossier pour luy faire venir son *Telanzin*, voulant aller à la promenade : & comme il auoit auprès de soy deux de ses elefans qu'il faisoit voir au Prince de *Souac*, & les loüoit d'estre des plus forts & puissans du monde, il y en eut vn d'eux qui partit aussi-tost de la main, & alla prendre cette littiere, auec tout son attirail & rouages, & la porta deuant le Roy auec ses dents, & la posa tout bellement à terre, comme si c'eust esté vne chose de peu de poids ; & toutesfois tout cela pesoit bien cinquante quintaux. Cette action pleut tant au Roy qu'il commanda dés lors qu'auec sa portion ordinaire, on luy donnast tous les iours dix liures de succres de plus. Car le principal manger de cet animal est du ris cuit auec du laict mis en pelotes, dont vn chacun à cinquante liures pour sa portion. On les laisse apres aller par la campagne, où ils se plaisent fort à se repaistre de fueilles de cicomore & autres arbres qui leur sont agreables. Ils se plaisent aussi à demeurer à la fraischeur & à se baigner dans les viuiers, car ils sont suiets au flux de sang, & la chaleur leur est grandement contraire. Quand l'eau n'est pas capable de les couurir tous ils se couchent dedans, & s'y veautrent à plaisir. Leur honnesteté & discretion est telle qu'ils n'habitent iamais auec les femelles en la presence des personnes. On tient qu'ils portent deux ans, & en viuent deux cents. C'est vn animal fort estimé par tous les Princes d'Orient, pour le grand seruice qu'ils en tirent. Il s'en prend par tout l'Empire de Pegu, comme au delà de la riuiere de *Sauara*, à *Bremu*, *Aua*, *Bengala*, & *Malaca*. Le Roy de Pegu à cause de tant d'elefans qu'il a, est surnommé *Quiberseucan Jasel*, c'est à dire, le grand Monarque des Ele-

Elefans blancs.
Telanzin.

Souac.

Esprit des Elefans.

Portion des elefans.

Honnesteté des elephás.

Sauara.

Z

fans. Dans les forests de palmiers proches de la nouuelle Pegu, ils dreſſent leurs pieges pour y attraper ces animaux : c'eſt vne choſe aſſez plaiſante à voir, quand vne femelle ameine vn elefant ſauuage par les grandes ruës, car comme il ſe voit enfermé il ſe lamente & iette des cris & hurlemens eſpouuentables, & par fois veut donner de furie contre des pilotis qui ſouſtiennent les maiſons, & s'y rõpt les dents : puis apres qu'il s'eſt bien tourmenté & qu'il ſe ſent tout en eau, & que l'eau qu'il a dans le ventre le bruſle, il ſe met ſa trompe dans la bouche & ſe tire toute cette eau qui eſt fort puante, & fume comme l'eau d'vne chaudiere boüillante : puis on le contraint auec de longues pointes & aiguillons de ſe mettre dans le cachot, ou on luy lie les iambes, & dans cinq ou ſix iours il eſt appriuoiſé auec la femelle qui eſt domeſtique. Apres cela on les loge dans de beaux lieux, comme maiſons de Princes, toutes peintes de beaux feuillages, & on les fait manger dans des vaiſſelles d'argent. Le Roy fait eſtat de ces beſtes comme du plus fort de ſes armees. Ils ſont tous richement parez, & mangent volontiers du pain. On les nourrit de diuers grains cuits, comme d'orge, ris, lupins, maïs, & autres ſortes. Ils ayment fort les fruits, mais non pas la chair ny le poiſſon.

Elephans comment pris & appriuoiſez.

Ce Roy prend vn grand plaiſir vne fois le mois de voir ſes elefans en bataille, richement enharnachez comme ils vont par les ruës de dix en dix. Le Capitaine marche le premier auec vne armure de peau de crocodille couuerte d'vn drap d'or frizé auec ſon chanfrin de meſme, & celuy qui le monte veſtu de drap d'or à fonds verd, auec la lance où pend vne peau de liõ. A la teſte de ce Capitaine marche vne douzaine de femmes Negres ieunes, endoſſees de ces Indiennes de diuerſes couleurs, auec des tambours gentiment peints, & vont danſant deuant cet elefant pour luy donner plaiſir, faiſans pluſieurs mines & geſtes aſſez bouffons & gais, & ayans le viſage peint de rouge violet. Quand les elefans marchent en bataille ils ne portent que leur couuerture de peaux & vn fauſſart d'acier en la trompe, mais en leurs feſtes ils ſont richement parez. Derriere ce

Elephans comme traittez & apprvoilez.

Capitaine suit vn escadron de mil elefans tous en ordonnance, puis le trosne du Roy auec ses enfans dessus, haut esleué en forme de *baldaquin* ou daiz, traisné par les elefans blancs si renommez, & suiuy de quelques Gentils-hommes montez sur d'autres auec des cordes de soye pour les tenir. Tout cela accompagné de flutes, trompettes, hautbois & autres instrumens, au son desquels ils dansent, à quoy il semble que ces animaux prennent grand plaisir. Aussi les voit-on marcher auec vne certaine grauité, comme s'ils estoient raisonnables. Ie me souuiens que durant cette ceremonie il y eut vn faquin, qui sans y penser trauersa la ruë au deuant du trosne Royal, ces bestes s'arresterent aussi tost, ne voulans passer outre, auant que ce miserable leur fut amené, qui n'attendoit rien que la mort d'vn coup de trompe; lors ces elefans se regardans l'vn l'autre, ne le daignerent toucher, & l'vn de ceux qui les montoient descendant en bas fit coucher en terre ce faquin, & luy ayant donné quelques coups auec ces cordes de soye, leur gouuerneur leur dit en les caressant, Vous auez fait vn acte digne de vous; & lors ces animaux comme satisfaits continuerent leur chemi. Ie vis vn de ces elefans fort gros & puissant presenté au Roy de Pegu par celuy de Sian son tributaire, qu'il luy auoit enuoyé pour sa sagesse & bon esprit. Si tost qu'il fut arriué le Roy commanda qu'on luy donnast à manger pour voir sa procedure, car les bien appris mangent auec modestie; mais le maistre qui l'auoit amené, dit au Roy qu'il se passeroit bien de manger, & qu'il suffisoit de luy faire donner à boire : alors celuy qui eut la charge de luy en porter & qui gouuernoit les autres, soit par mespris ou pour esprouuer la capacité de la beste, luy apporta de l'eau dans vn vaisseau sale; l'elefant le regarda d'vn œil dedaigneux, & mettant sa trompe dans sa bouche, tira de son corps vne eau chaude & puante dont il couurit tout ce maistre, qui luy ayant donné de son baston sur la teste, l'elefant le tua de sa trompe. Le Roy admira sa prudence, & luy fit apporter à boire dans vn vase d'argent fort net, & mesme luy fit achepter vn harnois fort riche &

Magnanimité des elephans.

Elephant, & sa prudence.

180　　　*Les Voyages*

magnifique. On les fait aussi quelquefois manger dans de la vaisselle d'or, comme leur logement est beau & peint d'or & d'azur. Quand on les sert c'est auec vn grand respect, car si on les offensoit & faschoit tant soit peu, ils tueroient vn homme d'vn seul coup de trompe. Ils entendent & comprennent fort bien tout ce qu'on leur dit.

Continuation du Pegu : De son gouuernement
& police. Des superstitions & Magiciens.

CHAPITRE XXVIII.

Obeïssance au Roy de Pegu.

V reste, l'obeïssance enuers le Prince est si grande en tout ce grand Empire de Pegu, que bien qu'il soit remply de peuples innombrables, ils sont toutesfois tous si attachez à son seruice, qu'au moindre commandement qui leur est fait de sa part, ils sont prompts à l'executer quel qu'il soit, disans que seruir au Prince c'est seruir à Dieu; & pource ils n'vsent d'aucunes prieres pour ceux qui sont morts au seruice du Prince, car ils les estiment saincts deuant leur *Dume*, & se tiennent heureux de voir leurs amis & compagnons mourir à la guerre pour le Roy, comme asseurez d'auoir autant d'amis qui prient & implorent grace pour eux dans l'autre monde. Quand le Roy veut assembler vne armée, il fait enregistrer tous ceux qui en doiuent estre selon leurs noms, lieux & qualitez; aussi-tost que les *Calfenes*, gens deputez à cela, sont partis pour aller par tout son Estat, montez sur des *Mancabal* ou dromadaires, auec vn flambeau ardent en la main, composé de cire & de certain bitume qui ne se peut esteindre qu'auec de l'huile, changeans de monture par toutes les postes qui sont obligées à leur en tenir pour le seruice du Prince; aussi-tost, dis-ie, que ce peuple est ainsi aduerty de la volonté du Roy, ils se resoluent à laisser païs,

Armées cōment assemblées.

femmes & enfans pour l'aller feruir, y ayant par toutes les *Employ d'vn* villes & villages des treforiers pour payer les penfions & *chacun.* appointemens que le Roy leur donne ; & chacun, pour pauure qu'il foit, eft affeuré de fa vie en feruant le Roy, ce qui s'adminiftre auec vne grande equité & fidelité. Les Gou- *Gouuerneurs* uerneurs des places ont cette charge, qui fe change de *triennaux.* trois en trois ans, chacun au lieu de fa naiffance, & qui font efleuz par la volonté du Roy, & par le confentement de tout le peuple. Ils s'y comportent auec vne grande integrité & difcretion, ayans foin que les deniers royaux foient diftribuez à ceux qui font feruice, & mefme à leurs femmes & enfans, qu'ils employent à des occupations honorables pour le feruice du Prince, chacun felon fa qualité & les occafions diuerfes d'employ, y ayant plufieurs ateliers publics & plufieurs fabriques pour cela, où le tiers du peuple eft ordinairement occupé, comme font des mines, moulins à papier, manufactures de foye, engins à fuccres, & autres meftiers & ouurages qui font pour le Roy. Et fi quelque foldat au retour de la guerre fe venoit plaindre au Roy que ce General n'auroit fait deftribuer à fa famille ce qui luy auroit efté ordonné, l'autre feroit auffi-toft *Punition de* mãdé, puis mis à terre couché tout de fon long fur vne table, *Officiers.* où quelqu'vn des courtifans, par le commandement du Roy, prend vn bafton auquel font attachez trois cordons & vne boule à chaque bout faite de ciment, qui commence à frapper la terre fans le toucher : puis le Roy luy demande *Zimbou.* pourquoy il n'a donné le *Zimbou* ou portion à la famille de ce foldat, & il faut qu'il die la verité : que s'il apporte quelque excufe raifonnable il n'a pas tant de coups, mais au moins *Ainfi en Per-* il en a trois. Celuy qui a charge de frapper, frappe tou- *fe les Sei-* fiours en terre, tant que le Roy luy commande de donner à *gneurs* bon efcient : apres cela l'autre s'eftant releué, affifté des *eftoient pu-* principaux de fes amis, fait la reuerence au Roy, le re- *habillemens* merciant à genoux de la grace qu'il luy a faire, de ne l'a- *qu'on fouet-* uoir fait defpoüiller, & luy auoir fait vne legere admoni- *toit au lieu* tion ; & lors le Roy le fait conuier à difner ou fouper par *d'eux.* quelque Seigneur, & par fois luy mefme le conuie, fans que cela luy tourne iamais à aucune tache d'infamie. Et comme à son arriuée vn trompette sonne pour en auertir le Roy, à son depart il sonne deux fois, & on crie tout haut que le General & Gouuerneur d'vn tel lieu se dispose pour partir, & lors se mettant à genoux il baise la terre auprès du Roy, qui l'embrasse & luy donne quelque colier ou chaisne d'or & de pierrerie, & le renuoye ainsi aussi content que s'il auoit gaigné vn Royaume : car tout cela leur est honneur.

Obeïssance merueilleuse.

En ces païs là les procez se vuident bien tost, car si quelqu'vn a different auec son voisin, le premier *Danubir* à qui il s'addresse en est le mediateur, qui les accorde sur le champ. Ces *Danubirs* ce sont comme *Bramenis* & gens des plus qualifiez. Le Roy se plaist de se soir en son lict de Iustice vne fois la semaine pour les differens les plus importans, auec vn de ses Naires ou Gentils hommes, qui luy tient vn vase d'or pour cracher : car ils n'ont coustume de cracher que dans vn mouchoir, estant chose honteuse de cracher en terre en presence du Roy, & mesme dans son Palais, chacun sortant dehors pour le faire au descouuert : & si quelqu'vn se hazardoit d'y cracher, le Roy mesme n'y estant point, il seroit bien estrillé.

Procez comme vuidez.

Danubir.

Cracher en terre, non.

La coustume du Roy à son leuer, est de prendre de l'*Areca* & du *Betel*, qu'vne de ses femmes luy donne : puis vne autre de ses fauorites auant que luy bailler sa tunique l'oint d'vn certain baume d'odeur excellente, qui conserue la santé. L'*areca* & *betel* est bon pour les dents, & qui en vse n'y a iamais mal : aussi cela est il commun par toute l'Inde, Perse, Chine, Ethiopie, Tartarie & isles d'Orient. Celuy de Pegu & d'Ethiopie rend les dents noires, & ailleurs rouges, comme aussi la saliue.

Areca, betel, à quoy.

La plus part de ces nations mangent à terre, se seruans de fueilles d'arbre pour nappes, & ne s'en seruent qu'vne seule fois. Ils mangent en des plats de bois exquis & peints en diuerses sortes ; d'autres dans de la pourcelaine de la Chine, dont il s'en fait de si excellente qu'elle se brise au poison, ainsi que fait le bois d'*Auate*.

du sieur Vincent le Blanc. 183

Quand le Roy sort de son tribunal, il y a vn marchand à costé de luy, qui luy porte d'vne exquise boisson, puis il est enuironné de quelque cent *Naires* tous grands Seigneurs, armez d'vne espée courte à leur costé pendante à vne escharpe d'or garnie de pierreries, presque toutes de presents que le Roy leur a fait. On trauaille là en orfeurerie aussi bien qu'à la Chine, & aux autres parts d'Orient. Tous les Gentils-hommes de sa garde sont armez d'arcs de fer doré & esmaillez gentimēt, fort adroits à tirer, & s'y exercent de ieunesse, comme à tirer du cercle d'acier, qui est vne arme fort dangereuse, & coupant comme vn razoir. La garde de ces cent Seigneurs porte outre l'espée, le carquois plein de flesches dorées, auec vne canne merueilleusement forte & qui ne se rompt iamais, garnie d'vne belle langue d'or azurée par les deux bouts en forme d'vne petite pertuisanne. Ils marchent tous en bel ordre, vn Seigneur portant deuant le Roy son espée & sa rondache faite d'escailles de tortuës, enrichie de diamans & rubis si éclatans qu'ils semblent autant de soleils. Le Roy porte sur la teste vn thiarre auec des pierreries fort grosses & reluisantes comme charbons ardans : à son costé il y a vn autre Seigneur qui porte vn grand & riche parasol, & deuant marchent deux boufons pour donner plaisir au Roy, faisans mille traits ridicules, & disputans entr'eux cōme s'ils se vouloient entretuer, & faisans par fois arrester toutes les gardes. Le Roy prend vn tres-grand plaisir à telles feintes & galanteries, & ne laisse pas de commander à quelqu'vn des Seigneurs de les accorder, ce qu'ils font auec beaucoup de ceremonies, & enfin le tout se tourne en risée. Il y eut vn de ses principaux boufons, fort entendu en diuerses langues, qui frequentoit le Pere Ioseph Iesuite Xainctongeois, lequel luy remonstra si bien son deuoir, qu'il eust volonté de se faire Chrestien, dont le Pere en auertit le Roy qui y consentit librement ; si bien qu'il fut baptisé, & les Peres le retindrent quelque temps dans leur Eglise, cependant sa femme qui n'en vouloit pas faire autant assembla toutes ses parentes pour faire les funerailles de son mary comme s'il eust esté mort, luy preparans vn tombeau, où

Armes des Peguans.

Roy, comme marche.

Boufon conuerty.

Pere Ioseph.

Superstitions des morts.

elles allerent faire leurs lamentations, auec mille superstitions, menans des femmes pour pleurer, & faisans vne belle ramée sur la tombe, là où tous les parens disnerent pour dire le dernier à Dieu au deffunct viuant. Cette ceremonie se fait afin que la femme d'vn nouueau Chrestien se puisse remarier, car autrement on présuposeroit qu'elle auroit consenty au Christianisme de son mary. Ce nouueau conuerty fut appellé Iacques, & vint quarante iours apres son baptesme faire la reuerence au Roy, qui le caressa fort, & luy demanda s'il vouloit continuer d'exercer la charge qu'il auoit auparauant, & que sa pension courroit tousiours cependant: mais il luy respondit; Sire, Ie vous seruois en la place d'vn mort, mais quand il vous plaira ie vous seruiray comme viuant; de là se retirant auec les Peres Iesuites, il demeura plus de deux mois sans se laisser voir à personne, durant quoy sa femme se remaria à vn autre de moindre qualité. L'on nous dit qu'elle auoit desiré retourner auec ce premier mary & se faire Chrestienne, ayant esté gaignée par vn Portugais; mais son mary persuadé par les Peres † n'y voulut pas consentir, sçachant qu'il ne pouuoit pas beaucoup profiter; de sorte qu'elle se remaria auec vn cordier: car ils ont vn grand vsage des cordes de petits roseaux & cannes qu'ils fendent en quatre, outre les cordages qu'ils font pour des vaisseaux grands & petits. Pour les plus grosses & robustes de ces cannes, ils en font des *azagayes* & piques pour gens de cheual à la Moresque, & des plus fortes ils en font des barres pour les *Camalous* ou portefais, car elles ne rompent iamais, & des autres plus grosses encor ils en font des seaux, barils, & demi tonneaux pour mettre leur boisson, ou aller querir de l'eau, y en ayant d'vne grosseur demesurée.

En ce pais, comme quasi par tout le reste des Indes, ils ont en grand honneur l'Image de la saincte Vierge & la memoire de S. Thomas, que leurs traditions portent auoir fait de grands miracles en ces pais, comme quand il resuscita le frere d'vn Roy de *Cranganor*, qui pour cela se fit Chrestien, & bastit pour l'amour de luy, à ce qu'ils disent, vne belle

*Cela semble contre le precepte de S. Paul 1. Cor. 7.

Cannes fort grosses.

Memoire de S. Thomas à Pegu.

du sieur Vincent le Blanc. 185

belle Eglise sur la pointe d'vn petit costeau sur la mer, qu'il fonda de bons reuenus, qui y sont encores, mais mal deseruie. Que ce Roy de *Cranganor* auoit vn autre frere, nommé *Abanacharin*, & que le Roy de Pegu enuoya prier Sainct Thomas de le venir visiter, promettant de se faire Chrestien pourueu qu'il pût retenir toutes ses femmes, dont, disoit il, il ne se pouuoit bien passer ; mais que le Sainct contredit du tout à cela, & fit tant par ses prieres, que ce Roy en vne vision qu'il eut, ressentit vn grand allegement de sa concupiscence : car il luy sembloit auoir veu trois vertus celestes qui le plongeoient par trois fois dans l'estang de son palais pour le nettoyer de toute ordure & sensualités, que de là il auoit esté esleué aux cieux, où il auoit veu la gloire celeste, & eut connoissance de son salut : si bien qu'il fut baptisé par Sainct Thomas, & par ses prieres impetra la grace que son tombeau, fait de marbre transparent, fut tousiours remply de cette eau dont il auoit esté purifié, mais que peu apres ce bon Roy deceda, ayant esté blessé en vne bataille au secours d'vn sien frere contre le Roy *Singiscan*, sur certaine querelle du Roy de *Turesguen*. Les *Bramins* qui possedent l'Eglise où est ce tombeau, disent que son corps est encor tout couuert d'eau, qui se voit par la transparence du marbre à la clarté de trois lampes qui y sont, & que ce tombeau est releué de terre plus de quatre toises. Voilà ce qu'ils en content. Et ie me souuiens à ce propos d'auoir veu à Arles en la Chapelle de *Roland* dans l'Eglise Sainct Honoré des Peres Minimes, vne ancienne sepulture de marbre pleine d'eau, qui croist & diminuë selon la Lune, à ce qu'ils disent : & quelque chaleur & secheresse qu'il fasse, on voit tousiours cette tombe remplie d'eau au plein de la Lune. On en conte autant d'vne autre en l'Eglise de Sainct Seurin aux faux bourgs de Bordeaux : Vn Seigneur Allemand visitant cette merueille m'asseura qu'en Austriche se trouuoit vne semblable chose. Comme à Verone en l'Eglise de Sainct Zeno se voit aussi vne sepulture de Pepin Roy d'Italie, fils de Charlemagne, pleine d'eau. On voit beaucoup de choses naturelles croistre & diminuer ainsi

Aa

selon le cours de cet Astre, comme entr'autres le flux & reflux de la mer, & plusieurs pierres, plantes & animaux.

S. Thomas où martirisé.

Oisima.

Pour ce qui est de Sainct Thomas, ils tiennent comme nous auons dit ailleurs, qu'il fut martirisé à Cranganor, & que ce fut par vn chasseur, comme il faisoit son oraison au grand *Oisima* à trois testes, & que ce fut d'vn coup de flesche pensant tirer à vne beste sauuage. Ils en content beaucoup d'autres choses qu'ils ont par tradition, & qui tiennent vn peu de la fable, veu le peu de tesmoignages que les anciens nous ont laissez de la memoire de ce Sainct, dont l'histoire Ecclesiastique dit que le corps fut apporté de *Meliapur* ou *Calamine* à *Edesse*, & de là à *Ortone* en la Pouille.

Nestoriens d'Inde.

Les Chrestiens, dits de Sainct Thomas, qui estoient aux Indes, & qui se disent instruits de pere en fils par ce Sainct, sont entachez de l'erreur de *Nestorius*, & de beaucoup d'autres encor, à cause qu'ils ne reçoiuent instruction que des Syriens heretiques.

Magiciens à Pegu.

Au reste ces Rois Indiens sont fort addonnez aux Magiciens, & celuy de Pegu en entretenoit vn d'ordinaire en sa cour, pour luy predire ce qu'il desiroit sçauoir : on l'appelloit le *Bongi* ou *Benze* (qui est le nom de leurs Prestres) fort sale & vilain, addonné à toutes sortes de vices & abominations, bien que le Roy ne laissast pas de l'aimer. Il portoit tousiours en la main vn faussard d'acier bien trenchant comme vn cimeterre à la Turque, vn peu plus courbé ; son habillement estoit de deux peaux de guenon, l'vne deuant, & l'autre derriere, tout couuert de sonnettes, dont ie pense qu'il portoit le poids de plus de cinquante liures : ce qui faisoit vn estrange tintamarre. Vn iour que le Roy estoit sur son *Palanquin* il vit vne de ses Dames des plus fauorites à vne fenestre du palais, & eut desir de la faire venir pour se promener auec elle sur le lac dans vne *almadie* ou *gondole*, couuerte & parée richement : mais comme ils furent tous

Tempeste.

deux là dedans il s'esleua subitement vne horrible bourrasque du costé de l'Occident, qui troubla entierement l'air, auparauant clair & serain : Lors le Roy appella le *Bongi*, luy disant qu'il priast le *Duma* de vouloir rasserener l'air à

du sieur Vincent le Blanc. 187

l'instant ce maistre sorcier fit vn creux en terre, dans lequel il vrina, puis ayant fait d'estranges coniurations, il sortit de terre vn grand nombre de demons, qui firent vn tel bruit & tintamarre, que cela escarta toutes ces nuées & bourrasques ; & le Roy cependant regaigna son palais à grand haste, ne se fiant point tant à son *Duma*, pour la crainte qu'il auoit d'estre submergé. Surquoy l'enchanteur plein d'allegresse & de vanité, menaçoit auec son cimeterre les tourbillons & la tempeste, sautant de toute sa force auec vn merueilleux bruit de ses clochettes : puis comme insensé se prit à courir vers le Palais du Roy, & à sauter deuant la porte de telle sorte qu'il effaroucha & fit fuir tous les oyseaux & bestes domestiques du parc du Roy. Ce fut ce mesme Magicien duquel i'ay conté ailleurs parlant des Maldiues, qui promit à ce Roy de luy amener les plus beaux oyseaux & bestes sauuages de l'Isle de *Palois*, deserte & frequentee des demons seulement, & où il fut si bien battu, & nonobstant tous ses charmes, en retourna presque demimort & auec sa courte honte. *Charmes contre la tempeste.*

Le grand Cham de Tartarie tient aussi pres de soy de ces sortes de Prestres Magiciens, ausquels il defere beaucoup, mais nous en parlerons ailleurs.

Au reste, comme par toute l'Arabie ils obeissent au *Sequy* pour le spirituel, ainsi font ils au Royaume de Pegu à leur *Abedale*, qui est d'vne secte appellée *Abedali*, dont il y en a en *Malabar*. C'est vne espece de Santons ou Hermites, qu'autrement on nomme *ogires*, & les Mahomettans *Marabouts*. Ce sont gens qui font voeu de pauureté, & qui n'ont rien de propre, viuans fort austerement, & ne mangeans chose aucune qui ait eu vie comme les Guzerates. Ils ne demandent iamais rien quand mesmes ils deuroient mourir de faim, mais le peuple leur fournit abondamment tout ce qui leur est necessaire. Que si quelqu'vn a tué, desrobé, ou commis quelqu'autre crime, il s'en va aussi-tost vers son *Charif* qui tient la place du principal *Abedale*, & luy confesse tout ce qu'il a fait, & l'autre luy donne tel chastiment & penitence que bon luy semble. Quand il auroit fait tous les *Abedale Pontife. Ioguies. Confession entre les idolatres.*

788 Les Voyages

maux du monde, si son superieur luy a donné l'absolution on ne luy peut rien dire ny demander. Quelquesfois aussi ils en punissent à mort, comme il arriua à vn *Vidarin* de nation, qui ayant dans vne querelle brutale tué & enterré seulement vn sien frere sous vn arbre, le *Charif* à qui il s'alla confesser, luy fit desenterrer le mort, & l'ayant veu si cruellement traitté, condamna le viuant pour sa peine à estre enterré auec le mort. Vne autresfois il en fit ietter vn autre dans vn estang, pour ce qu'il auoit renié leur *Duma*. Ces gens sont suiuis de beaucoup de bonnes personnes qui leur administrent tout ce qui leur faut. Aussi sont-ce de bonnes gens d'ailleurs, & il ne leur manque que nostre Religion. Il y en eut quelques vns qui ayans esté instruits par des Peres Iesuites, retenans encor leur creance, se firent brusler par des Mahometans, pource qu'ils auoient dit que Mahomet estoit damné, & que Iesus-Christ estoit Dieu, & né de la Vierge Marie. Vn marchand de Guzerate, appellé *Ali*, habitant à *Amiadiua*, me contoit auoir veu à *Bagdet* quinze Religieux de la secte d'*Ali*, nommez *Deruis*, qui furent bruslez pour vne semblable confession. I'ay veu plusieurs de ces Religieux là porter de riches ceintures, d'autres des pendans d'oreilles de diamans, & i'en vis vn à Pegu qui portoit deux casaques fort exquises & precieuses; l'vne de peau de guenon de diuerses couleurs, le poil fin comme de la soye; & l'autre que le Roy luy auoit donnée faite d'vne escaille de tortuë, mais de beauté admirable. Ces Santons *Iogwies*, ou Anachoretes Indiens se logent à la campagne dans des arbres, parlent fort peu, ont quelques disciples fort obeissans au moindre signe, s'adonnent à la Magie, & pour recompense de leurs austeritez, le Diable leur persuade de se precipiter, ou se faire tuer par leurs disciples, qui apres enterrent le corps, & luy bastissent vn oratoire, & l'honorent comme vn Dieu; Au reste, le nom general des Religieux de Pegu & Sian est *Talapoyes*.

Vidarin.

Peines aux offencés.

Martyr idolatres & Mahometans.

Deruis martyrs.

Santons idolatres, comme traitez.

Talapoyes.

*Des Idoles de Pegu. Sacrifices sanglants:
Exorcismes. Communions estranges.*

CHAPITRE XXIX.

Ous auons dit cy-dessus que le Roy de Pegu tire vne grande quantité d'or affiné des riuieres de son Estat, lequel il fait reseruer pour l'embellissement de leurs Temples & Idoles, dont ils ont autant de diuerses & estranges figures que les demons leur en font paroistre en leur imagination. Ils ont des excellens fondeurs & sculpteurs qui les leur tirent incontinent au naturel, selon les apparitions qu'ils en ont, qui le plus souuent sont tres-hideuses & espouuentables : car le Diable se communique assez visiblement à ces pauures abusez, leur faisant voir ce qu'ils desirent pour les engager dauantage à son seruice. Il y a vn grand nombre de ces Idoles dans la basse cour du palais du Prince, toutes d'or pur, auec des couronnes enrichies de pierreries, comme i'ay desia dit, & vne entr'autres d'vne hauteur prodigieuse, qu'ils appellent *Apalita*, qui assiste les pelerins & voyageans par le monde, & personne ne va visiter son Temple qui n'y porte quelque present, qui est appliqué à l'entretenement de leurs Prestres, qui ont ordinairement femmes & enfans. Ceux qui entrent dans ces *Tambous* & *Gouias* ou lieux d'adoration, penseroient perir miserablement auant que rentrer chez eux, s'ils n'y portoient quelque chose en offrande ; de sorte que tel n'aura qu'vne peau pour cacher sa honte, laquelle il ostera pour l'offrir à l'Idole, & d'autres leur font present des sonnettes d'or & d'argent qu'ils portent à leurs parties honteuses, selon leur coustume, attachées à vn petit anneau passé dans la chair : ce qu'ils portent pour en estre plus estimez des femmes, ausquelles ils monstrent

Idoles de Pegu.

Apalita.

Gouias, Genicas.

Sonnettes aux parties honteuses. A Siam & Aua de mesme,

en ce faisant qu'ils n'vsent point d'autre sexe que du leur. Il s'en trouue de si superstitieusement deuots, qu'ils se tireront de leur sang auec vn cousteau pour l'offrir en sacrifice à l'Idole. Il y a quelque apparence que les *Deruis* des Turcs qui se font tant d'incisions sur le corps par deuotion, ont appris cela de ces Indiens, dautant qu'il ne se trouue point de commandement dans l'*Alcoran* pour cela.

Sacrifices sanglans.

Les Prestres les confirment fort en cette idolatrie, il s'en est trouué mesmes qui ont pris de pauures marchands & voyageurs Portugais, ignorans cette coustume, comme ils passoient deuant leur Temple, & les ont cruellement esgorgez & sacrifiez à leur *Apalita*. Mais la plainte en estant venuë au Roy par le moyen des Peres Iesuites, qui luy remonstrerent l'horreur & l'indignité de ce forfait, il fit mourir iusqu'à septante de ces meschans Prestres : & cette punition se fust estenduë à bien dauantage, & mesme iusqu'à leurs femmes & enfans, sans la grace que ces Peres impetrerent pour eux. Le peuple, pour deuotieux qu'il soit, supporta cette execution sans aucune esmotion, & fort patiemment, pour le respect & l'amour qu'ils portent à leur Prince. Aussi furent ils gueris par les prieres de ces Peres de quelque maladie pestilencielle qui regnoit parmy eux.

Cendres & eau beniste.

Entre ces Prestres il y en a qui donnent des cendres pour sanctifier, & de l'eau beniste aussi. Ces cendres sont des choses qui ont esté sacrifiées à leurs Idoles, & entr'autres de ceux qui s'y sont volontairement sacrifiez eux mesmes.

Idole oracle.

Il y a vne autre Idole d'argent en forme de Geant, qui comme vn Oracle donne responce à ce qu'on luy demande, & predit les choses à venir, mais auec mil mensonges & abus. Ils disent que ce Pagode leur assiste à la guerre, & comme vn Mars les rend victorieux : Ils luy font battre de la monnoye qui porte son nom ; mais il ne les assiste pas tousiours bien, car du temps qu'ils sacrifierent ces pauures Portugais que nous auons dit, ceux de Goa & de Malaca, pour en prendre vengeance, armerent huict galions & quelques carauelles, & prirent port à vne de leurs villes, dont ils se saisirent, & de là vinrent par terre à

du sieur Vincent le Blanc. 191

vne autre qu'ils saccagerent & bruslerent tous leurs Temples & Idoles, auec tous les Prestres, leurs femmes & enfans. Ce fut au temps que le Roy de Pegu estoit allé à la conqueste de Sian : de sorte que les Portugais mirent l'alarme par tout, & si *Don Alonse d'Aquilar* qui commandoit l'infanterie fut venu à temps, ils eussent aisément emporté la ville de Pegu mesme, & pris tous les tresors du Roy, & ces riches idoles d'or, d'argent & de pierreries, qui eust esté vne richesse du tout inestimable. Ils tuérent force peuple, & emmenerent grand nombre de prisonniers ; mais au retour du Roy les Peres Iesuites firent la paix entr'eux, & deslors il leur fut accordé de pouuoir faire bastir à Pegu le neuf, aux despens du Roy, vne Eglise en l'honneur de la Conception de la Vierge. Ce qui n'est pas chose nouuelle en ce païs, où de temps immemorial, comme nous auons dit, ils ont en honneur l'Image de la Vierge auec son Enfant, esclairée de trois lampes ; & le Temple du Dieu où estoit reueré cet image estoit serui de diuerses sortes de Prestres. Le Roy de Pegu cependant se sentit fort offensé de l'affront que luy auoient fait receuoir ces prestres violens & indiscrets, & entra en quelque esperance que ses Idoles ayans esté si mal traittez par les *Franques Ramatas*, comme ils appellent les Portugais, en prendroient vne cruelle vengeance ; mais il fut bien estonné de les voir au lieu de cela, continuër en leurs prosperitez, & mesme ne laisser pas de renuerser tousiours leurs idoles, comme ils auoient entr'autres brûlé cette fameuse dent de singe adorée en Zeilan, & qu'il auoit voulu rachepter auec tant de milliers d'escus, comme nous auons dit ailleurs.

Idoles destruits par Portugais.

Eglise de la Vierge.

Dent de Singe.

Il y a vne autre Idole entre ces Peguans, qu'ils appellent *Fotoque* (comme au Iapon & à la Chine) de mesme hauteur que les autres, mais de differente matiere, à sçauoir de plomb & d'airain meslez, dont ils font leur monnoye. Ils disent que cette idole flechit par ses prieres leur *Duma*, & impetre grace pour tous, & sur tout pour les ames qui sont condamnées aux lieux obscurs & tenebreux. Tous les Samedis les *Palpas* sont obligez de luy sacrifier vn pourceau

Fotoque Idole.

Les voyages

noir, & trois poules de mesme couleur. Ces poules sont

Poules à chair noire. estranges en ces païs-là, car elles ont la chair noire, qu'ils appellent *faré*, & fait le potage noir, neantmoins d'vn goust fort sauoureux. Tous ces sacrifices vont pour le ventre des Prestres, car ils ne brûlent que la soye de la beste auec des odeurs aromatiques, & puluerisent les os

Sacrifices pour les morts. qu'ils meslent auec leurs eaux benistes. Quand ils veulent qu'on apporte quelque chose pour offrir à leurs Idoles, ils font sonner par la ville vne cloche qui est faite comme vn alambic, & disent que cela est pour prier pour quelques-vns de leurs parens qui sont tourmentez parmy les ombres noires : Car pour ceux qui passent en d'autres corps, comme de bœufs ou de vaches pour y estre confinez iusqu'au iour du iugement, ils les croyent estre bien logez, & n'auoir be-

Metemphy-tcose. soin de leurs prieres. Ces Peguans, à cause de cela, auoient coustume de ne manger point de ces chairs, comme en

Vaches non mangées. *Malabar* & ailleurs : mais depuis qu'vn de leurs *Chaouris* eust eu en vision que leur *Duma* leur commandoit d'vser indifferemment de toutes bestes viuantes, & que l'ame d'vn homme condamnée à demeurer dans le corps d'vne beste, quand celle cy mouroit passoit dans le corps d'vn autre, ils n'ont fait plus de difficulté d'en manger. Ils portent hon-

Superstition à ne manger de certaines bestes. Belauacharin. neur à ces bestes, deuant lesquelles ils s'enclinent comme s'ils saluoient leurs parens. Ils ont vne sorte de petits asnes qui viennent de la prouince de *Belauacharin*, presque tous roux & noirs, ou noirs & blancs, qu'ils chassent & prennent auec des filets comme des connils, & les ayant

Asnes & leur chasse. appriuoisez s'en seruent à beaucoup de choses : mais ils sont à vil prix, pource qu'ils tiennent que les ames des morts n'entrent iamais dans leurs corps, d'autant que la chair en est fade & puante. Nous en auons veu souuent dans la campagne par troupes, qui semblent estre domestiques, se laissans approcher iusqu'à leur mettre la main sur le col, puis soudain sautent comme des singes, & reuiennent vn quart d'heure apres. Ils ne les honorent pas comme les autres bestes, pour cette creance que leur en donnent leurs Prestres. Et comme par plaisir nous les saluions deuant eux, ils

nous

du sieur Vincent le Blanc. 193

nous en reprenoient, disans que le grand *Duma* auoit commandé au *Foroque* de maudire toute l'asnerie, & les ames qui s'iroient loger là.

Ils ont plusieurs autres sortes de Dieux, comme celuy qu'ils appellent *Dieu des atomes du Soleil*, & autres. Ils appellent l'enfer l'obscure cauerne de la maison de la fumée, où est vn horrible serpent deuorant les ames, & d'où vn de leurs Dieux les deliure par sa puissance. En vn mot c'est vne chose merueilleuse du grand nombre de Dieux & d'Idoles qu'ils ont, de leurs Temples diuers, Monasteres, Prestres, Moines, Hermites, sectes, sacrifices & autres choses de Religion. Leur creance est aussi estrange sur la creation du monde, & sur le peché du premier homme, tout cela desguisé de mille fables. Car dés l'an 1557. il y eut vn Cordelier François, nommé *Bonfer*, qui estant à Goa fut meu d'vn sainct desir d'aller Euangelizer en ces pais là, & estant allé à *Santomé*, & de là par mer au port de *Cosmin* & à Pegu, fit tout ce qu'il peut pour prescher la foy à ces peuples, mais auec peu de fruit pour leur endurcissement; si bien qu'il fut contraint, apres y auoir beaucoup souffert, de s'en retourner d'où il estoit venu. Il apprit que l'on tenoit ces Peguans descendus de quelques Iuifs, bannis autresfois & condamnez par Salomon à seruir aux minieres d'*ofir*, & que leur creance estoit d'vne infinité de mondes successifs de toute eternité, & des Dieux innombrables departis selon les diuers mondes, & mesmes suiets à changer, & enfin à la mort. Que les hommes deuiennent enfin Dieux, apres auoir passé par le corps de toutes sortes d'animaux, & que mesmes apres plusieurs siecles les ames ayans esté bien purgées en certains lieux destinez, & retournées diuerses fois en des mondes nouueaux, enfin les vnes estoient colloquées au Paradis, les autres en enfer, & quelques vnes reduites au *Niban*, c'est à dire à neant, & mille autres resueries.

Depuis ce Cordelier, les Iesuites y ont entré auec plus de fruit, par le moyen de quelques seruices signalez qu'ils leur ont rendu en quelques infirmitez populaires, dont ils

Idoles nombreuses de Pegu.

Bonfer.

Mafee l. 16.

Cordelier va Euangelizer à Pegu.

Peguans d'où sortis.

Creance des Peguans.

Mondes infinis.

Niban.

Iesuites à Pegu.

Bb

estoient trauaillez. Comme entr'autres vn pere André Iesuite, sur le suiet d'vne maladie pestilentielle qui tuoit vne infinité de peuple en la ville de Pegu, lors qu'vn citoyen Chrestien le vint prier de luy donner quelque remede pour toute sa famille atteinte de ce mal; & ce Pere luy ayant demandé, pourquoy il n'auoit fait baptiser sa femme & ses enfans, il respondit, qu'il auoit bien eu cette intétion, mais que leur *Pagode* le luy auoit defendu, & que sa femme ne l'auoit voulu souffrir, & le menaçoit de faire ses obseques & se remarier selon leur coustume, s'il la vouloit forcer elle & ses enfans à se faire baptiser. Nonobstant cela, le Pere André receuant en bonne part ses excuses, ne laissant pas de faire quelques prieres & deuotions pour ces malades, dont ils furent gueris. Ce qui fut cause que beaucoup d'autres alloient à luy pour en receuoir autant; mais il ne leur vouloit accorder cette grace, s'ils ne promettoient de se faire baptiser : ce que leurs Prestres empeschoient de tout leur pouuoir, & crioient qu'il valoit mieux mourir de ces maladies que d'estre damnez, en receuant la guerison par le baptesme. Surquoy le Roy aduerty de ces guerisons, enuoya querir le Pere André pour sçauoir comment cela se faisoit : lequel luy respondit, que c'estoit en vertu de la Croix, c'est à dire de la mort & passion de Iesus-Christ son Dieu; & que s'il desiroit en voir quelque grand effet, il luy permit d'attaquer le plus puissant de ses faux Dieux, & que s'il ne le brisoit en pieces, il se soufmettoit à toute sorte de mort. Le Roy remit l'affaire à vne autrefois, & la nuit luy estant suruenu vne grande fieure, il se fit porter dans vn bain pour se rafraischir ; mais estant tombé dans l'eau & prest à se noyer, n'ayant personne pour le secourir, les siens s'estans retirez par respect, il luy fut auis qu'il voyoit sa grande Idole, qui le sousleuant hors de l'eau, luy dit d'vne voix effroyable; Pourquoy le Dieu de son *Remata* ou Chrestien ne le venoit pas secourir, puis qu'il auoit resolu de luy donner le Temple que ses peres auoient basty en son honneur : surquoy le Roy tout effrayé, appella vn des siens qui l'ayda à sortir du bain & le remit en son lict, luy demandant s'il

du sieur Vincent le Blanc.

vouloit point prendre vn peu de l'*areca* pour luy conforter le cœur; mais le Roy demanda pluſtoſt du vin de palme, appellé *gidi*, duquel ayant gouſté vn peu, il ſe repoſa. Mais la maladie continuant, il fit venir des Magiciens qui n'y pûrent rien faire: ſurquoy quelques vns luy conſeillerent de faire venir le Pere André; & comme il differoit, l'vne de ſes femmes la plus fauorite le vint voir, & comme il rendoit graces à ſon Dieu qui l'auoit ſecouru, elle, comme femme iudicieuſe, luy dit, Si le *Rumata* auoit offenſé ce Dieu, pourquoy ne le foudroyoit-il? & ſur cela continuant ſon diſcours, elle luy remonſtroit qu'il falloit qu'il y eût vn grand myſtere en cela, puis que le Chreſtien eſtant vn ſimple homme ne craignoit point d'offencer ainſi leur grand Dieu *Oſima*, qui leur auoit parlé ſi ſouuent & fait tant de miracles entr'eux, & touteſ-fois auoit ſi peu de force maintenant qu'il ne pouuoit guerir aucune de ces maladies qui regnoient, & dont ce Pere venoit à bout ſi aiſément. Cela fut cauſe qu'elle l'enuoya querir, & luy demandant s'il pourroit guerir le Roy, il reſpondit qu'oüy, pourueu qu'il voulût receuoir la foy Chreſtienne: mais elle voyant de la difficulté en cela, & craignant d'entreprendre de luy perſuader, elle ne voulut pas paſſer plus auant, & le Pere ſe retira, ne laiſſant de faire ſes prieres à Dieu pour la ſanté du Roy, afin que ſon ſainct nom en fut glorifié, dont le Roy ſe porta mieux: mais il n'en arriua autre choſe pour lors.

Gidi vin.

Raiſons fortes de la femme idolatre.

On me contoit auſſi d'vn Indien, nommé *Apſida*, qui ayant, ſelon la couſtume du païs, vendu vn ſien fils petit garçon, à vn maiſtre; au bout de quatre ans de ſeruice, ce maiſtre eut volonté de le faire chaſtrer pour garder ſes femmes, ce qui ſe fit dextrement pendant qu'il dormoit, par le moyen d'vn breuuage qui le rendit aſſoupy & ſans ſentiment. Mais le garçon offencé à ſon reſueil d'vn tel affront, quitta ſon maiſtre, & s'en retourna chez ſon pere, qu'il perſuada de ſe faire Chreſtien: le pere le croyant, alla trouuer le Pere André, qui vint au logis, & guerit le garçon de ſa playe, & le fit Chreſtien auec toute ſa famille. Or comme ce bon homme *Apſida* alloit ordinairement à la peſche

Hiſtoire du Chreſtien Apſida.

Enfant chaſtré.

Aparition des demons.

Bb ij

pour porter du poisson à ce pere André, en pliant ses filets il aperceut quelques fantosmes en forme d'hommes, la teste rase, qui le prioient de les passer de l'autre costé de la riuiere, ce qu'il fit ; & comme il fut au milieu du fleuue il se leua vn vent si impetueux qu'il pensa renuerser la barque. *Apsida* inuoquant aussi-tost IESVS-CHRIST à son aide, le demon luy donna vn grand coup de perche sur la teste, disant, Meschant que tu es, oses-tu bien importuner le grand Dieu : & sur cela l'autre continuant sa priere, & à faire le signe de la Croix, tous ces demons s'esuanouirent, & *Apsida* fut garenty, dont toutesfois il demeura griefuement malade, tant de la peur, que du coup : & estant visité du pere André, il loüoit Dieu d'auoir eu cette attaque de Satan pour sa gloire.

<small>Communion merueilleuse entre ces idolatres.</small>

<small>Agricar.</small>

Ces Indiens, entre plusieurs superstitions qu'ils ont, & qui ont esté autrefois tirées du Christianisme depuis corrompu, ils en ont vne assez remarquable, qui est qu'vne fois l'an ils font vne communion solemnelle, ayans immolé vn mouton blanc, & tiré le sang qu'ils meslent auec certaine farine, appellée *Agricar*, & que le iour de la grande feste du *Duma* ils font prendre à tous les assistans, en forme de cœur, auec vne exortation & remonstrance, que ce qu'ils prennent est le vray sang de leur Dieu, & que ce iour là les estrangers ne peuuent celebrer vne telle solemnité ; mais le lendemain ils y sont aussi receus, & auant que de les communier on leur fait vne predication pour les mettre en deuotion, disans que leur Dieu les reçoit en son alliance, & les embrasse comme ses enfans, à qui il donne sa grace par le moyen de son sang qu'il leur fait prendre.

<small>Acosta l. 3. c. 23. & 24.</small>

Voila comment ils transforment & profanent ce qui autrefois leur a esté enseigné du mystere de l'Agneau Paschal, & de la saincte Eucharistie. Au Mexique & au Perou ils auoient aussi leurs confessions & communions à leur mode. Mais ils ont vne autre sorte de sacrifice bien plus estrange, c'est qu'ils acheptent à grand prix vn esclaue aagé de trente ans, beau, sein & gaillard, & l'ayans laué par trois matins en quelque lac ou autre eau au premier leuer du

du sieur Vincent le Blanc. 197

Soleil, ils le vestent d'vne robbe blanche, le gardent qua- *Sacrifices*
rante iours, & le monstrent au peuple, pour luy donner à *d'hommes,*
entendre que c'est l'innocent qui doit estre sacrifié pour les *& ceremo-*
pechez du peuple. Lors chacun luy fait des presens, & le *nies estran-*
prie en grande humilité qu'il ait souuenance d'eux, quand *ges.*
il sera deuant le grand Dieu. Cependant ils prennent soi- *Acosta l.5.c.*
gneusement garde à luy de peur qu'il n'eschape, luy faisans *21.*
faire grand' chere auec l'*Areca.* Tous les matins durant les
quarante iours qu'on le monstre au peuple, ils touchent certain bassin & iouent des flustes fort melodieusement d'vn
son triste & lamentable pour exciter à deuotion, à quoy vn
chacun se met afin qu'il ait memoire d'eux. Le temps de
trente iours expiré, les dix Prestres, qu'ils appellent *Gaica,* *Gaica.*
gens honorables & anciens, vestus de mesme parure que le
patient, luy viennent dire qu'il faut que dans dix iours il
aille habiter auec le grand Dieu, & regardent bien s'il
change point de couleur, pour crainte de la mort: ce qu'ils
tiennent à mauuais signe & augure s'il en fait quelque demonstration: & pour ce suiet ils luy donnent au iour destiné vn certain breuuage qui le rend comme hors de soy, &
luy oste toute apprehension. Apres plusieurs autres ceremonies, ils le sacrifient au quarantiesme iour, & puis le *Ainsi faisoiẽt*
mangent. Car ils le mettent sur le plus haut de leur Tem- *les Mexi-*
ple, & l'estendent comme en ouale sur vne pierre de mes- *cans. Acosta*
me forme, luy fendent le ventre tout viuant, luy arrachent le *l.5.c.20.*
cœur, qu'ils bruslent auec des odeurs aromatiques, & l'offrent en sacrifice à leur Idole, luy en ensanglantans les
iottes; ils mangent cette chair comme vne viande sainćte
& sacrée. Durant tout ce temps ils s'abstiennent religieusement de tous plaisirs desordonnez. Voila les estranges
difformations qu'ils ont fait des mysteres de nostre foy,
comme ce Pere André leur a souuent remonstré, sans que
peu en ayent fait encores leur profit, il faut attendre que
la misericorde de Dieu leur en donne vne plus grande
connoissance.

Mais parmy tant d'abus & d'idolatries de ces pauures *Zibi demons*
peuples, c'est vne grande pitié de voir comment ils sont

Bb iij

tourmentez par les demons, dont il y en a [...] ls appellent

Possedez. Zibi, qui entrent dans les corps en dansant [...] t leurs grandes festes, & contrefont les sourds & muets [...] s se soucier d'aucune sorte de coniuration : de sorte que pour les faire sortir, il faut faire de nouuelles sufumigations & sacrifices, & appeller les Magiciens pour impetrer grace de leur Dieu pour la deliurance de ces pauures possedez, qui pendant ce temps-là perdent le boire, le manger & le dormir, & deuiennét comme de vrais scheletes, si haures & defigurez qu'ils font peur & pitié à tout le monde. Cependant le Magicien a recours au diable pour sçauoir la qualité du de-

Exorcismes. mon possedant, & ce qu'il faut faire pour en deliurer le possedé, lequel ils font conduire [en] quelque campagne la nuict, & le mettent en vne grotte, ou sous vne tente sans aucune lumiere : puis vont cueillir vne certaine herbe, appellée

Sacatby. Sacatby, que le diable leur enseigne, qui fait voir la nuict, ayant en soy quelque clarté qu'on apperçoit d'assez loin ; mais, à ce qu'ils disent, si pestifere que celui qui l'arrache en meurt soudain, pour à quoy obuier ils se seruent d'vn chien attaché à vne corde pour l'arracher, puis ils brûlent cette herbe au lieu mesme où est le demoniacle, & le demon au mesme instant l'abandonne, comme ne pouuant supporter l'odeur de cette herbe. Cela est assez semblable à la

Bahara. racine de *Bahara*, dont parle Iosephe, & qui croissoit en
Au l. 7. c. 25. vne vallée proche de la ville de Machere en Iudée. Il ne
de la guerre se passe iamais aucune feste de leur *Corcouita*, qu'il n'y ait
des Iuifs. tousiours quelque malheureux qui s'en ressente : Car com-
Corcouita, & me ils mennent leur idole sur vn chariot à six rouës, traisné
son sacrifice. par des bœufs o[u] buffles couuerts de fleurs, & accompagnez
Voy le mes- du peuple le long de la ville, il y a tousiours deux ou trois
me en Nar- miserables sur vn theatre auec de longues robes de gris cen-
fingue dans dré, qui remonstrent au peuple, comme ils sont prests &
Linscot, c. disposez à se sacrifier pour le salut & la sanctificatiõ de tous.
44. Alors on les voit venir auec vne mine pasle & desfigurée
Oderic ch. 6. pour l'aprehension de la mort, & apres plusieurs processions, ils se iettent sous les rouës du chariot, où ils sont incontinent froissez. Il s'en trouua vn iour vn, qui apres auoir

esté bien nourry cinq iours durant par leurs *Palpes* ou Pre- | *Papas aussi Prestres au Mexique.*
stres, comme vne chose saincte; quand l'heure du sacrifice
fut venuë, il seigna du nez, & se mit à fuir, ne voulant
mourir en aucune façon, pour quelque remonstrance ou
priere qu'on luy fit; mais en mesme temps il y eut vn autre
desesperé qui s'offrit volontairement en sa place, & fut brisé sous ces rouës, puis son corps fut mis dans le chariot pres
l'idole du costé de la Felicité: car cette idole porte dans vne
main vn grand nombre de serpens pour punir ceux qui ne
feront son commandement, & de l'autre vne couppe pleine
de quelque chose exquis pour recompenser ses bons seruiteurs. On honore grandement ces pauures deuouëz, &
tous leurs parens. Apres ce sacrifice fait, ils prennent les
corps ainsi meurtris, les enseuelissent honorablement dans
vne toille cirée, & les mettent dans vn riche cercueil auec
de grandes ceremonies & musiques d'instrumens, & tous
les parens vont faire de grandes reiouyssances sur son tombeau pendant quelques iours. Lors qu'il y a quelque malade, & que le Magicien a prononcé qu'il n'en reschapera
pas, on le met à part dans vn iardin, où on luy donne
quelqu'vn des siens pour se seruir; mais si par hazard il en | *Malades guerissans maudits.*
guerit, il est tenu comme ennemy, & personne ne le veut
voir ny frequenter, disans que si c'estoit quelque chose de
bon, leur Dieu ne l'auroit chassé de la compagnie. Que
s'il desire d'estre receu des autres, il faut que le *Chasoui* ou | *Tchuiri au Mexique. Acosta l. 5. c. 25.*
sorcier face vn sacrifice de purification pour luy: puis
estant purifié, il fait vn banquet à ses amis seulement de
chairs de bestes noires, & sur tout d'vn bouc, qui est mangé en grande ceremonie.

Le manger des Peguans. Leurs exercices militaires. Leurs drogues medicinales. Leur Esté.

CHAPITRE XXX.

Manger des Peguans.

Quand au manger ordinaire des Peguans, s'ils mangent auec leur femmes legitimes, c'est auec grande sobrieté; mais si c'est auec leurs amies, esclaues ou autres, ils ne font point de difficulté de boire d'autant & de s'enyurer auec leur boisson; encore ont ils cette coustume loüable, se voyant pris de vin, de ne sortir de leurs logis pour chose que ce soit. Ils detestent sur tout les menteurs & fuyent leur compagnie. Ils ont diuerses manieres de se saluer, selon les diuers païs. La plus ordinaire entre les gens de qualité & esgaux est de se baiser la ioüe, puis les mains: car le moindre fleschit le genouil aux plus Grands, qui sont ceux qui ont plus de moyen d'entretenir plusieurs esclaues & concubines, pour leur faire des enfans, afin de les mettre à la guerre au seruice du Roy. Aussi ceux-là sont les plus honorez, & le Roy leur fait des presens pour aider à leur faire apprendre toutes sortes d'exercices, comme de monter à cheual, voltiger, & autres pour lesquels ils ont des maistres, dont la methode est assez differente de nos caualleristes. Le Roy tient à cause de cela vn bon nombre de cheuaux tout exprés pour exercer ses subiets, mesmes les Gentilshommes vn peu incommodez, leur donnant entretien pour vne année & dauantage, s'il est besoin, & puis les employant aux occasions. Il y a aussi des maistres pour tirer de l'arc en se retirant, & comme en chamade, à la mode des anciens Parthes, & des *Alarbes* d'auiourd'huy. Aussi vsent-ils de cela pour attirer l'ennemy, & l'ont appris des

Salutations.

Exercices militaires.

Tartares

du sieur Vincent le Blanc.

Tartares leurs voisins. Ils apprennent encor à manier la pique & en frapper à cheual sans la quitter, la faisant glisser dans la main fort dextrement. Ils vsent aussi de l'*azagaye* ou iaueline, & du *tamaca*, qui est vn baston façonné, auec vne pierre au bout trenchant comme vn razoir. Puis ils tirent du cercle, & de trois ou quatre sortes de masses fort furieuses, d'espées, rondelles, & autres armes assez differentes des nostres. Ils ont l'vsage des canons & arquebuses de toute anciennete comme les Chinois, à ce qu'ils disent. En vn mot ils font grand estat de l'art militaire, & chacun vid là heureusement selon sa vacation, la pluspart aux despens de leur Prince, qui en temps de paix les occupe aux moulins de diuers grains, & aux sucrieres. Car il faut remarquer qu'il se dépend là plus de sucre qu'en autre lieu du monde, pource qu'ils en font mesme, comme i'ay dit, le ciment pour couurir les terrasses de leurs maisons, le meslant auec des coquilles puluerisées, dont ils font de la chaux, qui venant à s'endurcir, est aussi forte que du marbre. Ils ont vn grand peuple, mais quand ils en auroient dauantage ils trouueroient moyen de l'occuper, car chacun y trauaille, & on n'y voit point de necessiteux ; & si quelques pauures y passent, leur charité est telle, que s'il peut trauailler, au mesme temps il est employé ou secouru en ses necessitez.

Tamaca.
Armes des Peguans.
Canons.
Sucres en abondance.
Ciment de sucres.
Employ des Peguans.
Drogues medicinales.

Pour le regard des drogues medicinalles de ce pais là, la riuiere de Pegu en son desbordement leur apporte vn certain fruit de *cocos* fort estimé par toutes les Indes, qui a de grandes vertus pour purger toutes sortes d'humeurs, & pour beaucoup de maladies. Pour moy ie n'en ay iamais vsé ; car pour nous purger nous auions vne methode assez bonne & estimée par les gens de qualité de ce pais-là : C'est qu'enuiron l'Esté, qui commence là de bonne heure, & presque au sortir du mois de Ianuier, lors que la *Debla* ou scammonée pousse ses reiettons, & que les petits oyseaux s'en repaissent, quand nous voulions nous purger, nous cherchions de ces oyseaux qui sont en grande quantité, semblables à nos becasignes de Prouence, & en mangeans trois ou quatre, nous ressentions les mesmes effets que si nous eus-

Cocos.
Esté grand à Pegu.
Maniere de purger.

C c

sions pris vne bonne medecine. Ils en ont vne autre sorte
assez facile, qui est de prendre la grosseur d'vn pois chiche
d'vne certaine graine qui ressemble à celle de *Palma Christi*,
& qui fait vne operation admirable. Ils ont aussi l'eau de
scammonée qu'ils tirent comme l'eau rose, & pour luy donner plus grande force, ils prennent en mesme temps de la
racine de rubarbe, lors qu'elle est auec ses fueilles, qui

Rubarbe.   sont grandes comme la grande Lunaire, ameres comme
fiel: & quand on les arrache elles sortent de terre remplies
d'vne liqueur tirant sur l'orangé, bien que la racine fraische soit vn peu violette. Il ne faut que la rompre, elle distile
peu à peu l'eau qu'elle a dedans. D'autres la concassent &
la meslent auec cette scammonée en la distillation, puis en
prennent vne demie cueillerée. Ils vsent aussi pour se purger de l'eau de *telac* & *Mechoacan*, & d'autres drogues dont

Telac.   ils sçauent tirer la substance fort dextrement. Comme aus-
Mechoua-   si ils font l'essence de girofle & de canelle, qu'ils mettent
can vient du dans des outres ou peaux, & les font charger auec toutes
Mexique, & ces autres drogues pour les porter à la mer Rouge, à la Mec-
est appellé
Rubarbe des que, & de là en Surie, où les Venitiens les viennent querir,
Indes.   qui en sçauent bien faire le choix, laissans les moins bon-
Drogues   nes entre les mains du *sensal* qui les debite en Prouence, &
comme deb- de là au reste de la France, où souuent au lieu de bonnes dro-
tees en l'Euro-
pe.   gues, l'on n'a que des pieces de bois & autres choses de
peu de valeur.

L'election des Roys de Pegu, leurs Officiers, les reconnoissances & les presens des sub-lets a leur nouueau Prince.

CHAPITRE XXXI.

Our le regard des Officiers de ce grand Roy de Pegu, de sa creation & de sa milice, i'en diray en peu de mots ce que i'en ay appris. Il y a en cet Empire vn Prince fort qualifié, nommé le *Califerech*, qui est comme vn Connestable ou grand Maistre, dont la charge consiste de toute antiquité à assister à l'election & couronnement du Prince, qui ne se peut faire sans luy. Sa demeure est en la ville de *Mandranelle*, tirant vers *Tazatay*. Quand il faut couronner vn nouueau Roy, ce *Califerech* vient à Pegu dans les almadies armées, qu'il fait tirer; & à son arriuée le Prince le va prendre & receuoir, luy baisant l'espaule, & l'autre s'abbaisse iusqu'en terre, & luy baise la greve du brodequin, & lors tout le peuple se met à crier *Este Lanfar*, c'est à dire, Dieu soit loüé. Et au mesme temps ils montent tous deux dans le chariot du Prince, sans qu'aucun ose s'approcher pour les saluer de pres : & reuenans à la ville auec vn bel ordre, mille sortes de feux artificiels iouent, le canon des forteresses tire, & tout est en bon ordre pour les receuoir. Estans arriuez au Palais, on sonne force clerons & trompettes, & vn Seigneur dit à haute voix, Le *Califereh* vous commande de vous mettre tous en prieres, afin que si nostre Prince ne doit estre bon, il meure auant qu'il soit receu, & le peuple se met à crier, *Dieu le fasse*. Incontinent apres le repas ils creent les Officiers, estant necessaire qu'ils soient faits au bon plaisir du Prince. La plus part des noms de ces Officiers sont Arabes, & imitez sur ceux du *Seehemir*,

Officiers Royaux. Califerech.

Election & sacre des Roys.

d'Arabie, & de la Cour du Roy de Perse, à laquelle, presque tous les Princes d'Orient se conforment, comme la plus belle & magnifique. Le premier donc qui se fait est la *Gadalaro*, pour le premier estat, qui dispose & regle tout ce qui appartient à l'Empire, & tient vne grande cour. Le second est le *Amicassen* ou General d'armée, commandant tous ceux qui ont gens de guerre sous leur conduitte, creant les Gouuerneurs, & disposant du tresor Royal aux choses necessaires. Puis il y a le *Libazanir* & le *Libasan*, deux charges iointes, dont l'vne est pour administrer les reuenus des prouinces, l'autre les tributs, impôts, gabelles & rentes Royalles. Ils ont tous deux force gens de guerre pour les assister, & accompagnent le Prince par tout sans iamais l'abandonner. Il y a l'*Ostader* ou le Capitaine du Palais, qui fournit de viures. L'*Amirachor* ou le grand Escuyer, qui distribuë les montures Royalles, comme cheuaux, mulets, elefans, chameaux, dromadaires. L'*Amurat*, celuy qui gouuerne les elefans. Le *Cansidibir* qui conduit les Pages & les Eunuques. Le *Madrecon*, qui ordonne les armées & range les escadrons en bataille. L'*Amiraf*, celuy qui les fait marcher par ordre. L'*Amirmirat*, qui porte la hache du Roy. Le *Casandera*, qui commande les Chefs & depart les troupes où il iuge estre necessaires. L'*Ostender* ou le Thresorier de l'armée. Le *Bincassen* ou celuy qui a en sa disposition les meubles du Roy. Le *Testacanar*, celuy qui à soin des habillemens : & plusieurs autres, tous Seigneurs ayans charge au Palais Royal ; gens de creance, sans reproche & bien accompagnez. Outre ceuxlà, il y a force bas Officiers, & puis des Seigneurs de guerre, qui sont payez toutes les Lunes selon l'occurrence des affaires ; à quoy quelquesfois les marchands contribuent pour passer leurs denrées franches. Les estrangers y sont respectez & honorez, & si quelqu'vn a besoin d'vn *Amirsent*, qui sont comme les *Chaoux* du Turc, ou nos Exempts, ils l'accompagnent par tout, portant la prouision royalle, dont ils ont la distribution toutes les semaines, & se contente de peu de chose. Il y a aussi les *Cachi*, gendarmes armez auec certaines casaques rembourrées & picquées, qui sont addroits à

Gadalaro.

Amicassen.

Estrangers bien traitez.

Amirsent.

Chaoux.

du sieur Vincent le Blanc.

bien manier vn cheual, tirer de l'arc, du zanfart ou zagaye à trois pointes, qu'ils iettent & reprennent fort dextrement en courant : C'est d'eux qu'on prend les Capitaines des forteresses, Chastelains & Gouuerneurs des places. Il y a d'autres gendarmes appellez *Atesiar*, qui tirent les rentes des villages pour leur payement, cela n'estant du domaine du Roy, mais choses venuës des Seigneurs & Capitaines qui ont esté nourris à la guerre : apres leur mort les soldats heritent de ces droits. Ils ne portent que l'*alfange* ou cimeterre, & le cercle d'acier, & sont grands luiteurs. Le *Caranixi* conduit les soldats qui n'ont que le viure & l'habit, ayans esté conquis, & estans obligez à seruir le Roy. Si tost que l'vn est mort, l'autre succede de pere en fils. Les *Archilet* sont gens ramassez de toute qualité & religion, comme les Spai du Grand Seigneur : Ceux-là n'ont aucune paye auant qu'ils ayent rendu quelque seruice signalé ; aussi les met-on d'ordinaire sur les ailles de la bataille, & ayans pris de l'*ayfaca*, qui est vne certaine boisson mixtionnée qui les fait deuenir comme furieux, ils n'apprehendent point la mort; Ils portent le cimeterre, le *cris* ou poignard, & la rondache. Les *Chesenana* sont ceux qui meinent les elefans à la guerre auec les dents armées d'acier. Celuy qui est sur le col de la beste pour la guider, s'appelle *Dromont*, & est choisi d'vne grosse & forte voix pour cela, à cause du grād bruit qui se fait en combattant. Ils sont armez de peaux de crocodiles, auec de grandes boucles de fer, & ont double paye quand ils sont bien addroits à la conduite de ces animaux, qui sont furieux estans vne fois eschauffez. Ils mettent au deuant vne douzaine des plus grands auec force plumes, pour conduire les autres. Ces bestes estans en furie, font vn grand carnage d'hommes, & il n'y a point de Prince aux Indes qui en ait tant que celuy de Pegu, à qui i'en ay veu plus de quatre mil cinq cens : Aussi est-il appellé, pour cela le Prince des elefans, comme i'ay dit. Ils sont de grande despence, & il faut les nourrir de ris cuit, à cinquāte liures par iour chacun pour le moins. Les femelles ne portent point de si grosses & longues dents, & si elles se voyent gouuernees par des ieunes

Zanfart.
Atesiar.
Caranixa en Perse.
Algelep en Perse.
Ayaca mixtion.
Chesenana.
Dromont.
Nombre des elefans de Pegu.

Cc iij

Les voyages

garçons, elles ont le sens & la discretion de les mettre tout doucement sur leurs espaules, Il s'est trouué que quelquefois les ennemis ont fait tourner les elefans sur leurs gens mesmes, auec des brandons de feu qu'ils craignent fort.

Creation du Prince & ses ceremonies.

Mais reuenans à la creation du Prince, il faut que tous les Princes & Seigneurs du Royaume y assistent, & si quelqu'vn se trouuoit offencé pour quelque iniure ou indignité receuë par luy, il peut former sa plainte deuant le *Califerech* auant le couronnement. Le Prince est donc amené par luy au milieu de la campagne, où l'on a dressé vn theatre d'vne pierre fort releuée, auec vn pont ou escalier couuert de drap de couleur cendrée : Alors le premier Prince ayant cette charge, crie tout haut, Qu'il est de necessité d'auoir vn Prince pour les regir & conduire, conseruer le bien public, & administrer la Iustice ; deslors il descouure vne masse d'or à trois pointes fort luisantes, & l'esleue fort haut, tout le peuple faisant vn grand silence : puis il leur remonstre ce qui a esté ordonné par le Conseil, & leur dit, Le Prince qui doit estre esleu, qu'il fait monter sur la pierre tout nud ayant la face vers le peuple, en disant; Que c'est celuy-là dont les ancestres ont gouuerné l'Empire, & qu'on espere auec l'ayde de Dieu, qu'il ne degenerera point de leur vertu. En mesme temps on represente toutes ses qualitez, sa bonté, vaillance & magnanimité, & bref tout ce qu'il aura fait de biens & que s'il y a quelqu'vn qui ait suiet de s'en plaindre qu'il le die, & on y donnera ordre auant sa creation. Lors tout le peuple s'escrie, *Dieu l'a beny & choisi pour nostre Prince.* Apres on demeure vn bon quart d'heure en silence pour voir s'il se presente quelque complaignant : Cela fait, les haut bois sonnent & le principal chasteau tire toute son artillerie. En suite on luy met sur la teste vne couronne de plomb & vne hache en main, on luy vest vne chemise de soye blanche, auec vne casaque courte de mesme couleur, mais pourfilée d'autre soye de diuerses couleurs. On luy represente de quelle façon il se doit gouuerner, auec les exemples de ses deuanciers : *Que la Couronne de plomb monstre qu'il doit aller en toutes choses auec poids & mesure : & la Hache, comme il faut qu'il admi-*

Couronne de plomb.

du sieur Vincent le Blanc.

nistre la Iustice & maintienne la paix & concorde en son Estat, & q̃ la principalle force d'vn Prince est d'auoir le cœur de ses sujets. Apres ces paroles & autres semblables, on luy apporte vn vase d'emeraude, où sont les cendres du premier Roy de Pegu, sur quoy il iure d'obseruer & garder tout ce que ses predecesseurs ont obserué & gardé, voire mesme aux despens de la vie. Puis on luy oste la couronne & la robe ou tunique, que l'on garde comme choses sacrées. Et apres on luy met sur la teste vn bonnet de drap d'or cramoisi, auec vn cercle d'or & vne pointe au deuant, comme celle de nostre Fleur-de-lys, garny de pierreries fort esclattantes: On le vest d'vne robe à la Turque, fourrée de peaux de lieures blancs, pour signifier l'innocence de la vie: Ils disent que ces lieures changent de poil deux fois l'année, en hyuer & en esté. Tous les instrumens de musique sonnent aussi-tost, & les trois Princes qui ont assisté le Roy luy aydent à descendre de cette pierre où il a esté couronné, qui denote la fermeté de sa vie. La couleur cendrée sous ses pieds, & les cendres de sa coupe, luy representent la mort & la vie de peu de durée; & que pour cela il faut s'employer à bien faire pour s'immortaliser, & afin que son peuple prie pour luy. Puis estant conduit au palais, on donne trois encensoirs d'or attachez de chaisnes de plomb à ces trois Princes, auec des parfums odorans, & audeuant de luy la *Falcada*, vestu d'vne robbe blanche, portant la hache d'or, crie tout haut, *De Oysimar cara daby*, c'est à dire, Dieu l'a créé & non le peuple. Chacun en le voyant passer se iette par terre, & luy fait la reuerence, & se conioüissent les vns auec les autres pour le nouueau Prince, en se baisant l'espaule. En la campagne où cette ceremonie se fait il y a force tentes de diuerses couleurs, qui sont aux Princes & Seigneurs; & mesme dessous les arbres de cocos & autres on dresse des tables auec des napes faites de cocos, de canes, de fueilles ou bois peint à la Chinoise, couuertes de viandes pour faire chere au peuple. Le Roy estant venu en son Palais se met à table pour manger auec ces trois Princes, & à l'entour sont force autres tables richement parées & bien seruies pour les Roys & Princes

Beaux enseignemens pour les Princes.

S. Ambroise en son Examer. l. 5. c. 23.

Cendres.

Falcada.

Espaules baisées.

Festins au peuple.

ses suiets, ayans chacune leur deuise, à sçauoir vne couronne d'or, auec les armes du Roy qui mange dessus. Celuy de Sian a trois couronnes comme Empereur, & mange auec les Princes. Celuy de *Tazatay* a deux couronnes, & mange aussi auec les Princes. Le *Califerech* auec vne seule couronne, mange tout seul. *Mandranele* auec deux couronnes. *Gilolo*, auec vne couronne. Comme aussi *Verma*, *Salaca*, *Aua*, *Martaban*, *Paleacate*, *Caponin*, *Campa*, *Tauay*. Tout cela est en la premiere salle. En la seconde sont les Princes, Seigneurs & Chefs de Prouinces, comme *Ternassary*, *Manugaron*, *Peperi*, *Micoan*, *Malaca*, *& Bengale*, qui estoient autresfois tous suiets, mais la pluspart se sont affranchis; depuis *Odiaa* auoit fait de mesme, mais elle est retournée en suiection. Toutes ces tables sont bien rangées, parées & seruies à la Royalle, & quelque quantité de monde qu'il y ait, c'est auec vn ordre & silence merueilleux. Les trois Princes qui ont les encensoirs font trois tours par la salle, encensans le Roy, puis s'asfisent & disnent auec luy, assez esloignez toutesfois : & lors que le Roy demande à boire, il y a quatre Princes qui ont charge de *Talcadifs* ou eschansons, chacun auec sa coupe de pourcelaine, garnie de corne de licorne tout à l'entour, qui font l'essay de la boisson qu'ils luy donnent : puis les hauts-bois sonnent auec le reste des Musiciens. Ces quatre *Talcadifs* estans du mesme sang du Prince, disent tout haut, *Nostre Prince que Dieu nous ordonne nouuellement conuie à boire tous les Princes & bons suiets* : & lors chacun d'eux fait vne brinde au Roy, & les trois assistans se dressent en pieds & le saluent, puis se remettent sur leurs sieges, & de temps en temps le Roy enuoye de bons plats de viande tantost à l'vn tantost à l'autre : de sorte que l'on est assez empesché tout le long du festin.

Les viandes sont accommodées auec l'ambre & le musc : parmi ceste feste, il y a certains bouffons, qui donnent plaisir au Roy & à l'assistance, faisans mille singeries & galanteries. Si tost que le Roy a acheué de manger, l'Empereur de Sian vient qui luy ayant baisé le brodequin, luy presen-

du sieur Vincent le Blanc. 209

te vne riche couronne d'or en hommage; ce que le Roy reçoit en l'embrassant & luy baisant la iouë en signe de perpetuelle amitié: puis tous les autres viennent de mesme à leur tour en luy baisant la greue, & mettant de riches presens à ses pieds. Les Rois donnent des Couronnes, & les Princes des chaisnes & coliers de grande valeur, & le reste, des presens selon leur qualité, chacun en bel ordre; Car tous les Royaumes & prouinces marchent selon leur rang, & sans confusion: puis tout le reste du peuple, auec d'autres presens de quelque chose de curieux & singulier. Ces presens sont en telle quantité, que de quatre en quatre heures on est contraint de les oster; & au couronnement du Prince, qui estoit de mon temps, ces presens durerent cinq iours durant, depuis le matin iusques au soir, auec des richesses & magnificences nompareilles. Tout ce peuple est nourry lors aux despens du Roy, & tient bien quinze lieuës de païs, auec vn ordre merueilleux. Les presens faits, ils demeurent cinq iours à prendre congé pour se retirer.

Ce Roy entr'autres choses, se plaist grandement au combat des oyseaux de ses volieres, où il entretient des cocqs, dont il y en a de barbus qui viennent de *Besistan*. Cette barbe n'est proprement qu'vne chair qui leur pend sous le gosier, fort brune, qui se forme d'vn sang brûlé, à cause que cet oyseau est fort chaud. Ils veulent dominer tous les autres, & ne peuuent compatir auec eux. Pour en auoir du plaisir, ils les font combatre auec les cocqs de *Pegu*, qui ne sont pas si furieux, mais plus gros, & ennemis mortels. Le Roy & sa Cour prennent plaisir vne fois la semaine à voir ce combat; leurs volieres sont proches, & tiennent audeuant de ces nates de palme, qui ferment certaines fenestres, par lesquelles on leur donne à manger. A la creation du Prince qui estoit de mon temps, ils en voulurent auoir le plaisir, leuans les nates, & aussi tost ces cocqs s'attaquerent à coups de bec par la fente des treillis; mais leurs gouuerneurs les arresterēt à coups de baguette iusqu'à ce qu'ils eussent eu leur portion, qui est d'vne petite graine noire, qu'ils appellent

Presens au Roy.

Besistan.
Coqs & leurs combats.

Dd

Ourſin. *vrſin*, groſſe comme les pepins de raiſin, dont la qualité eſt fort chaude. Les nattes tirées, c'eſt le plaiſir de les voir rangez en bataillõs pour s'attaquer, ſe morguans furieuſement, & la feneſtre eſtant toute ouuerte, c'eſt alors qu'ils ſe battent à bon eſcient, iuſqu'à ſe deſchirer cruellement & remplir tout de ſang, ce qui dure vne bonne heure: puis on les ſepare en demeurant touſiours vn bon nombre de morts ſur la place que l'on mange, & dont la chair eſt rougeaſtre comme de la chair de bœuf, mais fort tendre & ſauoureuſe.

De la Iuſtice & Police des Peguans: Leurs ſa-
crifices & danſes horribles. Hiſtoire pitoya-
ble de deux ieunes Princes.

CHAPITRE XXXII.

Reuenus du Roy de Pegu. Vant aux reuenus & tributs du Roy de Pegu, lors qu'il a receu ceux que le peuple luy doit d'ordinaire, il fait faire vn cry par toutes ſes terres, Qu'aucun de ſes ſuiets n'eſt obligé de luy payer aucun droit Royal, gabelle, ſubſide ny autres impoſts d'vne annee entiere. Ce que luy payent les ſeuls manouuriers monte à plus de trois millions, ou, comme ils content, à tant de *baſelmes*, qui eſt vne *Baſelmes.* eſpece de poids. Tous ceux qui tiennent maiſon luy payent tant par an. Quand le nouueau Roy eſt eſleu, toutes les villes & villages enuoient des deputez pour le reconnoiſtre, auec diuers preſens de choſes rares & extraordinaires. Comme au Prince qui regnoit lors que nous y eſtions, on luy donna trois vaches blanches, auec la queuë toute differente des autres, & comme celle d'vn pourceau, les cornes attachées à la peau & non au ſommet de la teſte, ayans leur mouuement comme les aureilles, parées auec vn chanfrein, & couuer- *Cornes mobiles.* tes de draps de ſoye cramoiſie, & chargées de ſonnettes

du sieur Vincent le Blanc. 211

d'or, d'argent & de ce metal dit *calin*, qui ressemble à l'argent, & qui est tant en vsage par toutes les Indes. Ce present luy fut fort agreable, bien qu'on luy eût fait en derision de certains autres peuples ses suiets, qui portent de semblables sonnettes à leur membre viril pour faire plaisir à leurs maistresses, auec de petits replis & anneaux de fer pour les oster quand ils les veulent aller voir, & leur donner à entendre qu'ils ne veulent prendre leur plaisir auec d'autres qu'auec elles; car il s'en trouue parmy eux d'adonnez au peché contre nature, qui n'y est pas autrement deffendu, non plus qu'entre les Turcs, si ce n'est quand il y a de la force, que l'on chastie seuerement. Lors que le premier Prince du Royaume vint prendre congé du Roy, il l'embrassa & le baisa à la ioue; puis luy fit donner dix grãds coursiers blancs Persiens, bardez d'vn drap d'or de diuerses couleurs, les pieds armez de sonnettes d'or, pour donner à entendre à son peuple qu'il n'appartient qu'aux bestes d'en porter. Ces sonnettes donnoient vne telle inquietude à ces cheuaux, qu'il falloit quatre ou cinq hommes à chacun pour les tenir, tant ils estoient furieux. Il donna pareillement au Prince de Sian, prenant congé de luy, vn collier de rubis de valeur inestimable. Bref, il n'y eut Prince ny Seigneur qui s'en partit mal content. On estimoit que le Roy auoit donné la plufpart des cheuaux de son escurie, où il y en auoit plus de trẽte mil, qui est le plus magnifique present qu'on puisse faire en ces pais-là. Il donna outre cela force draps d'escarlattes & de soye de toutes couleurs, & autres estoffes, pour lesquelles il fut besoin de plus de vingt mil chameaux pour les porter. Il ne donne iamais aucun elefant, au contraire tous les Princes en font vne soigneuse recherche pour luy en faire present. Tous les cheuaux qu'il donne viennent tousiours au profit de son Estat, car quand il en a affaire en ses guerres, les suiets sont tous prests de l'aller seruir au moindre commandement, tant ils luy sont affectionnez; estimans bien-heureux ceux qui meurent pour son seruice, & mesmes leurs Prestres ne prient iamais pour eux, comme estans au rang des saincts & bien-heureux.

Marginalia: Calin metal. — Barbosa, Conti, & Linscot disent le mesme de Pegu, Sian & Aua. — Sodomie. — Sonnettes aux bestes seulement. — Cheuaux du Roy de Pegu. — Respect & seruice aux Roys.

Dd ij

Les Voyages

Iuſtice & Officiers. Pour ce qui eſt de la Iuſtice, elle eſt adminiſtrée egalement à tous, & les eſtats & offices dependent purement de la volonté du Roy, qui les donne gratuitement, & paye les Officiers de ſes deniers : ce qui fait qu'ils n'oſent rien faire contre la Iuſtice & les loix, car ils en ſeroient griefuement chaſtiez.

Debteurs vendus. Les creanciers ont droit de prendre leurs debiteurs pour eſclaues, quand ils n'ont pas dequoy payer, & les peuuent vendre s'ils veulent pour le prix de leur deub, & quelquefois meſmes ſont vendre à lencan leurs femmes & enfans, iuſques à ce qu'ils ſoient entierement payez. Les frais de iuſtice ne montent preſque à rien. Chacun y vid en grande crainte, & tous s'adonnent à trauailler : & qui n'a moyen de ſoy-meſme, il ſe met au ſeruice des moulins, fabriques & minieres, que le Roy entretient; ſi bien que chacun y peut viure. Les pauures enfans orfelins ſont nourris aux deſpens du Roy. Il y a force lieux enfermez pour les filles, où elles

Hoſpitaux. ſont employées à filer de la ſoye, & faire pluſieurs ſortes d'ouurages fort ingenieux. Meſmes vn eſtranger paſſant, eſt

Chacun eſt employé à Pegu. employé s'il veut, ou bien on luy donne la paſſade iuſqu'à vne autre ville. Le Roy a quatre cens eſclaues, qui ne ſont que pour le ſeruice de ſon palais, ſans ſe ſoucier de quelle

Eſclaues du Roy. nation ou religion ils ſoient, pourueu qu'ils ſoient gens de bien & de ſeruice : on ne leur donne aucuns gages, toutefois ils n'ont iamais faute d'argent, car tous ceux qui ont affaire au Palais leur font touſiours quelque preſent. Il y a deux cens autres de ces eſclaues qui ne font autre choſe que d'aller par les bois & lieux mareſcageux chercher des tortuës de trois couleurs pour mettre au viuier du Roy. Ils

Soye ſur les arbres. recherchent auſſi de ces cocons de ſoye, que les arbres portent naturellement, & qu'ils trouuent en quantité, laiſſans les autres pour l'année ſuiuante. Ils ont d'vne autre ſorte de ſoye, appellée *fongi*, qu'ils tirent au mois de Decembre : elle prouient de cette grande *Erpe* que nous appel-

Soyes diuerſes. lons *Aloue*, dont il ſort vne ſoye plus courte, mais plus forte & meilleure que toutes les autres. I'ay voulu eſſayer ſi elle reüſſiroit par deçà en tirant les filets de leurs fueilles, & i'ay trouué que cela se pouuoit faire, n'y ayant faute que de l'vsage; car bien que les climats soient differens, toutesfois par tout la nature est aydée de l'artifice & de l'ouurage. Toutes ces soyes viennent au profit des peuples, bien que le Roy en prenne la plus grande part, à cause de ses esclaues qui y trauaillent, outre beaucoup d'enfans orfelins & paures filles nourries à ses despens, sous la conduite de matrones & femmes anciennes qui les gouuernent & les chastient si elles font quelque faute. De mesme en est-il pour les hommes, le tout auec vn grand ordre & police. Quand quelqu'vn a commis quelque grand crime, il est mieux s'il le communique à quelqu'vn de ses amis, pour trouuer moyen de le faire entendre au Roy, auant que la Iustice en soit aduertie & informée: car le Roy est plus misericordieux & tout puissant: & lors comme on a representé au Roy la qualité du crime, de la personne, & du suiet, il se pourra faire que sans ouïr les parties il luy fera grace. La coustume de ce pais-là est, qu'aussi-tost que quelqu'vn se voit en crime, il despoüille ses habillemens, prend vne chemise blanche trainante iusqu'à terre comme nos penitens, marche la teste & les pieds nuds, se couche à terre tout de son long, & attend ainsi sa sentence. Il y en a d'autres qui demeurent assis, d'autres se tiennent tous droits, selon la grauité du delit. Il y en a plusieurs qui se promettans grace du Prince, sont trompez & trouuent leur mort. Ceux qui sont condamnez sont aussi tost iettez aux elefans, qui auec leur trompe les enleuent bien haut, puis les laissent tomber, de sorte qu'ils se brisent & creuent: puis on en fait manger les corps aux lyons & aux tigres, dont ils ont vn bon nombre. Ils punissent griefuement les adulteres, tant hommes que femmes, & principalement celles de grande maison. Il s'en trouua vn iour vne auec vn sien esclaue, qui furent tous deux attachez ensemble & enterrez vifs.

Pour le regard de leurs mariages, quand quelques grands se veulent marier, ils consultent leurs Deuins & Magiciens, pour en sçauoir le succez: puis quand ils ont des enfans ils font tirer leur natiuité, pour sçauoir ce qui leur arriuera de

Grande police.

Crimes comme punis.

Adulteres punis.

Mariages consultez.

bien ou de mal, dont i'en diray vn exemple notable cy-
apres. Lors que ces grands viennent à n'aymer plus tant
leurs premieres femmes, ils ont la liberté d'en espouser vne
autre, sans que la premiere ait suiet de s'en offenser, & est
contrainte de souffrir iusqu'à ce que son mary la vueille rap-
peller ; car le plus souuent ce qu'ils en font n'est que par
degoust & pour changer de viande. Que le mary & la femme conseruent vne amitié reciproque toute leur vie, quand
le mary vient à mourir, si la femme fait ce qu'elle doit rai-
sonnablement, selon la coustume du païs, apres les funerailles acheuées, elle demeure certain temps pour pleurer la
mort auec ses parens & amis, & puis elle leur fait vn grand
festin, comme en signe de resiouïssance, & ayant distribué
tous ses ioyaux & ses plus precieux meubles à ceux qu'elle
ayme & cherit le plus, apres auoir embrassé & baisé pere,
mere, parens & amis, elle est conduite par eux au tombeau
de son mary au son des flutes & des hautsbois, & sous vne tê-
te dressee auec des fueillages & couuerte de fleurs, où estans
arriuez ils commencent à boire, manger, se resiouïr & danser, & cette pauure femme prend d'vne boisson qui la rend
comme hors du sens, & en dansant & beuuant elle se sa-
crifie à l'ombre de son mary, se iettant dedans vn feu, apres
auoir premierement departy le reste de ses bagues & ioyaux
à ses amies. Leurs Prestres & Magiciens les entretiennent
dans ces malheureuses coustumes, qui s'obseruent en plusieurs autres lieux de l'Inde, comme à Narsingue, Cambaye
Coromandel & ailleurs. Mais aussi prennent-ils soigneusement garde aux mariages des grands, que les femmes en
ayent le choix libre par le consentement de leurs parens,
afin que ce soit vne forte amitié qui les oblige à rendre vn si
cruel tesmoignage. De mesme les hommes vsent de beaucoup de preuues violentes pour faire voir leur amour à leurs
maistresses : les vns auec vn flambeau allumé se brûleront
les bras en leur presence ; les autres se donnent des tail-
lades sur la chair, & quelques coups de poignard aussi :
d'autres prendront vn linge trempé dans l'huille, lequel
estant allumé, ils auront la patience de le laisser mourir &

du sieur Vincent le Blanc. 215

esteindre sur leur bras; de sorte que cela engage vne femme à les aymer de mesme, & à leur rendre vne semblable preuue à leur mort.

Mais le sacrifice sanglant qu'ils font à leurs Dieux de leurs pauures & miserables filles, n'est pas moins estrange & cruel. Car en certain endroit de ce grand Empire, pour celebrer la feste de leur grand *Corcouilar*, ils nourrissent dans des Temples des filles vierges adonnées au iesune & à l'oraison, qui sont sacrées & mises en reserue pour le sacrifice solennel; de sorte que quand leurs pere, mere & parens les vont visiter, c'est auec reuerence & adoration, comme des personnes celestes & sainctes, & les prient d'auoir souuenance d'eux lors qu'elles auront l'honneur de se trouuer deuant leur grand Dieu : & à cette consideration ils leur portent toutes sortes de viandes & autres choses en offrande. Tous les ans on prend vne de ces pauures filles pour la sacrifier. Il y a audeuant de l'autel vne pierre de marbre fort luisante & de diuerses couleurs, où il leur semble qu'ils voyent la forme de ce demon furieux qu'ils adorent. Cette fille despouillée de ses riches habits regarde la mine de son Dieu, & s'il l'appelle encores; car ils disent que le demon l'appelle par son nom & l'inuite à venir : puis leurs *Palpes* ou Prestres vestus de leurs habits sacerdotaux, la prennent, & l'ayans mise toute nuë sur cette pierre, apres plusieurs encensemens au demon & à la fille, l'estranglent en la presence du pere & de la mere, qui prennent bien garde si elle est morte, afin qu'elle ne souffre vn second martyre : & ayans fendu son corps auec vne pierre tranchante comme vn rasoir, ils luy arrachent le cœur, qu'ils iettent à la face du demon, le brûlent, & en iettent les cendres meslées auec de l'eau à leurs Idoles : le reste du corps est brûlé à loisir auec du bois aromatique, pour en vser en leurs Temples. En d'autres païs cette chair sacrifiée est mangée par les Prestres. Le sacrifice acheué, ils vont disner, & apres le peuple assiste au seruice & oraisons que font les Prestres auec force encensemens sur luy : puis les Prestres changent d'habits, & en prennent d'autres, qui sont de formes horribles, & estans

Sacrifices de filles de mesme qu'au Perou. Acosta l.5.c.15.

Palpes ou Prestres.

Le mesme au Mexique. Acosta l.5.c.20.21.

Danses horribles.

montez sur des eschaffaux, dés aussi-tost que les instrumens ont commencé de iouër ils se mettent à danser. Au commencement c'est auec vn ton assez bas, puis ils se haussent auec des prieres & imprecations meslées, tant que s'eschauffant en dansant à la mesure de la cadence des instrumens, ils en deuiennent comme insensez, & les vns tombent à terre, les autres continuent leur danse, portans des sonnettes & clochettes, qui s'accordent au son des instrumens. Si-tost que quelqu'vn d'eux est tombé par terre, qui

Danse de demons.

veut dire que le demon luy est entré dans le corps, ils changent de ton, & leur danse se fait plus violente & furieuse, sans perdre toutefois vn seul poinct de la cadence. Mais ce qui est plus estrange que tout, c'est qu'ils disent qu'au mesme temps on voit danser les demons auec eux, & qu'on les reconnoist fort bien à l'agilité de leur mouuement, car du reste ils sont vestus comme les Prestres. Ils remarquent visiblement que ce doiuent estre demons: car n'estans qu'vn certain nombre de Prestres sur l'eschaffaut, quand quelques-vns tombent à terre, on voit tousiours le mesme nombre danser & trepigner, sans que iamais il diminuë pour cela. Cela est cause que ceux mesmes qui regardent ces danses sont agitez & esmeuz d'vne estrange sorte, qui fait dresser les cheueux en la teste à quelques-vns. Ie me souuiens que m'y estant vn iour rencontré par curiosité, ie me sentis tout d'vn coup saisi comme d'vn certain tourbillon qui m'embrassoit si fortement, que i'en estois presque suffoqué, sans pouuoir parler, ny reprendre mon haleine, & voulant crier

Accidens estranges à l'autheur.

& appeller à mon secours mes compagnons, qui n'estoient pas loin, il me fut impossible de proferer vn seul mot: si bien qu'estant tout en eau d'agonie & de destresse, qui me dura plus d'vn quart d'heure, ie me mis à prier Dieu de bon cœur en moy mesme, & par sa grace i'en fus deliuré, ne m'estant iamais veu en telle peine; car ie sentois ie ne sçay quoy qui me passoit entre les iambes, puis me venoit donner entre les deux espaules, ce fantosme me tenant tousiours fort serré. I'en demeuray si abattu que rien plus, mes compagnons me remirent du mieux qu'ils pûrent; mais aussi-tost que ie

fus

du sieur Vincent le Blanc. 217

fus sorty de là ie ne manquay pas de m'aller confesser au Pe- — Pere Hippo-
re Hippolite Religieux de Sainct François, qui m'asseura lite.
que cela deuoit estre vne illusion diabolique pour me perdre, sans la grace de Dieu qui m'en auoit garanty. Il me
conseilla de remercier Dieu & de me garder bien de me plus
trouuer parmy telles abominations, dont la curiosité m'a-
uoit pensé couster si cher, car i'estois bien aise de voir tout
cela pour m'en mocquer: mais depuis ie me garday bien de
plus entrer en leurs Temples & assemblées, & voir leurs mau-
dites idolatries.

Mais pour acheuer la feste, quand ces ceremonies &
danses ont duré quatre iours, la noblesse fait son festin en Festins & au-
quelque Palais signalé, où les principaux de la ville sont nies.
conuiez tant hommes que femmes, habillez tres richement
& tous couuerts de pierreries, & quelquefois mesme de rubis de la grosseur d'vne noix, flamboyans comme des charbons allumez: puis ayant fait vn sacrifice, ces Seigneurs
font sonner sur les instrumens vn air fort aggreable, &
quelqu'vn d'eux prend vne Dame telle qu'il luy plaira pour Dances mor-
dancer, sans se toucher les mains toutesfois, se tenans auec tuaires.
vn linge de soye, & ainsi en fait vn chacun des autres, iusques à ce que le bal soit fermé. Ils dancent en rond, & fait
fort bon voir cette basse dance, qui est fort artificieuse pour
les diuers passages qu'ils y font. Cela fait, les instrumens
changent de ton & en prennent vn fort bas, comme si c'e-
stoit pour se reposer, auec certains couplets qu'ils chantent
à la louange des Seigneurs defuncts leurs parens, celebrans
leurs vaillances auec mille loüanges le plus souuent faussés; Chants de
puis ils s'assisent en rond parlans tousiours de la valeur de louanges.
defunts, & les femmes plus tendres de cœur commencent
à pleurer, & tous disent parmy leurs plaintes, qu'ils ne seront iamais tels que leurs peres, qui ont fait tant & tant de
belles choses; apres s'estre encor inuitez l'vn l'autre à
pliandre & pleurer, enfin estans las ils s'en vont tous prendre leur refection ensemble, & la ceremonie est ainsi acheuée.

Par tout ce que dessus, on voit comme ces peuples là

E e

font estrangement superstitieux, & comme ils honorent soigneusement leurs Dieux ou Demons, à quoy leurs Prestres ne cessent de les animer tousiours de plus en plus, & ne laissent passer les moindres petites ceremonies pour le profit & l'honneur qu'ils en reçoiuent. Ces Prestres ont vn merueilleux pouuoir & authorité sur eux ; ce qui se remarque bien plus qu'en toutes autres choses en leurs guerres, comme i'ay desia touché cy-dessus. ᵃ Car ces Princes Orientaux font leurs guerres d'vne façon bien differente de celle des nostres, dautant qu'ayans quelque grande guerre à faire auec leurs voisins ou autres, les Prestres y prennent vne telle authorité qu'ils se rendent comme arbitres & mediateurs, ayans tant de croyance qu'ils remonstrent librement à leurs Princes ce qui est de leur deuoir enuers leurs peuples, & sur cela les deux *Bramins* ou Prestres de part & d'autre conferent ensemble sans passion de la querelle de leurs Princes, pour voir le moyen de les mettre d'accord ; & quand ils n'en peuuent venir à bout, ils font choisir cent des meilleurs caualiers & autant de gens de pied d'vn costé & d'autre, tirez de leurs grandes armées qui sont en bataille, composees souuent de trois & quatre cens mil hommes, ne faisans gueres de guerres qu'ils ne soient esgaux, le plus fort faisant tousiours la loy au plus foible. Et bien qu'vn *Bramen* se vist auantagé de cent mil hommes plus que l'autre, si fait il conscience d'vser de cet auantage, pour euiter le combat tant qu'il peut, & s'il est contraint d'y venir, c'est auec mille protestations enuers le Prince pour l'en empescher. Ce que ne pouuans ils font choquer ces deux petites troupes, apres leur auoir donné leur benediction & exhorté vn chacun à bien faire, & celuy qui est vainqueur donne la loy au vaincu, qui est contraint de luy ceder, & ainsi se terminent la plus part de leurs guerres. Ceux qui ont fait quelque acte signalé en ces combats en reçoiuent quelque marque de leur Prince qu'ils gardent comme vne chose sacrée, bien que ce ne soit le plus souuent qu'vne simple escharpe ou rubã de taffetas auec quelque charactere ou chiffre au milieu de l'escharpe, qui monstre comme tel s'est

ᵃ en Narsingue.

Prestres comme disposent des guerres.

Recompense & marque de valeur à la maniere des anciens Romains.

du sieur Vincent le Blanc.

bien porté à la bataille pour la querelle de son Prince: qu'ils portent cela aux iours des grandes festes attaché à certains chapeaux ou bonnets de palme, & il y en a qui en portent plusieurs selon les diuerses occasions où ils se seront trouuez.

Quant à l'exemple que i'ay touché sur les predictions des mariages des Grands, & de la fortune de leurs enfans, il est tel. L'an 1572. il y auoit vn Prince au païs de *Tranziane* suiet du Roy de Pegu & son proche parent, qui espousa vne sœur du Prince de *Taxatay*, l'vne des plus belles dames de toutes ces parties Orientales. Les nopces s'en firent auec grande resioüissance & solemnité, & entr'autres les Deuins furent consultez pour sçauoir si ce mariage reüssiroit bien, & on trouua que iamais autres personnes ne s'estoient tant aymées que faisoient ces deux Prince & Princesse *Alfonge* & *Abelara*. Cet horoscope redoubla la resioüissance & la celebrité; & de faict ils menerent vne douce & heureuse vie, s'aymans grandement: & pour vn plus grand contentement ils eurent deux enfans masles iumeaux, qui tesmoignoient desia en leur bas aage ie ne sçay quoy de grand & releué, & donnoient vne merueilleuse esperance d'eux à l'auenir. Ces enfans ayans atteint l'aage de dix ans, s'aymoient si cordialement qu'ils ne pouuoient durer l'vn sans l'autre, & ce que l'vn desiroit, l'autre y consentoit tres volontiers; mais le diable ennemy de concorde mit en l'esprit du pere & de la mere la curiosité de sçauoir quelle seroit leur fortune, & trouuerent à leur mal-heur que ces deux freres qui s'entr'aymoient tant viendroient vn iour à se couper la gorge. Ce qui estonna bien ces pauures Princes, & les mit dans vne estrange apprehension. Cependant ces deux freres ayans quinze ans disoient l'vn à l'autre, Mon frere ce sera vous qui me tuërez, car pour moy i'aymerois mieux mourir cent fois que de vous vouloir seulement faire le moindre mal du monde: & l'autre luy repliquoit, Ne croyez pas, ie vous prie, mon frere, que cela arriue, car ie vous ayme autant & plus que moy mesme. Sur cela le pere pensant les separer, pour tascher d'euiter ce malheur, ils en

Histoire pitoyable de deux Princes de Tranziane.

Amitié fraternelle.

Curiosité & predictions dangereuses.

Ee ij

conceurent vne telle fafcherie & defefpoir, qu'il fut contraint de differer fon deffein iufqu'à ce que l'occafion fe prefenta qu'ils furent tous trois, le pere & les enfans, conuiez à vne guerre qui fe faifoit entre le Roy de *Narfingue* & celuy de *Pegu*, fur le differend de quelques païs que l'vn detenoit à l'autre: mais la paix fe fit par le moyen des *Bramins* à condition que ces deux ieunes Princes efpouferoient les deux filles du Roy de *Varfingue*, & de la fœur du Roy de *Baticala*, qui eftoient deux tres-belles Princeffes, & qu'en ce faifant le Roy de *Pegu* donneroit à celuy qui efpouferoit l'aifnée tous les païs conquis par luy en leur derniere guerre, auec le Royaume de *Martaban*, & que l'autre frere, outre le Royaume de *Tazatay*, auroit celuy de *Verma*, où eft la feigneurie de *Zait*, qui rend tous les ans douze perles de tribut du poids de deux *ferafs* d'or, & d'vne perfection entiere. Ces conuentions accordées & fignifiées aux deux Princeffes de *Narfingue* encores fort ieunes, elles dirent à leur pere qu'elles eftoient fort contentes de ces mariages, mais que ce feroit à condition qu'il ne leur feroit imputé à aucune infamie, fi auenant la mort des Princes leurs maris, elles ne fe facrifioient à vne mort volontaire pour eux, puis qu'ils leur eftoient inconnus. Ce qu'eftant accordé, les mariages furent accomplis au grand contentement d'vn chacun pour la paix commune qu'ils apportoient, & l'on en fit par tout de grandes feftes. L'vn de ces Princes demeura au païs de *Narfingue* auec fa femme, & l'autre s'alla tenir en la prouince de *Verma*, terres fort efloignées l'vne de l'autre: de forte qu'ils demeurerent bien long temps fans fe pouuoir reuoir, ne fe vifitans que par lettres & prefens de chofes rares & curieufes. Sur cela le Roy de *Tazatay* eut vne grande guerre auec le Roy de *Mandranelle*, qui manda ces deux Princes freres fes enfans pour le venir affifter: & comme ils y alloient tous deux chacun auec vne bonne troupe de gens de guerre fans fçauoir rien l'vn de l'autre, l'vn laiffa fon droit chemin, & alla vers les ennemis qu'il deffit en vn grand combat, & de là s'alla rendre vers fon pere: mais le malheur porta que le lendemain fon frere arriuant de *Verma* auec fa femme, & voulut entrer secrettement dans la ville sur le soir pour aller visiter vne Dame leur ancienne amie, & l'autre frere ayant fait le mesme dessein, ils se rencontrerent tous deux de nuit à la porte de cette Dame sans se connoistre, & pleins de ialousie, apres quelques paroles mirent la main aux espées & s'enferrerent l'vn l'autre. L'vn d'eux en mourant dit entr'autres choses, qu'il remercioit Dieu d'auoir rompu le sort malin de son horoscope, puis qu'il n'auoit point donné la mort à son frere comme il leur auoit esté predit : surquoy l'autre le reconnoissant à la voix & au discours, tirant aussi à la fin luy mesme vint embrasser son frere en pleurant, & acheuerent ainsi piteusement leurs iours tous deux, dont le pere auerty voyant sa blanche vieillesse conduitte par sa propre faute à vne si dure & malheureuse fin, outré de regret & de desespoir, se vint tuer luy mesme sur les corps de ses enfans, & furent mis tous trois dans vn mesme cercueil, accompagnez des plaintes & larmes de tout le peuple. Ce qui monstre à quoy la trop grande curiosité nous conduit. Ce n'est pas aussi vne petite question, comment cela se peut sçauoir par la science des Astres, & si ce sont choses ineuitables, ce que ie laisse à disputer & decider aux plus sçauans.

Rencontre malheureuse.

Mais auant que finir ce chapitre, ie diray que parmy tant de diuerses Idoles, tant du grand *Corcouitas*, qui est le principal & le plus ancien dont tous les autres dependent, que de l'*Oyzima*, qui est le moteur de tout, & plusieurs autres d'estranges & horrible figure, chacun auec leurs Temples & sacrifices particuliers, ils ont tousiours, comme i'ay dit, parmy cela l'Image de la Vierge & de son Enfant qu'ils honorent fort, auec force lampes qui l'esclairent. Ces lampes ne sont pas de verre, mais de pierre de *talc* qu'ils ont en abondance, & mesmes il y en a des montagnes entieres à vn bout du Royaume vers l'Orient ; Ils les trauaillent fort subtilement, & en font diuerses sortes d'vstenciles, en y appliquant ce metal nommé *calin*, tant estimé par toute l'Inde depuis la Perse iusqu'à la Chine, & qui est comme l'argent, mais aysé à fondre comme l'estain. Ils font aussi

Corcouitas. Oyzima.

Talc au lieu de verre

leurs vitres, & lanternes de ce talc, & pour les lanternes ils en font encor de ces escailles de tortuës de trois couleurs dont i'ay parlé cy dessus.

J'auois oublié de dire aussi que pour leurs dances ils vsent d'vn certain bassin, qui estant bien touché rend vn son fort melodieux, mais il faut vn long exercice pour en sçauoir bien iouër. Ils ont d'autres instrumens de musique dont on n'a aucun vsage en Europe, entr'autres de certains bassins plats & doubles, le couuercle desquels est distant de deux doigts du reste, garnis & montez de cordes de sistre; ils les appellent *hydrac*. Cela est long & difficile à apprendre.

Instrumens de musique.

Hydrac.

Pour le regard de leurs années, ie n'ay pas bien compris la façon dont ils vsent à les compter; mais ie sçay bien en general qu'ils les comptent par Lunes, comme la pluspart des Orientaux, & les iours par Soleils: & sur ces Lunes ils leuent cinq iours, dont ils font treize Lunes l'année, & le cinquiesme iour arriué sur l'heure de minuit ils font vn sacrifice solennel dans leur Temple où tout le monde se trouue.

An des Peguans.

Ayant conferé de cela auec quelques vns, l'on m'a dit qu'il y auoit apparence que cet an des Peguans fust comme celuy dont on vse à la Chine, qui est aussi Lunaire, & qu'ils accordent auec celuy du Soleil le mieux qu'ils peuuent. Car leur an estant de douze mois ou lunaisons, ils intercallent deux fois en cinq ans vn mois lunaire, faisans cet an de treize Lunes, dautant qu'ils ne sçauent que c'est que du nombre d'or, ou cycle de dix neuf ans, & l'anticipation d'vne heure & de vingt huict minuttes ou enuiron qui remet les nouuelles Lunes au nombre d'or, s'accommode entr'eux par la supputation annuelle: car ils n'ont ny ne veulent auoir vn Calendrier perpetuel; mais tous les ans en font vn nouueau qu'ils font imprimer auec de grands frais, & l'enuoyent par toutes les prouinces de la Chine.

An Chinois.

Intercalation.

Peut-estre donc que nos Peguans ont voulu imiter cela à leur mode & selon leur intelligence, qui est bien petite en

du sieur Vincent le Blanc. 223

ces choses, qui donnent assez de peine aux meilleurs esprits d'entre nous.

Quant à la Philosophie de ces Indiens, & à leurs autres opinions sur l'Astronomie & Geographie, i'en paileray cy-apres.

Auant que de sortir de cet Estat de Pegu, ie ne veux obmettre ce que quelques Peguans me contoient & qu'ils ont mis mesme par escrit en leurs voyages. Que quelques années auparauant que nous arriuassions en ce pais-là il y auoit eu vn Roy de Pegu de l'ancienne race des Rois, qui auoit plusieurs Lieutenans aux païs des *Bramas* vers le lac *Chiamay*, & entr'autres vn au Royaume de *Tangu*, qui se rebella contre luy, le deffit & tua, & se fit Roy de Pegu. On l'appelloit le *Bramaa de Tangu*, qui fut vn grand Tyran, & vn puissant Prince, qui assuiettit par force d'armes plusieurs Royaumes à son Empire, comme ceux de *Prom*, *Mintay*, *Calam*, *Bicam*, *Mirandu*, *Aua*, *Martaban*, & autres, puis fut mis à mort par vn Seigneur Peguan, nommé *Xemin de Zatan*, qui se fit Roy ; mais il fut deffait & tué par vn autre, nommé *Xemindoo*, qui s'estant pareillement fait Roy, fut peu apres deffait & mis à mort aussi par *Chaumigren* proche parent du *Bramaa*, qui se rendit l'vn des plus puissans Roys qui ait esté à Pegu, & qui assuiettit entierement à son Empire le Royaume de *Syan*, auec autres douze grands Royaumes. Ils disent qu'en la guerre de Sian il mena vne armée de dix sept cens mil combattans, & de dix-sept mil elefans, dont y en auoit neuf mil de combat & le reste de bagage. Ce qui ne doit pas faire trouuer incroyable les immenses armées que les Roys de Perse mettoient autresfois en campagne contre la Grece : ce qui vient de ce qu'en tous ces païs d'Orient, la pluspart des hommes vont à la guerre, & qu'il n'y a pas tant d'Ecclesiastiques, chicaneurs, financiers, gens de lettres, & autres personnes oysiues, que parmy nous. Le Roy qui regnoit de nostre temps à Pegu, nommé le *Brama*, estoit comme ie croy, fils de ce *Chaumigren*, qui depuis a esté bien rudement traitté par les Rois de *Tangu*, *Aracan* & *Sian*, comme i'ay dit cy-dessus.

Fernan Mendez Pinto en son Itineraire.

Changemés au Royaume de Pegu.

Chaumigren.

Armées grandes en Orient.

Mais il est temps de venir à quelques Prouinces & villes de la haute Indie suietes ou confinantes & voisines de cet Empire de Pegu, comme *Abdiare*, *Vilep*, *Canarane*, *Cassubi*, *Transiane*, *Tasaray*, *Mandranelle*, *Tartarie*, & autres.

D'Abdiare & Vilep villes du Pegu. Fismans, Singes, Licornes, & autres animaux. Fotoque ou Idole à trois testes.

CHAPITRE XXXIII.

Abdiare. Vilep.

Continuans tousiours nostre trafic par les villes & Prouinces de ce grand Empire de Pegu & païs voisins, comme entr'autres dans la ville d'*Abdiare* & à *Vilep*, Royaume suiet au Peguan en la haute Indie, & ayans negocié auec quelques marchands que nous trouuâmes fort francs & de bonne foy, en traitant auec le *sensal* ou courratier, sans dire aucun mot, mais seulement auec les doigts & iointure de la main; ce qui se pratique par toutes les Indes, pour ne donner à connoistre le prix des marchandises: Nous partimes de *Vilep* en bonne compagnie, & trois heures apres nous arriuâmes à la descente d'vne montagne fort ombrageuse, sur la pente de laquelle il y auoit vne belle fontaine, où toute la trouppe s'arresta pour y prendre sa refection : mais nous n'y eûmes pas esté long temps, que soudain voicy vn nombre merueilleux de Singes noirs comme poix la plufpart, quelques-vns petits, noirs & blancs assez iolis. Il s'en presenta vn aupres de moy qui sembloit me demander de ce que ie mangeois, & luy pensant faire peur, il ne s'en estonna ny remua pas beaucoup, comme estans accoustumé à voir les passans. Ie luy iettay vn morceau de pain de mil qu'il prit fort modestement, & en donna à sa compagnie & à deux petits qu'elle nourrissoit. Au mes-

Trafic par signes.

Singes.

du sieur Vincent le Blanc.

me temps il en vint trois autres qui sembloient demander aussi leur part, ie leur en donnay dont ils mangerent fort paisiblement : mais tout d'vn coup vne partie de nostre trouppe se leua, prenant les armes, & à cause d'vne trouppe de *sismans* ou chiens sauuages qu'ils apperceurent venir à nous, qui d'vn seul coup d'arquebuse furent tous escartez ; nous leur voyons manger l'herbe comme des moutons. Poursuiuans ainsi nostre chemin, nous rencontrâmes force autres sortes d'animaux assez estranges, comme aussi des fruits de diuerses sortes, nous estonnans de l'excessiue grosseur de quelques vns. Nous en trouuâmes portans la poix raisine qui sent comme le mastic : d'autres vne graine rouge, dont se fait l'incarnat, qui ne se desteint iamais, & deuient tousiours plus beau. Ayans ainsi cheminé dix ou douze iours par diuers païs, où nous trouuâmes plusieurs riuieres, animaux, arbres & autres choses estranges, entr'autres force ciuettes, dont y en a de domestiques, qui ne coustent les quatre qu'vn *pardai*, mais puans, & dont la fiente sent comme celle de l'homme : enfin nous nous mîmes sur la riuiere de *Iiame*, & en trois iours arriuâmes à vn village nommé *Tanza*, & le lendemain à *Canarane*, qui est vne belle ville, riche & florissante autant qu'aucune autre de l'Indie, la capitale d'vn Royaume de mesme nom, qui confine à l'Orient au païs de *Tazatay*, au Midy à *Carpa*, & au Nord à *Moantay* autre grand Royaume. La ville est assise au milieu de deux grandes riuieres, dont l'vne est *Iiame*, & l'autre celle de Pegu. Elle a enuiron quatre lieuës de circuit, bastie magnifiquement. Les mœurs des habitans sont bien differentes de celles de Pegu, car ils ne vont iamais nuds pieds comme font les autres, les Princes & Seigneurs portent de riches brodequins, & des sendales garnies d'or. Le Roy de *Canarane* est puissant & riche en mines d'or & d'argent. Il a aussi celle de l'esmeraude la plus fine d'Orient, dont il tire vn grand profit. On ne trouue point que ce Prince ait iamais diminué, mais plustost augmenté son thresor. Ils ont aussi la mine des Turquoises. Quand vn Roy meurt tout son tresor est

Sismans.
Fruicts.
Arbres raisineux.
Ciuettes.
Iiame fleuue.
Canarane.
Moantay.
Mines.

Ff

enterré auec luy, & l'on fait iurer à son successeur de n'y toucher point.

Presens au Roy.
La premiere année de son regne il est entretenu & deffrayé par son peuple luy & toute sa Cour, & tous les Seigneurs sont obligez de le venir reconnoistre chacun auec de riches presens, & vne requeste pour estre restably &

Estats venaux.
confirmé en ses estats, charges & seigneuries, car le Roy a le pouuoir de vendre toutes sortes d'estats qui sont alors vacans. Et ainsi tout son peuple, les grands & les petits, sont tenus auec vne supplication en main de demander chacun sa charge & vacation auec des presens; si bien que cela fait recouurer à ce Roy, cette année là, vn tresor merueilleux. Personne ne peut porter de souliers, anneaux & ceintures d'or sans la permission du Roy, dont il se tire vne grande gabelle, & vne partie appartient au Roy de Pegu comme Souuerain, qui luy a permis cette grace, à cause que le pais est plus froid que Pegu : & i'ay ouy dire à

Vents Monsons fort froids.
des marchands, qu'en temps d'hyuer il y regne certains vents ou *Monsons*, qui viennent deuers le North, si froids, que tels en cheminant perdent les doigts des pieds, tant la froidure y est aiguë & penetrante. Il y a vne coustume qu'aucun

Debteurs esclaues.
marchand ne se peut obliger qu'il n'oblige quant & quant biens, femmes & enfans, & manquans le iour promis à payer, le creancier peut prendre tout pour esclaue. Ils vsent d'vne

Monnoye.
monnoye dite *canxa*, & toute celle de Pegu y a cours, sauf que le Roy en fait battre d'or & d'argent, que par toutes les Indes on appelle *larins*, outre celle que chaque Prince fait battre chez soy. Ils ont vne autre espece de monnoye d'argent nommée *Pardain* & *Taxifo*. Ils en font aussi d'estain meslé auec du cuiure, qui n'estant pas vne monnoye Royalle il est permis à chacun d'en battre, comme aussi d'vne autre petite, nommée *bise*, dont on achepte toutes choses. Il faut estre habile à sçauoir negocier auec cela pour n'estre pas trompé.

Sucre és bastimens.
Le Roy tient vn grand nombre d'esclaues pour gouuerner ses elefans & ses escuries. Au bastiment de leurs maisons ils vsent de ciment meslé auec du sucre comme à Pe-

du sieur Vincent le Blanc. 227

eu, qui tient fort en y adiouſtant des coquilles calcinees, qui ſont fort cheres & ſe vendent à la meſure. Ils ont force ſuccrieres, dont ils font manger les cannes aux elefans qui les ayment fort, & s'ils font quelque faute on les leur oſte pour les apprendre, & ainſi ſe chaſtient & inſtruiſent fort ayſement : & comme leur gouuerneur leur parle, ils remuent leurs grandes oreilles pour entendre ce qu'on leur dit. On les fait bien loger, & manger dans de la vaiſſelle d'argent ainſi qu'à Pegu. Les Seigneurs ſont logez à la Perſienne, & leurs maiſons enrichies d'or & d'azur. Ils ne prennent qu'vne femme legitime, quoy qu'ils ayent pluſieurs concubines qui vont richement parées, & ſe couurent la face en allant par les ruës comme en Italie & en Eſpagne; mais en la maiſon elles ne ſe couurent point & ſont aſſez familieres. Ces peuples ſont Gentils & Idolatres, & on traitte ayſement auec eux. Si vn marchand ſe veut arreſter en leur ville, il y a des ieunes femmes qui donnent leur maiſon garnie de tout ce qu'il faut, & le ſeruent comme eſclaues; meſmes on les peut battre & chaſtier ſi elles ne font ce qu'on leur dit, & ſans que l'on en puiſſe eſtre repris depuis qu'vne fois elles ſe ſont ſoumiſes à cela. Elles ſe tiennent bien veſtuës & propres au poſſible, elles ſont fort agreables, danſent & chantent bien, conſeruent ſoigneuſement les biens du marchand : & c'eſt vne grande infamie entr'eux d'eſtre accuſé de larcin. Les femmes y vont preſque toutes veſtuës de blanc, comme tous les habitans de l'Arabie heureuſe, tant hommes que femmes.

Au reſte, nous eſtions logez en cette ville de *Canarane* chez vn courratier, appellé *Chamur*, qui auoit deux cornes de licornes, dont l'vne auoit encor la moitié du teſt. Nous en miſmes la pointe dans de l'eau pour voir ſi elle la feroit bouillir comme la corne : mais il me ſembla qu'elle la faiſoit bouillir auec plus de viuacité, & ſaillit comme toute emperlée. Ie demanday à cet homme s'il n'auoit point veu de ces animaux en vie, il me reſpondit qu'il en auoit veu ſeulement deux fort petits, & qui n'auoient point encor de cornes: Que leur Roy en auoit pris vne allant à la chaſſe, mais que

Ff ij

Elefans inſtruits.
Femmes.
Marchands cōme traittez.
Larcin infame entr'eux.
Licornes.

la mere n'estoit iamais venuë à leur connoissance, leur estant impossible d'en auoir peu recouurer, quelque peine qu'ils eussent pris, d'autant qu'elles fuient, à ce qu'on dit, la veuë & la rencontre des hommes, & les lieux où principalement repairent ces gros serpens dont nous auons parlé ailleurs, qui leur font vne cruelle guerre, estans frians de leur sang, qu'il disoit sentir merueilleusement bon, comme il auoit éprouué plusieurs fois, & mesme de celle qui fut enuoyée par leur Prince au Roy de Pegu, laquelle ayant esté piquée par vn moucheron, le sang qui en sortit fut porté dans vne petite boëte au Roy, qui n'en fit pas grand conte, ne trouuant cette senteur agreable ; bien que luy neantmoins l'auoit trouuée plus odorante que la ciuete. Voila ce que nous en contoit ce *sensal* : & pour moy il me souuient d'auoir veu cette licorne entiere dans le serrail du Roy de Pegu, & qu'elle auoit la langue toute differente des autres bestes, à sçauoir fort longue & raboteuse, sa teste ressembloit plutost à vn cerf qu'à vn cheual, & s'en trouue de diuers poils. Ceux qui les gouuernent disent que c'est vne beste assez sale, & qui se plaist en son ordure, & que l'ayans veu boire souuent ils ne luy ont iamais apperceu mettre sa corne dans l'eau. Tous les Indiens en content plusieurs autres choses, mais si estranges & differentes, qu'il n'y a pas grande asseurance, comme quand ils disent qu'elles ne portent qu'vne seule fois en leur vie, & portent deux ans comme les elefans, & choses semblables. Vn Bramin me contoit & iuroit en mettant la main sur son cordon (qui est comme vn ordre, dont les Roys mesmes font honneur d'estre) qu'il s'estoit trouué à la prise d'vne de ces licornes auec le Roy de *casubi*, & qu'elle estoit toute blanche & fort vieille, les machoüeres luy pendans de telle sorte qu'elle monstroit toutes les dents descharnees, & qu'elle fut si furieuse à se deffendre, qu'elle rompit sa corne entre les branches d'vn arbre, & qu'ayant esté prise & liee on la mena au Palais du Roy ; mais d'autant qu'on l'auoit batuë en la prenant, pour auoir blessé le neueu du Roy, elle ne vescut que cinq iours, ne voulant iamais manger. Ce qui

Serpens ennemis des licornes.

Licorne beste sale.

Cordon des Bramins, Ordre.

monstre que c'est vne beste colere & capricieuse. Les Reynes firent faire des bracelets de ses os, comme les Dames Indiennes sont fort curieuses de porter des bracelets d'yuoires & d'autres matieres semblables. Pour la corne de cet animal le Roy de *Casubi* se la reserua, & enuiron cinq mois apres me trouuant en la Cour de ce Prince, qui estoit fort courtois & curieux, ie priay le sieur de la Courbe, vn de nostre compagnie, de luy demander la faueur que nous puissions voir cette corne; ce qu'il fit, & le Roy l'enuoya querir aussi tost, & luy en fit vn present, dont ledit sieur se voulant reuancher, il luy donna vne horloge tres-belle. Cette corne estoit toute d'vne autre couleur que les autres que i'auois veuës au Serrail du Sultan de la Meque & ailleurs; car elle tiroit sur le gris blanc, où les autres estoient d'vn gris obscur. I'ay bien ouy dire que Louis de Bartheme en ses Voyages raconte auoir veu chez le Soldan de la Meque en Arabie deux de ces animaux licornes, qui luy auoient esté enuoyez par vn Roy d'Ethiopie, & estoient grands comme vn poulain de trente mois, de aubureau obscur, la teste comme de cerf, la corne de trois brasses de long, quelque peu de crin, les iambes menuës, le pied fendu & l'ongle de cheure. Et les Anglois & Holandois aux derniers voyages vers Spitzberg, disent auoir trouué en vn lieu, dit Horensort, des cornes de licorne, mais sans pouuoir sçauoir de quels animaux c'estoient. Le Prince de *Casubi* me contant de cela nous fit voir encor les bracelets de sa femme, qui estoient tirez de l'autre piece de la corne, & auoient vne odeur fort douce. Il nous fit aussi monstrer les ossemens de toute vne teste entiere qu'vn de ses Princes auoit dans son cabinet, & plusieurs autres curiositez, entr'autres vn *Estif*, que nous appellons Griffon, mais la teste y manquoit, d'autant que le iour qu'il l'auoit pris à la chasse on ne le sceut trouuer estant tombé dans des broussailles fort espineuses iusqu'au lendemain, que les marmots luy auoient desia mangé toute la teste. Les pieds estoient estrangement longs, & les griffes auroient bien embrassé vn muid. Le plumage en est blanc & rougeastre sous le ventre: ils n'ont que deux pieds, & de

Estrif ou griffon.

la pointe d'vne griffe à l'autre il y a plus d'vne demie aulne, I'en ay veu de fort grands & furieux, qui eussent pû enleuer vn veau de six mois, & le deuorer. Il s'en trouue en grand nombre à l'entour du lac de Chiammay, dont nous auons parlé cy-dessus.

Mandranelle. De *Cansvane* nous allâmes en diuerses iournées à *Mandranelle* ou *Madraneie*, qui est vne belle ville à cinquante lieuës de *Tasaray*, sur la riuiere de *Zingit*, fort grande, profonde, & qui porte de gros vaisseaux. Ils trafiquent auec ceux de *Tabin*, ou la Chine; & ceux de *Buganzan* s'y viennent pouruoir de toutes leurs necessitez.

Calliferech. C'est la demeure du grand *Calliferech* de Pegu, dont nous auons parlé. Aucun Seigneur ne passe en cette ville, qu'il n'aille baiser le brodequin de ce Prince, qui est le plus doux & affable du monde. Il y a vne autre ville de mesme nom en l'Indostan vers Perse qui est à plus de six cens lieuës de cette cy. Dans le païs on trouue

Bouigui, oyseaux sauuages. vne sorte d'oyseaux domestiques, qu'ils appellent *Bouigui*, qui se nourrissent la pluspart du temps dans l'eau, & deuorent tout ce qu'on leur iette; Ceux qui ont des terres & maisons sur des riuieres en tiennent grande quantité, coustans peu à nourrir, & estans de grand profit ; & qui en peut auoir deux cens il se peut dire riche : car il ne faut qu'vn petit garçon pour les conduire par la campagne, auec vn panier pour retirer les œufs des femelles, dont il ne s'en perd pas vn seul, car les voulans faire elles se baissent & sont fort secondes. Sur le soir ils ont cette coustume de demeurer vne heure dans l'eau, & pour les faire retirer au giste, il ne faut que leur faire vn certain signe accoustumé, à quoy ils ne manquent point. Ils sont fort bons à manger, & d'vn goust tres-agreable. Le naturel de ces oyseaux est, que si on les met dans vne terre semée de mil ou de ris, c'est chose admirable comment ils en arrachent soigneusement toutes les mauuaises herbes, sans toucher aux bonnes. Leur grain

Le mesme se dit des canards de la Chine. hist. Chin. l. 3. c. 32. qu'ils appellent *tasin*, c'est comme nostre millet, & a la fueille presque comme celle du roseau à laquelle ces oyseaux ne touchent aucunement, soit qu'ils la haïssent, soit pour quelque autre cause occulte. Ils sont à fort

du sieur Vincent le Blanc. 231

bon marché, nous en auions deux pour vn demy *fanon*, qui peut estre deux sols de nostre monnoye, & sont gros comme vne poulle & fort gras: nous en trouuâmes la viande fort delicate, & en acheptâmes d'autres pour auoir le plaisir mon compagnon & moy en nous pourmenans le long de la riuiere, de les voir ainsi arracher & cercler ces meschantes herbes. Nous songions au moyen d'en pouuoir porter des œufs en France, & sur tout à Arles terroir de bleds, où l'on fait vne si grande despence pour les nettoyer; mais les voulans esprouuer dans vne terre semée de *chiza*, qu'en autre endroit on appelle *moussa*, qui est vne sorte de feues rondes, & plus grosses deux fois que les nostres, de mesme goust, sinon que l'escorce est plus espaisse & plus dure, & de mesme couleur que la chastaigne, la feuille platte; mais nous trouuâmes qu'ils mangeoient la bonne herbe & laissoient la mauuaise, d'où nous apprîmes de ces Indiens que ces oyseaux ne sont pas bons à tous grains. Pour deux fanons, qui n'est pas huict sols de nostre monnoye, l'on en aura quelquefois vn cent. Ils trauaillent dés le matin iusques au soir sans cesser, & coustent peu à nourrir. Nous en auons veu en d'autres endroits de l'Inde d'vne autre sorte & d'autre couleur, tirant sur le verd & gris, qu'ils appellent *Arpitan*, seruans à mesmes vsages, & à d'autres encor: car au mois de Nouembre ils muent & laissent toutes leurs vieilles plumes, dont les habitans se seruent pour mettre entre les nattes de cocos, pour des oreillers à s'asseoir & dormir, pour couurir les maisons à la campagne, pour des clayes, & mille autres choses. Ils sont si grands qu'ils mangent toute sorte de vermine, chair & poisson.

En cette ville de *Mandranelle* il y auoit vn Indien du lieu qui nous hantoit & venoit manger auec nous, nous apportant des fruits du pais; auquel ie demanday vn iour, s'il ne trouuoit pas estrange, nous estans *Ramata*, ainsi appellent-ils les Portugais & tous les autres Chrestiens de deçà, de manger auec nous, veu que la pluspart des autres Indiens s'en estimoient pollus: mais il nous dit que non, & que leur Dieu *Foroque*, qui a trois testes, est intime amy des *Franques*

Fanon monnoye.

Arles.

Chiza.

Arpitan.

Ramata.

Fotoques aussi Dieux du Iapon.

Sanacarin ou Vierge.

Creance de ces Indiens.

Ramata, & qu'vn d'eux auoit apporté la *Sanacarin* ou l'Image de la Vierge qu'ils appellent, que le grand *Oyfima* auoit decorée de tant de vertus & hautes qualitez, qu'elle a eu le pouuoir de faire la troisiesme teste de leur *Fotoque*: ce qui fut cause que depuis ce Dieu a esté le plus accompli, le plus grand & haut esleué de tous, à la sublimité duquel nul ne peut atteindre, & qu'vn iour il viendroit iuger tous les autres Dieux qui auront mal traitté son peuple fidele; car pour auoir fait du mal aux meschans cela ne leur sera compté pour rien.

En Cambaye aussi ils adorent vn Dieu à trois testes, & disent que le Dieu, cause premiere de toutes choses, eut trois enfans ausquels il confera la diuinité, & qu'ils n'ont tous qu'vne mesme volonté. A *Tazacay* aussi ils ont ce mesme Dieu à trois testes, qu'ils disent estre trois puissans Dieux vnis en vn. En d'autres lieux ils honorent vn oyseau qu'ils disent estre le Sainct Esprit de Dieu, & plusieurs autres choses semblables. Par où l'on voit que ces pauures Indiens ont eu autrefois quelque connoissance & instruction de la Saincte Trinité & des autres mysteres de nostre Religion, qu'ils ont embrouillez d'estranges fables & imaginations. Les Bramins mesmes figurent cela par trois cordons qu'ils portent attachez à vn nœud, & en d'autres la Croix.

Du Royaume de Casubi: De leur Religion, & des premieres conuersions de ce pais à la foy Chrestienne.

CHAPITRE XXXIIII.

Casubi.

E *Mandranelle* nous allâmes à *Casubi*, Royaume & ville (autrefois suiette au Roy de Bengale.) où nous descouurîmes vn certain mont fort esleué, & incontinent apres la ville, & approchant de plus pres nous apperceûmes vne grande quantité de flambeaux

du sieur Vincent le Blanc. 233

beaux auec force gens; nous arrestans pour voir que c'estoit, nous vîmes apporter vn tronc d'arbre, qui en mesme temps fut mis en terre auec de la chaux & du ciment, accompagné de femmes vestuës comme d'vne tunique rouge iusqu'à la ceinture, & de là en bas d'vne toile de coton, de laquelle couleur estoient aussi vestus ceux qui auoient porté ce tronc, dans lequel estoit vn corps mort, enuelopé d'vn suaire, & aromatisé de mastic, & autres drogues qui empeschent la corruption ; puis mis en cette biere, & couuert du mesme bois, auec des clous de la mesme matiere, tout cela cimenté & enduit de mastic, encens, & bitume au dedans & par dehors. Ils passent quarante iours à bien banqueter sur la tombe, pres laquelle il y a vne loge faite expres pour cuisiner & assaisonner les viandes de choses aromatiques, afin, disent-ils, que l'ame du defunct en ressente la fumée. Puis ils vont deuant leur *Pagode* ou idole, sans pleurer, à cause qu'ils estiment que les morts vont tout droit au ciel. Ces quarante iours ainsi passez, ils en passent autres quarante à dresser la pyramide assez simplement, faite de terre & d'eau, mais fort haute comme vne tour, & d'autant plus que la personne est releuée. Cela fait, la femme du mort se retire en sa maison toute seule pendant autres quarante iours pleurant incessamment son mary, ses parens cependant luy administrent ses necessitez ; car elle se lairroit plutost mourir que sortir pour demander ce qui luy fait besoin. Tout le temps des six vingt iours passé on traite d'vn nouueau mariage pour cette femme qu'on fait sortir vestuë d'vn gentil habit de fille, accompagnée d'autres ieunes Dames, qui font vne partie à iouër à la paulme ou au ballon fait d'vn certain ciment spongieux, qui saute & bondit plus haut que s'il estoit remply de vent. Les femmes s'y plaisent fort plus que les hommes, & font estat de ce ieu pour monstrer leur agilité & adresse, ainsi en vsent-elles pour trouuer vn mary. Comme nous estions en ce païs-là il y en eut vne qui apres auoir acheué toutes ces ceremonies de veufuage, fut trouuée morte dans son lict, à cause qu'elle auoit dormy sur vne sorte d'herbe nommée *sapony*, qui

Enterrement & ceremonies.

Vefues comment se remarient.

Ieu de ballon.

Sapony herbe mortelle.

Gg

est du tout mortelle à ceux qui se reposent dessus.

Casubl & son air.
Femmes.

La ville de *Casubi* est belle, grande & de bon trafic. Les hommes y sont de belle taille, vn peu bazanez, les femmes tres-belles & auenantes, bien vestuës, de belle & gaye humeur, leur habillement assez lascif pour estre fort eschancré, qui leur fait descouurir & monstrer la chair. L'air y est pareillement assez temperé.

Goncha.
Raisins.

La ville est enuironnée de grandes montagnes remplies de belles fontaines, & de toutes sortes de bons fruicts, & principallement de coins les plus gros, & les mieux nourris qu'en aucun autre endroit de l'Orient, ils les appellent *Goncha* : il y croist aussi de tres bons raisins de mesme que ceux d'*Alep*, dont ils remplissent des sacs faits de toille de cocos, & les chargent & deschargent par terre, comme si c'estoient des noix, sans qu'il s'en gaste vn seul grain. Ils

Manne.

ont force manne sur les arbres, qu'ils cueillent soigneusement auant que le Soleil se leue, car elle se dissipe & esuanoüit aussi-tost que les rayons du Soleil ont passé par dessus. Ils la vendent à bon marché, quoy qu'elle soit fort purgatiue, il me souuient qu'en ayant cueilly vne fois sur vn certain arbre qui ressemble nos saules, & en ayant mangé vn peu, ie pensois auoir pris de la scammonée.

Long aage.

En ce pays les hommes viuent fort, & passent iusqu'à cent cinquante ans, & ceux qui se retirent sur la montagne viuent encore d'auantage. La ville est trauersée de la grande riuiere de *Paroget*, fournie de toutes sortes de marchandises, & de bon nombre de marchands. Il y a vne belle grande place enuironnée de murailles, comme celle de *Goa*, au milieu de laquelle est le Palais Royal, où l'on tient vn grand marché ; & où tous les Samedis on apporte de toutes sortes de marchandises, & principallement des peaux

Paroget.

Fourrures.

d'hermine, & des martes de trois especes fort exquises.

Toutes les montagnes d'alentour sont remplies de bestes & de sauuagines, & les habitans sont grands chasseurs, ne s'adonnans à autre exercice qu'à cultiuer leurs terres, & faire valoir leur bien. Les femmes en trauaillant portent le brodequin, & le *otoyac*, qui est le soulier. Ils font force draps de toille de toutes sortes en leurs maisons pour se pouuoir nourrir & passer de leurs voisins, ils font aussi mille gentillesses & ouurages de l'arbre de cocos, comme mannes, paniers, cofins, nates de diuerses couleurs tres-bien agencées, cet arbre leur seruant à boire, manger, se vestir & à tout autre vsage & necessité des hommes. *Cocos. Voy l'vtilité de cet arbre dās Pyrard. l. 3. c. 11.*

Ils sont fort adonnez à l'idolatrie & folles superstitions comme tous les autres Indiens, se monstrans fort religieux, & deuots en leurs ceremonies, & affectionnez à leurs Prestres, qui sont mariez. Ils vsent d'vne sorte de confession assez remarquable, & qui tient vn peu du Christianisme. Vn peu auant le grand iour du Iubilé qu'ils font à leur *Oyzima*, ils se vont lauer dans vn lac où ils demeurent vne partie de la nuict, puis se mettent en des linceuls de coton qu'ils appellent *Bambou*, & se retirent sous des arbres esclairez de diuerses lumieres. Le iour de la confession venu ils vont trouuer leur *Catibe* ou Prestre, & se mettans à genoux, quittent leur manteau qu'ils portent sur leur simple chemise, & ayans fait vn petit present au Prestre, s'accusent de leurs pechez, & lors le Prestre les frape d'vne petite masse de bois faite de racine, en disant souuent *Gazay*, c'est à dire, dites, dites. La confession acheuée, il leur enioint vne penitence, & ils se vont derechef lauer au lac, & apres tous vont à la procession, faisant porter leur viande dans des plats de bois fort exquis & peints, ou dans de la pourcelaine, auec leurs idoles qu'ils portent aussi en cette procession, laquelle acheuée à l'entour de la ville, les Prestres leur crient *Allez, mangez au nom de nostre Dieu, qu'il vous benisse tous*, puis se baisans les vns les autres en signe de paix, ceux qui ont quelque querelle ou haine ensemble, se viennent embrasser & baiser en pleurant aussi amerement que si le plus grand malheur du monde leur estoit arriué. Surquoy les parens & amis les viennent consoler, leur remonstrant comme il faut oublier tout, si bien qu'ainsi reconciliez ils vont disner ensemble, & de là en auant demeurent tousiours bons amis. Il prennent assez difficilement querelle les vns contre les autres, ne mesdisans iamais gueres l'vn de l'autre. Ces Prestres nous

Confession à Casubi.

Catibe. Ils les appellent ainsi aux Maldiues.

Procession.

Reconciliations.

tiennent pour gens pollus, & ie me fouuiens qu'ayant parlé auec nous, ils alloient lauer leurs habits, & ne vouloient pas manger de la viande que nous auions touchée. Tous ces peuples se plaisent fort à l'estude des sciences, & à trauailler.

Fertilité. Le païs est bon & fertile, & les terres y rapportent deux fois l'an, & leurs brebis aussi.

Recit du marchand d'Aracan. Estans-là, nous y conûmes vn marchand Chrestien natif d'*Aracan*, fort versé aux lettres Grecques & en la langue Abissine, Siriaque & Espagnole, qui auoit esté conuerty à Diù. Il se plaisoit grandement auec nous, & nous contoit que sa mere estoit *Abissine*, & que son pere estant mort ieune, elle l'auoit fait instruire aux lettres Grecques & Abissines, & me monstroit vn liure Grec qu'il portoit tousiours auec soy, où il y auoit plusieurs belles histoires, & entr'autres comme la Foy Chrestienne auoit esté portée aux Indes, & particulierement en ce païs de *Casubi*. Que S. Thomas auoit esté prescher aux Parthes & à Bengale ; Sainct Mathieu en Ethiopie, & S. Barthelemy en l'Inde citerieure, vers le Royaume de *Verma*, *Aua*, *Pegu*, & autres lieux. Que depuis ce temps-là, enuiron trois cens ans apres, vn Philosophe Chrestien natif de Tyr en Phenice, nommé *Meropius*, †estoit

† Cecy en partie est tiré de l'Histoire Ecclesiastique de Socrate, Sesomene, Theodoret & Ruffin. allé en ces Indes auec deux ieunes enfans ses neueux, nommez *Aedesius* & *Frumentius*, par curiosité seulement de voir le païs, à l'exemple d'vn autre Philosophe nommé *Metrodore* quelque temps auparauant, & qu'ayant bien veu & consideré tous ces pays-là, comme il s'en vouloit retourner, son vaisseau fut attaqué par les barbares idolatres, & luy mis à mort auec tous les siens, excepté ces deux ieunes garçons qui furent amenez au Roy de ce pays de *Casubi*, qui se plaisant à les voir pour leur gentillesse, les fit nourrir soigneusement, & en fit l'vn, à sçauoir *Aedesius*, son Eschançon, &

Aedesius & Frumentius. l'autre *Frumentius*, Intendant sur toute sa maison, dont ils s'aquitterent tous deux fort dignement, & au contentement du Roy, qui les aymoit grandement, aussi bien que

Arasinde. la Reine, nommée *Arasinde*, & vn sien fils vnique. Ce Roy estant venu à mourir, sa femme demeurée Regente auec son fils encore ieune, eut soin de ces deux Chrestiens que le

du sieur Vincent le Blanc.

Roy auoit chargez de l'instruction de son fils, iusqu'à ce qu'il fust grand; de sorte que la Reyne faisoit grand cas d'eux, & ils se comportoient tres-bien en cette charge, se conseruans tousiours cependant à la vraye Religion, & faisans vn grand fruict auec ceux qui se trouuoient estre Chrestiens en ce pays-là, qui estoient marchans & negotians Romains, qu'ils confirmoient tousiours en la Foy, & mesmes auec la permission royale ils dresserent quelque forme d'Eglise ou Oratoire pour s'assembler & prier Dieu. Toutefois voyans qu'ils n'auoient pas vne telle liberté qu'ils eussent desiré, aussi qu'ils eurent enuie de retourner en leur pays, le ieune Roy estant desia en aage pour se pouuoir conduire en l'administration de son Estat, ils demanderent leur congé; & quoy que peussent dire & faire le Roy & sa mere pour les retenir, ils n'en peurent venir à bout, eux ne se soucians d'emporter or, argent ny autres biens. Si bien qu'ils s'en retournerent tous deux vers les terres de l'Empire Romain, & l'vn, à sçauoir *Ædesius*, se retira à *Tyr* son pays, où il fut fait Prestre, & l'autre *Frumentius* s'en alla droit en Alexandrie, où trouuant le grand Euesque sainct Athanase, il luy raconta tout son voyage des Indes, de la maniere des Chrestiens qui estoient en ce pays-là, & du grand fruict qui s'y pourroit faire pour les conuersions, pourueu que l'on y enuoyast quelqu'vn pour estre leur Euesque. Surquoy ce bon Prelat iugeant qu'aucun ne pourroit estre plus propre à cela que *Frumentius* mesme, par le conseil des Prestres de son Eglise, il le consacra Euesque, & fit tant qu'il le persuada de retourner aux Indes, comme il fit, & estant arriué à *Casubi*, il trouua la Reine griefuement malade, qui le reconnut incontinent, & fut guerie par ses prieres; & comme elle se vouloit ietter à ses pieds en reconnoissance d'vn tel bien, il l'empescha, luy disant qu'elle se prit bien garde que Dieu ne la punist plus griefuement de s'encliner ainsi deuant luy, qui estoit vn pauure pecheur qui n'auoit aucune puissance que celle qui luy venoit du souuerain Dieu qu'il croyoit, & lequel auoit esté crucifié par les Iuifs, & mort pour la redemption du monde: que c'estoit ce bon

S. Athanase.

Frumentius fait vn second voyage aux Indes.

Dieu, IESVS-CHRIST, qui l'auoit guerie, & partant qu'elle creust en luy, & se fist baptiser, ce qu'elle fit, & le Christianisme fut alors publiquement planté en ce pays-là, & confirmé par plusieurs beaux miracles que Dieu fit par la main de ce bon Euesque. L'on dit que le Roy consentit bien à tout cela, mais qu'il ne se fit point baptiser. Toutefois il vouloit faire mettre à mort tous les Iuifs de son Royaume, si *Frumentius* ne l'en eust empesché, & impetré grace pour ce miserable peuple, qui fut vn trait digne de la vraye Foy &

Charité des premiers Chrestiens. charité de ces premiers Chrestiens. Somme que cet Euesque ayant demeuré dix-sept ans en son Euesché de *Casubi*, où il bastit plusieurs Eglises, il voulut aller iusques à *Mandranelle* pour en faire de mesme, mais par l'astuce du diable il en fut chassé par les habitans, & contraint de retourner à *Casubi* sans auoir peu faire aucun fruict parmy eux. On dit qu'apres il retourna en son pays ayant establi le Christianisme. Depuis ce temps encores quelques Eglises qui furent autrefois de Chrestiens y sont demeurées, qui auiourd'huy sont occupées par les idolatres. Voila ce que ce bon marchant nous contoit de son liure.

Nous demeurâmes quelque temps à *Casubi* à vendre & troquer nos marchandises, où nous fîmes assez bien nostre profit, & entr'autres de quelque safran que nous auions, dont ils

Safran, à quoy. ne se seruent que pour se teindre les ongles, le meslans auec le bresil, dont ils font vne fort gentille couleur, & il y a des hommes & femmes qui s'incisent le bras auec la pointe d'vn certain bois, dont on tire le feu, en mettant la pointe

Bois à faire feu. d'vn de ces bastons dans la fente d'vn autre, & le tournant assez roidement, iusqu'à ce que la fumée & le feu en sortent, puis en ces incisions ils font des empreintes de ce qu'ils veulent auec diuerses couleurs, & ordinairement ils couurent cela d'vne peau de foine nouuellement escorchée, qui forme la couleur encor plus viue & plus belle, sans que iamais elle se perde.

De Macharane, de la chasse des Tygres, & des autres bestes sauuages. Histoire d'vn Rhinocerot de l'Escurial. L'estime qu'on y fait des François.

CHAPITRE XXXV.

DE Casubi nous prismes nostre chemin vers Macharane à vne iournée & demie de là, qui sont enuiron quinze lieuës, & arriuâmes en vn village tout enuironné de palissades, où il y a vne belle riuiere, dans laquelle nous vîmes plusieurs filles & femmes se baigner & nager, selon l'vsage de toutes les Indes, où les femmes sçauent aussi bien nager que les hommes, & il y en a qui y prennent vn si grand plaisir, que pour n'y estre incommodées, elles se font raser tous les cheueux, excepté quelque peu audeuant de la teste. Toutes les femmes de ce païs-là ont d'ordinaire le poil fort noir, ce qu'ils tiennent à grande beauté, auec la charnure blanche. Elles se lauent d'vn huile qu'on appelle *qinzin*, qui teint les cheueux & les rend luisans comme ebene. Nous fumes en la maison d'vn fensal, qui auoit quatre belles filles toutes rasées de la sorte, sauf le deuant de la teste, comme c'est la façon de toutes les Indes, bien qu'il y a des endroits où ils ne rasent que les filles de huict ou dix ans. Ces filles nous appresterent pour nostre manger d'vn certain cocos qu'ils appellent *Budomel*, de la forme d'vn coin, ayant au dessus vne pellicule : que si on le presse entre deux pierres il en sort comme vne farine assez relante, mais estant mise au Soleil, ou deuant le feu, elle deuient comme amidon : ils en font de la bouillie auec l'eau de cocos de palme en y meslans des moyeux d'œuf & du sucre, qui est le plus agreable manger de toutes les Indes.

Macharane.

Femmes nageuses.

Qinzin.

Budomel.

Manger delicieux.

Vollailles. Pour les vollailles ils en ont grande quantité, comme des perdrix blanches & grises, & des Faisans qui y sont domestiques comme les cocqs d'Indes. Il y a des paons sauuages *Monnoye.* & domestiques qui ne coustent gueres. Leur monnoye est d'estain & cuiure, excepté la royalle. Ils ont pour rare man-*Binbi.* ger vne graine qu'aux isles on appelle *Binbi*, fort petite & noire : ils la font cuire auec du laict & du sucre, ou du miel tiré de la palme, & mangent de cela sur de grandes feuilles qui ne seruent qu'vne fois. Ils nous en faisoient manger comme d'vne chose fort exquise.

Au reste en cheminant par ces pais-là, on est, comme i'ay *Singes im-* desia dit, fort incommodé des singes & des guenons qui *portuns.* vous suiuent par tout, & quand on s'arreste pour manger on en est tousiours importuné pour leur donner quelque chose. Nous auions accoustumé par les champs de tendre vn petit pauillon de toile de coton, auec vn baston au milieu, & des cordages tout à l'entour pour le tenir, & ayans mangé nous nous reposions quelquefois, pendant que deux des nostres faisoient la sentinelle pour empescher que nos montures & bestes ne s'enfuissent. Ils ont là de certaines bestes *Arjoufa.* nommées *Azoufa*, qui se tiennent ordinairement aux cime-*Azoufa.* tieres pour desenterrer les morts, & se repaistre de leur *Chicali &* chair qu'ils ayment fort. I'en ay veu beaucoup à *Fez*, Ma-*Arjoufa.* roc, & autres lieux d'Afrique, où ils appellent ces animaux *Ce sont ani-* *Chicali*, & mesmes ie leur vy vn iour desenterrer & manger vn *maux de mé-* de nos compagnons mort subitement. Il y a d'autres be-*me nature,* stes appellées *Iras*, fort friandes aussi de chair humaine, qui *mais de di-* vont de nuict en troupe, & si elles trouuent quelques vns *uerse espece,* à l'escart elles les deuorent, & desenterrent aussi les morts *car le Chi-* pour s'en repaistre ; mais leur peau est d'vne si excellente *cali est roux.* odeur, qu'il semble que la Nature les ait pourueuës de cela, afin que les hommes fussent excitez à les rechercher & chasser pour le repos des viuans & des morts.

A la verité l'importunité des singes est grande & ennuieuse, mais on y donne bon ordre en leur fermant les auenuës, comme chacun est auerty de faire soigneusement, mais ces *Azoufa* & *Iras*, dits autrement *Marari*, sont fascheux & dangereux

du sieur Vincent le Blanc.

dangereux tout ensemble. On trouue aussi par ces campagnes grand nombre d'autres bestes sauuages & cruelles, comme des Tygres, qui sont extremement furieux, & qui ne craignent point les hommes pour attroupez & bien armez qu'ils soient. Ils sont gros comme de petits asnes, & vont nuict & iour à grandes trouppes, ayans la teste comme les chats de Surie, mais plus furieuse, les pates de lyon, la couleur blanche, rouge & noire, & fort luisante. On fait grand cas de leurs peaux, car ceux de Perse, Indostan, Guzarate, Samarcant & de la Chine s'en viennent pouruoir là. Le Roy fait estat de leur chasse auec toute sa Cour, & en prennent bon nombre, bien que parmy cela il se trouue tousiours quelqu'vn qui en est mal traitté, & y a telles auenues estroites qu'on ne les y oseroit attaquer; car ils sautent furieusement sur les hommes de cheual, & en vn instant les estranglent & deschirent, puis en vn autre instant se sauuent à la course, sans qu'on les puisse attraper: les Roys prennent vn tres-grand plaisir a cette chasse, & en font gloire, & le peuple les en benit pour voir exterminer cette mauuaise engence. Ils vont aussi à la chasse des elefans & rhinocerots, qui sont des bestes si grandes & si puissantes qu'il faut vser d'artifice & subtilité pour les prendre; car l'elefant qu'ils appellent *Chesef* & *Gafier*, est si fort & impetueux, que l'on n'en sçauroit venir à bout que par le moyen d'vne femelle, comme i'ay dit ailleurs. Quant au rhinocerot il y faut bien prendre garde, à cause qu'il est armé de pied en cap, auec sa corne sur le nez de couleur de gris obscur, fort pointuë, & de deux pieds de long, ses escailles impenetrables à quoy que ce soit, de couleur de chastaigne. Ils en ont sous le ventre de tanées; s'ils peuuent attraper homme & cheual, ils les iettront à six pas loing. I'en ay veu vn dans l'Escurial d'Espagne, qu'on auoit amené des Indes; mais pource qu'il renuersa vn carrosse chargé de noblesse, sans que toutefois de bonne fortune personne fût blessé, le Roy d'Espagne commanda qu'on luy creuast les yeux & qu'on luy coupast la corne. La difficulté fut à executer cela; car on fut contraint de se mettre en vn lieu renfermé pour le lier, ce qui se fit auec

Tygres.

Peaux de Tygres.

Chasse des Tygres.

Elefans.

Rhinoceros.

Histoire du Rhinocerot de l'Escurial.

H h

Les voyages

tant de peine & de danger que rien plus, il en bleſſa & eſtroupia pluſieurs. Il y eut vn homme braue & reſolu, nommé *Caſabuena*, qui s'arma d'vne cuiraſſe à l'eſpreuue ſous ſa caſaque, pour euiter tout inconuenient : la beſte l'atteignit de telle ſorte, qu'elle le ietta contre la muraille ſi rudement qu'il fut remporté comme mort, iettant le ſang par la bouche & par le nez. Le Duc de Medine conſeilloit au Roy de le faire tuer à coups de mouſquet, pource qu'il auoit eſtropié vn de ſes Gentils-hommes nommé le Caualier *Martel* ; mais le Roy ne le voulut permettre, & enfin apres beaucoup de peine on en vint à bout, & eut les yeux creuez, & la corne coupée. Cela monſtre combien cette chaſſe doit eſtre dangereuſe. Il s'en trouue principallement en *Bengale* & *Patane*, & à *Macharane*.

Loups dangereux. Il y a d'vne autre ſorte de beſtes ſemblables à nos loups, mais noires, & ſi furieuſes qu'elles attaqueront librement vn homme armé d'eſpée & de rondelle, & encores fera t'il beaucoup s'il s'en ſauue ; la peau en eſt dure comme celle du buſle : les Rois Indiens ſe plaiſent fort de voir exercer la rage de ces beſtes aux deſpens de quelque malheureux criminel, & c'eſt grand pitié de voir côme ils les eſgorgent. A ce propos il me ſouuient que le Roy de *Caſubi* auoit vn gros

Guenon ar-mé. guenon noir enchaiſné, qu'il faiſoit combattre contre vn homme armé d'vn baſton; il eſtrangloit ceux qui luy eſtoient preſentez ſans deffence. Mais il ſe trouua vn Indien reſolu & vaillant, qui le vainquit, & le rengea ſi bien que le Roy le luy donna. Il luy faiſoit nettoier les ruës & porter les immondices hors la ville, & quand il barbotoit ou rechignoit, il le traittoit à bons coups de baſton ; ſi bien qu'il gaignoit la vie de ſon maiſtre, qui eſtoit vn pauure homme nouuellement ſorty d'eſclauage. Nous auons ſouuent rencontré ſur noſtre chemin en voyageant par ces pays-là quantité de ces beſtes ſauuages, mais nous n'en auons iamais trou-

Lyons aſſeu-rez. ué de ſi aſſeurées que ſont les Lyons, qui ne daignent ſe leuer de deuant les hommes pour peu qu'ils ſoient hors du chemin. Ils ne demandent rien aux paſſans ce ſemble, mais ſi on les recherche & attaque, ils ſe defendent furieuſe-

du sieur Vincent le Blanc. 243

ment, & sont fort legers & grands coureurs. Comme nous venions vn iour de *Casubi* à *Tranziane* dans vne grande carauane de toutes sortes de nations, Mores, Gentils, Malabares & autres, pource que l'on ne doit passer autrement par ces forests pleines de bestes fieres, & par tout des marests & des riuieres remplies de crocodilles ou caymans, il y eut vn valet de chambre du sieur de la Courbe, l'vn de nos compagnons François, fort courageux, qui eut enuie en passant de tirer à vn lyon qu'il apperceut, & pour ce suiet s'estant escarté quelque vingt pas du chemin, accompagné d'vn Indien nommé *Talmassac*, aussi fort vaillant homme, vn Bramin les auoit auertis de se retirer en haste à course de cheual, aussi-tost qu'ils auroient fait leur coup, de peur d'inconuenient. Le lyon estoit couché tout de son long sous vn arbre, & bien qu'il receust les deux coups en mesme temps, l'vn à la teste, & l'autre à l'espaule gauche, si est-ce que se sentant blessé, il fit vn saut si leger, que bien que les autres se fussent retirez promptement, il en attrappa vn à plus de deux cens pas, & luy emporta toute la croupe de son cheual qu'il tua, ressemblant vn foudre, encores que desia les forces luy manquassent. Le pauure *Talmassac* en fut si estourdy du coup de teste qu'il luy donna dans le flanc qu'il en fut bien malade, & le fallut rapporter à *Casubi* dans vn palanquin ou litiere par quatre *Camalous* ou portefais, encores le malheur voulut qu'il fut volé par le chemin. Les *Naires* prirent le lyon auec la permission des chasseurs, & en firent vn present au Roy de *Tranziane*, qui l'admira pour sa grandeur, ayant ses dents grandes & grosses comme vn œuf de poule. Ce Roy recompensa *Talmassic* d'vn autre cheual au lieu du sien qu'il auoit perdu : ce qui fut tenu à grande liberalité, à cause de l'estime qu'on fait des cheuaux en tous ces pays là, & nostre François eut vne robbe de drap d'or frisé, & le Roy nous fit tous caresser & receuoir dans son Palais, s'enquerant de beaucoup de choses du sieur de la Courbe, entr'autres de l'Estat de nostre Roy : & d'autant que i'estois quelque peu versé dans l'intelligence des lan-

Caymans.

Lyon merueilleux.

Roy de Tranziane & sa curiosité & affabilité.

Hh ij

gues de ces pays-là, i'estois appellé à ces entretiens, & ne sçay s'il prit plaisir à quelques discours que ie luy fis ; mais il appella vn sien valet de chambre, & luy fit apporter sa main toute pleine de pieces d'or, qu'il me donna, me disant que si ie me voulois arrester auprés de luy, i'en aurois autant toutes les Lunes, & que i'aurois soin de sa personne, car le sieur de la Courbe luy auoit donné à entendre que ie m'entendois en la Medecine. Ie luy fis vne humble reuerence & remerciement, luy respondant que i'estois d'vne humeur que ie ne seruirois iamais les Princes pour leur argent, mais que ie me contenterois seulement de l'honneur que ce me seroit d'estre au pres de sa Majesté. Il me sceut tres-bon gré de cela, disant, Vous autres François estes la fleur du monde, & ie me plais infiniment en vostre conuersation. Apres cela il nous monstra deux couleurines qu'vn Capitaine de Diepe luy auoit données, fort bien faites, ayans chacune vn dragon pour leurs armes. Le sieur de la Courbe luy fit present d'vne espée d'acier de Damas qu'il auoit recouurée aux Indes, ce que ce Roy prisa beaucoup, & tirant au mesme temps vne bague du doigt où estoit enchassé vn tres-riche rubis à faces, il voulut luy donner ; mais ledit sieur ne le voulut receuoir, le remerciant & disant que ce seroit vne grande indiscretion à luy de prendre vne chose si rare, & qui valoit mille fois plus que son present, & qu'il estoit assez satisfait, & bien recompensé de ce que sa Majesté auoit daigné receuoir de luy si peu de chose, auec plusieurs autres discours de courtoisie & complimens qu'il luy fit, dont le Roy l'en estima beaucoup plus, adioustant qu'on reconnoissoit assez qu'il estoit quelque chose de grand entre les Chrestiens, d'autant que ses discours estoient plus elegans & polis que le langage ordinaire des autres marchands, & que s'il vouloit s'arrester en sa Cour, il luy donneroit telle charge en son Palais qu'il voudroit, & l'aymeroit comme son propre frere. Ledit sieur le remercia auec beaucoup de reuerence & de submission. Enfin nous fûmes fort caressez & bien traittez de ce Prince, que nous accompagnâmes plusieurs fois en ses chasses, qui est vne chose vray-

Estime des François en Orient.

Present du sieur de la Courbe.

ment Royalle & magnifique.

En ce pays-là il y a vne autre sorte de beste sauuage qu'ils appellent *Agazirou*, fort cruelle, & qui attaque indifferemment tout ce qui se presente deuant elle : elle a quatre dents qui couppent comme des razoirs, de la grosseur d'vn bœuf mediocre, la teste comme vn ours, & la queuë d'vn pourceau. Ces animaux sont noirs, on les chasse pour en auoir la peau, qui est forte à merueilles pour resister aux coups : la chair en est bonne & tendre côme celle d'vn pourceau, quoy qu'elle soit vn peu rougeastre. Cette chasse est fort dangereuse, & tousiours quelqu'vn s'en ressent; car ceste beste se iette furieusement sur le premier qui se presente, & ne laisse de l'estrangler, bien qu'il y eût cent hommes pour le defendre, si ce n'est qu'elle fut tuée du premier coup. Elle est fort friande d'vn gros fruict qu'ils appellent *cotoma*, qui est d'vn tres bon goust & rafraischit grandement; de sorte que l'esté il est fort recherché : car l'on n'en a pas gueres mangé que l'on se sent incontinent tout rafraischy, mesme refroidy si on en mange beaucoup. Ces Indiens vont creusant les gros arbres qui sont alentour de ce fruict pour se cacher dedans, & attendre là la beste & l'attraper quand elle vient pour en manger : Mais quand elle se void ainsi surprise, elle entre en telle rage qu'elle s'efforce d'arracher l'arbre de depit. Il y a tant d'autres sortes de sauuagine, que ce seroit chose trop ennuieuse de rapporter tout. Ils ont force oyseaux de tres-beau plumage, dont ils font diuers ouurages des plus belles & viues couleurs du monde, & il y a de ces oyseaux si gros qu'ils en leueroient quasi vn veau en l'air. Ils ont des grifons, qui à mon aduis ne sont autre chose que ce qu'ils appellent *tofon*, estans de plumage blanc, & sous le ventre rougeastre : mais ils n'ont point quatre pieds comme nos peintres nous les figurent, ains deux seulement assez longs & renforcez, comme aussi les serres semblables à celles d'vn faucon, mais grosses & fortes à merueilles, le bec d'aigle, mais beaucoup plus espais; ce sont bestes fort cruelles. Ils ont aussi de ces oyseaux que nous appellons de Paradis, & eux *Irico*, ausquels ils couppent les pieds, & les vendent ainsi aux marchands

Cotoma fruit.

Grifons.
Tofon.

Oyseaux de Paradis.

comme nous auons dit ailleurs. Ils ont force cocqs & poules sauuages, qui vont par trouppes, comme aussi les paons, des perdrix blanches, & d'autres oyseaux & volatilles de plusieurs sortes.

De Transiane : Femmes du pays courageuses.

CHAPITRE XXXVI.

A ville de *Transiane* (qui est aussi le nom du Royaume) situé entre celuy de Sian & celuy de Tinco, est la derniere de la sujection de l'Empire de Pegû vers le Septentrion, ayant à l'Occident la Prouince ou Royaume de *Tazatay*, & au North celuy de *Carforan*, au Midy *Pegu*, & à l'Orient *Cauchinchin*, située sur vne belle riuiere qui vient du lac de *Daracan*. C'est vn pays assez temperé, excepté durant les grandes chaleurs de l'esté, qu'il faut de necessité cheminer de nuict en voyageant. Il y a vne mine de diamans qu'ils appellent *Geav*, outre celles d'or & d'argent en quantité, & du plus pur de l'Orient ; force grains & fruicts de toutes sortes, & du vin de palme qu'ils appellent *serolle*. Les peuples sont fiers & superbes, & de la taille & façon des Persans, mais blancs, & leurs femmes tres-belles, plus qu'en autre part, mais vn peu lasciues, & aymans la conuersation des estrangers : Elles dansent volontiers au son de leur bassin, & se plaisent fort à la musique & aux banquets : elles portent leurs cheueux abattus, noüez & entrelassez en diuerses façons auec des rubans de soye fort proprement, des bagues & ioyaux selon leur qualité. Car les diamans enchassez en or ne peuuent estre portez que par les Princesses & grandes Dames, les rubis & autres pierres sont pour le reste de la Noblesse, qu'ils appellent *Canubi*, où est comprise toute la milice du Roy. Quant au com-

Marginalia:
Transiane.
Carforan.
Serolle.
Femmes.
Pierreries, à qui.
Canubi.

du sieur Vincent le Blanc. 247

mun peuple il porte des bracelets & bagues d'argent, estain, cuiure & yuoire bien façonné & esmaillé de toutes couleurs, & obserue la mesme coustume que i'ay remarquée desia autre part, qui est de rompre tout cela en signe de deüil quand ils ont perdu quelqu'vn de leurs parens. Si quelqu'vn au delà de sa qualité veut porter des pierreries, il faut qu'il s'accommode auec les Officiers du Roy, pour estre mis au rang des nobles, car l'argent là fait tout comme ailleurs. Les femmes se plaisent fort à estre courtisées, portans leurs robes fort eschancrees, comme les Angloises, & leurs habillemens sont assez semblables à ceux de nostre Europe, & du tout differens du reste des Indes. Au reste ces femmes de quelque qualité ou condition grande ou petite qu'elles soient, sont obligées à alleter & nourrir leurs enfans elles-mesmes. L'adultere y est puny de mort, & pour ce suiet il y a beaucoup de femmes qui ne se veulent pas marier pour y viure auec plus de liberté; car les filles & les veufues ne sont suiettes à aucune loy, sans que pour cela elles soient deshonorées, & ayans passé leur temps tant que bon leur semble, elles se peuuent marier comme les autres sans aucune note d'infamie, & si elles ont eu des enfans d'autres, chacun des peres est obligé de les prendre & de les nourrir.

Adultere puny.

Filles libres.

Quand le Roy marche en campagne, soit à la chasse ou à la guerre, il fait son auantgarde de cent femmes, qui portent des arbalestes, dont elles tirent si iuste qu'elles donnent dans le rond d'vn sol: ils les appellent *Memeytas*, & se succedent les vnes aux autres pour tirer leur portion royalle, qui est grande & fort remarquable; car elles la meriterent pour vn seruice signalé qu'elles rendirent au Roy *Buganda* bisayeul de *Amaous*, qui regnoit de nostre temps. Elles entretiennent cela par leur valeur & fidelité, & sont bonnes à tout: elles tiennent des esclaues, & peuuent porter toutes sortes de ioyaux, comme ceux de la premiere noblesse: elles assistent le Prince en toutes ses guerres aussi bien que les plus braues caualiers de sa cour; aussi le Prince les voit il plus volontiers pres de soy & à sa table, que tous autres, les estimans fort pour leur magnanimité. Quelquefois, pour luy donner plai-

Femmes gardes du Roy.

Memeytas.

sir, elles s'armeront de ces peaux de bestes sauuages couuertes d'escailles, & entreront ainsi armées au Palais de quatre en quatre, & deuant le Roy commenceront vn gentil combat auec l'espée, l'arondelle & le casque de bois; & tout cela de si bonne grace que le Roy laisse le boire & le manger pour iuger des coups, & de leur addresse: car elles combattent auec ordre & mesure, sans manquer d'vn seul pas à propos, comme vn balet bien concerté. Aussi ont elles des maistres pour les instruire en toutes sortes de ieux d'armes, qu'elles apprennent fort soigneusement. Quand elles ont fait quelque gentil acte de dexterité, & de surprise de guerre, elles sont asseurées d'auoir vne chaisne d'or de present du Roy, & sont toutes logées dans le Palais Royal. Il y en eut vne qui fit vn combat auec tant de grace, de courage & dexterité, que le Roy ne se peut empescher de luy faire sur le champ leuer son casque, & la baiser deuant toute sa Cour, luy mettant lui mesme au col la chaisne qu'il portoit de rubis percez en forme de perles, & garnie aux extremitez de diamans taillez à faces, de valeur inestimable. Le bruit estoit que puis que le Roy l'auoit ainsi caressée, & fait vn tel present, sans doute il l'espouseroit. Aussi estoit-ce vne des plus belles Dames des Indes, de l'aage de vingt ans, d'vne charnure fort blanche, les cheueux espars, noirs comme iayet, son nom estoit *Langir*, & demandant à nostre hoste quelle fille c'estoit, & s'il estoit bien possible que le Roy l'espousast, il me dit en riant à l'oreille, que l'on croyoit qu'elle estoit sœur du Prince mesme, d'autant que son pere *Amaycan* auoit grandement aymé sa mere, nommée *Acojria*, qui auoit esté si braue & valeureuse, qu'à la luitte elle ne trouuoit point sa pareille, & que quand elle luittoit auec quelques estrangers elle les iettoit par terre: s'ils se vouloient ressentir de cela, elle les estrangloit elle mesme sur le champ. C'estoit vne femme belle en perfection, qui fut miserablement tuée par vn lyon; dequoy le Roy son amant en conceut vne douleur extreme, & luy fit faire vn enterrement à la Royalle, & en porta le deuil assez long-temps, s'abstenant l'espace de quelques iours de manger de l'*areca* & du *betel*, & s'estant fait raser

Balet armé.

Femme valeureuse.

du sieur Vincent le Blanc. 249

en signe de dueil & regret. Ce Roy prend vn grand plaisir en ses chasses de voir tirer ces femmes de leurs arbalestes, dont elles descochent trois flesches à la fois d'vne telle vistesse & roideur, que quand elles rencontrent vn arbre elles s'y enfoncent si profondement, qu'on ne les en peut arracher. Elles vsent aussi d'escopetes & autres sortes d'armes, à quoy elles sont fort exercées. Ces femmes n'ont pas le pouuoir de se marier sans la permission du Prince, qui ne les accorde qu'à des Fauoris, qui en mesme temps ont appointement & place au Palais ou ailleurs, car on n'oste iamais la place des autres. Il y a d'autres gardes qu'ils appellent *Viluaires*, qui ne portent deuant le Roy que le cimeterre & l'arc fait de canne d'Inde, ou de bois de palme, qui ne se rompt iamais. Il y a aussi des seruiteurs & officiers domestiques du Palais qu'ils appellent *Lambri*, qui sont pour porter toutes sortes de commoditez necessaires au Palais, & seruent à la guerre, estans honorablement vestus, & armez de grandes cannes d'Inde, dont ils s'aident fort bien, & reçoiuent appointement du Roy.

Archeres excellentes.

Viluaires.

Lambri.

Ce Prince est fort puissant en caualerie & infanterie, ayant tousiours mille elefans, & cinquante mille cheuaux, qui sont plus petits que ceux des Persiens, mais bien renforcez, & dont il entretient force haras; car le pays a les plus beaux & fertiles herbages du monde, abondant en toute autre sorte de commoditez. Ce Roy est tributaire au grand Empereur de Pegu, auquel tous les ans il donne certain nombre de cheuaux les meilleurs des Indes, estans infatigables au trauail; aussi en est-il fort soigneux, & les nourrit d'vne maniere extraordinaire, ayant des iumens qui viennent de Perse: quand il en a pris quelque nombre de l'aage de quatre ou cinq mois, il les domestique auec certaines vaches fort furieuses, qu'il tient expressement pour cela en les haras, si bien que ces petites vaches, ces poulains & iumens sont tous ensemble pesle-mesle: puis ostant les petits veaux à leurs meres, il y met au lieu les poulains pour les teter: cela estant continué quelque temps ils deuiennent les plus forts & du plus grand trauail qu'on sçauroit s'ima-

Milice du Roy de Trausiane.

Cheuaux & leur nourriture.

I i

giner, & mesme on remarque qu'ils ont la corne du pied beaucoup plus dure que les autres. Tout le defaut qu'ils ont est, qu'ils ne sont pas si vistes que ceux de Perse, qui sont les cheuaux les plus estimez par toutes les Indes, aussi sont ils plus chers, comme apres eux ceux de *Transiane*, car quand ils veulent loüer vn cheual ils disent qu'il est de *Transiane*. Ce Roy en a vn si grand nombre, que cela le rend craint & redouté par toutes les Indes ; il est fort pacifique, & bien aymé de ses peuples. Le pays, bien qu'il soit fort fertile & bien cultiué, ne laisse pas d'auoir de grandes & profondes forests remplies de bestes sauuages, qui souuent attaquent les passans & les estranglent, comme des onces, lyons, tygres, ours, loups ceruiers, & sangliers dangereux d'vne desmesurée grandeur. Le Roy a ses chasseurs faits à cela, & instruits aux voyes de ces bois, auec vn petit chien qu'ils ont propre à descouurir les bestes. Ils ont aussi des lyons & loups ceruiers priuez, & duits à la chasse de leurs semblables, & tellement animez contre ceux de leur espece, qu'il n'y a pires ennemis au monde ; ainsi que l'homme n'a point de plus mortel aduersaire que l'homme mesme ; & entre les hommes, les renegats Chrestiens, plus cruels aux vrais Chrestiens que les autres Infidelles. Ces lyons, loups & autres animaux chasseurs sont appris à cela de ieunesse, & instruits dans des parcs à la chasse des autres, iusqu'à ce qu'estans grands on les mene à la grande chasse, armez de chanfreins & coliers pointus, ce qui les rend plus forts auec l'assistance des hommes, où ils font vne grande boucherie des autres sauuages. Il y a aussi grande quantité de cerfs gros comme des iumens, qu'on voit par les campagnes sans se remuer pour les passans. Quand ce Roy marche en campagne il est tousiours accompagné de mille cheuaux pour le moins, & allant à la grande chasse il mene force pionniers pour fermer les auenuës des bestes farouches, auec des murailles de clayes & gasons, & pour se garentir auec toute sa Cour. Ils seront parfois douze ou quinze mil chasseurs, la plus part Seigneurs, Gentils hommes & domestiques du Prince, qui s'y met bien souuent, y ayant du

Cheuaux Persans.

Animaux fiers & chasseurs.

Bestes instruites à la chasse.

Chasse royalle.

plaisir sans danger, qui n'est qu'à l'attaquer & au ioindre. Ces bestes viennent quelquefois en si grande foule qu'on est contraint de s'ouurir pour leur faire passage, & attaquer les dernieres; & bien que les murailles soient fortes & assez hautes, estans faites de palmes & de terre renforcées de branchages, toutefois ces bestes sont si legeres & agiles qu'elles sautent par dessus, & auant que les gendarmes qui les attendent de pied coy les puissent arrester, elles font vn merueilleux mesnage, faisans d'estranges sauts & de grands rauages de la dent & de la grife. Mais toute la Cour auec la garde des femmes, est sur la courtine & parapet de ces murailles en ordre pour les attendre à la passade, où il s'en fait vn grand meurtre: mais apres ce danger tragique, vient la comedie des marmots, singes, guenuches, & autres semblables animaux, la plus part inconnus par ←çà; vous voyez les petits tellement attachez au col de leurs meres, qu'ils semblent y estre liez: de tout cela il s'en fait vne bien plaisante prise. Ces singes ont le poil comme de la soye, & les genitoires de couleur violette & rouge blasart. Il y a de gros guenons blancs comme neige, qui font mille grimaces ridicules, semblant demander grace, & ceux de sa garde qui connoissent leur humeur, leur font signe de monter sur les arbres pour se sauuer; ce qu'ils ne manquent pas de faire, de sorte que c'est vn grand plaisir d'en voir les arbres tous couuerts, auec vne telle confusion qu'ils grimpent les vns sur les autres.

Pour le regard des sangliers, des *Pacours*, qui sont des boucs sauuages, des cheureuls, gazelles, cerfs, biches, daims & *aloros*, qui sont les bestes de *besoüart*, il y en a vne grande quantité, comme aussi des porc-espis, car le pays porte tant de grains & de fruicts sauuages, que cela suffit à leur nourriture. Les sangliers y sont dangereux, euentrans tout ce qu'ils rencontrent de leurs defences tranchantes. La chasse des elefans y est rare, y ayant peine de la vie à les tuer; ils passent d'vne telle furie qu'ils fracassent tout, & quand par finesse on les a vne fois renfermez, ils font d'horribles cris & hurlemens, rompans de rage tout ce qu'ils rencontrent,

Chasse de recreation.

Singes.

Pacours.

Beste de besouart.

Elephans.

puis s'estans lassez se iettent à terre, & mettans leur trompe dans la gorge en tirent vne eau puante & chaude, comme si elle sortoit d'vne chaudiere.

Ront, arme.

Quand le Roy a veu toutes ces bestes dangereuses ou terrassées ou passées, & qu'il n'y a plus de danger, il se plaist de tuer les sangliers, gazelles & autres auec le *ront*, qui est l'arme la plus furieuse, & qui fait la plus grande playe. Tous les chasseurs choisissent chacun la leur, prenans plaisir à leur lancer dards & iauelots, pour la prouision du Palais Royal, laissans aller le reste pour vne autre fois.

Peaux de bestes.

Les peaux d'ours, onces, lyons & leopards seruent pour armer les gens de pied & de cheual, & barder les cheuaux, elefans & autres bestes de chasse, dont ils leur font des chanfreins qui leur couurent si bien la teste & le col, qu'il est bien malaisé que les sauuages les puissent offencer, y ayant des pointes acerées qui leur font lascher prise, & n'y a petit ny grand qui ne se plaise à porter de ces peaux audeuant de leur cheual. Les villes & villages pres desquels la chasse s'est faite, viennent audeuant du Prince auec mille reiouïssances & presens, s'estimans fort honorez d'auoir quelque portion de la prise, dont ils font vn festin public, comme vne chose solemnelle & sacrée.

Fauconnerie.

Pour ce qui est de la fauconnerie & vollerie, le Roy tient des aigles & des corbeaux si bien duits au poil & à la plume que rien plus : la pesche y est aussi fort en vsage. Comme nous voyagions par ces pays là, passans par diuerses & estranges terres, nous arriuames vn iour

Montagne remarquable. La columna.

à vne tres-haute montagne qu'ils appellent la *cutma* ou *columna*, couuerte de toutes sortes d'arbres, comme de sendal, ladanum, ebene, palmes de toutes sortes, & autres. Toute la terre par où on marche s'y trouue remplie de rubarbe, qui a de grandes feuilles & fort ameres, & tout le circuit est couuert de tombeaux tous bien rangez & ingenieusement taillez en la pierre naturelle.

Vents.

Les vents marins y sont frequens, que les Indiens appellent *sourou*, & d'autres vents fort dessechans qu'ils appellent *monsons*, & les Portugais *abrazador*, qui consomment iusqu'au fer.

Montagnes du Perou.

Ces montagnes sont assez semblables en hauteur à *las cordilleras* du Perou, dans vne longue estenduë. Entr'autres il y en a vne, où il ne pleut iamais, aussi est-

du sieur Vincent le Blanc. 253

elle sterile, à l'occasion que les vents de Syn, qui y regnent continuellement n'en laissent approcher les nuës. Celle de la *columa* estant battuë des vents marins d'vn costé, conserue & garantit de putrefaction vne si grande quantité de corps qu'on y porte. L'autre costé vers le Nort estant defendu par le sommet des arbres, a des pluyes en abondance: mais l'vn & l'autre est fort fertile, à cause des grāds ruisseaux & fontaines frequentes qui nourrissent ces arbres d'odeur excellente.

Quand ils y veulent enterrer vn corps ils le lauent, & luy ostans les entrailles & le cœur, ils les bruslent auec des bois aromatiques, les offrans en sacrifice à leur *Duma*, puis remettent les cendres dans le corps, afin qu'en la resurrection rien ne leur manque, comme ils disent. Il y a six hommes gagez pour cela, qui acheptent leurs offices du Roy, & quiconque veut creuser ou cauer vn tombeau, il faut payer de grands droicts au Roy ; car ils sont si soigneux de leurs sepultures, que dés aussi-tost qu'ils sont mariez ils entrent en ce soin là : ie diray en passant qu'ils sont fort suiets à faire diuorce, ce qu'ils peuuent faire par trois fois, & tousiours se reprendre s'ils veulent, mais à la quatriéme fois non : car il faut attendre que la femme se soit remariée à vn autre ; & depuis le diuorce elle se peut remarier auec le premier encores trois autres fois, & les enfans demeurent au pere. Pour le regard de ces corps morts, ceux qui les traittent, les nettoient soigneusement, leur mettant dedans vn certain parfum qui ressemble au mastic : puis les cendres remises, comme nous auons dit, les *Nubis* ou Prestres durant ces ceremonies les recommandent à leur Dieu, auec force oraisons, & ayans disné auec tous les parens, six femmes viennent au prés du corps faisans de grands cris & hurlemens qui durent iusques au soir : durant cela il y a six hommes gagez qui mettent ce corps dans vn suaire de *chantli* ou coton, les plus qualifiez l'ont de taffetas, auec du coton par dessus & par dessous, luy aiustant les mains de sorte qu'vne bousche l'oreille, & l'autre est estenduë le long de la cuisse : puis l'ayans veillé toute la nuict, le matin ils le rendent aux parens pour le mettre en vn cercueil, & de là le porter en

Enterremens de Transsiane.

Comme en la Chine.

Diuorces.

Nubis Prestres.

I i iij

254   *Les Voyages*

son tombeau au pied de cette montagne où ils demeurent

Corps incorruptibles. incorruptibles, tant à cause de ces vens deſſechans, que de la mixtion qu'ils y appliquent ; on y en voit vne merueilleuſe quantité, & s'il s'en trouue quelqu'vn conſommé par les vers, à cauſe de la greſſe qui porte vne grande humidité, & par conſequent putrefaction, ils eſtiment ceſte ame ſortie d'vn tel corps, pour perduë & damnée aux tenebres auec les demons. Quand ils portent ces corps au tombeau, ils vont tous teſte nuë & les femmes deſcheuelées, plurants & criants : toutesfois ils ne prennent point d'habits de deuil, ſauf que les plus proches parens ſe font raſer, & s'abſtiennent de manger du *betel*. En cette montagne on voit des corps

Mommies. deſſechez tous entiers, qu'ils diſent eſtre de plus de ſept & huict cens ans ; & ce ſont les vrayes *Mommies* que l'on porte en pluſieurs endroits du monde ; car c'eſt vne fable de dire que ces Mommies ſe tirent des ſables, puis qu'on n'en peut recueillir que des oſſemens, le reſte eſtant mangé & conſommé de vers.

Du Royaume de Tazatay, & de la Philoſophie des Indiens.

CHAPITRE XXXVII.

Hiartan eſt la capitalle du Royaume de Caſcar en la haute Indie.

AV couchant de la *Tranſiane* eſt le Royaume de *Tazatay* ou *Taſatail*, autrement dit le Royaume Rouge, ou terre de *Liarean* ou *Hiarcan*, & Royaume du Soleil, à cauſe des diuerſes apparitions que le Soleil y fait durant les vingt-quatre heures de ſon cours, à ce qu'ils diſent. Comme nous eſtions en la *Tranſiane*, qui eſt de l'Empire de Pegu, ayant oüy parler de *Tazatay*, & des merueilles d'vne montagne qu'il y auoit, ie fus pouſſé d'vn grand deſir d'y aller, & fis tant enuers mon compagnon que nous priſmes vn truchement qui promettoit de nous y mener, luy don-

du sieur Vincent le Blanc. 355

trans deux *Parday* & vn cimeterre qu'il desiroit auoir, & partîmes auec deux petits elefans & deux *bacambals* ou chameaux: ayans laissé toutes nos hardes & marchandises en la maison de nostre hoste, qui estoient enregistrées en la *casa de la contratation*, y ayant cet ordre par toute l'Inde, qu'aucun marchand ne peut rien perdre, quand bien il viendroit à mourir, & tout est fidelement gardé & rendu aux heritiers, en payant seulement les droicts des fermiers & doüaniers. Quand nous eûmes cheminé trois iours nous arriuâmes sur le haut d'vne montagne, où y auoit vne petite ville nommée *Brasshir*, où nous passames la nuict assez commodement, & le matin venu descendans de la montagne nous passames vne riuiere, & arriuâmes à cette autre grande montaigne que nous auions enuie de voir, qui nous sembla merueilleusement haute & difficile: toutefois nous estans mis à la monter enuiron deux grandes lieues, nous trouuâmes vn homme monté sur vn dromadaire qui descendoit de cette montagne, & luy ayans demandé s'il y auoit plus gueres loin iusques à la derniere habitation, il nous respondit qu'il n'y auoit plus que la dixiesme partie d'vn Soleil, comme ils content par toutes les Indes par Soleils, c'est à dire, par iournées. Ayans donc cheminé enuiron vne heure, nous arriuâmes à vn *Tambo*, & descendans de nos montures qui estoient toutes en eau pour la difficulté du chemin, nous trouuâmes force prouisions & rafraischissemens pour nous refaire. Il y eut vn bon homme vieux & sa femme qui nous departirent liberalement de ce qu'ils auoient, & nous donnerent entr'autres à boire de *l'areca*, la meilleure que i'eusse iamais beuë, ce me sembloit. Au mesme temps il arriua vn homme que nous iugeâmes estre vn peu fou à sa procedure, il se mit auec nous à table, & toutesfois ne toucha point aux viandes que nous ne l'eussions conuié: & durant le manger il nous fit force contes respondans à l'opinion que nous en auions. Or nostre hoste nous demanda si nous ne voulions point aller voir le Seigneur du lieu en son *Chabacarā* ou Palais: à quoy nous nous accordâmes, & partîmes pour faire cette visite à pied, car il n'estoit pas loin, au sommet de la premiere

Fidelité pour les marchands en Inde.

Montagne du Soleil.

Tambo mot du Perou, qui signifie palais ou hostellerie sur les grands chemins.

Carauansara en Perse.

montagne. Quand nous fûmes arriuez-là nous luy allâmes faire la reuerence, & luy nous fit de grandes careſſes, & deuiſans du ſujet de noſtre voyage, il nous dit qu'il eſtoit bien veritable qu'au ſommet de cette montagne le Soleil s'aparoiſſoit trois diuerſes fois en vingt-quatre heures, comme il nous ſeroit facile de voir ſi nous y voulions monter. Surquoy meu de curioſité ie fis ce que ie peus enuers mon compagnon, pour nous y acheminer de bon matin : & ledit Seigneur ſur ce que ie luy demandois ſi me trouuant-là deux heures deuant le iour il y auroit moyen de voir les rayons du Soleil, il me dit que pour cela il falloit eſtre au ſommet de la montagne, au deſſus d'vn baſtiment que nous voyons plus haut enuiron deux lieuës & demie au reply de ladite montagne : & que du lieu bas où eſtoit ſon chaſteau, cela ne ſe voyoit que deux fois l'année, ſçauoir vne fois trois heures deuant le iour, & l'autre vne heure & vn quart auant que le Soleil parût. Et comme ie m'informois des plus vieux des habitans de là, ils me reſpondoient tous la meſme choſe. Mais ie trouuay mon compagnon ſi peu affectionné & ſi incredule à tout cela, comme il auoit raiſon, que nous laiſſames tout, & dés le lendemain matin nous nous mîmes en chemin pour retourner d'où nous eſtions venus : & depuis m'eſtant rencontré auec vn Seigneur fort curieux, il me dit qu'il auoit eſté par delà la Suede, en vn pays où quatre mois entiers on voyoit continuellement le Soleil, ce qui deuoit eſtre en la *Lapie* au 78. degré depuis May iuſques en Aouſt : & vn marchand de *Sabooram* me confirma, qu'en ſon pays les plus grands iours y eſtoient de 2. heures de Soleil, ſans preſque point ou peu de nuict, qui eſt enuiron au 64 ou 65. degré.

Sur tout cela ie diray en paſſant de la ſcience Aſtronomique de tous ces Indiens Orientaux, que leur opinion eſt que la terre n'eſt pas ronde, mais platte, & qu'il n'y a point ny ne peut auoir de peuples *Antipodes* ; ou il faudroit, ce diſentils, qu'il y eût deux Soleils, l'vn pour nous eſclairer, & vn autre pour eux ; qu'il n'y a qu'vn Hemiſphere où tournent le Soleil & la Lune ; que le Soleil n'eſt point ſi grand qu'on

du sieur Vincent le Blanc. 257

le fait, ny mesme tant que la terre, dont il n'est que la soixantiesme partie. Que ce Soleil ne se forligne iamais de nostre Hemisphere, ny la nuict mesme, se cachât lors derriere quelques montagnes. Que c'est vne grande folie de dire que la terre soit plus haute que le ciel, comme elle seroit s'il y auoit des Antipodes. Que les poles estimés immobiles ne le sont pas, mais que ces deux estoiles tournent iusqu'à deux degrez à l'entour du pole. Que c'est vn erreur que la nuict le Soleil aille se cacher sous nous. Que les deux poles ne sont point diametralement opposez, puis, disent-ils, qu'on les voit en mesme temps sur la terre & sur la mer, mais bien bas toutefois. Que s'il y auoit des Antipodes, ce seroit le bas de la terre, & toutes les riuieres y courroient naturellement, ce qui est contre l'experience, & mille autres opinions aussi estranges que faulses & absurdes, qu'ont ces paures Indiens, faute de ne sçauoir pas les principes de la Sphere & de l'Astronomie.

Si bien qu'ils se rient & se mocquent, comme d'vne chose du tout puerile & fabuleuse, de l'opinion de tous nos Anciens & Modernes de deçà, sur la rondeur de la terre au milieu du monde, & de son habitation par tout, & que le Soleil tourne tout à l'entour d'Orient en Occident. Ils pensent pour vray que le Soleil se leue aussi bien de tous les autres endroits, ainsi qu'ils remarquent en ces pays de *Tazatay*, où ils s'imaginent de le voir sortir quasi de *Maestro* & *Tramontane*. Ils pensent bien prouuer leurs imaginations grotesques, quand ils nous figurent l'*Iliaque*, qui est vne estoille fixe vers le Couchant, & à l'opposite d'icelle le *Biliaque*, qui apparoist au delà de la ligne, qui est celle que les Pasteurs craignent tant, que les Persans appellēt *Zubona*,† & qui fait mourir le bestail; lequel à cause de cela on cache au temps qu'elle regne, & pour le garentir on luy fait tourner le dos à cet astre ; car si on luy met en face, il les fait languir & mourir à la fin. Ils disent que ces deux estoilles opposites se peuuent voir en mesme ligne ensemble par le canton d'vne sarbatane, & qu'elles tournent chacune à l'entour de son pole en vingt-quatre heures, mais que ce sont autres que le *Nort*

Nord & Nordouest.

Iliaque & biliaque des Indiens.

† Il faut que ce soit la Canicule ou le chef de Meduse.

K k

258 *Les Voyages*

& le *Crusero*. Le Nort n'ayant distance de son pole, que de deux degrez & vn quart, & l'vne des autres d'vn demy degré seulement. Et au lieu que les Anciens nous marquent deux

Six poles des Indiens. poles, chacun en son Hemisphere, eux font six poles en vn seul Hemisphere, à sçauoir : *Asara*, qui est le pole du monde, Celuy du Zodiaque, l'Arctique, l'Antarctique, & ces deux estoilles, & mille autres phantaisies aussi peu comprehensibles, qu'elles sont du tout esloignées du sens, de la raison & de l'experience. Et ce qui les confirme en ces erreurs, est qu'ils disent qu'on peut voir les deux estoilles polaires opposites, en vn mesme lieu, comme à *Iapara* à sept degrez au delà de la ligne en la *Iaue*, & le mesme à *Sumatra*, & en d'autres endroits, & suiuant cela ils font vn estrange calcul des diuerses distances des lieux en voyageant. Ils se moquent aussi de toute la conformation de nostre Sphere, & de la diuision du Zodiaque en douze Signes, les vns vers le Nort, les autres vers le Midy, & n'entendent tout cela qu'à leur mode. Il sappellent le Zodiaque *Caxtoni*, c'est à dire, Significur. Pour les Signes ils les appellent *Ant*, *Roria*, *Amieffen*, *Emifen*, *Courpsa*, *Cheofer*, *Irat*, *Metrias*, *Elcorgat*, *Tamefee*, *Sijir*, *Dizihir*, *Azourac*, *Persan*. La Sphere supreme *Birquen*, *Emma*. L'Ecli-

Zodiaque. ptique *Zoberna*, c'est a dire, obscurité à cause que là se font les Eclipses. Que ce Zodiaque est vn cercle oblique, & que de luy & de la region du feu le Soleil tire sa force, dont il fait les generations en toutes ces choses inferieures. Ils croyent aussi comme quelques Anciens, que le ciel est fait

a S. Basile en l'Examerron. en voute [a] au dessus de la terre, qui flotte & nage sur les eaux.

Somme que comme ie leur monstrois le liure d'vn *Paul Rao* Italien, qui parloit de toute cette Astronomie des Anciens, qui supposent que l'Equinoctial diuise le Zodiaque en deux parties, l'vne au Midy, l'autre au Septentrion, ils se moquoient, & mesmes en entroient en colere, disans qu'il falloit ietter au feu ce meschant liure-là, qui ne contenoit que des faussetez, & s'estonnoient comment nostre Prince souffroit que telles fraudes & impostures, comme ils les appellent, fussent publiées en son Royaume, eux esti-

du sieur Vincent le Blanc. 259

mans que tant de terres habitées, où l'on court d'Orient en Occident, tant du Midy que du Septentrion, soient toutes à la veuë du pole Arctique, & que c'est chose tres-fausse qu'il y ait rien des Indes en la partie Antartique; puis qu'elles ont, à ce qu'ils pensent, le Nort autant esleué que nous l'auons en Europe, & mille autre extrauagances en suite de cela. Ce que ie laisse à combattre & refuter à ceux qui sont versez en la science Astronomique & Cosmographique.

Suiuant ces opinions Indiennes, i'ay ouy dire souuentefois en ces pays là, que les Chinois qui sont gens si spirituels, estiment que le ciel est bien rond, mais que la terre est quarrée, & que leur Empire Chinois est scitué iustement au milieu d'icelle, comme estant l'excellence, & le principal du monde, & les autres pays n'en estans que les bouts, & comme l'accessoire: de sorte qu'ils estoient en grande colere, quand ils voyoient nos cartes figurer leur pays à vne des extremitez de l'Orient, comme chose indigne de la grandeur & majesté de leur pays, & de leur Roy qu'ils appellent *fils du Soleil*.

Terre quarrée aux Chinois.

Et à la verité ces pauures Indiens destituez de la connoissance des sciences & de l'experience, ne sont pas tant à blasmer en leurs opinions, puis qu'il s'est bien trouué des Philosophes Anciens au milieu de la plus docte & sage Grece, qui ont pensé & soustenu presque le mesme: à sçauoir que la terre ne fut point ronde, les vns en forme de tabourin, comme *Leucipe*, les autres creuse en façon de barque, comme *Heraclite*; autres en cilindre ou rouleau, comme *Anaximandre* & *Democrite*; autres toute plate, comme *Empedocle* & *Anaximene*. Quelques vns mesmes sont venus iusqu'à ce paradoxe de la destacher de son centre pour la faire courir dans le ciel à l'entour du Soleil immobile; ce qu'auec non moins de bizarrerie on a voulu renouueller de nostre temps. Mais pour les Antipodes, ceux qui estimoient mesme la terre estre ronde, ne les reconnoissoient pas encores pour cela, tenans que cette partie qui les contient estoit inhabitable, ou pour estre toute couuerte d'eaux & de mers innauigables, ou pour les insuportables ardeurs de la Zone Torride.

Philosophes Grecs, & leurs opinions sur la forme de la terre.

Antipodes par qui mescreus.

K k ij

Iusques-là mesme, que quelques anciens Peres se sont pour d'autres considerations laissez emporter à cette creance, comme Lactance, S. Augustin, & autres; & que l'on dit qu'vn docte Euesque Alleman † fut accusé d'heresie pour auoir soustenu qu'il y eut des Antipodes.

† Virgile Euesque de Strasbourg.

Mais outre les raisons de la science, l'experience des nauigations & voyages modernes, ont assez monstré la verité de tout cela, dont ie laisse le discours plus ample aux Sçauans.

De la Tartarie. Deserts espouuentables. Chiens cruels. Histoire estrange de deux Amans. De l'Empire des Tartares & leur Religion.

CHAPITRE XXXVIII.

Grande Tartarie.

POur ce qui est de la grande Tartarie, qui est au Septentriõ de toutes ces Prouinces dont i'ay parlé, i'en ay seulement connoissance par la Relation que i'en eus en ce pays-là, & par les memoires d'vn certain Holandois qui estoit à Pegu. Ceux du pays donc me contoient qu'au delà des Royaumes de *Tazatay*, *Mandranelle*, *Transiane* & *Casubi*, tirant vers le Nort, se trouuent de grandes solitudes & deserts areneux, qu'il faut passer pendãt plusieurs iournées pour arriuer à vn Royaume appellé *Sinabo*, qui a vne de ses extremitez vers Orient, va confiner auec celuy de *Cochinchine*, suiet au grand Roy de *Tabin*, ou de la Chine. Pour passer ces grandes sablonnieres il faut faire de grandes prouisions de viures, d'eaux & de bestail; car selon ce que me contoit vn marchand de *Drogomania*, pays confinant à ces Royaumes-là vers Orient, les deserts d'Arabie sont peu de chose au prix; & comme ie luy racontois les quarante iournées de mauuais chemin des deserts que nous auions passez

Sinabo vers Tipura.

Drogomania peut estre Dragoian en Sumatre ou Turcomania.

du sieur Vincent le Blanc. 261

en venant de Surie à *Medine* par l'Arabie deserte, il me disoit que cela n'estoit rien en comparaison, puis que par le moyen des guides on y pouuoit trouuer quelques puits çà & là; mais que pour ceux-cy de la haute Asie, il en falloit passer vn de vingt deux iournées, sans trouuer autre chose que des sables : & qu'vn iour entr'autres comme il le trauersoit auec la carauane, le mal-heur voulut qu'vne de leurs cruches pleines d'eau se cassa, qui leur fut vne grande disgrace, & vne perte tres-importante, ayans pour cela esté contraints de tuër vn de leurs chameaux pour boire l'eau puante qui se trouua dans son corps, & manger apres la chair. Il disoit donc que pour passer moins incommodement ces deserts, il falloit sur tout faire prouision de bonnes bestes, & principalement d'asnes de Perse, qui sont les meilleures bestes de voiture du monde, & les plus propres pour tels chemins, aussi les vend-on autant qu'vn bon cheual. Qu'apres ces campagnes areneuses ils entrent dans de grandes montagnes fort steriles, qui à mon auis doiuent estre mineralles, mais il ne les fouïllent pas pour estre si esloingnées, & le chemin si penible. I'ay remarqué en mes voyages d'Orient & Occident que les montagnes à mines d'or, argent & pierres precieuses sont ordinairement steriles, ne permettans qu'autre chose croisse à l'entour, comme l'on remarque du *Calanfour* ou girofle, qui ne souffre aucune plante venant à l'entour de soy. Ce marchand adioustoit que dans ces montages, qui doiuent estre l'*Imaë* des Anciens, separant la haute Asie de la basse, on trouue vne grande quantité de serpens d'vne grandeur prodigieuse, mais qui leur apportoient plus de soulagement que de dommage, pource qu'estans sans venin & d'vne tres bonne substance & nourriture, ils ne mangeoient-là autre chose; comme il me souuient en auoir veu aux montagnes de *Syr* en Afrique, lors que le Roy de Fez *Muley Maluco* estoit en guerre auec le Roy de Portugal *Don Sebastien* qui y mourut. Passant par ces montagnes, logeans sous les tentes de ces *Arabes*, nous estions estonnez de voir ces grands serpens se ioüer auec des enfans qui leur donnoient des morceaux de pain. Mais pour

Deserts des Tartarie.

Asnes de Perse.

Mines en terres steriles.

Imaus, mont.

Serpens bons à manger.

Syr, monts.

K x iij

reuenir à nostre marchand Tartare, il me disoit qu'apres auoir passé ce pays de montagnes, on trouuoit vn autre desert de vingt iournées où il n'y auoit rien à manger, & où on estoit contraint de s'escarter vne grãde iournee pour s'aller pouruoir d'eaux & d'autres commoditez, mais qu'il falloit encor que ce fût à main armée, à cause qu'il y a là vne certaine *Horde* & nation de pastres ou Tartares *Nomades*, qui ont de gros matins les plus furieux & cruels du monde, & qui tiennent plus du loup que du chien : ils se plaisent d'auoir de ces bestes pour leur faire estrangler les paisans, à quoy ils les instruisent & animent, afin de s'en repaistre eux-mesmes apres: il me contoit lors qu'il y auoit enuiron trois ans que cette canaille auoit esté presque toute tuée & mangée par leurs propres chiens, apres auoir fait cruellement traitter certains marchands qui y passoient : ceux cy pour s'en venger leur dresserent vne embuscade, & les ayans attrapez les payerent de mesme qu'ils faisoient les autres. Il me racontoit plusieurs autres choses curieuses de ces pays là, & entr'autres qu'il auoit passé il y auoit enuiron vingt ans proche de l'Isle de *Voimous* ou *Ynan* pres de *Cauchinchine*, & du pays des *Veores* ; que ces peuples là sont gens fort superbes, grands guerriers, bien vestus & fort ciuilisez, aymans la vertu & l'honneur, de teint plus blanc que noir ; que le pays est plein de grandes forests impenetrables, mais garnies de sauuagine, & de bons pasturages entre les montagnes; qu'il y auoit là vn grand Roy auec titre d'Empereur, portant sur sa teste au iour de sa naissance trois Couronnes de forme en thiare, pour monstrer les trois Royaumes qu'il possedoit ; que ce Prince ᵃ estoit Roy de *Sinibo*, des *Magourres* & *Patanes*. Entre autres singularitez de ce pays il m'en contoit vne estrange histoire si elle est vraye : C'est qu'en vne prouince des montagnes, appellée *Ismania*, fort fertile, & où il y a de tres riches paysans en bestail, dont ils font grand trafic, & de peaux de toutes sortes de bestes, il y auoit vn riche Pasteur nommé *Ismaïan*, qui entre plusieurs enfans auoit vne fille d'admirable beauté, qui selon la coustume du pays gardoit le bestail de son pere. Cette fille aagée de vingt

Chiens furieux.

Voimous.

ᵃ Il faut que ce soit le grand Mogor.

Ismania.

Histoire estrange d'vn incube.

ans aymoit vn ieune berger son voisin & parent, mais pauure, & au pere duquel ce riche berger, pere de la fille auoit presté quelques grains, lequel voyant qu'il ne pouuoit en estre payé, & s'estant apperceu de cet amour de sa fille, proposa à son debiteur que s'il vouloit enuoyer son fils habiter en quelqu'autre pays esloigné, il luy remettroit sa debte, ce que l'autre fit : & le ieune homme s'estant ainsi absenté par force, la pauure fille en fut extremement affligée, & comme elle alloit vn iour par les champs toute seule, plaignant l'absence de son amy Liza, ainsi s'appelloit il ; vn demon s'apparut à elle en la mesme forme, luy demandant pourquoy elle s'affligeoit tant, puis qu'elle deuoit estre asseurée qu'il estoit present, & qu'il l'aymoit sur toutes les choses du monde. Quelques vns disent que ce pauure ieune homme se voyant banny de la presence de sa chere maistresse, alla trouuer vn Magicien qui promit de la luy faire voir, & en iouyr à son plaisir ; mais luy ayant fait venir dans vne chambre vn esprit en la forme de cette fille, comme l'autre espris de ioye & d'amour, voulant courir à elle pour l'embrasser, ce demon l'estrangla, puis s'apparut à la fille en la semblance ou plutost dans le corps mort de ce garçon, & continua long-temps ainsi à venir voir cette fille. De quoy son pere & ses freres estans auertis, se resolurent de les surprendre ; & de faict ayans enfoncé la porte de la chambre où elle estoit, ils la trouuerent couchée aupres d'vne charongne puante, dont elle fut grandement espouuantée, & les autres aussi, & le Roy du pays en ayant esté aduerty, voulut voir la fille & sçauoir d'elle la verité du faict, qu'elle luy conta comme elle le sçauoit. Le Roy la fit mettre en vne maison d'vne sienne tante, où ils disent que ce demon ne laissoit pas de la venir visiter deuant tout le monde en la forme de cet amy, & elle y prenoit vn grand contentement, & ne peut-on iamais luy persuader de quitter cette conuersation-là. Quoy que s'en soit, ils disent qu'elle deuint enceinte, & accoucha de deux enfans, qui estans deuenus grands furent des plus forts & vaillans de tout le pays. Si bien qu'il faut dire que puis que les esprits sont incapables de generation, comme les meilleurs Theologiens sont d'accord que ce fut le garçon mesme qui par le moyen du Magicien iouït de cette fille, puis fut tué par le demon, qui vouloit apres abuser de cette miserable; & de faict quelques Autheurs anciens[a] content pres que vne pareille histoire d'vne *Philinnion* & *Machetas*, & de quelques autres.

[a] Phlegon Trallianus.

Mais reuenons à la Tartarie, i'en appris beaucoup d'autres choses d'vn certain Peintre Holandois nommé *Amador Baliera*, que ie trouuay retournant à Pegu, & vis vne bonne partie de ses memoires. Il auoit demeuré douze ou treze ans aux Indes, & auoit esté curieux de prendre le plan de plusieurs villes tres bien fait : si bien qu'estant eschappé d'vn grand naufrage, & arriué en santé à *Diu*, tous ses compagnons furent penduz, & luy sauué par le Gouuerneur pour ses louäbles qualitez; aussi luy fit-il plusieurs belles peintures dont il eut enuiron cinq cens croisades de recompense. Il auoit les portraits d'enuiron soixante villes des principales des Indes, Perse & Tartarie, & receut la permission du Viceroy de tirer tant de plans des autres qu'il voudroit, son dessein estant d'en faire vn gros liure, & le presenter au Roy d'Espagne : mais ie sceu depuis que s'en voulant retourner en Europe, il mourut sur mer du *scurbut*; & d'autant qu'vn sien camarade luy auoit fait quelque deplaisir, il ne luy voulut laisser les memoires & plans, mais par testament il les legua au Capitaine du nauire où il estoit, nommé Ioseph Grongne Portugais, qu'on tenoit estre Iuif de Religion, faisant toutefois le bon Chrestien. Ce fut vn grand dommage de ces memoires-là, car outre les portraits, il y auoit vne infinité d'autres choses singulieres qu'il auoit remarquées en ses voyages, dont ce Capitaine ne fit pas grand compte, pource que tout estoit escrit en langage François, où il n'entendoit rien, & encores d'vne lettre assez mal formée & difficile à lire : mais les plans & portraits estoient extrémement bien-faits, & outre les villes bien tirées, les habitans auec leurs habits estoient aussi tirez au naturel. I'en auois moy-mesme tracé quelques-vns assez grossierement, ce qui se fait aisement en demandant licence aux Gouuerneurs des lieux

Amador Peintre & ses auentures.

Plans de villes.

du sieur Vincent le Blanc. 265

lieux qui en sont bien aises, & aident eux-mesme à cela, ce qu'*Amador* auoit grand enuie d'auoir pour mal-faits qu'ils fussent; mais le sieur de la Courbe l'vn de nos compagnons me conseilla de n'en rien faire, & pour luy en faire perdre l'enuie luy offrit des siens iusqu'à cinq cens escus, qu'il n'eust pas voulu bailler à ce qu'il dit pour dix mil; Enfin il fit tant qu'il eut de moy le portrait de la ville de *Mandranelle* en Pegu, pource qu'il auoit desia celuy d'vne autre Mandranelle, qui est vers la Perse & Indostan, & i'eus en eschange de luy celuy de *Ienibarou*, la ville principalle de l'isle de S. Laurens. Il me laissa aussi voir ces memoires, dont ie pris quelque chose de la description de cette isle que ie rapporteray Dieu aidant cy-apres en la seconde partie de ce liure. Ie pris encores certaines particularitez de son voyage depuis *Bagdet* iusqu'en Perse & Tartarie, & entr'autres vne description & portrait de la ville de *Palimbrote*, l'vne des plus gentiles de la Tartarie, qui est suiette au grand Cham ou Empereur des Tartares. Cette ville a esté renommée par tous les Anciens sous ce mesme nom de *Palimbrote* ou *Palibotre*, scituée sur le Gange, au pays des *Prasiens*, ou *Mandrales*; Ie ne sçay si elle peut auoir retenu le mesme nom depuis tant de siecles; mais nos Geographes modernes veulent que ce soit *Aua* sur le Gange vers *Bengale*. Quoy que s'en soit, ce Holandois la descrit comme vne grande ville de Tartarie, & que lors qu'il y arriua elle estoit presque deserte & vuide d'habitans, à cause que selon la mode des guerres de ce pais-là, ils estoient tous allez assister leur grand Cham ou Empereur, qui auoit vne grande guerre contre le Roy de *Largaray*, Prince tres-puissant en la haute Inde, & qui a aussi sous luy le Royaume de *Toray*, qui confine auec celuy de *Siba* vers le Nort, & au Midy à celuy de *Tazaray*. Il depeint cette ville où il pleut fort rarement, & qui cependant ne laisse pas d'estre fertile & bien peuplée, auec bon nombre de gens de guerre à pied & à cheual. Elle est vne des mieux policées de l'Orient, & tout le peuple y est diuisé en quatre ordres ou Estats. Aucun du premier n'a permission de se marier qu'il n'ait verifié auoir fait mourir trois des ennemis de son Prince;

Mandranelle

Ienibarou.

Palimbrote.

Largaray.

C'est comme à *Bagdet.*

L l

Nombre de 9. entre Tartares.

a Hayton ch. 17. Rubruquis ch. 44.

Et leurs assemblées pour les affaires publiques, ceux dont le conseil est suiuy par le Roy sont bien recompensez, & alors on iette le sort sur tous les Conseillers, qui sont au nombre de neuf fois neuf ou quatre vingt vn, dont ils en prennent neuf qui sont annoblis, & le Roy leur enuoye chacun vn beau cheual bardé auec vn riche present; car il faut noter que ce nombre de neuf a esté reueré entre les Tartares, pource qu'en la vision qu'ils disent qu'eut leur premier Empereur *Cingis*, il luy fut enioint de les faire agenouiller neuf fois au passage du mont *Belgian*.

Ils ont quatre beaux Colleges bien rentez & fondez, où tous s'adonnent aux sciences, & les femmes mesmes se plaisent à l'estude, & ont vn Docteur particulier qui est gagé par les principales Dames de la ville pour les instruire. Quant à leurs mariages, tous les ans il se fait vne assemblee publique pour marier les filles qui sont en aage nubile, & les riches payent vn certain droit pour marier les paures: & quand cela ne suffit pas on prend le surplus du tresor public.

Adultere puny.

L'adultere tant l'homme que la femme y est puny de mort, & estans surpris tous deux, ils sont coupez en pieces sur le champ. Les enfans orfelins sont nourris aux despens du Roy, qui est obligé de leur donner estat, ou les mener à la guerre.

Bataille sanglante.

Ce Holandois nous contoit encor qu'il se trouua en la grande bataille qui fut entre le grand Tartare & le Roy de *Largaray*, la plus sanglante qu'il est possible, y ayant plus de deux cens mil cheuaux, & enuiron deux mille elefans de part & d'autre, & qu'apres qu'ils eurent ionché toute la campagne de morts plus de deux grandes lieuës, de sorte qu'à peine apres pouuoit on trouuer le chemin pour passer, ils se retirerent tous enfin, sans autre auantage les vns sur les autres: il disoit aussi que luy & ses compagnons s'estoient retirez en vn coin de l'armée où ils auoient gagné bon nombre de cheuaux, d'armes & d'habillemens, mais qu'apres tout leur fut osté par les gens de guerre; que le grand Cham *Magu* auoit tasché de surprendre le Sultan de *Largaray*, mais que les auenuës de son pays estoient si difficiles que rien plus

du sieur Vincent le Blanc.

pour les bonnes & fortes places dont elles estoient garnies, lesquelles ledit *Amador* auoit toutes tirées & figurées en ses memoires ; que le Cham voulant s'emparer des terres de *Largaray* & *Totay* auoit fait faire vn tour de plus de douze iournées à son armée, pour gagner les deserts de *Cinglan*, qui durent cinq iournées de trauerse, où il y a de grandes pleines marescageuses & inhabitables, & où l'on ne trouue que des oyseaux grands comme des Cigongnes, qui seruent seulement à descouurir les ennemis qui viennent assaillir le pays, comme ils firent alors : car le naturel de ces oyseaux est tel, que si les ennemis viennent du costé de *Tazotay*, ils fuient pour le grand bruit & tumulte que menent les gens de guerre ; mais s'ils viennent de Tartarie, dont le dernier Royaume confinant auec *Largaray* est *Turescan*, ils n'ont point de peur, à cause des chemins difficiles & estroits, & des forteresses qui sont-là, dont la moindre consommeroit bien-tost vne armée quelque forte qu'elle fust. Que s'ils viennent par ces deserts pour gaigner les pleines de *Sibi*, ces oyseaux qui y sont innombrables fuyans le bruit, viennent aussi-tost en donner auis à ceux de *Largaray*, *Totay* & *Carbande*, qui sont leurs confederez, sçachans bien tous que si le Tartare auoit occupé vn de ces pays-là, les autres ne seroient fort asseurez ; de sorte qu'estans ainsi auisez par ces prompts messagers, sept ou huict iours auant que les ennemis peussent arriuer, ils ont temps de se preparer à la deffence, & à s'empescher des surprises. Au reste que tous ces pays-là sont tres bons & fertils, entr'autres de bestiaux & de bons cheuaux, elefans, dromadaires & chameaux : Que là est la mine du Iacinthe & des Saphirs, dont ils en tirent quantité tous les ans, & en font plus d'estat pour la Medecine que pour les ornemens ; car le Saphir, selon les Indiens, a la vertu de purifier & de refroidir au quatriesme degré. Et de fait à nostre retour, nous en estans chargez de quelque peu, nous en laissames vne partie au grand Caire & en Alexandrie, & depuis nous nous défimes du reste à *Palerme* en Sicile, où nous en auions tout ce que nous voulions, mais il n'y auoit que les Apoticaires qui les achetassent pour en mettre dans les medecines.

Cinglan deserts, & sont pole pa... de Cianglu au Cathay. Oyseaux, & leur naturel admirable.

Turescan peut estre Turgestan.

Cardanden.

Saphir.

Les Voyages

Empire du Tartare.

Mais pour reuenir au grand Tartare, i'appris aussi que son Empire est si grand qu'il s'estend depuis la mer de *Mangi* ou de la Chine, iusqu'à la mer *Caspie*, ses peuples sont innombrables, gens farouches & cruels, de petite stature, malfaits de corps & de iambe, les yeux petits, fort pelus, adonnez à la paillardise, fins & rusez. La plus part viuent en *hordes* à la campagne, comme Pastres & Nomades, à la façon des Arabes, sous des tentes auec leurs bestiaux pesle-mesle, quasi tous gens de cheual, & peu vsitez d'aller à pied. Il y a plusieurs sortes de nations parmy eux.

Hordes.

Les villes d'*Argi*, *Asidon*, *Lançame* & autres; les pays de *Belgian* ou *Althay*, de *Mongal*, où est la renommée riuiere de *Tartar* ou *Totar*, qui a donné le nom à toute la Nation. Cet Empire est principalement diuisé en quatre cantons, à sçauoir *Iecha Mongal*, c'est à dire le grand *Mongal*, le petit *Mongal* ou *Sumongal*, c'est à dire le Mongal Aquatique, le *Morchat*, & *Matrit*. Puis les nations de *Tangor*, *Ichunar*, *Ialet*, *Sopit*, *Mangi* & *Thebet* ou *Tibet*.

Cantons.

Festes du Cham. Voy Oderic c. 16. Feste blanche.

Le grand Cham fait treze festes solennelles l'année, dont il y en a trois principales, à sçauoir celle de sa naissance, de sa creation & aduenement à la Couronne, & celle du premier iour de l'an, que proprement ils appellent la *Feste Blanche*, parce que ce iour là tout son peuple est vestu de blanc, & toutes les prouinces de l'Empire sont obligées de porter les estrennes au Roy, & au nombre de neuf pour la raison que nous en auons desia ditte. En cette feste tous les Rois, Princes & Seigneurs sujets, pour esloignez qu'ils soient, sont tenus d'y aller en personne, & de presenter au Prince toutes sortes de richesses, entr'autres des cheuaux presque tous blancs, & faut que cela passe deuant luy, & les autres presens sont mis sur des cheuaux, elefans & chameaux richement enharnachez. Quand le Cham s'est mis à table auec tous ses Princes & Seigneurs, apres auoir mangé vn peu on luy presente à boire, ce qui se fait par vn Seigneur à genoux & la face voilée, & vn autre fait l'essay, puis les Musiciens & instrumens font leur deuoir de sonner. Aucun ne mange que premierement vn *Sherif* ou Pontife n'ait fait les cere-

du sieur Vincent le Blanc. 269

monies, vestu d'vne robe blanche comme les aut... Aussi tost qu'il est entré il saluë & adore le Roy, & se met à costé de luy assez loin, puis prend sur vne table parée de blanc, vne robe blanche toute couuerte de diamans de prix innestimable, & vis à vis est la figure du Roy qu'il encense auec vn encensoir d'argent, & crie tout haut, *Prions tous nostre grand Dieu qu'il luy plaise conseruer nostre Prince à longues années.* Et lors tous les assistans se dressent en pieds, & disent *Dieu le face.* Ce Prestre fait ainsi quatre fois le tour de la table auec cet encensoir. Cela fait, chacun se met à manger, & sont seruis de mets fort exquis & delicieux.

Quant à la feste de sa natiuité, il la celebre auec vne robe de drap d'or, & tous les Princes & Officiers sont vestus de mesme au nombre de plus de deux mil, & quand on vient au manger ils font les mesmes ceremonies qu'en l'autre feste. Par tous les pays du Cham il est defendu de chasser de puis le mois de Mars iusqu'en Octobre, de sorte qu'ils n'ont que l'autre moitié de l'an pour la chasse, si ce n'est par permission du Prince. Feste de natiuité.

Ces Tartares ont fait de grandes conquestes par toute l'Asie depuis l'an 1200. que leur premier *Cham Cingu* commença à fonder cet Empire, qu'il conquit en partie sur le Roy Vncham ou Prestreian d'Asie, & ses successeurs l'accrurent encore de beaucoup, subiugans toute l'Asie & les Indes depuis la mer Orientale iusqu'en la *Caspie, Armenie* & *Pologne*: mais depuis ils en ont perdu vne bonne partie, & de leur debris plusieurs Estats se sont eleuez; ils sont la plus part idolatres, & vne partie Mahometans. Il y a aussi plusieurs Chrestiens, mais Nestoriens, qui ont depraué la vraye Religion Chrestienne en plusieurs sortes, comme entr'autres tesmoigne de son temps vn Religieux de S. François qui y fut enuoyé par S. Louys il y a plus de trois cens ans, & qui disputa souuent contr'eux auec la licence du grand Cham Manga; ce qui est assez confirmé par la Relation moderne de Tibet ou Cathay des peres Iesuites. [b] Ils adorent leur Prince, & diuerses idoles faites de toille & de feutre. [c] Le principal Dieu qu'ils adorent est vn nommé *Natigay,* auquel Conquestes des Tartares & de Cingis.
[a] Voy sa Relation au c. 42. dans le 3. Tome de Purchas.
[b] Voy la Relation de 1624. imprimée en 1628.
[c] Voy Iean Cartan.

ils donnent vne femme & des enfans, qui apres estants grands deuiennent Dieux comme luy. Ils ont force sorciers & Magiciens, *& disent que les esprits ou demons conuersent familierement auec eux. Le Prince a vn haras de iumens blanches, dont le laict est consacré tous les ans par luy le vingt huictiesme d'Aoust à ce Dieu *Natigay*, & ce laict est espandu par terre. Ce Roy a touliours prés de soy bon nombre de ces Magiciens, qui se vantent de destourner les pluyes & orages de dessus sa tente, & dit on qu'vn Prince de Russie allant voir ce Prince fut cruellement massacré par eux, pour-ce qu'il ne s'estoit pas prosterné en terre pour l'adorer. *Ses principalles gardes sont tirées des prouinces de *Thebet* & *Chemir*, & sont tous gens cruels, sanguinaires, & adonnez à la magie, viuans fort salement, sans se lauer iamais, croupissans dans l'ordure. On dit mesme que quelques-vns viuent de chair humaine *& qu'on leur donne tous ceux qui sont condamnez à mort. Ces Magiciens sont appellez *Bachi*. Il y a vne autre sorte de Philosophes ou Magiciens entr'eux nommez *Sansio*, estimez heretiques par les autres, car ils ne se nourrissent que de farine meslée auec de l'eau chaude, sans manger aucune viande. Ils ont de grandes apparitions, & adorent le diable & le feu. Quand ils vont parler au Prince ils se prosternent en terre trois fois la touchans de la teste, & tous ses commandemens sont receus, comme si Dieu parloit, & disent *Ogga*, c'est à dire, Dieu le commande. Que si quelqu'autre a à dire quelque chose à ce Roy, ils le font parfumer auparauant, & si par cas fortuit il mettoit le pied sur le seuil de la porte de la tente, il est aussi-tost massacré, & *le portent en vne tente à part, dressans vne banderolle noire dessus. Aussi quand quelqu'vn est malade à la mort, ils mettent la mesme banderolle. Il n'est pas loisible à aucun d'entrer en la tente du Prince sans congé. Quand il meurt il est porté dans vne autre tente, où l'on dresse son tombeau, qui est vne grande fosse, & l'ayans vestu de ses plus riches habits & armes, auec les elefans & les cheuaux ses plus fauoris, marquez de sa marque comme en Narsingue, ils enterrent tout ensemble au nombre de neuf.

---

a Rubruquis ch. 3.

Natigay ou *Natagay*. Voy Marc Pole L. 3. c. 47 Michel Duc de Russie.

b Iean Carpin c. 3.

c Oderic c. 8.

Magiciens.

Seuil non à toucher.
d Rubruquis c. 34.

Leurs mariages sont à la Iudaïque, le frere prenant la femme de son frere defunct.[a]

 I appris aussi des Portugais estans a Pegu que ce grand Tartare a autrefois commandé à la Chine, mais que depuis quelques siecles, les Chinois se sont remis en liberté, & se sont remparez de ce costé-là de cette grande muraille de quatre ou cinq cens lieües entre les montagnes; Nonobstant quoy le Tartare ne laisse pas quelquefois de les forcer, & faire de grands rauages en la Chine, comme il auint il y a enuiron quatre vingt ans, que le grand Cham accompagné de plusieurs Rois, & de plus d'vn million & demy d'hommes,[b] entra dans ce païs où il fit d'estranges rauages, & des butins inestimables, ayant assiegé Pequin mesme, dont le Roy s'estoit sauué à Nanquin, puis chargé de despouilles, s'estoit retiré en sa ville Royale de *Lançame*, à quinze iournées de la frontiere de la Chine, dont la derniere a la grande muraille est *Singrachiran*, & a trois lieües au de là, la premiere de Tartarie est *Pamquinor*. Les nouuelles Relations portent aussi qu'en l'an 1618. le Tartare est encore entré de force dans ce païs, où il a fait d'horribles meurtres & rauages dans la ville de Pequin mesme. Au reste ils content[c] des choses merueilleuses & presque incroyables de la grandeur, puissance & magnificence de ce grand Cham des Tartares, de l'estenduë de ses païs, nombre de Rois tributaires, de la reuerence & du respect qu'on luy porte, craint de tous ses voisins, grandeur de sa Cour, richesses de son Palais, force de ses armées innombrables, Officiers infinis, seruice magnifique: comme il a tousiours prés de soy des Ambassadeurs des plus grands Rois de l'Asie, comme du Roy de Perse, du *Mogor*, *du Calaminam*, *Siammon*, *Peguan*, *Sian*, *Cochinchine*, *Caram*, *Corizan*, & du Moscouite mesme. Ils l'appellent le grand *Chinaras*. On n'en conte pas moins, & mesme dauantage, du grand Roy de la Chine,[d] qu'ils appellent le fils du Soleil, & que tous les peuples adorent comme vn Dieu. Mais ie laisse tout cela, tant pour ne le sçauoir que par oüy dire, qu'aussi pour y en auoir assez de liures & Relations bien amples.

[a] Iean Carpin c. 2. Tartares en Chine.
[b] En 1545. Fernan Mendez Pinto.
[c] Voy les Relations de Marc Pole, Carpin, Rubruquais, Hayton, Oderic, Pinto, &c.
[d] Voy Trigaut, Pantoye, Iarric.

Les voyages

Retour de l'Autheur, auec vn sommaire de l'Asie.

CHAPITRE XXXIX. & dernier.

Riuiere de Pegu.

ENfin apres auoir couru vne bonne partie des Royaumes & villes suiettes au grand Empire de Pegu, nous reprîmes le chemin de la ville de Pegu, depuis *Mandraneile* iusqu'à *Casubi*, où nous nous mîmes sur la riuiere qui y va tout droit, passans par vne petite ville nommée *Magar*, enuiron à quatre iournées de Pegu, où enfin estans

Pere André.

arriuez, nous allâmes visiter le Pere André Iesuite, qui fut grandement resioüy de nostre retour, & soupâmes tous ensemble enuiron vne douzaine que nous estions, & le lendemain ayans esté tous confessez & communiez par luy, le sieur de la Courbe le conuia à disner auec son compagnon, où se trouua ce Holandois le sieur Amador, dont i'ay fait mention cy dessus. S'estans desia passé plus de cinq ans depuis nostre voyage, nous prîmes resolution de retourner en nostre pays, & pour ce suiet nous nous defimes de nos plus grosses marchandises, pour ne nous charger que de choses de

Dessein du retour.

peu de poids & bonnes. Sur cela nous fimes dessein de prendre la route de *Santhomé*, qui est comme nous auons desia dit, vne gentile ville en la coste de *Coromandel*, habitée par les Portugais, & vn tres-bon port de mer, esperans que là nous ne manquerions pas de bons embarquemens pour passer outre; mais on nous donna auis qu'il nous falloit attendre le temps propre pour retourner en Occident, qui ne pouuoit estre qu'au mois de Mars suiuant, de sorte que nous auions encor cinq mois à demeurer en ces quartiers-là. Ce que ie fis trouuer bon à mon compagnon, & luy persuadé de prendre la route de *Bengale*, auec vn nauire qui se preparoit

Catigan.

d'y aller bien-tost, pour charger à *Catigan*, où se trouuoient

force

du sieur Vincent le Blanc. 273

force commoditez pour nostre trafic. Apres auoir donc dit adieu au bon pere *André*, & à tous nos amis, ayans embarqué toutes nos marchandises & prouisions dans ce vaisseau Bengalois, nous partimes de Pegu; mais nostre malheur voulut que c'estoit cette année-là que deuoit arriuer le vent qu'ils appellent *Tufon*, & les Chinois *Tufaon*, qui est vne sorte de bourrasque & tourmente furieuse qui ne vient que de temps en temps, à sçauoir de dix en dix ans, quelquesfois vn peu plustost ou plus tard : auec de certains signes auparauant, que les Pilotes recognoissent tres-bien; mais d'autre costé ce fut nostre bon-heur que le vaisseau ou nous estions n'estoit chargé que de quelques *barres* ou lingots d'or & d'argent, auec quelque peu de nos marchandises, & qu'il estoit neuf, ce qui nous seruit beaucoup : car aussi-tost que ce vent nous accueillit, il nous mit nos voiles en pieces ; c'est le plus impetueux du monde, & il semble aux estranges effects qu'il fait, qu'il y ait quelques Demons meslez parmi, ainsi que plusieurs croyent; d'autant qu'il arrache iusqu'aux tables du tillac, & emporte le plus souuét tous les cordages ; De sorte qu'il nous seruit de beaucoup de ce que le nauire n'estoit gueres chargé, comme i'ay dit ; ne se portant gueres de *Pegou* à *Bengale*, que de l'or, argent, spinelles, rubis & saphirs, qui est le plus exquis de ce que ce Royaume produit. Cette tempeste fut donc si horrible qu'elle nous rompit le grand arbre & le gouuernail, auec toutes les voiles, si bien que nous ne pouuions plus faire cheminer le vaisseau, & des coups de mer venoient qui le passoient d'vn bout à l'autre. Nous demeurâmes plus de 24. heures en cette destresse, & estions tous empeschez à vuider l'eau, & reietter la mer dans la mer, sans auoir ny le loisir ny la pensée mesme de boire & de manger, tant la necessité & le danger estoient presens & extremes. Enfin apres auoir souffert quelques temps cette rude fortune de mer, nous abordâmes auec beaucoup de peine à vne belle Isle nommée *Sodina* ou *Sondina* sujete au Roy de *Bengale*, à quelque 120. mil de *Carigan* ou nous deuions aller. Cette Isle est habitée de Mahometans, gens noirs, mais assez courtois & ciuils, qui nous donoiët tout ce que nous leur

Tufon vent.

Tempeste.

Trafic de Pegou à Bengale.

Sondina.

Mm

demandions à bien petit prix, comme le pays est extremement bon, & les viures s'y donnent quasi pour rien. Et bien qu'ils fussent aduertis que nous allions à *Catigan*, dont le Capitaine du fort qui est Portugais, leur auoit fait plusieurs déplaisirs, iusqu'à leur auoir tué leur Gouuerneur ; toutefois ils ne nous en firent pas pour cela pire traitement, nous en estimans innocens ; Aussi que de toute ancienneté ceux de *Sodiua* auoient esté sujets à vn mesme Roy comme ceux de *Catigan*.

Aracan.   Entre Pegu & Bengale, il y a vn Royaume nommé *Aracan* dont le Prince est fort puissant, mais plus par mer que par terre, & qui fait souuent guerre à celuy de Pegu. Nostre intention estoit, estans arriuez à Catigan de nous desfaire de nos marchandises, dont nous n'auions pas grand quátité ; car la plus grande partie estoit en *Amphian* qui est vne drogue qui porte vn tres-grand profit quand elle rencontre.

Amfian.   Cet *Amfiam* ou *Afion* dont i'ay assez souuent parlé, est l'opium ou le suc du pauot noir, dont ils font vn grand cas par toutes les Indes, & dont il vient vne grande quantité d'*Aden* & autres lieux d'*Arabie* & de *Cambaye*. Il assoupit fort, & est grandement chery des femmes pour la volupté. Les Turcs en vsent à la guerre pour se donner plus de courage & moins d'apprehension.

Goa.   Nous auions aussi dessein d'aller à *Goa* pour là nous embarquer auec la flote pour Lisbône, mais sur cela nous eûmes nouuelles que *Goa* estoit lors assiegé par le Roy de *Dealcan* à qui
Dialcan.   les Portugais auoient fait quelque déplaisir : ce qui nous mit en grand peine, & toutefois nous eûmes esperance que ce siege ne dureroit pas long-temps, encore que ce Roy les tint bloquez par terre auec vne grande armée, mais il ne pouuoit empescher l'entrée des petits vaisseaux qui estoient fauorisez des forteresses bien garnies d'artillerie, qui faisoit vn grand eschec sur les ennemis. Ce siege ne nous fit donc pas passer l'enuie d'y aller, & mesme que le sieur de la Courbe & mon compagnon y auoient laissé vne partie de leurs hardes, & aussi quelques maistresses, ce qui les éguillonnoit viuement à y retourner. Sur cela nous eûmes aduis que le sie-

du sieur Vincent le Blanc. 275

ge estoit leué, & pour éuiter tout mauuais rencontre, nous auions pris vn passeport d'vn certain Portugais nommé *Don Sanche*, moyennant vn *Seraf* pour chacun, qui est enuiron 50. sols. Ce *Don Sanche* estoit vn homme de tres mauuaise mine, & de plus mauuais discours encor, & ceux du pays nous disoient par moquerie que c'estoit vn personnage fort califié, & que son pere alloit à la chasse auec des pourceaux. Quant nous fûmes arriuez à *Goa* nous trouuâmes que la flote estoit desia partie, & qu'elle auoit fait sa charge en diuers endroits des Indes : de sorte que nous fûmes contraints de nous resoudre à demeurer-là encores vn an pour attendre vne autre occasion : Vn mois apres nous nous embarquâmes à Goa auant le mois d'Auril, car au mois de May ils commencent leur hyuer vers la Torride, & nous mîmes dans le nauire d'vn Capitaine Guias Portugais, de là en 8. iours à Calicut, ou nous nous ioignîmes à deux nauires Portugais chargez de poiure, & fismes voile tirans au Nort passans l'Isle de Canabalc, de Rapelin, & allâmes à Cochin, & de là à Berebely port de *Zeilan*, puis au Cap de *Gali*, ou les grands vens nous ayans accueillis, nous reiettoient en la grand mer ; mais nous nauigeans à *Orse* auec peu de voiles, les marées nous aydoient aussi à soustenir sans y penser, car nostre pilote n'estoit pas des plus experimentez, si bien qu'apres auoir bien contesté toute la nuit, au iour nous nous trouuâmes dans ledit Cap, sans esperance de le pouuoir plus monter. Ce fut cependant vne grande perte pour le Capitaine, dautant que rencontrans vn bas fonds, le nauire toucha par trois fois, & la maree nous poussoit contre terre, de sorte que nous fûmes contraints de descharger le vaisseau qui se remplissoit d'eau, & falut du temps pour accommoder cela, & tous les Marchands y prinrent party, ce qui les mit en grande contestation auec le Capitaine, qu'enfin fut contraint de prendre patience auec sa perte ; & eux s'estans associez auec vn certain *Seignor Barreteno* Venitien nous prîmes vne barque de compagnie pour nostre voyage, qui fut comme de vagabons tantost deçà tantost de là, selon les negoces & les aduis que nous auions pour mieux faire nostre profit.

Mm ij

Retour en Occident par l'Afrique.

Estans enfin partis des Indes pour le retour, nous prîmes la route d'Occident le long des costes de l'Inde & Arabie, iusqu'à l'Isle de S. Laurens dont nous parlerons en la seconde partie, auec tout le reste de nostre voyage, le long des costes Orientales d'Afrique, & à trauers icelle d'vn bout à l'autre depuis les bouches du fleuue du S. Esprit a 26. d. de la bande du midy, iusqu'en Alexandrie qui est à 30. d. vers le Nort par les terres du Monomotapa, du grand Roy des Abyssins & de l'Egypte, en suiuant le Nil depuis les sources iusqu'à son embouchure.

Asie quel pays.

Ainsi donc sommes nous enfin sortis de l'Asie, la plus grande & remarquable partie du monde, la premiere habitee de toutes, & d'où sont sorties tant de peuplades pour les autres, qui a produit & porté les grands Empires & Monarchies des Assyriens, Chaldees, Indiens, Medes, Perses, Parthes, Scythes, Sarazins & Tartares: & qui aujourd'huy contient encor les grands Estats du Turc, Perse, Tartare, Chinois, Mogor, Iapon, & tant d'autres grands & petits. Qui a donné à tout le reste du monde la religion, langues, mœurs, loix, polices, sciences, arts, armes, & toutes sortes d'artifices & de manufactures. Riche en mines de tous metaux & pierreries, en pesches de perles, fruits, plantes & animaux de tous genre, & especes: Arrosee de grandes mers dedans & dehors, de fleuues immenses; entrecoupee de hautes montagnes, de forests impenetrables, de solitudes & deserts effroyables; qui porte des peuples diuers de toutes sortes de sectes, religions, mœurs, police, coustumes estranges & contraires: les vns ciuils & courtois, les autres anthropophages & barbares, delicieux & voluptueux, rudes & sauuages: toutes sortes d'airs, climats, temperatures, & excez de chaud ou de froid en ses diuerses Zones. En somme cette partie diuisée en petites & grandes; & cette-cy en plusieurs autres, & principalement en nostre Inde Orientale deçà & delà le Gange, & depuis en Inde majeure, mineure & moyenne.

F I N.

TABLE DES CHOSES
PLVS MEMORABLES CONTENVES
en cette premiere partie.

A

Abedale Pontife du Pegu, 187
Abuna Patriarche d'Ethiopie, 115
Accident estrange d'vn criminel à la potence, 78
Achen Royaume de l'Inde, 141
Aden ville d'Arabie, 35
Agazirou beste cruelle, 245
Alep autrefois Hierapolis, 8
Almacara ville d'Arabie, 33
Amadiua isle des Indes, 81
Aman ville d'Arabie, 8
Antropophages de Iaüe, 146
Antipodes, 260
Apura royaume tributaire de Bengala, 129
Arabies, trois Arabies, 18
Aredan Royaume, 174
Archipel d'Andreman, 135
Archipel de sainct Lazare, 135
Armée merueilleuse du Roy de Narsingue, 108
Asbeste lin incombustible, 157
Asphatte Lac, 16
Assassin François trauesty en Deruis, 10
Ayssy ville des Indes, 123
Azazima pierre medicinale, 84
Azoufa beste qui déterre les morts, 240

B

Babelmandel isle & destroit des Indes, 36
Babylone l'ancienne & la nouuelle, 47
Bachat ou Bache ville de Perse, 51
Bananes, figues des Indes, 131
Bantan capitale de Iaua, 148
Bataille sanglante entre le grand Tartare & le royaume de Largaray, 266
Baticale Royaume des Indes, 80
Bengale ville & Royaume, 125. son Roy puissant, 127
Betel bois merueilleux contre les poisons, 123
Bisnagar Royaume puissant des Indes, 108
Bouiaguy oyseaux admirables, 230
Bramains prestres des Indes, 88. & 90

C

Calicut Royaume des Indes, 83

Mm iij

Table des choses

Calife de Bagdet, 32
Cambaye, 66. Roy de Cambaye venimeux, 68
Camouche port de Ceilan, 103
Camera isle d'Ethiopie, 37
Canelle des Indes, 101
Cananor ville & Royaume, 2
Casubi Royaume & ville, 222. & seq.
Catigan prouince des Indes, 131
Centacola ville des Indes, 81
Corcouitas le principal Idole des Peguans, 221
Chaubaina Roy des Indes, son desastre, 262
Coromandel aux Indes, 99
Chiamay Lac des Indes, 157
Cochin Royaume des Indes, 91. 94
Coroza poissons furieux, 105
Cherif ou Sultan de la Mecque, 25
Coulan forte esle des Portugais aux Indes, 93
Crocodile appriuoisé, 39

D

Dalascia ville d'Ethiopie, 38
Damas ville capitale de la Syrie, 8
Danse des Demons, 216
Demons impetueux, 40
Dent d'vn singe blanc adorée, 104
Derbent porte du Caucase, 51
Deserts d'Arabie, 15
Destroict de la Sonde, 143

Diu ville des Indes, 63. son estat & ses forces, 64
Dumana temple de Calicut, 86
Durmisanari Prophetes des Persans, 58

E

Elephans leur esprit, docilité, 177
Espalouco beste de nuict, 158

F

Fantosmes espouuantables dans les deserts d'Arabie, 160
Femmes gardes du corps du Roy de Transiane, 247
Frumentius Apostre des Indes, 136

G

Gange fleuue des Indes, 125. son eau tenuë pour sacrée 126
Gaza ville d'Arabie, 33
Goa, clef des Indes, 73. mœurs des habitans anciens & modernes, 75

H

Haly & Homar interpretes de l'Alcoran, 56
Hermaphodites frequens en Sumatra, 138
Histoire pitoyable de deux ieunes Peguans, 219
Homar. voyez Haly.

I

Iaue isle & mœurs des habitās, 143. & seq.
Idolatries & superstitions des Indes, 195
Idoles de Pegu, 189
Idole estrange de Calicut, 86
Iesuites à Pegu, 193
Incube. Histoire estrange, 262
Indes Orientales, 60. leurs conquestes, 61. & seq.
Indiennes vases pretieux, 118
Indiens leur Philosophie & Astrologie, 256
Iogues Hermites de Pegu, 187
Iuifs subtils larrons, 19

L

Lac de Bitume, 48
Laque côment elle se fait, 38
Liban montagne & ses particularitez, 7
Licornes, 26, 217
Lion merueilleux, 243

M

Macarane ville, 239
Macarou estrange flux de mer, 163
Mahomet, sa naissance, 22. son sepulcre, 20
Malabar ville & coste des Indes, 73
Malaca ville des Indes, 153
Maldiues isles, 106
Manne du Liban, 7
Mandranel ville des Indes, 230
Mariaban ville & Royaume des Indes, 159
Marabous Hermites des Turcs, 187
Massari animal qui deterre les morts, 29
Mascaret de la riuiere de Bordeaux, 164
Mazua isle d'Ethiopie, 37
Medine ou la cité du Prophete, 20
Meleapur ville de S. Thomas, 114
Mecque ville, sa Mosquée, 24. 28
Mer rouge auec ses costes, 34
Mer morte ou Lac Asphaltite, 16
Mogor Roy, sa puissance, 73. 132
Montagnes. Amon & Sahanir auec leurs grotes, 9
Montagne de Sinay, 17

N

Naires Gentilshommes Indiens, 84
Narsingue capitale du Royaume de Bisnagar, 110. ses maisons, & habitans, ibidem.
Naufrage de Vincent le Blanc, 4

O

Olsima Idole à trois testes, 186
Ormus Isle & Royaume, 42. ses Roys, 43
Ours. Histoire ou fable memorable des amours d'vn Ours, 118
Oyseaux de Paradis, 173

P

Paleacate ville & port de Bisnagar, 112
Paloüis isle des Demons, 106
Palmyrene prouince, 12
Paraues peuples des Indes Chrestiens, 106

Pecher port de l'Arabie heureuse, 29
Pegu Royaume, 164. Roy de Pegu & son election, 203
Perdris blanches, 131
Perles Orientales, 105
Pesche des perles, 104
Perse, ses limites, 45. ses Roys, 55. & seq.
Pirate insigne Rochelois, 95
Poloüe isle des Indes, 141
Poiure de Cochin, 91
Puits bastis d'ossemens de morts, 18

S

SAbée des anciens, 23
Sablon noir, 28
Saczıby herbe merueilleuse, 198
Sagittan ville des Indes, 18
Salicor, arbrisseau duquel on fait le verre, 17
Saltides deuots du Prince de l'Arabie, 30
Samacare ville de l'Arabie heureuse, 32
Samarcane, le seiour de Tamerland, 54
Sartagan ville des Indes, 133
Sechemir prouince de l'Arabie heureuse, 30
Siar Royaume des Indes, 154
Siras ville delicieuse de Perse, 53
Socotora isle celebre, 41

Sombrero canal, 135
Sophy de Perse, 56
Sumatra isle tres renommée pour sa grandeur, 137
Syrie & ses prouinces, 7

T

Tapobrane des anciens, 104
Tartarie, 260. deserts, 267
Tartares & leurs conquestes, 269
Tauris, ville de Perse, 50
Tazatay Royaume rouge, 254
Ternassery ville des Indes, 121
Tigres, leur chasse, 241
Tombeaux pleins d'eau naturelle, 186
Transiane ville & Royaume, 246. le Roy de Trasiene & sa cour, 249
Turluru isle de Candie, 5

V

Vallée tenebreuse, 113
Vents Monsons, 226
Vilep ville du Pegu,

X

XAabas Roy de Perse & sa prudence, 50

Z

ZAmorin de Calicut, 85
Zelan isle des Perles, 100. son Roy, 102
Zibi Demons possedans, 198
Zibit ville de l'Arabie heur. 47
Zone torride habitée, 130

SECONDE PARTIE DES VOYAGES DV S^R VINCENT LE BLANC EN AFRIQVE.

DESCRIPTION GENERALE de l'Afrique.

CHAPITRE PREMIER.

STANS partis des Indes Orientales, comme i'ay dit à la fin de la premiere Partie de ce Liure, & ayans pris la route d'Afrique vers l'Occident, la premiere terre où nous abordâmes fut l'isle de S. Laurens. Auant que de rapporter les particularitez, tant de cette isle, que des autres lieux d'Afrique où i'ay esté, il me semble qu'il ne sera pas

II. Partie.   A

hors de propos de faire vne generalle description de cette troisiesme partie de l'Vniuers, tant pour l'auoir trauersée d'vn bout à l'autre en trois diuers voyages, que pour monstrer l'erreur des Geographes modernes, qui, comme i'ay quelquefois representé à feu M. du Vair, alors premier President de Prouence, & depuis Garde-Sceaux de France, ont obmis dans leurs cartes d'Afrique plus de cinquante Royaumes, ou de prouinces remarquables.

Cartes d'Afrique defectueuses.

Et premierement, à prendre depuis le destroit de Gibraltar, ou plustost depuis Porto-Farina vers Tunes, iusqu'au cap de Bonne-Esperance, qui est sa plus grande estenduë du Septentrion au Midy, on y conte plus de soixante-dix degrez, qui font plus de deux mille lieuës: & du cap Verd au cap de Guardafu ou Guardafuy, qui va d'Orient en Occident, il y a prés de quatre-vingt degrez, qui font enuiron deux mille cinq cens lieuës de pays, qui comprennent vne espace prodigieux, & tel que nostre Europe est fort peu de chose en comparaison; la plus part estant entre les deux Tropiques, & le reste au deçà & au delà.

Estenduë de l'Afrique.

Car du Royaume de *Budomel* en trauersant les Negres on trouue vers l'Orient l'Empire de *Tombut* ou *Tombotu*, que les Arabes nomment *Izt*, qui contient treze grands Royaumes arrousez de la fameuse riuiere de *Nigrite* ou *Niger*, auec *Senega*, vne partie de la *Guinée*, *Melli*, & plusieurs autres pays iusqu'au cap Verd. * Il y a là des peuples si sauuages qu'ils ne sçauent presque point parler, si salles qu'ils mangent les entrailles des bestes toutes pleines d'ordure sans les lauer, & si brutaux qu'ils ressemblent plustost à des chiens affamez, qu'à des hommes qui ont l'vsage de la raison. Les peuples sont plus ciuilisez vers la mer Occidentale aux prouinces de *Gouaga*, *Azmay*, *Gaiata*, que les Arabes appellent *Abugazar* ou *Zinaga* & *Azanaga*. & à la coste du cap Blanc, où il se fait vn grand trafic de sel blanc.

a Voy Pline l. 5. c. 1. des Canariens d'Afrique.

Le Senega, ou le fleuue Niger, abbreuue force pays, est abondant en crocodilles & en poissons, dont il fournit *Budomel*, *Meli*, *Gago*, *Guber*, *Agades*, *Cano*, *Guzena* ou *Cassena*, *Zegzeg*, *Zanfara*, *Burneo* ou *Borno*, *Gangara*, *Gauga*, & autres où il s'estend. Le Royaume de Gangara en comprend sept autres, & celuy de Borneo neuf, qui sont souuent venus aux

du sieur Vincent le Blanc.

mains, pour auoir quelque sorte d'Empire les vns sur les autres, mais enfin ils ont esté contraints de s'accorder apres s'estre saoulez de sang. Puis il y a les Royaumes de *Temian*, *Daouma*, *Medra*, *Benin*, *Gorbani*, *Giafiar* ou *Biafar*, *Amas* ou *Amasen*, qui confronte au Midy à *Damuta* & *Vangue* qui est vers le Zaire.

Du Senega on trouue vers le Nord *Scombaya*, *Musmuda*, *Zeneta* ou *Haora*, *Gomea Guzula*, *Hea*, *Sus*, & d'autres qu'on appelle les Blancs d'Afrique, qui ne parlent pas Arabe, mais vsent du langage du Songay, comme ils le nomment, duquel on se sert aussi dans la Numedie aux Royaumes de *Terga*, *Gaziga*, *Lemta* & *Berdoa*. Ces peuples ont vne toille noire ou grise, qui leur pend du turban sur le visage quand ils veulent manger, de peur qu'on ne voye leur bouche en mangeant, qui seroit vne grande inciuilité. Il y a de plus les pays de *Guzalan*, *Belu*, *Benir*, *Belbée*, *Toga*, *Afar*, *Alates*, *Crin*, *Beny*, *Gumi*, *Muzali*, *Abubenam*, *Zuir*, *Cazay*, *Dura*, *Zinzaler*, & autres.

b Leon d'Afrique l. 1. c. 11.

Le grand Royaume de Fez ou de Maroc comprend *Agar* ou *Agal*, *Bebat*, *Erif*, *Geres*, *Elcaous*, *Elgazer* ou *Elgezair*, auec les Royaumes de *Tunis*, *Bugie*, *Constantine*, *Tripoli*, *Telensin*, *Tremesen*, *Telche*, *Temesne*, &c.

Il y a vne riuiere qui venant de l'interieur de l'Afrique passe par plusieurs pays, & traverse Fez, où elle fait moudre trois cens soixante six rouës de moulin extraordinairement haute, & s'escoulant delà sous *Miquine* & *Elcassour*, se iette dans la mer à la *Mamorre*, au dessous de l'Arache assez prés d'*Arzille*.

Vers *Tombut* & *Melli* au delà du *Senega* on voit le Royaume de *Gigo* d'vne vaste estenduë, dont le Roy est fort puissant, & qui se fait presqu'adorer à ses peuples, qui ne luy parlent qu'à genoux pour grands qu'ils soient, ayans vn vase plein de sable en main, qu'ils iettent sur leur teste quand ils sont prosternez deuant luy, & puis en se retirans ils se traisnent sans luy tourner le dos. Il ne donne audience à ses peuples qu'à certaines heures du matin & du soir; & s'ils commettent quelque faute, pour chastiment il leur oste leurs biens, &

Majesté du Roy de Tombut.

A ij

vend leurs femmes & leurs enfans pour esclaues aux estrangers.

Les deux grandes riuieres de *Niger* ou *Gambra*, & de *Senega* lauent beaucoup de pays, & debordent de mesme façon & en mesme temps que le Nil. *Budomel*, qui est pareillement vne riuiere de mesme nom que le pays qu'elle trauerse, se ioint à *Gambra*, & le Royaume de *Melli* est sur vne brāche du Senega, entourée de deserts affreux & de forests impenetrables. Ce fleuue est borné du costé du Nort & du Midy par les deserts de *Gilolef* & *Ialofel*; à l'Occident il a cette vaste & profonde forest d'*Abacara*, & au Leuant *Gago*. On void en suite *Guber*, le mont de *Chigi* ou *Gigi*, ou *sierra de Meleguete*, puis *Guinga* ou *Guinée* & *Guinoye*. Tous ces peuples sont noirs comme des charbons esteincts. Au Royaume de *Gago* le sel y est plus cher que l'or, qu'il a en abondāce aussi bien que le bestail & les fruicts. *Guber* abboutit au Nort à *Cano*, aū Leuant à *Zeger* ou *Zgzeg*, qui est vn pays de bois & de deserts peuplé d'vn nombre infiny de troupeaux. On rencontre *Cassena* dans ces deserts: puis tirant vers le cap de Bonne-Esperance, on entre dans les Royaumes de *Benin* & *Zanfara*, qui sont sous l'Equateur, fort habitez, contenans en longueur plus de deux cens quarante lieuës, où il pleut ordinairement depuis la my-May iusqu'à la my-Aoust, & presque tousiours depuis le midy iusqu'à la minuict, comme i'ay remarqué ailleurs de quelques autres pays qui sont sous la mesme ligne.

Au reste ces pays sont si fertils, comme ceux que le Nil arrouse, qu'ils portent deux fois l'an, & chaque moisson est suffisante de fournir aux peuples des prouisions pour cinq ans : ce qui fait qu'ayans serré leurs grains dans des troux sous terre, que les Mores appellent *Matamorres*, vitrez & enduits d'vn ciment fait de coquilles de mer calcinées, pour empescher l'humidité, où ils se gardent tant qu'on veut apres qu'on les a fait secher au Soleil pendant quelques iours, ils ne se soucient point de semer tant qu'ils ont dequoy viure, & les terres demeurans ainsi en repos en deuiennent plus fertiles. Les brebis y portent aussi deux fois l'année, & souuent deux ou trois agneaux à la fois.

Matamorres ou greniers sous terre,

du sieur Vincent le Blanc. 5

Le *cap de Palmes* est au pays d'*Isma* vers la Guinée, auec le chasteau de *Mina*, que les Portugais ont basty sur cette coste : Le Royaume de *Manicongo* en tirant vers le cap de Bonne-Esperance s'estend depuis le fleuue *Val de Biraco* ou *da Borca*, iusques à la riuiere de S. Paul. Ce fleuue *da Borca*, dit autrement *Rio de los Reyes*, est à vn quart de iournée de celuy d'*Agina* ou *Aficera* : Il est vray qu'il y a des cartes qui le mettent prés de *Biafar*, quoy qu'il en soit esloigné de plus de cinq cens lieuës, *Biafar* estant prés d'*Amasan* & *Medra* ; ce qui cause cet erreur, est qu'on le prend pour la riuiere de l'*Infante de Portugal*, qui a la riuiere d'*Angra* à l'Orient, laquelle arrouse la ville de *Masire* ou *Maciera* vis à vis de l'isle de S. Thomas, & confronte au grand Royaume de *Damute*, au milieu duquel passe le fleuue de *Bancara*, le *Vibris* & le *Vamba*, auec vne branche du *Noir*, qui se vont tous ioindre au Zaire : le Zaire se deborde comme le Nil & trauerse beaucoup de pays, les vns Mahometans, & les autres Payens, qui adorent le Soleil & se mettent au point du iour sur vn lieu eminent pour luy faire à son leuer leur *Salema*, c'est a dire leur priere, se iettans cent fois par terre & la baisans religieusement couuerts d'vn grand drap.

<small>Africains qui adorent le Soleil.</small>

On dit que ces deux grands Royaumes, *Damute* & *Manicongo*, confinent à celuy de *Goyame* ou *Guiame*, ce qui est incroyable à cause de la grande distance : Il est plustost à costé ; car du costé du Midy & du Ponent Manicongo en est separé par la riuiere de *Bancara*, qui passe à dix degrez au dela de la ligne, & à deux du *cap de Lupo* ou *Loubu*, a son embouchure prés du fleuue *Gouan* ou *Gabam*, non loin du *cap Gonçal* & de celuy de Ste Catherine, vis à vis du *cap Primaco*, & assez prés du torrent de *Fremo*, que ceux du pays appellent *Gouyra*. Le dernier cap de Damute est *Almada* ou *Almadias*, dans le golfe duquel se iette vne branche du Zaire & le fleuue de S. Helene sortans d'vn mesme lieu, ayans au Nort *Abidara*, qui se ioint auec les Cataractes, au Couchant le pays de *Iair* & *Girbara*, à l'Orient *Gogira*, où commence le *cap des corrientes*, qui est à vingt quatre degrez du Midy.

Apres cela suit le grand Empire des Abissins, qui con-

<small>Empire des Abissins.</small>

A iij

tient plus de trente cinq Royaumes, & mesme quelques vns le sont aussi grād que toute l'Europe. La pluspart des peuples y sont grossiers & brutaux, couuerts de peaux de bestes, quoy que les pays abonde en or, que les riuieres entraînent auec leurs eaux. Les femmes portent leurs petits sur le dos dans vne peau de bouc, & ne vont iamais à la campagne sans prouisions & sans baston, & donnent à tetter à leurs enfans en iettans par derriere leurs longues mammelles. Pour la pluspart ce sont des gens miserables, subiets du grand Neguz, qui leur depute quelques vns pour leur administrer la Iustice. Mais comme ces Deputez les voyent si peu raisonnables, ils se retirent aux villes a vingt ou trente lieuës de distance, & les autres ne veulent point prendre la peine d'aller si loing; de sorte que s'il suruient quelques differents entr'eux, ils prient le premier passant de leur rendre Iustice ; & au cas qu'il leur refuse, ils vont l'attendre sur vn chemin auec leur arc & leurs fleches, & l'obligent par force de donner sa Sentence, qu'ils obseruent religieusement, soit qu'elle soit bonne ou mauuaise, & pour recompense luy font present de quelque beste pour porter ses hardes, & particulierement d'vne qu'ils nomment Dent, fort semblable à vn petit mulet, si ce n'est qu'elle a vne queuë de pourceau, & de petites cornes qui ne tiennent qu'à la peau, qu'on remuë comme les oreilles, & qu'elle va beaucoup plus viste. Passant par les sables la corne de son pied se brusle & se fend, sans qu'on puisse aucunement luy faire faire vn pas ; & lors on est contraint de la tuër & de la manger ; car sa chair est tres-delicate, bien qu'elle ne se puisse pas garder long temps sans que les vers s'y engendrent, si elle n'est sallée.

Grandeur prodigieuse de l'Afrique. La grandeur de cette partie du monde se reconnoist particulierement, en ce qu'on y conte plus de cent cinquante Royaumes tres-grands, sans comprendre plusieurs autres de moindre estenduë, qui peuplent cette vaste Peninsule de plus de deux mille lieuës en long & en large. Elle est arrousée de plusieurs beaux fleuues, dont les vns ont les mesmes debordemens & aussi profitables que le Nil ; les autres roulent des sables d'or, outre les lacs, les marescages, les deserts & forests impenetrables, les riches mines d'or, les gros troupeaux, les doubles recoltes par année, les bestes venimeuses, les monstres effroyables, la diuersité des peuples, les vns ciuilisez, les autres si brutaux & si sauuages qu'ils n'ont ny Religion, ny mesme de langage articulé; les vns Chrestiens diuisez en plusieurs sectes, les autres Mahometans, & vne grande partie Gentils & Idolatres, qui viuent sous la domination de plusieurs Princes, dont les principaux sont le Grand Seigneur, qui possede toute l'Egypte auec vne partie de la coste de Barbarie: Le grand Roy des Abyssins, qui tient presque tout le dedans de l'Afrique auec les deux riues du Nil: Le grand Monomotapa, Seigneur de presque toutes les extremitez Meridionales, iusqu'au cap de Bonne-Esperance: Le puissant Roy de Fez & de Maroc, & quantité d'autres Rois & Princes particuliers, comme ceux de *Tombut*, *Ganga*, *Borno*, &c. qui occupent plusieurs Royaumes.

De cette Afrique si vaste & si peuplée, les Anciens ne reconnoissoient que quelques contrées sous le nom d'Egypte, Cyrenaïque, Numidie, Lybie, Mauritanie, Ethiopie, Nigrites, Garamantes, Atlantes, & fort peu d'autres. Auiourd'huy les Arabes la diuisent en quatre parties, bien qu'elle ne soit pas encore toute conneuë à cause des horribles deserts qui nous ferment les chemins & nous en ostent la connoissance. La premiere commence au cap de *Babouchi* ou *Guardafani*, dans laquelle ils mettent plusieurs pays, qui sont hors de l'Afrique, conquis par vn Prince nommé *Tramurat*, qui subiugua l'Arabie heureuse, & porta ses armes iusques en Carmanie, qu'ils nomment *Erac*, & y comprennent mesme les Royaumes de *Macran* & *Guadel*, qui sont dans icelle. La seconde nommée *Biledugerid*, autrefois *Numidie*, se termine vers l'Egypte à la ville d'*Eleocat*. La troisiéme est cette grande & effroyable solitude, qui s'estend iusqu'aux extremitez de la Lybie, & qu'ils appellent *Sarra* ou Desert, pource qu'elle commence au Nil, & finit à ce desert de *Sarra*. La quatriéme commence au Royaume de *Gonaga*, & termine à celuy de *Guiata*.

Diuision de l'Afrique.

Les voyages

D'autres en font vne autre diuision pareillement en quatre parties, qui sont la Barbarie, la Numidie, la Lybie & les Negres. La Barbarie s'estend tout le long du mont Atlas sur la Mediterranée, depuis l'Egypte iusqu'à *Messa* sur l'Ocean, & comprend les Royaumes de Maroc, Fez, Telensin, Tunes, &c. La Numidie ou *Biledugerid* contient *Segelmesse*, *Bugie*, *Zeb*, &c. La Lybie est Sarra: Et la terre des Negres comprend *Galata*, *Tombut*, *Melli*, *Gaigo*, *Guber*, *Guinée*, & le reste qui suit iusqu'au cap de Bonne-Esperance.

Description de l'isle de sainct Laurens, & les mœurs de ses peuples.

CHAPITRE II.

Voy de cette isle la lettre d'André Corsal de l'an 1515.

Nous prismes donc terre en l'isle de S. Laurens ou *Madagascar*, vne des plus grandes du monde, scituée sous le Tropique du Capricorne, entre le quatorze & vingt six degrez de latitude, ayant enuiron huict cens lieuës de tour, deux fois aussi grande que Candie. Sur vne de ses pointes vers la bande du Sud il y a vne agreable ville nommée *saincte Marie*, au dessous c'est la coste de S. Sebastien, qui fait vn golphe plein de petites isles, qui n'ont point d'autres habitans que des oyseaux en grand nombre. La pointe qui regarde le cap de *Corrientes* en Afrique a six vingt lieuës ou enuiron, entre la riuiere de *Manica* & le mont de *Manica*, s'appelle *Comara* ou de S. Augustin, presque sous le Tropique. C'est vne habitation fort diuertissante, & dont les habitans sont assez ciuilisez & bien vestus, quoy qu'il y fasse fort chaud; vne riuiere grandement poissonneuse y fait vn port, & la terre y est fertile en fruicts.

Topographe de l'isle de S. Laurens.

Suiuant le long de cette coste de saincte Marie on trouue vne autre ville assez iolie, nommée *Antipara*, entre deux riuieres, dont l'vne fait le cap *Salido*, qui est ainsi nommé

à cauà cause que son eau est salée, & qui est iustement la pointe d'vn des bouts de l'isle. On rencontre en suite la Baye de S. *Rochou de Macara* prés du cap de S. Roch, qui luy donne son nom; puis en doublant à huict mille de là on arriue au cap de Turmé, quatre mille au dessous de la *Baya de S. Maria*, tout droit sous le Tropique. Le pays abonde en moutons sans laine, en bœufs, vaches & fruicts de toutes sortes. On trouue à quarante lieuës de là en montant vers les Indes *Manalba*, gentille ville, puis *Marepara* bon port, *Manazera*, *Arco*, la *Pescada de S. Antonio*, & à cent mille de là la pointe de Soulabar, que les mariniers appellent le cap d'*Ambar*, & entre-deux il y a deux isles appellées *los Irmanos*, & par les Insulaires *Bema*.

En venant du cap de *Natal* en Afrique la coste est fort peuplée, où est la pointe de S. Antoine, & la belle riuiere d'*Omzel*, auec des plaines fertiles tout le long depuis le cap de S. Vincent iusqu à celuy de S. Antoine. C'est là que la foy du Christianisme a esté premierement receuë, aussi y a-il force villes & gros villages, comme *Acousia*, *Nabrada*, *Monalego*, *Dolaganza*, *Zanabi*, *Zarcara*, *Franonzara*, *Manatape*, *Babonda*, *Mancauia*, auec de bons ports presque par tout, des riuieres & des plages où la mer a flux & reflux, comme en Europe. Mancauia est abondante en toutes sortes de commoditez pour la vie, & les habitans y sont fort doux, pource que la terre y est plus frequentée; au contraire de ceux d'*Alocanza* ou *Aleganza*, dont la rade estant fort poissonneuse les rend fiers & orgueilleux. La coste plus Meridionale vers le cap d'*Ambar* n'est pas si peuplée, bien que toute l'isle le soit assez; & les vns de ses habitans sont sauuages, les autres plus ciuilisez, & quelques vns d'eux, tant hommes que femmes, richement vestus & parez de ioyaux & de pierres precieuses. Ceux de *Secora* & *Ambia* sont bien logez & proprement meublez, qui s'estendent iusqu'au cap *Salido*, où commence la largeur de l'isle iusqu'au cap *Dental*.

En general cette isle abonde en toute sorte de bons fruicts, comme limons, oranges & espiceries, que les habitans mangent confites, & principalement le gingembre,

Curcumard ou safran des Indes. Garcias l. p. 6;

II. Partie. B

le *Cecuma* ou *Cavcuma*, & le poivre long. Ils se vantent aussi d'auoir des cloux de girofle, ce que ie n'ose pas asseurer, pour n'en auoir point de connoissance. Ils ont le bois d'ebene, le sendal rouge, blanc & de couleur de citron, le bresil dont ils font leurs arcs & leurs fleches, les sicomores, le mastic & le susts. Ils ont de plus les mines d'argent tres bon, mais ils sont si paresseux qu'ils ayment mieux viure du iour à la iournée que de trauailler. Le meilleur safran des Indes se cueille là, & du sucre fort excellent, qu'ils accommodent fort grossierement pour ne sçauoir pas la façon de l'affiner, bien qu'ils ne laissent pas pour cela d'en faire vn grand trafic. Il y a des melons d'vne incroyable grosseur, iaunes, rouges & blancs, beaucoup meilleurs que ceux de Prouence & d'Espagne. Il croist par toute l'isle vne certaine racine appellée *igname* & *Patata*, dont on a porté l'inuention en Espagne, qui a le mesme goust que la chastaigne, mais plus delicat, particulierement quand elle est bouillie plustost que rostie. Ce fruict est d'vn grand seruice pour les paures gens, & bien qu'il vienne de graine semée, si est-ce qu'il multiplie prodigieusement quand il est coupé par morceaux.

Ils ont de cinq especes de palmiers, & d'autres arbres, dont ils font des boissons excellentes, outre les fruicts que l'on en mange, & les filets que l'on en tire pour faire des *Alpargates* ou souliers de corde à l'Espagnole, qu'ils nomment *Pargat* ou *Otayas*, & des filets d'vn autre arbre appellé *Layar* ou *Cumbir* en autre langue, dont ils font de beaux draps aussi fins que des estoffes de soye.

Ils tirent aussi de l'huile en plusieurs façons d'vne certaine noix, en pressant le dedans, & iettant de l'eau chaude dessus, qui fait comme vne huile d'amende, ou bien en pressant vn certain pepin, qui naist dans la noix quand elle est meure, semblable à celuy d'vne *Pasteque* ou citrouille. Ils font pareillement d'assez bonne huile du grain ou noyau qui vient dans les dattes communs, & des aiguilles pour coudre les voilles, & mesmes les habits des paures gens, de ces grandes pointes qui croissent à l'entour des feuilles ; ils

Susts ou bois de Girofle. Garcias l. 1. c. 21.

Igname ou Inhame racine.

Huiles de diuers fruicts.

appellent ces aiguilles *Cambiza*. Quant aux breuuages qu'ils font de ces mesmes arbres, ils sont incorruptibles quand ils se font par distillation, autrement ils s'aigrissent, & se corrompent en vingt-quatre heures. Ils en font vn meslange auec le ius d'*Igname* ou *Ioucas*, qui tire sur le goust de la bonne eau de vie, & y mettant du succre & de la canelle, fait vne bonne & agreable nourriture.

Les habitans de cette isle ne songent qu'à viure ioyeusement, & ce qui est plus à admirer parmy vn si grand nombre de peuples l'on ne void aucuns vagabonds & mendians, comme en Europe. Ils se donnent tous du bon temps sans neantmoins faire tort à personne; les vns se contentent de peu, les autres veulent beaucoup, & aucun ne manque d'occupation s'il veut trauailler. Ceux-cy s'adonnent au iardinage, ceux là s'occupent aux mines, les vns s'emploient à la marchandise, & les autres à la pesche auec leurs almadies faites de cuirs de bœuf, si bien ioints & courroyez, que l'eau ne peut percer. Ils viuent en grande amitié, & si quelqu'vn prend du poisson, il en donne librement à ceux qui luy en demandent. Il y en a qui s'adonnent à la chasse des bestes sauuages, dont ils tirent des peaux de prix, comme de l'hermine, de la girafe tauelée de blanc & de roux, qui naissent dans cette isle, auec toutes sortes d'animaux sauuages, elefans, rhinoceros qu'ils appellent *Conzan*, & certaine espece d'asnes, qui ressemblent aux domestiques, estans presque tous gris & blancs, ou roux & noirs, & qui mesme se laissent approcher, mais quand on les touche tant soit peu, ils font des saults merueilleux.

Occupations des habitans de Madagascar.

Cette isle a six Royaumes, dont les Rois se plaisent fort à la chasse, ayans des oyseaux pour le lieure & la perdrix, qu'ils appellent *Girs*, & d'autres pour le poisson. Il y a aussi des oyseaux de Paradis qu'on nourrit de moustcherons, & de fleurs les plus suaues; quelques vns les appellent *Zapi*, & les autres *Mie* : les riuieres nourrissent des tortuës d'vne merueilleuse grandeur, tres-bonnes à manger, & fort graisses, mais qui laschent si fort le ventre, qu'elles causent mesme des disenteries, comme il arriua au sieur Amador & à

Oyseaux de Paradis.

B ij

ses compagnons, dont nous auons parlé en la premiere Partie.

On y void pareillement des crocodiles les plus cruels & carnassiers du monde, qui vont quelquefois plus d'vne lieuë en terre pour manger le bestail, qu'ils deuorent d'vn seul morceau. On les prend auec des hameçons attachez au bout d'vne corde fort deliée faite de cannes, qu'ils appellent *Restant*, en mettant quelque meschante brebis ou chevre pour appas, que les crocodiles aualent comme vne pillule, & ainsi sont attrappez. C'est vne chose presque incroyable des grands cris, gemissemens & larmes que cet animal iette se voyant pris, comme s'il preuoyoit qu'il doit estre mangé des pescheurs, qui en font bonne chere, sa chair estant blanche & de goust de chappon, & qui sent tres bon; aussi n'en mange-on point en Caresme. Ce qui a donné suiet à quelques-vns de penser que l'ambre gris prouenoit de cet animal, quoy qu'il y ait bien plus d'apparence qu'il vienne du fond de la mer, & non d'aucun poisson, comme nous auons dit ailleurs.

marginal: Crocodiles, & la façon de les pescher.

Au reste toute l'isle est si abondâte en bestail, que l'on a souuent donné vn mouton pour vn ietton, ou pour vne feuille de papier; & vn marinier m'a asseuré qu'estant à la pointe du cap *Salido* pour faire aiguade, vn habitant de la ville d'Antipara luy donna quatre vaches pour vn meschant collet de cuir decoupé, qu'il auoit voulu ietter dans la mer auec son maistre qui estoit mort.

Ie me souuiens d'auoir ouy du sieur Amador, que passant par cette isle, *Alicadin* Roy de *Ianibarou* l'auoit enuoyé querir pour auoir quelque piece d'escarlate, & que s'estant embarqué sur vne riuiere auec vn sensal Mahometan, ils nauigerent deux iours entiers depuis l'embouchure; puis ayant pris terre ils trouuerent deux chariots traisnez par quatre busles chacun, qui les menerent au Roy. Ce fleuue est appellé *Ianibarou* du nom de la ville principale, où il sentit de grandes chaleurs au mois de Feurier, qui est leur esté, & prend sa source & son nom d'vne belle fontaine nommée *Maraca Ienebar*, c'est à dire, fontaine de *Ianibarou*; puis se ioi-

marginal: Ianibarou ville & riuiere.

gnant à vn autre, nommé *Marouco*, il fait deux grandes branches, dont l'vne se va rendre vis à vis du cap de *Natal* en la coste d'Ethiopie, & l'autre grossie de celle de *Macarabou*, coule iusqu'à vingt deux degrez prés de la rade de S. Augustin, qui en est à vingt-trois. Nous ressentîmes-là de si violentes chaleurs, que nous estions contraints à tout moment de nous mettre dans la riuiere, ou dans la mer pour nous rafraischir.

La couleur de ces peuples est oliuastre, & leur humeur assez docile. Les femmes y sont agreables & courtoises, couuertes fort proprement de mantes, de complexion amoureuse, & qui se plaisent à danser au son du bassin, ce qu'elles ont appris, à ce qu'elles disent, des isles de *Comore* ou des Larrons, qui sont proches de là, l'Ethiopie entre-deux, à douze degrez & demy, & deux cens mille de *Mozambique*. Ces isles de *Comore* sont cinq principales de moyenne grandeur, outre plusieurs autres petites, qui sont presque toutes habitées, dont la plus considerable est *Malaquil*. {Isle des larrons.}

Quant aux maisons de l'isle de S. Laurens, elles ne sont couuertes que de fueilles de l'arbre de *cocos*, dont ils tirent leur principalle nourriture, comme ceux des *Maldiues*, & en ont vne grande quantité, pource qu'il leur fournit de tout, quoy qu'il ne soit pas si excellent qu'aux *Maldiues*. Ils ont outre cela vne racine nommée *Ioguia*, qui estant seiche rend vne farine, dont ils font vne bouillie fort delicate, en la detrempant auec du laict, du sucre ou du miel, & des moyeux d'œufs. Ils mangent aussi, comme par toutes les Indes, des chauue-souris d'vne grandeur extraordinaire, & d'vn fort bon goust. Pour ceux qui habitent le long de la mer, ils s'adonnent principallement à la pesche, & bastissent leurs maisons de gazons cuits au Soleil, ou de fueilles de palmes proprement agencées auec des pierres & du ciment, & mesme quelques vns les couurent des coquilles de ces grandes tortuës, qui viuent sur la terre & dans l'eau comme les crocodiles. {Arbre de cocos.} {Ioguia racine.}

Mœurs des habitans de Belugara au Monomotapa: Vents salubres souflans d'vne cauerne.

CHAPITRE III.

AV sortir de l'isle de S. Laurens nous prîmes nostre route vers le cap de bonne-Esperance, & peu de temps apres abordâmes au bras *del Spirito sancto*, fleuue renommé qui vient de la haute Ethiopie; & puis nous allâmes de là en deux iournées à *Belugara*, ville située sur la riuiere de saincte Luce au Royaume de *Monomotapa*, au dessous de *Cefala*, à cinq degrez delà du Tropique de Capricorne, sur les costes de la montagne de *Bezula*, qui est au milieu. L'hyuer y est aux mois de Iuin, Iuillet & Aoust; le pays fertile & abondant en chasse. Nous estans arrestez en passant pres d'vne fontaine pour nous rafraischir & prendre nostre repas, le sieur de la Courbe, duquel i'ay parlé en la premiere Partie, alla à la chasse, & prit quelques lievres, & vn grand nombre de perdrix blanches, qui nous seruirent bien. A vne lieuë de la ville ou enuiron, il y a vne grande cauerne, où pendant les grandes chaleurs les vents sont fort frequents, comme les *Monsons* d'Orient, & le *Toumacaui* de Potozzy, ou Perou; & pour donner la liberté du passage à cet air anniuersaire, les habitans ont fendu la montagne par où il souffle iusques à la ville, qu'il raffraischit grandement, & purifie tellement les corps, qu'ils en sont rendus comme incorruptibles. Car ceux de *Belugara*, *Zenzana* & *Albigara* vont enseuelir leurs morts dans cette cauerne, & ce vent les desseiche & les preserue de corruption, comme i'ay remarqué ᵃ ailleurs d'vne autre montagne, & de semblables vents, qui souffent aux Indes Orientales.

Belugara.

Vents qui conseruent les corps incorruptibles.

ᵃ Lib. 1. c. 36.

du sieur Vincent le Blanc.

Ces peuples sont idolatres ou Mahometans. La pluspart au leuer du Soleil se iettent plusieurs fois à terre & la baisent, marmotans ie ne sçay quelles prieres entre leurs dents, & tous, tant Mores que Gentils, se plaisent à ces ceremonies. Il s'y trouue des hommes blancs & noirs, assez ciuilisez & courtois, d'vn port & d'vne rencontre agreable. Il y en a mesme quelques-vns qui ont receu les instructions du Christianisme ; car vn d'entr'eux voyant quelqu'vn des nostres lire dans ses Heures, eut la curiosité de voir que c'estoit, & y ayant apperceu vne croix il la baisa, & se mit à pleurer, demandant au Capitaine *Inart* s'il n'y auoit point quelque Prestre en nostre compagnie ; & comme on luy en eut monstré vn, nommé *Chaousandre*, qui depuis s'est fait Capucin, il se confessa à luy, & nous dit qu'il auoit esté autrefois à plus de trois cens lieuës en chercher vn pour faire sa confession, mais qu'à cette heure il ne pouuoit plus faire de si longs voyages, pour estre chargé de famille, quoy qu'il n'eût qu'vne femme aussi meschante qu'elle estoit belle, & priuée des lumieres de nostre Religion, comme tous ses domestiques. Il nous festoya dans sa maison auec beaucoup de caresses, & nous luy fismes present d'vne paire d'Heures à l'vsage de Rome, dont il fit grand estat, pour les images seulement, car il ne sçauoit pas lire nos caracteres, ny entendre nostre langue. Il nous donna vne Girafe & vn mouton tout blanc, excepté la teste qui estoit noire, comme l'ont tous ceux du pays. Pour les Girafes, qui sont des bestes fort dociles, blanches & mouchetées de roux, qui ont les pieds de deuant forts courts à proportion de ceux de derriere, la teste de cerf, & les cornes fort courtes, il s'en trouue vne grande quantité par tout le pays de *Cefala*.

Chrestiens à Bulgera.

*Des pays de Monbaze, de Melinde & de Qui-
loa: Les mœurs des habitans, & le respect
qu'ils portent à leur Prince.*

CHAPITRE IIII.

Estans partis de *Bulgara* nous courûmes le long de cette grande coste d'Ethiopie, & visitâmes *Melinde*, *Monbaze*, *Quiloa*, *Mozambique*, *Cefala*, & quelques autres villes pour y troquer nos marchandises.

Le pays de *Monbase* prend son nom d'vne ville & isle ainsi nommée, qui a au Leuant la grande mer Indique, au Nort *Melinde*, au Midy *Quiloa*, & au Couchant le grand lac de *Zaflan*, & le Royaume de *Xoa* appartenant au Roy des Abyssins. Ce pays estoit autrefois suiet à vn grand Prince, qu'on nommoit le Roy de *Monemuge*, voisin d'Ethiopie, de *Monomotapa* & de *Mozambique*. Pour la ville de *Monbase*, elle est enuiron de la grandeur de Montpellier, bastie presqu'à la façon d'Italie: les habitans sont de couleur oliuastre, assez agreables, courtois, & bien habillez, particulierement les femmes, qui se plaisent à estre richement parées. Il y a vn bon port de mer fort frequenté des Indiens, qui font vn grand trafic d'espiceries, de drogues & de pierreries, ce qui rend le lieu fort riche, & d'vn grand abord des peuples de *Zanzibar*, *Penda*, *Agaiv*, & autres pays d'Afrique. On y trouue l'or, l'argent, les perles, les pierreries & l'yuoire en quantité. Le pays est abondant en toutes sortes de bons fruicts, & particulierement en citrons & en oranges d'vne prodigieuse grosseur, & d'vn tres-bon goust, dont l'escorce est douce & bonne à manger. Il y a pareillement des pesches sans noyau, mais de peu de saueur, de fort grosses grenades, & sur tout de bonnes eaux, fraisches & legeres,

Monbase, ville.

geres, surpassant en cela *Quiloa* qui en a faute.

 Le peuple y est assez doux, au contraire des autres lieux maritimes, dont les habitans sont ordinairement mutins & quereleux. Nous y eûmes pour hoste vn certain nommé *Francesque Cosmel*, d'vn teint entre blanc & noir, comme estant né d'vn pere noir & d'vne mere blanche, qui tesmoignoit son cœur genereux, & sentoit son homme de bon lieu. Il nous logea dans la meilleure chambre de sa maison, tapissée de nate, tant les murailles que le plancher par bas, auec force oreillers d'vn gentil artifice, & à costé vne fontaine artificielle, qui arrousoit des arbrisseaux, où il y auoit vne voliere d'oyseaux de Paradis, masles & femelles, qui auoient des pieds, contre l'opinion commune, comme i'ay dit ailleurs; surquoy ie rapporteray vne agreable rencontre, qui nous arriua. Mon compagnon se disposant d'aller à vne iolie ville, nommé *Salamar*, assez proche de là pour se défaire de quelque safran qu'il auoit, fut saisi d'vne grande colique, qui le fit aller plus viste qu'il ne vouloit. Il y auoit dans nostre chambre vne petite cisterne pleine de fort bonne eau; luy se sentant pressé, & croyant que cette cisterne fût vn lieu propre à descharger son ventre, s'alla mettre dessus. Par malheur il y auoit dessous vne ieune fille qui lauoit quelques linges, laquelle sentant cette puante pluye tomber sur elle, se prit à crier; & moy, qui auois reconnu ce qui en estoit, sortis incontinent de la maison faisant semblant d'aller achepter quelque chose au marché; de sorte que mon compagnon, qui ne se doutoit encore de rien, fut bien estonné se sentant chargé par deux esclaues à grands coups de cannes, qui luy firent bien-tost passer son mal par ces nouueaux cataplasmes. Reuenant là dessus ie trouuay ce beau mesnage, & mon compagnon qui fuyoit tant qu'il pouuoit les coups de baston. Enfin apres plusieurs excuses, le tout fut appaisé, moyennant vingt-sept miticales, valans chacun quatre liures de nostre monnoye, que mon compagnon fut contraint de payer pour nettoyer la cisterne. Il est vray qu'il fut guery de sa colique,

Oyseaux de Paradis.

Plaisante rencontre.

Voy vne Histoire pareil, le en la 1. P.

II. Partie.   C

mais il fut si honteux de cet accident, qu'il n'osa venir souper auec nous.

Orgabea au Royaume d'Adée.

Le territoire de Monbaze n'est pas de grande estenduë, aboutissant d'vn costé à la ville d'*Orgaba* ou *Orgabea*, assise sur le fleuue *Onchit*, qui va se ietter dans le Nil au pres du mont *Amara*, où commence le Royaume de *Meunde*, qui a Amara au Nort, & Monbaze au Siroc. La nourriture ordinaire du pays est du mil & du ris, & la boisson de l'*areca*, & du vin de miel, comme aux pays de *Xoa Fatigar* & *belinganfe*, qu'ils conseruent dans de grandes cornes de bœuf, qui leur seruent de vaisseaux, taillees en diuerses figures pour estre plus commodes.

Vases de cornes de bœuf.

Cette sorte de vases est fort en vsage à la Cour du Roy d'Ethiopie, tant pour leur capacité, que pour n'estre point suiets à se rompre, & particulierement parmy ceux de Monbaze, qui ne s'en veulent pas neantmoins seruir qu'ils n'ayent premierement esgorgé les bœufs, tenans cette coustume des Iuifs. Ils vient aussi de charmes trafiquans auec les marchands pour les faire condescendre à leur volonté, chose que ie n'ay remarquée ny ouy dire d'aucune autre nation. Ils font bien plus, quand ils sçauent que quelque Prince voisin enuoye des Ambassadeurs à leur Roy, pour traitter de quelques affaires d'importance, ils prennent vn gazelle ou cheure sauuage, qu'ils nomment *Micharati*, & ayans fait quelques charmes dessus, le Prince monté sur son elefant, passe par trois fois sur elle, auec des cris horribles, & des imprecations que leurs *Labis* ou Prestres prononcent contre leur *Singifcan* ou demon: puis ayans ietté trois autres cris en forme de prieres, ils demandent si cet Ambassadeur vient pour la paix ou pour la guerre. S'ils ont responce que c'est pour la paix, ils vont au deuant de luy auec force parfums & de grandes resiouyssances, & quand il est arriué à la ville, ils iettent tous ces parfums dans l'eau, pour luy tesmoigner, que tout ne s'est fait que pour luy rendre honneur & pour le caresser. Que si c'est pour la guerre, ils tesmoignent tout le contraire.

Façon de receuoir les Ambassadeurs.

I'ay ouy dire depuis mon voyage que la ville auec le port

du sieur Vincent le Blanc.

de Monbaze auoit esté prise & ruinée par les Portugais.

Pour le regard de *Melinde*, qui est vn Royaume au dessus de Monbase, & qui obeït au mesme Roy, la ville capitale de mesme nom est scituée sur la mer à deux degrez & demy de la ligne, & le port en est vn peu esloigné, à cause que du costé de l'eau elle est enuironnée de plusieurs grands rochers, qui rendent son abord difficile. Le pays abonde en toutes sortes de fruicts & de viures, excepté de pain, au lieu duquel ils vsent de racines de *Patates*, qui sont fort bonnes & saines. Ils ont aussi force chairs qu'ils font rostir & accommodent en diuerses façons. Leurs fruicts sont excellens, & sur tout les melons, qu'ils appellent *Dormous*, qui ont vn goust admirable, & dont ils ne mangent qu'en esté à cause qu'ils sont fort rafraischissans, & qu'ils gelent quasi l'estomach, quoy qu'ils ne soient pas de mauuaise digestion, & qu'ils ne donnent point la colique, pour quelque quantité qu'on en mange.

Les peuples y sont presque tous idolatres, exceptez quelques Mahometans, qui dissimulent toutefois leur Religion, qui est cause que le Prince ne les ayme pas. Ce Prince est en si grande veneration parmy ses suiets, qu'ils le portent sur leurs espaules, & luy brûlent plusieurs parfums quand il marche en public, comme ils font pareillement à tous les autres Princes & Seigneurs qui les viennent voir. Aussi ce Prince est-il louable en cela, qu'il veut auoir connoissance de tout ce que font les Gouuerneurs & Magistrats en l'administration de la Iustice, & si quelqu'vn veut accuser vn autre deuant luy, il faut qu'il soit bien asseuré du faict, autrement il y va de sa teste. Quand on se vient plaindre à luy, il enuoye incontinent querir celuy dont on se plaint: Si c'est vn Grand, quand il arriue au Palais Royal, il sonne d'vn cornet pour aduertir les Officiers de sa venuë, qui le font monter tout seul auec sa partie, pour luy estre confrontée deuant le Prince, qui les entend tous deux fort patiemment en presence de son Conseil; s'ils se trouuent auoir failly tous deux, le moindre est renuoyé à la Iustice ordinaire qui le fait chastier à coups de baston, & le plus

Melinde, ville & Royaume.

Melons excellens.

Prince de Melinde grand Iusticier.

C ij

grand est condamné à l'amende. Que si le Seigneur seul a commis la faute, il est mené par le Roy dans sa chambre, où estant dépoüillé de ses habits, couché par terre, & demandant pardon, il reçoit de la main du Roy quelques coups de baston, plus ou moins selon le crime, & les seruices qu'il a rendus. Cela fait, il reprend ses habits, baise les pieds du Roy, & le remercie auec toute humilité de la faueur qu'il a receuë, puis sans faire semblant de rien, il accompagne le Roy, iusques dans sa sale, qui luy donne son congé à la presence de toute la Cour, & luy recommandant de rendre la Iustice à son peuple, le fait accompagner iusques hors de la ville, auec les parfums ordinaires, sans que personne s'apperçoiue de ce qui s'est passé, & ce Seigneur s'en retourne aussi content que s'il auoit receu quelque riche thresor. Les despens se payent des coffres du Roy, ou s'il ne le veut pas des biens du criminel, sans que personne en ait connoissance.

Honneur qu'on luy porte.

Lors que ce Roy, qui est tenu pour sainct de ses suiets, se met en campagne pour aller visiter son Estat, il monte sur vn cheual richement enharnaché, & à la sortie de son Palais passe sur vn daim fraischement esgorgé, où tout le peuple iette vn grand cry, & à mesme temps on va visiter les entrailles de la beste, pour connoistre par le moyen de leurs enchantemens si ce voyage reüssira heureusemét ou non. Quand il fait son entrée dans vne ville, toutes les plus belles Dames luy vont audeuant auec des vases pleins de parfums qu'elles brûlent deuant luy, les vnes chantent ses loüanges, & les autres touchent harmonieusement sur vn bassin auec de petits bastons, taschans de luy agréer en tout ce qu'elles peuuent. Au reste ses Estats confinent au pays de *Zanguebar* & à l'Ethiopie.

Quiloa.

Quant à *Quiloa*, c'est vn autre Royaume auec vne isle & vne ville de mesme nom, où les Portugais ont vn fort gardé par vn Capitaine, qui fait vn grand trafic par le moyen des vaisseaux qu'il enuoye aux Indes. Autrefois le Roy de *Quiloa* estoit seigneur de *Mozambique*. Tous ces pays sont du *Zanguebar* ou *Zanzibar*, qui comprend toute cette grande

du sieur Vincent le Blanc. 21

estenduë de terre qui est entre les deux mers Orientale & Occidentale, habitée de ces peuples qu'on nomme *Cafres.* Zanzibar proprement est vne isle vis à vis de Monbase; mais *Zanguebar* est ce pays dont ie viens de parler, auquel les Arabes ont donné ce nom, pource que *zangue* en leur langage veut dire noir, & que ce pays est habité pour la plus part de Noirs. Marc Pole le prend pour vne isle de plus de mille lieuës de tour, à cause qu'il est arrousé de plusieurs fleuues, qui en font comme vne isle. _{Zanzibar. Zanguebar.}

Pour ce qui concerne la ville de *Quiloa*, elle a esté bastie, à ce qu'on dit, il y a plus de six cens ans par vn *Hali* fils de *Hocen* Roy de *Sira*, en Perse qui s'y vint habituer. Les femmes y sont fort bien vestuës & richement parées de pierreries & de brasselets d'yuoire artistement trauaillez, qu'elles rompent en signe de dueil à la mort de leurs maris & parens, comme les hommes s'abstiennent de manger, & se rasent, ainsi que i'ay desia remarqué de ceux des Indes Orientales.

Du Mozambique, le naturel des habitans: Cefala: Mines d'or d'Ophir: Belugara.

CHAPITRE V.

Yans passé la *Viada*, dont les peuples habitent pour la plus part sur le fleuue *Dumes* ou de *Humes* depuis le grand debordement de cette riuiere & des autres du pays le iour de saincte *Abiblicane*, on entre dans le Royaume de *Mozambique*. Ce fleuue de *Humes* a son cours vers l'Occident & passe au pied du mont de *Zet*, d'où sort vne des sources du Nil; l'autre vient du mont *Betzoan*, que les anciens ont appellé *Monts de la Lune*, qui a son esten- _{Humes, riuiere.}

C iij

duë vers les vents Maëstro & Tramontane. La branche qui court vers le Midy se sepate en deux pars par vn rocher non loin de sa source, dont l'vne arrouse la terre de *Cefala*, & l'autre se va emboucher dans la mer vis à vis de l'isle de S. Laurens.

Mozambique. Mozambique est vn isle assez petite, voisine de terre ferme, auec vn bon havre & vne forteresse des Portugais, à quinze degrez de la ligne, qui obeïssoit autrefois au Roy de *Quiloa* auant que les Portugais s'en fussent rendus les maistres, où ils ont aujourd'huy vn des plus asseurez ports pour se retirer & rafraischir venans de Portugal aux Indes. La plus part des habitans, qui sont tous noirs, font profession du Mahumetisme, & les autres de l'idolatrie. Ceux de terre ferme sont entierement brutaux, allans presque tous nuds, excepté qu'ils couurent leurs parties honteuses d'vne toile de coton, & adorans le Soleil comme ceux de *Sofala*; aussi ont-ils vn mesme langage. Leur trafic est en or, yuoire & ebene, & leur principale viande est la chair d'elefant: ils prennent plaisir à se plastrer le corps d'vne certaine terre rougeastre, se persuadans qu'estans ainsi barbouillez ils sont les plus beaux du monde. Les plus ciuils se peignent le corps auec de certains fueillages, qu'ils azurent auec de l'indique & d'autres mixtions. Il y en a mesme qui portent la levre percée, comme les Americains, y enchassans quelque pierre fine. Quelques vns disent que ces pays dependoient autrefois de l'Ethiopie, & que c'est là que Salomon enuoyoit ses flottes *Or de Salomon.* pour apporter de l'or, & que la Reine de *Saba* se disoit aussi Reine de *Mozambique* & de *Melinde*, & mesme que leur langue ressemble en quelque sorte à celle de *Senega*. Quoy qu'à dire le vray il y a beaucoup plus d'apparence que Salomon tiroit l'or des mines de *Cefala*, qui ne sont pas loin de là, ou bien mesme de l'Inde Orientale.

Zanguebar. Quant aux pays de *Cefala* ou *Sofala*, & *Zanguebar*, qui tiennent quasi tous la largeur de cette extremité d'Afrique iusques au cap de Bonne-Esperance, dont la coste est habitée par les peuples noirs, appellez *Cafares* ou *Cafres*, ils sont de l'Empire du grand Roy *Monomotapa*, duquel nous parlerons cy apres.

du sieur Vincent le Blanc.

Et en particulier, pour ce qui concerne zanguebar ou zanzibar, que les anciens nommoient Agesymba, & qu'ils mettoient audessus de la haute & interieure Ethiopie, c'est comme vne isle enuironnée de mers, de fleuues & de lacs. Le pays est abondant en toutes sortes de commoditez pour la vie. La ville de mesme nom a vingt-quatre degrez & demy, a vn beau port pratiqué sur vn lac, & est tres-bien bastie de pierres, de chaux & de sable, à la façon presque des villes d'Italie, embellie de plusieurs iardinages, & toute entourée d'eau, comme celle de Meroé, mais où l'on n'en boit que de puits. Le Palais du Prince paroist fort esleué, qui defend l'entrée du port, deuant lequel il y a vne belle place pour raddouber les vaisseaux. Elle est située au plus beau pays qu'ait le Monomotapa, & confronte à l'Orient auec la prouince de Simen ou Simis, qui se va ioindre aux terres de Melinde. Ses habitans sont fort ciuilisez, & il semble que ce soit la mesme que celle qu'on appelle Monomotapa, qui est assise sur le fleuue du S. Esprit, où toutes les maisons sont en terrasse comme à Naples, & le Palais du Roy comme celuy de Calicut, & il n'y a personne qui n'ait son Alfongi, qui sont des barques faites d'vne seule piece. Le Presteian, ou Metabachi & Abassi, comme ils l'appellent, voulut autrefois s'emparer de ce pays, mais il ne put : il y fit seulement quelque rauage, & emmena quantité d'esclaues pour les faire Chrestiens à sa mode : Il a pris dans ses autres guerres la region de Canfila, que les Geographes placent ailleurs qu'il ne faut. Abassi.

Ce pays s'estend fort loin iusques au lac de Zaflan, qui fait la belle isle de Zunan ou Zanan, prés de laquelle est la ville de Garga ou Gorga, capitale de la contrée, ornée de beaux iardinages & abondante en volailles, bestiaux, fruicts, ris & autres commoditez de la vie. Ce lac de Zaflan est comme vne grande & vaste mer d'eau douce, proche d'vne grande Prouince dite Gazafele, qui confine à celle des Cafates, Cara, Gaui, Noua, Ambian, qui toutes se viennent ioindre à Agag, situé entre les deux cataractes, que les habitans appellent Zembra, auec tout le Royaume d'Aygamar. Zunan, isle.
Lac de Zaflan.

Pour *Cefala*, c'est pareillement vn assez grand pays, riche & fertile, au moins depuis le lac des Courantes iusques au fleuue de *Cuama* : car le reste de la coste depuis le fleuue *Magnice* iusques au cap est assez sterile. Ce *Magnice* ou *Rio de Espiritu sancto*, comme le nomment les Portugais, sort d'vn des lacs d'où le Nil prend sa source, nommé *Zembra*, ou comme les autres pensent auec plus d'apparence du *zachaf*, & trauersant les monts de la Lune & le grand Empire du *Monomotapa*, vient se descharger en la mer Meridionale à vingt-trois degrez & demy. De ce mesme lac prend aussi sa source le *Cuama* ou *Couesine*, qui se descharge par sept bouches au dessus du cap des *Courantes* ; de sorte que ce Royaume de *Sofala* est enuironné de ces deux grandes riuieres, qui causent de tres grandes inondations vers la my Aoust, & engraissent le pays à la maniere que le Nil par ses debordemens fertilise les pays d'Egypte, *Bemerkai*, *Nubie*, *l'amatas*, *Soba*, *Bigamidri*, *Goyame*, & autres. Ces deux fleuues sortent donc du lac *zaire* & *zembre* ou *Goyame*, comme pensent quelques-vns, & suiuant les modernes d'vn autre lac nommé *zuman* ou *zuama* ou *Sachaf*, comme deux grandes branches, dont l'vne qui est le *Magnice* se va rendre dans la mer à l'endroit que les Portugais appellent *Punta* ou *Labras del Espiritu sancto*, & l'autre est *Cuama*, c'est à dire lente, à cause qu'elle manque à soixante & quinze mille de *Cefala*, & se perd dans le sable, dont elle ressort apres. Le grand lac de *zembre* porte de grands vaisseaux, & quelques vns disent qu'ils ont nauigé dessus plus de deux cens cinquante lieues. Il reçoit d'autres fleuues, comme le *Faname* à soixante lieuës au dessous de *Sofala*, & d'autres à vingt lieuës, comme le *Libir*, *Marianna* dit des Abissins *Chasula*, & le *Sancola*, qui sont tous de grandes inondations, & mettent tout le pays en eaux & en marescages de difficile accez.

La terre de *Cefala* est tres-riche en or, & le fleuue *Cuama* en porte tout afiné par de petits filets deliez qu'on tire du sable, d'autant que cette riuiere passe par des mines d'or, qui est cause que les Portugais auec la permission du Prince Mahometain qui gouuerne ce pays, y ont basty vn fort pour

faciliter

du sieur Vincent le Blanc. 25

faciliter leur negoce auec ces peuples. Quelques Mahometains de *Quiloa* & de *Magadoxo*, qui deuant eux y venoient trafiquer, bastirent la ville de *Sofala* dans vne des isles que fait le *Couesme*. Ce fleuue accreu du *Panama*, qui a sa source prés la ville d'*Amara*, & grossi du *Luanga*, qui conduit auec soy l'*Arrouia*, & se ioint au *Mamoua*, à la *Ruenia*, & à l'*Inedita*, que les Ethiopiens appellent *Iradi*, & qui toutes arrousent plusieurs pays, & font de grands debordemens & marescages, rend les auenuës du pays si fascheuses & difficiles qu'il faut auoir de bons guides, & passer par le mont *Masima*, que les habitans appellent *Manica*, pour aller en Ethiopie. Il y a là plusieurs belles prouinces riches en mine d'or & d'argent. Ils appellent la mine d'or *Manica*, le pays *Mucuca* ou *Mataca*, & ceux qui tirent l'or *Bothonges*. Il y en a vne autre tres riche en la prouince de *Torta* ou *Toroa*, & vne d'argent en celle de *Gag* ou *Agag*, comme aussi à *Botuno* ou *Batua*, à *Boror*, *Tacouir*, & autres lieux, & par tout la terre y est fort fertile, comme à *Potozzy* au Perou.

Fleuues diuers au Consuma.

Mines d'or.

Pour esuiter ces grands pays de marescages, il faut, comme i'ay desia dit, prendre le chemin du mont Manica, tirant vers *Ambea* & *Sabaim*, où l'on void encore de grandes ruines de bastimens artiques, qui ressentent la grandeur & la magnificence de ceux des Romains, & principalement aux Royaumes de *Batua* & *Toroa*, où sont les plus anciennes mines d'or de toute l'Afrique. On y void aussi force pierres de grandeur excessiue, si bien taillées qu'elles ne perdent iamais leur lustre, liées ensemble sans ciment, ou bien il est si subtil qu'on ne l'apperçoit pas. On y trouue pareillemēt des pieces de murailles de plus de 25. pans de large auec quelques caracteres hieroglyphiques grauez qu'on ne sçauroit lire, comme on en remarque de semblables en Perse dans les ruines de la ville de *Persepolis*. Plusieurs pensent que c'est de là que Salomon tiroit son or, comme nous auons dit ailleurs, & que ces grandes ruines sont des bastimens de ce temps-là, & peut estre de ce mesme Roy.

a Aluarez tesmoigne qu'aux mines de Chaxumo on trouue des pierres de 64 brasses, 6. de large, & 5. de hauteur.

Quoy qu'il en soit, nous ne prînmes point ce chemin de la montagne: Car estans partis du cap des *Courantes* auec vn

II. Partie.   D

Capitaine Portugais nommé *Bacheco*, homme fier & haut à la main, auec lequel nous auions conuenu de nostre passage en intention de venir en Espagne par le cap de Bonne-Esperance, & suiure la coste d'Afrique, nous fûmes contraints de nous desembarquer aux *Agoas de San Biasio*, qu'aucuns appellent la coste *de S. Rafuel*, pour esuiter la tyrannie de ce Capitaine & gaigner la terre. C'est vne chose presque incroyable des incommoditez qu'on souffre dans ces vaisseaux Portugais, puis qu'encore qu'on change cent fois le iour de linge & d'habits on est mangé des poux, si on veut vn verre d'eau il faut rendre des sumissions insupportables à vn valet, contester tous les soirs pour son lict, courir à toute heure au seruice du vaisseau, & dependre d'vn Capitaine plus cruel qu'vn comite. Me voyant dans ces extremitez, ie me resolus de me desembarquer à quelque prix que ce fust, & pris mon temps comme on mettoit quelques tonneaux en barque, d'y mettre aussi mon petit coffre couuert de cuir rouge & fermant à clef, faisant semblant d'aller vendre mes denrées. Ayant mis pied à terre, ie pris le chemin d'vn village qu'ils appellent *Gu Bulgara*, ayant ma mante sur mes espaules, où ie trouuay en chemin vn paysan, qui ne me pût entendre, à cause que ie luy parlois Indien; il comprit seulement quelques mots Arabes, & me fit signe qu'au village prochain ie serois entendu, & m'ayda luy mesme à porter mon bagage. Estans arriuez dans la maison d'vn pescheur, nous le trouuâmes qui racoutroit ses filets, & qui me dit à l'abord *Afirtas*, pour me dire que ie n'eusse point de peur. Ie reconnus à sa mine qu'il estoit homme de bien; il auoit force enfans, & entr'autres deux grandes filles assez belles, qui me regardoient auec admiration pour mon habit estrange, qui estoit à la Persienne, auec de longues chausses, vne casaque & vne veste, comme vne hongreline pardessus, d'vne iolie estofe: i'ouuris mon coffre, & en tiray quelques paires de brasselets de ces Patenostres de Venise de diuerses couleurs, dont ie leur fis present, qu'elles receurent auec beaucoup de satisfaction, rauies de la beauté & du prix de ces petits grains de verre: mais le pere me les rendit, & les tança fort aigre-

L'Autheur change le dessein de son premier voyage.

Courtoisies d'vn barbare.

ment de les auoir receus, croyant que ce fussent des pierres precieuses, iusques à ce que ie fis tant par mes prieres qu'il les reprit, & les redonna à ses filles, qui iamais ne s'estoient veuës si bien parées.

Ce bon homme ayant mis à couuert mon coffre, & m'ayant fait signe de n'en dire mot à personne, de peur qu'on ne me demandast ce que i'auois, il me fit venir vn certain More, qui auoit vne croix au bras, duquel ie sceus qu'il auoit esté à Tunis, & ce qui me contenta dauantage, que ie pourrois trauerser toute l'Afrique iusques au grand Caire & Alexandrie sans danger, allant tousiours de ville en ville & d'habitation en habitation. Ie fus curieux de luy demander, pourquoy il portoit cette croix au bras; il me respondit que son pere demeuroit à *Magadeli*, & estoit Mahometain; mais que luy & les autres pour s'exempter de payer les droicts au Neguz, s'imprimoient cette marque pour dire qu'ils estoient Chrestiens. Cependant nostre bon hoste tua vne gazelle & prepara force poisson pour nous faire bonne chere, adioustant que quand ie demeurerois vn an entier dans sa maison, il ne pourroit point satisfaire au present que i'auois fait à ses filles, qui en seroient bien pluftost mariées. Et de vray tous ceux des lieux circonuoisins les vinrent voir & admirer auec ces beaux bracelets, & des pendans d'oreille de cristal rouge garnis d'argent doré, que ie leur attachay aux oreilles apres le repas, nonobstant les oppositions du pere, qui estoit honteux & confus de mes liberalitez.

Trois heures apres ou enuiron la barque de nostre vaisseau vint à terre, où ie vis incōtinent arriuer mes camarades, qui auoient eu de grosses paroles auec le Capitaine, de ce qu'il m'auoit laissé debarquer, & me prierent instamment de retourner, pluftost que de m'exposer seul au hazard d'estre deuoré par les bestes sauuages, iusques à ce qu'ayant apris du More que nous pouuions faire nostre voyage par le milieu de l'Afrique, ils suiuirent eux-mesmes mon dessein, & prirēt resolution d'aller droict à Alexādrie par la riuiere de *Cuame*, qui est vn bras du Zaire, comme i'ay desia dit, laquelle coule fort lentement; & la mer, quand elle est pleine, y entre & monte

Les Abissins impriment vne croix sur leur chair.

D ij

plus de vingt-cinq lieuës. Dans ce dessein nous achetâmes deux Almadies, où nous mîmes toutes nos hardes le sieur de la Courbe, mon compagnon Cassis, & moy, & auec nostre Mere & vn certain *Ismaro*, qui s'estoit embarqué auec nous au cap des Courantes pour aller à Lisbone, nous prîmes congé de nostre hoste nommé *Adilan*, & montans le long de la riuiere nous arriuâmes le premier soir à vn bourg appellé *Alzizir*, dont le Seigneur, à qui nous fimes present d'vne paire de cousteaux, nous receut tres-humainement, & nous ayant fait bonne chere nous fit coucher sur des matelats de coton.

Le lendemain nous prîmes la marée, & tirant nos Almadies en montant la riuiere, nous rencontrâmes deux hommes, dont l'vn nous parla Arabesque, ce qui nous resioüit fort, & s'embarqua auec nous, promettant de nous seruir trois Lunes, c'est à dire trois mois, moyennant vn *capa* que ie luy donnay. Nous abordâmes le soir à *Siasita*, ville assez agreable, mais mal bastie, dont mon compagnô voulut auoir la situation auec son astolabe, laquelle il trouua esloignée de la ligne de vingt quatre degrez. Estans arriuez, quoy qu'il n'y eust aucun danger pour le reste du voyage, nous fûmes d'auis d'aller de compagnie à *Belugara* voir le Seigneur du lieu, & prendre vn passeport de luy: Il fut fort ioyeux de nous voir, & beaucoup plus du present que nous luy fismes d'vn petit pannier façonné, auec vn verre de diuerses couleurs, & vne paire de cousteaux, qu'il estima tant qu'il nous fit disner à sa table, nous donna vn petit parchemin de couleur azurée, de la grandeur d'vne carte à iouër, auec vn escrit pour nostre passage, nous fit present de deux gazelles & de deux paons, & nous fit apprester quatre petits elefans pour nous porter iusques à nos barques qui estoient à deux lieuës de là, & luy mesme nous vint accompagner plus d'vn quart de lieuë monté sur vn autre petit elefant bien enharnaché d'vn drap de coton de diuerses couleurs. Nous ne fismes pas grand chemin le reste du iour, tant à cause que la marée nous manquoit, comme aussi pource que nous nous amusâmes à chasser dans les bois auec l'arquebuse, rencontrans vne si grande quantité de connils blancs que nous en estions incommodez, & force perdrix priuées, & ne passâmes qu'vn seul bourg appellé *Langado*, qui est au Prince d'*Aiasinga*. Le *Candi* nous vint visiter, & nous pria de passer la nuict là ; mais pource qu'il estoit grand iour nous continuâmes nostre chemin, & arriuâmes assez tard à vne petite ville appellée Suguelane, suiette au *Subachi*, où nous enuoyâmes deuant vn de nos hommes pour nous arrester vn logis. Voila incontinent vne troupe de ieunes filles qui vinrent audeuant de nous auec des flustes & des tambours faits d'escorces d'arbres tous d'vne piece, chargez d'vn certain fruict, qui rendoit presque le mesme son que des sonnettes, dansans & sautans au son de ces instruments. Le sieur de la Courbe leur fit donner vne espece de monnoye d'argent, qui d'vn costé a quelques caracteres, & de l'autre vne teste couronnée auec certain bouquet en forme de pyramide, & tout alentour force fleurs : Elles regarderent curieusement cette monnoye, & l'vne la tenant esleuée à la veuë de toute la brigade, les autres se mirent à danser à leur mode, iusques à ce qu'ayans apperceu vne troupe d'enuiron cinquante hommes enueloppez de grands draps de laine qui leur couuroient tout le corps, nous nous retirâmes doucement dans nos barques. Au mesme temps nous en vîmes vn au milieu de la troupe plus releué que les autres porté sur vn palanquin, ayant vne mitre sur la teste enrichie de pierreries, qui s'estant approché de nos batteaux, mit pied à terre, & nous ayant dit *afratez*, c'est à dire approchez-vous, entra familierement dans vne de nos barques, & nous salüa auec ce mot, *Ergaui*, soyez les bien-venus. Le sieur de la Courbe sçachant que c'estoit le Seigneur de *Suguelane*, luy prit la main & luy baisa, & luy fit entendre par vn truchement l'occasion & le dessein de nostre voyage. Toute cette nuict se passa en festins & en danses auec les femmes de ce Seigneur, à la principalle desquelles le sieur de la Courbe donna vne chaisne de Patenostres de verre de diuerses couleurs, auec les bracelets de mesme, ce qui causa autant d'admiration & de ialousie aux autres Dames, que de contentement au Prince, qui luy enuoya reciproquement vn vase

D iij

d'Euaté plein d'or de pepita, que noſtre François fut obligé de receuoir pour les inſtantes prieres qu'il luy en fit: mais en eſchange par vne ciuilité naturelle à ceux de ſon pays, il luy fit preſent d'vn alfange doré auec ſes pendans trauaillez à la Chinoiſe, dont il fut rauy. Ie donnay auſſi quelques pendans d'oreilles de criſtal rouge taillé à faces & fort brillant à ces Dames qui ſe deſpoüillerent auſſi toſt de leurs premieres robes, & ſe mirent à danſer.

Agiſymba.   Enfin apres auoir viſité *Ierma* & *Simbada*, grande & groſſe ville baſtie dans l'eau, où eſtoit le vray pays de *Agiſymba*, ſeiourné quinze iours à *Rifa*, où nous priſmes connoiſſance auec le *Chanubi* ou Gouuerneur, qui nous donna de bons aduis pour noſtre voyage, & nous accompagna iuſqu'à la moitié du chemin de *Chericoura*, dans vne de ſes almadies, le ſieur de la Courbe & moy, qui auois vne curioſité particuliere de voir le pays, nous nous reſolûmes là d'aller faire la reuerence au grand *Tabaqui* ou *Monomotapa*, qui eſtoit dans ſa ville capitale de *Zanguebar* ou *Monomotapa*, lequel nous fit de grandes careſſes pendant quelques iours que nous y ſeiournâmes, ayans laiſſé nos almadies à nos compagnons, qui n'eſtoient pas ſi curieux, auec ordre de nous raſſembler tous dans vn certain lieu, nommé la *Calhoure*, ſans nous plus ſeparer. Ie ne pûs pas remarquer particulierement les diſtances des lieux; ie ſuis excuſable pour les trauerſes & les grands detours qu'il nous falloit faire, retournans ſouuent ſur nos pas: Ie parleray neantmoins aſſez curieuſement de ce qui concerne le *Monomotapa*.

Du Monomotapa: les Estats de ce Prince, son Gouuernement: ses façons de viure, & les singularitez du pays.

CHAPITRE VI.

 E Prince, qui est appellé par quelques-vns le Benemotapa ou Benemataxa, & par ceux du pays le grand *Tabaqui*, possede vn Empire si grand qu'on le fait de mil lieuës de circuit, enuironné de mers ou de grandes riuieres, qui le rendent inaccessible & inexpugnable; car au Septentrion il a le grand lac *zembré* ou *Zembare*, au Midy le cap de Bonne-Esperance, & aux autres costez les mers du Leuant & du Ponent. Vers *Siroc* il s'estend iusques aux monts de *Manice*, où commence le Royaume de *Toroca* ou *Toroa*, dont la principale ville est *zenebra*, puis celle de *Faiuca*, riche en mines d'or, argent & yuoire. _{Monomotapa.}

Il y a de plus les Royaumes d'*Agag* & de *Boro*, qui confrontent aux Noirs vers le *Beche*, & au Couchant à celuy de *Tacui*, qui va iusques à *Mozambique*. Il y a aussi dans cet Empire la Prouince de *Butua*, où est celle de *Simbaye* ou *Simbaoas*, qui abonde en yuoire, à cause du grand nombre d'elefans, & en sel de mine, dont vne bonne partie d'Afrique se fournit, bien que cherement en quelques endroits, à cause de la grande distance des païs, & de la difficulté des chemins. _{Mine de sel.}

Tous ces peuples sont pour la plus part idolatres, & appellent leur principal Dieu *Mazin*, createur de toutes choses; d'autres le nomment *Atuno*: Ils ont pareillement en grande reuerence vne Vierge qu'ils appellent *Peru*, & ont des Monasteres où ils tiennent des filles renfermées; au reste ils sont grands Magiciens, comme par tous les pays de la Guynée. Il en vint vn qui disoit auoir passé les Royaumes de

Les Voyages

Candahar, Couzani, Transiane, Vsbeque, & plusieurs pays de l'Orient, comme la Chine, San, Pegu, Bengale, Besnagar, Calicut, & toute la grande mer de l'Alandon ; auoir parcouru tous les païs du Prestejan, & auoir esté parmy les pluyes de la Torride sans se moüiller, vestu d'vne simple sotane, marchant sur les nuës, auoir passé sur le *zembre* porté par vn demon, & estre venu au Royaume de *Sahama* pour trouuer le *Monomotapa*, & luy annoncer sa Religion, apres vn voyage de treze mil lieuës qu'il auoit fait en peu de iours. Il adioustoit la satisfaction particuliere qu'il receuoit apres tant de trauaux, de ce que ce Prince auoit fait mourir quatre Chrestiens leurs cruels ennemis, & luy annonçoit de la part de leur Dieu de prier cinq fois le iour au Temple, à peine d'estre fustigé. Le Roy creut ce sorcier, & fit vne ordonnance qu'on eût à obeir à ce *Muilila* & à ses compagnons *Inbacumba*, ainsi les nommoit-on.

Le peuple se trouua pour la premiere fois à leurs ceremonies ; mais à la seconde qu'ils y manquerent, ces faux Prestres sortans sur eux auec de grandes escourgées de peau d'elefant, les frapperent rudement, & continuerent ce mauuais traittement iusqu'à ce qu'vn iour vn ieune Portugais, nommé *Francisco Sauche*, qui demeuroit en la forteresse de *Sofala*, estant venu negotier en cette ville, & visiter vne sienne maistresse, la fille d'vn marchand, receut quelques coups dans les ruës de ces Magiciens ; de quoy se sentant offensé, deschargea son cimeterre sur vn d'eux, & l'estendit mort sur la terre sans se mettre beaucoup en peine, pource qu'il se fioit sur la faueur du Roy, à qui il auoit apporté quelques presens de la part du Gouuerneur du fort, *Henrique Mendez* ; & eux s'estans mis en deffence, il e quatre autres, & en blessa autant, puis monta à cheual & se sauua.

Le Roy en ayant esté aduerty se prit à rire, & loüa le Portugais de son courage, qui luy gaigna les bonnes graces de sa maistresse, laquelle il espousa.

Il est vray que ce Prince auoit fait mourir auparauant quelques Iesuites ; mais il leur en fit vne tres-ample satisfaction, faisans mourir tous les Mahometans qui luy auoient
donné

du sieur Vincent le Blanc. 33

donné ce conseil, dequoy estans auertis les Peres de Cochin, y en enuoyerent promptement d'autres, qui remonstrerent au Roy le seruice qu'ils rendoient au genre humain pour l'instruction & le salut des ames, & gaignerent tellement ses bonnes graces, qu'outre les caresses particulieres qu'il leur fit, il donna la liberté à ses peuples de se conuertir, & d'embrasser nostre Religion. C'est ainsi que le Christianisme a esté introduit par les Peres Iesuites, où il est auiourd'huy conserué & entretenu par les mesmes & par les Dominicains, quoy que le Prince soit idolatre, & toutefois amateur des Chrestiens. Il se comporte auec vne grande grauité, sans permettre qu'aucun luy parle qu'à genoux, ny qu'on luy puisse tourner le dos. On n'a accez aupres de luy qu'auec de tres-grandes soumissions, & en se iettant à terre à six pas de luy, qui répond en peu de mots. Il se plaist à estre paré de chaisnes & de pierreries comme les femmes. Il donne peu, & se plaist qu'on luy fasse tousiours present de quelques curiositez. Il tient vn grand haras ou serrail de femmes, quelques-vns mesmes disent qu'il a des femmes armées pour sa garde, comme des Amazones, & vn bon nombre de gros chiens furieux.

La principalle ville où il fait sa demeure s'appelle *Madro-* *Madrogan* *gan*, où il a vn beau Palais, les maisons y sont bien basties, *ville principale de Mo-* mais presque toutes couuertes en pointes : les bastimens sont *nomotapa.* de bois & de terre, qui estans bien agencez & blanchis sont d'assez bonne grace, & fort logeables.

Le Roy ne se peut habiller qu'à la mode ancienne de ses ancestres ; à sçauoir d'vne casaque de soye faite au pays mesme, car il ne porte point d'estoffes venuës d'estrange pays pour crainte de poison, & par dessus vne grande & longue escharpe en forme de robbe ou mante de femme, qui luy passe entre les iambes, & puis vient en se retroussant à la ceinture, auec vn riche pignoir sur ses espaules ; il a de plus des brodequins dorez, & de riches carcans au col, & vn cordon au chapeau entrelassé de grosses perles, rubis & esmeraudes. Il se sert fort d'elefans, & d'vne beste nommée *Alfinge*, que l'on monte rarement, qui est comme vn cerf : car

II. Partie. E

on ne se sert gueres de cheuaux en ce pays à cause qu'ils sont rares.

Ce qui est le plus remarquable en ces lieux-là, est qu'il n'y a aucune prison, à cause que toutes les affaires de Iustice se iugent sur le champ, comme entr'autres c'est vn crime capital d'auoir touché à vne fille auant qu'elle soit en aage de puberté, & leur raison est qu'il faut qu'elle soit capable de porter enfans.

Les femmes du Roy sont parees tres-richement, & auec grand artifice, qui demeurent separement en diuerses habitatiōs sans que l'vne sçache rien de l'autre, si ce n'est quand il veut les assembler par vne grande faueur. Il y a peine de mort pour ceux qui vont seulement à l'entour du logement de ses femmes.

Il y a pareillement plusieurs Colleges où les enfans sont instruits à la vertu. Les grandes Dames se plaisent fort d'apprester les viandes du Prince, & le seruent par quartier, ayans soin de son manger à ses repas, pendant lesquels il y a des Musiciens & ioueurs d'instrumens pour luy donner plaisir; mais qui ont les yeux bandez pour ne pas voir son visage: & quand il boit vn grand Seigneur crie tout haut, *Priez pour la santé du Roy.*

Sa boisson est d'vn vin distilé de palmes, auec de la manne, de l'ambre & du musc. Il despence en odeurs & parfuns chaque iour pour deux liures d'or, que certains marchands luy fournissent: les flambeaux dont il vse sont mixtionnez auec des senteurs odorantes. Et quand il sort le matin, si d'auenture l'air n'estoit pas purifié par les rayons du Soleil, il fait porter deuant luy quatre grands flambeaux parfumez, & luy est porté dans vn palanquin richement paré, par quatre de ses Gentilshommes auec vne courtine ou daiz au dessus, comme vn parasol enrichy de pierreries, & accompagné d'vn grand nombre de Noblesse. Il a pour son auant-garde deux cens dogues chacun auec son homme pour le mener, & parmy cela quelque boufon pour luy donner du plaisir. Il ne donne iamais audience à personne quand il se met en chemin, & ne sort point de son Palais qu'il ne passe dessus quelque beste fraischement tuée (comme nous auons rapporté de *Mombase*) soit qu'il soit à pied ou à cheual, ou sur vn elefant ou vn *Alfinge*; & quand il l'a trauersée ils iettent vn grand cry, & regardent les entrailles de la beste pour reconnoistre s'il y a quelque chose de bon ou mauuais pour le Prince, dequoy leurs Prestres font le rapport. Ceux qui portent le palanquin du Roy sont tous emplastrez d'vne terre rouge, dont ils font diuers feuillages à la façon de ceux de *Mozambique*.

Le Palais du Prince est grand & fort logeable, flanqué de tours au dehors, & au dedans paré de toiles de coton de diuerses couleurs, tissuës d'or; le plancher richement couuert de lames d'or, taillées à figures, auec de grands chandeliers d'yuoire soustenus à des chaisnes d'argent; les sieges enrichis de feuillages d'or, auec des couleurs & esmaux transparens fort bien appliquez, & quatre principalles portes richement estoffées & gardées par ceux qu'ils appellent *Sequender*. Sa maison est seruie d'vn grand nombre d'officiers en fort bon ordre, & qui le seruent auec vn grand silence. Quand il est à table on n'entend pas vn seul mot, ny le moindre bruit; Sa vaisselle est de pourcelaine, toute garnie & enuironnée de branches d'or en forme de corail. Le Capitaine de la porte s'appelle *Cadira*. Le Capitaine des gardes *Acar*. Le Tresorier & celuy qui distribuë les reuenus *Cabacada*. Le *Seniglaren* est comme le Connestable ou Lieutenant general, lesquels sont tous honorablement vestus de toiles de coton & de soye de diuerses couleurs, auec des ceintures enrichies de pierreries, & de grands couteaux & espées dorées à manches d'or massif ciselé & esmaillé, qui est pour le commun, ou de diamans, rubis & autres pierres de prix inestimable. I'y ay veu le bout d'vn alfange ou cimeterre fait d'vn tres-grand rubis à faces tout d'vne piece, qui auoit esté donné pour le rachapt d'vne prouince. Car le pere du *Tabachi*, qui regnoit au temps que nous estions-là, ayant dependu force lingots d'or pour secourir le Roy de *Vidarati*, l'autre luy donna vne prouince par engagement, & quand il voulut la retirer en payant la somme, le *Tabachi* ayma mieux cette espée garnie que tout l'or qu'on luy vouloit rendre, qui estoit en grande quantité,

E ij

Lors que ce Prince va à la guerre dans sa magnificence il porte vne robe de soye à doubles manches, vne ceinture de pierreries auec des pierres qui ont des vertus particulieres, comme les Magiciens luy font accroire, vn poignard à sa ceinture, & son espée qu'vn Prince luy porte deuant luy auec vn petit escrain plein de pierreries: Il est dans vne litiere portée par des Gentils hommes, qu'ils appellent *Singaro*; vn page marche deuant luy auec vn parasol, vn autre auec vn esuentail de plumes d'austruche, dont ils ont vne grande quantité, & quelques-vnes aussi grosses que des bœufs : ses Princes & Gentilshommes vestus à la Turque, excepté qu'au lieu de Turban ils ont de petits bonnets ronds, tous bien montez sur des elefans, ou sur des cheuaux qui ont esté nourris & allaitez par des vaches, & dressez par des *Ialofes*, si experimentez à cela, qu'en courans à toute bride ils lancent la iaueline, & la reprennent en courants, auec vne telle adresse & agilité, que sans s'arrester ils amassent mesme des pierres. Il mene cent elefans bardez de peaux de bœufs marins, qu'aucun dard ne sçauroit percer, portans chacun quatre Eunuques auec leurs arbalestes, qui tirent plus loing que les arcs. Sur le col est le *Besigu* qui le guide & commande, & qui durant le grand bruit luy met sa bouche contre son oreille, & luy crie afin qu'il entende, & la beste est si docile qu'elle renuerse sa grande oreille pour escouter & faire ce qui luy est dit. Ce *Besigu* porte vn arc auec sa trousse, vne espée courte & vne casaque de bœuf marin. Deuant les elefans marchent de grands chiens bardez de mesme, vn gouuerneur en tient chacun vn auec vne petite chaîsne de fer, attachée à la ceinture. Au reste, tous ont cette creance, que s'ils meurent pour leur Roy ils sont sçauuez, bien que d'ailleurs ils reçoiuent toutes sortes de Religions, disans qu'ils ne peuuent estre damnez, puis qu'ils sont amis de tous les Dieux du Ciel, & principallement des *Ruma*, *Abula*, *Ijahen*, c'est à dire des Chrestiens.

Deuant ces chiens marchent force arquebusiers, qui s'aident tres bien de ces bastons à feu ; au deuant plus de deux mille chariots à courtines de cuir, tirez par six bœufs, &

Suiets affectionnez à leur Prince.

du sieur Vincent le Blanc. 37

traisnans quinze hommes de ceux qu'ils appellent *Arbesrait*, qui ont des escopettes courtes comme des carabines; vne partie de l'armée peut demeurer le iour à couuert & à l'ombre de ces chariots, & la nuict ils seruent de sauue-garde, cependant que les chiens sont à la teste sous des pauillons auec leurs gouuerneurs, qui de temps en temps font leurs sentinelles hors les pauillons. Toute cette armée marche separée en trois escadrons.

Les Eunuques sont vestus en forme de femmes, & rendent toutes sortes de seruices, apprestent la viande de leurs maistres, paistrissent leur pain fait de ris, mil, ou de racine d'*igname*, dont ils font des gasteaux, qui chargent vn peu l'estomac, & ennuyent bien tost. Leur viande ordinaire est la chair de bœuf salée, leur breuuage du laict vn peu aigre; celuy des Grands & du Roy est du vin de miel, qu'ils gardent dans des cornes de bœuf comme en Ethiopie.

Le vulgaire est vestu de la ceinture en bas seulement, renfermant ses parties honteuses en de petites bourses ou citrouilles creuses comme des gaisnes quand ils sont à la campagne à cause des bestes venimeuses qui les piquent cruellement, & dont aucuns ont esté maltraitez.

Tous ceux qui sont du Palais Royal, se reconnoissent en ce qu'ils ont permission de porter sur leur espaule le *Talmassara* ou manteau de diuerses estoffes, chacun selon sa qualité, & de la forme de celuy que porte le Roy, qui est d'vn tres-grand prix, qui est vn tres-grand honneur de porter le manteau fait comme celuy du Prince.

Par tout cet Empire le poison est fort ordinaire, & se vend cherement, y en ayant tel qui se vend cent miticalles ou sequins l'once; la cause pour laquelle on en vse tant, est de ce que le Roy & tous ses Officiers de Iustice sont fort rigoureux, faisans souffrir de tres cruels supplices aux criminels. Car si tost que quelqu'vn a commis quelque crime il est chastié sur le champ, & si le crime requiert que le coupable soit gardé quelques iours, afin de luy faire sentir vn plus long & rigoureux supplice, on le lie sous vn arbre auec de bonnes gardes, n'y ayant point de prisons comme i'ay desia dit; De

Poison en vsage.

E iij

forte que le criminel voyant ne pouuoir efchaper, le meilleur remede qu'il trouue eft de s'empoifonner, pour euiter par vne prompte mort la rigueur d'vne longue peine. Le Prince n'eft auffi iamais veftu d'autres eftoffes que de celles qui fe font dans fon Palais, de peur de charmes & de poifon. Il fe trouue certains arbres appellez *Cofcoma*, qui portent vn fruict comme les pommes d'amours, tirant fur le violet, qui eft de bon gouft: mais qui eftant pris en quantité purge auec vne telle violence qu'il fait vuider iufqu'au fang, & enfin mourir. Il y en a quelques-vns commis à vendre ces poifons, dont ils payent de grandes gabelles au Roy, à caufe du grand nôbre de ceux qui fe font ainfi mourir pour s'exempter des tourmens de la Iuftice, puis qu'on ne trouue point là aucune grace de fes crimes. Si on a fait quelque iniure à vn autre fans fuiet, on eft cruellement baftonné, comme en Turquie, où i'ay fouuent veu des Iuges mefmes ainfi punis pour auoir manqué à rendre la Iuftice. On les couche par terre tous nuds, & le Sergent ou bourreau frappe fur eux auec vne corde pleine de nœuds & de boutons au bout, & quand le Prefident dit frappe, on charge fur le patient, qui apres fe leue, fe rabille & remercie fes Iuges & fes bourreaux de la bonne iuftice, fans que pour cela il en foit deshonnoré, & retourne en fa charge, comme fi rien n'eftoit arriué. Cela fait que les Iuges font fort retenus en leurs iugemens. Le Roy en fait de mefme enuers les plus grands Seigneurs & Magiftrats, comme i'ay remarqué parlant de *Melinde*: car il les fait chaftier de leurs fautes en fecret, & en fa prefence, puis les renuoye auec des enfeignemens de leur deuoir. Cette fi bonne Iuftice renduë fans acception de perfonne, maintient ce pays en grande paix & tranquilité, & fait que le Roy y eft adoré comme vn Dieu, fi bien que quand il paffe par les ruës, le peuple fe iette la face en terre le beniffant fans ofer feulement le regarder.

Il y a de fes Princes & Seigneurs particuliers qui fe plaifent à porter des clochettes d'or au col & aux iambes, comme les mulets, & trouuent que cela leur fied bien. Chacun va habillé à fa mode à la Cour, iufques-là mefmes qu'il y a des courtisans, encore faut-il que ce soient des plus grands Seigneurs, qui portent de grandes casaques de peau de Lyon sur leurs habits, assez grossierement faites ; comme en la Cour du Prestejan ; Aucun ne peut porter la peau de lyon qui ne soit Prince du sang. Il y en a d'autres qui portent à la guerre des iacquetes de bœuf marin reuestuës d'yuoire, pour resister aux pointes des coups d'espée, car ils n'ont point cou-stu: de frapper de taille. Ils se seruent aussi d'espées & de rondelles de bois couuertes d'yuoire, ou de cuir de l'œuf ma-rin, & de crocodiles, dont il se trouue vne grande abondan-ce dans toutes les riuieres de ce pays là, & dont par toute l'Afrique & aux Indes on se sert de la chair, comme d'vn excellent manger.

Peaux de Lyon.

Histoire & auanture estrange du Prince Afondi: Autre histoire de l'amour de la Princesse Abderane.

CHAPITRE VII.

AV reste nous apprîmes là que *Alfumigarbachi*, l'vn des derniers Empereurs de ce pays-là, estant mort subitement à l'aage de 47. ans, sans auoir loisir de former vn bon conseil en son Estat, ny de nommer pour successeur celuy de ses enfans qu'il desiroit, de soixante quatre fils, & vnze filles qu'il eut de diuerses femmes, qui estoit vn nommé *Abdibsinda*, qu'il aymoit le mieux, & qui estoit vn braue & gentil Prince ; ce changement causa de grandes rumeurs & dissentions à la Cour, chacune des femmes du defunct taschant de faire tomber la Couronne sur la teste de son fils ; De sorte que pour y paruenir plus aisément, & gai-gner les principaux Seigneurs & officiers de la couronne, elles n'espargnerent pas mesme ce qu'elles deuoient auoir le plus cher pour achepter le sceptre, ce qui donna suiet à beaucoup de meurtres & de sang respandu. Il y eut quatre des principaux de ces enfans nommez *Abgaron*, *Abdala*, *Corcut* & *Gulman*, qui ayant eschapé quelques entreprises faites contre leurs personnes, s'vnirent ensemble contre les autres freres, dont ils en firent mourir autant qu'ils en peurent attraper, le reste se sauua deçà & delà, fuyans la cruauté des autres qui auoient promis des places & des charges à tous ceux qui apporteroient leurs testes. Cependant il se passa de grandes guerres & de sanglantes rencontres, où mesme deux de ces quatre freres perdirent la vie, & il ne resta que *Corcut* & *Gulman*, qui pacifierent enfin tout, & se conseruerent en grande amitié, partageans la Royauté, en sorte qu'à la façon de ces anciens Rois de *Thebes*, *Eteocle* & *Polynice*, chacun deuoit gouuerner l'Estat six mois de l'an à son tour. Ce qui dura quelque temps, iusqu'à ce que *Corcut* se maria auec la Princesse de *Dasila*, femme ambitieuse, qui six mois apres son mariage conseilla à son mary de faire mourir son frere pour n'auoir plus de compagnon: ce qu'il fit, l'ayant fait venir à la Cour, sous pretexte de luy communiquer quelque grande affaire, & demeura ainsi seul, & regna treze ans, au bout desquels vn sien oncle, nommé *Nabi*, en prit la vengeance, le faisant mourir auec sa femme & tous ses enfans & alliez, au grand contentement des peuples, pour la haine qu'ils portoient à ce malheureux fratricide. Ce fut alors qu'ils crûrent qu'estoit accomplie vne ancienne prophetie qui estoit entr'eux, que *l'agneau feroit mourir le loup & sa femme*, qui s'appelloit *Gildada*, qui fut noyée. Mais le Roy de *Dasila* indigné de la mort de sa fille & de son gendre, fit vne cruelle guerre à ce nouueau Roy *Nabi*, dans laquelle moururent force gens de part & d'autre. Cependant parmy ces Princes qui auoient eschapé les mains cruelles de leurs freres, il y en eut vn qui s'en alla bien loin, & se retira au Royaume de *Deli*, où se contentant de viure inconnu simplement, & en homme priué, il achepta vne petite possession pour viure, s'adonnant au labourage, & s'estant marié, il eut vn fils nommé *Afondi*, qui estant paruenu à l'age de sept ou huict ans donnoit à tout le monde vne grande

du sieur Vincent le Blanc.

grande esperance de sa personne pour les bonnes parties qui commençoient à paroistre en luy, & qui le faisoient aymer de tous; si bien que s'adonnant principallement à la chasse, comme il deuint plus grand, il faisoit merueilles en la prise des lyons, ours, tygres, & autres bestes furieuses, & ne tesmoignoit en toutes ses actions rien que de noble & de grand, iusques à ce qu'vn iour ayant oüy parler de la grande guerre qui estoit entre le *Tabachi* son grand oncle inconnu, & le Roy de *Dafila*, il eut desir d'y aller, & ayant fait prouision d'vn bon cheual & d'armes, auec quelque troupe de braues ieunes hommes ses compagnons, il passa dans ces pays où il fit bien-tost reconnoistre sa valeur & sa suffisance à la guerre pour le seruice du *Tabachi*, & entr'autres dans vne occasion qui se presenta, où auec vn petit nombre de soldats il desfit beaucoup d'ennemis, & le Roy de *Dafila* mesme admirant son courage, le voulut faire pratiquer sous main, en luy promettant vne sienne fille en mariage auec quelque prouince qu'il auoit conquis sur le *Tabachi*; à quoy *Alfongi* faisant semblant d'entendre, se seruit dextrement de l'occasion pour se saisir de la ville d'*Amazen*, qui estoit l'vne des principalles, dont le *Tabachi* fut extremement aise, & l'en ayma dauantage, ressentant ie ne sçay quel secret mouuement dans l'ame qui le poussoit à cette amitié, sans reconnoistre encores toutefois qu'il fust son neueu, mais le bon sang, comme l'on dit, ne peut mentir. Enfin *Alfongi* assisté des forces de son oncle, fit tant d'armes & de genereux exploits que dans six mois il deliura entierement l'Empire de *Zanzibar* de l'oppression de ses ennemis: ce qui obligea le *Tabachi* de luy donner en recompense vne sienne fille en mariage sans auoir autre connoissance de luy que par ses genereuses actions, & par sa bonne mine; Car tous ces Princes Orientaux & Meridionaux regardent plus à la mine & physionomie des hommes, qu'à l'extraction & noblesse de sang. *Alfongi* eleué à vn si grand estat eut souuenance de son pere, le bon laboureur, qu'il ne manqua pas d'enuoyer querir, lequel estant venu, & s'estant manifesté pour ce qu'il estoit, causa vne ioye nompareille au *Tabachi*, & à tout le Royaume,

F

chacun pleurant pour cette reconnoissance, & loüant Dieu & sa iuste Prouidence d'auoir conduit les choses à vn tel poinct inesperé, & d'auoir apres tant d'années fait retomber l'heritage à celuy auquel de droit il appartenoit. Car ce Prince fut incontinent reconnu de tous & du *Tabachi* mesme, qui volontairement se desmit de l'Empire, qu'il remit entre les mains de sa fille & de son gendre & neueu. *Aifongi*, qui par le consentement du bon homme son pere fut couronné & receu pour Roy au grand contentement de tous, & luy se comporta auec tant d'equité & de Iustice qu'il acquit l'amour & la bien-veillance de ses suiets, qui l'honoroient comme vn Dieu, & tandis que son pere & son oncle vesquirent il ne manqua pas de les honorer & respecter tousiours comme il deuoit. Ce Prince auoit desia regné quarante sept ans quand nous arriuâmes en ces pays là.

Auant que finir le discours du *Tabachi* & de son Estat, ie ne veux pas oublier vne autre histoire qui tesmoigne la grande iustice que ce Prince exerce indifferemment sur tous ses suiets. Il auoit establi pour Gouuerneur en la prouince de *Quame* vn grand Seigneur sien confident, nommé *Abdalami*, braue Cauallier, & qui auoit rendu de grands & signalez seruices aux guerres contre le Roy de *Daplas*; mais il estoit vn peu suiet à l'auarice, & à amasser des richesses en tyrannisant & foulant la prouince, pour satisfaire à sa conuoitise & aux appetis des femmes qu'il entretenoit, dont le *Tabachi* aduerty n'en fut pas content, desirant que tous ses subiets vescussent en paix, iustice & liberté, toutefois il dissimula ses ressentimens pour vn temps, & tolera les actions de cet homme, en consideration de ses grands seruices, outre qu'il luy auoit donné vne sienne cousine pour femme, nommée *Abiasinde*, dont il auoit des enfans. Il luy escriuit souuent qu'il se comportast plus modestement, mais voyant qu'il n'en tenoit compte, & que les pleintes continuoient, il luy fit commandement de venir à la Cour pour rendre raison de ses actions, à peine d'estre declaré rebelle & criminel de leze Maiesté. *Abialami* se sentant riche & puissant, ne se soucia pas beaucoup de ce commandement, & se fortifia dans les

Histoire d'Abdalami.

places de son Gouuernement. Sur quoy le Roy enuoya prendre sa femme & ses enfans & les fit conduire prisonniers dans sa ville Royalle ; Cette Princesse fit les excuses de son mary le mieux qu'elle peut, suppliant sa Majesté de vouloir vser enuers luy de sa clemence & misericorde, en consideration de ses seruices passez, adioustant que les pleintes contre luy n'estoient qu'vn faux donné à entendre de ses ennemis ; Le Roy dissimulant sa fascherie, luy respondit doucement qu'elle fist venir seulement son mary à la Cour ; mais elle craignant de mettre sa personne au hazard, se contenta de luy mander qu'il luy enuoyast vne certaine cassete remplie de toutes sortes de bagues & riches ioyaux pour en faire present à la Reine, & moyenner ainsi sa paix, ce qu'il fit & elle ayant fait son present, la Reine le monstra au Roy qui admira de si grandes richesses, où il auoit entr'autres cinq cens perles pesans vn miticale ou escu & demy chacune, outre vn grand nombre d'autres ioyaux de tel prix qu'ils eussent peu suffire pour achepter vn Royaume. Cela affligea grandement ce Prince de voir tant de thresors amassez au prix du sang de son peuple, & commanda aussi tost à la Princesse sa cousine de faire venir son mary dans vn certain temps arresté, autrement qu'il luy fairoit ressentir viuement son iuste couroux. Cette nouuelle estonna le pauure *Abdalam* qui craignant auec raison la fureur de son Prince, ne manqua pas de venir en Cour, & auant que de voir sa femme & ses enfans, s'en alla droit au Palais, où ayant sonné la trompete selon la coustume, comme nous auons desia remarqué, despouilla ses habits, & s'assit à terre tout nud, couuert d'vn linge seulement sur ses parties honteuses, attendant à la misericorde du Roy, sa femme auertie de cela en fit de mesme auec ses enfans, despouillans tous leurs riches habits s'allerent asseoir contre terre à la porte du Palais chacun auec vne grosse pierre sur leur teste. La Reine les ayant apperceus par vne fenestre dans ce miserable estat, en eut pitié, & les fit voir au Roy qui leur fit dire qu'ils reprissent leurs habits, & se retirassent à leur logis pour attendre ses commandemens : ce qu'ayant fait, ils se tenoient dans leur maison auec

F ij

vne grande crainte de ce qui leur pourroit arriuer. Plusieurs conseilloient à Abdalami de tascher à se sauuer, & sa femme mesme estoit de cet auis; mais il n'en voulut rien faire, se fiant tousiours en la clemence du Roy, à cause de ses seruices. Sur cela pour vn comble de sa misere, comme le Roy commençoit à s'encliner aux prieres & supplications qu'on luy faisoit de tous costez pour cet homme, il y eut vn des plus grands Seigneurs de la Cour, nommé Tsmon, qui alla former vne nouuelle accusation contre luy, se plaignant au Roy de ce qu'il luy auoit seduit & desbauché vne sienne fille, dont il demandoit iustice, ce qui arresta le Roy, curieux de sçauoir toute la verité de ce faict, qui se trouua enfin supposé & calomnieux. Car il estoit bien vray qu'Abdalami estant vn tres-beau Prince & fort estimé pour sa valeur, la fille de ce Seigneur en estoit deuenuë si passionnement amoureuse, qu'elle en fut malade iusqu'au mourir, & comme la femme d'Abdalami la fut aller visiter comme son amye, elle s'aperceut qu'elle se mettoit tousiours à pleurer amerement toutes les fois qu'elle la voyoit, & luy en ayant demandé vn iour la raison, la coniurant de luy dire librement si elle l'auoit offencée en quelque chose, & qu'elle estoit preste de luy en faire toute la satisfaction qu'elle sçauroit desir. La pauure fille saisie de honte fut quelque temps sans luy pouuoir rien respondre: mais enfin la force de l'amour surmontant la modestie virginale, elle luy confessa franchement la cause de son mal, auec tant de larmes, sanglots & prieres de pardon de son effronterie que l'autre en eut compassion, & luy promit que quoy que cela s'adressast à vne personne qui luy estoit si proche & si chere que son mary, toutefois que par pitié de sa grande passion qui meritoit quelque pardon, elle y apporteroit tout ce qu'elle pourroit pour la secourir; sur cela la fille luy compta comme elle auoit enuoyé à son mary vne chaisne de perle & de rubis par vne sienne esclaue, auec prieres de la vouloir porter pour l'amour d'elle, ce qu'il auoit accepté tant pour la valeur du present, que pource que cette esclaue estoit assez belle & iolie, à laquelle il fit present de deux pendans d'oreilles de diamans taillez à face en forme

du sieur Vincent le Blanc. 45

d'oliue; mais pour la maistresse il fit vn simple remerciement assez maigre. Ce que l'esclaue auoit dissimulé, faisant accroire à sa maistresse que l'autre l'aimoit grandement, & portoit son present pour l'amour d'elle; & ainsi l'esclaue l'entretenoit de mensonges, pour tascher de dôner quelque soulagement à la violence de sa passion; aussi estoit ce elle qui l'auoit premierement embarquee en ces folles amours. Cette fille ayant raconté naïfuement toutes ces rencontres à ceste Dame, elle s'estonna, & se souuint de cette chaisne que son mary mesme luy auoit donnée sans luy dire d'où elle venoit. Cependant desirant d'apporter quelque remede à son mal, encores qu'elle aymast parfaitement son mary qui l'aymoit reciproquement, elle se laissa flechir par pitié à luy permettre de coucher vne nuict auec luy: ce qui combla de tant de ioye le cœur de cette pauure malade, qu'elle se leua aussi-tost du lict, & fut remise en peu de iours. Pour paruenir à cela sans que le mary en peût rien descouurir, elle concerta l'affaire auec la fille & sa mere qui estoit de la partie: en sorte que s'en estant retournée chez soy, elle fit accroire à son mary qu'elle se trouuoit mal, & qu'elle le suplioit de la laisser en repos pour quelques nuicts, au bout desquelles *Abdalami* impatiēt de coucher auec sa femme, elle faisoit semblant de ne le vouloir pas, pour lui faire desirer d'auantage, iusqu'à ce que se voyant pressée elle condescendit pour la nuict suiuante, à condition toutefois qu'ils ne se parleroient point de toute la nuict: Ce qu'estant accordé, elle fit auertir la fille de se trouuer chez elle à l'heure qu'il falloit, & ainsi elle tint la place de la femme, dont elle demeura enceinte sans que le mary reconnust rien de la fourbe. Cependant le pere ayant descouuert auec le temps la grossesse de sa fille, & sceu d'elle de quel faict c'estoit, plein de rage contre *Abaalami*, il ne manqua pas, accompagné de ses parens & amis, de s'aller pleindre au Roy de cette iniure, côme nous auons dit; surquoy le *Tabachi* entra en de grandes considerations sur les personnes de ces deux Seigneurs, dont l'vn estoit son allié, & luy auoit rendu de signalez seruices, l'autre estoit Seigneur de la prouince de *Essen* entre *Dasrila* & *Gansrila* au dessus du *Barnagasso*, autrefois suiette au grand Ne-

Dasila & Gansila

F iij

gus, mais qui ne voulant pas se faire Chrestien, ny estre suiet
d'vn Roy Chrestien s'estoit mis sous la domination du *rabachi*
infidelle. Enfin le Roy se resolut d'en sçauoir la verité pour
en faire telle iustice que le cas meriteroit : & sur cela *Abdalami* auerty de cette accusation, dont il se sentoit innocent,
fut bien aise que la colere du Roy se deschargeast de ce costé-là, & en ayant conferé auec sa femme, comme il luy disoit qu'il s'estonnoit de l'impudence de ce Seigneur *Isman*,
de l'accuser ainsi d'vne chose, dont il ne sçauoit que c'estoit,
& d'vne plus grande effronterie encor de sa fille, de dire qu'il
fust pere de deux enfans qu'elle auoit eu ; la Dame se prit à
sourrire, comme voulant dire que cela pouuoit estre vray ;
surquoy comme il se vouloit mettre sur les protestations &
sermens que cela n'estoit point, elle luy confessa & declara
tout, & comme l'affaire s'estoit passée par sa tromperie, dont
elle auoit vsé, dequoy il fut merueilleusement estonné, admirant la charitable bonté de sa femme, à son propre preiudice. Cependant le Roy auoit aucunement permis à ce Seigneur *Isman* de prendre la vengeance d'*Abdalami* de la façon
qu'il pourroit, sa grace luy estant asseurée ; si bien qu'il re-
cherchoit toutes les occasions & moyens de ce faire, & de
le surprendre sur l'eau comme ils s'y alloit pourmener, car la
ville de *Zanzibar* ou *Zingaebar* est toute enuironnée d'eau qui
passe dedans & dehors, & presque tous les habitans ont leurs
almadies ou barques plates, dans lesquelles ils se pourmenent
sur le lac. Mais *Abdalami* en estant auerty, ou s'en doutant se
tenoit sur ses gardes, si bien qu'allant vn iour sur l'eau deuant les fenestres du Palais Royal, afin que le Roy en eust le
plaisir si on l'attaquoit, *Isman* vint preparé auec ses barques
pour assaillir son ennemy qui ne dormoit pas, il y eut vn rude
combat entr'eux, où *Abdalami* fit merueilles de se deffendre,
si bien qu'il mit en fuite les barques de ses ennemis, à quoy le
Roy prit vn grand plaisir. Durant cela la Princesse *Abiasinde* alla trouuer la Reine à laquelle elle conta toute la verité de
l'histoire, dont le Roy estant auerty enuoya dire à *Isman*, que
si l'affaire alloit comme il luy auoit representé, il luy met-
teroit entre les mains la teste d'*Abdalami* pour l'emporter en

son païs ; dequoy l'autre, qui plein de honte & de despit de sa deffaite, s'estoit mis au lict, & n'en auoit bougé depuis vingt iours, fut si content qu'il alla aussi tost trouuer le Roy, lequel ayant remis l'affaire au Conseil, il fut conclud que la mere & la fille seroient amenées en Cour pour respondre à ce qu'on leur demanderoit. En mesme temps le Roy alla visiter *Abdalami*, lequel voyant que sa Majesté prenoit la peine de le venir ainsi visiter toute seule en sa maison, conceut vne bonne esperance de son affaire, & se iettant a ses pieds, luy dit qu'il se sentoit trop heureux de la faueur que son Prince luy faisoit, & que desormais il tiendroit à honneur de finir sa vie pour son seruice en quelque façon qui luy plairoit ; Le Roy l'ayant fait releuer l'embrassa, luy tesmoignant qu'il luy pardonnoit tout le passé ; dequoy luy & sa femme l'ayans remercié auec grande humilité, l'accompagnerent iusques en son Palais. Trois iours apres, la femme & la fille d'*Isman* estans arriuées dans leurs pelanquins portez sur les espaules de leurs esclaues, le Conseil fut assemblé, & trois *Caisena* ou officiers allerent querir *Abdalami* ; chacun qui ne sçauoit pas l'affaire, le tenāt perdu, & *Isman* mesme croyant qu'il ne viendroit pas, mais prendroit plustost la fuite, auoit preparé & disposé quelques soldats pour l'attendre au passage & l'arrester ; On fut bien estonné quand on le vit arriuer au Palais auec son *Talmassara* ou manteau à la Persienne, qui luy couuroit tout le corps, & par dessous vne teste de drap d'or figuré, couuerte d'vn crespe blanc pour representer son innocence, & à l'entour de sa teste vne corde faite de petits roseaux selon leur vsage, pour monstrer qu'il portoit son supplise auec soy s'il se trouuoit coupable ; Sur cela les Iuges interrogerent l'vn & l'autre, & voyans qu'ils n'en pouuoient tirer chose assez iustifiante, ils prirent à part la mere & la fille, & ayans sceu par leur bouche la pure & naïfue verité de tout, ils furent d'auis de faire venir la Princesse *Abiasinde*, & puisque c'estoit celle qui auoit consenty & tramé toute l'affaire par sa grande charité, il estoit raisonnable qu'elle en dit son opinion ; & l'ayant fait seoir au rang des Iuges, ils firent aussi venir *Abdalami*, auquel ils demanderent s'il tiendroit pour faict tout ce que sa femme prononceroit, & ayant respondu qu'oüy tres-volontiers, elle prononça alors tout haut que puis que l'amour d'*Alberane* (ainsi s'appelloit la fille) auoit esté grande enuers son mary, & qu'elle en auoit eu deux beaux enfans, elle le condamnoit auec la bonne grace & permission du Roy de l'espouser presentement, & qu'elle volontiers la receuroit pour sa fidelle compagne. Toute l'assistance admira ce iugement, & le pere estant enquis s'il se sentoit suffisamment satisfait en son honneur de cette Sentence, il fut si confus d'entendre tout ce faict qu'il ignoroit, qu'il ne sceut que respondre; mais le Roy l'ayant pressé de se resoudre, luy se ietta à terre en signe d'humilité, disant que si *Abdalami* se contentoit de luy faire cet honneur de prendre sa fille pour femme, il luy donneroit la prouince d'*Assen* auec ses mines, & soixante charges d'or afiné qu'il en auoit tiré cette année-là. Cette affaire estant ainsi accommodée le Roy en fit faire de grandes resiouïssances, & tint banquet solemnel, & Cour ouuerte quinze iours durant à tous les Princes & Seigneurs de sa suite. Le Conseil vouloit que la moitié de ces tresors fust donnée pour la descharge de la prouince complaignante de *Zuamen*, mais le Roy ne le voulut pas, & se contenta de luy oster seulement & quitter les droits Royaux pour cinq ans, ce qui montoit à bien d'auantage que tous ces deniers-là. Ce qui fut au contentement de tous, & ces deux femmes s'entr'aymerent vniquement, & vescurent ensemble en bonne paix & concorde, comme deux parfaites compagnes,

Voyage de l'Autheur en Ethiopie : Description des Estats du Prestejan : Le naturel de ses peuples.

CHAPITRE VIII.

Ayans sejourné quelques jours en la Cour du Tabaqui, & appris ce que j'en ay rapporté cy-dessus, nous reprîmes nostre chemin vers nos compagnons que nous auions laissez à Chescoure, qui estoient bien en peine de nous, ayans demeuré vingt-deux iours en ce petit voyage, d'autant que passans à Aruama fort belle ville, le sieur de la Courbe voulut s'y arrester pour quelque rencontre ; puis sur vne branche du Zuama à Gazira, Sequesma, Buagiaia, Saleta, Armeça ou Aristea, & plusieurs autres villes, bourgs & villages. Enfin estant arriuez à Gustigoari nous apprîmes que nos compagnons s'estoient querellez, dont quelques-vns en estoient demeurez blessez, & estans venus à Sigara, trois iournées de là, nous passames de l'autre part de la riuiere qui a le mesme nom de la ville de Zuama, trauersans la prouince d'Almodrega, que ceux du païs appellent Calhouras, à cause de la ville capitale du mesme nom ; mais fort petite ; suiete au Roy de Tigrai, qui est vassal du grand Negus, & confrontant au Couchant à la prouince de Bazamidri, nous mismes quatre iournées de Calhouras iusques à la ville de Bazamidri ; & bien nous prit d'auoir fait courir nos almadies, car les pluyes nous incommoderent grandement en passant ces quatre iournées de païs fort vaste, abondant en tortuës de terre d'vne excessiue grandeur, dont nous nous accommodions fort bien pour nostre manger, & trouuions dedans grande quantité d'œufs qui nous purgeoient estrangement, cette viande estant assez laxatiue. Nos compagnons qui estoient à Chescoure ayans eu

Tortuës de terre.

I I. Partie.   G

auis que nous eſtions de l'autre coſté de cette riuiere, nous vinrent trouuer au village de *Carboran* à trois lieuës de *Bagamidri*, où vous pouuez penſer la ioye que nous receûmes tous de nous reuoir raſſemblez. La premiere choſe que nous fimes fut de pacifier leurs querelles, & le lendemain nous allâmes tous diſner à *Bagamidri*, où nous nous arreſtâmes quelques iours à vendre & troquer nos marchandiſes, tant dans la ville que par les bourgs & villages circonuoiſins. Nous auions tous vn grand deſir d'aller voir la Cour, & la perſonne du grand *Negus*, qui demeure touſiours à la campagne ſous des tentes & pauillons rangez comme vne bonne ville: A quoy nous fumes encor particulierement pouſſez par la rencontre que nous fimes d'vn Seigneur Portugais qui venoit expreſſement des Indes pour viſiter le *Negus* de la part du Roy d'Eſpagne ſon maiſtre, & qui auoit abordé ſur les coſtes de la mer Rouge, & s'eſtoit deſembarqué ſur les terres du *Burnagas*, qui l'auoit fait accompagner iuſqu'au lieu où nous le trouuâmes, & le conduiſit auec nous iuſques à *Barra* ſur le *Morabu*, où nous penſions trouuer le Prince.

Au reſte, de *Bagamidri* à *Barra* autre ville d'Ethiopie, nous n'auons point autrement marqué les chemins & diſtances, à cauſe que nous allions tantoſt deçà, tantoſt delà, faiſans noſtre negoce, ainſi que nous auions fait par l'Arabie, Perſe & Indie, mais depuis *Barra* iuſqu'à noſtre entier retour, nous y priſmes garde de plus pres.

Eſtenduë du pays des Abyſſins.

Auant que de parler de *Bagamidri*, il ſemble eſtre neceſſaire de dire, que c'eſt le commencement du grand Empire d'Ethiopie ou du grand *Negus*, que communément nous appellons le Preſtejan d'Ethiopie, à la difference d'vn autre qui eſtoit autrefois en la haute Indie. Il eſt auſſi nommé *Kibir Negus* & *Senap*, & Roy des Abiſſins, il poſſede à ce qu'ils diſent, plus de trente cinq Royaumes ou prouinces, qui contiennent vne merueilleuſe eſtenduë de païs fort peuplez, & plus de trois mois de chemin. Il eſt vray qu'autrefois il a eſté encore plus puiſſant, à cauſe que les Mahometans ſes voiſins, & le Roy d'*Adel* entr'autres auec celuy de *Zeila* par vne guerre continuelle, luy ont enleué pluſieurs païs, & meſme la pluſpart

du sieur Vincent le Blanc. 51

des villes & ports qu'il tenoit sur la mer Rouge, dont les principaux sont zua-hem, Maxua & Ercoco. De façon que cet Empire est aujourd'huy assez diminué en estenduë, force & grandeur, sinon qu'il a regagné quelques places depuis quelques années par le secours des Portugais d'Orient. Et bien qu'il soit encores assez grand, si n'en faut il pas croire beaucoup de choses hautes & magnifiques & ressentans vn peu de la fable que quelques Escriuains Espagnols en ont publié selon leur mode romanciere : Ce que les Peres Iesuites ᵃ ont assez suffisamment refuté en leurs escrits plus authentiques, & tirez des memoires de ceux mesmes qui y ont esté, & y sont encore tous les iours, dont nous auons de bonnes Relations, tant pour le spirituel que pour le temporel.

Maxua.

ᵃ *Codigne & autres.*

Ce païs des Abissins estoit connu par les anciens sous le nom d'Ethiopie au dessous de l'Egypte, puis d'Inde moyenne. Cette Ethiopie estoit diuisée en Orientale, Occidentale, & mitoyenne. Ses limites aujourd'huy sont la mer Rouge vers le Leuant, l'Egypte au Nort, les montagnes le long du Nil, Maniconge, le fleuue Noir & la Nubie à l'Occident, & au Midy les monts de la Lune, & les lacs d'où sort le Nil, ou plustost les confins de l'Empire du *Monomotapa*. Quelques-vns luy donnent iusques à cinquante Royaumes & plus, & d'autres se contentent de trente-cinq & moins encor : Car c'est chose absurde de ce qu'il y en a qui veulent faire cet Empire plus grand que toute nostre Europe, & qui soustiennent qu'il s'estend depuis l'Egypte iusques au promontoire de *Guardafu* & à *Babelmandel* & *Magadoxo*, & d'vn autre costé iusqu'à la mer Meridionale ou Ocean Ethiopique, vers le cap de Bonne-Esperance, luy rendans tributaires plusieurs Rois Mores, iusques au *Monomotapa* mesme, & ceux de l'isle de S. Laurens. Veu qu'aujourd'huy il a assez à faire à se deffendre contre les Mahometans & les Gales ou Galois & Agaïs peuples Noirs, par lesquels il a esté rudement traitté depuis soixante ans en ça, iusques là mesme que ce Prince a esté contraint d'implorer plusieurs fois le secours des Portugais, qui l'ont bien assisté, & par leur moyen a commencé à se remettre peu à peu.

Ces Royaumes sont en venant de la mer Rouge vers Oc-

Royaumes.

G ij

cident *Tigrai*, *Dancali*, *Angote*, *Xoa*, *Amara*, *Leea*, *Baga*, *Micri*, *Dambea*, *Dahali*, *Fatigar*, *Amboa*, *Angotera*, *Bernagas*, *Belinganze*, *Damute*, *Edear*, *Goyame*, où sont les Cataractes du Nil, *Vangue*, *Mafmuda*, *Cafates*, *Gilama*, & autres, dont quelques vns sont tous habitez de Chrestiens, les autres en partie de Mahometans & de Gentils.

Quand les habitans de ces Royaumes viennent pour payer le *Gibre*, ou les tributs à leur Prince, ils portent vne corde au tour de la teste, & crient à haute voix, le reuenu d'vne telle Prouince, Seigneur me voicy. Pour lors le *Negus* distribuë ce *Gibre* ou reuenu en trois parties, dont l'vne est pour l'entretien des pauures de son Royaume & des Eglises; l'autre pour la solde & l'entretenement de son armée, & la troisiesme, qu'il met dans ses coffres pour la despence de sa maison. Au reste ces reuenus ne sont pas petits, puis que tous les arbres qu'on trouue en grande quantité sur les chemins chargez de soye, qui vient naturellement sans artifice, ceux qui en font la recolte sont tenus d'en payer le quint au Prince, aussi bien que des mines d'or & d'argent, où l'on employe des esclaues, & quelquefois les enfans de ceux qui n'ont pas satisfait aux droits du Roy pour les subuentions de la soye. Ie dis le mesme du Starax, du Benioin & des autres aromates, pour la cueillete desquels l'on choisit de ieunes garçons, sur la creance que l'on a, que l'odeur en est plus exquise, & se conserue mieux, & de fait les marchands prennent garde à ceux qui en ont fait la cueillette, & si ce sont de ieunes gens, ils en donnent dauantage. Ceux qui cultiuent le safran payent les mesmes droits, mais ils n'obseruent pas la mesme pureté à le cueillir. Les fermiers de toutes ces gabelles ont vn temps limité pour payer les droits au Prince, qui les veut receuoir en personne, se plaisant si fort aux senteurs, que tout ce qui est en vsage dans le Palais, iusques aux flambeaux est parfumé: mais quand on luy apporte, c'est auec des tambours, hautbois, & autres instrumens & concerts de musique, que les villes sont obligées de luy fournir. Le mesme tire son droit du quint sur le butin que font ses soldats en temps de guerre, comme fait le Roy d'Espagne des mines des marchands: mais il n'est pas

Tributs qu'on paye au Prestejan.

vray ce qu'on dit, qu'il exige vn impost des courtisans & des larrons.

Cet Estat a esté connu de toute antiquité, mais assez incertainement, sinon depuis 120. ans que par le moyen des voyages des Portugais l'on en a eu plus de connoissance, & principalement depuis 60. ans en ça que les Peres Iesuites y sont entrez.

La terre est fort fertile en quelques endroits, en d'autres non ; elle abonde en mines d'or, argent, fer, cuiure, plomb, soufre, toutes sortes de fruits, comme citrons, oranges, mais peu de vignes. L'air y est assez temperé, bien que sous la Zone Torride les peuples y sont noirs la plus part & viuent long temps. Leur principal trafic est en sel, qu'ils portent bien auant dans les Prouinces, & le vendent bien chair, s'en seruans comme d'vne monnoye, & le troquans auec toutes sortes d'autres denrées, & mesme ils en font des pieces carrées, qui ont chacune leur prix, comme l'or & l'argent parmy nous.

Le pays d'Ethiopie est appellé dans les saintes Escritures *Chuz* ou *Phut*, à cause de ces deux fils de *Cham* qui l'habiterent.

On dit que le nom d'*Abassie* ou *Abissine* luy a esté donné par les Arabes, qui les appellent *Elbabassi* & *Abex*, d'autres disent que c'est par les anciens Egyptiens, qui entendoient par ce nom tous ceux qui habitoient des pays enuironnez de deserts comme est cettuy là.

Cependant les anciens faisoient ordinairement deux Ethiopies, l'vne Orientale au delà de la mer Rouge en la Sabée ou Arabie heureuse ; & l'autre Occidentale deçà au dessous de l'Egypte. Et de faict les *Homerites*, peuples de l'Arabie le long de la coste de la mer Rouge, sont dits Ethiopiens, & il y a apparence qu'autrefois les Rois d'Ethiopie dominoient deçà & delà ce golfe, comme aussi la Reine de Saba est estimée par quelques-vns estre venuë d'Arabie, & par d'autres de la vraye Ethiopie. L'Ethiopie Occidentale estoit encor ou basse, depuis l'Egypte iusqu'à Meroë, ou haute depuis Meroë iusqu'aux monts de la Lune. Il y en a encores qui confondent l'Orientale auec les Abissins, & mettent l'Occidentale vers la mer Atlantique, puis l'Interieure vers *zanzibar*.

Ethiopie double.

On tient que les Ethiopiens ont esté les premiers idolatres, comme venans de *Chus* fils de *Cham*, & qui receurent des premiers le Iudaïsme & la circoncision apres le voyage de la Reine de Saba vers Salomon, & depuis le Christianisme par l'Eunuque de la Reine *Candace*. Autrefois les Rois d'Ethiopie ont esté fort puissans, & ont quelquefois mesme subiugué l'Egypte, & ayans esté attaquez par Semiramis & Cambises desirent leurs armées, & Hercules & Bacchus grands conquerans n'y oserent aller. Les Poëtes ont fait tel estat de ce païs là, soit pour la bonté ou pour la Religion, qu'ils y celebroient les festins de leurs Dieux, & font mesme vn *Memnon*, *Cephée* & *Persée* grands & illustres Rois en ces païs-là.

Aluare l'appelle Melech. Celuy qu'ils renomment le plus est vn *Melilec* qu'ils disent auoir esté fils de Salomon & de *Macheda* Reine de Saba, & de la race duquel tous les Rois iusques auiourd'huy se disent descendus de pere en fils, mais ie ne sçay si tout cela se peut assez bien prouuer. Quoy que c'en soit les histoires plus authentiques tesmoignent qu'enuiron l'an 522. du temps de l'Empereur Iustin, il y eut vn *Elesbaan* Roy d'Ethiopie Chrestien qui vainquit *Dunaam* Iuif, Roy de l'Arabie heureuse, qui molestoit les *Homerites* Chrestiens, lesquels *Elesbaan* remit en liberté, puis s'estant retiré en son païs se rendit Hermite. Apres il y eut vn autre Roy nommé *Hellistée* aussi Chrestien qui fit alliance auec l'Empereur Iustinien, & remporta de grandes victoires en Arabie sur les infidelles.

Ces Rois faisoient leur demeure en leur Ville Royale de *Cachumo* (autrefois *Auxume*) qui retient encores son nom. Depuis cela l'on n'a eu que peu ou point de connoissance de ces Rois Ethiopiens, à cause de la longueur & difficulté des chemins, & des passages tousiours occupez par les Sarrazins & Turcs, iusques aux voyages des Portugais, qui depuis quelque siecle nous en ont donné plus de lumieres.

Ce païs pour le spirituel a tousiours esté sous la direction du Patriarche d'Alexandrie, qui pour la difficulté d'y aller, à cause des Sarrazins qui dominoient en Egypte, leur enuoyoit vn Prelat pour les gouuerner nommé *Abuna*, ainsi que le Patriarche d'Antioche en enuoyoit vn autre en Orient appellé *Catholica*. *Religion des Abissins.* On dit que dés l'an 1306. ces Abissins vinrent rendre obeyssance & reconnoistre le Pape Clement V. à Auignon, puis qu'ils enuoyerent au Concile de Florence l'an 1439. mais il est plus certain que depuis que les Rois de Portugal ont enuoyé en ces pays-là, leurs Rois ont commencé à reconnoistre d'auantage l'Eglise Romaine. Quant à leur Religion, encores qu'elle soit Chrestienne, si ont-ils retenu beaucoup de ceremonies Iudaïques, & d'autres erreurs, tant des Payens que des Heretiques *Eutyche* & *Dioscore*, qui leur estoient enuoyez des Patriarches Schismatiques d'Alexandrie, dont auiourd'huy ils commencent à estre purgez & mieux instruits par les Peres Iesuites, & les Patriarches qui leur sont enuoyez de Rome, comme l'on voit dans les Relations modernes.

Dés long temps il y a eu en ces païs là des Religieux & Anachoretes de l'Ordre de S. Anthoine, de S. Machaire, & de S. Basile, & non de S. Dominique comme quelques vns ont voulu donner à entendre. De l'Ordre de S. Anthoine en est procedé vn-autre dit *Estefarrus*, qui doit estre de sainct Estienne.

Pour ce qui est du naturel de ces peuples, ils ont vne grande inclination à la vertu & à la Religion Orthodoxe, rendent vne grande obeyssance à leur Prince, & vn grand honneur & respect aux Eglises & aux Prestres, sont fort chastes, & adonnez à la penitence & austerité de vie; grands aumosniers & hospitaliers. Les Prestres disans la Messe sont couuerts d'vn voile à la Grecque, & les hommes sont separez des femmes à l'Eglise. Comme toute la Cour ne loge iamais que sous des pauillons à la campagne disposez en forme de ville par places & par ruës tirées droites à la ligne, chacun ayant son Capitaine & Iusticier pour empescher les tumultes: le circuit est tres-grand, & quelquefois il contient deux grandes lieuës de pays auec douze portes à l'honneur des Apostres. Dans ce circuit il y a deux Eglises, l'vne pour l'Empereur & pour la Noblesse, qui a sept ou huict cens pas de tour, & l'autre pour le peuple. Il n'y a dedans qu'vn seul Autel, & dessus la figure de la croix de couleur grise obscure sur vn linge de soye blanche, & au milieu de l'Autel l'image de la Vierge Marie en plate peinture

Voy Aluarez ch. 43.

*La reueren-
ce qu'ils
portent
aux lieux
saincts.*

auec celles des Apoſtres S. Pierre & S. Paul aux deux coſtez. Aux feſtes ſolemnelles l'on change la couleur blanche de la tente de l'Empereur en rouge : Il ne ſe dit en toutes les Egliſes qu'vne ſeule Meſſe par iour auec tant de reuerence qu'il n'eſt pas permis d'y cracher, parler ou s'aſſeoir pour quoy que ce ſoit, le Temple du Seigneur n'eſtant pas, à ce qu'ils diſent, vn lieu d'ordure ou d'entretien : Si l'on eſt obligé de paſſer deuant eſtant à cheual, on met pied à terre, le chapeau à la main : Quand le S. Sacrement ſe leue on ſonne vne cloche de pierre, dont le batail eſt de bois, comme ſont toutes les cloches d'Ethiopie, & auſſi toſt chacun ſe met à genoux, l'Empereur meſme, s'il eſt à cheual, deſcend promptement, & ſe tient à genoux iuſques à ce qu'on ait donné vn autre ſignal. L'on ne void iamais communier le Preſtre, d'autant qu'il eſt couuert & caché ſous vn voile blanc, comme auſſi le peuple ne regarde iamais le S. Sacrement, mais ſe proſterne la face contre terre, faiſant quelque ſorte d'eſbranlement du corps comme s'ils vouloient danſer, & tenant la pointe du ſoulier. L'offrande ne ſe fait qu'à la fin de la Meſſe. Ils donnent le S. Sacrement aux petits enfans, auſſi bien qu'aux autres, en les faiſant ieuſner auparauant.

Le Negus ne mange iamais dans aucune vaiſſelle d'or & d'argent, mais ſeulement dans de l'*euaté*, qui ne peut ſouffrir le poiſon, & ſe rompt auſſi toſt. Pour le vin il ne s'en fait qu'en ſon Palais, ou à la maiſon de l'*Abuna*.

Quant à leur langue Abiſſine ou Nubienne, c'eſt vne langue à part, mais fort meſlee à ce qu'on dit de mots Hebrieux, Chaldées, Syriaques & Arabes, laquelle s'eſtend meſme iuſques en Orient a cauſe de la ſuauité & douceur de ſa prononciation, & pource qu'elle eſt aſſez claire, diſtincte & aiſee à apprendre. Auſſi ces Abiſſins voyageans par le monde ſe font aiſément entendre, & meſmement aux Chinois comme i'ay quelquefois remarqué. La langue dont ils vſent pour les choſes ſacrées & pour les Sciences eſt la Chaldaïque, en laquelle tous leurs liures ſont eſcrits, & s'en ſeruent à celebrer le ſeruice Diuin, comme font les Abiſſins dans leur Egliſe de S. Eſtienne des Indiens à Rome, de meſme que les Maronites & autres Syriens.

Quant

du sieur Vincent le Blanc. 57

Quant aux riuieres de ce pays il y en a plusieurs fort grandes, mais la principalle est le Nil si fameux qui le trauerse d'vn bout à autre, que les vns disent sourdre d'vn lac de fonds impenetrable qui est au pays de *Goyame*, autres des monts de la Lune ou *Cafates*, & de *Beffi* ou *zeth*, d'où aussi sortent le *zaire* & l'*Aquilonde* qui vont vers l'Occident, & le *zuama* vers le Midy. Mais le Nil vers le Nort entre dans le lac de *zambra* ou *zaire*, & de là passant entre les Royaumes de *Damut* & *Ambea* vn peu vers Orient, puis deçà l'Equinoctial entre *Vangue* & *Beleguanze*, trouue vn autre grand fleuue venant du lac *Zaflan*, dit aussi le Nil, qui le ioignent ensemble, de là entre *Bagamidri* & *Ambiancantiua* il vient à *Tigremahon*, & ayant receu le *Tagazzi* ou *Tecassin*, & autres fleuues grossy de tant d'eaux, fait la celebre isle de *Meroë* par les deux bras que les anciens appelloient *Astapus* & *Astaboras*, & auiourd'huy *Tecassin* & *Abanhi*; puis estant reioint il passe le Tropique de Cancer & à *Siene* ou *Asna* fait les renommées Cataractes ou cheutes entre les montagnes qui le pressent de telle sorte qu'il semble vn traict, ou vn foudre en sa vitesse, & vn tonnerre en son bruit effroyable, iusques à ce qu'enfin ayant traversé l'Egypte, & receu quelques riuieres de la Nubie, se diuisant en plusieurs bras, qui composent cette belle & fertile contrée du *Delta* tant celebrée, il vient à s'emboucher en la Mediterranée par plusieurs sorties ou bouches, que les anciens ont contées iusqu'au nombre de sept, & autres iusqu'à neuf, dont auiourd'huy les plus connuës & remarquables sont celles de *Damiete* & de *Rosete*, autrefois *Heracleotique* & *Pelusiaque*, qui sont les deux costez du triangle.

Pour son desbordement & inondation qui fertilise l'Egypte, & luy sert de pluyes fecondes depuis Iuin iusques en Septembre, rendant le pays comme vn Archipel couuert d'infinies petites isles, où sont les habitations plus releuées que le reste qui est inondé, i'en laisse la recherche de ses causes aux Philosopes, qui de tout temps y ont esté bien empeschez & fort differens, les vns l'attribuant aux neiges fondues des monts d'Ethiopie où il ne neige iamais : autres

Riuieres

Causes de l'inondation du Nil.

II. Partie. H

aux vents anniuerfaires qui font remonter l'eau & fe defborder ainfi, d'autres plus vraifemblablement aux pluyes continuelles de la Zone Torride en cette faifon, ainfi que i'ay veu arriuer quafi tout le long de cette Zone aux Indes tant Orientales qu'Occidentales. Il y en a mefme qui prennent cette caufe de plus loing, à fçauoir des vents & tempeftes furieufes, qui en ce mefme temps s'eleuent vers le cap de Bonne Efperance, & enflent la mer qui par des fecrets canaux foufterrains fe communique à ces lacs d'Ethiopie, ce qui fait regorger ainfi le Nil, & tous les autres fleuues qui en fourdent ; mais quoy que c'en foit, & de quelque lieu que cela procede, il eft certain que l'effect en eft du tout admirable, & que cette croiffance fe fait par quarante iours, & fa decroiffance par autant, & dit-on que le fleuue Noir ou *Gambra* & *Senega* en fait de mefme. La courfe de ce fleuue depuis fa fource iufques à fon embouchure eft remarquée de plus de neuf cens lieuës en droite ligne, & en fes detours & finuofitez de plus de deux mille, qui eft la plus grande courfe de fleuue du monde, excepté ceux de la *Plate* & *Maragnon* au Brefil.

De la ville de Bagamidry, & du Couronnement des Rois.

CHAPITRE IX.

Our reuenir à noftre voyage, ie diray que *Bagamidry* eft vne ville d'Ethiopie fcituée à la hauteur de huict degrez au delà de la ligne, dans vne belle campagne fur le fleuue de *zuama*, qui fe deborde comme le Nil. Pour le Royaume de *Bagamidry*, il s'eftend iufques au Tropique, arroufé du *zuama*, que ceux du pays appellent *zimbada*, qui traverfe les deferts de *Manica*, où il y a d'horribles montagnes, & fe va engoufer dans la mer Orientale & Me-

ridionale, faisant vne fort bonne rade, où les vaisseaux se vont fournir d'eaux douces & de bois. On y trouue force boucs & chevres sauuages, & de petits bœufs & vaches si farouches qu'il faut estre bien habile pour les attrapper ; lesquels ont de petites cornes qui se tiennent à la peau, auec le mesme mouuement que les oreilles, comme i'ay desia remarqué ailleurs. Cette riuiere de *zuama* est appellée par les Portugais *Rio del Spiritu sancto*, à cause du contentement qu'elle donne à ceux qui nauigent.

Au reste, quand on passe ou on se baigne dans cette riuiere, il faut estre bien aduisé, & auoir les mains armees contre les crocodiles qui y sont en grand nombre, & pareillement du costé de la terre il n'y a pas moins de danger pour les tygres qui y vont à grosses troupes, & sont fort friands des montures, principalement des cheuaux & des mules.

Le pays confine vers le Couchant à *Mancigonge*, vers l'Orient aux *Cafates*, du costé du Nort à *Gigida*, que quelques-vns nomment le pays des Amazones, & du Midy à *Monomotapa*. La ville de *Bagamidri* est appellée Imperiale, pource que le Roy de *Tigray* ou *Tigremahon* ayant pris sa premiere couronne au lieu de son eslection prenoit la seconde là. Ceste ceremonie commença du temps de S. Abibliacane, qui viuoit dans vne spelonque auprès de ceste ville, auec vne telle reputation, que le Roy qui regnoit alors voulut auoir cet honneur d'estre couronné par vn si grand Sainct ; & depuis ce temps-là on fit l'Ordonnance que tous les Rois du *Tigray* viendroient se faire couronner là (comme les diuerses couronnes de nos Empereurs estoient à Aix, à Milan & à Rome) & leur troisiesme ils la prenoier de la main du grand *Negus* leur Souuerain, qui n'estoit couronné que d'vne couronne d'argent, au lieu que celle du *Tigray* son suiet estoit d'inestimable valeur. Ie diray icy par occasion qu'il y a vne Eglise à *Tigremahon*, qui est toute d'vne piece, pratiquée dans vn rocher, prés le *Ticassin*, qui s'appelle l'Eglise des Animaux, pour estre dediée aux quatre Euangelistes. Il y en a vne semblable dans la basse Ethiopie, qui se nomme *Maiant Calassen*, c'est à dire le siege de l'Eternité.

Abba Licanos qui baptisa à ce qu'on dit la Reine Candace, Aluarès c. 14.

Quant au Royaume des Amazones, ils disent qu'il est entre le pays de *Damut* & celuy de *Gorage* ou *Goraga* & *Gorgora*, dont ils content plusieurs choses semblables aux narrations des anciens; à sçauoir que les femmes y commandent, estans fort vaillantes & bonnes archeres, qui se font perdre la mammelle droite pour mieux tirer, & autres choses de mesme. On fait mention de semblables femmes en beaucoup d'autres endroits du monde. Il y en a qui disent que ce mot d'*Amazones* vient d'vn pays suiet au *Negus* ou au *Monomotapa* proche de *Maniconge*, où les femmes sont fort courageuses, mais les hommes y sont les maistres, & le Prestejan s'en sert en ses guerres. En ce pays là est la belle ville de *Felucia* ou *Falscia*, où ils disent qu'il se trouue vn riche tombeau d'vne Princesse nommée *Agagina*, qui est tout basty de marbre noir, clair & transparent comme du verre.

Les peuples de tous ces pays sont de diuerse couleur, selon les lieux où ils habitent : car ceux qui se trouuent sous la ligne ne sont ni blancs ni noirs, mais d'vne couleur obscure & basanée, bié qu'ils soient au plus temperé climat du monde : Ceux qui sont vers le Couchant depuis le pays d'*Agagué* iusqu'à celuy d'*Ambian* sont entierement noirs, & sont à quatre degrez de la ligne, estans grandement molestez de pluyes trois mois durant : mais pour ceux de la prouince de *Zembre*, ils sont plus blancs & fort dociles, principallement les femmes, qui sont assez belles & auenantes, & bonnes Chrestiennes, encor que ces peuples-là ayent esté des derniers à receuoir le Christianisme, depuis que l'Eunuque baptisé par S. Philippe eut introduit la Foy dans la pluspart des prouinces d'Ethiopie, & à ce que disent quelques-vns dans l'Arabie heureuse & iusqu'à la Tuprobane mesme.

Du logement du Prestejan, & de sa Iustice :
Histoire à ce sujet.

CHAPITRE X.

Stans à *Bagamidri*, nous prîmes resolution quelques-vns de nostre trouppe des plus curieux, d'aller voir la Cour du grand *Negus* ou Roy des Abissins; & pour ce faire laissans l'autre partie de nos gens qui n'auoient pas tant de curiosité, nous prîmes le destour vers les villes de *Barra* & *Barua*, où l'on disoit que ce Prince se trouuoit plus ordinairement. Suiuant donc cette route, apres auoir trauersé diuerses Prouinces & Royaumes, enfin nous arriuâmes à la ville de *Barra* chef du païs, & trouuâmes vn nombre infiny de peuple habitant sous des tentes au nombre de plus de dix mil; il y en auoit vne entr'autres couuerte de toille blanche qui paroissoit par dessus toutes les autres, ayant douze portes & d'vne grandeur merueilleuse. Nous fumes logez sous la tente d'vn Abissin qui nous fit de grandes caresses, & cependant qu'il nous preparoit à manger, on nous presenta du vin de miel dans vne corne de bœuf, dont nous beûmes. Apres cela nous vîmes arriuer sur le chemin vne trouppe de gens armez diuersement auec vne douzaine d'*Vgandes* ou trompettes; apres suiuoit vn Prince monté sur vn elephant blanc & noir, qui est vne chose fort rare, & accompagné de quatre Seigneurs qui luy portoiët vn daiz de damas gris. Quand il fut deuant la tente du Roy il descendit, & au mesme temps estoit suiuy d'vne grande & honorable trouppe, il fut en grande humilité despoüillé de ses habits qui estoient de soye brochez de fil d'or & bordez de perles excessiuement grosses. C'estoit vn grand Prince qui venoit demander Iustice à sa Majesté de quelque iniure qu'il auoit receuë d'vn autre Roy, quoy qu'il fust assez puissant pour en tirer

H iij

raison luy mesme: mais il vouloit porter ce respect au Roy, qui les chastie cruellement quand ils manquent à ce qui est de leur deuoir. Ce Prince donc, appellé *Aranbi*, despouïllé de ses riches habits, se vestit d'vne peau de Lyon, que tous sont obligez de porter quand ils viennent en la presence de leur Souuerain, auec vne grande chemise de soye traînant à terre; puis comme il fut deuant le palais ou tente du Roy, les trompettes commencerent à sonner assez tristement, & aussi-tost le Roy l'ayant entendu le fit entrer; car ce Prince luy auoit fait de grands seruices aux guerres passées, lequel s'estant ietté à terre forma sa plainte sur ce que cét autre Roy son ennemy luy auoit enleué sa femme, auec vne sienne fille qu'il luy auoit ja refusée, la voulant marier à vn autre Prince plus grand que luy; & outre cela luy auoit pris plus de 40. quintaux d'or. Le *Negus* sur cette plainte enuoya incontinent vn *Calscena* pour faire venir ce Prince accusé, que le *Calscena* trouua sur le chemin venant à la Cour pour se purger de ceste accusation. Le Prince complaignant fut en mesme temps reclamé & reuestu d'vn riche habit que le *Negus* luy fit donner, auec vn chapeau fort grand selon la coustume du païs. L'autre estant arriué & s'estant despouïllé de mesme, & endossé la peau de Lyon, prit vne pierre qu'vn Gentil-homme luy porta iusqu'à la porte du palais, & ayant fait sonner les trompettes, il ne fut point admis; mais attendit plus de deux heures en ceste posture, qui est vn mauuais signe pour eux iusques à ce qu'il vint vn esclaue qui luy signifia qu'il eust à se retirer dans son logis, & attendre là qu'on l'appellast. Quelques iours se passerent ainsi, iusqu'à ce que le *Negus* le fit venir, & lors ayant posé ses habits & pris la peau de Lyon, il s'assit à terre auec vne grand' pierre sur la teste comme criminel, puis vint vn *Alicassin* ou maistre d'hostel qui luy fit reprendre ses habits, ce qui luy donna quelque esperance de grace. Cet Officier le conduisant par la main, le mena deuant sa Maiesté assise sous vn tres-riche daix, & au deuant de sa face vne piece de soye de mesme couleur que le daix, selon leur coustume; puis se mit à crier tout haut; *Tres-puissant Empereur ie t'ameine ce Prince ton seruiteur & tributaire comme tu m'as com-*

Aranbi.

Calacem ou Calcenes Messagers du Prestre Jan Aly. c. 141.

mandé. Alors le Roy s'entretenoit auec vne Princesse femme du Roy de *Tigray*, arriuée depuis peu à la Cour, & vestuë d'vne robe de coton frisé fort simplement. Ce Prince estant entré, se iette aussi tost à terre en presence de l'autre complaignant que le *Negus* fist venir aussi-tost, & luy demanda de quoy il se plaignoit de cettuy-cy : l'autre luy ayant dit, que c'estoit de ce que ce Prince de *Iauas* luy auoit enleué sa fille auec vne grande quantité d'or afiné, le *Negus* commanda à l'accusé de respondre & dire la verité, & lors mettant la main en terre, puis la releuant & la portant sur sa teste les yeux leuez au ciel, il se mit à genoux en grande tristesse, sans oser tourner la veuë vers la face du Roy qui est tousiours couuerte, & respondit; Tres-haut & redouté Seigneur, il est vray que i'ay fait demander à cettuy-cy sa fille *Adila* en mariage, & me l'ayant refusée ie n'en ay pas fait autre instance, me contentant d'en rechercher quelqu'autre de ma qualité ; mais sur cela la mere mesme, assistée d'autres siennes parentes, me l'a amenée auec quelques tresors qu'elle m'a dit estre de son propre bien, & non de celui de son mary, & ainsi elle m'a donné suiet & permission de l'espouser, & cela mesme de son bon gré & consentement, sans l'y auoir en rien forcée, l'aymant & honorant plus que chose du monde. Le *Negus* lors ayant consideré l'affaire, dit au Prince *Aranubi*, qu'il ne trouuoit point l'autre estre si coupable qu'il le vouloit faire ; qu'il le condamnoit seulement à lui rendre le double de son or, & sa femme & sa fille à auoir les levres percees, puis confinces en tel lieu qu'il trouueroit bon. Le Prince de *Iauas* entendant cette sentence n'osa rien repliquer, sinon qu'il demanda terme pour y satisfaire : on luy donna deux mois, & en mesme temps on enuoya des Commissaires pour executer cet Arrest, & cependant les deux Princes ne bougerent de la Cour, iusqu'à ce que le Roy leur commanda de se retirer. Mais sur cela la Princesse de *Tigremahon*, ayant pitié de cette ieune Dame ainsi condamnée, se ietta aux pieds du *Negus*, luy demandant pour vne singuliere grace & faueur que sa fille demeurast auec son mary, & la Reine en ayant fait autant enuers *Aranubi*, à ce qu'ils s'en s'en contentaſt, tout fut enfin pacifié par l'entremiſe de ces femmes, & ces deux Princes s'embraſſerent cōme bons amis & alliez. Cependant les Commiſſaires qui ne ſçauoient rien de cela, auoient deſia procedé à l'execution ſur la mere, & en euſſent autant fait à la fille meſme ſi elle ne ſe fuſt retirée de bonne heure, dont toute la cour fut fort aiſe; & le *Negus* les ayant fait venir en cour, voulut que les nopces fuſſent ſolemniſées en toutes ſortes de feſtes & reiouyſſances, & cōbats de beſtes ſauuages. Ces Dames furent donc enuoyées querir par quelques Seigneurs de la cour, auec vne ſœur du Roy, iuſques à la marine de *Dalaca*, & eſtans arriuées couuertes d'vn linceul blanc & nuds pieds, elles ſe ietterent à terre deuant le Roy & le pere. Le *Negus* portoit lors ſur ſa teſte vne couronne d'argent pour quelque myſtere dont ie ne peus auoir connoiſſance, quelque recherche que i'en fiſſe alors, & les treſors & ioyaux eſtans apportez furent deſtribuez par le pere à ſes deux enfans, & le Roy en ſigne de faueur & de reiouïſſances quitta ſes droicts de ſeigneurie au Prince *Aran* luy donnant lettres de Prince franc & abſolu.

Singes velus. *Alo. c. 64.*

Entre les combats de beſtes qui ſe firent en ceſte feſte, il y en eut vn d'vn ſinge blanc velu comme vn lyon, qui fut mis dans vn parc auec vn ſerpent à ſix aiſles de 14. pieds de long: Le ſinge eſtoit armé d'vn caſque de bois auec vne pointe au bout fort trenchante, & ſon corps couuert d'vn cuir engraiſſé & accommodé, de ſorte qu'il pouuoit librement faire iouër les dents; alentour du parc il y auoit vne toile peinte, auec des pieces de bois & des cordes bien tendues, de ſorte que le ſinge eſtant preſſé pouuoit aiſément paſſer par deſſous; il faiſoit de terribles grimaces quand le ſerpent ſe vouloit dreſſer pour ſe ietter deſſus, & ſe tenoit ſur ſes petits pieds à la façon des oyes. On fit venir apres vn autre gros ſinge armé d'vn carton argenté, monté ſur vn gros mouton, auec vne petite lance, contre vn autre animal, qu'ils apellent *Chilacon*, ſemblable à vn loup, qui n'auoit autre deſſein que d'attaquer le pauure mouton, & non ſon caualier, qui parmi ces aſſauts ſe tourmentoit & grimaſſoit d'vne eſtrange façon; enfin ils furent ſeparez. Apres vint en lice vn petit lyon fort courageux qui ne trouuant rien à combatre se coucha à terre, mais aussi-tost qu'il veit entrer l'animal appellé *Bachouro* tout armé de ses escailles, il fit vn grand rugissement, & d'vn saut agile se jetta dessus; le combat dura vne bonne heure auec de terribles efforts de part & d'autre, mais enfin le lyon fut le maistre, estrangla son aduersaire & le mangea, car la chair en est fort bonne. En suitte vinrent le *Cheger* ou l'elephant auec le rinocerot qui fut vn tres-furieux combat, neantmoins auec peu de plaisir, pour estre ces bestes si massiues & pesantes, qu'elles ne pouuoient montrer beaucoup d'agilité & de mouuement: Puis vint en jeu vn autre sorte d'elephant que les Indiens appellent *Gachias*, contre quatre dogues de cestuie grandeur, desquels au premier coup de trompe il en tüa vn. Ce combat donna quelque contentement pour la ferocité de ces animaux. Apres fut mis le crocodille auec le tygre qui se traitterent fort mal tous deux; puis deux gros chiens contre le *Targout*, qui est vne espece de loup qui est assez differente des nostres, le combat fut cruel, où l'vn des chiens fut tüé & le *Targout* blessé. Ainsi finit ceste iournée par ces combats, & les autres iours suiuans se firent d'autres reiouyssances que ie passe sous silence pour euiter prolixité. C'est ce qui arriua de remarquable en ceste cour au temps que nous estions à *Barra*, que i'ay voulu raporter pour donner à connoistre d'autant plus l'humeur & les mœurs de ces peuples là. Nous fûmes quelque temps en ceste ville de *Barra* pour attendre & veoir la Maiesté du *Negus* qui y deuoit bien-tost arriuer; & pource qu'il y auoit long-temps qu'il n'y estoit venu, on luy preparoit vne entrée magnifique.

Cheger

De la magnificence du Negus, & des Officiers de son armée.

CHAPITRE XI.

Est la coustume quand le Prince les vient voir de le faire iurer qu'il obseruera tout ce que ses predecesseurs & luy ont promis à leur sacre, comme de seruir vn seul Dieu, n'auoir qu'vne Foy & vne Loy, maintenir l'Eglise Chrestienne & Apostolique, & depuis quelque temps on dit qu'ils y adioustent Romaine, recognoissans maintenant le Pape, puis exercer la Iustice, aymer les pauures, garder la chasteté, combattre de tout son pouuoir les Mores, Iuifs & idolatres : bref, tous ceux qui ne croyent en Iesus-Christ, n'innouer aucune loy ancienne, ne battre autre monnoye que l'ordinaire, ne demeurer plus de trois iours en aucune de ses villes, n'appeller prés de soy aucun Prince du sang & plus proche à succeder, mais les laisser viure resserez dans la montagne d'*Amara*, & autres choses semblables. Somme que le Negus fut receu en ceste ville là auec grande pompe & magnificence, & nous eûmes le plaisir de voir marcher toute sa cour. Ce fut là que l'Ambassadeur Portugais, duquel i'ay parlé, arriua accompagné d'vne vingtaine d'hommes à sa suite, tous montez sur des mules, apres auoir à ce qu'ils disoient demeuré

Mont & Monastere de Bisan, c'est à dire vision. Alv. c. 2 & 3.

plus de trois mois au Monastere de la Vision fort celebre au pays de *Bamagax* vers la mer Rouge, où à ce qu'on dit il y a plus de 2000. Religieux Obseruantins, viuans en grande austerité, sans que toutefois rien leur manque de viures & habits. Il se presenta pour auoir audience du Negus, mais il fut remis à vne autre fois, d'autant que sa Maiesté ayant seiourné peu de iours à *Barra* en deuoit partir la nuict suiuante pour aller à *Sacanor* à trois lieuës de là, qui

du sieur Vincent le Blanc. 67

sont deux iournées pour l'armée, qui ne fait pas plus de trois ou quatre mil par iour : Nous vîmes l'ordre de marcher de cette armée.

L'auantgarde marchoit la premiere à la pointe du iour au nombre de quelque vingt mil cheuaux tous deferrez, qui est leur incommodité par vn pays assez pierreux & montagneux. Ils cheuauchent comme les Arabes à la genete, & les estrieux fort courts, portans quelque cimeterres auec vne sorte d'armes dite *Perdagalzes* à deux pointes pour la plus part. Ceste troupe estoit conduite par vn grand Prince nommé *Lychano*, qui en Grec vulgaire signifie lumiere, toutefois son nom general est en Abissin *Betudere*.

Ceste troupe passée en fort bon ordre, vient le bagage de la Cour, entre lesquels il y a force gens,pour leuer les tentes, puis enuiron trois mil valets de cuisine qui portent la viande Royale dans des corbeilles, & la boisson dans de petits barils tous marquez & seellez. En suite vn grand nombre de cheuaux, mules, elephants, *alsinges*, & autres sortes de bestes portans le bagage: Entr'autres quatre lyons grands comme des mulets conduits par vn homme qui ne fait que crier & se tourmenter apres, afin qu'ils ne s'escartent de la troupe; ils sont doux & apriuoisez comme des moutons, & ie diray en passant que c'est vne chose estrange de veoir manger ces bestes, ausquelles leur gouuerneur, pour nous donner du plaisir, pendoit deuant leurs loges ou cachot vn membre de mouton attaché à vne corde, & tous quatre le regardoient, & puis se couchoient, sçachant bien que leur portion ne leur pouuoit manquer: puis le premier qui auoit faim, en deux ou trois secousses & sauts legers venoit prendre ceste chair à la hauteur d'vne pique. Mais apres que tout cét attirail de sept ou huict mil testes est passé, viennent douze ou quinze mil pietons auec leurs arcs, trousses & alfanges conduits par vn *Abagarindas* qu'ils appellent. Puis suit vn autre nombre de caualerie & le gros de l'armée en bel ordre, ayant deuant eux force trompettes & haut bois qui sonnent pour les resiouyr: apres il y a douze ou quinze mil arquebusiers sur les aisles en forme de demi-lune portans leur bois tout droit, auec le ci-

Alu. c.87.

Betudere, grand Office. Alu.c.69.

I ij

meterre & vn bonnet fort long qu'ils portent plié & pendant sur les espaules, à cause qu'il est fascheux & incommode à porter.

Toute ceste armée ainsi passée qui faict le nombre de octante ou cent mil hommes, la Majesté du *Negus* suit, que pour lors nous ne peûmes veoir: il vint apres à l'Eglise auec l'estendart porté par le *Bitenega* sur vn elephant, c'est vne piece de soye auec la figure de la Croix toute simple: Car c'est vne chose remarquable, qu'en aucune Eglise des Abissins on ne voit nostre Seigneur attaché à la Croix, & leur raison est, que nous ne sommes pas dignes de le veoir en sa passion. Deuant ceste enseigne marchent enuiron 50. Prestres psalmodians & chintans, & quatre vestus à l'Episcopale qui portent *Tabuto, pierre d'Autel.* vne piece sacrée qu'ils appellent le *Tabuto*, assez grande & quarrée, dont se sert le *Negus* quand la Messe se celebre: au deuant d'icelle marche vn autre vestu de mesme que ces quatre à reculons en ensensant la pierre: puis suiuent l'estendart & quelque cinq cens Gentils-hommes qualifiez, tous à cheual, vestus de grandes chemises blanches estofées *Chaous du Turc.* de soye, & pliées comme les surplis de nos Chanoines: vne partie de ceste troupe s'appelle *Calsena*, qui sont comme Officiers & Exempts disposez à effectuer promptement les commandemens du Prince. Apres tout cela on voit paroistre vn daiz haut eleué accompagné de hauts-bois & musiques, & vn homme monté sur vn elephant qu'ils appellent *Licadona*, ayant vne masse d'or & d'argent doré à la main, qui semble estre le chef de ceste musique. Il y a quatre Princes qui portent le daiz de la Reyne sur quatre elephans des plus hauts qui se puissent trouuer, vestus simplement auec des peaux de lyon sur la chemise, & de grands chapeaux sur la teste: la Reyne est dans vne littiere, & ordinairement quelque petit enfant auec elle pour sa recreation, accompagnée d'vn grand cortege de littieres, chariots, & autre suitte en grande magnificence. Apres cela on voit vn homme monté sur vn grand cheual bardé d'*ajofar*, vne sorte d'estofe que porte l'arbre d'*areca*, & cestuy-là est appellé l'*Agaridan*, qui crie souuent *Tacar* & *Etefra*, c'est à dire, Prenez garde & faites place: puis

du sieur Vincent le Blanc. 69

suiuent trois cens elephans richement couuerts de peaux de loup marin doublées de peaux de crocodilles, qui pesent plus de quatre ou cinq cens liures ; aussi est-ce vne chose si forte que les coups de mousquet ne les peuuent percer : le premier qui est en teste est couuert d'vn drap de velours broché d'or, & celuy qui le monte porte au bout d'vne canne d'Inde vne banniere d'vne peau de lyon ; vn troisiesme est assis sur le col pour guider la beste, laquelle a deux faussarts ou bandes d'acier attachees aux machoires, qui tombent de haut en bas, au contraire de ce que nos Peintres nous les figurent de bas en haut : leurs bardes sont attachees auec des chaisnes de fer, & quatre hommes sans leur guide peuuent aller commodément dessus. Ils appellent ce guide *Digali*, armé d'vne peau fort dure, & qui en guerre porte vne trompe ou cornet dont il se sert pour mettre dans l'oreille de la beste, & luy faire ainsi entendre ce qu'il veut, qu'il ne pourroit autrement à cause du grand bruit : suiuent force chariots à quatre & six rouës, garnis de grandes bandes de fer, & conduits par des cheuaux, mules & autres bestes, pour porter l'attirail de l'armée. Ces chariots aussi seruent à mettre au-deuant de l'armee, pour opposer aux elephans, qui entrans en furie dez le commencement, font vn grand carnage, assistez de ceux qui les montent. Quelquefois l'ennemy se prepare à cela auec des brandons de feu qu'ils leur iettent aux yeux & aux pieds, & qui les effraye & met en fuitte sur leurs gens mesmes ; mais estans assistez de ces chariots bien armez, & de leurs gens de guerre bien duits en l'art militaire, ils se maintiennent dans les batailles : puis viennent quelques deux mille pietons auec leurs arcs, flechs & coutelats qui sont larges & courts, d'vne trempe excellente. Au milieu d'eux marchent douze hommes vestus de blanc, nommez les *Ariates*, c'est à dire les Apostres ; quelque Prince vient apres *Auriates.* monté sur vn elephant blanc, ayant sur sa lance vne banniere de peau de lyon, qui marche auec grande grauité, suiui de 2000. cheuaux richement caparassonnez d'vne estofe qui leur va iusques sur les iarrets à pentes, les chanfrains d'vne double peau fort dure qui leur couure toute la teste,

I iij

excepté les oreilles. Ce Prince qui conduit cela est appellé le *Betudete* ou General, & est accompagné d'vne trouppe de pages du Negus, qu'ils appellent *Legameneos*. Apres suit vn autre grand Seigneur, dit *Alicaßin*, monté sur vn beau cheual, & suiuy d'autres deux mil cheuaux, armez d'espées & rondaches de bois, qui sont les Gentils-hommes de la garde du Prince, appellez *Chumali* : puis vient vn autre Seigneur monté sur vn elephant, auec deux hommes de cheual qui s'auancent plus que les autres, & crient plusieurs fois *imbrant, imbrant*, place, place : apres deux mil chameaux bardez, portans chacun deux hommes armez de demy picques & rondaches de cuir bien fort : puis vn autre à cheual portant vne autre banniere de peau de lyon, comme ie le vis audeuant du Roy d'*Angotera*, accompagné de quatre mil cheuaux ; ce Roy portoit vne masse d'argent, auec quatre pages bien montez & teste nuë, appellez *Laga Menegus* : l'*Adrugez*, ou Grand-Maistre auec mil cheuaux en riche equipage. A la queuë de tout cela on voit vingt venerables vieillards vestus de grandes robbes qui couurent presque tous leurs cheuaux, puis autant de gens de pied, comme domestiques de ces *Enschagora*, qui sont Medecins, Philosophes, & gens de Conseil. Apres se voit vn daiz fort riche à pentes d'or & d'argent porté par quatre Seigneurs, auec force caualleries, sous lequel il n'y a personne, auec quatre *Betenegux*, qui portent des masses d'argent doré, tout cela accompagné de musique, de hautbois & autres instrumens. Puis vient le Roy de *Tigray* en grande compagnie auec son estendart ; & en suite l'*Abuna* ou grand Patriarche, auec ses quatre *Licanates* ou Prelats, qui portent vn *Tabuto* auec le *Logatera*, & marchent à reculons encensans, tournez vers le *Catamar* ou gros de l'armée. Enfin vient le *Baldaguin* ou poile du grand *Negux* accompagné du reste de ses Princes ; luy monté sur vn cheual richement enharnaché, auec vne excellente musique. Deux Rois à pied luy tiennent la bride de son cheual, deux autres sont aux estrieux & deux à la croupe, tous vestus de ces chemises blanches de soye qu'ils appellent *Arotila*, & les Princes auec la peau de lyon par dessus, ce qui n'est permis qu'à ceux du sang

Royal, ou à peu d'autres par grande faueur. Le *Neguz* va sous ce daiz, la face couuerte d'vn sendal, & ne se monstre iamais à descouuert à son peuple que quatre fois l'année, & encores autrefois il ne se monstroit qu'à Pasques & à Noël seulement, tenant cour ouuerte. Mais depuis que le *Neguz, Nahut* fut celé tant de mois apres sa mort, ceste coustume fut changée, & l'on arresta au Conseil general ou Estats assemblez, qu'il se monstreroit quatre fois l'an aux festes solennelles. Quand cela arriue tout le peuple monstre tant d'allegresse, qu'il semble que Dieu leur apparoisse, d'autant que ce Prince est fort iuste, pitoyable & misericordieux, diuisant en trois parts ses reuenus, l'vne pour l'estat de sa maison, l'autre pour l'Eglise, & la troisiesme pour les pauures orfelins, veufues & autres necessiteux; il fait bastir auec cela force Hospitaux bien rentez.

---

*Victoire du Negus sur les Goragues: Son entrée
à Barua.*

CHAPITRE XII.

DE la ville de *Barra* nous nous auançâmes iusqu'à celle de *Barua*, en intention de mieux voir là le *Neguz*, & l'entree qu'on luy feroit, à cause de quelque victoire qu'il auoit obtenuë sur le Soldan de *Gorago*, qui est vne nation si estrange & si farouche, que tant que l'on en prend en guerre, il est impossible d'en pouuoir garder vn en vie; d'autant que comme ils se voyent prisonniers, ils ne font que sentir vn peu de poison, & meurent à l'instant, ou bien tost apres. Dans ceste guerre il fut secouru fort à propos du Roy de *Tigray*, sans lequel il eust esté mal traitté par ces *Goragues*, ennemais mortels des Abissins, qu'ils appellent *Israelites*. Et de fait, apres les auoir défaits, il les alla assieger dans leur ville de *Tamar*, entourée de fortes murailles & de bons fossez, où ils

Goragues.

auoient des machines & batteries composées de grosses pieces de bois, bandées de cordages & de rouës à vis qui se desbandoient de telle force qu'elles eussent renuersé & brisé vn nauire : ce qui fut cause que le *Negus* ne voulut pas faire donner l'assaut aussi tost qu'on eut comblé le fossé, & mesme sans l'aide d'vn Geneuois qui se trouua là il n'en fust iamais venu à bout sans vne grande perte : Ce Geneuois par vne mine fit sauter vne tour qui fit vne merueilleuse bresche. Lors ces peuples, comme enragez, aymans mieux mourir que de se voir reduits en seruitude, mirent audeuant de l'assaut leurs femmes & leurs enfans ; enfin la ville fut prise & rasée, & tous les habitans mis à mort, aucun ne s'estant voulu rendre à mercy. Le *Negus* emmena la femme & les filles de ce Roy, & comme il les vouloit persuader de venir auec sa femme, & qu'il marieroit richement les filles, la mere & vne des filles furêt trouuées toutes roides mortes par poison, l'autre fille qui estoit parfaitement belle, n'eut point enuie de mourir. Le *Negus* la donna à sa femme qui la fit vestir richement, auec toute sorte de caresses pour la resiouyr.

Prise de Go-
zage.

Apres ceste victoire de *Gozago*, le *Negus* deuant venir à *Barua*, ceux de la ville luy auoient entr'autres magnificences fait dresser vne grande pyramide de bois toute couuerte de grenats à faces, ou taillez par main d'hommes, ou venans ainsi de la mine soustenuë par quatre geans, auec vn grand palais à diuerses faces & niches, réplies de statuës de femmes superbement parées d'or, d'argent & de viues couleurs, force trophées de victoire, & sur la riuiere de la ville, appellée *Morabo*, vn beau fort auec les figures d'vn elephant & d'vn rinocerot ; l'elephant estoit rempli d'artifice de feu, & le rinocerot estoit à ressorts, qui tiroient l'eau & la jettoient contre l'elephant, tout cela soustenu sur des pilotis, où l'on mettoit le feu auec vne grande dexterité : car ils auoient fait tirer des cordes depuis le riuage jusqu'à l'elephant, pleines de petits quarrez pleins de poudre, qui ayans pris feu par le moyen du roseau, le quarré tout enflambé s'en alloit comme vn foudre donner contre l'elephant, & en mesme temps l'on faisoit jouer les ressorts du rinocerot qui jettoit vne telle quantité

d'eaux

du sieur Vincent le Blanc.

d'eaux contre l'elephant, que les quarrez ne pouuoient faire leur effet, pource que ce n'estoit pas du feu Greiois resistant à l'eau. Cela ne laissa pas de donner du passe temps à voir ces quarrez ou fusées enflammées d'vne telle vistesse & dans vne telle quantité, & meslées parmy l'eau qui retardoit & admortissoit leur force. Le *Neguz* y prit vn tres-grand plaisir & toute sa cour, & cela fist passer vne partie de la tristesse à ceste pauure Princesse prisonniere, qui trouua merueilleusement beau le combat de ces deux animaux artificiels, lequel dura plus de deux heures, iusques à ce qu'en fin l'atteinte de tous deux fut si rude qu'ils renuerserent l'edifice qui estoit dessous, & tout tomba ensemble dans la riuiere au grand plaisir d'vn chacun ; ainsi se passa ceste iournée. Le lendemain le *Neguz* alla à la Messe, & lors toute l'artillerie de la ville le salua, auec plusieurs fusées & feus d'artifices. Estant de retour de la Messe, comme il se vouloit mettre à table, suruint vn Prince estranger qui se ietta aux pieds de sa Majesté, la suppliant de luy vouloir donner la Princesse prisonniere, ou qu'il luy pleust la mettre à rançon. Le Roy le regardant fut estonné que les gardes l'eussent ainsi laissé passer, qui est vne chose extraordinaire & assez estrange entr'eux, toutesfois excusant sa passion, il luy demanda qui il estoit ; l'autre respondit, que son pays confinoit auec la prouince du *Barnaguz*, c'est à dire grand Admiral, du costé du Nort vers *Ganfrila* & *Dafrila*, & que le defunct Prince de *Zambaxé* de *Gorago* luy auoit donné en mariage ceste Princesse sa fille nommée *Estagel* ; sur quoy le *Neguz* l'ayant fait appeller, & s'estans reconnus, elle se mit à pleurer, disant au *Negus* & à la Reine, que si elle n'eust eu esperance de reuoir son mary, elle ne se fust pas conseruée en vie, mais seroit morte auec sa mere & sa sœur. La Reine luy auoit fait promettre de se rendre Chrestienne, dont estant derechef pressée, elle dit qu'elle y estoit toute preste, & se tournant vers le Prince son fiancé, elle luy remonstra qu'estant Chrestienne elle ne pouuoit espouser vn infidelle, & pource le pria de se faire baptiser auec elle ; ce que du commencement il trouua fort nouueau, toutesfois on fit tant par prieres & remonstrances qu'il y condescendit.

II. Partie. K

& tous deux furêht baptifez auec plufieurs autres Seigneurs de fa fuitte. Le *Negus* l'afranchit de quelque tribut qu'il luy deuoit, dont il fit don à fa femme, & d'autres riches prefens.

La façon qu'on garde à feruir le Negus à fa table:
Reception d'vn Ambaffadeur de Portugal.

CHAPITRE XIII.

Vant au feruice de table du *Negus*, il eft magnifique autant que d'autre Prince du monde, à caufe du merueilleux nombre d'Officiers. Nous eûmes la curiofité de voir cela, & entr'autres chofes remarquables, nous vîmes trois pages veftus de drap d'or frifé de la mefme parure qu'eftoit vn lict dans vn coin de la falle que nous aperçeûmes en paffant, qui eftoit comme ie croy celuy où couchoit le *Negus*. Ces pages porterent fur la table trois plats de bois noir, qu'ils appellent *Ewaré* femblable à noftre ebene, lequel eft fort eftimé pour la proprieté qu'il a de fe rompre en pieces fi toft qu'on met du poifon dedans. Ces plats eftoient à demi remplis, à fçauoir l'vn d'vne certaine poire qui eftant coupée en deux reprefente vne forme de croix au dedans, qui eft vne chofe affez merueilleufe de ce fruit. Le fecond eftoit à demi plein de braife, & le troifiefme de cendre, tout cela pour monftrer la paffion de Iefus-Chrift, la mort & l'enfer. Le refte du feruice fut fplendide, tant en fa façon qu'en viandes exquifes & bien apreftées & parfumées d'vne odeur fi douce & fuaue que rien plus. Le daiz qui eftoit fur la tefte du Prince eftoit de la mefme eftoffe du lict & du veftement des pages feruans. Il y en auoit d'autres veftus diuerfement, mais tous richement & chacun à deux veftes diferentes, l'vne qui n'auoit que demi manche auec des calfons qui tomboient fur le brodequin, & couuroient vne partie du foulier. Mais du refte de ce feruice, nous en dirons d'auantage cy-aprés en parlant de la reception qui fut faite à l'Ambaſſadeur du Roy d'Eſpagne, appellé *Dom Franciſque Lopez*, enuoyé vers le grand *Negus* pour obtenir la permiſſion de baſtir quelques forteresses ſur ſes coſtes, tant pour la faueur du commerce que pour l'aduancement de la Religion. Il auoit pris terre en Afrique vers la riuiere de Souac proche d'vn Monaſtere dit du S. Eſprit de ces Religieux Obſeruantins dont i'ay parlé. Nous l'auions deſia trouué en noſtre chemin, & il eſtoit venu auec nous iuſqu'à la ſortie de ceſte riuiere où nous le debarquâmes prés l'Egliſe ou Monaſtere du S. Eſprit, qui eſt vne des principalles forteresses du Roy d'Ethiopie, & où ſont ces Religieux Obſeruātins à ce qu'on dit au nombre de 300. auec leſquels il s'arreſta quelques iours pour ſe rafraiſchir, & puis il prit le chemin de la cour, où il eut à trauerſer plus de quatre ou cinq cens lieuës de pays, & encores fuſt ce vn bonheur pour luy que la cour ne fut pas plus eſloignée, car il en euſt eu plus de 700. à faire auant que d'y pouuoir arriuer. S'eſtant fourny de montures en ce Monaſtere pour luy & pour ſes gens qui eſtoient enuiron quatorze ou quinze, il vint comme il nous conta depuis, en vne autre Egliſe ou Monaſtere à ſept ou huit lieuës de là, mais auec toutes les peines du monde, les beſtes ne pouuās aller chargées, de ſorte que les hommes eſtoient contrains de porter eux meſmes la charge de leurs montures durāt plus de deux lieuës de chemin. Il arriua donc en ce Monaſtere qu'il nous diſoit de S. Dominique où il fut biē receu, & changea de montures, à cauſe que les autres eſtoient ſi haraſſées qu'elles ne pouuoiēt marcher pour eſtre deferées, ſelon l'vſage du païs où l'on n'a pas l'art de faire des fers. Cōme il eſtoit ſur le point de partir de là, les pluyes vindrent en telle abondance qu'il fut cōtraint de s'arreſter pres d'vn mois, à cauſe que toutes les riuieres eſtoient debordées, & d'attendre qu'elles fuſſent remiſes en leur premier eſtat. Si bien qu'ayant enfin continué ſa route, il trauerſa vn grand pays iuſqu'à la terre du *Mongibir*, où il voulut voir le Roy du pays qui eſtoit malade, qui luy fit de grandes careſſes; & comme il luy eut offert ſon Medecin pour ſon mal, il luy dit, que le Seigneur qui luy auoit enuoyé le mal le gueriroit. Il

K ij

luy donna son fils & des montures pour l'accompagner iusqu'à la cour. Il trouua plusieurs autres Eglises par le chemin & des pays fort montrieux & mal plaisans ; de là il vint en la Prouince de *Tigremahon* suiete du *Negus*, & qui a cinq Royaumes sous soy, où il cômença à boire le vin de miel que l'on met dans des grandes cornes de bœuf. De là il vint à *Calasen* & à plusieurs autres terres, iusqu'à ce qu'en fin il arriua pres *Barra* où estoit la cour. Aussi-tost que nous en fûmes aduertis, nous ne manquâmes pas d'aller faire la reuerence à cét Ambassadeur, qui fit bien forces caresses au sieur de la Courbe comme le plus aparent d'entr'nous, mais c'estoit tousiours auec le *Sossiego* & grauité Espagnole. Toutefois ledit sieur ne faisoit pas semblant de remarquer cela, pour tascher d'auoir par son entremise le moyen de voir manger le *Negus*, ce qu'encor nous n'auions peu : mais l'autre dedaigna par la grauité ou vanité du pays de voir cela, encores qu'il luy eust esté assez aisé à cause de sa qualité. Ce que voyant ledit sieur de la Courbe, il festina si bien vn maistre d'hostel de l'*Abuna*, qu'il nous promit de nous le faire voir souper, comme il fit deux iours apres, & croy qu'il en demanda licence à son maistre, & nous mena au Monastere de *Atania*, car le *Negus* rarement loge-t'il dans les tentes quand il trouue des Monasteres ou Eglises dont tout ce pays est assez bien garni. Ce fut là donc que nous vîmes souper ce Prince en la maniere que i'ay dit cy-dessus.

Quant à l'Ambassadeur, le *Neguz* sçachant sa venuë luy enuoya audeuant vne bonne troupe de caualiers pour le receuoir, & quelques huict iours auparauant il luy auoit enuoyé vn grand *Serami* pour l'accompagner, lequel *Serami* n'espargnoit point les bastonnades à ceux qui par le chemin ne portoient pas assez d'honneur audit Ambassadeur, lequel ayant esté rencontré par ces caualiers, ils se firent de grands honneurs & complimens les vns aux autres. Estans arriuez au camp, ils luy presenterent vne tente de lin, dont l'Ambassadeur ne fut pas content, comme n'estant conforme à sa qualité, toutefois il n'en fit pas autre semblant ; mais le *Serami* en ayant reconnu quelque chose, luy en fit des excuses, disant qu'ils ne le traittoient point plus mal que le Prince mesme qui n'en auoit pas de plus belle : de quoy l'Ambassadeur fut satisfait, & puis ils luy enuoyerent des prouisions de viures pour luy & pour ses gens. Il demeura trois iours sans auoir audience, au bout desquels le Neguz l'enuoya querir sur la nuit par des principaux de ses Gentils-hommes & officiers; qui le menerent au Palais qui estoit lors dans vne grande Eglise, & estant arriué au lieu où estoit le Neguz, il le trouua assis sur vn lict couuert de draps d'or & d'argent frizé, & quatre pages vestus de la mesme estofe aux pieds du lict, tous debout & teste nuë, tenans chacun vn flambeau allumé en la main. L'Ambassadeur luy fit vne grande reuerence à la distance de sept ou huict pas, en s'inclinant fort bas, au lieu que les autres baiserent la terre; & le *Negus* se descouurant vn peu vn costé du visage, luy demanda où estoient les presens que le Roy d'Espagne son Maistre luy auoit enuoyez : surquoy l'autre voulant respondre & auoir son audience entiere, celuy qui le menoit luy dit qu'il ne pouuoit pas pour l'heure, & qu'il suffisoit que sa Majesté l'eût veu pour cette premiere fois, & se fit donner les lettres sans autre ceremonie, qui furent leuës par vn Interprete. Le lendemain enuiron la minuict, l'Ambassadeur fut mandé en la mesme sorte & ceremonie, qui porta le present qui estoit de pieces de soye, des espiceries & quelques armes riches & bien faites, que le *Negus* receut, puis le congedia, luy faisant dire qu'il le depescheroit bien tost. Le iour suiuant il l'enuoya encores querir, & le fit disner auec luy & auec la Reine, le Roy estant vn peu esloigné & separé d'eu Le premier mets qui leur fut seruy furent trois plats d'or, n plein de feu, l'autre de cendres, & le troisiesme de trois de ces poires merueilleuses, dont i'ay desia parlé, dans lesquelles en les ouurant en tout sens on trouue vne croix fort bien faite naturellement; ce qui figure la Redemption, comme le reste les peines eternelles & la mort. Apres cela ils furent seruis de toutes sortes de viandes exquises & delicates. Cet Ambassadeur ayant demeuré quelques mois en cette Cour le *Negus* luy donna vne lettre pour son Maistre, encores

Voy Alu.c. 104.

qu'ils n'ayent pas l'vsage d'escrire des lettres, se contentant d'enuoyer seulement leurs messagers, qui de bouche disent ce qui est de leur volonté ; mais l'Ambassadeur luy mesme l'excita à cela, & luy aida à faire cette lettre comme il me conta assez long-temps depuis, lors que ie le rencontray à *Grenade* en Espagne.

Ie m'estois oublié, parlant de l'armée du *Negus*, de dire qu'elle est rangée en telle sorte, que son camp est bordé de lanciers, soustenus de la cauallerie & des arquebusiers, tous logez par ordre, & par ruës, comme dans vne ville, les soldats à part, les marchands d'vn costé, les artisans de l'autre ; s'il y a six ou sept mille tentes, c'est pour quatre-vingt mille hommes. La cauallerie d'ordinaire est de trente mille cheuaux tous desferrez, car ils n'ont point l'vsage de les ferrer, mais puissans & infatigables, pour auoir esté nourris par des vaches, ausquelles on oste leurs veaux pour mettre des ieunes poulains en leur place.

Au reste, cet Empereur ne depend pas beaucoup pour l'ordinaire de sa maison ; car outre l'or & l'argent que son peuple luy paye de tribut, il luy donne encor de l'ambre, du musc, ciuete, pierreries, & toute sorte de viandes & d'alimens : de sorte qu'il n'a pas besoin de beaucoup d'argent, si ce n'est pour les gages de ses Officiers & seruiteurs, qui reçoiuent leur payement en or & argent non battu, par morceaux qu'ils font peser fort iustement, outre tant de viures qu'on leur donne chaque iour pour leur nourriture, ainsi que les Cardinaux, Princes & Seigneurs d'Italie font.

Du Royaume & de la Police de Mongibir: De la montagne d'Amara, où sont les Princes Abiſſins.

CHAPITRE XIV.

Puis que i'ay parlé de *Mongibir*, ie diray par occaſion que ce pays, dont la ville capitale s'appelle *Scanfouran*, eſt ſuiet au *Negus* & voiſin de la Prouince de *Calaſen*. Les habitans ſont de mediocre taille, de couleur oliuaſtre, ce qui fait qu'ils ayment fort les eſtrangers, les tenans d'vne plus belle couleur qu'eux, pourueu toutesfois qu'ils paſſent parmy eux en petit nombre; car ils ſont ſoubçonneux, poltrons & timides à vn point qu'on ne peut croire, tremblans aux coups d'arquebuſes, qu'ils diſent eſtre vne choſe du diable, & appellans *hocalſic*, c'eſt à dire homme de bien, ceux qui ne portent point de ces baſtons à feu. Ils ne laiſſent pas de faire la guerre continuellement à ceux de *Calaſen*, qui ſont Chreſtiens, & eux idolaſtres, adorans le Soleil, ſans que le *Negu* ait iamais peu les pacifier ny les induire à la Religion Chreſtiéne. Entre leurs autres erreurs ils croient que les ames apres la mort entrent dans d'autres corps, d'où vient qu'ils font tant de careſſes aux eſtrangers, ſe perſuadans qu'ils pourroient bien eſtre de leurs parens: ils penſent neantmoins qu'elles ne peuuent entrer en ceux de *Calaſen* & *Suechans*, pour eſtre *Roumarans*, c'eſt à dire Chreſtiens, ny ſe plaire d'habiter dans des corps d'vne Religion contraire & ſi ceremonieuſe comme eſt la noſtre, & ſi auſtere. La terre, diſent-ils, a eſté faite pour la nourriture, & c'eſt meſpriſer le Createur, que de ne point vſer de tout ce qu'elle produit. Quand on leur parle du Royaume des Cieux, ils diſent que c'eſt l'habitation des dieux & des luminaires,

Mongibir.

Roumarans Chreſtiens.

& non point des hommes, dont Dieu ne veut point auoir la cōmunication des pecheurs, eſtans indignes de s'aprocher d'vne choſe ſi ſainte, ce qui teſmoigne qu'autrefois ils ont eu vne plus grande connoiſſance de nos myſteres, quoy que pendant tout le temps que nous auons voyagé parmy eux, nous n'y ayons veu aucuns liures ny aucune eſcriture qui leur ait peu conſeruer quelque memoire plus particuliere de la vraye Religion.

Eſtranges proſtitution des femmes.

Ils prient les paſſans de venir loger chez eux, & commandent à leurs femmes de leur tenir compagnie, cependant qu'ils vont à la chaſſe où à la peſche pour bien traitter leurs hoſtes, & les femmes les careſſent, & les tiennent heureuſes, ſi elles peuuent auoir vn enfant des eſtrangers, lequel venant au monde eſt appellé *Gilchaquillan*, c'eſt à dire fils du Soleil, & quand il eſt grand, le Prince le prend à ſon ſeruice, diſant que c'eſt le moyen de multiplier ſa nation de perſonnes vertueuſes. Et qui eſt bien plus, la femme en eſt plus eſtimée du mary, & le Prince enuoye à ſon enfant, ſi c'eſt vn garçon, vne petite couleuure d'or ou d'argent en forme de pendant d'oreille : ce qui le rend ſi qualifié, qu'il peut vn iour paruenir à la charge de *Benchaye*, qui eſt le ſecond apres le Roy, & ſi c'eſt vne fille, elle eſt mariée à quelque homme de haute qualité. Quoy qu'ils ayent des mines de rubis balays, & d'argent, outre celles de cuiure & d'eſtain, dont ils tirent vne certaine terre qui fait le plus beau violet du monde, auec laquelle ils font leurs baſtimens tres agreables à voir, ils ſe plaiſent de ſe peindre les bras & les jambes, & ſingulierement les ongles, & porter à leurs oreilles des quinquailleries. Vn Portugais leur monſtroit vn iour vn eſcu au ſoleil, dont ils furent ſi charmez, qu'ils en aduertirēt incontinent le Roy, qui voulut l'auoir à quelque prix que ce fuſt pour l'attacher à ſes oreilles, comme vne choſe admirable & ſainte, & l'achepta dix quintaux de canelle.

Pour ce qui concerne les articles de leur creance, ils n'ont aucunes Idoles dans leurs Temples où ils s'aſſemblent aux grandes feſtes, danſans en rond, & chantans des Hymnes à l'honneur du Soleil, ſans rien manger iuſques à ce qu'il ſoit couché,

couché. Ils reconnoissent vn lieu où les mauuais sont tourmentez apres cette vie, les vns plus griefuement que les autres, à proportion de leurs pechez. Au delà, ils n'ont aucune connoissance, n'ayans ny lettres ny characteres, gens simples, faciles à trôper, qui se contentent de peu pour la vie, ne sçachans pas se preualoir des aduantages que la terre leur donne pour trafiquer; au reste si côdescendans qu'ils se donnent librement les vns aux autres ce qu'ils ont, & si grossiers qu'il y a beaucoup de choses qu'ils ne sçauroient nommer, & mesme à vne lieuë d'eux ils ne s'entendent point du tout. Tout le trafic qu'ils font est de vin de miel, qu'on leur apporte de *Suechen* & *Culasen* en eschange de peaux de bœufs sauuages, & des elephans qu'ils vendent à *Biguen*. Au reste ils sont si fideles dans leurs cômerces, qu'ils ne sçauent que c'est que mentir, & qu'ils gardent religieusement ce qu'ils promettent. Il est vray que les aduenuës du pays sont dangereuses, à cause des voleurs de diuerses nations qui s'y rencontrent; mais le Roy en fait vne seuere iustice quand ils sont pris, les faisant deuorer aux bestes sauuages qu'il nourrit dans ses parcs.

Ce Prince tient vne cour bien policée, & est ordinairement accompagné de quatre cens bons hommes de guerre qu'il tire d'vne de ses Prouinces nommée *Marat*, qui confine du costé du Midy au Royaume de Couran, & qui n'est pas à la verité d'vne grande estenduë, mais dont les habitans sont particulierement renommez pour leur fidelité: Et de plus, il a tousiours aupres de soy 400. hommes de cheual bien montez, & son escurie garnie de mille bons cheuaux de repos, à cause qu'ils sont presque tousiours deserrez, & se gastent le plus souuent la corne du pied. Deuant luy marchent cinquante autres caualiers qu'ils nomment *Iourmamyr*, c'est à dire la premiere garde, vestus de toilles de coton, portant l'arc & la fleche en main: puis suiuent encore cinquante caualiers couuers d'vne casaque de coton peinte de diuerses couleurs, & par dessus d'vn mantelet de soye de la façon de ces tapis de la Meque, & portans sur la teste vn chapeau fait en forme de mitre, à la ceinture de petites masses d'acier à trois pointes, dont ils ne frapent gueres à faux, & à l'arçon de la

II. Partie,

folle va fer pointu, comme celuy d'vne pique. Ceux-là s'appellent *Mameitegaiqué*, c'est à dire defenseur du Roy. Ces deux troupes marchent à la campagne enuiron vn jet d'arc deuant le Prince, ayans au milieu d'eux cinquante elephans richement enharnachez de tapis de soye, & portans chacun trois ou quatre hommes auec de grands arcs & des flèches de trois aulnes de long, & des bonnets à l'Ethiopienne sur la teste, & des *Alparyates*, ou souliers de corde aux pieds. Ceux cy se nomment *tourles*, c'est à dire Archers. En suite viennent 50. caualiers montez sur des cheuaux blancs auec des masses d'argent richement trauaillées, vestus de blanc de capots à boucles d'argent, vn bonnet rouge sur la teste qui leur pend sur les espaules en forme de chaperons. On les nomme *Gouaique Soumimara*, c'est à dire conseil estranger du Prince. Ceux-là sont soustenus de cent autres bien montez, auec force plumes sur eux, & leurs cheuaux couuerts de casaques faites de peaux d'ours, lyons & autres bestes, bordées de petites plumes de couleur, l'arc en escharpe, & vne masse en main assez longue. Enfin la derniere troupe est de ceux qu'ils appellent *Mameitequéchoulbic*, c'est à dire les gardes du corps, armez d'vn grand baston auec vne pierre au bout, qui tranche comme vn rasoir, qui est vne arme la plus dangereuse que i'ay iamais veu apres les bastons à feu. L'vn deux porte la banniere du Roy où est la figure du Soleil, & le Roy marche apres vestu presque comme le *Gouaique Soumimara*, le bonnet en teste lié d'vn tafetas blanc qui pend iusques sur la croupe de son cheual, auec force deuises pour representer les hauts faits de ses predecesseurs, & pour satisfaire au desir des peuples qui se plaisent d'auoir eu des Princes genereux dont la memoire s'estende à la posterité.

Entre les autres loix fondamentales de cét Estat, il y en a vne qui oblige le Roy d'espouser trois femmes de sa qualité, sans considerer si elles sont filles de Princes estrangers, ou d'vne religion contraire à la leur, estimans que la bonne femme doit tousiours prendre pour regle les volontez de son mary. Que si elles veulent viure autrement, leurs enfans sont incapables de succeder à la Couronne, & contrains de se contenter d'vne pension, & d'obeyr à celuy qui est choisi pour Roy, lequel peut-estre eust deu leur obeyr. Neantmoins cette diuersité se rencontre fort rarement, & il n'est memoire parmy eux que d'vn certain nommé *Chapoularin* fils de *Iazalga*, qui auoit apris de sa mere d'adorer le diable, ce qui causa plusieurs troubles en cét Estat, la mere & neuf de ses freres ayans esté massacrez en vne sedition; lors qu'on l'esleut pour Roy le fils de la derniere femme qui gouuerna sa sagemēt son peuple qu'apres sa mort on luy dressa vne statuë au milieu de la place publique, où on la voit encores dans la ville de *Biguen*. Ceste ville est forte à merueille, reuestuë de bons bastions, auec des chaisnes par toutes les ruës en cas de necessité, ceinte de bons fossez, scituée sur vne bonne riuiere appellée *Gambir*, portant force poisson, qu'ils pechent auec des barques qu'ils appellent *Peragoüa* faites de roseau, & qui ne tiennent que deux hommes. Le Roy chasse dans ces barques à l'oyseau, qui est vne chose assez ordinaire en ces pays là. Ils passent les riuieres auec des ponts de paille, comme au Royaume de *Caramel*, & appellent ceste paille *Ingar*, ce qu'aux Indes Occidentales ils nomment *Tortora*. Les femmes vont assez librement par les ruës, portans vne robe à l'Arabesque, les manches coupées à demi, auec des chaussons de toille, vne riche ceinture à deuises de couleur au costé gauche, pour monstrer si elles sont filles ou mariées, sur la teste vne tauayole qui leur pend sur les espaules, d'vn tres-bel artifice.

Il y a commerce trois mois de l'année auec ceux de *Suechen*, à cause de ce qui arriua à la ville de *Memite*, quand ils en emmenerent toutes les femmes que depuis ils renuoyerent sans faire aucun tort à leur honneur, par l'expres commandement du Roy du païs, qui fut vne action grandement estimée pour vn Roy barbare. Ils recouurent forces commoditez de ce païs de *Suechen*, comme aussi de *Couran*, & de *Marar*, où il y a abondance de vin de miel, grains, bestiaux, poisson, & de fruicts excellens, que l'on apporte à *Biguen*, sans payer aucun tribut dequoy que ce soit.

Quand les femmes du Roy se vont promener, elles sortent en bon equipage sur des chariots comme les Chinoises ou les Genoises, & toutes les trois femmes vont ensemble de mesme parure, comme trois sœurs, sans nulle preminence, & s'entre ayment de mesme. Le Prince les maintient en tres-bon accord toutes trois, qui est vne chose à admirer. Elles sont accompagnées de trois des principaux Seigneurs appellez *Gouelcoulbre*, allans auec vn baston en la main sept ou huict pas deuant elles, qui portent des couronnes de fleurs & de pierreries, ce qui a vn merueilleux esclat, & ont le visage descouuert, auec des pendans d'oreilles de riches perles, & des brasselets de mesme. Quand elles rencontrent le Roy, elles descendent de leurs chaires, & en mesme temps remontent sans faire autre semblant, comme si elles ne l'auoient iamais veu; il les regarde & passe outre, & trois des principaux de sa suitte descendent de chenal, & vont baiser les chaires des Reines, dont ils reçoiuent quelques paroles, puis remontent. Ie me suis souuent enquis ce qu'elles leur disoient, mais ie n'y ay sceu rien comprendre pour les diuersitez qu'on me donnoit à entendre là dessus. Les enfans Royaux sont nourris en la prouince de *Marat*, auec des hommes sages & bien auisez pour les instruire à l'obeyssance du Roy qu'ils vont visiter vne fois l'année, qu'ils diuisent aussi en quatre parties ou saisons comme nous. Les filles demeurent prés de leurs meres, où elles apprennent à faire de ces petits capots qui resemblent aux tapis de la *Meque*, & le Roy en fait des presens aux principaux de sa cour, qui espousent de ses filles, & peuuent auoir chacun deux autres femmes, mais inferieures à la fille royale, & ainsi peuuent estre esleus pour *Benachaye* qui est le grand office apres le Roy. La cour de ce Prince est bien reglée & policée, mais le peuple est fort grossier & ignorant, les filles des Grands ne se donnent qu'à gens de valeur & de vertu. Le Roy fait ce qu'il peut pour ciuiliser le peuple, mais il n'en peut venir à bout. Vn iour ce Roy ayant rencontré vn de ses paysans portant du poisson, & luy ayant demandé qui il estoit, il respondit auec fort peu de respect; & comme on luy eut dit que c'estoit le Roy, il fut si ioyeux qu'il luy presenta tout le poisson ; ce que le Roy refusant, il le luy voulut faire prendre par force, & l'on chargea sur sa belle robbe, comme par grande caresse, dont le Roy ne se fit que rire, & luy fit faire vn bon present, & le fit venir en cour, dont depuis il ne voulut partir.

A quelques iournées de *Bilguen* vers la prouince de *Marat*, il y a vne montagne vers l'Occident, qui passe ce semble en hauteur le pic des *Canaries*, & ne se voit iamais sans neige, non pas mesme quand nous y passâmes, qui fut au mois de Iuillet, qui est la fin de leur hyuer : au bas de la montagne il y a vne gentille ville nommée *Moulga*, habitée de Iuifs, qui payent tribut au Roy de *Mongibir*. Nous fûmes logez chez vn de ces Iuifs, qui nous fit fort bonne chere, & discourans auec luy sur le vieux Testament, il creut que nous estions Iuifs, & aussi-tost nous eûmes toute la Synagogue sur les bras qui s'en venoient resiouïr, mais nous les escartâmes bien-tost en leur faisant voir que nous estions Chrestiens. Nostre hoste nous presenta à manger de la chair de crocodille, à quoy n'estant point accoustumé ie n'en peus gouster pour l'horreur que i'auois de ce furieux animal, combien que ie sceusse assez que la chair en estoit fort bonne, blanche & sauoûreuse. Il nous fit voir deux nains les plus petits que i'aye iamais veu, & les faisoit porter par vn mouton, afin de nous donner plaisir. Nous partîmes de *Moulgas* y ayant pris vn elefant pour porter nos hardes & marchandises, & vînmes à *Zuarin* premiere ville de *Marat* & assez forte, assise sur vne petite montagne, d'où sort vne grande source d'eau qui fait tourner trois moulins, Ce sont gens doux & benins, mais idolatres, croyans le Soleil estre le createur de toutes choses, & comme ceux de *Mongibir*, que le ciel est pour les Dieux seulement & non pour les hommes. De là nous vînmes à *Moucal*, ville bien bastie, ayant huict portes, que l'on voit toutes du milieu de la ville ; deuant le Palais Royal il y a vne pyramide sur laquelle est la figure d'vn Roy, nommé *Soualin*, qui auoit deliuré cette ville des mains des ennemis, auec l'assistance principalement des femmes de la ville qui s'y montrerent fort magnanimes, dont depuis en memoire

L iij

il fit vne loy en leur faueur, qu'elles pourroient espouser trois maris, & non plus les hommes trois femmes à cause de leur poltronnerie. A quelques iournées de là nous entrâmes au Royaume de *Couran*, qui est vne bonne terre & fertille, pleine de forests & de bestes sauuages assez dangereuses, & entr'autres des chiens fort cruels qui deuorent les passans, comme par le chemin nous en trouuâmes des marques d'ossemens & de quelques habits & sachets de perles & d'esmeraudes. De là nous trouuâmes plusieurs autres terres, comme celles de *Souchalbi*, *Choucay* & autres. Par tous ces lieux-là on vid à bon marché, car en deux iours nous ne dependions pas la valeur d'vn teston, ces bonnes gens nous apportans de leur chasse & venans manger auec nous, & taschans de nous resiouir auec certains instrumens assez estranges dont ils touchoient : Les femmes y sont assez belles, mais mal vestuës & fort chastes. Quand les filles ont atteint l'aage de vingt ans elles peuuent se marier à leur volonté, sans que le pere & la mere les en puisse empescher : & quand ils se marient ils vont à leur Temple, où le pere dit au garçon, tien, ie te donne ma fille pour ton espouse, & de mesme l'autre en dit autant à la fille, puis ils prennent deux cœurs de moutons masle & femelle, & les presentent à leurs Prestres qui les bruslent sur l'Autel auec de certaines oraisons, & apres baisent les mariez & les font embrasser, la feste se passe au son des instrumens, & on oste à la fille vne touffe de son poil comme les filles & les veufues en portent au derriere de la teste. Ces mariages se conseruent en bonne paix & concorde toute leur vie.

Voy Alu. c.
18. & 19.

Pour le regard du mont *Amara*, dont i'ay fait mention cydessus, qui est à quatre degrez & demi du Midy, & où tous les Princes du sang sont enfermez & gardez soigneusement, c'est vne grande Prouince proche de celle de *Belequanze*, *Xoa* & *Ambian*, contenant vn grand nombre de villes, villages & chasteaux, & plus de 150. lieuës de tour. Quasi au milieu d'icelle il y a vne haute montagne du mesme nom, iustement sous la ligne Equinoctiale, qui est proprement l'habitation de ces Princes. Quelques vns ont conté des

du sieur Vincent le Blanc. 87

merueilles de sa hauteur, estenduë, beauté & bonté, telle qu'ils en font vn vray Paradis terrestre; mais il y a plus d'aparence à ce que d'autres en disent, & que nous auons apris par delà, que c'est vne montagne ronde, ayant peu de lieuës de circuit en sa cimte, qui est extremement haute, & d'vn rocher coupé en forme de muraille, de tres difficile accez, si ce n'est par vn certain endroit : il y a quelques Palais & iardins pour la demeure de ces Princes & de leurs gens, & puis vn Monastere de l'Ordre de sainct Antoine, & sans autre eaux que celle des pluies dans des citernes, auec quelques grains, fruits & animaux pour la nourriture. François Aluarez dit toutefois que le circuit de toute ceste montagne ne se peut parcourir en moins de quinze iours, mais ie croy qu'il l'entend par le bas, & que sur cette grande montagne où il fait fort froid, il y en a d'autres moindres qui font des vallées où il y a des fleuues & des fontaines, auec quelques villages & habitations : mais n'ayant point veu cela ie m'en raporte à ce qui en est, car aucun estranger n'y peut entrer sans perdre la vie, & ceux du pays sans auoir les mains & les pieds coupez. L'Eglise qui y est s'apelle *Zio Marina Christos*, dont les Religieux s'occupent tous au seruice de leur religion, que les vns font estre en grand nombre, les autres beaucoup moins. Ils s'adonnent tous au trauail, chacun ayant sa petite cellule pour faire ses prieres, & iamais ils ne viennent à l'Eglise que les festes où l'on celebre vne Messe seulement. Ils font des abstinences du tout incroyables & miraculeuses. Les femmes n'entrent point dans l'Eglise pour receuoir la communion, mais la prennent au porche ou entrée, excepté le iour de la feste de la Visitation qu'elles ont permission d'y entrer. Le *Barnagaz* est chef de cette Eglise, lequel ils appellent d'vn autre nom *Lebetera*, c'est à dire le deuot ou le sage : aussi est ce l'Eglise des sages. C'est là donc que sont enfermez ces Princes du sang, depuis qu'vn Roy nommé *Abraham* qui auoit vn grand nombre d'enfans, eut vne vision en songe pour ce suiet afin d'euiter les inconueniens des guerres ciuiles pour l'Estat. Ces Princes ainsi r'enfermez n'en peuuent sortir à peine de la vie, sinon celuy qui doit succeder quand l'occasiō

C'est à dire, *Domine miserere nobis.*

Alu. appelle *Debeterres* les Chanoines d'Etiopie. De cet Abraham. Voy Alu. c. 14.

en est escheuë, & lors il en sort auec celuy de ses plus fauoris, qu'il voudra, donnât de riches presens à tous les autres qui y demeurent, & mesme leur enuoyant vne riche couronne garnie de pierreries qui est donee à celuy que tous vnanimement voudront exalter & reconnoistre pour leur chef & plus proche à succeder, qu'ils honorent le plus apres le *Negus*: car la succession va par la proximité du sang, si ce n'est que la force l'emporte comme souuent il est arriué. On dit qu'ils apellent du nom d'*Israel* ceux qui sont du sang royal. Au reste toute la Prouince d'*Amara* est montagneuse & fort fertile, l'air bon & assez temperé, n'ayant autre incommodité que des frequentes pluyes depuis la mi-May iusqu'à la mi-Aoust, ainsi qu'il arriue tout le long de la ligne. Nous aprimes la pluspart de ces choses de la bouche de cét Ambassadeur d'Espagne qui auoit esté familier du Prince *Gabriel*, qui sortit de cette montagne quand *Dauid* dernier du nom deceda, à l'eslection de *Nahur* son grand amy, qui le tira de ceste captiuité, luy donnant le credit de se tenir aupres de sa Maiesté, sans toutesfois se mesler aucunement des affaires en quelque façon que ce fust. Nous sceûmes encor plusieurs singularitez de ceste montagne par vn bon Religieux du Monastere qui y est, & qui nous contoit entr'autres qu'il auoit vne fois accompagné le *Negus* contre le Roy de *Geret*, assisté de ceux de *Abar* & *Eri*, qui denioiēt le tribut accoustumé, lesquels ce Prince alla attaquer auec vne grande armée iusques dans les païs de *Ganfrila* & *Dafrila*, qui s'en alloiēt estre perdus sans cela; car le *Barnagax* qui en auoit le gouuernement estoit lors en cour pour faire ses hommags au nouueau Prince; mais entendant que son pays estoit attaqué, il y courut en diligence auec quinze ou seize mil hommes, & y apporta secours à propos, assisté d'vn Prince nommé *Lulibela Abelicano*, qu'on tenoit pour saint hõme; & de faict estans en petit nombre au prix des ennemis qui vserent de toutes sortes de stratagemes, ils ne laisserent pas d'en obtenir vne belle victoire, qui fut comme miraculeuse. Ce Religieux nous dit encor force choses remarquables sur la mort du dernier *Negus*, pere de celuy qui regnoit lors que nous estions là, qui auoit esté

Israëlites, c'est à dire, Princes du sang, ou Officiers venus de ceux des Iuifs du tēps de Salomon. Alu. c. 61. & 138.

vn si bon Prince & tant aymé des siens, qu'à sa mort plusieurs
grands Seigneurs quittans leurs pays & maisons, s'allerent
mettre dans des Cloistres pour y faire penitence : & entr'autres vn Prince qui auoit espousé vne sœur du defunt, porta
ceste mort si impatiemment, qu'ayant mis le feu en son Palais, il se retira dans vn lieu si escarté qu'on ne sçeut pour
lors sçauoir ce qu'il estoit deuenu. Il s'alla cacher dans vne
cauerne au milieu d'vn bois par le consentement de sa femme, qui de son costé s'enferma dans vn Monastere de femmes, qu'ils apellent *Atanatingil*, auec deux de ses filles, qu'apres
la mort de la mere le *Negus* fit persuader de prendre party au
monde, dont l'vne qui y consentit fut mariée au Prince de
Dasla, mais l'autre, nommée *Agaria*, persista en la deuotion,
& fut si sainte, qu'elle sçeut, à ce qu'ils disent, par reuelation
le lieu où estoit retiré son pere, qu'elle enuoya visiter par son
Confesseur, qui le trouua dans le creux d'vn rocher, où il falloit monter par plusieurs degrez, & dans vn des coins de ce
roc il y auoit vn petit iardin auec vne fontaine & certains
palmiers de *cocos*, que les *Abissins* apellent *Mignol*, & autres
arbres à l'entour. Ce Prince passoit là sa vie auec vn sien valet, qui viuoient des fruits de ces arbres. Il estoit grandement
aymé & regreté de toute la cour, tant pour sa valeur & sa vertu, que pour estre du sang de *Tigray*, estant venu de l'Empereur de *Tigray*, & le *Negus* mesme se trouuoit bien à dire en
ses guerres qu'il auoit lors contre le Roy de *Deli*, & comme il
sçeut sa demeure, il prit la peine d'y passer auec toute son armée pour le prier de l'assister dans vn si grand besoin pour
l'exaltation de la foy, luy promettant qu'apres la guerre
il s'en pourroit retourner en son hermitage : A quoy l'autre ne voulut manquer, & dés aussi tost qu'estant sorti de la
grotte l'armée l'eut aperceu, elle conceut vne telle esperance du bon succez de ceste guerre, que tous commencerent
à crier desia victoire : c'estoit la plus belle chose du monde de
voir l'accueil & les caresses que toute la cour faisoit à ce Prince, les vns luy embrassans les genoux, les autres se iettans à
ses pieds, tant la deuotion de ce peuple est grande. Enfin
l'ayans armé d'vn harnois fait de peau de *Cosouma*, & d'vne

II. Partie.   M

*C'est à dire,
Encens de la
Vierge.*

cuirasse, auec vn bon cheual, la croix blanche dans vn estendart de soye bleuë deuant, comme au iour de la bataille ils
sont ceste croix rouge de la mesme couleur de la tente du
Negus: ils marcherent en cāpagne, & ceste guerre fut heureusement acheuée au contentement du *Negus*. Ie n'ay pas
sceu si ce Prince retourna en sa grote, ou s'il demeura en
cour. Quoy qu'il en soit la Prouince d'*Amara* confine auec
celle d'*Angote* separée par la riuiere d'*Ancona*, il est vray qu'entre-deux il y a celle d'*Olabi* où passe le fleuue *Cabella*, qui sort
du grand lac d'*Amara*, rempli de cheuaux marins qu'ils
appellent *Gomaras*, & les Arabes *Gurmaran*, & d'vn autre poisson semblable à la lamproye, lequel estant cuit dans l'eau
fait vn potage blanc comme du laict, & cuit auec du laict deuient rougeastre.

On tient le Prince *Negus* pour l'vn des plus riches & puissans du monde. Son armée d'ordinaire est de trente mil
cheuaux & cinquante mil hommes de pied, qui sont tous
gens partie basanez, & partie tous noirs, à cause de la chaleur du pays, quoy que toutesfois il y ait hyuer & esté. Le
Prince ne demeure iamais plus de trois iours dans vne ville,
& tousiours à la campagne auec son armée bien ordonnée,
& pourueuë de toutes munitions de guerre, entouré d'vne
grande & magnifique garde. Lors que quelqu'vn veut parler à luy il y a vn Seigneur qui a la charge de l'interroger,
qui il est, d'où il vient, & ce qu'il desire de sa Majesté, & le
tenant tousiours par la main à la porte de la tente Royalle,
il crie en sorte qu'il semble qu'il chante, & fait ainsi entendre au Roy la venuë de cet homme, qui apres reçoit l'expedition de son affaire en peu de paroles & de temps.

Quand ce Roy marche en campagne qui est tousiours
auec toute sa cour & son armée de plus de quatre-vingt ou
cent mil hommes, il ne fait pas plus de quatre ou cinq mil
par iour, logeant presque tousiours aux Eglises ou Monasteres. Son armée marche deuant auec tout le bagage qui
se porte dans des corbeilles fermées au lieu de coffres. Cette
cour n'est point suiuie de tant de racaille de gens comme
les nostres, & le païs n'est aucunement foulé ny mangé par

vne telle multitude, & les villages ny contribuent rien, mais tout est deffrayé & payé du reuenu & de l'espargne du Prince. Quand toute l'armée a passé il y a enuiron trois mil officiers qui portent les prouisions de bouche pour le Prince, le vin dans des barils, & la viande dans des panniers, chacun porte cela sur sa teste, & ceux qui les conduisent s'appellent *Seraif*: puis les Seigneurs suiuent à pied, nommez *Serams*, auec la iaueline en main, & le glaiue doré au costé comme vne demy espée, & les Prestres teste nuë, dont quatre portent la pierre sacrée pour celebrer, qui seruent par quartier. Le Prince va sous vn daiz vestu à l'Apostolique auec de grandes manches toutes de soye blanche, & vn fort grand chapeau.

Quand la cour marche ils sont tous assez bien montez, mais mal armez; car leurs armes ne sont ny si belles, ny si bien faites que les nostres. Le Prince a vne arme toute complete qu'il ne met que rarement; le Roy d'Espagne luy en fit present d'vne par son Ambassadeur, laquelle estoit à l'espreuue de l'arquebuse.

Leurs armes d'ordinaire sont la demy pique & des haches d'armes dont ils se sçauent assez bien aider. Leurs tentes sont de grosse toille forte. Celle du Prince est de lin blanc doublée de cuir, si grande qu'elle est capable de loger douze mil personnes, comme i'ay desia dit, qui sont ses seruiteurs & officiers domestiques, & les femmes de la Reine, auec ceux de sa caualerie qui le seruent par quartier, qui sont ceux qui portent les peaux de lyon. Au milieu de sa tente il y a vne Eglise de grand circuit, pres laquelle habite le Prince & sa femme seulement, car quand il veut parler à quelqu'vn il va en d'autres endroits; sa tente seule est comme vne petite ville où mesme est son escurie, le tout bien rangé & policé. Il a tousiours sa musique qui ne cesse de chanter nuict & iour, les Musiciens chantans par tour sans discontinuer; encores qu'il ne soit pas dans sa tente, on ne laisse pas d'y porter le mesme honneur & reuerence comme s'il y estoit. Celuy qui a charge d'introduire & faire parler au Roy, quand il a entendu ceux qui y ont affaire, s'il ne les peut contenter luy mesme il va vers le Roy & luy conte tout le fait à genoux sans le regarder, ny sans se leuer tant qu'il parle, puis s'en reua & se fait rendre le mesme honneur par les autres.

Pour ce qui est de la Iustice, elle y est bien & promptement administrée auec peu de procez. Si quelqu'vn à la cour ou à l'armée a fait quelque faute, il est aussi-tost chastié de bastonnades, qui est la peine ordinaire: ils vsent aussi de l'empalement comme les Turcs.

Pour les Royaumes & Seigneuries qui sont sous la suietion du *Negus*, l'establissement en est tel, qu'on ne les peut laisser à ses enfans sans son expresse licence, & peu souuent le fils succede au pere, s'il n'a rendu quelque signalé seruice à l'Estat: de sorte que ce sont seulement comme des gouuernemens à vie, & encores ne sont ils pas asseurez d'y demeurer tousiours, & mesme le Prince pour gratifier quelqu'vn de ses seruices, luy ostera son Royaume ou gouuernement pour luy en donner vn autre meilleur. Que s'il est mal content de quelqu'vn il luy enuoye vn simple *Serami* ou Seigneur, auec mandement de bouche sans aucunes lettres, qui ne leur sont point en vsage, & le Prince suiet sçachant sa venuë, se met la peau de lyon sur le dos en signe d'obeissance, & le va receuoir auec vne grande humilité & caresses, & le *Serami* luy ayant signifié que le Roy luy commande de l'aller trouuer, l'autre sans rien respondre se met aussi tost en equipage pour y aller, auec sa femme, enfans & richesses. Le Roy apres en dispose comme il luy plaist, ou le retenant quelque temps pres de soy, ou l'enuoyant à la guerre, iusques à ce qu'il ait la volonté de luy donner vne autre prouision ou seigneurie, plus ou moins selon son merite: car ce Roy est vn Prince benin, equitable & fort aymé de ses subiets, ce qui maintient son Estat en grande iustice, paix & tranquillité, chacun se tenant en son deuoir, d'où vient aussi qu'ils ne se soucient pas de bastir de beaux Palais, ne sçachans pas si cela demeurera à leurs heritiers.

Les reuenus du Roy sont en bleds, vins, draps, toilles, soyes, argent non monnoyé, mais compté à poids: car en ce païs là il n'y a point de monnoye battuë, non plus qu'à la Chine. Il y a aussi des rentes de sel, qui y est fort cher, & qui mesme y sert de monnoye en quelques endroits. Tous ces payemens de choses necessaires à la vie se font au Prince qui a ses receueurs par les villes. Ses reuenus sont merueilleusemēt grands, lesquels il employe partie pour la solde de son armée, partie pour l'entretenement de sa maison, & le reste pour les Eglises & les pauures.

Le païs est abondant en toutes commoditez, excepté de sel & d'espiceries, qui y viennent de loin, & qui sont fort cheres: de sorte que portant du sel dans vn sachet, vous en aurez tout ce que vous voudrez en eschange en le pesant; car tout cela leur vient, ou d'Egypte, où il y a de grands deserts à passer entre-deux, ou d'autres lieux esloignez de plus de sept & huict cens lieux, ce qui le rend si cher: comme aussi les espiceries leur viennent par la mer Rouge de *Cochin*, *Narsingue*, & ailleurs, & mesme des Indes Occidentales.

Toutes les villes de ce pays sont malfaites & petites, à cause que le Prince y fait fort peu de seiour, & la cour ne fait iamais que marcher & changer de demeure. Les principalles sont *Barra*, *Teina* & *Barua*, dont la plus grande n'est pas si grande vn tiers que Florence. Elles sont toutefois assez fortes de murailles & quelques vnes de fossez sans bastions, dont ils n'vsent point. Leur fort ou citadelle est ordinairement sur les portes des villes, où ils logent leur artillerie, dont ils ont quantité & de bien ancienne, disans aussi bien que les Chinois qu'il y a plus de 2000. ans qu'ils en ont l'inuention. I'en ay veu vne piece sur vn vaisseau Chinois qu'on disoit estre de plus de 800. ans, & ce n'est pas vne petite question s'ils ont pris cette inuention de nous, ou nous d'eux, comme il y a plus d'apparence, si elle leur est si ancienne qu'ils disent, ou si cela nous est arriué par mesme rencontre qu'à eux, ce que ie laisse à disputer aux plus curieux.

Cependant ie remarqueray pour vne chose singuliere & loüable en ces peuples, qu'ils ayment passionnément leurs Princes, & leur portent vne telle fidelité qu'ils se soumettent à souffrir toutes sortes de supplices & de morts, plustost que

M iij

de manquer à ce qu'ils leur doiuent, & consentiroient plutost à la mort de leurs peres & meres qu'à celle de leur Roy,
estant chose inoüye entr'eux qu'aucun ait iamais conspiré
contre son Prince, & si cela arriuoit on les extermineroit
eux & les leurs iusqu'aux enfans du berceau, disans qu'on
ne peut auoir aucune legitime & valable excuse de coniurer
contre le Roy : Chose bien esloignée de la peruersité & corruption des païs de deçà, & particulierement de nostre ma-
leureuse France, qui par vn ie ne sçay quel zele furieux,
enragé & du tout diabolique, a trempé trop souuent sa main
parricide dans le sang de ses Rois. Dieu luy fasse la grace
d'imiter ces bons Abissins, meilleurs Chrestiens en cela
qu'elle.

Ils vsent d'vne iustice seuere & exemplaire en tous les crimes, & depuis qu'vn homme est reconnu pour meschant, il
est hay & fuy de tous, que s'il tombe vne fois entre les mains
de la Iustice, on luy donne tant de coups de baston qu'il s'en
sent toute sa vie; & les gens de bien au contraire sont aymez
& fauorisez de tous, & s'il leur aduient quelque disgrace
chacun les assiste. Les prisons sont ordinairement remplies
de prisonniers qui sont nourris aux despens du Prince, & l'on
n'y execute gueres de criminels à mort publiquement, mais
plus souuent en prison, où ils assomment les condamnez à
coups de baston.

Il y a aussi entre eux vne forme remarquable pour les
creanciers & debiteurs : car si quelqu'vn a vendu ou presté
quelque chose à vn autre à condition de payement en tel
temps, quand le terme est passé, & que le debteur ne paye
point, son creancier va trouuer le President ou Iuge, auquel il deduit son fait : le Iuge l'escoute patiemment, &
ayant bien verifié le tout, il luy baille vne verge auec laquelle le creancier va trouuer son homme & luy fait de sa
verge vn cerne à l'entour, auec commandement de par la
Iustice de ne partir de là qu'il ne l'ait satisfait, & lors il
faut qu'il paye ou aille en prison sans excuse ou delay, ny
sans oser fuyr sur peine de la vie : puis estant en prison,
on luy donne terme, & s'il ne peut payer le terme escheu,

il est bastonné; apres quoy on luy donne vn autre terme, & ainsi successiuement iusques à ce qu'il paye ou qu'il meure de coups, ou deuienne esclaue de son creancier, iusques à ce que son seruice ait satisfait à sa debte; quelquesfois on luy fait grace d'aller gaigner son pain ailleurs. La Iustice y est ainsi seuerement obseruee, sans acception de personne, & sans presens; car en ce cas le Iuge est priué de sa charge & puny, ce qui arriue rarement, pour estre fort bons Iusticiers, & pour y auoir peu de proces entre eux. Celuy qui se trouue auoir tort ne manque pas de coups de baston, & si quelqu'vn veut nier le faict, dont il y a preuue asseuree par tesmoins, on luy donne la gesne en luy serrant les doigts entre deux ais, & s'il ne confesse, on luy brise les os des bras & des iambes. Les prisons y sont grandes & capables de receuoir beaucoup de gens, où chaque prisonnier trauaille pour gaigner sa vie: les criminels sont eslargis de iour, mais la nuict sont resserrez dans vne prison si estroitte qu'à peine se peuuent-ils remuër.

Quant aux Eglises d'Ethiopie elles sont en grand nombre, mal basties, bien qu'aucunement à la Romaine, auec des cloches à batail de bois, qui rendent vn son merueilleusement doux. Ils en ont fort peu de fer ou de fonte, ie ne pense pas en auoir remarqué cinq ou six par tout où i'ay esté. Ils ont de tres-mauuaises peintures, & des corps fort malproportionnez, sans aucunes figures de relief. Ils ont des Monasteres de toutes sortes plus ou moins austeres, & mesme des Religieux qui se marient comme les Grecs, mais vne seule fois: ils ne sont iamais assis à l'Eglise, mais se tiennent debout, & tous droits s'apuyant par fois sur vne crosse ou potence. Ils monstrent le S. Sacrement à la Grecque dans vne piece de pain, & lors, à l'imitation de Dauid deuant l'Arche, ils font vne esmotion en façon de danse parmi leur oraison, puis s'enclinent fort bas. Quand ils sortent des Eglises ils pendent tous leurs crosses hors la porte en vn lieu couuert destiné à cela, & chacun sçait reconnoistre la sienne. Les Prestres y viuent exemplairement & dans vne grande austerité: ils ne demandent iamais rien dans l'Eglise, chacun

Alu. dit qu'il n'y a que les Prestres & Chanoines de mariez, & les Moines non. c. 147.

donne à qu'il veut. Il y en a parmi eux qui ne mangent iamais de chair, & ne boiuent iamais de vin, & ne viuent que de fruicts, & de cette graine de cheneui qu'on donne aux oiseaux, & de quelques autres que nous n'auons point, & de certaines racines. Il y en a d'autres qui ne viuent pas si austerement, mais chacun garde inuiolablement la Religion qu'il a choisie, sur peine d'vn rigoureux chastiment. Il y a des *Ieronimites* qui ne portent iamais rien en la teste ni aux pieds, dorment sur vn ais, portent le cilice, n'vsent iamais de chair ni de vin, & sont quasi tousiours en oraison. Leurs Conuents sont dans les bois, où ils vont çà & là auec la permission de leurs Superieurs, sans se parler ailleurs qu'à la confession: leur office dure depuis minuict iusques à vne heure deuant le iour, qu'on sonne l'oraison, puis ils se vont reposer vne heure, & reuiennent apres chanter l'Office de l'Eglise, lequel acheué ils disent la Messe auec vne tres-grande deuotion, & prennent alors des sandales, puis vont disner bien simplement. Ils ne confessent point, & ont ordinairement la veuë fichée en terre, & sont le plus souuent en solitude.

Quand vn homme pert sa femme, il ne seroit pas estimé homme de bien s'il ne se faisoit Religieux. Ils se baptisent autant de fois qu'ils veulent, & apres s'estre confessez ils vont trouuer vn Prestre dans vn coin de l'Eglise qui les baptise, & mesme vous en voyez de fort vieux qui se font baptiser comme des enfans. Quelques vns ont voulu dire qu'ils se baptisoient en feu, mais ils se trompent, car ils n'vsent que d'eau comme nous, bien que leurs paroles sont vn peu differentes.

Ils font de grands iesunes commandez, & obseruent estroittement le Caresme, sans que les soldats, ny les petits enfans mesme en soient dispensez: aussi est ce le temps que leurs ennemis les attaquent plus volontiers pour les trouuer plus foibles. A Pasques ils se communient à la Grecque, & font prendre la communion par force aux petits enfans, puis leur donnent la mammelle. Aussi dans les Eglises on n'entend que cris & pleurs d'enfans. Ceux qui se trouuent

heretiques

Ils y ont donc esté establis depuis le temps d'Aluarez qui n'y en met point. Voy c. 83.

heretiques opiniastres entr'eux, sont punis par le feu, mais cela ne se rencontre gueres qu'en ceux qui de Mores se sont faits Chrestiens.

Mais enfin ces Ethiopiens bien que Chrestiens ont retenu beaucoup de ceremonies, superstitions & erreurs Iudaïques & Grecques, comme la Circoncision, Purification, Sabath, abstinence de chair de pourceau & de lievre, de sang, de suffoqué & de certains poissons. Ils nient auec les Grecs la procession du S. Esprit, les deux volontez en Christ, reïterent le Baptesme, condamnent le Concile de Calcedoine en faueur d'Eutiche & Dioscore, croyent que les ames sont tirées de la matiere des corps, & qu'elles ne vont au ciel qu'à la fin du monde, & plusieurs autres erreurs qu'on leur attribuë, & dont quelques-vns les defendent : mais cela se peut mieux voir dans les relations modernes des Peres Iesuites qui sont en ce païs là, où ils font vn grand fruict pour la conuersion des peuples à la Foy Catholique & Romaine.

Quant à leur Prince, il est appellé de diuers noms, comme de *Senap* & *Negus*, c'est à dire Empereur & Roy; *Belulgian* ou *Beldigian*, c'est à dire, Seigneur excellent & precieux, & vulgairement le *Prestejan*, soit que ce nom vienne d'vn mot Persique ancien qui signifie Apostolique, soit que ce soit à l'imitation d'vn grand Roy qui regnoit autrefois vers la haute Tartarie, nommé *Prestejan des Indes*, qui estoit Chrestien à la Nestorienne, & qui fut vaincu & exterminé par les Tartares, & à qui ce nom fut donné, pource qu'on portoit vne croix deuant luy en marchant en public. Depuis les Portugais arriuans en Ethiopie donnerent ce nom au Roy des Abissins, ou par ressemblance, ou parce qu'ils le prenoient pour le Prestejan d'Asie & des Indes, si renommé dans les Histoires depuis trois ou quatre siecles.

Mais de tout cela & de tout le reste de l'Empire des Abissins, de leurs mœurs, Religion, langue & puissance, ie m'en remets aux plus amples discours de ceux qui en ont expressement escrit, y ont demeuré & obserué plus long-temps que moy, me contentant d'en auoir touché ce peu que i'y ay remarqué en passant païs, & reuiendray maintenant à la

Voy Aluarez, Goez, Codigne, & les nouuelles Relations des Iesuites

II. Partie.

ville de *Barua* que i'ay laiſſée pour cette petite digreſſion.

De la ville de Barua, Bagamidri, & quelques autres villes. Histoire des Sorciers.

CHAPITRE XV.

La ville de *Barua* est aſſez ſemblable en grandeur & ſituation à celle de *Samacava* en l'Arabie Heureuſe, dont i'ay parlé en la premiere Partie. Elle eſt eſleuée ſur vne montagne, au pied de laquelle paſſe vn beau fleuue que les Arabes appellent *Arat*, & les Abiſſins *Morabo*, où ſe prend force bon poiſſon, & ſur tout quantité de crocodilles, dont ils mangent la chair, principalement en Careſme, auquel temps il s'en prend plus qu'en tout le reſte de l'année. Ils montent du Nil, & delà s'eſpandent par toutes les autres riuieres d'Ethiopie qui s'y embouchent. Cette beſte ſe nourrit autant ſur terre qu'en l'eau, & fait vn grand degaſt de beſtial, comme de brebis, dont elle eſt fort friande, qu'elle deuore entierement, & quand cela luy manque elle ſe iette dans les iardins pour manger les fruicts. Cet animal eſt ſi meſchant qu'il ſe met prés des lieux habitez, & iette de grands ſouſpirs, pour attirer les hommes & les deuorer, comme il arriua à *Barua* qu'vne pauure femme en penſa eſtre ainſi attrapée, & n'euſt eſté le prompt ſecours de ſon mary, il l'euſt deuorée, quoy qu'elle en demeura eſtropiée. Le meſme nous arriua allans de nuict d'Alexandrie à *Rouſſete*, car nous en trouuâmes vn que nous penſions eſtre vne piece de bois, & comme vn ſeruiteur du Conſul d'Alexandrie voulut s'auancer pour la prendre, il fut auſſi toſt emporté par cette beſte, qui le tira dans l'eau auec ſa queuë, ſans qu'il ait paru depuis.

Enfin apres que nous eûmes couru çà & là par ces villes d'Ethiopie, vendans touſiours ou trocans nos marchandifes, nous prîmes resolution de reprendre la route du païs. Nous auions auec nous quelques marchands Nubiens de la ville de *Cafai*, assez bonnes gens & bons Chrestiens. Nous consultâmes tous ensemble de nostre chemin, si nous le deuions prendre vers le fleuue *Falucia*, ou bien gaigner *Gazuelle* le long de la riuiere de *Moraben*, qui passe contre *Barua*: mais d'autant que nostre compagnie estoit composée de plusieurs personnes qui auoient diuers interests selon leurs affaires, il y eut quelque contestation, iusqu'à ce qu'en fin il fut resolu qu'on passeroit par *Gazuelle*, où il y auoit sept grandes iournées pour euiter le danger tant des voleurs qui y sont frequens, que des tygres aussi, dont il y a bon nombre par toute l'Ethiopie, & enfin regaigner *Zuama* ou *Bagamidri*, où nous auions laissé nos almadies auec vne bonne partie de nos hardes.

Nous passâmes donc diuerses campagnes & lieux deshabitez le long de cette riuiere, nous gardans tousiours soigneusement des voleurs, qui nous costoioient, pour tascher de gagner quelque chose sur nous, & ainsi trauersans la prouince d'*Areas* & *Chauffubir*, nous trouuâmes des pastres d'vne excessiue grandeur, qui nourrissoient des *gazelles* domestiques, & qui nous fournirent du laict, formages, & chasse tant que nous en voulions, en leur donnans quelques grains de sel en eschange, encore leur estoit-il aduis que nous leur auions donné quelque chose de grand prix. Apres nous vinmes à *Gazuelle*, & autres petites villes, où la pluspart du peuple est Chrestien, mais tenant quelque chose du Iudaïsme, comme i'ay dit.

Comme nous deliberions d'aller disner à *Moradar*, à vne lieuë d'*Amina*, vn vent nous suiuoit auec des nuages fort obscurs, qui nous faisoit tenir prés de nos batteaux, afin que si la pluye nous surprenoit, nous fussions tous prests d'entrer dedans. Sur cela nous vîmes arriuer deux hommes, & vn Prestre vestu de gris, son chapeau à la main, qui nous salua en langue Italienne, disant qu'il estoit de *Cagliari* en Sardaigne, & qu'il auoit desir de s'en retourner en son pays, d'où il estoit venu en Ethiopie auec vn Euesque Romain, qui estoit mort à *Magadeli*, & qu'ayant oüy dire que quelques Italiens passoient par l'Ethiopie pour gaigner l'Egypte, il nous estoit venu chercher, pour se mettre en nostre compagnie, & s'embarquer à Alexandrie, & de là prendre la routte de l'Italie & de Rome. Les deux hommes qui l'accompagnoient, nous le recommanderent fort, nous asseurans qu'il payeroit bien le passage, dautant que cet Euesque luy auoit laissé soixante doublons pour faire son voyage. Nous ne respondîmes rien à cela; mais suruenant deux Seigneurs qui se faisoient porter sur deux palanquins ou littieres à bras par des esclaues, ce Prestre leur demanda l'aumosne, & luy donnerent vne piece d'argent, & au mesme temps s'en reuint vers nous, & comme s'il nous eust connu toute sa vie, nous dit qu'en demandant, on ne pouuoit perdre que le refus. Enfin nous arriuâmes à *Moradat*, où nous arrestâmes nos batteaux, car depuis la perte de l'homme de Monsieur de la Courbe, nous nous arrestions souuent sur l'esperance de trouuer le corps, car il estoit chargé de beaucoup de richesses. Estans en l'hostellerie nous sentions vne odeur assez forte, & trouuâmes que c'estoit quelques chats de ciuete que ce Prestre menoit, & nous les vouloit troquer à autre chose, mais nous ne voulûmes nous charger de cela qui puoit tant. Nous fûmes seruis d'vn plat de chair creuë, mais bien assaisonnée auec sel & espices, & estoit de fort bon goust, & vn manger assez delicat. Apres le disner nous vimes certaines gens qui regardoient fort attentiuement dans vn bassin fort clair & fort luisant, & leur demandans ce que cela vouloit dire, ils nous respondirent qu'ils vouloient voir passer vne trouppe de demons ou de sorciers qui alloient en quelque grande bataille qui se deuoit donner. Nous leur dîmes que si cela se pouuoit voir sans danger nous en serions bien aises, & leur donnerions vne bonne piece d'argent; ce qu'ils accorderent, & le sieur de la Courbe leur donna quelque argent. Sur cela vn d'eux ietta dans vn petit rechaud plein de feu certaine graisse qui s'alluma, puis l'esteignit, & en sortit vne fumée fort espaisse, puis en ayant parfumé tout le bassin & mis pardessus quelque huile, nous eûmes tout d'vn coup vne merueilleuse obscurité, & voyons passer par l'air comme de grosses côpagnies de moucherons, sans pouuoir discerner de quelle forme cela estoit, nous dîmes au Magicien qu'il fist arrester cela, & demandast à ces demons ou sorciers où ils alloient si viste; alors faisant de nouuelles sufumigations & imprecations en barbottant ie ne sçay quoy entre les dents, nous apperceûmes comme des fourmis, & luy leur ayant fait quelque commandement, il nous fut aduis que nous voyons la figure d'vn corps couuert d'vn linceul, sans pouuoir discerner autre chose, & ce fantosme s'approchant de nous, nous fûmes saisis d'vne telle horreur, que pour moy les cheueux me dresserent à la teste de telle sorte que mon bonnet en tomba, & nous sentîmes vne estrange puanteur comme d'vne charongne: cela begaïoit ie ne sçay quoy que le Magicien entendoit, & nous dit qu'il auoit appris de ces demons qu'ils s'en alloient en vne grande bataille qu'alloit donner le Roy de Barma, pour receuoir les ames de ceux qui y mouroient, & qu'ils auoient trauersé vne grande mer pleine d'obscurité & d'horreur ez fins de la terre, où iamais le Soleil n'esclaire, ni aucun viuant n'habite, & autres choses semblables que cet homme nous rapportoit. Enfin tout cela passa & disparut, & nous laissa de si belles arres, que depuis il ne nous prit vne si malheureuse enuie de voir plus de ces illusions diaboliques.

Enfin apres plusieurs iournées nous arriuâmes à *Bagamidri*, où nous apprîmes que le reste de nos gens qui n'auoient pas voulu venir auec nous, nous attendoient à *Zambera* ou *Zambre*, gentille ville sur le lac de *zuame*. Nous fûmes treize iours le long de cette marine, trouuans force *massages* ou hameaux, mais peu de belles habitations. Depuis zeti iusqu'à *Casora*, qui sont les plus belles villes, il y a trois iournées, & depuis *Abiari* (qui est l'Euesché de S. Abiblicano) trois autres, & *Abalicazos.* iusqu'à *Cafara* quatre, pendant lequel chemin nous fûmes fort molestez de pluyes, ce qui toutesfois ne nous empescha pas de faire nos iournées. Nous mîmes cinq iours de *Cafate* à *Girat*, & deux à *Jiara* en la prouince d'*Ambian*. De là nous vînmes à *Samadera* en six iournées, qui est vne ville fort gen-

N iij

tile entre-deux riuieres, & en deux & demye iusqu'à *Cosiara*, où nous trouuâmes la Princesse de *Bilibranos* auec huict almadies, auec laquelle nous allâmes trois iournées iusqu'en la ville de *Cabestane*, puis en deux iusqu'à *Cabesera*, & en vne & demie à *Ambadara* ou *Ambadora*. De là nous allâmes à *Albias* ou *Albiar*, petite ville, mais bien peuplée, où nous logeâmes en la maison d'vn marchand de *Dragoyan*, qui s'estoit marié là, & qui nous accommoda assez bien. Dans la riuiere de cette ville nous vîmes force canarts domestiques & quantité d'oysons sans plumes, comme estoit aussi la pluspart de ces canarts & d'autres frisez, ce qui nous donna suiet de rire à tous, voyans ces pauures oyseaux en ce mauuais equipage; dequoy s'estans aperceus quelques-vns du lieu, & mesme les Iurez ou Consuls, qu'ils appellent *Abiari*: ils nous dirent, que quand nous viendrions à en gouster nous aurions vn double contentement tant au manger qu'au dormir. Et de faict, nous sceûmes qu'ils plument ainsi ces oyseaux tous viuans, & se seruent de la plume pour mettre dans les licts, faisans de petites clayes de palmes qu'ils remplissent de cette plume, où l'on est fort bien couché, & pour le goust de leur chair il est tres-bon & sauoureux, ils les plument ainsi deux fois l'année. Il y a abondance de bestes à laine, lesquelles multiplient merueilleusement, & portent deux ou trois fois l'an, & bien souuent deux à la fois. La nuict ils les retirent de la campagne à couuert, tenans pour vne chose asseurée, que les deux estoilles qui regnent en ces pays-là au mois de Iuin & de Iuillet, que les Indiens appellent *zobana*, font mourir leur bestial en sortant de l'Orient. Ils ont aussi de coustume de faire manger leurs bestes en sorte qu'elles leur tournent le dos en paissant.

Nous fûmes bien traittez en cette ville d'*Albiar*, sans qu'il nous coustât rien, tout estant aux despens du Prince. Il est vray que nous leur donnions tousiours quelques grains de sel, qui est fort recherché en tous ces pays-là, comme aussi en tout le reste de l'Empire du Prestejan ; car leur principalle monnoye en est, & l'on en peut troquer auec toute autre chose. Nous demeurâmes deux iours en cette ville à

Bilibranos, nom de Monastere. c. 66.

Dragoyan, ou *Deragela* en Sumatre. Voy Marc Pole l. 3. c. 17.

Ou *Zobona*, comme les Perses l'appellent. Voy 1. Partie. c. 37. qui doit estre le chef de Meduse, ou la Canicule ou quelqu'vn d'O. 16. Voy Alu. c. 147.

l'inſtance des Eſcheuins & autres gens de qualité, & laiſ-
ſâmes nos almadies & nos hardes à la garde de quelques-vns
des noſtres pour prendre le chemin d'*Amina*, & aller gagner
vne branche du *Tecaſſin*, pour viſiter la ville de *Saba* ou *Soba*,
Nous fimes enuiron neuf mil auant qu'arriuer à *Amina*, par
vn chemin couuert des plus beaux ombrages du monde, à
ſçauoir de palmiers, citronniers & orangers qui y viennent
a foiſon. Les campagnes y ſont remplies de toute ſorte de
beſtial & d'oyſeaux ſauuages, qui y font leurs œufs, que les
paſtres & autres ne daigent pas ſeulement leuer de terre.
Nous prîmes plaiſir de prendre de ces poules qui ne ſont à
perſonne, dont les vnes ont la creſte comme des coqs, &
de pluſieurs autres ſortes. Eſtans arriuez à *Amina*, qui eſt vne
plaiſante ville, nous fimes marché auec vn homme de nous
fournir de deux *Bungi* ou barques pour nous mener à *Saba*,
& nous en ramener. Ces *Bungi* ce ſont petites barques couuertes comme les gondoles de Veniſe, que nous faiſions tirer
par deux *Bibari*, qui ſont de petits torreaux faits à cela, & qui
vont touſiours au trot. Nous partîmes donc le matin, &
allâmes deſieuner à plus de dix grandes lieuës de là, à cauſe
de la viteſſe de ces *Bibari*. Cette branche du *Tecaſſin* eſt enuiron comme la foſſe ou canal de Piſe à Liuorne, mais il
court aſſez lentement vers *Amina*, où l'on prend de tres-
bon poiſſon, & à petit prix, comme tout le reſte, à cauſe de
la fertillité du pays en toutes choſes. Toute cette iſle ou
pays de *Saba*, que ceux du lieu appellent *Maguedan* ou *Soba*,
eſt enuironnée de deux grandes riuieres, de *Sakalere* &
Moraho, arrouſee du *Tecaſſin*, qui ſe vient ioindre au *Nil*, où
ſe fait la ſeparation de *Barnagaz* & de *Tigremahon*, fort eſtenduë, bien peuplée & fertile. Les habitans ſont tous Chreſtiens, excepté les eſtrangers qui ſont de diuerſes Religions,
chacun ayant permiſſion de viure ſelon leur loy, & d'auoir
des Moſquées. En noſtre compagnie eſtoit vn bon homme
auec ſa femme dans ſa barque, tous deux honneſtement veſtus, luy ayant vn grand bonnet de camelot à deux pointes.
Nous nous entretîmes de diuers diſcours, la femme eſtoit
fort reſeruée & diſcrete en la preſence de ſon mary; mais

hors delà d'vne humeur plus gaye & ioyeuse. Nous arriuâmes le soir à vne gentille ville, nommée *Salete* ou *Caleta* differente de celle qui est entre *Barra* & *Barua*, estans à plus de 300. lieuës l'vne de l'autre. Nous arriuâmes dans vn grand lieu qui est comme les *Tambou* du Perou, vne maison reseruée pour les estrangers, où nous vîmes plusieurs iardins de plaisance, & vn entr'autres qui estoit au Prince. *Sabalete*, qui est comme le Vice-Roy ou Gouuerneur du pays. Ce iardin estoit à mon iugement des plus beaux que i'eusse iamais veu ailleurs, & remply de toutes sortes d'arbres fruictiers & autres, auec des fontaines & des vollieres, & des arbres à diuerses graines pour les oyseaux. L'à nous allâmes disner à *Saba*, où nous demeurâmes quelques iours tant à visiter la ville qu'à faire nos petits negoces & trafics.

Alu. dit qu'ils appellent cela Betenegue. c. 46.

Sabalete, fleuue, Alu. c. 52.

Saba, dit Sabin par Alu. 4 185

De la Reine de Saba, & du Royaume de Caraman.

CHAPITRE XVI.

Ette ville de *Saba* ou *Soua* & *Soba* & *Sabin*, n'est pas celle qui estoit en l'isle de Meroë vers le 15. ou 16. degré au deçà de la ligne, ou cette-cy est enuiron au 7. ou 8. seulement. Les vns veulent que la Reine de *Saba* soit venuë de cette-cy, les autres de celle de Meroë, & d'autres encore de la *Saba* d'Arabie. Cette Reine appellée *Macheda* ou *Nicdoris* & *Nicaula*, & par les Arabes *Belchis*. Ils disent qu'elle alla de *Saba* à *Masua* port de la mer Rouge, qu'elle passa de là au mont de *Sinai*, puis en huict iours en Ierusalem, qu'elle presenta à Salomon quantité d'or, d'argent, de parfums, bois excellents, & le vray baume tant estimé depuis, & qui ne croissoit qu'és iardins de *Matha*. Qu'elle eut vn fils de Salomon, nommé *Melilec*, d'où sont venus les Rois d'Ethiopie iusques auiourd'huy; que le Iudaïsme fut lors planté en Ethiopie,

pie, dont il fut apres chassé, iusqu'au temps de *Candace* que le Christianisme y fut estably : mais il y a apparence que le Iudaïsme y auoit tousiours demeuré, puis que l'Eunuque de cette Reine *Candace*, ou Iudith alloit en Ierusalem pour adorer, quand il fut conuerty par S. Philippes ; & de faict, ils retiennent encore là beaucoup de ceremonies Iudaïques, comme i'ay dit. Il y en a qui content plusieurs autres choses de cette Reine de *Saba*, qui ressentent les fables du Talmud, & les resueries des Rabins, à sçauoir qu'ayant entendu que Salomon bastissoit le Temple, elle l'alla visiter auec grande compagnie, force chameaux, elefans, sinderos, mules & autres bestes de charge, portans plusieurs richesses; qu'elle trauersa la *Nubie*, *Canfila*, *Dasila* & *Tamatas*, & que venant en la basse Egypte elle congedia sa caualerie pour ne pouuoir passer les deserts, & ayant trauersé la mer Rouge, & gaigné *ziden* port de la *Meque*, vint iusqu'à *Medine*, de là à *Sinai*, & en quarāte cinq iournées de deserts en Palestine; puis que voulant passer vne riuiere où il y auoit vne planche, ayant reconnu par esprit prophetique ce que c'estoit, elle ayma mieux se mettre dans l'eau auec ses habits, que passer sur ce bois sur lequel le Createur du monde deuoit prendre mort & passion pour nous, & que ce bois ayant esté enfouy en terre, seruit depuis pour faire la Croix, sur laquelle a souffert nostre Seigneur, & plusieurs autres choses de mesme alloy qu'ils content, & qu'ils ont, ce disent-ils, par tradition. Ils adioustent de Candace, qu'elle fit bastir la premiere Eglise d'Ethiopie du nom de saincte Marie de Sion, & que la table sacrée de l'Autel fut apportée de la montagne de Sion. Mais reuenans à *Saba*, l'air y est assez temperé, le pays extremement fecond par les riuieres, chargé d'orangers & citronniers, & couuert de gibier. Les habitans y sont de bon naturel, doux & fort ciuilisez, viuent longuement & auec peu de maladies, & il semble que ce soient ces Ethiopiens *Macrobes* tant celebrez par les anciens pour leur longue vie. Ils se plaisent d'auoir de bons cheuaux, & entr'autres de ceux qui viennent de Perse & d'Arabie, comme les meilleurs du monde. Ils ayment aussi d'estre bien vestus

II. Partie.

portans des chapeaux de camelot doublez de toille de coton ou de soye auec deux pointes. Leurs habits sont longs, leurs pourpoints & chausses à la marine comme ceux de *Goa*. Les femmes sont vestuës de soye bien proprement, la face descouuerte auec de petits bonnets rons fort proprement tissus, du sommet desquels, qui est percé, sort vne touffe de leurs cheueux garnie de pierreries. Elles portent force perles, sur tout la Noblesse, car les autres portent sur le visage vn voile de sendal. Ils ont là vne herbe qu'ils appellent *Amatura*, qui fait le plus bel incarnat & nacarade qu'il est possible, & quand il est laué il vient sur le cramoisy, & ne perd iamais sa couleur. La ville est assez semblable à celle de *Tauris* en son aspect, vis à vis de laquelle au de là de la riuiere il y a deux autres villes & vn grand bourg.

Tout ce Royaume de *Saba* est remply de plusieurs autres bonnes villes, comme *Madrara*, *Ambadara* ou *Ambadora*, *Mackida* ou *Machada*, *Betmaria*, *Madraneli* ou *Manadelli*, *Abassen*, & autres, toutes de grand trafic, dont les peuples sont tous Chrestiens, assez deuotieux, mais auec quelque Iudaïsme. Ils reuerent les Saincts, & sur tout la saincte Vierge, & quand le salut ou *Aue Maria* sonne, si vn Prince est à cheual, il descend incontinent pour se mettre à genoux & faire sa priere, autrement il seroit mis à l'amende: ils content d'vn paralytique, qu'estant à cheual & oyant sonner, il se ietta incontinent à terre, & se trouua guery, puis se fit Religieux de S. *Abeblicane*, donnant tout son bien aux pauures. Il y a peine de mort à blasphemer le nom de Dieu & de la Vierge, & tous les hommes & femmes se plaisent à chanter en trauaillans des chansons spirituelles pour soulager, estans tous fort adonnez au trauail. Les concubines & garces publiques y sont seuerement defenduës & punies: il y en eut vne tresbelle, comme on la menoit au supplice, qu'vn cordonnier Suua en l'espousant, dont il fut fort loüé d'vn chacun, & elle vescut tousiours depuis fort sagement en son mariage. Ils portent grand honneur à la Croix, & se mettent à genoux toutes les fois qu'ils en trouuent sur leur chemin, & l'on y voit tousiours force gens à genoux alentour. Quand on veut bastir quelque Eglise, chapelle ou oratoire, ils sonnent la *Gadapi*, qui est la cloche de la Charité, qui est de terre cuite, & le batail de bois, & incontinent chacun s'assemble, & est aduerty par vn *Calsena* de la necessité du bastiment, auquel tous contribuent volontairement. I'ay veu mesmes des principales Dames aller le long de la riuiere, & porter de deux en deux les choses necessaires pour cela, comme pierres, chaux, sable & autres matieres, quelques vnes mesme les portent sur la teste. La Princesse commencera la premiere en telles occasions, & à son exemple toutes les autres Dames: les hommes s'y occupent aussi, & en certains endroits il y a des Religieux auec des instrumens de musique pour resiouïr les Dames qui trauaillent, & d'autre part le Prince a le soin de leur enuoyer des fruicts & autres rafraischissemens pour cela, auec des tables dressées çà & là, & couuertes de toutes sortes de viures, & de grands cornets remplis de vin de miel, car ils n'vsent gueres que de cette boisson, & de celle de la palme, n'estant pas loisible à qui que ce soit de faire ny d'vser de celuy de vigne.

C'est dans cette ville qu'est l'Eglise de saincte Marie de Sion, dont i'ay parlé, qu'ils disent estre la premiere de la Chrestienté bastie par la Reine de *Saba*, en quoy ils se trompent, y ayant plus d'apparence à ce que disent les autres que ce fut la Reine Candace, ou quelqu'autre apres. Car du temps de Salomon & long temps depuis, il n'y eut point d'autre Temple que celuy de Ierusalem où l'on alloit de tous costez pour les sacrifices & prieres à certaines festes solemnelles. Dans cette Eglise il y a 300. *Debeteres* ou Chanoines. Il y a aussi vn beau Palais pour la Iustice, qu'ils appellent *Macabate*, où se iugent les procez, & l'appel va à *Tigray* dont ils dependent, cette prouince estant sous le Royaume de *Tigray*. La ville de *Saba* ou *Soba* est proprement sur le Nil qui vient du *zaire*; car l'autre branche dite *Tecassin* ou *Tagazzi* vient du lac *Baretna* en la haute Ethiopie, & se vont ioindre vers *Ermita*.

De *Saba*, auant que de nous rembarquer, nous eûmes desir d'aller voir la ville de *Caraman*, dont la seigneurie confine à celle de *Giansamora* ou *Giansamara* vers le Leuant & le Nort, & du Midy au Royaume de *Canes*, & vers le Couchant à la prouince de *Seiro* qui touche à la Nubie. Il y a là vne Eglise consacrée à la Vierge, qui est vne des plus celebres de tout le païs; car elle a esté taillée dans le rocher vif, d'vne exquis artifice. Ils disent que l'Eunuque de Candace la fist bastir. Estans entrez nous vîmes treze voutes ou domes tres-bien faits auec de belles colomnes, & tirant vers l'Autel sous l'vne de ces voutes la peinture de la Vierge auec son Enfant couronnée, & vn croissant sous ses pieds, puis au milieu de l'Eglise la figure d'vn oyseau qui denote le S. Esprit sans aucune autre image ou figure en tout le reste de l'Eglise. Sous chacune de ces voutes il y a vn siege pour des Peres qui habitent là, representans les treze Apostres. Il y a plusieurs sortes de sectes entr'eux. Celuy qui est le chef porte vn grand manteau serré de tous costez, auquel est attaché vn capuché pointu. Cet homme estoit plein de grauité & de majesté, & s'estonna fort quand il nous vit à genoux deuant l'image de la Vierge, dont il nous demanda la cause.

Mais bien qu'il ne soit demeuré entr'eux que bien peu de l'ancienne Religion, si ne laissent-ils de chanter Prime, Tierce, Sexte, & les autres heures Canoniales, psalmodians tous droits, en y meslans force paroles & ceremonies profanes. Quand ils virent nostre deuotion enuers la Vierge ils s'en resiouïrent fort, & se mirent à crier d'vne grande allegresse, *Andery*, venez voir des gens du bout du monde qui sont de nostre Religion, & leur ayant monstré nos heures auec quelques images dedans, ils ne se pouuoient saouler de baiser nos robbes, en nous faisans la bien-venuë auec telle humilité que cela nous attendrissoit le cœur, & nous faisoit fondre en larmes.

Or le Prince du lieu ayant sceu nostre venuë, & que nous estions logez chez ces Prestres, nous eut en bonne opinion, & creut que nous estions quelques Prestres qui allions vers *Saba* de Meroë, visiter la chaire d'vn sainct Prophete du grand Dieu *Magoura*, qu'ils tiennent estre celle là mesme où preschoit S. Iean Baptiste, qu'ils appellent *Nabi Assta*, & aussi vne robe du Roy Dauid qu'il portoit en dansant deuant l'Ar-

Peut estre le Monastere d'Abba Gariman.

che, qu'ils conseruent comme vne grande relique, auec vne certaine bague que Salomon donna à la Princesse de *Saba*, comme ils disent, qui est tres-belle & semble vn charbon ardant.

Au reste ce Prestre nous ayant ainsi logez chez luy, nous fit tres bonne chere, nous donnant de bonnes viandes & bien apprestées ; mais le premier mets me sembla estrange, car c'estoit de la chair creuë assaisonnée auec des espices, qui toutesfois n'estoit point de mauuais goust, mais assez appetissante : apres il nous fit seruir de toute autre sorte de bonnes viandes. Nous estions assistez d'vn grand nombre de personnes en ce festin, & pensois que chacun d'eux y pouuoit auoir apporté sa part & portion ; car tous ces gens-là, comme ils connurent que nous estions de leur Religion, nous firent de grandes caresses, & en sortans de l'Eglise baisoient nos robbes, & nous presentoient diuerses sortes d'oyseaux, dont nous les remercions sans rien prendre.

Durant le souper chacun de nous auoit aupres de soy vn habitant de la ville fort honnestement vestu, tenant chacun vn vase plein de vin de palme, & d'autres qui de temps en temps les remplissoient, sans que pas vn de ces gens-là assis auec nous mengeassent vn morceau, ne faisans que nous seruir. Nous remarquions aussi que toutes ces viandes estoient sans os, si bien accommodées qu'on ne pouuoit reconnoistre comment on les auoit ostez. On ne nous seruit point de fruicts sur la fin, encore qu'ils en ayent en grande quantité ; mais seulement des plats pleins de certaines pastes frittes, comme bignets, dont pas vn de nous n'auoit enuie de manger, neantmoins pour leur faire plaisir chacun en prit vne en intention d'en gouster seulement : mais pour moy ie les trouuay si bonnes qu'apres i'en mangeay plus de deux douzaines. Apres le soupper vn grand nombre de peuple vint pour nous voir, & quelques-vns me prioient de leur monstrer mes heures pour voir vne image de la Vierge qui y estoit : ce qu'ayant fait, ils me les emporterent, & s'escoulerent parmy la presse en telle sorte que ie n'en peus iamais auoir nouuelles. Apres cela on nous mena reposer sur des

O iiij

Les Voyages

nates auec de la *Bernuſſe* au lieu de linge. Nous y dormîmes fort bien cette nuict-là, & le lendemain nous allâmes ouïr leur ſeruice, où il y eut vne merueilleuſe aſſiſtance de peuple. Nous y chantâmes vn *Salue* deuant l'Image de la Vierge, & leur interpretans ce que cela vouloit dire, ils en furent fort edifiez, & pleuroient de ioye de nous voir & de nous ouïr, apprenans par cœur ce que nous leur enſeignions, car c'eſt vn peuple aſſez docile & adonné aux choſes de Religion.

De quelques villes particulieres de l'Ethiopie, que vid l'Autheur pendant ſon voyage.

CHAPITRE XVII.

Ayans eſté là quelques iours, nous reprîmes noſtre chemin vers *Albiar*, où nous trouuâmes nos gens auec nos almadies & hardes, & tous enſemble nous continuâmes noſtre premiere route ſur le Nil durant trois iournées, ne trouuans que des villes & villages de peu d'importance auec force beſtiaux, buſles, chameaux, & d'vne ſorte de cheures qui ont le poil doux & delié comme de la ſoye blanche, puis des moutons ſans laine, autres tous blancs fors la teſte, des pourceaux d'vne grandeur merueilleuſe, qui portent librement des garçons qui les gouuernent, & les font courir comme des cheuaux, mais pour les ſinges & guenons il eſt incroyable du grand nombre & diuerſité qu'on trouue par tout ce pays-là, outre pluſieurs autres eſpeces de beſtes que nous n'auons point en Europe. Le troiſieſme iour nous paſſâmes la pointe d'vn bocage, qui eſt dans le fameux deſert de *Goran*, dont nous auions eu deſia la veuë il y auoit plus de quinze iours. Ce fut là que nous rencontrâmes ces tortuës, & quelques vnes domeſti-

du sieur Vincent le Blanc. 111

ques, d'vne prodigieuse grosseur, qui ne laissoient pas de cheminer encores qu'elles eussent vn homme dessus. Le quatriesme iour nous arriuâmes à vne gentille ville ou bourg appellé *Camissan*, où entr'autres singularitez il y a de tres-belles femmes, qui nous receurent auec beaucoup de caresses, d'autant plus aisement qu'il y auoit lors peu d'hommes en la ville, à cause que la pluspart estoient allez audeuant de leur Prince qui faisoit sa nouuelle entrée à *Casila*, vne autre Prouince sur le Nil. A trois lieuës de là nous passâmes à *Cassonda* où il y a vn beau College & eschole de la langue Syriaque, que les Mahometans de *Dalascia*, comme suiets du Negus, sont tenus d'entretenir du tribut qu'ils doiuent, & le soir nous allâmes coucher à *Beza*, où nous fûmes fort molestez des moucherons ou cousins, à cause d'vn petit bócage de *casse* qui est prés de là que nous auions passé, & en suite vn autre d'orangers qui nous auoit accompagné iusqu'à *Beza*. Or ces moucherons s'engendrent du fruict de ces *cassiers*, qui est doux, & tombé à terre, se corrompt aisement, comme nous auons dit ailleurs parlans de l'Arabie.

De *Beza* nous fûmes trois iournées pour venir iusques à *Hermita*, ville assez iollie, esloignée seulement d'vn mil du Nil, à cause que le canal qui en venoit estoit tout remply. Sa situation est fort plaisante entre des orangers & limoniers. Nous vîmes encores là de ces grandes tortuës sur lesquelles on monte, & qui est vne chose estrange de ces bestes, c'est que leur ayant coupé la teste, elles ne laissent pas de viure encores quatre ou cinq iours, retenant tout leur sang, comme nous auons esprouué plusieurs fois. En cette ville on nous fit present de deux guenons d'admirable beauté, ayans le poil doux & fin comme de la soye, la barbe blanche comme du lin, & les leures rouges comme du sang. Le lendemain continuant nostre voyage nous allâmes coucher à *Fougera* qui est dans vn bois d'orangers, qui semplissent tout l'air d'vne agreable odeur. Nous vîmes là des Archers excellens qui tiroient vne flesche aussi droit que le plus iuste arquebusier eust sceu faire, & il y en eut vn entr'autres qui mit vne pomme sur la teste de son fils, & la fit sauter d'vn coup de flesche. Nous allâmes voir le Gouuerneur de la ville qui estoit nouuellement marié auec vne Dame fort riche, & luy ayant fait la reuerence, il ne fit pas grand compte de nous, dont nous ne fûmes non plus satisfaits que de sa mine qu'il auoit fort mauuaise, aussi bien que sa femme. Nous passâmes la plus part de la nuict à voir les galanteries & resiouissances que ce peuple faisoit aux nopces de leur Seigneur pour donner plaisir à l'espouse.

Estans partis de *Fougira* nous allâmes coucher à *Fongiara* autre petite ville assez iollie, ayans eu tout le iour vne grande pluye sur le dos, & bien nous prit que nos almadies estoient bien couuertes; mais parmy cela il nous suruint vne grande disgrace par la faute d'vn des nostres qui estoit au gouuernail, car l'approchant trop prés de terre, vn torrent d'eau auec la grande pluye donna dans le descouuert du basteau de telle roideur & furie, que nous nous vîmes en vn instant tous remplis d'eau, & tout nostre or, argent & marchandises perduës, auec deux de nos seruiteurs, & nostre truchement; c'estoit chose deplorable de voir vn tel naufrage & si proche de terre. Encores auec cela eus je le bon-heur de sauuer vne femme qui s'estoit embarquee auec nous, & son mary *Albermita* pour venir en la ville de *Carsiane*, mais mon mal-heur auec cela fut que pour la sauuer ie perdis vn panier des choses les plus curieuses que i'auois, ce qui me fut vne tres-grande perte, dont ceste pauure femme en eut vn extreme deplaisir, pource que cela estoit arriué à son occasion: de sorte qu'elle prioit son mary d'auoir quelque esgard à cela, & de me donner quelque autre chose en recompense quand nous serions à *Carsiane*; mais luy qui estoit vn fin rusé, me donnoit de belles paroles qui n'eurent point d'effet. Somme qu'en cet accident si nous n'eussions esté secourus de l'autre almadie nous estions tous perdus, outre que le pays est tout remply de voleurs & de bestes sauuages, comme de lyons & de tygres. Il est bien vray que les lyons n'y sont pas si dangereux, d'autant qu'ils n'offensent iamais les hommes, s'ils n'en ont esté premierement attaquez; mais les tygres sont cruels & fort friands

de

du sieur Vincent le Blanc. 113

de chair humaine, & quand ils peuuent enuironner vn homme il est perdu, faisans des sauts & assauts merueilleux, attaquans mesme les gens de cheual, & se iettans furieusement à trauers vne troupe sans rien craindre. Le soir estans arriuez à *Fongiara*, on nous appresta vn fort bon souper, mais personne ne pouuoit manger pour l'estonnement où nous estions encore du danger passé, & pour l'affliction de la grande perte que nous auions faite, & sur tout des personnes ; car le sieur de la Courbe y perdit vn de ses gens qui le seruoit depuis vingt ans, outre mille doublons d'Espagne qu'il portoit, & vne liure de perles de conte qui valoient beaucoup, auec force autres riches hardes & curiositez. Toutesfois il nous fallut prendre le tout en patience, remercians le bon Dieu de ce qu'il luy auoit pleu garantir nos personnes, & bien nous seruit en nostre mal-heur vn certain bassin plein d'or de *pepitas* (comme les Espagnols l'appellent) ou de grains qui auoit esté donné audit sieur de la Courbe par vn de ces Seigneurs où nous auions passé, car cela estoit en l'autre almadie auec le reste de ses gens. Le lendemain nous allâmes au giste à *Carisabe*, & logeâmes en la maison de cette femme que i'auois sauuée de l'eau qui nous receut fort honorablement, estans à son occasion visitez de toute la Noblesse. Nous nous y arrestâmes deux iours entiers, & cette Damoiselle reconnoissant l'obligation qu'elle m'auoit ne sçauoit quelle chere me faire, prenant vn tel soin de moy que le matin elle m'apporta vne chemise blanche, & me fit quelques autres presens de ce qu'elle peut, & entr'autres d'vne piece de toille de *Calicut* fort fine pour me faire des chemises.

Estans partis de là nous allâmes à *Sarahima* ou *Saraboesun*, cette isle si celebre que les anciens appellent *Meroë*, & auiourd'huy *Gueguere*, entre la ligne & le Tropique. On dit qu'elle fut premierement appellée *Saba*, & receut le nom de *Meroë* à cause d'vne sœur de Cambises Roy de Perse. Cette isle est enuironnée des deux bras du Nil, appellez par les anciens, l'vn *Astabaras*, & l'autre *Astapus* ou *Astapes*, qui est vers Occident. Cette ville de *Sarahoma* estant entre deux riuieres

II. Partie. P

comme *Saba* est toute cachée d'arbres & fort plaisante. Nous ne vîmes là aucun artisan ou boutique publique, chacun trauaillant en sa maison en particulier, la pluspart s'adonnent à filer de la laine & de la soye, & les Damoiselles de bon lieu y font des draps de soye, & les autres de moindres estoffes; bref chacun y trauaille, si ce n'est quelque peu de gens de mauuaise reputation. Ils viuent en gens de bien & fort religieusement, ne se voyant là ny mal-faicteurs, ny gens apprehendez par la Iustice, aussi n'y a-t'il point de gens de pratique ny de chicane. Ils celebrent la Messe à la Georgienne, auec quelques ceremonies à la Iuifue & à l'Abissine. Il ne s'en dit qu'vne le iour en chaque Eglise, comme par tout le reste d'Ethiopie, & tous, tant hommes que femmes, filles & enfans en entendent tous les iours vne. C'est le peuple le meilleur & le plus deuotieux qu'il est possible. Ils obseruent tous le Caresme, & la pluspart le ieusnent entierement. Ils donnent la Communion iusqu'aux petits enfans à la mammelle, & vsent de grandes austeritez, estans fort reseruez en leur vie, & craignans grandement d'offencer Dieu en quoy que ce soit, se fondans sur le passage de l'Euangile, qui dit *Qu'à peine le iuste sera t'il sauué.*

De là nous passâmes force habitations sous des tentes à la forme de *Tremisen* & *Ducale*, où par tout il y a vn grand peuple bien embastonné, & accompagné de furieux chiens. Nous employâmes cinq iournées en ce chemin, sans trouuer autre ville que *Guelbo*, qui ne vaut gueres, & n'y voulûmes loger de peur de quelque mauuaise rencontre, ains couchâmes dans nos barques. Nous demandames par tout aux paysans s'ils auoient point trouué sur le riuage quelques corps d'hommes noyez, mais pas vn ne nous en sceut dire des nouuelles. Au cinquiesme iour nous arriuames à *Essere*, fort belle ville dans cette mesme isle de *Maroé*, située sur vn tertre remply de palmiers, orangers, & autres arbres fruictiers. Il y a aussi de la coloquinte, dont ils ne font point d'estat. Nous y apperceûmes vn rhinoceros sauuage, qui trauersoit vn bois touffu, & menoit vn merueilleux bruit des branches qu'il fracassoit en passant, puis nous vîmes la femelle

du sieur Vincent le Blanc.   115

qui le suiuoit. Personne du lieu ne se mit en deuoir de les attaquer, pour estre bestes fort cruelles & impenetrables en leur armeure naturelle.

De la ville d'*Essere* nous allâmes vers *Bigan*, ayans fait prouision de viures dans la barque, pource que nous auions quatre iournées iusques là. Le chemin est vn peu dangereux à cause de certains *Cafres* voleurs qui assassinent les paisans, & ne viuent que de brigandage ; on les appelle *Tammarans*, pource qu'ils sont du Royaume de *Tammatas*. Ils demeurent trois & quatre iours sans manger qu'vn peu de beurre & deux dattes par iour. Ils sont de grande taille, & encore dans l'ordinaire de plus d'vn grand pan, mais fort secs & descharnez, & ne se couchent gueres. Nous trouuions en passant de grandes campagnes vastes auec peu d'habitation, sinon de quelques pastres ; mais auant qu'arriuer à *Bigan*, nous trouuâmes vne grande habitation ou *massage* appelé *Carfouran*, où nous descendîmes pour nous rafraischir & recréer vn peu, & y achetâmes vn baril plein de vin de miel, lequel estoit fait d'vn roseau tout d'vne piece, excepté les deux fonds. Ces barils sont merueilleusement grands, nous vîmes vers le Couchant vne grande campagne toute pleine de capriers, dont ils ne tiennent pas grand conte ; nous fîmes cuire vn petit veau qu'ils nous donnerent, comme ie crois à cause qu'ils craignoient que nous ne leur fissions quelque deplaisir, d'autant que nous allions en grande troupe & bien equipez, & par tout nous prenions des passe-ports des Princes & Seigneurs ; toutesfois au partir nous ne laissames de leur donner quelques dragmes, qui sont de petites pieces d'argent quarrées, qui courent le long du Nil iusques en la haute Egypte, & se prennent au poids. De là nous allâmes coucher à *Bigan*, & tirost que nous fûmes descendus en terre nous ne manquâmes d'aller visiter le Gouuerneur, qu'ils appellent le *Basira*, luy monstrans le passe-port du *Negus*, lequel il mit sur sa teste auec grande ceremonie en signe de reuerence, & nous fit de grandes caresses, nous conuiant à soupper. Quand nous fûmes arriuez en nostre logis, il nous enuoya quatre grandes cornes pleines de vin de palme merueil-

marginal: Tamalas.

P ij

leusement fort & penetrant, car en le beuuant sans eau, il sembloit qu'on eust vn feu dans le corps, ie crois qu'il estoit passé par quelque distillation. Nous le reseruâmes pour en prendre le matin à guise d'eau de vie. Nous enuoyâmes à ce Gouuerneur en eschange quelques confitures qu'il eut fort agreables, & nous donna encor certains oyseaux fort bons à manger, que nous appellons en Prouence *francons*, auec six *galispans* ou cocqs d'Inde, & quatre p.... t blanches.

Au partir de *Bigan*, nous allames en vn iour iusqu'à *Casima*, vis à vis du desert de *Goran*, qui luy est au Couchant & au Midy. Cette iournée nous fut fort plaisante, passant par des lauriers, orangers & autres sortes de beaux & bons arbres fruictiers, & trouuans force bons bourgs & villages, où ils nourrissent plusieurs haras de cheuaux. Nous y vimes aussi vne grande trouppe de guenons qui paissoient aupres d'vn lac au milieu d'vne plaine, & vn Seigneur qui faisoit pescher ses oyseaux, auec lesquels il prenoit de tres bon poisson, qu'ils apportoient à leur maistre. Ceste sorte de pesche nous amusa plus d'vne heure, encores que nous en eussions veu assez d'autre de mesme en plusieurs endroits des Indes. Et quand ces gens là virent que nous y prenions plaisir, ils nous apporterent quantité de ce poisson, comme des anguilles, truittes, carpes & barbeaux, & nous leur donnâmes deux belles cornes bien ouurages pleines de vin de palme. Ils nous accompagnerent sur le bord du fleuue, & nous prierent de nous arrester à boire auec eux. Cependant ils escriuirent vn mot au Seigneur de *Acasima*, qui comme nous fûmes arriuez là, nous fit loger fort honorablement, nous enuoyant diuerses sortes de fruicts, & vne douzaine de lapins fort petits, blancs & noirs d'vn tres bon goust. Il nous offrit auec beaucoup de courtoisie de tout ce que nous aurions besoin, & de faict le lendemain il nous pria de disner dans vn sien iardin, qu'ils appellent *Metochon*, qui est vne parole de Grec vulgaire, quoy que nous fussions dans la Nubie. Ce iardin estoit fait auec vn grand artifice aux despens du Prince, rempli de plusieurs sortes d'arbres, & d'entes & greffes d'vne espece sur vne autre, ce qui estoit agreable de voir ces diuers fruicts sur vn mesme arbre, comme entr'autres de deux sortes de figues differentes, ainsi que i'en ay veu en l'isle de *Chio* & au *Zante* au Conuent de S. François, car là vous en voyez d'vn costé qui meurissent, & de l'autre qui se passent & pourrissent, & de leur pourriture s'engendrent des moucherons qui vont picquer les autres, & les font meurir incontinent, & ne meuriroient iamais autrement, chose admirable en la nature, & toutesfois tres veritable. Il y auoit là d'autres arbres qui portent de grandes noix comme des œufs d'austruche, pleines de coton aussi fin que de la soye. Ie vis d'autres sortes de fruicts que ie n'ay iamais veu ailleurs, & vn arbre entre autres ayant la feuille comme le sycomorre, & le fruict comme les pommes d'amours, mais ameres comme du fiel, & dedans y a cinq pepins gros comme des amandes, dont le suc est aussi doux que le sucre, & entre l'escorce & le noyau vne pellicule assez espaisse, de couleur incarnate, qu'on confit auec du vinaigre de palme n'estant pas encore en sa maturité, & s'en fait vn manger excellent, qu'ils en uoyent à leur Prince comme chose singuliere : il y en a d'autre sorte qui porte la laque la plus fine : ils y sement aussi la graine de l'*indique* ou *anil* d'Orient, herbe qui rend vne couleur de grand prix, & dont on fait vn grand trafic & profit. Ils ont encores d'vne autre graine dont ils tirent vne huille excellente, voire plus que celle de la canelle, dont ils se seruent pour restaurer les esprits : puis vn arbre en façon de grenadier qui porte vn baume souuerain, comme ie l'ay esprouué; car i'en emportay vne noix d'Inde toute pleine, que i'eus de ce Gouuerneur en troc d'vne Turquoise, & dont i'ay fait depuis de belles cures pour mes amis. Ie n'aurois iamais fait si ie voulois descrire par le menu toutes les singularitez de ce iardin, où se trouue tout ce que l'Orient a de plus exquis; mais ce que i'y trouuay de plus rare & artificieux, c'est à l'entrée deux nains faits de marbre transparent qui tenoient vn arc bandé, & comme on venoit frapper à la porte, ces nains descochoient leurs flesches contre celuy qui frapoit, mais ces flesches estans sans pointe ferrée, ne pouuoient offenser que bien peu ; tout cela estoit par ressorts qui

P iij

iouoient fort dextrement. La beauté & excellence de ce iardin fut cause de nous faire arrester là deux iours entiers à considerer tant de raretez.

Enfin ayans pris congé de ce bon Seigneur, qu'ils appellent *Lebetera*, nous tirâmes à la volte de *Misan*, par où on entre en la *Nubie*, Royaume qui confronte aux deserts de *Goran*, à l'*Egypte*, *Gaoga* & *Borno*, qui sont les limites de l'Empire du Prestejan, qui confine de ce costé là aux terres de Nubie & d'Egypte.

Nubie.

Nous traversâmes diuers pays en peu de temps, à cause que le Nil est là plus rapide & violent qu'autre part; car ayant reüny toutes ses eaux, & trouuant ores des campagnes où il s'espand au long & au large, tantost des montagnes & rochers qui le resserrent, il semble non pas couler ni mesme courir, mais se precipiter auec des cheutes qui font vn si grand bruit que cela assourdit les peuples d'alentour, & là se font les celebres *Cataractes* des Anciens, la grande & la petite, vn peu au dessus des antiques villes d'*Elephantine* & de *Syene* ou *Asna*.

Histoire prodigieuse d'vn ieune Prince Abissin,
nommé Ioel, transformé en singe
par enchantement.

CHAPITRE XVIII.

Omme nous allions en barque le long du Nil, nous entretenans tout le long du iour de diuers discours, l'on me fit voir vn liure contenant plusieurs histoires prodigieuses, & entre autres celle du Prince Ioël, dont i'auois desia ouy parler à Pegu, où elle estoit representée dans vne tapisserie du Roy en cette sorte. Dans vne prouince d'Ethiopie, nommée *Ianamora*, il y eut vn Prince appellé *Rostan Sofar* ou *Fosarin*, qui eut de sa premiere femme vn fils

du sieur Vincent le Blanc. 619

nommé *Alarin Sofar*, dit *Ioël*; & de sa seconde deux, à sçauoir *Amun Sofar*, & vn autre dont ie ne sçay pas le nom. Vn peu deuant sa mort il fit son testament, par lequel il laissoit sa principalle seigneurie & tous ses tresors à son aisné Ioël, & partagea les autres assez richement de ses autres seigneuries. Il nomma pour tuteur du ieune Ioël vn sien amy, auquel il descouurit l'endroit où il auoit caché la pluspart de ses tresors, qu'il auoit renfermez dans vne certaine pierre mixtionnée, enchassée dans vne muraille. Trois iours apres sa mort, cet amy mourut aussi de tristesse; de sorte que tous ses biens, auec la personne de Ioël, demeurerent en la puissance de la vefue de Rostan marastre de Ioël, qui desirant que la succession vint à ses seuls enfans, se resolut par vne malice enragée d'esloigner Ioël de sa maison, & de l'enuoyer sous vn pretexte specieux vers vne sienne sœur, insigne Magicienne, qui pour en perdre entierement la memoire, fit tant par la force de ses charmes qu'elle le changea en singe, faisant courir le bruit au mesme temps qu'il s'estoit perdu, & qu'on ne sçauoit pas ce qu'il estoit deuenu. On dit que la chose se passa de cette sorte. Cette sorciere, qui estoit aueugle, mais qui perdoit son aueuglement au sabat[a], & voyoit comme les autres, porta vn iour Ioël au sabat pour l'offrir à sathan, & luy faire rendre l'hommage que les autres auoient accoustumé. Mais voyant qu'il auoit refusé de rendre ces abominables adorations au Prince des tenebres, elle se resolut de le faire mourir; neantmoins touchée de quelque compassion & de la rare beauté qu'elle remarquoit en son visage, elle prit vn autre dessein. Elle le fit mettre dans vn bain, où par la force de ses enchantemens elle le transforma en vn petit singe fort agreable, luy mettant vne peau de singe sur sa forme humaine, & allienant tellement son iugemēt & ses sens, qu'il ne luy restoit presque plus rien que l'esprit d'vne beste, toutesfois auec vne cognoissance vn peu plus parfaite, sans pouuoir former aucune parole articulée, & auec vne addresse merueilleuse à rendre ses petits seruices à ceux de la maison, qui s'agreoient à luy & l'aymoient particulierement.

[a] Le mesme se lit dans l'Histoire de Gaufredi.

Ce pauure ieune Prince ainſi transformé demeura dans cet eſtat pluſieurs années, pendant leſquelles comme il s'eſtoit ſauué à la campagne, il ſouffrit de grandes incommoditez, & fut ſouuent ſollicité par diuerſes illuſions du diable; mais touſiours aſſiſté de quelques graces extraordinaires, & d'vne aſſiſtance particuliere de ſon Ange, qui s'apparoiſſoit à luy, tantoſt ſous la figure d'vne colombe, tantoſt ſous quelque autre ſemblable. Cependant *Aman Sofar* ſon frere puiſné auoit herité de tous les biens du pere, & iouyſſoit paiſiblement de ſes grands heritages, vn chacun croyant que Ioël fuſt mort. Comme vn iour il marchoit par la campagne vers la Prouince de *Dafila*, auec vn grand nombre de ſes ſeruiteurs, il ſe mit à l'ombre, & fit appreſter ſon repas ſur le bord d'vne fontaine; auſſi toſt le ſinge Ioël ſe preſenta deuant ſon frere, & ſe dreſſant ſur ſes pieds ſembloit luy demander du pain. Aman le voyant ſi gentil, auec vne petite barbe blanche douce comme de la ſoye, & le corps moucheté de petits floquons orangés, luy fait donner du pain & de la viande dans vn plat, laquelle il ne voulut pas toucher auant que de s'eſtre laué les mains dans le ruſſeau de la fontaine. Ces petits traits de gentilleſſe plurent tant à Aman, qu'il luy fit donner à boire dans ſa coupe d'or, & l'emmena ſur vn de ſes elefans. C'eſtoit vne choſe admirable de voir les ſeruices que ce petit animal luy rendoit tout le long du voyage, allant chercher de l'eau, & montant ſur les arbres pour leur cueillir des fruicts, mais on remarquoit qu'il ne vouloit iamais verſer à boire à d'autres qu'à ſon frere.

Aman auoit eſpouſé vne femme de grande naiſſance, & entretenoit vne concubine, nommée *Amer*, ayant pluſieurs enfans de l'vne & de l'autre. Ioël eſtant arriué à la maiſon ne manqua pas ſuiuant la courtoiſie qui luy reſtoit d'aller auſſi-toſt baiſer les mains à tous ſes petits neueux, & à la femme legitime de ſon frere, ce qu'il fit de ſi bonne grace qu'*Aman* luy dit en riant, Vous n'eſtes pas courtois enuers les Dames, puis que vous complimentez les enfans, & laiſſez la mere, ce qui l'obligea de rendre les meſmes ciuilitez à la concubine qu'il auoit renduës à la femme. En vn mot, l'on ne
voyoit

voyoit aucune marque de bestialité dans l'*Alsinge*, c'est ainsi qu'on appelloit ce petit singe, iusques là mesme qu'il se coupoit les ongles, comme vne personne; taschoit d'appaiser ses petits neueux, quand ils crioyent en leur donnant des fruicts, qu'il tenoit dans vne cache, & rendoit toutes sortes de seruices à son frere & à sa sœur, excepté les emplois sales & bas qu'il laissoit aux valets.

Il y auoit dans cette cour vne Dame de qualité veufue du tuteur de Ioël, auec vne sienne fille tres belle, agée de treize ou quatorze ans, nommée *Eugenia*, ou comme disent les autres *Ozania*, laquelle estant malade pria sa mere d'obtenir du Prince *Aman* ce petit singe pour la resiouïr vn peu par ses caresses ordinaires qu'il auoit coustume de luy rendre quand elle alloit au Palais voir la Princesse, ce qu'elle obtint aisément. Le singe estant venu tasta incontinent le poux de la malade, comme si c'eust esté quelque sage Medecin, & tascha de la resiouïr, puis ayant demeuré quelque temps auprès d'elle, quand il la vid endormie il s'en retourna au Palais faire iouër ses petits neueux, & reuint bien-tost apres reuoir la fille qu'il trouua esueillée, & qu'il embrassa fort amoureusement auec ses petites mains, qui auoient ie ne sçay quoy de mieux formé que les autres animaux de mesme espece, comme i'ay remarqué moy-mesme dans la peinture que i'ay veuë à *Pegu*. L'amitié se forma peu à peu si estroittement entre Ioël & *Eugenia*, qu'ils ne pouuoient viure l'vn sans l'autre, particulierement la fille, qui s'estonnoit de la passion qu'elle auoit pour vn singe, sans en pouuoir comprendre la cause & l'origine. Ce qui luy donna plus d'admiration fut qu'vn matin s'estant fait faire les ongles, elle voulut aussi couper ceux de l'*Alsinge*, & les considerant attentiuement, elle remarqua qu'vne partie estoit couuerte d'vne petite pellicule de mesme que ses bras, qui auoient quelque chose de plus solide & de mieux formé que ses semblables. Ce qui la tint long-temps en suspens, iusques à ce qu'vne nuict en dormant elle eut vne vision d'vne Dame venerable, couuerte d'vn grand voile blanc, qui luy dit, *Ozania* ma fille, pourquoy tardez-vous tant de secourir mon fils Ioël, qui est ce

II. Partie.　　　　　　　　　　　　　　　　Q

petit singe que vous aymez si tendrement, & que sa cruelle marastre a reduit au pitoyable estat dans lequel vous le voyez. Mais puis qu'il a pleu au Seigneur de toutes choses de permettre qu'il ait ainsi esté transformé, & de le conseruer iusques à cette heure dans cette forme, puis qu'il a esté destiné du ciel pour estre vn iour vostre espoux, ie vous le recommande. Prenez bien garde de le baigner auec ces herbes singulieres que i'ay preparees, & mises dans vn tel lieu, (qu'elle luy descouurit) & vous verrez que par ce moyen il reprendra sa premiere forme humaine, & qu'il vous espousera, comme ie luy ay desia commandé, m'apparoissant à luy dans la mesme posture & dans le mesme habit que vous me voyez. Et afin que vous ne doutiez point de la verité de mes paroles, ne manquez pas dés aussi-tost que vous serez reueillee d'aller à vn tel endroit de vostre iardin, où vous verrez vne pierre que vous romprez, & trouuerez dedans la clef des thresors que mon mary auoit mis entre les mains de vostre pere pour les conseruer à mō fils Ioël. Viuez tous deux en amitié, & disant cela, elle l'embrassa & disparut. La fille se resueilla toute effrayee, & fit vn tel cry que la mere s'esueilla aussi, & accourut au bruit, à laquelle Eugenia raconta sa vision, & la mere se resouuint aussi-tost du Prince Ioël, qui à l'aage de neuf ou dix ans auoit esté perdu par la malice de sa belle-mere, sans sçauoir comment, & sur cela elles embrasserent toutes deux le singe Ioël, qui auoit eu la mesme vision, & qui fut comme honteux de se voir ainsi caressé de ces Dames, ausquelles il baisoit les mains, & principalement à sa chere & bien aymee Eugenia.

Eux trois consulterent ensemble comment ils auoient à se gouuerner en cét affaire, pour ne point encourir l'indignation du Prince Aman Sophar; & premierement la mere fut d'auis qu'auant que de reprendre sa premiere forme par le bain qu'ils prepareroient pour cela, il retourneroit chez son frere, dont apres quelques iours il s'absenteroit comme de luy mesme, & puis donneroient ordre au reste; mais auant tout cela ils allerent vers ceste pierre du iardin, laquelle estant mise dans le feu, comme il leur auoit esté enseigné par la vision, s'esclatta aussi-tost, & trouuerent la clef, auec laquelle descendans trois degrez en vn caueau ils ouurirent vne petite porte, & descouurirent vn grand coffre de fer où estoit vne grande quantité de ioyaux & de richesses, auec quelques memoires de ce que le pere de Ioël auoit desiré estre fait apres son decez. Cela fait, la mere d'Ozania remena le singe Ioël à son frere Aman, le remerciant de sa courtoisie de ce que ce singe estoit cause de la santé de sa fille. Ioël demeura donc encore quelque peu de temps au Palais en faisant les mesmes choses qu'il auoit accoustumé, & comme vn iour il alloit pour cueillir quelques fruits pour les enfans, le iardinier poussé de malice, luy ietta vne pierre au visage dont il luy fit sortir vn peu de sang: le singe se voyant ainsi blessé s'enfuit aussi-tost & on ne le vit plus au Palais, dont chacun fut en peine, & Aman mesme le fit chercher par tout sans le pouuoir trouuer, ny chez Ozania mesme. Ce pendant le singe qui s'estoit caché dans vn buisson, ne manqua sur le soir de se rendre chez la Dame aupres de sa belle maistresse qui en estoient en peine, où il trouua le bain preparé, & s'estant mis dedans, elles furent toutes rauies en admiration de voir comme ceste peau qui le couuroit, aussi tost qu'elle sentit la chaleur de l'eau & la force des herbes, s'euanoüit en rien comme vne bruine chassée du vent ou dissipée par le Soleil. Ce Prince fut aussi tost reuestu de beaux & riches habits, & receu & festoyé à grande ioye de ces Dames, qu'il embrassa auec amour & tendresse, ne se pouuans tous trois tenir de pleurer de ioye d'vne chose si subite & inesperee. La reiouyssance fut par toute la maison, & les gens qui ne sçauoient pas le secret, creurent que c'estoit quelque ieune Seigneur parent de la Dame, qui l'appelloit son neueu.

Apres cela concertans entr'eux de ce qu'ils auoient à faire, le Prince Ioël voulut premierement donner asseurance de sa foy à la belle Ozania, qu'il promit d'espouser solemnellement en temps & lieu, puis ils leurent atten-

Q ij

ciusement le testament du Prince *Rostan Sofat* pere de Ioël, qui disposoit en sa faueur de tous ses tresors & de sa principale seigneurie de *Chafubir*, & donnoit à son second fils la seigneurie de *Sanat* & autres terres en partage, & autres dispositions en suite. Ils trouuerent tout cela bien signé & ratifié par le grand Empereur de *Negus* leur Seigneur souuerain, dont ils trouuerent force lettres, auec plusieurs riches presens, & entre autres d'vn cimeterre auec ses pendans riches & exquis; ce qui les fit resoudre de celebrer le mariage entre Ioël & *Eugenia* auec grande solemnité dans l'Eglise, comme ils estoient Chrestiens à l'Ethiopienne: ils passerent ainsi quelques iours doucement, puis ils auiserent qu'il estoit à propos auant que de se descouurir à *Aman Sophat* d'aller trouuer l'Empereur des *Abissins* pour auoir par son authorité la restitution de tous les biens qui luy apartenoient selon la derniere volonté & disposition de son pere, & que son frere luy tenoit depuis tant de temps. Estant parti en grande & magnifique équipage, il arriua enfin à *Barua* où estoit la cour, & ayant fait dresser ses pauillons, vint à la porte du Palais Royal, où ayant fait sonner les trompettes selon la coustume, deux des principaux Seigneurs l'introduirent deuant le Prince; deuant lequel se mettant à genoux, il luy fit en peu de paroles le recit de ses auantures. Dequoy l'Empereur esmerueillé, se souuint bien de luy, & comme il auoit esté perdu en sa ieunesse, & comme le bruit ayant couru que sa belle mere l'auoit fait estrangler & ietter dans la riuiere, elle auoit esté appellee en cour pour en respondre, & auoit eu assez de peine à s'en iustifier. Le Prince Ioël fit aporter de beaux presens à sa Maiesté dans vn vase d'or, & entr'autres vne belle horloge auec ses contrepoids, vn fort riche collier où estoit enchassee vne pierre de grande vertu qui retenoit le sang, comme il fut experimenté sur vne gazele que l'on blessa en trois endroits & dont il ne sortit pas vne seule goutte de sang. L'Empereur receut Ioël & ses presens auec de grandes caresses, & voulut que sa femme qu'il auoit amenee, vint saluër la Reine, qui la receut

& luy fit de grandes careſſes ; l'Empereur eſtoit aſſis ſur vn riche throſne enuironné d'vn daiz auec de grandes courtines, qu'ils appellent *Mandilate*. La Princeſſe *Oxania* fit preſent à la Reine de chaiſnes de corail, & d'vne croix de rubis fort riche, d'vn miroir de criſtal ſur vne fine eſmeraude, & autres beaux preſens qui auoient eſté trouuez dans le treſor du pere de Ioël.

Ces preſens faits auec les complimens ordinaires, l'Empereur ſuiuant la requeſte du Prince Ioël, depeſcha le *Calſena* pour aller adiourner le Prince *Aman Sofar* à venir reſpondre de ce fait en cour, dont il fut fort eſtonné, & de la demande & du recouurement de ſon frere Ioël, que l'on penſoit mort il y auoit long-temps. Il vint neantmoins à la cour en diligence, & trouua le *Negus* à pluſieurs iournees de là, où Ioël l'auoit veu premierement: car la cour ne ſeiourne gueres plus de trois iours en vn lieu, pour le grand nombre de gens qui ſuiuent le Prince; c'eſtoit en la Prouince de *Gianamora*, pays de Mahometans, qui s'eſtoient rebellez pour le gibre ou gabelle. *Aman* auſſi-toſt qu'il fut arriué fit tendre ſes pauillons, & auant que de ſe preſenter à l'Empereur voulut ſçauoir où logeoit ſon frere Ioël, qui ſçachant ſa venuë, bien qu'il fuſt l'aiſné, ne laiſſa d'aller audeuant de luy, & le recogneut fort bien, l'autre n'en ayant aucune connoiſſance: toutefois à la premiere veuë, comme le bon ſang ne peut mentir, voyant la face du pere dépeinte ſur celle de Ioël, le cœur luy attendrit, & mettant vn genoüil en terre ſe mit à pleurer. Ioël le releua, le baiſa, & tous deux s'embraſſerent auec vne grande demonſtration de ioye & d'affection, & ſouperent enſemble. Apres le ſouper *Aman* auec vne grande humilité teſmoigna à ſon frere qu'il ne deſiroit rien retenir de tout ce qui luy apartenoit, mais qu'eſtimant plus ſon amitié que tous les biens du monde il luy remettroit de bon cœur toutes les ſeigneuries qu'il auoit poſſedees entre ſes mains, puis qu'il auoit pleu à Dieu de le faire reuenir apres vne ſi longue abſence qu'on l'auoit tenu comme perdu; & qu'il le ſuplioit de luy laiſſer quelque choſe pour ſoy &

ses enfans. Ioel l'embrasse la dessus, & luy dit qu'ils partageroient ensemble si bien qu'il en seroit content, & qu'il vouloit viure auec luy en paix & amitié comme bon frere, & luy montra le testament du pere qui les regloit tous deux, dont Aman fut merueilleusement content & satisfait, sinon qu'il ne pouuoit suporter le mariage de son frere auec Ozania, comme estant trop au dessous de sa qualité, outre qu'il croioit qu'elle eust vsé de quelque surprise & artifice pour attirer son frere; toutefois il dissimula cela pour lors, particulierement lors que Ioël luy contant toute l'histoire de sa vie & de sa transformation, & le recouurement de sa premiere forme, luy declara l'obligation qu'il auoit à cette bonne Dame, qui estoit si grande qu'il ne pouuoit faire de moins que d'espouser sa fille.

Apres cela ils se resolurent d'aller ensemble au Palais passans au milieu de l'armée ou de la cour, qui est rangée par pauillons comme vne puissante ville en ses ruës & places diuerses.

Ils vindrent donc selon les ceremonies accoustumees faire la reuerence à l'Empereur, auquel ils tesmoignerent l'accord & accommodement à l'amiable fait entr'eux, dont il fut extremement content; & regardant l'espee que Ioël portoit, il luy dit qu'il reconnoissoit que c'estoit celle qu'il auoit donnee à son pere, & que s'il l'employoit bien pour son seruice, il ne perdroit pas son temps ny sa peine, & deslors il fit apporter deux haches d'armes pour porter à cheual d'vne admirable trempe & bonté, enrichies de pierres pretieuses, chacune dans son fourreau d'argent doré, & les ayant tirees, il leur dit, qu'il vouloit qu'ils les gardassent toutes deux pour l'amour de luy, & qu'il leur donnoit auec cela vn bon cheual à chacun qu'ils trouueroient à la porte du Palais tous prests & enharnachez, & les exhorta de viure toujours en bonne paix & amour fraternelle entr'eux. Le Negus donna de plus à Ioël en reuanche des beaux presens qu'il luy auoit faits, deux elefans tous chargez de matirales, sorte de monnoye d'or qui ne se bat point en Ethiopie, car là il ne s'y fait aucune sorte de monnoye, dont Ioël ayant pris congé de sa

du sieur Vincent le Blanc.

Maiesté, en donna vn à son frere auec sa charge.

L'Imperatrice aussi, quand *Bugenia* ou *Ozania* alla prendre congé d'elle, luy fit present d'vne chaisne de belles perles d'vne excessiue grosseur, & de deux pendans d'oreilles de rubis, qui sembloient deux charbons ardans.

Estans partis de la cour, ils enuoyerent tout leur bagage par terre par le mesme chemin qu'ils estoient venus, & eux gaignerent *Vangor* pour se mettre sur la *Zambre* pour abreger leur voyage de la moitié. Estans arriuez Ioël fut receu auec vn incroyable contentement de tous les peuples du pays, & *Aman* luy remit en main tout ce qu'il auoit tenu iusqu'alors comme sien, & se retira dans les seigneuries qui luy estoient escheuës, & Ioël eut de sa femme *Ozania* deux fils, l'vn nommé Gabriël & l'autre *Aman* qui luy succederent apres sa mort.

Voila quelle fut la tragicomedie, c'est à dire la pitoyable, puis ioyeuse auenture du Prince Ioël, qui durant sa vie de singe receut toutes sortes d'incommoditez, au temps qu'il luy falloit aller chercher sa vie auec mil hazards & fascheux accidens, estant souuent pressé de faim, soif, froid & chaud, allant par les campagnes & deserts, & souuent exposé à l'iniure du temps, mais plus des hommes qui font vne cruelle guerre à ces petits animaux, d'autant qu'ils gastent les iardins, despoüillent les arbres de fruicts non encore meurs, & font mille autres rauages sur les vollailles, poussins, connils & oyseaux domestiques, qui est cause qu'on les persecute à coups de pierres, flesches & arquebuses. Si bien qu'il auoit fort trauaillé par sa prudence & dexterité à esquiuer tous ces inconueniens, & contoit à sa belle mere *Isania*, que souuent il auoit esté contraint de se repaistre de rats, taupes, souris, serpens, vers, & autre vermine, pour ne mourir pas de faim.

Isania, la belle-mere de Ioel, voyant que desormais ils estoient en repos, prenoit grand plaisir à sçauoir plusieurs particularitez de la penible vie que son gendre auoit menée durant sa transformation & captiuité. Cette vie se pouuant bien à bon droict appeller vne cruelle seruitude, de dire que les Magiciens eussent vn tel pouuoir de transformer vn corps humain sans son consentement & sa volonté. Et de faict il disoit que souuent cela l'auoit jetté en d'estranges desespoirs, iusques à estre prest à se precipiter, mesme qu'vn iour estant en cette furieuse resolution vn autre gros singe noir se presenta à luy qui l'auoit conduit vers vn puits fort profond, & puis l'auoit induit à se ietter dedans ; mais que la profondeur & obscurité l'auoit tellement effrayé qu'il s'en retira, & vn oyseau blanc luy estoit apparu qui l'auoit retiré de cette tentation, & mené à vn endroit où il trouua vn petit sac plein de pain, dont il auoit vn peu appaisé sa faim. Il contoit encor, que suiuant vn iour vne certaine beste qu'il auoit apperceüe, elle le mena dans vne grande assemblee de personnes de tout sexe & aage, qui dansoient au son des instrumens, le visage tourné en dehors, où il apperceut entr'autres vne sienne mere nourrice qui luy donna vn habillement, car il luy fut auis qu'alors il estoit remis en sa premiere forme d'homme ; que parmy tout cela il vid vn ours à qui tout ce peuple faisoit adoration, & que sa nourrice l'induisoit aussi à ce faire, luy promettant que ce Seigneur estoit tout puissant de le remettre dans ses biens & heritages, & de luy donner toutes sortes de plaisirs & contentemens, pourueu qu'il luy fist l'hommage que les autres luy rendoient, mais comme Chrestien il eut horreur de cela. Dans cette apprehensión il vid les tables dressees & couuertes à vn instant de toutes sortes de viandes dont chacun se repeut & luy aussi, bien qu'il trouuast toutes ces viandes mal apprestees & de fort mauuais goust, & qu'enfin tout cela disparut, luy demeurât en sa forme de singe cōme auparauant, & seul dans vne grande solitude, dont il eut bien de la peine à sortir. Comme il faisoit ce conte, la Dame *Isania* s'estonna fort d'entendre que la mere nourrice de Ioël qui estoit sa proche parente, se fust trouuée à ce sabat de sorciers, & en voulut estre esclaircie. Ils allerent la visiter, car elle logeoit proche de là, & trouuerent que cela estoit vray, comme cette pauure femme leur confessa, & Ioël la sceut si bien prescher par raisons & douces paroles qu'elle se remit au bon chemin, quittant cette vie

abo-

abominable, & s'en alla à saincte Marie de Sion, l'vne des plus celebres Eglises d'Ethiopie, où leur *Abuna* ou Patriache fait sa demeure principale, & receut son absolution bien contrite & penitente, & exorcisée auec vn sien fils qu'elle auoit mené en cette maudite assemblée, ce qui se rencontra le iour de S. *Abeblicane*, feste fort celebre entre eux; ceux du pays adioustoient que sur son corps on trouua certaines marques où la chair estoit insensible aux piqueures, ainsi que l'on conte de nos sorciers de deçà; ce qui montre que satan est par tout le mesme : mais en somme leurs liures content bien particulierement toute ceste histoire de Ioël comme veritable, que i'ay ouye de la bouche de ceux du pays. Ce n'est pas vne petite difficulté, comment ces transformations se peuuent faire par l'operation des demons; car l'histoire Sainte nous aprend assez que la toute puissance de Dieu a fait voir cela quelquefois en la personne de ce grand Empereur de Babylone, & si les demons l'ont sceu faire aussi, ce ne peut auoir esté que illusoirement, ou sçachant apliquer les choses actiues aux passiues, & encores auec la permission du Souuerain maistre, qui exerce ses iugemens iustes & inconneus comme & quand il luy plaist.

Voy si cela se peut faire en S. Aug. l. 18. c. 18. de la Cité de Dieu.

Nous auons mesme assez d'exemples anciens & modernes de lougarous ou hommes conuertis en loups, soit en effet, soit en aparence seulement par imagination corrompue, qui est la transformation ordinaire des sorciers en plusieurs sortes de bestes : & on a remarqué de ces lougarous qu'ils entroient en des villages où ils faisoient mil meurtres de femmes & d'enfans, & qu'ils auoient les dents courtes comme celles d'vn homme ; i'ay remarqué ailleurs comment mon compagnon *Cassis* pensa estre ainsi transformé en cheual à *Transiane*. A propos de cela ie me souuiens auoir veu au grand Caire vn charlatan, ou plustost magicien, appellé *Harafit*, qui auoit vn asne à qui il faisoit faire des choses estranges & merueilleuses, & tenoit-on que c'estoit vn ieune homme qu'il auoit changé ainsi pour gagner beaucoup d'argent qu'on nommoit *Carabit*; car ceste beste en

II. Part. R

tendoit tres bien la parole & le sens d'icelle. Pour moy l'auois toufiours la pensee qui c'estoit quelque creature raisonnable, ou bien que cét animal estoit poussé & possedé par quelque demon, car entre autres il sçauoit choisir la plus belle femme de la troupe, encores qu'elles soient toutes côme masquees & couuertes d'vne mante qui leur cache le visage, & mille autres choses autant & plus estranges que celles qu'on a veu il n'y a pas long-temps à Paris, en ce cheual fameux nommé *Morace*. On nous adiouste que cét asne estoit le propre fils du magicien; de sorte que l'escriuain de nostre nauire & vn autre & moy eûmes la curiosité d'aller trouuer ce charlatan qui logeoit à *Brillac* audelà du *Nil*, & l'ayans bien festiné & donné vne piece d'argent pour nous descouurir son secret, l'escriuain luy dit que s'il vouloit leur transmüer vn ieune Grec qu'ils auoient rachepté d'esclauage, on luy donneroit cent sequins, car nous auions dessein de le mener au Roy de France pour en faire bien nostre profit; ce qu'il accorda & promit faire pourueu que celuy qui se resoudroit de conduire l'asne renonçast à sa loy, & le Grec aussi; & sur cela luy monstra sept caracteres pour cela, en chacun desquels y auoit le nom d'vn demon des sept principaux, & vn liure où il y auoit des choses horribles & execrables: mais ayans horreur de tout cela, nous nous contentâmes d'auoir descouuert tant de meschancetez, & le laissames là sans autre chose.

Pource qui est des lougarous, ie n'en trouue rien de si estrange que ce que me conta vn iour le Commandeur de *Bagaris*; il dit que s'en allant auec quelques autres de sa commanderie de *Liunac* à *Montpelier*, ils rencontrerent vn vieil homme auec son bissac sur les espaules, qui marchoit à grands pas vers la mesme ville, & quelqu'vn de la troupe luy dit par charité qu'il pouuoit bailler son sac à porter à quelqu'vn des valets: il en fit quelque difficulté au commencement; mais enfin il y condescendit, & le seruiteur valet de chambre du Commandeur, nommé Nicolas, s'en chargea, & comme il estoit desia tard, chacun doubla le pas pour arriuer d'heure, en disant au bon vieillard qu'ils alloient de nant & qu'ils logeroient au cheual blanc, ce valet de chambre estant arriué des premiers eut la curiosité de voir ce qui estoit dans ce sac, & trouua que c'estoit vne peau de loup si bien accommodée en forme de vestement, qu'il luy prit enuie par plaisir de s'en vestir, & l'ayant endossée & mis sa teste dedans la testiere de cette peau, & le reste accommodé comme pour faire vne mascarade à l'arriuée de son maistre, commence à entrer en furie dans la salle où l'on soupoit & vint droit à des messieurs qui estoient en table, se iettant sur eux à belles dents & grifes, & en fit vn estrange rauage, en blessant deux ou trois, si bien qu'ils coururent tous à leurs espees, & tous les valets & autres gens du logis chargerent sur ce maistre loup, auquel ils donnerent tant de coups qu'ils le coucherent à terre bien blessé en plusieurs endroits; & comme ils le visitoient ils furent estonnez de trouuer sous ceste peau ce pauure garçon tout en sang, qu'ils porterent aussi-tost sur vn lict où il fut pensé de ses playes & meurtrissures dont il estoit tout couuert, & dont il fut long-temps à guerir, ce qui luy aprit bien à n'estre pas si curieux vne autre fois de prendre de ces sortes d'habits. Cela donna vn mauuais souper à toute la compagnie, & plusieurs en furent bien malades, soit de coups, soit d'aprehension. Pour le vieillard lougarou on ne sçait ce qu'il deuint; mais il y a apparence que sçachant ce beau mesnage il n'eut garde de se presenter.

Du desert de Beniermi, & des villes de Dangala, Macbida, Georgia, &c.

CHAPITRE XIX.

Endant ceste nauigation, que i'auois interrompuë à l'occasion de cette histoire prodigieuse, nous trouuâmes vn paysan qui montoit vne iument, & l'ayant embarquée pour passer de l'autre part qui estoit en la Prouince de *Dasila*, il ne se prit pas garde que son poulain la suiuoit, & se ietta dans l'eau pour aller apres sa mere; ce que voyant le paysan il pria le nautonnier de retourner le prendre; ce que l'autre ne voulant faire, il fut contraint de se ietter en l'eau pour sauuer ce poulain; mais sans nous qui le rencontrâmes là de bonne fortune, & courûmes au secours, ce pauure homme se perdoit auec son poulain, l'eau par sa violence les emportant tous deux. L'ayans ainsi garanti, il estoit si effrayé & hors d'haleine qu'il ne nous pût dire seulement grand-mercy : mais il nous dit apres que son maistre luy eust fait payer le poulain, pource qu'il ne l'auoit pas bien attaché.

Apres cela durant quatre grandes heures, nous trauersâmes vn desert qu'ils appellent *Beniermi*, où nous vîmes plusieurs sortes de bestes sauuages, & entr'autres deux lyons qui reposoient sous des arbres, & auoiët le mufle tout sanglant; ils ne se bougerent pas quand ils nous apperceurent, bien que quelques vns des nostres craignoient qu'ils ne sautassent dans nos barques pour nous attaquer : mais on nous asseura que non, pourueu qu'on ne les assaillit point, à cause du naturel noble & genereux de cét animal, qui ne fait mal qu'à ceux qui l'offensent. Apres ces deserts nous trouuâmes de grandes campagnes cultiuées, les vnes semées de

du sieur Vincent le Blanc. 133

mil, lupins & feves ; autres de cannes de succre.

Estans arriuez à *Misen* nous nous y arrestâmes vn iour, puis à deux mil de là nous vinmes à *Cafa* gentile ville, & en suite passans pays, nous prîmes terre à vne iollie ville du costé de la *Nubie*, appellee *Himi*, pour y prendre des melons & pasteques qui y sont les meilleurs du monde. Et de là tirâmes vers *Dangala* fort bonne ville ; mais comme nous aprochions trop de terre, nostre almadie s'aggraua de telle sorte, qu'il nous falut descharger toutes nos hardes pour la remettre, ce qui nous arresta plus de deux heures, & nous falut coucher à *Bisen* à quatre lieuës de *Dangala* où nous allâmes le lendemain, tousiours accompagnez de pluyes, tonnerres & esclairs : ce qui fut cause que nous ne peûmes passer de l'autre costé du *Nil* pour voir *Dasila* chef de la Prouince du mesme nom, où regnoit vn Prince des plus braues & vaillans de tout l'Empire du *Negus*. Quant à *Dangala* elle est suiete au *Barnagus* qui l'a euë en eschange pour *Cassima*, & depuis toutes les deux luy sont demeurees moyennant de l'argent. Elle est dans la *Nubie* à l'opposite de la Prouince de *Dasila*, qui s'estend iusques à *Dansila*. De là nous vinmes en cinq iournees à *Mara* belle ville, à l'opposite de la Prouince de *Gansila* au delà du *Nil*. C'est vn pays bien peuplé & abondant en tous biens, où entr'autres est la mine d'argent le plus fin. De là en deux iours à *Berga*, & en vne autre à *Tiruti* ville abondante en tous biens, mais fort sale. Et de l'autre costé du *Nil* est *Garouge* au Royaume de *Tamaras*. Puis en deux iours par dix sept lieuës à *Dacrue* où est la mine de plomb & d'antimoine, dont ils tirent vn grand profit, enuoyans de ces metaux par tout : ils en font de la monnoye meslée auec du cuiure, qu'ils appellent *Caczec*.

En cette ville nous eûmes le plaisir d'vne moralité qui y fut representee sur la conuersion de la Magdelaine, qui fut fort belle & contemplatiue. Nous eûmes enuie d'aller de là par terre sous les ombrages iusques à *Machiada*, ville qu'ils veulent auoir esté bastie par la Reine de Saba, qui s'appelloit ainsi, & nous disoient que nous verrions dans son Eglise fort antique la figure de cette Reine ; mais y estans arriuez,

R iij

nous ne trouuâmes rien de cela, mais la ville toute ruinée, qui toutefois monstroit auoir esté autrefois quelque chose de beau, car on y voyoit encore les ruines d'vn chasteau qui deuoit estre vue forte place, pour auoir toutes ses auenuës de difficille accez. Le iour d'apres nous allâmes à *Fuingi* ou *Fungi*, & de là en quatre iournées à *Rifa*, puis à *Sanina, Asmona, Canan, Asna*, où y a vn chasteau appellé *Asiar*; quelques-vns veulent que là ait esté l'ancienne ville de *Syené* tant renommée, & scituée tout droit sous le Tropique de deçà. De là en quatre iournées à *Barbanda*; & de l'autre costé vers la mer Rouge est *Georgian* ville habitée de Chrestiens *Georgiens*, qui ont la permission du Turc d'aller en Ierusalem visiter le saint Sepulchre la banniere desployée, sans payer aucuns droits ny passages comme font tous les autres. Ils content vn miracle qui arriua autrefois sur ce peuple, lors qu'estans persecutez par vn Roy infidelle, Dieu enuoya vne perpetuelle obscurité sur les ennemis, dont ils furent ainsi deliurez : & sur ce suiet *Abufar* grand Poëte & historien Arabe a escrit quelques vers. Mais i'ay ouy conter à d'autres que cela mesme arriua au pays de *Georgiane* ou *Albanie* dans la grande Asie, en vn endroit dit *Bonhainson*, où les Chrestiens poursuiuis par *Sauré* Roy de Perse Mahometan, s'estoient enfuis pour se sauuer, & qu'iceluy les ayant enuironnez de son ost pour les exterminer tous, par leurs prieres les tenebres vindrent telles sur ce Roy & les siens, que les Chrestiens eurent moyen de se sauuer. Quelques-vns disent mesme que cét endroict de pays est tousiours demeuré depuis en obscurité, & que personne n'y ose entrer à cause de cela, & que mesme on y entend encore des cris d'hommes & hannissemens de cheuaux, sans sçauoir que c'est, ainsi que raporte l'Anglois Iean de Maudeuille en ses Voyages, à la foy duquel ie me remets.

Ayant demeuré vn iour en la ville de *Georgian* ou *Georgia*, nous passâmes de l'autre costé en deux iours pour voir la ville de *Esue*, & de là à *Cosia*; puis repassans le *Nil* vinmes à *Iemin* premiere ville de la haute Egypte : là ils sont tous Mores, mais nonobstant gens de conscience, & receûmes toute courtoisie d'eux. De là nous allâmes saluër le Soltan ou Gouuerneur de la ville d'*Almona*, & prendre de luy passeport, pource que nous entrions du tout en terre d'infidelles & suicts du grand Seigneur. Ce Soltan nous montra de grands signes d'affection & bonne volonté, & enuoya mesme par vne fregate audelà du *Nil* pour recouurer de beaux fruits qui se prennent en vn iardin de la ville de *Tima*, & nous donna des pesches fort grosses & sans noyau, mais non si sauoureuses & si bonnes que les bonnes de nostre Europe.

A deux iournees de là nous vinmes à *Grandol* ville fort marchande, & de là en deux iours à *Manucat* grande ville d'enuiron vingt mil feux; mais à vne lieuë de là s'en trouue vne autre plus belle & plus grande, nommée *Bazuelle* ou *Baziele*, qui estoit estimee autrefois comme vn fauxbourg du Caire. Là se voit vne des riches Mosquees de toute l'Egypte, qu'ils appellent *Gemit azoré* ou *Hamré*, où les Mahometans vont rendre leurs vœux, auec force presens, & disent que ceste Mosquee fut bastie en l'honneur d'vne sainte femme nommée *Nafissé* parente du faux prophete Mahomet, & qui viuoit auec vne vie fort austere. Ils entretiennent là dedans diuerses sortes de *Maabouts* ou Hermites, qui y viennent faire leur penitence. Ils en content force miracles fabuleux, & entr'autres vn sur la resurrection d'vn mort pretendu au temps du Soudan *Saladin*, qui auoit vn de ses seruiteurs nommé *Aliazé*, lequel s'estant marié à vne fort belle & riche Damoiselle, fut si mal traitté par ceste femme qui faisoit l'amour ailleurs, qui à demi desesperé il s'alla plaindre au *Cherif* ou Prestre de ceste Mosquée, qui y viuoit fort austerement. Ce *Cherif* le consola & luy donna pour conseil, de se cacher pour quelques iours, & faire le mort pour voir la mine de sa femme, ce qu'il fit. Et le *Cherif* cependant alloit visiter ceste femme, luy demandant soigneusement des nouuelles de son mary, & luy donna à entendre que s'il estoit perdu ou mort à son occasion, elle seroit damnee sans esperance de pardon. Elle estonnee de cela, luy respondit qu'il y auoit plus de 15. ou 20. iours qu'elle ne l'auoit veu, & qu'elle regretoit grandement son absence, mais qu'elle

Voy Leon Afr l. 8.

faisoit vœu à Dieu & au Prophete, si elle pouuoit vne fois le recouurer, de le traitter mieux que par le passé. En mesme temps de bonne fortune on trouua le corps d'vn ieune homme qui auoit esté noyé dans le Nil, si defiguré qu'on ne le pouuoit recognoistre: le Cherif prenant ceste occasion, & en ayant conferé auec le mary, ils conclurent de prendre ce corps, le vestir d'vn de ses habits, & luy mettre sa bague au doigt, puis le porter à la Mosquee couuert d'vn drap, & dire que c'estoit le corps du mary de ceste femme. Ce qui fut fait, dont la femme ayant eu nouuelles, y vint aussitost, & ayant recognu l'habillement & la bague, elle se mit à faire de grands cris & lamentations sur sa perte; surquoy le Prestre la consolant luy dit que si elle faisoit vne neufuaine en ceste Mosquee, la tres heureuse sainte pourroit luy rendre son mary en vie, & adioustoit quelque vision qu'il disoit auoir euë en priant pour le deffunct. En vn mot il l'a sceut si bié persuader par ses paroles & par son authorité, qu'elle vint le matin à la Mosquee pour faire certain sacrifice & des prieres pour cela sur le tombeau où le Cherif auoit fait cacher la nuict son mary, & lors le galant de Prestre ayant coniuré ce mort, par la puissance du grand Dieu, du prophete & de la saincte, qu'il eust à se leuer du tombeau, & venir consoler sa pauure femme desolée, aussi tost le compagnon commença à faire du bruict & crier, Me voicy, & le Cherif faisant bonne mine, descouurit la tombe, & le mary en sortit, & alla embrasser sa femme toute esperduë de ioye pour vn si beau miracle, dont tout le monde fut aussi-tost abbreuué, & depuis ce temps là ceste Mosquée a esté plus frequentée, où chacun fait ses vœux pour auoir l'accomplissement de ses desirs. Voila les beaux miracles de ces Mahometans.

De grand

Du grand Caire, du baume d'Egypte, du Nil, des Crocodilles, & des particularitez d'Egypte.

CHAPITRE XX.

Vans visité la ville de *Baxuelle* & sa superbe Mosquée, dont toutesfois l'edifice n'approche pas de la perfection de nos Eglises mieux basties, nous vinmes en quatre heures au grand *Caire*. Nous arriuâmes premierement à *Bebelot* ou *Bebelloch*, qui est vn bourg ou faux-bourg de 20000. feux, & puis à vne lieuë de là à vn autre nommé *Iamet Talon* ou *Gemeh Tailon*, de là à vn autre nommé *Garafa* ou *Charafa*, ioignant le grand Caire, & enfin à ceux de *Bebzuailac* ou *Bulah*.

Cette grande ville est bastie sur les ruines de l'ancienne *Babylon* & *Memphis*, où estoit la demeure des Pharaons Rois d'Egypte, puis elle l'a esté des premiers Empereurs Sarrazins & des derniers Soudans, que pour ce on appelloit Soudans & Califes de Babylone ou du Caire, à la difference de l'autre Babylone de Chaldée, que l'on appelloit en nos histoires Soudans & Califes de *Balda* ou de *Baudas* & *Bandas*, qui est *Bagded*.

La ville du Caire ou *Alcayr* fut bastie il y a enuiron 600. ans, par vn esclaue du Calife *Elcain*, nommé *Gehoar* & *Chaiq*, où les Califes d'Egypte establirent leur Siege pendant qu'il y en auoit vn autre à *Bagded*, & vn à *Cairoan* à cent mil de *Thunes*. Ceste ville ayant esté long-temps sous la puissance des Soudans, fut enfin prise l'an 1517. par les Turcs qui ruinerent l'Empire des Mameluës. Elle est assise sur vne bonne partie du *Nil*, & diuisée en quatre parties principales, dont l'vne est scituée sur vn petit

II. Partie.   S

cousteau ou lieu eminent. L'autre le long du Nil plus bas, où l'on dit qu'autrefois estoit Memphis, & où le Nil fait vne tres belle isle, auec de tres beaux iardinages. Ceste partie peut estre de 80. ou 90. mil feux, habitee des plus riches marchands. Il y en a vne autre partie à deux mil de là, de non gueres moindre estenduë, que les habitans appellent Muhacar. Puis l'ancienne ville que ceux du pays appellent Bezuela dont nous auons desia parlé, où il y a de magnifiques & somptueux edifices & Mosquees, & vn tres bel hospital entr'autres. Ceste partie est de quelque 20. mil feux, qui s'estend plus de demi lieuë vers Occident, & se va ioindre iusques au Palais du Sultan ou Bascha vers le Midy, & vers le Nort à vn petit faux-bourg qu'ils appellent Babsoc qui court vers le Leuant, iusqu'à vn autre de mesme grandeur appellé Iemet Taulon, du nom du Soudan qui le fonda. En cettuy-là il y a vne grande place & vn somptueux College bien renté, où de tous costez on vient aprendre les sciences. De là à enuiron deux mil il y a vne autre partie bien bastie, appellee Charafa. La vieille ville de Bzuela ou Bazieles autrement appellee Misfuletif ou Misfuletich, est celle où est la renommee sepulture de leur pretenduë sainte Nafisse petite niepce de Mahomet de par son gendre Hali.

Vray baume.

Voy Pierre Martyr en sa legation Babyl. l. 3. qui dit estre en l'an 1502. que ceste plante estoit perduë.

De ce costé là est le iardin qui porte la plante du vray baume tant renommé dans le lieu qu'ils appellent Almatria, & les Chrestiens Materea. Ceste plante a la fueille comme le lentisque ou le trefle, que tous les ans on taille comme la vigne, ainsi que i'ay ouy dire au iardinier qui en a le soing, elle est assez petite & ne s'en trouue pas quantité.

Les Ethiopiens disent que la Reine de Saba porta ceste plante à Salomon qui la fit mettre aux iardins de Iericho, & que depuis elle fut transportee en ce lieu par les Sarazins; mais d'autres disent qu'elle a esté premierement apportee de l'Arabie heureuse, où tout le baume qui y croist encores auiourd'huy est du tout semblable en vertus & qualitez à cestui-cy. Sur la fin du mois de May on fend l'escorce, non pas auec le fer, mais auec quelqu'autre matiere, d'où sort la liqueur qu'on recueille dans vn vase de verre. On adiouste

du sieur Vincent le Blanc. 139

qu'il n'y a que les Chrestiens qui puissent cultiuer ceste plante, & qu'elle mouroit entre les mains des infidelles.

En quelques endroits des Indes Occidentales, en la nouuelle Espagne, & pres Cartagene, il s'en trouue qu'on n'estime pas moins que cét Egyptien. Il croist au milieu d'vne fontaine en forme de puys. Les Mahometans disent que c'est à ceste fontaine où se reposa la Vierge estant en Egypte, & où elle lauoit les linges de son Enfant Iesus. A costé de là y a vne Isle où est vn tres beau Palais où le Bascha se va quelque fois recreer, qu'on appelle *Michial* ; c'est là que commence le canal ou Aqueduc, où il y a vne colonne pour cognoistre la fertilité ou sterilité de l'annee selon la hauteur du *Nil* en son desbordement.

v. y Menandes.

La partie du Caire sur le *Nil*, qui est fort grande, appellée *ubacon* ou *Bebesoc*, & *Boulac*, est celle où abordent ordinairement les germes ou vaisseaux venans de *Rosete*, *Alexandrie*, & autres parts.

En vn mot ceste ville est composée de plusieurs villes ou bourgs & faux bourgs, bien peuplée, & ie croy qu'il y a autant d'habitans en ceste place seule qu'en tout le reste de l'Egypte ; & il faut estre bien monté pour pouuoir visiter toutes ses habitations en deux & mesme en trois iours.

Le Palais du Bascha est celuy où habitoient les Soudans, & qui durant la grandeur florissante de cét Empire estoit l'vn des plus beaux, riches & magnifiques de la terre, ainsi que le descriuent nos François qui y furent en ce temps là, y ayant plusieurs courts chacune auec sa garde, portiques, galeries à colonnes de marbre, voûtes dorees, paué de marqueterie à la Mosaïque, auec moulures, tailles & grauieures diuerses, grands iardins, fontaines, viuiers, voleries, & autres singularitez : toutes sortes de richesses en meubles, pierreries, or & argent. Le *Calife* ou *Soldan* auoit son trosne d'or massif, & ne se laissoit voir que fort rarement, & encores à quelques Ambassadeurs seulement.

L'Atchera. de Tyr. l. 19.

La plus part des Dames y sont vestues de blanc auec des calçons, & vn masque de mesme couleur, la chemise de soye de diuerses couleurs, vn petit bonnet sur la teste de quelque

R ij

riche estoffes, vn cordon & vn flocon au dessus, auec vne grande veste qui leur couure tout le corps.

Quand à l'innondation du *Nil*, elle se fait lentement & sans porter dommage, & quand il arriue chacun tesmoigne vne grande resiouyssance & triomphe, & à sa venuë courent la veste, qui est vne sorte de ieu de prix, & font des fossez exprés pour receuoir l'eau, y ayant des gens exprés qui vont en remontant iusqu'a quatre & cinq iournées loin pour voir si ces eaux s'aprochent auec roideur & violence, & de là viennent en grand haste en auertir le Bascha, & luy monstrer iusqu'à quelle hauteur; & quand on sçait que cela peut estre à demi-iournee, le Bascha monte à cheual auec toute la noblesse, vestus tous de leurs plus beaux habits faisans porter la veste ou robbe de Mahomet par vn *Marabou* en grand triomphe, & par le chemin courans la masse, tirans de l'arc à vne pomme d'or au bout d'vne pique, & faisans faire trois ou quatre tours & passades fort vistes à l'entour à leurs cheuaux, puis courans à toute bride vers la pomme, tirent à l'encontre, & celuy qui fait le meilleur coup emporte le prix. Pour la masse ils mettent vne potence au milieu du chemin, auec deux pieces de bois en trauers où ils posent le blanc, auec la masse à trois pointes, & ayans couru trois ou quatre fois tout à l'entour, viennent de roideur donner dedans, & ainsi se resiouyssent en attendant la venuë du *Nil*. Chacun se prepare aussi à nettoyer les cisternes qu'ils appellent *Maramories*, afin de les remplir pour toute l'annee, car ils n'ont ny puys ny fontaines que i'aye veuës, & iamais il n'y pleut, sinon qu'il y fait tous les soirs vne rosée telle que si l'on dormoit au serain, on se trouueroit aussi mouillé que si on sortoit de la riuiere. Le mesme arriue au *Perou* où il ne pleut point aussi, mais au lieu de cela ils ont vn vent rafraichissant & humectant.

Le *Paraguay* ou riuiere de la *Plate* au *Brezil* a les mesmes innondatious que le *Nil*, mais auec plus de violence, & demeure bien trois mois à bagner le pays par où il passe, au lieu que le *Nil* vient fort doucement, & s'en retourne de mesme, ne demeurant pas deuant vne ville plus de quinze ou vingt

du sieur Vincent le Blanc. 141

leurs. Au reste ils font leurs habitations sur de petits tertres & enleueures de terre pour se garantir des eaux & de l'humidité; celles de la campagne ne sont basties la pluspart que de fiente de bœuf & de terre meslee, & il y en a mesme qui ne sont que de tentes de toille bien forte, de couleur rougeastre; mais ceux du fleuue d'argent sont contraints d'abandonner leurs maisons pour la furie de l'eau qui couure & emporte tout, & se mettre pour vn temps dans des canoës où ils viuent comme des canarts, iusques à ce que le fleuue estant retourné dans ses limites, ils vont reprendre leurs premieres habitations; il est vray que ie ne sçay pas bien si cela leur arriue tous les ans & en certain temps comme il fait en Egypte. Les anciens Egyptiens auoient aussi coustume de faire de grandes reiouyssances à l'arriuée de ceste innondation du *Nil*, & entr'autres vers le solstice d'Esté celebroient leur grande feste qu'ils appelloient *Niloa*, & tenoient ce fleuue comme vn Dieu qu'ils honoroient sous les noms d'*Osiris* & *Orus*, l'appellans sauueur de la haute Egypte, pere & createur de la basse, qui sans pluyes arrousoit & fecondoit leurs labourages.

Quant aux crocodilles, il y en a bon nombre en ce fleuue comme en beaucoup d'autres lieux des Indes Orientales & Occidentales, ainsi que i'ay remarqué ailleurs. Les Indiens les appellent *Caymans*, & ils sont si frians de la chair humaine qu'ils combattent pour cela à outrance & auec telle audace qu'vn homme se promenant vn iour le long de ce fleuue, tenant vn sien petit fils par la main, vn crocodille le luy vint subitement enleuer & luy tua entre les bras, sans que iamais il le peut sauuer. Que si d'auenture quelqu'vn tombe en l'eau c'est fait de luy, & pour cela il fait fort dangereux s'y rafraischir & baigner, si l'on n'est bien auisé, & souuent des basteaux chargez de gens s'estans perdus, ces animaux en ont fait vne grasse curee de la pluspart, leur donnans de si furieuses atteintes qu'ils emportoient aux vns bras & iambes, & aux autres les deuoroient cruellement; ils font vne rude & forte guerre aux tygres, ces animaux qui n'ont point de langues remuans la machoire superieure contre le natu-

S iij

rel de tous les autres animaux, faisant vne partie de l'ancienne idolatrie des Egyptiens. Quelques vns ont remarqué qu'ils ne faisoient pas tant de dommage autrefois en ces pays là, comme ils ont fait particulierement depuis que les Mahometans s'en sont emparez. On dit aussi que depuis qu'vn Gouuerneur d'Egypte eut osté vn crocodille de plomb qui auoit esté mis par enchantement & comme vn *Talisman*, en certain endroit, le pays fut beaucoup plus molesté de ces bestes.

Ceux qui se trouuent depuis le *Caire* en bas vers la mer ne sont pas si faschcux que ceux d'en haut vers Ethiopie, outre les crocodilles : ce fleuue nourrit encore des hippopotames ou cheuaux marins, & plusieurs autres sortes de monstres & poissons.

Enuiron à quatre lieuës du Caire, & vne & demie du Nil sont les fameuses pyramides d'vne prodigieuse hauteur & admirable structure, basties autresfois par les anciens Rois d'Egypte, ou par ostentation & pour memoire de leur grandeur & magnificence, ou pour garder leurs tresors, ou pour la sepulture de leurs corps. Le bastiment en est d'autant plus merueilleux que les pierres tres-grandes & dures en estoient apportées à grands frais & auec beaucoup de trauail de fort loin, mesmes comme disent quelques-vns d'Arabie & Ethiopie. Et ces masses estoient esleuées à cette immense hauteur, non par des gruës, eschafaudages & autres engins, qui n'estoient encores lors en vsage, mais auec des caualliers & des plateformes de terre, à force de bras & par vn labeur extréme, comme l'on dit des admirables edifices des *Ingas* du Perou à *Cusco* & ailleurs. C'est vne merueille que des trois la plus grande qu'on dit auoir esté bastie par *Chemmis* Roy d'Egypte, par le trauail de 300. mil hommes & 20. ans durant, soit encores quasi toute entiere, bien qu'il y ait plus de trois mil ans de sa construction. On tient que chaque face de son carré par en bas est de plus de 200. toises, sa hauteur de plus de 800. pieds. Elle est creuse au milieu, où il y a quelques allées & vne chambre où pourroit estre la sepulture. Les autres deux sont plus petites & toutes massiues, l'vne bastie par le

Rey *Cophus*, & l'autre par *Mycerine*, ou par la courtisane Rhodope.

La grandeur de ces edifices les a fait mettre au nombre des sept merueilles du monde, & dit-on que les enfans d'Israël furent employez au bastiment de ces masses enormes. On voit là encores quelque reste d'vn monstre merueilleux en sa forme & grandeur, qu'on dit estre d'vn sphinx, fait de marbre numidique ou serpentin tres-dur, ayant la face humaine, & le corsage de lyon, cõme les anciens figuroient ce monstre. Il y a encores quelque obelisque ou aiguille, aussi de l'ouurage des anciens, que les vns attribuent au Roy *Pheron*, d'autres à *Philadelphe*; quoy que c'en soit les grandes aiguilles que l'on voit auiourd'huy à Rome furent apportées de là, comme il se reconnoist encore aux lettres hieroglyphiques qui y sont grauées; car c'estoit l'escriture saincte & sacrée des anciens Egyptiens. *Hierogly-phiques.*

A costé de ces pyramides, au delà du Nil à l'Orient vers la mer Rouge, est le celebre pais dit *Thebaide*, & ses deserts, où viuoient tant de saincts Hermites & Anachoretes Chrestiens, comme vn S. Paul, S. Anthoine & autres, peuplé autrefois de tant de villes toutes remplies d'assemblées religieuses, où il y auoit plus de Monasteres & d'Eglises que d'autres maisons, & il n'y auoit coin où l'on n'entendit iour & nuict retentir les loüanges de Dieu, comme entr'autres l'on conte de la ville d'*Oxyrinchus*, qu'il s'y est trouué pour vne fois iusques à dix mil Religieux & autant de Religieuses, qui vsoient d'vne merueilleuse hospitalité & charité à l'enuy enuers les pauures passans & estrangers. En cette *Thebaide* estoit autresfois la renommée ville de *Thebes* à cent portes, dont on ne voit que les ruines.

De l'autre costé vers Occident sont les deserts de *Barca* vers Barbarie & Lybie, où estoit le celebre Temple & oracle d'*Ammon*, qu'Alexandre le Grand visita. Somme que toute l'Egypte est enuironnée de deserts & sablons, sinon du costé de la mer; car à l'Occident il y a des deserts de quinze iournées; à l'Orient ceux de *Thebaide* par trois ou quatre iusques au golfe Arabique: puis y a au delà de la mer Rouge le grand desert jusqu'en la Palestine, où les Israëlites furent 40. ans. Il faut plusieurs jours à le passer.

Mommies. Du Caire à *Delbequi* il y a des deserts où se trouuent les *mommies* ou corps dessechez dans les sables. Il y a d'vne autre sorte de corps embaumez trouuez dans les sepultures antiques.

Ces deserts sont de plus de 18. ou 20. iournées, & ceux qui y passent vont sur des chameaux dans des caisses de bois pour la grande poussiere & chaleur, où ils ne prennent l'air & la lumiere que par de petits trous, quoy qu'ils y mangent & prennent leur repos. Car les vents y sont fort dangereux, changeans & portans les montagnes de sables de part & d'autre, sous lesquelles souuent les passans sont acablez (comme souuent des armees entieres de iadis) sans que l'on se puisse bien aider les vns les autres ès carauanes, qui sont parfois de 10. & 12. mil personnes & plus, chacun songeant à se sauuer & passer en la plus grande diligence qu'on peut nuict & iour sans s'arrester, & n'y ayant moyen de remarquer le chemin, encores qu'on y eust passé mille fois pour le grand remuëment des sables qui sont auiourd'huy d'vne façon & demain d'vne autre : de sorte qu'il faut vser là du pilote & de la boussole dans les sablons de cette mer areneuse, sans trouuer rafraichissement quelconque pendant tout le chemin, sinon enuiron à 15. lieuës de *Delbegui* où est vne belle fontaine procedant d'vne riuiere proche que l'on pense estre vn bras du Nil, & dont l'eau est chaude & fade, assez semblable à celle du Nil, toutefois vn peu meilleure. Apres il faut encor passer des deserts & montagnes dangereuses de sablons mobiles, qui me faisoient ressouuenir des tentes grises ou *Adonars* des Mores de *Fez* & de *Marroc*, que vous voyez auiourd'huy en grand nombre par la campagne, & le lendemain rien du tout, ayans changé ailleurs. Car autant en arriue à ces monts ambulatriens d'vn iour à l'autre, bien differents d'vne montagne sablonneuse d'excessiue hauteur que i'ay veuë depuis au prés de la ville de *Lima* ou des *Rois* au

Montagnes de sables. Perou, qui estant fort haute, entre plusieurs autres rochers, iamais ne change & diminuë pour vent & tempeste qu'il face; ce qui est estimé du tout admirable, & tel que les

Indiens

Indiens prenoient sujet de l'adorer comme vne chose Diuine, de cela nous en parlerons Dieu aydant en vn autre traitté d'vn voyage en ces Indes d'Occident. Mais reuenans à nos sablons d'Egypte, c'est de là qu'ils tirent la pluspart de leurs *Mommies* ou corps enseuelis & rostis sous l'arene, qui venans à se descouurir par le vent, le premier passant qui les trouue les porte aux villes proches pour en faire son profit, cela seruant beaucoup à la Medecine. Voila comment l'homme mort sert plus au viuant, que les viuans mesmes bien souuent, bien qu'il y en ait qui n'approuuent pas tant ce remede; mais quoy que c'en soit on fait plus d'estat des autres corps embaumez, à cause des diuerses drogues arromatiques dont vsoient les anciens Egyptiens pour la conseruation des corps morts, en quoy ils vsoient de grand soin & despence, soit pour l'esperance qu'ils auoient de la resurrection, ou pour l'opinion qu'ils ont, comme quelques Philosophes, que les ames se maintenoient autant en vie apres la mort, que les corps pouuoient demeurer en leur entier & sans corruption, & pource ils les salloient & embaumoient à grands frais auec du bitume, sel, encens, myrrhe, & autres aromates, & ces corps ainsi embaumez & conseruez par plusieurs siecles ont esté appellez du nom de *Mommies* par les Arabes.

Mommies.

Au reste le pays d'Egypte a esté fort renommé, comme vn tres puissant & riche Royaume, où l'on dit qu'autrefois y auoit bien eu iusques à vingt mil villes murees, pour le grãd & infini nombre des habitans de ce temps-là, mais auiourd'huy il reste bien peu de tout cela. Ils ont esté dominez par les premiers Rois les plus anciens du monde, dont ils font des dynasties & lignées de plusieurs milliers d'années fabuleuses. Leurs premiers & vrais Rois sont appellez dans l'Escriture du nom general de Pharaons, puis les Perses s'en rendirent maistres, apres les Grecs, & enfin les Romains, iusques à ce que les Sarazins s'en emparerent sous leurs Califes & Soudans, & les Turcs depuis enuiron vn siecle. L'air du païs est bon & assez temperé, la terre fertile & abondante en tous biens, mais tellement en grains, qu'on la tenoit

II. Partie. T

pour le principal grenier de la ville de Rome en sa fleur, & dans les medailles antiques l'Egypte estoit tousiours figurée auec des epics de bled.

Le païs d'alentour le Caire s'appelle *Sahid*, iadis *Saïs*, & toute l'Egypte *Chibih*, par les Hebreux *Mitfraim*, du nom du fils de *Chus*, qui l'habita le premier, & de là les Arabes l'appellent encore *Mefré*.

La region dite *Delta* à cause de sa forme triangulaire, est la partie la plus fertile, pour estre diuersement arrousée & trauersée des sept branches & rameaux du Nil, dont ces deux derniers s'embouchent, l'vn pres *Damiete* vers l'Orient, l'autre à l'Occident vers *Alexandrie* & la *Roussette*. Ce pays est extremément fertile par tout, mais le reste depuis le Caire iusques en Ethiopie, ne l'est que le long du Nil à trois ou quatre lieuës d'estenduë deçà ou delà, où le fleuue arriue par son desbordement, le reste estant areneux, brulé & desert, si ce n'est aux endroits où il y a quelques canaux deriuez du Nil, qu'on dit auoir esté autrefois pratiquez par Ioseph fils de Iacob.

De la ville d'Alexandrie: De l'Isle de Malthe. Retour de l'Autheur à Marseille.

CHAPITRE XXI.

Ous demeurâmes quelques iours au grand Caire, où dés le commencement de mon voyage i'auois seiourné plusieurs mois; mais auant que d'en sortir ie vous diray que nous y eûmes la rencontre du frere de mon compagnon *Guillen Cassis*, qu'il auoit si vilainement & meschamment trompé au party de la Meque, lors qu'il luy escroqua, comme i'ay dit ailleurs, six chameaux chargez de marchandises, sous couleur d'aller trafiquer en la mer Rouge & Ethiopie, & nous passâmes de l'Arabie Heureuse, en

du sieur Vincent le Blanc.

la Perse, aux Indes Orientales & en Afrique, où nous demeurâmes six ans & demy en tous ces voyages. Mais si-tost que mon compagnon eut apperceu de loin son frere Murat, il s'escoula tout doucement, & s'escarta de la troupe pour n'estre recognu de luy. Et de faict passant prés de nous, il nous regardoit tous fixement, mais il ne dit mot, n'ayant recognu personne : & moy-mesme ne le cognus pas, bien me fut-il auis l'auoir veu quelque part, iusques à ce qu'enfin ie me le remis en memoire, voyant mesme l'absence de mon compagnon, de qui ie contay toute l'histoire à nostre compagnie, qui trouua cette action fort mauuaise ; enfin nostre homme eschapa ainsi ce mauuais rencontre.

Estans donc partis du grand Caire nous allâmes nous embarquer en nos almadies qui nous attendoient à *Boulac*, où est le rendez vous de tous les marchans Chrestiens & autres, pour prendre la route d'Alexandrie. De là nous allâmes en vn iour & demy à *Auai*, assez belle ville, où nous trouuâmes mon compagnon qui s'y estoit auancé en fuyant son frere ; car il n'auoit point eu de patience qu'il ne sortist aussi-tost du Caire pour prendre le deuant, & euiter ce danger où il n'y alloit que de sa vie. Là nous luy voulumes donner la cassade, luy faisans accroire que son frere m'auoit retenu prisonnier, & qu'il auoit fallu que le sieur de la Courbe payast cinq cens sultanins pour me retirer hors de prison, dequoy l'autre fut bien estonné : mais apres ayant sceu la verité du faict, il en fut bien ioyeux, d'autant que i'auois sur moy vne bonne partie de ses plus riches ioyaux.

D'*Auai* nous vinmes en vn autre iour & demy à *Roussete*, que ceux du pays appellent *Raschit*, ville que les anciens appelloient *Metelis* ou *Canopus* sur le bras du Nil appellé *Heracleotique*, que nos Historiens appellent *Rexi*. A Roussett nous vendîmes nos almadies, puis nous nous embarquâmes de nuict sur vn *Germe*, & le iour venant nous nous trouuâmes en Alexandrie.

Roussettes.

Alexandrie est vne ville à demy ruinée, & peu plaisante, merueilleux exemple de l'inconstance des choses du monde, qu'elle soit auiourd'huy reduite en ce miserable estat, ayant

Alexandrie.

T ij

esté iadis & par plusieurs siecles l'vne des plus grandes, belles, populeuses, riches & florissantes villes du monde, renommée principalement pour sa situation excellente & commode, pour son fondateur le grand Alexandre, pour auoir esté le siege Royal des Ptolomées, pour son port celebre & tant hanté, pour ses superbes bastimens & entr'autres la tour du Phare l'vne des merueilles de l'Vniuers, pour son eschole fameuse en toutes sciences, pour auoir porté tant d'insignes Philosophes, & tant de grands Docteurs & sainct Patriarches qui y ont fait fleurir si long temps le Christianisme; & bref pour tant d'autres ornemens & hautes qualitez de la Nature & de l'Art, dont depuis qu'elle fut prise auec le reste du païs par les Sarrazins, & leur troisiesme Calife *Homar*, elle descheut, tellement qu'apres cette ruine elle n'a iamais peu recouurer quelque chose de sa premiere splendeur, elle n'a pas laissé de demeurer vn bon port & vn abord de toutes les marchandises du Leuant & des Indes, où tous les marchands Leuantins, Afriquains & Europiens vont trafiquer. Autrefois les Rois Ptolomées, puis les Romains la firent le plus grand abord du monde par le moyen de la mer & du Nil, faisans venir toutes sortes de drogues, espiceries & autres denrées d'Arabie & de l'Inde par la mer Rouge, & de là par terre iusques au Nil & en Alexandrie. Depuis encores sous les Soudans ce chemin fut continué, où les Venitiens & autres Europiens alloient querir les espiceries, iusques à ce que les Portugais trouuerent vne autre route, comme nous auons dit ailleurs.

Ie ne parleray pas d'auantage de cette ville, non plus que du Caire, pour estre chose assez connuë par deçà par les escrits bien amples de plusieurs curieux voyageurs. Seulement ie remarqueray qu'en cette ville quand le Nil se desborde, ils gardent de l'eau douce en leurs cisternes, & tirent quelques canaux pour arrouser leurs iardins. Il y a là vn Consul pour la nation Françoise. Celuy qui l'estoit alors, dit le sieur de Rode, nous caressa fort, & admira grandement nostre longue & penible peregrination. Il auoit sa femme auec luy, dont il eut deux filles iumelles qu'il enuoya baptiser en Ierusalem par deuotion, & vingt ans apres vn mien frere vterin espousa l'vne de ces filles, nommée *Lucrece*, dont il a eu plusieurs enfans à Marseille. Nous n'auions mis qu'enuiron huict mois à trauerser toute l'Afrique iusques en Alexandrie.

Ayans seiourné quelques iours en Alexandrie nous partimes pour *Tripoli* de Surie, sans pouuoir accomplir mon vœu d'aller en Ierusalem, pour lequel i'auois couru tant de païs, & de là nous nous embarquâmes sur la Nef *Christine* de Marseille, & fûmes cinq mois entiers auant qu'y pouuoir arriuer, pource qu'estans allez toucher Malte, nous nous arrestâmes pour voir le passe-temps du carnaual, qui nous retarda quelque têps. Sur le chemin il arriua que les *Fadarins* du vaisseau ayans derobé vn petit tonneau de vin Grec, en beurent de telle sorte que le gabier entr'autres qui en auoit eu sa bonne part, estant monté à la cape ou hune pour y faire son office, s'y attacha reconnoissant son infirmité de peur de tomber, mais il s'y endormit si bien qu'il fut deux iours sans se resueiller. Cependant les autres l'ayant appellé pour disner, & voyans qu'il ne respondoit point, ils creurent sur ce que la nuict passée ils auoient ouy tomber quelque chose dans la mer, qui auoit fait vn grand bruit, que c'estoit ce pauure gabier qui s'estoit noyé durant son yuresse. Surquoy le gardien ayant pris la clochette & sonné trois fois, puis ietté vn tison de feu dans la mer selon la ceremonie accoustumée en tel cas, il dit tout haut, *Seigneurs mariniers, priez Dieu pour l'ame du pauure Veran* (ainsi s'appelloit-il) *à ce que par sa misericorde il le loge auec les ames des fidelles*. Lors chacun s'estant mis à genoux pria pour luy, & en mesme temps ses hardes furent inuentoriées & mises à lencan: mais le iour suiuant le temps s'estant mis à quartier, estant Grec & Tramontane, le Patron du nauire, nommé Pierre du Soulier, voulant comme bon marinier descouurir la terre, monta luy mesme en la cape, où il fut bien estonné de trouuer le pretendu mort qui y estoit fort bien attaché, & dormoit encore d'vn tres profond sommeil; mais au cry du Patron il s'esueilla en sursaut, ce qui appresta à rire à la compagnie. Sur la nuict nous nous

trouuâmes en vne mauuaise mer, & craignions d'estre sur
les *Asquequi*, ou *Seques* *, qui est vn bas fond venant vers
le pays ; & ce qui nous le faisoit mieux iuger estoit que nous
voyons force mousse flottant sur l'eau, qui est vne herbe qui
s'attache aux rochers, ce qui nous mettoit en grande apprehension. Sur l'entrée de la nuict venoit apres nous vne grande baleine, comme nous asseuroit le Patron, qui l'auoit dés-
couuerte, & elle s'ennuyant de nous suiure, en se tournant
donna de sa queuë contre le vaisseau si rudement qu'elle le
fit tout esbranler, comme s'il eust donné contre vn rocher :
lors chacun plein d'effroy commence à crier misericorde,
pensans estre perdus, car nous estions au milieu de la grande
mer, où il estoit impossible de nous sauuer. Soudain le gardien courut à la sentine, pour voir si sa nauire estoit point
enfoncée : d'autre costé le Patron estant en la poupe, vid
comme cet enorme poisson, ou plutost monstre, nous auoit
quitté, & menoit vn merueilleux bruit : si bien que nous fûmes ainsi garentis, & par la grace de Dieu en fûmes quittes
pour vne belle peur.

Au bout de quelques iours continuans nostre chemin,
nous vinmes toucher Malthe, & dautant que c'estoit au
temps de Caresme prenant, nous resolûmes de nous y arrester pour voir la celebration de ceste belle feste, & debitames
là quelques pieces de toilles fines qu'ils appellent de *calicut*,
mais le mal fut que les courtisanes, qui sont là fort fines &
rusées, en eurent leur bonne part, nous en escroquans pour
quelques escus, sous ombre de nous faire bonne chere à nos
despens. Et y en eut vne entre autres qui se disoit estre à vn
Commandeur, qui attrappa nostre Patron, luy faisant laisser
à grand'haste vne partie de ses hardes & papiers plus importans : & comme il les voulut aller redemander, on ne le connoissoit plus, & ce fut à belles iniures & menaces sur luy ; toutesfois il les recouura par argent.

Pour cette Isle ie n'en diray autre chose, sinon que c'est
auiourd'huy le siege de l'Ordre des Cheualiers Hospitaliers
de S. Iean de Ierusalem, institué en l'an 1134. du temps de
Baudoin du Bourg, troisiesme Roy François de Ierusalem, & ce

* Seques ou les *Asquequi*, jadis *Syrtes*.

du sieur Vincent le Blanc. 151

pour la garde de ceux qui iroient en la Terre sainête, & l'an 1309. le grand Maistre *Villaret* prit à force d'armes l'Isle de Rhodes sur les Sarrasins, qui l'auoient vsurpee sur l'Empire Grec, & y establit la demeure de son Ordre, qui la deffendit fort bien contre maintes attaques des Soudans d'Egypte, tant que l'an 1522. elle fut enleuée sur Philippes de Villiers grand Maistre par le Turc Soliman : & ce grand Maistre auec son Ordre se retirerent à *Viterbe*, que le Pape Leon X. leur accorda en attendant mieux ; & comme on leur proposoit diuers lieux pour leur résidence, à sçauoir *Sasda* en Candie, *Serigo*, *Elba*, & autres, enfin ils s'accorderent à demander Malthe à l'Empereur Charles V. à qui elle appartenoit, comme dependante du Royaume de Sicile, contre l'inclination toutefois des François, Anglois & Italiens, qui ne vouloient auoir cette obligation à l'Empereur, mais ils y consentirent enfin, pource qu'elle auoit de beaux ports, & estoit proche de Barbarie. Ils obtindrēt donc Malte & *Goze* en 1529. sans autre charge & condition que d'vne Messe solemnelle tous les ans en souuenance de ce bien faict, & vn faucon enuoyé au Viceroy de Naples : mais aussi qu'ils auroient la traitte franche des grains de Sicile. Et en effect cela a esté plus auantageux pour le Roy d'Espagne, que pour les autres Estats Chrestiens, d'autant que cette forteresse de Malthe garde toutes les marines d'Espagne & d'Italie qui sont en sa Seigneurie.

La Religion estoit diuisée au commencement en sept langues, à sçauoir trois de France, qui sont France, Auuergne & Prouence ; puis celles d'Italie, Allemagne, Angleterre & Espagne ; depuis vne huictiesme y fut adioustée, l'Espagne ayant esté diuisée en Castille & Portugal, & l'Angleterre n'y estant plus y a la langue d'Aragon. Ces huict langues donnent chacun deux Electeurs pour l'election du grand Maistre. Ces grands Maistres ont la plufpart esté François, & nostre Noblesse Françoise fait la principale & plus grande partie de l'Ordre, duquel ie me deporte de dire d'auantage pour estre chose assez connuë.

Estans donc enfin partis de Malthe, nous prîmes la volte

de Marseille, où nous arriuâmes heureusement en peu de iours, acheuans ainsi ce grand voyage qui nous auoit cousté tant de temps, d'argent, de peines & de hazards, dont Dieu soit loué, qui nous auoit enfin conduits à si bon port, au teps que regnoit cette grande Comette, l'vne des plus grandes que l'on ait veu, son estenduë estant bien de 30. degrez, & sa queuë tournant vers l'Occident, qui sembloit embrasser les signes du Sagittaire & Capricorne, & paroissoit non point dans la region sublunaire, mais dans le celeste, d'où elle fut veuë de toutes les Indes tant Orientales qu'Occidentales.

Mais ie ne puis oublier de dire qu'estant arriué à la maison de mon pere, lors aagé de 65. ans, il ne me reconnut point, parce qu'il me pensoit estre mort, & il y auoit plus de six ans qu'il auoit fait faire mes funerailles; si bien que me voyant vestu à la Grecque, il creut que i'estois quelque estranger, & m'ayant demandé qui i'estois, ie luy respondis en assez mauuais langage que i'estois Grec, & de faict i'auois presque oublié ma langue maternelle, tant pour estre fort ieune quand ie partis du pays, que pour en auoir perdu l'vsage si long temps, & i'entendois aucunement le Grec vulgaire que i'auois appris à la Canee en Candie, où i'auois demeuré six ou sept mois apres nostre premier nauffrage. Ainsi mon pere qui parloit aussi assez bon Grec pour auoir trafiqué long temps en ces pays là, me demanda ce que ie desirois de luy, & luy ayant respondu que ie venois disner auec luy, il me dit que i'estois le bien venu, & que ie m'approchasse du feu, ce que ie fis; puis il m'enquit qui & d'où i'estois, & lors luy ayant dit que i'estois de Marseille mesme, fils d'vn nommé Raphaël Blanc, il fut estonné & esmeu, & appellant ma mere, luy dit qu'elle vint voir vn de ses fils qui l'estoit venu voir de Sicile, car mon pere auoit esté marié en premieres nopces en Sicile, & en auoit eu deux enfans qui y demeuroient sur le bien de leur mere: surquoy ils me firent tous deux de grandes caresses, mais enfin ie leur manifestay du tout qui i'estois, & lors ce fut vne telle esmotion & tendresse en tous trois, que nous ne sçauions dire vne seule

parole,

parole, ny tenir nos larmes de ioye que nous auions. Apres quoy ie leur contay tout à loisir & bien au long mes estranges & diuerses auentures en mes longs voyages par le monde, leur monstrāt diuerses choses curieuses que i'en auois apportées, comme entr'autres de ce linge *asbeste*, qui blanchit dans le feu, estant fait d'vn lin incombustible, dont plusieurs Princes & Seigneurs d'Indie se seruent, & mesmes en leurs suaires lors qu'on brûle leurs corps dedans, comme l'on dit que l'on faisoit anciennement des corps des Empereurs Romains. I'en ay fait voir souuētesfois l'experience à plusieurs Seigneurs & Gentils-hommes en Prouence. Ie leur fis voir encor vne herbe appellée *Falacia*, qui a cette proprieté que la mettant sous vn lict, toutes les punaises s'y amassent, & ainsi on les fait mourir. I'auois esté curieux d'en apporter dans vne boëte, mais ie fus si mal auisé de n'en apporter de la graine pour en faire venir par deçà. Et ainsi ie leur monstray diuerses autres singularitez qui furent admirées de plusieurs personnes de sçauoir & de qualité. Mais auant que finir ie diray encores en suite de cette reconnoissance de mon pere, mere & freres, ce qui m'arriua long-temps depuis en Sicile à Palerme, apres la mort de mon pere. Car me ressouuenant qu'il m'auoit dit plusieurs fois qu'il auoit là vn fils & vne fille, ie m'en enquis soigneusement: du commencement personne ne m'en sceut donner nouuelles, pource qu'on les appelloit du nom de la mere, dont ils estoient heritiers, & mon frere qui s'appelloit *Nazara Bianco*, on le nommoit seulement de *Nazara*; mais enfin i'en donnay tant d'enseignes que ie sceus sa maison, & m'y en estant allé i'appris qu'il estoit malade; mais pour cela ie ne laissay de monter assez librement en haut, & sur le degré rencontrant vne ieune Damoiselle, le sang qui ne peut mentir, s'émeut tout en moy, & me tesmoigna que ce deuoit estre ma sœur: toutefois sans faire autre demonstration, luy ayant dit que ie desirois voir son frere, elle me mena en sa chambre, & m'ayant fait seoir près du lict où il estoit couché, ie remarquay du tout en luy la ressemblance de mon pere, & luy ayant demandé s'il auoit pas des freres à Marseille,

II. Partie. V

Linge asbestu ou incombustible.

Falacia herbe.

il me dit que oüy, & si ie les connoissois, surquoy plusieurs discours se passerent, luy en disant plusieurs nouuelles & recommandations. Durant ce discours cette mienne sœur me regardoit tousiours, comme rauie de me voir & de m'oüir & moy luy ayant presenté la main, elle baisa la sienne, & me la toucha, qui n'est pas chose vsitée en Italie, & moins encor en Sicile. Sur cela ce mien frere ayant fait appeller vne sienne petite fille, elle baisa sa main de mesme que ma sœur, & lors m'estant tiré du doigt vne esmeraude Orientale taillée à faces, des plus belles qu'on eust sceu voir, ie la luy presentay, dont elle demeura toute confuse, & en doute si elle la prendroit ou non; mais enfin luy ayant dit que son oncle me l'auoit donnée pour la luy bailler, elle la prit auec le congé de sa mere qui estoit presente, & en mesme temps ie donnay vn beau rubis en table à ma sœur. Et comme nous estions sur ces complimens & discours de nos parents, voicy tout d'vn coup entrer dans la chambre assez librement & auec beaucoup de bruit à la Françoise le Commandeur de la *Bastide*, neueu du grand Prieur de S. Gilles, & autres Cheualiers de mes amis, qui ayans sceu que i'estois là dedans, m'y estoient venu chercher, & eux m'ayans salué & nommé par mon nom, ce fut lors que l'entiere reconnoissance se fit de mon frere & de ma sœur, qui me confesserent qu'ils s'estoient aucunement doutez qui i'estois quand ie leur fis present des bagues, & ma sœur mesme me dit que dés la premiere fois qu'elle m'auoit trouué sur le degré, elle auoit ressenty ie ne sçay quelle esmotion extraordinaire, & la chaleur luy en estoit montée au visage, comme à la verité ie le reconnus. Ce fut alors à embrassades & larmes de ioye, à la façon des femmes Americaines, qui quand elles veulent faire la bien venuë à quelqu'vn de leurs amis, s'assient en terre, & se mettent à pleurer, puis se leuent, & en pleurant tousiours le reçoiuent, embrassent & festoient. Ainsi ie demeuray quelques six semaines là en toutes sortes de resiouissances, caresses & bonne chere parmy ces miens proches. I'ay bienvoulu conter cette particularité pour monstrer tant les diuerses rencontres par le monde, que la force du sang qui se descouure tousiours quelque inconnu & caché que l'on soit.

Voyage de l'Autheur au Royaume de Maroc: Il est pris par les Espagnols: Accident de l'Autheur à l'Arache: Bataille du Roy Sebastien de Portugal.

CHAPITRE XXII.

Ais pour reuenir à mon retour à Marseille, ie ressentis vne autre force non gueres moins grande de la coustume de voyager, qui fut telle en moy qu'à peine eus-ie seiourné six mois là en repos, que ie n'y peus demeurer d'auantage, ne me pouuant accommoder ny à l'air, ny aux mœurs & façons de viure du païs, tant i'estois fait au changement & à la diuersité. Comme i'estois en cette inquietude, il arriua de bonne fortune pour moy que l'an 1578. passa par Marseille vn *Dom Guillerm*, que le feu Roy Henry III. enuoyoit comme Ambassadeur ou Agent vers le Roy de *Fez* & *Maroc*, & comme il estoit fort amy de mon pere, disnant vn iour en nostre maison, & m'entendant discourir de mes voyages, il eut ma conuersation fort agreable, & me demanda si ie voulois aller auec luy, à quoy ie me trouuay tellement disposé en l'humeur où i'estois lors, que ie m'offris tres-volontiers à luy, qui me receut aussi de mesme. Or ce *Dom Guillerm* estoit vn barbier naturel de Nice, qui estant allé voyager en *Maroc*, fut si heureux qu'il guerit *Maley Maluco* Roy de Marroc de la peste dont il estoit frappé, estant à Constantinople, ce qui le mit en grande estime & credit auprés de ce Prince. Tellement qu'il fut enuoyé par luy vers le Roy Henry III. pour traitter alliance entr'eux, & le Roy le renuoya vers *Malouco* ou *Abdelmelech* auec des pre-

Partement pour Maroc.

sents. Estans donc ainsi d'accord nous partimes de Marseille enuiron soixante personnes, & nous embarquâmes sur vne polacre fort bien armée, & dans six iours nous nous trouuâmes sur la nuict prés du destroit de Gibraltar, mais le courant estoit si violent qu'il nous entretint iusques au iour, & nous ietta presque en terre ioignant cette tour qu'ils appellent la *maison du Diable*, où personne ne habite; car ils content que le maistre masson qui la fit, voyant qu'on ne le vouloit pas payer selon le prix conuenu auec celuy qui l'auoit mis en besongne, l'auoit donnée au malin esprit, qui l'auoit tousiours gardée depuis. Estans donc ainsi pressez de la terre tout contre le mont de Gibraltar, comme nous voulions faire force, le vaisseau se renuersa, & l'arbre & les voiles allerent en mer, dont nous fûmes bien estonnez; mais le bon heur voulut qu'vn Patron de Marseille, nommé *Iean Saffoulo*, qui s'estoit embarqué auec nous pour vn sien affaire particulier, nous voyant ainsi perir, & que chacun s'estoit mis sur l'autre bord du nauire, commença à se mettre en besongne, & auec vne hache à rompre le costé du vaisseau, faisant vn grand trou par où l'eau entra aussi-tost, & le remplit tout, si bien que la pesanteur d'icelle le fit redresser, & ainsi nous euitâmes auec la grace de Dieu ce grand peril, estans poussez d'vn peu de vent qui nous ietta auprés d'vne pointe où nous moüillâmes l'ancre. Mais cela estant venu à la connoissance des galleres Espagnolles qui estoient à l'ancre, non gueres loin de là, on nous vint incontinent prendre & mener au port de la ville de Gibraltar, & cependant qu'il nous traînoient nous iettâmes en mer plus de deux mille bales de canon, & grãde quantité de poudres que nous auions en nostre vaisseau. Là dessus les Espagnols nous accusoient de traison de porter des munitions à leurs ennemis; car ils auoient descouuert quelques barils de poudres qui y estoient restez encor, & entrans dans nostre vaisseau comme de vrais loups rauissans, ils fureterent par tout, prenans toutes les marchandises qui y estoient, & ouurans quelques caisses mangeoient tout ce qu'ils y trouuoient de bon. Entr'autres inuentorians celle d'vn Me-

du sieur Vincent le Blanc.

decin, ils y trouuerent quelques massepains de cotignac fort laxatif, dont quelques-vns ayant mangé fort auidement & en quantité, ils en ressentirent vn si soudain & violent effect, que cela ne leur donnoit pas quasi le loisir de destacher leurs esguillettes, iurans tous qu'ils estoient *entossicados* ou empoisonnez, si bien qu'ils en parfumerēt presque tout le vaisseau, & ce qui estoit dedans; de sorte qu'il y fallut enuoyer d'autres gens pour le garder, car ceux-cy ayans vuidé iusques au sang ne se pouuoient presque soustenir de foiblesse, si bien que trois mesme y laisserent la vie. Cependant on nous mit les fers aux pieds, & fûmes changez en gallere auec vn rude traittement & menaces, iusques à ce qu'enfin le procez nous estant fait, nostre Ambassadeur & dix Gentils-hommes des principaux furent condamnez à auoir la teste tranchée, & tout le reste aux galleres perpetuelles. L'Ambassadeur ayant oüy cette dure sentence, en appella deuant le Roy d'Espagne, qui confirma ce iugement, en disant seulement *lo que e hecho es hecho*. Mais nostre bonne fortune voulut que ce Patron Marseillois, qui apres Dieu nous auoit si bien garentis du naufrage, voyant dés le commencement venir les galleres sur nous, s'estoit ietté tout doucement en mer auec quelque argent, puis s'estoit sauué en terre, d'où il estoit allé droit à Madrid, & ce en la consideration d'vn particulier d'entre nous à qui il auoit promis sa fille en mariage. Estant là, comme il sceut que le Roy auoit ratifié cette sentence de mort, il alla trouuer la Serenissime Infante Doña Isabel, & sceut si bien lui representer les incōueniens qui arriueroient de cette execution, qui estoit pour rompre la paix entre les deux Rois, qu'elle esmeuë de ces raisons, alla aussi tost demander nostre grace au Roy son pere, qui la luy accorda, & nous fûmes en mesme temps relaschez au grand desplaisir de ceux qui esperoient faire vne bonne curée de nous & de nos moyens. Ayans ainsi recouuré la vie & les biens auec nostre vaisseau, apres deux mois de temps qui s'estoient escoulez en tout cela, nous nous remîmes en mer à la volte de l'*Arache*, forteresse importante du Royaume de *Fez*, à enuiron 70. ou 80. mil de Gibraltar, où il y a vn port qui se fait par le moyen d'vne riuiere, comme à *Goa* aux Indes, qui fait vn banc de sable à l'entrée, d'où vient qu'il faut attendre les pleines eaux pour y entrer, ce qui se fait tous les iours, mais à celuy de *Goa* il faut attendre vn mois entier. Estans abordez là nous y fûmes fort bien receus, & l'Ambassadeur & sa troupe furent pourueus de montures & autres choses necessaires pour aller trouuer le Roy de *Fez Abdelmelech*, lequel estoit lors en grande peine, pource que tout nouuellement son neueu Mahomet, qui luy quereloit le Royaume, & qu'il auoit desia desfait en plusieurs batailles par le moyen du secours des Turcs, s'estoit sauué vers Dom Sebastien Roy de Portugal, pour luy demander secours. Estans donc venus de l'*Arache* en vne petite ville nommee *Meguine*, qui est à dix lieuës de *Fez*, voyans que l'Ambassadeur prenoit le chemin de Maroc pour aller trouuer ce Roy qui y estoit, nous nous resolumes quatre ou cinq que nous estions, d'aller voir la ville de *Fez* comme la capitale du pays. Apres donc que nous nous fûmes pourmenez par cette ville de *Meguine*, estans sortis dehors, nous trouuâmes vn cimetiere de ces Mahometans, & deux que nous estions estans entrez dedans pour faire de l'eau, il se rencontra que c'estoit prés la sepulture d'vn de leurs *Marabous* ou *Santons*, & estans aperceus par certains Mores, ils se mettent en deuoir de nous arrester ; mais nous defendans brauement à coups de poings & de pieds, ie fis tant que i'eschapay de leurs mains, mais ie fus estonné qu'aussi tost ie me sentis enuironné de cinquante archers de la garde de la ville, qui se vengerent bien des coups que i'auois donné aux autres, car ils me battirent outrageusement, & n'y en auoit pas vn qui ne me donnast son coup, & me menoient ainsi battans, & à mesure qu'il en arriuoit d'autres, sçachans la cause pourquoy, c'estoit à qui me feroit le pis qu'il pouuoit, mesmes les enfans crioient apres moy, *Tarassi Nazarani*, c'est à dire qu'on me fist mourir, m'appellans à tout propos *Quelbequel*, chien.

En fin ie fus ainsi conduit deuant le *Cadi* ou Iuge, auquel ayant baisé les genoux, pour ma bien-venuë il me fit cou-

du sieur Vincent le Blanc. 159

cher en terre, & donner trente coups de nerf de bœuf sur l'eschine, & autant de coups de baston sur le ventre d'vne canne d'Inde, dont ie n'eus presque point de sentiment, pour les grands coups que i'auois desia receus, qui m'auoiët rendu tout estourdy, & au bout de cela pour ces soixante bastonnades, il me fallut payer autant de miticales d'or, qui valent quatre francs piece, puis ils me ietterent dans vne prison, & au mesme temps y en mirent vn autre qui estoit tout en sang. Apres cela il n'y eut sorte d'artifice dont ils n'vserent pour me persuader de renier ma foy. Entr'autres vn d'entr'eux vestu d'vne robe d'escarlate me vint voir en la prison, & sous couleur d'auoir compassion de ma ieunesse, me dit fort doucement en langue Espagnole, que i'auisasse à moy, & que ie ne perdisse point mon ame. Non contens de cela, ils m'enuoyerent vne ieune fille Espagnole vestuë de blanc, auec vne mante qui la couuroit toute, laquelle m'ayant salué me tesmoigna beaucoup de desplaisir de mon mal heur, & apres quelques paroles de consolation me dit qu'elle m'estoit venuë visiter pour m'enseigner le moyen de me sauuer de la mort, & de la mettre elle en liberté quant & quant. Ie consideray cette femme, sans pouuoir comprendre ce qu'elle vouloit dire par là, iusques à ce qu'elle se donna à entendre, que cela seroit ainsi, si ie la voulois espouser & renier ma foy pour vn temps, & puis quand le Roy de Portugal auroit gaigné la bataille contre celuy de Maroc, comme on estoit alors sur le poinct de la donner, nous auions moyen de nous sauuer tous deux en terre de Chrestiens. Il faut auoüer la verité que les paroles & la façon de cette ieune femme me tenterent fort, & me firent penser à bon escient à mon affaire, mais Dieu me fit la grace de reuenir à moy mesme, & de luy respondre enfin resolument, que ny pour elle, ny pourquoy que ce fust au monde ie ne renoncerois iamais à la loy de IESVS-CHRIST, mon Dieu, & ainsi elle se retira me laissant en repos. Mais apres tout cela la Iustice mesme y vint accompagnée du bourreau qui auoit la coutelasse à son costé, dont vn en m'interrogeant, me dit que i'auois commis vn grand crime, mais qu'il y falloit chercher quelque remede, & que nous auions tous vn mesme Dieu, le Createur de toutes choses, & le bon Pere commun de tous les hommes, qui auoit enuoyé diuers Prophetes pour nous instruire & conduire au chemin de salut, mais qu'eux en ayant vn plus excellent que les autres, ils estoient obligez d'augmenter le plus qu'ils pouuoient le nombre de ceux qui le suiuoient; de sorte que mesme pour sauuer ma vie, il ne trouuoit point d'autre moyen, sinon de renier IESVS-CHRIST, non qu'ils stimassent sa loy mauuaise, puis qu'ils sçauoient bien qu'il auoit aussi esté vn grand Prophete, le souffle de Dieu, & grand amy de Mahomet, mais pource que leur loy estoit la meilleure & la plus parfaite de toutes. A tout cela, Dieu m'assistant extraordinairement, me donna la force & le courage de respondre franchement, que i'estois resolu de perdre plutost mille vies, si i'en auois autant, que de manquer à ma Religion. Eux me voyans ainsi ferme, me dirent que i'estois bien mal-auisé, & toutefois pour me monstrer combien ils m'aymoient, & qu'ils ne vouloient pas perdre ma ieunesse, qu'ils me faisoient vn tel present pour viure plus content, & sur cela me firent desployer & estendre en terre vn fort beau & riche tapis de Turquie, auec quelques paires de bracelets & pendans d'oreilles de prix; tout cela ne m'esmeut en aucune sorte : si bien que voyans qu'ils n'y gaignoient rien, l'vn des principaux d'entr'eux, qui estoit l'Emin, prononça la sentence de mort contre moy, & en mesme temps le bourreau m'ayant saisi & fait baisser la teste sur vn billot de bois à leur mode, sans autre ceremonie, se preparoit auec l'espée nuë en main à me donner le coup; & comme il se hastoit à me faire despoüiller mon pourpoint, à cause que le colet l'empeschoit à bien assener son coup, Dieu suscita miraculeusement quelqu'vn de la compagnie, qui remonstra aux autres que peut-estre ils commettoient vne grande faute de me faire mourir estant si ieune, puis que leur loy leur defendoit de ne faire executer personne pour semblable crime, qu'il n'eust passé dix sept ans, & qu'il se falloit informer de cela plus particulierement, car dans l'Alcoran

Emin ou Iuge.

du sieur Vincent le Blanc. 161

corañ il y a cette seuere loy, que qui aura commis *formica:*, c'est à dire, polüé vn sainct lieu, il ne doit pas estre mis à mort, mais seulement chastié de bastonnades, puis absous. Mais ce chastiment fut bien cruel & bien estendu sur moy, qui soustins la colere de tout vn peuple furieux, car à mesure que d'autres venoient & demandoient *achate quei fenti houas Romi*, c'est à dire, qu'a fait ce Chrestien, & qu'ils auoient dit ce que c'estoit, aussi-tost ils disoient *baley*, c'est à dire, faites place, & ceux-là se ruoient sur moy & m'en donnoient tout leur saoul, iusques à vne vieille decrepite mesme si horrible & laide que rien plus, qui me disoit en me frappant, que puisque i'auois esté si osé de pisser sur la teste d'vn de ceux qui assistent leur grand Prophete, quand ie serois mort, tous ces saincts me viendroient chier sur mon ame, qui se repaistroit de ceste ordure iusques au iour du iugement, & que i'irois brûler auec tous mes semblables.

Cet aduis fut approuué & l'execution suspenduë.

Pendant cela mes compagnons estoient en fuitte, les vns deçà, les autres delà, cachez en des matamorres, desquels vn entr'autres y demeura trois iours entiers, ne viuant que de limaces cruës qu'il trouuoit dans ces trous; de sorte qu'ils ne me pouuoient apporter aucun secours. Mais certains marchands Chrestiens qui demeuroient en cette ville là, ayans eu cognoissance de mon desastre, vinrent aussi-tost prier la Iustice d'auoir esgard à ma ieunesse, & que i'estois vn des Gentils-hommes de l'Ambassadeur de France, qui se ressentiroit de cet affront, & s'en plaindroit à leur Prince, ce qui pourroit causer beaucoup de mal: eux ne furent point tant esmeus de ces raisons, qu'il ne falut auec cela leur faire quelques presens; si bien que ces marchands me retirerent de prison, me cautionnans d'vne grande somme d'argent, & s'obligeans de me representer quand il seroit besoin : de tous ceux-là, il n'y en auoit pas vn de mon pays ny de ma connoissance; cependant ie fus eslargi & mis en vne maison honorable d'vn riche marchand Portugais qui n'espargnoit rien pour me sauuer de ce mauuais affaire. Ce marchand, appellé *Andrieto Gasparo*, natif de l'Isle de Corse, auoit deux

II. Partie.   X

freres à Marseille, & cognoissoit fort bien mon pere, auquel il donna promptement auis de ma disgrace, dont il eut responce & charge expresse de me sauuer à quelque prix que ce fust. Surquoy ces bonnes gens s'estans tous assemblez resolurent de despescher incontinent deux hommes en cour sur des dromadaires qu'ils appellent *Bacambal*, qui sont bestes de grande diligence, faisans aisément leurs cinquante lieuës par iour, & portent tant l'homme principal que celuy qui les gouuerne, auec toutes les prouisions necessaires pour le chemin. Ie diray en passant qu'allant là dessus il faut estre bien bandé par le corps & la teste, pour la grande secousse qu'ils donnent, & se bien boúcher aussi les oreilles de peur de la sourdité, à cause de l'estrange bruit qu'ils font en cheminant. Ils depescherent donc ces deux postes à tout euenement, l'vn droit à Maroc où l'on disoit que le Roy s'acheminoit; l'autre nommé Francisque Marie Portugais vers la marine d'*Alcassar* où il trouua *Muley Malouco*, qui le cognoissoit fort bien, & s'estant ietté à ses pieds luy fit recit de tout mon affaire; Surquoy ce Roy ayant fait appeller l'Ambassadeur de France qui estoit là, il resolut enfin de renuoyer postillon en diligence, auec despeche & commandement à l'*Ermin* de *Mequine* de m'eslargir du tout sous mes cautions en attendant sa venuë. Si tost que le sieur *Estradior* fut de retour il presenta ses lettres à l'*Ermin* & aux autres de la Iustice, qui les receurent en grande humilité & ceremonie, les posans sur leur teste, & ainsi ie fus mis en liberté, & eus la vie sauue, auec d'assez bonnes enseignes pour m'en souuenir, & demeurer aduerti à l'aduenir d'estre plus sage à mes despens; car ie me ressentis long temps depuis des coups & du mauuais traittement que i'auois reçeu, & à la verité c'est l'vn des plus grands dangers que l'on court parmy ces infidelles. Il m'en cousta bon aussi, car il me falut donner vn baril de safran & quelques tapis de Rhodes pour la courtoisie à ces Messieurs de la Iustice, qui apres, pour me monstrer quelques signes d'amitié, m'enuoyerent estant à Fez vn beau present d'vn mouton gras tout couuert de fle.. s, & de quelques autres choses de mangeaille, comme biscuit, succre, formage,

du sieur Vincent le Blanc.

& forces dates, & voila ce qui m'en demeura.

Allant prendre congé de ces bons marchands, la femme de l'vn d'eux, nommée *Casabone*, pour se reuencher d'vne vessie de musc que ie luy auois donnée, me donna six belles chemises, des coëffes & des mouchoirs. Au retour d'Afrique repassant à l'Arache par là ie ne manquay pas de visiter tous ces bonnes gens mes bien-facteurs, ie fus aussi voir l'Ermin Mahamet Mostafa, qui ne me reconnoissoit pas du commencement pour mon changement & d'habit & de mine : m'ayant reconnu il me fit vn grand accueil, car il estoit Chrestien en son ame, & nous fit boire de bon vin, & manger auec luy, & me voulant donner quelque miticales que ie refusay, neantmoins il me les fallut prendre, me disant que c'estoit du mien, car on luy auoit enuoyé quelques ducats pour moy, pour ce mouton, & autres choses que i'auois receuës de luy, si bien qu'il faisoit ainsi le compte iuste de ce qu'il en auoit eu, ce qui monstra combien cet homme estoit equitable; aussi estoit-ce celuy qui durant mon infortune me vint auertir que ie tinsse bon, & ne reniasse point ma loy & ma creance. Il auoit deux femmes parfaitement belles, & me disoit que s'il se presentoit quelque commodité pour se retirer de cette barbarie, qu'il le feroit de tres-bon cœur pour se faire baptiser; car d'exercer là le Christianisme en ces lieux il n'y a aucun moyen, puis qu'en tout le temps que i'ay esté en ces quartiers ie n'y ay entendu vne seule Messe, & à Fez & autres villes où il y a force Chrestiens. Ils ne tiennent point de Prestres, qui n'est pas comme à Constantinople, où il y a plus de vingt Eglises dans lesquelles on celebre le seruice Diuin, tant Grecque, Latin & Abissin, & tous les Chrestiens y peuuent exercer librement la Religion Chrestienne, & si vn corps de Chrestien decede, doit estre enterré bien loin de là, la croix & les Prestres l'iront querir publiquement, & passeront où bon leur semblera, sans qu'aucun leur fasse iniure, autrement il en seroit bien chastié.

Pendant tout cela le Roy Mahamet auoit tant fait enuers Dom Sebastien Roy de Portugal, qu'il estoit party auec vne

X ij

grande armée, & auoit eu nouuelles que desia vn bon nombre de vaisseaux estoient arriuez à *Arzille*, *Oran*, *Tanger*, & *Cerote*, forteresses des Chrestiens sur les marines d'Afrique, dont *Muley Malouco* estant auerty, se prepara en diligence, & ayant fait promptement vn tour vers la montagne contre les Arabes, pour la desfiance qu'il auoit d'eux, qu'ils fussent partisans de son nepueu Mahomet, il fit tant qu'il les desarma, & les affoiblit de seize mil bons cheuaux qu'il leur osta auec leurs armes, promettant de les leur bien payer, & en monta autant de pictons arquebusiers qu'il auoit, portans tous des bonnets rouges, renfermant ainsi les Arabes, & bouchant toutes les aduenuës à ce qu'ils ne luy peussent venir à dos. Ayant ainsi assemblé vne armée de quelques soixante mille cheuaux, il vint à *Alcassour* ou *Alcassarquiuir*, à quelques quinze lieuës de l'*Arache*, auec vn sien frere nommé *Muley Hamet*. Dom Sebastien vint aussi là auec seize ou dix huict mil hommes, tant de pied que de cheual, Portugais, Castillans, Italiens & Alemans, & le 4. d'Aoust 1578. la bataille se donna, où le Roy de Portugal fut entierement deffait & tué, & Mahomet se voulant sauuer en *Arzille* proche de là, se noya en passant à gué la riuiere de *Mucazen* qui passe deuant l'*Arache*, estant monté sur vne caualle d'excellente bonté. Il y mourut plus de douze mil Chrestiens, outre plusieurs prisonniers, entre autres plus de huict cens femmes & deux cens enfans de laict. Ie me trouuay en cette bataille auec enuiron soixante Marseillois que nous estions, dont il en reuint fort peu. *Malouco* y mourut de maladie durant sa victoire, & son ieune frere *Muley Hamet* luy succeda en tous ses Estats, & sa race regne encores auiourd'huy. Ie vis le corps du Roy de Portugal, qu'on portoit dans vne caisse remplie de chaux viue pour le conseruer, & fut demandé au Roy *Muley Hamet* par le Seigneur *Andrieto Gasparo Corse* grand fauory de ce Roy, dont i'ay parlé cy-dessus, qui le fit conduire à Lisbonne, & le Roy d'Espagne luy en fit de beaux presents en recompense, où il fut enterré en l'Eglise de *Belen*. Il est vray que i'entendis dire depuis à quelques Portugais esclaues, que c'estoit le corps d'vn Suisse, & que le Roy Sebaſtien ayant eſté abattu de ſon cheual s'eſtoit ſauué; & de faict pluſieurs années depuis, ſe preſenta vn qui ſe diſoit eſtre le Roy de Portugal, dont il donnoit quelques enſeignes: quoy qu'il en ſoit, il fut executé en Eſpagne comme impoſteur. Ie ferois difficulté de deſcrire plus au long cette derniere battaille apres tant d'autres, qui en ont dignement parlé, me contentant de dire ce que i'en ay veu.

Toute la caualerie Portugaiſe ayant donc pris terre au nombre de 2300. ſe mit en bataille en deux eſcadrons. Dom Iean de Cordoüa, chef de l'vn s'auance vers *Alcaſſar*, où les Mores les attaquerent ſouuent, & leur firent rompre leur champ de battaille par l'importunité de leurs piques, qu'ils tirent ſans les quitter, mais les Chreſtiens firent iouër les piſtolets, dont le chef *Azimur* fut tué, & le reſte ne fit pas grande reſiſtance, & les Mores n'ayans l'vſage de ces armes, ſe mirent bien toſt en deſordre & en fuite, ce qui mit les Chreſtiens en telle vanité, qu'ils ſe logerent à la campagne pour gagner *Alcaſſar*, qui eſt à cinq lieuës de l'*Arache*, & ſe mirent entre deux riuieres diſtantes vne lieuë l'vne de l'autre. Dom Sebaſtien enuironna ſon armée de ſes chariots & charretes de bagage, vſtenſiles, tonneaux & autre attirail de munitions pour ſe garder de quelque ſurpriſe de nuict. Dom Aluaro Perez menoit l'auant-garde auec cinq cens cheuaux & douze cens landſquenets, ayant à ſa main droite la riuiere pour defence, & à ſa gauche ſes piquiers armez à blanc, auec le ſimple corcelet, & à la teſte mille arquebuſiers qui marchoient fort pour ſe ſeparer de l'armée & donner ſuiet aux Mores de les venir attaquer ſur l'eſperance qu'ils auoient d'eſtre ſecourus de dix mil Arabes mandez par *Armabachi* qui eſtoit auec les Portugais, attendans à ſe declarer, & ne voulans pas hazarder leurs biens, femmes & enfans ſans ſçauoir comment, car ils ſçauoient que le Roy de Fez auoit rauagé leur pays & bouché les auenuës pour les empeſcher de donner ſecours à ſon neueu. Ils firent donc alte ſans ſe vouloir declarer, & auertiſſans Soliman fils d'*Armabachi*, qu'ils ſe tiendroient comme neutres, attendans que l'occaſion leur monſtraſt côme ils auroient à faire, & eſtoient conduits par vn *Amet Sarran*, fort fage Capitaine, qui auoit promis à Malouco qu'il feroit preft a fon mandement. Mais *Courco Abrahin*, qui menoit cinq mil cheuaux Mores, ieune & courageux, voulant faire quelque noble exploit, manda à *Sarran* que s'il fe vouloit ioindre à luy il donneroit battaille; mais *Sarran* dit que ce ne feroit fagement fait d'attaquer vne armée mal à propos, bien rangée & munie d'artillerie, ainfi il ne fe fit rien de tout ce iour là, finon que quatre Mores bien montez vindrent demander le combat.

Ie pris plaifir d'aller vifiter cette armée de Portugal auec vn certain nommé Hercules canonnier, & Iean Saffelo de Marfeille, mais tout ce que nous trouuions de mal, c'eftoit le grand nombre de femmes & d'enfans qui y eftoient.

Le 13. Iuillet le fieur Aluarez vid *Courco Abrahin*, à la pointe du iour auec fes cinq mil Mores, & vfa d'vn grand ftratageme pour les attirer, & les mettre à la batterie de fes efcopeteries, & de quelques pieces de campagne, qui en firent vn grand meurtre. Tous ces Mores furent deffaits & leur Chef tué, auec vne grande gloire de Dom Aluarez, & du Capitaine Baliotin conducteur des lanfquenets. Dom Sebaftien vid tout ce combat auec grand plaifir, & embraffa Aluarez retournant victorieux, & lui donna vn riche rubis dans vne enfeigne enuironnée de diamans, qu'il luy attacha luy mefme à fon chapeau, & à Banaftarin & Baliotin Chefs des lanfquenets & arquebufiers à chacun vn riche diamant. Le Roy More donna pareillement à Aluarez fon cimeterre de fine trempe, & le fourreau de grand prix. De ces cinq mil il ne fe fauua pas trois cens cheuaux. Des Chrêftiens il n'y eut pas vingt morts & cinquante bleffez.

Malouco entendant cefte defaite en fut fort mari, & fe plaignit de *Amet Sarran* qui n'auoit donné aucun fecours. Sur cela il faifoit tirer l'armée à la volte de la marine, quand l'Ambaffadeur de France l'aduertit qu'il falloit pluftoft aller donner ordre aux Arabes, dont cinquante mil cheuaux auoient promis de fe rendre à Mahamer, & les aller attaquer auant qu'ils fuffent vnis auec les autres: il creut ce confeil & marcha auffi toft contre eu. mit à feu & à fang tout le pays de *Leyaſſen* & autres, les Arabes s'humilierent & luy promirent toute obeyſſance: mais luy bien auiſé & craignant leur perfidie, ſe contenta de prendre leurs cheuaux & les laiſſer eux pour la moiſſon prochaine, & ainſi il éuita dextrement le danger qui en euſt peu arriuer. Il reuint de là vers la marine, & commençoit deſia à eſtre fort mal diſpoſé, ce qui luy prouenoit d'vne grãde conſtipation & melancholie; il ne montoit iamais à cheual durant ſa maladie, mais alloit touſiours en littiere; il eſtoit Prince doux & courtois, aimant ſes amis, ſans grandeur & grauité, leur parlant familierement, & leur rendant le ſalut auec toute ciuilité. Mais d'ailleurs il eſtoit cruel enuers ſes ennemis, grand Iuſticier, & ſur tout contre ceux qui vouloient faire iniure aux viuandiers, comme enuers vn garçon qui auoit mis les doigts dans vn panier plein de dates & en auoit tiré trois, au cry & plainte du viuandier il luy fit couper trois doigts. D'autres qui s'eſtoient voulu rendre à Mahamet, il les fit mettre dans vn canon, puis y allumer le feu.

Le 4. d'Aouſt venu, c'eſtoit au temps que la grande Comette ſe voyoit menacer le Portugal & Maroc. Le Roy de Portugal apres auoir fait les prieres accouſtumées, & receu la benediction de l'Eueſque de *Coimbre*, monta ſur vn cheual blanc auec le chanfrain eſmaillé d'or & de verd, âgé de vingt cinq ans ou enuiron, le nez bien pris, d'vne belle taille, ſa levre vn peu abattuë, & alla par tous les rangs donner courage & haranguer. On dit que l'Eueſque de *Coimbre* ſongea la nuict de deuant la battaille qu'elle ſe perdroit, & qu'ils ſeroient tous eſclaues, comme il auint, & que meſme ſur cela il enuoya en *Arzille* toutes ſes finances & choſes de prix, ce qui luy ſeruit bien depuis pour ſon rachapt.

Maloüco ce meſme iour ſur les vnze heures ſortit de ſa littiere & monta à cheual, veſtu d'vne robbe de drap d'or à feuillages richement trauaillée, le cimeterre au coſté, la ſelle de ſon cheual toute couuerte de pierreries, & alloit ainſi de rang en rang encourageant les ſiens à la battaille. Son armée marchoit en belle ordre en forme de demy Croiſſant, les tambours à la Moreſque, forts petits, batoient, & les fifres fonnoient, dont le fon eſt plus aigu que d'vne trompette.

Bataille donnée le 4. Aouſt 1578.

L'on croyoit que la battaille ſe deuſt donner dés le Dimanche troiſieſme, mais elle fut differée au lendemain quatrieſme, & l'auis fut donné à Sebaſtien & Mahomet de rendre le combat bien tard & ſur l'entrée de la nuict, que les Arabes promettoient de ſe tourner de leur coſté, & d'abandonner *Malouco*, ce qui ne ſe trouua point veritable, & ainſi ils furent trompez. Le Roy Sebaſtien eſtoit comme le iour precedent armé d'armes vertes, ſur vn cheual blanc des meilleurs de Portugal. L'armée des Mores auoit le fleuue d'*Alcaſſar* à la main gauche, qui leur ſeruoit de rempart. Sebaſtien ſe tenoit aſſeuré du ſecours des Arabes, & de toute l'auantgarde de *Malouco*, qui eſtoit auſſi toute d'Arabes, pour ce ſujet il attendit le ſoir afin qu'ils ne fuſſent veus. C'eſtoit dans vne grande campagne qui tient plus de deux grandes lieuës, où il n'y a pierre ny arbre. Tous les agoulets qui furent montez des cheuaux des Arabes, eſtans deuant l'auantgarde & faiſant la pointe du Croiſſant, furent bientoſt taillez en pieces, & emportez par le canon. Les Arabes voyant cette defroute, deſirerent faire le meſme, mais voyans que perſonne des autres battaillons ne branloit, ils firent bonne mine par force, *Muley Hamet* les veillant de prés. Enfin la battaille s'eſtant renforcée, & les Arabes ne faiſant rien de ce qu'ils auoient promis, *Malouco* donnant bon ordre aux ſiens, & meſnageant le reſte des heures de ſa vie au temps neceſſaire pour la victoire, le Roy de Portugal & le More, auſſi bien que *Malueo* y demeurerent, les deux tuez ou noyez & le troiſieſme de maladie en ſa littiere, *Hamet* reſtant ſeul victorieux & heritier de tout.

Dom Sebaſtien fit merueilles de ſa perſonne, mais accablé des ennemis, & n'en pouuant plus, il mit vn linge blanc au bout d'vne lance en ſigne de paix & de ſe rendre; mais cette canaille de Mores ignorans cette pratique, luy coururent ſus à luy & au ſiens qui reſtoient, & les acheuerent tous de tuër. La tuërie fut grande, & particulierement ſur ceux qui gardoient le bagage, qui montoient à autant &
plus

du sieur Vincent le Blanc.

plus que tout le reste de l'armée. Il y en auoit qui s'alloient ietter parmy les morts pour se sauuer. C'estoit pitié de voir 200. enfans de laict, & plus de 800. femmes, garçons, filles, & autres, qui auoient suiuy pere & mere, pensans aller habiter ce pays, & qui auoient chargé force chaisnes & cordes pour lier les Mores, qui s'en seruirent contre les Chrestiens mesmes, dont il s'en trouua de prisonniers plus de dix sept mille, sans conter les 200. enfans & les 800. femmes.

Quant à l'Empire de Fez & Maroc, autresfois *Mauritanie Tingeane*, il est de fort grande estenduë, & a entr'autres ces deux puissantes villes de Fez & de Maroc. Fez est la capitale de son Royaume, & est forte d'assiette & de gens, assise sur des grandes colines, pouuant faire en vn besoin iusqu'à soixante mille cheuaux. Les maisons sont somptueuses, basties à la Persienne, embellies de feuillages d'or & d'azur, ses murailles bien fortes, ses ruës bien dressées, ayans chacune leur Capitaine, & aux bouts des portes pour leur conseruation, auec des chaisnes qui les trauersent, & vne grande riuiere, qui se nomme aussi Fez qui passe au milieu. Cette riuiere est separée par deux canaux, l'vn vers le Midy qui arrouse Fez le neuf, l'autre vers l'Occident qui arrouse Fez le vieux, outre plusieurs fontaines qui coulent par des canaux souterrains : la pluspart des maisons sont basties de bricques, auec des tours & terrasses où les femmes s'esgayent le soir, car elles ne sortent gueres. On y void force Mosquées bien basties, auec leurs *Marabouts* pour les seruir ; la principale, dite *Cairimen*, est d'vne aussi grande estenduë que la ville d'Arles, ayant trente & vne portes principalles, & trente-huict grandes voûtes qui la soustiennent en longueur, & vingt en largeur, & toutes les nuicts neuf cens lampes allumees, & ez iours de festes, comme en leur *Romadan*, feste de S. Iean, ou Natiuité de nostre Seigneur, d'autres lampes sans nombre, soustenuës par des chandeliers de bronze, où l'on chante toutes les heures depuis minuict. Maroc à soixante lieuës de là est le chef de tous les autres Royaumes qui sont sous son Empire, comme *Hea*, *Ducale*, *Guzula*, *Hasc*

II. Partie. Y

170 *Les Voyages*

cera & *Trelle*, comme Fez a fous foy ceux de *Temefne*, *Afgar*, *Rabat*, *Errif*, *Garet*, *Efcaus*, &c.

Iofef Aben Tesfin baftit Maroc l'an 1050.

Cette ville a esté baftie ou pluftoft agrandie par vn Prince nommé *Manfor* l'an 1024. & eft fituée dans vne plaine toute enuironnée de palmiers : il y fit baftir la grande Mofquée, où l'on void cette haute tour à trois pointes, fur lefquelles font trois pommes d'or de vingt mil meticales, ou deux cens vingt cinq liures de poids chacune. *Muley Male* ces en voulut feruir pour la guerre, mais les habitans ne le voulurent pas permettre, & les Ianniffaires qui vindrent de Conftantinople au fecours de *Malouco*, y tirerent quelques moufquetades, & les percerent en plufieurs endroicts. Il promettoit que peu apres il les remettroit, mais les autres difoient que quand il viendroit à mourir tout feroit perdu, comme fon bifayeul qui vendit le fonds des rentes des Hofpitaux de Fez, & mourut deuant que les pouuoir reftablir, fi bien que cela fut perdu pour les pauures.

Du Royaume de Maroc & de Fez.

CHAPITRE XXIII.

Aroc s'eftend fort loin, & fon Eftat tirant vers le Nort, fe vient ioindre auec le pays d'*Afgar*, trauerfant les montagnes de *Gouraigoura* à trente lieuës de Fez, dont fort vn beau fleuue qui court vers Ponent, & fe ioint auec celuy de *Bat*, y ayant de grandes plaines & pafturages fans pierres comme la *Camargue* d'Arles. Les Arabes appellent ces païs *Suahiz*, païs fort abondans en beftail, & qui va confronter auec vn autre nation d'Arabes qu'on appelle *Aluzar*, & y a vne haine & guerre mortelle entre ces deux peuples. Ceux d'*Afgar* confinent au Nort à l'Ocean, & du Couchant au fleuue *Buragrag*, qui paffe par des forefts toutes pleines de coloquinte & d'orangers, por-

du sieur Vincent le Blanc. 171

tans vne tres-agreable odeur, vers le Midy au fleuue *Bonazar*, où habitent ces riches Arabes, qu'ils appellent *Alalut*, d'où sort bon nôbre de caualerie, & où il y a plusieurs belles villes, comme *Argar*, *Larais* & *Casar*, *Alcabir* ou *Elcabir*, c'est à dire le grand palais, bastie par le grand *Mansor*, sur vne rencontre qu'il eut s'estant esgaré à la chasse, & au Nort le païs de *Habat*.

La region de *Habat* ou *Elhabat* se termine aussi de ce costé à la mer Oceane, commençant du Midy au fleuue *Gouarga* ou *Orga* & *Suerga*, & du Leuant au destroit. Sa principale cité est *Azaget* ou *Exagen*, qui est à la pente d'vne montagne proche cette riuiere *Gowrga*, & y a force autres bonnes villes, comme *Agla*, *Tansor*, *Benituda*, *Mergo*, *Basra*, *Omar*, & autres sur le destroit, conquises par les Portugais, comme *Tanger*, *Arzille*, *Ceute*, &c. & se va ioindre à la prouince de *Errif*, qui commence au destroit, & s'estend vers le Leuant iusques au fleuue *Necor* ou *Nocor*, & du Nort à la Mediterranée : sa principalle ville est *Targa* ou *Terga* sur ladite mer, & trafiquent auec ceux de Tunes & Biserte. Il y a encores les villes de *Ielles*, *Tagase*, *Mizemme* ou *Emvzeme*, grande & belle cité, *Gebba* & autres. A cette prouince se ioint celle de *Garet*, qui s'estend iusques aux deserts de Numidie, & ses citez sont *Maxelle* ou *Mellele*, *Tezzota*, *Meggeo*, & autres, où il y a forces mines de fer. Ce païs se ioint auec la region de *Chaüs* ou *Chaous*, qui court vers le Ponent iusqu'au fleuue *Barnigara* ou *Guraigara*, qui va iusques aux confins de Lybie, auec ses villes de *Teurere*, *Hadagia*, *Lagari*, *Dubbu*, *Besernin*, &c. Cela s'estend iusques au Royaume de *Telensin*, fort riche, qui au Couchant se termine aux fleuues *Malnia* & *Za*, au Midy aux deserts de Numidie, & du Nort à la Mediterranée, ayant du Ponent au Leuant pres de 400. mil. Il est enuironné de plusieurs grands deserts qui confinent auec les Noirs, & a deux ports remarquables *Marz'alquibir* & *Oran*, outre les villes de *Guadida*, *Hunan*, *Teburit*, la grande cité de *Nedroma*, & *Telensin* la capitalle, où habite le Roy, qui tient vne grande cour. Il y a aussi *Constantine*, dont les murailles sont de belle pierre noire pollie, & est situèe sur vne montagne, au bas de

Y ij

laquelle passe le fleuue *Sufumar*. Alentour sont d'autres prouinces, dont les vnes se ioignent au desert de *Barca*, qui confine à *Tezet*, cité de Numidie, & du costé du Nort embrasse la prouince de *Dara*, qui se ioint auec *Sequeime* ou *Segelmesse*, qui retient le nom de la ville capitalle, & s'estend iusques au fleuue de Z x, qui confine aux deserts de Lybie. Tout ce pays est habité de diuers peuples barbares, comme *Zenetes*, *Axanagia*, *Zahara*, *Egilese*, & court iusques à la prouince de *Chemega*, qui se ioint à la montagne d'Atlas. Ce mont s'estend iusques aux deserts de Numidie, dans lesquels y a vn pays qui se va terminer au Royaume de Bugie, & s'appelle *Zeb*, ayant au Nort *Biledulgerib*, ou Numidie.

La Lybie est de grande estenduë, & la Numidie encores plus. En la Lybie sont les grands deserts de *Zanziga* & *Zuenziga*, presque tous habitez és enuirons d'Arabes, qui ont au Ponent & Midy les Noirs, dits *Galata* ou *Goualata*, qui confinent à *Tombut*. Au milieu est le desert de z *trat* ou *Sarrat*, qui est de deux cens mil, sans trouuer aucune habitation; mais entrant dans celuy d'*Araboin* on commence à trouuer quelque soulagement, & se ioint à *Tombut*. Puis y a les deserts de *Hair*, où est le passage de *Tombut* à *Telensin*. On laisse à la main droite le desert de *Gosde* ou *Godia*, fort fascheux & dangereux, pour la quantité de bestes cruelles qui y repairent. Puis y a celuy de *Gir* qui confine au Nord auec ceux de *Tuas*, *Tegorim* & *Damesab*, qui au Midy a le Royaume d'*Agades*, pays plantureux en herbages, fontaines & manne, dont les habitans vsent fort en leur manger, mesme en leurs potages, pour la quantité qu'il y en a, ce qui les rend fort sains & agilles; ils en boiuent aussi meslé auec l'eau. Ils sont subiets du Roy de *Tombut*, & confinent auec *Cano* autre Royaume aussi tributaire à *Tombut*. Tous ces peuples sont noirs comme poix.

Prés la ville de *Masar*, en Arabe *Silhon*, sur vn golfe de mer, il y a vn Temple autrefois dedié à Venus, où les filles se prostituoient à son honneur pour le plaisir & le profit, à ce qu'ils content; mais vne celebre courtisanne tres riche & belle, appellée *Ameliga*, recherchée de plusieurs Princes & grands

Seigneurs dont elle ne vouloit rien prendre, se contentoit seulement de les obliger à donner quelque chose aux pauures, & de dire en leur donnant, *portez honneur à la Deesse Ameliga qui vous donne cela*. Ce qui fit que sa renommée s'estendit par toute l'Afrique, & qu'on la venoit voir de fort loin, & que le Roy de *Budomal* la fit demander en mariage, sans qu'elle voulut y consentir; il y eut entr'autres vn *Marabou* qui y estant venu aussi, luy fit bastir vn magnifique Temple, qui fut incontinent hanté de beaucoup de peuple, & chacun y accouroit pour impetrer ce qu'il desiroit, pourueu qu'on fut bien disposé de ses membres, car autrement n'y falloit il penser. A ceste deuotion ne manquoient pas tous ceux de *Guinee*, *Tombut*, *Galata*, *Melli*, & autres. Les Prestres du Temple portoient la parole, & la rendoient à certaines heures limitées.

Quant au Royaume de *Melli* il est fort riche, pource que le fleuue Noir ou *Senega* le trauerse, ou vne branche d'iceluy, ou plustost vn canal fait par industrie, le rendant fort abondant en dattes, raisins, coton & autres commoditez; car on dit que ceste riuiere fait l'innondation de mesme & au mesme temps que le *Nil*, & y a quantité de barques ou *Canaoes* d'vne piece auec quoy ils courent, faisans leurs petites negoces, & passans d'vn Royaume à vn autre à cause de l'histoire de Ionas, qu'ils disent estre arriuée là: ils tiennent qu'aucune baleine ne passe par là sans creuer, dont ils font vn grand trafic. Vn vieux Gentilhomme de *Silhon* me conta que l'an 1571. se promenant sur la coste, il veit trois grandes baleines, qui aussi tost qu'elles furent entrées dans le golfe iettterent de grands mugissemens, & le lendemain l'vne fut iettee le vêtre fendu, comme si on l'eust couppé auec vn cousteau, & les deux furent emportées par le cours de l'eau. Si c'est par miracle ou par magie, ie m'en raporte.

Melli confine à *Gago* vers *Siroc*: ce *Gago* est meilleur pays encore, & bien que *Melli* ait de bonnes villes, toutesfois celuycy est plus estimé pour beaucoup de choses: mais principalement pour la grande quantité d'or que les *Noirs* y aportent de tous costez, & cét or est fort exquis, dont se font la pluſ-

Y iij

part de ces pieces d'vn escu & demi qu'on appelle *Miticales*. Mais *Melli* a l'aduantage sur tous ses voisins d'vn beau College de leur Prophete *Hali*, où tous les autres Royaumes vont aprendre les sciēces, y ayant beaucoup de gens doctes à leur mode. Toute la ieunesse de *Cambre* ou *Cabra*, principale ville de *Tombut*, y va pour cela, comme aussi de *Gago*, *Cano*, *Guber*, &c. En la ville de *Gago* y a vn tres grand negoce, & s'y debite force poiure & esclaues de toutes parts de Chrestienté, & là sont employez aux mines, & mesme y en a qui par auarice tiennent leurs propres enfans pour cela. *Gago* a vers Orient *Guber*, & de leurs villes capitales y a bien deux cens lieuës de distance; ils sont aussi sous l'innodation du *Niger* qui feconde le pays, & le fait abonder en bestail & nourriture, qui fait que les habitans ne s'adonnent aux lettres, ains au mesnage seulement; aussi sont ils d'ailleurs fort grossiers & rustiques. De là à l'Occident on tire vers le grand cap de *Serrelyonne*, & à l'Orient au Royaume d'*Agades*, puis à celuy de *Cano*, *Zegzeg* qui a produit tant de cheuaux, puis *Zanfara*, & *Guangara* vers *Siroc*, où le Roy a pour sa garde sept mil hommes, partie à pied, partie à cheual, auec arcs & cimeterres. Puis *Borno* qui court plus de cinq cens mil au Leuant, ayant au Midy les deserts de *Get*, & au Nort ceux de *Barca*; ces peuples sont brutaux, & ont leurs femmes en commun. Vers *Siroc* sont les deserts de *Goran* vers Ethiopie, & là sont force peuples, comme vne partie des Gilofes, qui se retirerēt là pour quelque sedition, & ceux de *Zeniga*, qui vindrent là à cause d'vn certain mariage de la fille du Roy des *Azenogues*, que le Roy de *Gambra* ayant espousée & ne la trouuant pucelle, la repudia, d'où sourdirent de grandes guerres entr'eux.

Ceux de *Temesne* se disent fondateurs de la ville de Maroc; ils ont la langue plus belle que les autres, laquelle ils appellent *Aquela Marig*, c'est à dire langue noble, car les autres Royaumes Africains ont vne langue rude au prix. Il y en a vne autre, dite *Sagay*, qui court au Royaume de *Galatas*, *Tombut*, *Guinee*, *Meli*, *Gago*, diferente des autres; vne autre à *Iuber*, qu'on ne peut escrire à cause de la prononciation du gosier, & court iusqu'à *Cana* & *Casena*, & encore à *Hea*, *Gangara*, *Borne* ils vsent d'autre langage. Ceux de *Sena*, *Terga*, *Gueziga*, *Lenta* & *Berdena* s'entendent bien, approchans de l'Affricain, & prononcent, non du gosier, mais distinctement.

Ils sont bien aises de voir les estrangers curieux d'apprendre leur langue.

I ay frequenté vn Medecin, docte en ces langues, & mesme en la Latine, Grecque & Italienne, qui sçauoit bien la Prouençale. Vn soir estant couché en mesme chambre que luy, auec le Capitaine Thomas Martin, ie fus estonné de voir entrer vn More, nostre hoste luy ayant ouuert, auec vn esclaue luy portant vn flambeau, estant affeublé d'vn linceul de laine, de la teste aux pieds, qui nous salüa en Prouençal; le voyant si noir ie fis le signe de la Croix, pensant que ce fut vn demon, & luy se mit à rire, me disant que ie ne craignisse rien, & que i'estois en lieu d'asseurance : il baisa sa main, & me toucha la mienne auec mille caresses & paroles, qu'il n'eust pas dormi à son aise s'il ne m'eust visité, me priant le lendemain de le voir, pour me communiquer vne chose d'importance. Luy ayant demandé comme il sçauoit si bien nostre langue, il me respondit qu'il auoit demeuré à Marseille auec vn *Charbi* son maistre, & qu'il auoit negocié auec mon pere qu'il nomma, & vn mien frere; qu'il auoit esté neuf ans esclaue, puis s'es it racheté. Le lendemain il fut à nostre leuer, nous allâmes nous promener, & puis il nous mena disner en sa maison magnifique. Ie luy demanday comment vn homme de sa qualité auoit demeuré si long temps esclaue : il respondit que sa rançon de mil ducats s'estoit perduë plus de cinq ans durant : il auoit q re bons cheuaux en l'estable, son logis tout doré, auec force beaux appartemens : il n'auoit qu'vne femme, & me dit qu'il n'en espouseroit iamais d'autre, & qu'il vouloit viure à la Chrestienne; cette femme estoit belle par excellence; il se loüoit fort de moy, que ie l'auois assisté en sa maladie estant esclaue, & disoit beaucoup de bien de moy à sa femme afin qu'elle nous vist de bon œil, & elle nous caressoit fort pour cela : il nous monſtra toute ſa maiſon & vne belle bibliotheque de liures bien reliez, & me fit voir comme les Africains auoient dominé vne bonne partie du monde, me monſtrant vn liure, dit *Albuzer* plein de choſes curieuſes, & des hiſtoires de tous les grands hommes Affricains, comme Annibal, Maſiniſſa, Septime Seuere Empereur, pluſieurs autres Rois, Princes, Eueſques excellens, comme ſainct Auguſtin, & autres. Ie luy demanday comme il ne ſuiuoit point la loy de tant de ſaincts Eueſques, & autres : il reſpondit, qu'il n'en eſtoit pas tant eſloigné, & qu'en leur Alcoran, Mahomet confeſſe que IESVS CHRIST eſtoit plus grand que luy, & qu'il le rencontra au ſixieſme Ciel, & s'humilia deuant luy, le priant de prier Dieu pour luy : ce qu'il ne dit point des autres Prophetes, qui tous ont dit à Mahomet, priez Dieu pour nous. Ainſi cet homme eſtoit tout Chreſtien, n'ayant faute que du bapteſme ; & diſoit qu'apres ſa rançon payee, ſi ſon maiſtre *churbi* Conſul l'euſt preſſé de ſe marier auec vne ieune veſue ſa parente qu'il aymoit fort, il ſe fuſt fait volontiers Chreſtien. C'eſtoit vn homme fort honneſte, bien ſenſé & vertueux, & fort riche, & s'il euſt voulu eſpouſer d'autres femmes des principales du lieu, il en euſt eu tant qu'il euſt voulu. Il me diſoit vn ſecret que le Gouuerneur d'*Arzille* (qui eſt à l'Eſpagnol) l'auoit voulu mettre en ſa place & luy donner ſa fille à femme, ſe faiſant Chreſtien ; auſſi portoit-il vne particuliere affection aux Chreſtiens. C'eſt cette *Arzille* qui fut conquiſe par le Roy de Cordouë More l'an 1421. & que Dom Alfonſe Roy de Portugal regaigna ſur luy.

Mais pour reuenir à Maroc, ie diray ce que i'y ay veu ſouuent aux moutagnes de Ziz, c'eſt que les peuples y viuent aſſez domeſtiquement auec les ſerpens, & les enfans meſmes ſe iouent auec eux, & eſtans Mahometans ils tiennent pour vn des preceptes de leur loy de ne tuër aucune ſorte de ces vilains animaux, de ſorte que ie fus repris d'vn d'iceux pour auoir ietté vne pierre à vn crapaut. Venans de *Sequelmet* nous trauerſâmes ces monts de Ziz, qui commencent aux fins de *Mezetaza* vers le Ponent, & ſe terminent à *Telde* vers la Numidie,

du sieur Vincent le Blanc. 177

midi. Les Arabes appellent cela *Segelmesse* qui sont 15. montagnes où habitent ces peuples serpentins, que ceux du pays appellent *Zanaga*, qui viuent parmi les serpens, & leurs iardins sont remplis de crapaux, sans qu'ils se soucient de les en chasser. Il est vray qu'il y a parmi eux des enchanteurs de diuers sortes, dont les vns sont pour charmer cette sorte de reptiles, comme i'ay remarqué ailleurs qu'ils charment les *Cay-* *Lion afri l.3* manes & *Tiburons* aux Indes, à ce que ces monstres de poissons cruels ne deuorent ceux qui vont à la pesche des perles ; ils appellent ces charmeurs là *Malurman*. Il y en a d'vne autre sorte qui se vantent de guerir toutes sortes de maladies, en ces mons de *Zizouzit*, ils les appellent *Mahazin*, & en font *Muhazimio* grand cas. Il y en a d'autres qu'ils nomment *Zaira* qui con- *Zanagia* iurent les tempestes, bruines, gresles & les autres meteores qui portent dommage aux fruits ; & il me souuient d'auoir veu vne de ces sorcieres-là, qui voyant venir vne grande tempeste dans vn gros nuage noir & espais, qui alloit ruiner & s'accager toute leur *Seytune* ou oliuiers qui estoiët en fleur, *Azeytuna* elle fit vn creux en terre & vrina dedans auec certaines coniurations, qui destournerent l'orage & le firent aller tomber ailleurs. Il y en a encore d'vne autre sorte appellee *Macabel*, qui se disent auoir pouuoir de guerir toutes les maladies du bestail. Autres dits *Sadalachar* qui ont puissance sur les Demons, & les contraignent d'aller là où ils leurs commandent. Ils en ont tousiours quelqu'vn auec eux, & disent que ce sont Demons blancs. Il y en a d'autres fort sçauans en Geomance, qui font voir des esprits dans vn bassin fort clair, froté d'vn peu d'huile, ce qui semble vn miroir, lequel represente tout ce qu'on veut. Il s'en trouue d'autres qui font languir & mourir les bestes auec des paroles, & en font autant aux personnes mesmes. Mais ce dernier n'est pas seulement en vsage entre ces Infideles, en ayant veu mesme parmy les Chrestiens. Car il me souuient qu'estant à Seuille en Espagne, ie vis vn peintre Flamand des plus excellens en son art, qui mourut en langueur de cette sorte, ayant esté ensorcelé par vne certaine garce celebre qu'ils renomoient *la Segnora Maria de Vhara*, qui en voulut apres faire de mesme à vn sien

II. Partie Z

compagnon par le moyen de quelques pieces de biscuit qu'elle luy presenta à manger, dont il y en auoit vne empoisonnee de la sorte & les autres non; luy se doutant de quelque malefice fut si aduisé & subtil, qu'il changea celuy qu'elle luy auoit baillé, & le mit sur l'assiette de cette Courtisane, & en prit vne autre pour luy; Apres cela elle ne se doutant de rien luy en bailla vne autre pour donner à sa femme, auec vne belle bourse; mais luy retourné chez soy en fit l'experience sur vn chien, qui en perdit sur le champ s'abayer & mourut peu apres. Cependant le biscuit qu'auoit pris sans y penser la Courtisane, commencea à operer, dont elle se voyant perduë, enuoya querir son ami, qui luy confessa luy auoir baillé le morceau, mais sans penser à mal ne sçachant que c'estoit. Elle sur cela le pria de luy faire vn dernier seruice, qui estoit d'aller en vn certain endroit d'vn jardin qu'elle luy designa hors la ville, & de couper vne corde qu'il trouueroit attachee à vn arbre. Ce qu'ayant fait en compagnie de quelques vns de ses amis, il trouua que cette corde tenoit vn crapaut attaché par vn pied, & si-tost qu'il l'eut coupee, en mesme temps la Courtisane mourut, comme il trouua à son retour, & finit ainsi miserablement cette malheureuse sorciere. I'estois à Seuille quand cela arriua, & voyant passer le corps de cette femme que l'on portoit en terre, toute l'histoire secrette m'en fut contee par celuy mesme qui en auoit fait la principale partie; car nous estions logez ensemble; & sa femme voyant cet estrange succez n'osa depuis porter la bourse que cette garce luy auoit enuoyee.

A propos dequoy ie conteray aussi deux autres exemples de ces sorciers, arriuez en nostre pays de Prouence: à sçauoir l'vn à Aix d'vn Cordonnier à qui l'esguillette ayant esté noüee par vne sorciere, le iour de ses fiançailles en prononçans certains mots, comme elle confessa depuis, & l'ayant mise sous la nape de l'Autel, comme on disoit la Messe & puis iettée dans vn trou; Ces pauures gens ne sçeurent habiter ensemble pendant cinq ou six ans, iusqu'à ce que la sorciere ayant esté prise, declara auant que de mourir, ou estoit l'aiguillette qui fut trouuée auec des croix, caracteres & paroles sain-

du sieur Vincent le Blanc. 173

ctes; la sorciere fut bruslee viue, & la femme du Cordonnier deuint grosse ensuite.

L'autre est d'vn Marseillois, qui estant amoureux d'vne fille qu'on ne luy voulut pas bailler en mariage, fut aduerti d'aller trouuer le *Baile de Luc* grand sorcier, qui luy fit faire quelque present à Satan, & ayant fait vn cerne en terre qu'il partagea en sept parties, & en chacune mis vn caractere comprenant le nom d'vn Demon; il fit mettre l'homme dedans à genoux, & implorer le nom du Demon, qui le deuoit venir visiter en telle forme qu'il voudroit, & le mener où il desiroit. Mais l'autre n'estant pas trop asseuré, voulut qu'il s'aparust en forme d'homme, & le sorcier disoit en forme d'animal. Enfin l'autre par argent fit tant qu'il luy donna vn caractere d'vn Demon, pour aller luy mesme en sa maison faire cette espreuue; & choisit le nom de *Leuiatan*, & alla faire sur la minuit cette operation à la porte du logis de sa maistresse, le sorcier luy ayant dit que cela auroit plus de force. Il mit donc le caractere sous vne pierre & estant à genoux pria ce *Leuiatan* de l'assister en son entreprise. Il fit cette priere par cinq fois, & soudain arriua le Demon en forme si hydeuse & espouuantable, que le miserable n'eut pas le cœur de l'attendre, & tomba esuanouy plus de trois heures estendu sur le paué. Apres estant reuenu à soy, il se leua, prit le billet & s'en retourna chez soy fort triste, & marry de n'auoir pas eu assez de courage; il brusla ce caractere, dont il sortit trois eclats de tonnerre tels qu'il sembloit que la maison deust fendre en abysme. Son pere, sa mere & ses sœurs, accoururent voir que c'estoit, & luy fit semblant de n'en rien sçauoir. Ce miserable estant en cette anxieté & detresse, me vint trouuer, comme son amy, & m'ayant conté tout son fait, me demanda conseil, auec des paroles horribles, disant que pour estre content au monde il ne se souciroit point d'estre damné. Surquoy ie luy remonstray le mieux qu'il me fust possible, qu'il ne luy pouuoit arriuer que tout malheur de cela, quand mesme il pourroit paruenir à espouser sa maistresse; puis ie luy fis promettre d'aller voir ensemble vn bon pere Capucin de nostre cognoissance, pour le remettre, & luy

Z ij

Les Voyages

faire renoncer à sa donation; mais ce miserable-là ne vint point à l'assignation, persistant en sa maudite resolution; & cependant la fille aduertie de tout cela se maria honorablement à vn autre, & ce malheureux demeura remply de honte, & infamie, & mourut d'vne mort tragique.

Ie diray encores pour acheuer ce discours d'Afrique que i'y ay veu de certains animaux dont ie n'ay point remarqué de semblables en l'Inde Orientale, & mesme en l'Occidentale où ils les appellent *Pachacou*; qui sont comme des Renards, & sont d'vn si estrange & cruel naturel, que s'ils sentent vn corps mort, pour auant qu'il soit enterré, ils gratent & cauent iusqu'à ce qu'ils l'ayent trouué, & le mangent iusqu'aux os. Ils appellent ces bestes *Chicali*, qui ne viuent que de chair. Et me souuient qu'vn pauure garçon seruiteur d'vn de nostre compagnie estant mort subitement, nous l'enterrâmes en vn endroit fort sablonneux, & le plus profondement que nous peûmes, mais le iour d'apres nous le trouuâmes tiré hors de terre & rongé iusqu'aux os; & ne sçachans comment cela s'estoit fait, nous fimes espier le soir, & trouuâmes que cela venoit de ces mauuaises bestes qui venoient la nuit en troupe chercher de telles curees. Nous en abatîmes vne d'vn coup de pierre, & la pensans morte nous la consideriőns par admiration, lors que tout d'vn coup elle se mit à fuir, ce qui nous fit iuger, que c'est vn animal merueilleusement fin, d'auoir sceu si bien contrefaire le mort. D'autres font mention d'vn autre animal grand & gros comme vn loup, & qui est de semblable natuel; les Arabes l'appellent *Daburh*, & les Africains *Ilef*.

<small>Leon afr. l.</small>

Quelque temps apres cette bataile ie m'embarquay à *Larache*, & m'en vins à *Calis* à cent mil de là, de là à *Sanloucar*, puis à *Seuille* à 16. l. de *Calis*, y pouuant aller par le *Gadalquiuir*, & ayant pris de l'argent d'vne lettre de change que i'auois apportée de *Fez*, ie vins à *Grenade* à deux iournées de *Seuille*, descendis à *Cordoüe*, & *Guadix*, & trouuant vn chartier chargé de laine, ie vins à *Cartagene*, puis suiuant la coste à *Malaga*, *Valence*, *Barcelone* & enfin à *Marseille*.

F I N.

TROISIESME PARTIE
DES
VOYAGES
FAMEVX DV
Sr VINCENT
LE BLANC
MARCEILLOIS.

Voyage de Constantinople.

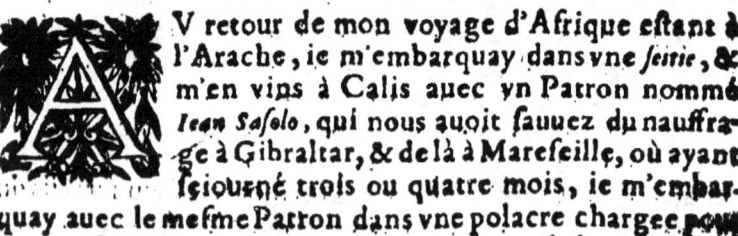

AV retour de mon voyage d'Afrique estant à l'Arache, ie m'embarquay dans vne *seitie*, & m'en vins à Calis auec vn Patron nommé *Iean Safolo*, qui nous auoit sauuez du nauffrage à Gibraltar, & de là à Marseille, où ayant seiourné trois ou quatre mois, ie m'embarquay auec le mesme Patron dans vne polacre chargee pour

III. Partie.   AAaa

Constantinople: Nous partîmes de Marseille le 24. Ianuier 1579. & arriuâmes à cette grande ville la capitale de l'Empire d'Occident le 22. Feurier de la mesme année, ayant traversé l'Archipel, & visité en passant l'isle & la ville de Scio ou Asus, auquel lieu nous aprinsmes l'estrange accident d'vn Amant, qui se tua de desespoir, & donna tout son bien à sa Maistresse, qui estoit la cause de sa mort, & vismes dans le Conuent de sainct François des figuiers dont les figues ne meurissent iamais, que premierement les moucherons qui sortent de la putrefaction d'vn autre figuier, qui porte des figues folles ne les aille picquer, & aussi tost qu'elles sont picquées elles meurissent & deuiennent tres-bonnes.

De la ville de Constantinople. Pour ce qui regarde Constantinople, apres tant de bons esprits qui en ont escrit, & escriuent tous les iours tres amplement, tant de la ville, que de son Empire, de la Cour ou Porte du Grand Seigneur, de ses Officiers, de la Religion, des mœurs, & autres singularitez des Turcs, ie me contenteray de dire simplement, & en peu de mots que i'admiray sa belle situation & son aspect, tres beau par le dehors, dont le dedans neantmoins ne correspond pas, car les ruës y sont tres sales, pour la barbarie ou negligence de ses habitans, qui ne s'adonnent qu'au gain & à l'auarice, sans se soucier d'embellir leurs maisons & nettoyer leurs ruës. Les grands Seigneurs, Bachats & autres ont de beaux palais peints d'or & d'azur à la Persienne. Le grand Constantin son fondateur, auoit despouillé Rome & toutes les prouinces de l'Empire de ses plus beaux ornemens pour embellir sa nouuelle ville, bastie sur sept colines comme l'ancienne Rome, & depuis Iustinian fit bastir l'Eglise du Sauueur ou S. Sophie, tres magnifique, en forme ronde, à l'imitation de laquelle les Sarrasins voulurent bastir le Temple ou Mosquée de la Meque, quoy qu'il y ait bien à dire de l'vn de l'autre, tant pour la matiere que pour la forme & structure, celle de la Meque n'estant que de brique soustenuë d'vn grand nombre de pilliers.

Ce beau du dedans de Constantinople est en serrails du Prince, Mosquées & Hospitaux, palais de Bachats qu'ils ont bastis par l'industrie & trauail de leurs esclaues, comme autresfois à Rome ; aussi que la pluspart de ces Bachats sont des Chrestiens reniez, ou enfans de Chrestiens plus polis que les Turcs naturels, les plus auares gens du monde, dont on ne sçauroit auoir aucun plaisir qu'à force d'argent.

La ville de Constantinople est scituée sur vn promontoire enuironnée presque de tous costez de l'eau de la mer, excepté du costé d'Occident, ayant au North le golfe ou canal & port de *Pera* ou *Galata*, qui s'enferme auec vne chaisne comme celuy de Malthe. Ce *Pera* est comme vn fauxbourg ceint de murailles, faites dés le temps de l'Empereur Anastase qui le fortifia de la sorte. Elle a outre cela quatre beaux ports dans son enceinte. Du costé de terre ferme il y a vne double muraille, auec de bons fossez, demy tenaillees & remparees, qui est encore vn ouurage non de l'inuention des Turcs, mais des anciens Chrestiens qui la possedoient, & depuis redressé par ceux-cy. La forme de cette ville est triangulaire, dont vne pointe va vers l'Occident, & les deux autres vont à pentes & courbeures vers la mer du Midy. Quant on est au descouuert de quelques maisons de *Pera* on voit la grandeur & assiette d'icelle, que l'on apperçoit, s'eslargissant & faisant trois angles, dont l'vn s'estend vers la porte de ses isles ; l'autre à la porte du fleuue, & la troisiesme va donner en face au serrail du grand Seigneur qui occupe la pente de cette coline qui embrasse le goulfe vers *Pera*, seruant par sa hauteur d'abry aux vaisseaux qui logent de ce costé là, où sont les iardins du Sultan & de la Sultane. Le serrail est basty d'vne façon belle & plaisante, car il a la veuë de la terre & de la mer, & tient depuis le mont iusques à la plaine. L'on y voit deux grandes cours closes de hautes murailles & enrichies de colomnes de marbre de diuerses couleurs, auec de grands arbres rangez en allees. L'enclos de ce serrail comprend en soy le Temple de S. Sophie, dont ils ont fait leur Mosquee, apres la ruine d'vn grand nombre de belles Eglises, n'en ayât laissé que quelques vnes pour le seruice diuin à la Grecque, qui sont entre les mains du Patriarche, comme S. Pierre, S. Thomas, S. Theodore, S. Luc, S. Lazare, S. Iean

AAaa ij

S. Sebastien, où les Chrestiens celebrent librement.

De la Religion des Turcs.

Pour les Turcs ils obseruent leur Religion auec grauité & mine seulement, ne se soucians de loy diuine ni humaine, & se rapportans de leur creance au dire des autres, sans s'en informer plus auant, & pourueu que leur Prophete ne soit pas mesprisé; ils ont soin principalement de faire bien leurs affaires, d'estre estimez sages & iouïr des plaisirs de la vie. Ils estiment les Chrestiens fort au dessous d'eux, combien qu'ils croient que Iesus-Christ est né de la Vierge, & qu'il est vn grand Prophete, & le soufle d'vn grand Dieu. Il y a eu mesme quelques sectes entre eux qui l'ont tenu plus grand Prophete que Mahomet, mais quelques vns de ceux-là s'estant hazardé de le publier, il fut apprehendé, traisné par les pieds, puis assommé, & ietté aux chiens pour estre mangé. Ils obseruent exactement la defense de ne disputer iamais de leur loy, crainte de faire paroistre son impertinence & absurdité, & aussi à cause des diuersitez sur l'interpretation de leur Alcoran, qui les reduit à mille confusions. Ils establissent leur Paradis en des plaisirs du tout sensuels, au boire & manger delicat & sauoureux, aux belles femmes, & autres semblables, & croyent estre sauuez, pourueu qu'ils n'ayent mangé du pourceau ni beu du vin. Ils ont des Predicateurs dits *Talsmansat* & *Cadileselers*, qui leur donnent cette belle creance, disans que le Paradis promis aux Chrestiens, où on ne boit ni ne mange, n'est que pour des gens paures & miserables, puis qu'on n'y fait pas bonne chere comme au leur, tant ces gents sont assujettis au corps, & esloignez de l'esprit.

Prestres des Turcs.

Leurs Prestres sont versez aucunement au cours du Soleil & de la Lune, pour sçauoir les festes & nouuelles Lunes, & au sommet des clochers de leurs Mosquées, ils vont tous les iours à haute voix annonçans les heures pour prier Dieu & le Prophete. Ils ont plusieurs sortes de Religieux, les vns comme gens desesperez & contrefaisans les fous, d'autres qui font les ignorans, autres qui se font de furieuses blessures iusques à en mourir, autres qui se bouclent auec vn anneau de fer comme on fait les iuments ; mais i'ay parlé de cela plus

du sieur Vincent le Blanc.

amplement en traittant de la Perse. Leur grand Patriarche est le *Mufti*, qui regle tous les differents de leur Religion & de leurs Prestres, & sa sentence ne peut estre enfrainte par le grand Seigneur mesme, qui luy porte tel respect qu'il se leue de son siege quand il le vient visiter, & luy donne place auprés de luy. Ie laisse les choses temporelles & criminelles aux Soubassi ou Cadilescher, Bascha, Armin ou Arcait. Ce Mosti porte le turban verd, comme estant de la race de Mahomet; les *Emir* le portent aussi pour leur saincteté, mais luy pour son authorité. Ces Emir sont grands hipocrites, comme pareillement les Deruis, qui portent des cimeterres, & sous couleur d'exercer la iustice de Dieu commettent mille assassinats par la campagne. Il y en a d'autres qui vont en trouppe auec vne banniere où est vn Croissant de Lune, & vont par les villes, se mettans à genoux & demandans l'aumosne, que les Turcs leur donnent volontiers, & mangent en pleine place où tout le monde leur apporte; & apres auoir ainsi receu ces aumosnes ils ne laissent point de voler & assassiner ceux qu'ils trouuent seuls ou escartez par la campagne.

Estant en cette ville de Constantinople il mourut vn Bascha nommé *Zabahim*, estimé fort homme de bien en sa loy. On fit aussi tost sçauoir son decez à tout le peuple, qui s'assembla & se mit a pleurer, & suiuant la coustume l'enterrement se fit hors la ville. Ceux de cette qualité sont tousiours en mourant quelque fondation d'Hospital ou Mosquée, ou autres œuures pies. Les officiers vestus d'vn gros bureau, & auec vne façon triste & lugubre, vont aduertir le peuple de prier pour l'ame de ce bon seigneur. Les proches parents vont à la maison du deffunct affublez d'vn linceul de toille fine, qui les couure par dessus le turban iusques aux piéds, & tous ceux là s'arrestent à la porte, n'y ayant que le maistre qui entre dedans. Ceux qui ne sont si proches prennent vn linge delié dont ils se couurent la face seulement, & iusques à la ceinture. Entre autres ils se font ouïr par leurs cris & lamentations, qui redoublent quand ils se trouuent auec les autres. Alors tous ceux de la famille sortent vestus de drap

Funerailles des Turcs.

A Aaa iiij

gris cendré, suiuis de douze cheuaux enharnachez de mesme, & traînant iusqu'en terre, ceux qui les mennent vestus de mesme, & on voit ces cheuaux pleurer, tousser & sangloter par interualle, leur ayans frotté les nazeaux de quelque drogue forte qui les excite à cela: cependant le monde, qui croit qu'ils gemissent à bon esciët, les accompage de pleurs & lamentations. Apres suiuent quatre hommes vestus aussi de gris portans quatre bannieres traînantes en terre, puis quatre autres traînans les armes, piques, iauelines, cimeterres, arcs & flesches, tous lamentans de mesme: puis vient le corps tout au contraire des nostres, à sçauoir la teste la premiere, vestu d'vn riche habillement, porté par six hommes bien vestus, six autres portans la pente de la couuerte de la caisse, qui est vn riche drap de soye de la couleur de sa veste, auec vn turban blanc, sur lequel est vn ruban verd d'vn doigt de large, pour signifier le ciel que leur Prophete luy a promis. Sur le turban il y a vne masse de plumes de heron de grand prix. Apres suiuent tous les parents & amis pleurans, & couuerts de blanc. Pres la teste du deffunct marchent quatre Talimassans, qui disent ou lisent quelques suffrages ou prieres pour le deffunct, iettans des souspirs par interualles, & ceux là les ont assistez au trespas, & sont obligez de prier pour eux tout le long de l'année, à cause de la charité que le mort leur aura laissée. Quand ils viennent en quelque carrefour, le corps s'arreste, & vient vn Talimassan qui crie tout haut, *Ala Ramani arhan muhis la ala ily ala ali huma ala*, c'est à dire, Dieu, il est misericordieux, priez Dieu pour luy: & disant cela, les Prestres qui portent le flambeau de suif, font vn tour alentour du mort disant & repetant les mesmes paroles, & le conduisent ainsi iusques au tombeau, qui sera paré d'vn enclos de legeres tables auec son couuert, & durant neuf iours tous les parents vont pleurer sur la tombe, & on leur porte des viandes pour la refection des Prestres & des pauures, ausquels il y a des aumosnes laissees, & disent que cela les conduit iusques au iour de la resurrection que le souffle de Dieu le iugera en l'assistance du Prophete, qui rendra tesmoignage de leurs biensfaits deuant le grand

Dieu. Cependant la veufue du deffunct enuoye chercher des oyseaux enclos dans des cages, & les achete pour leur donner liberté, afin que Dieu soit misericordieux & donne liberté à l'ame du deffunct, comme ils ont fait misericorde aux oyseaux & aux pauures.

Les Turcs decident les procez suiuant la loy escrite par l'Alcoran. Il y a le grand Diuan prés la porte du serrail, où assistent les principaux vestus d'escarlate. Il y a seconde audience au Diuan dans le mesme serrail & fort proche du premier, où sont les quatre Bachats, auec le Secretaire du grand Seigneur, les trois *Cadileschers* & *Beglirbey*, qui est comme vn Connestable. Là se iugent les choses criminelles & ce qui touche à la milice & paye des Ianissaires & soldats, où assiste le *Dragoman*, versé en diuerses langues, afin que les estrangers n'y soient greuez; car toutes sortes de gens peuuent entrer en ces audiences, & est permis à tous d'aller voir exercer la Iustice; le *Dragoman* s'informe de tout afin d'estre bien instruit, & que personne ne soit surpris en sa cause, & rapporte apres cela au Diuan; tous les Iuges sont d'vne belle presence, car ils tiennent pour maxime que sous vn visage de mauuaise mine, ne peut loger vne bonne ame, où c'est chose fort extraordinaire. Ils sont tous fort attentifs, voire à vn petit enfant mesme, autant qu'à vn grand Seigneur. En ce Diuan il y a vne petite fenestre où quelquefois le grand Seigneur va escouter sans estre veu, ce qui les tient en plus grande crainte & en ceruelle. La Iustice y est bonne & prompte, les estats se donnent gratuitement; aussi n'est-il permis de receuoir presens ni sollicitations. Les mauuaises causes se payent à belles bastonnades, tout se fait auec poids & mesure, car il n'y va que de la vie pour les Iuges s'ils y procedoient autrement. Ez affaires d'importance, dont il faut que le grand Seigneur soit aduerty, c'est le *Cadileschir* qui luy en fait rapport, & luy en iuge ce qui luy plaist. Il y a d'autres audiences & cours en diuers endroits de la ville, à cause de la multitude des habitans, qui pour la moindre chose courent à la Iustice. Les *Cadis* & *Armins* & *Soubassi* sont establis pour Iuges; & s'il y a plainte d'eux

Iustice des Turcs.

sont priuez de leur charge & solde. Pour la grande audience du serrail, elle tient tout le iour, du matin au soir, où ils font trois repas, sçauoir auant qu'entrer, à neuf heures & au souper, & personne n'en peut partir si ce n'est le Vizier qui tient le sceau du Prince, & auãt que sceller aucune depesche il en faut donner aduis au grand Seigneur. Ces grandes audiences se tiennent trois fois la sepmaine, le Samedy, Dimanche & Lundy, & quelquesfois le Mardy, pour de grandes affaires, ou pour des estrangers. Les autres iours de la semaine sont dediez pour les audiences des quatre Bachats, qui depeschent tout le reste, & se tiennent en de certaines loges, d'où ils ne manquent point le Samedy de venir se trouuer à la grande audience, où tous demeurent assis les bras en croix & les pieds ioints iusques à la venuë du grand Bascha, deuant lequel ils se dressent tous, en luy faisant la reuerence, puis le remettent en leurs sieges auec vn grand silence. Ce Bascha ayant ietté les yeux par tout auec vne liste de papiers lissez en main, il regarde celuy qui se prepare pour plaider, & luy fait signe en haussant la main qu'il die, & ayant entendu le suiet de la cause, il entend apres la partie aduerse, puis il definit & donne la sentence auec vne grande prudence. En cas de meurtres ils s'enquierent particulierement de tous ceux qui y ont assisté, ou l'ont veu, & ne peuuent esuiter vne bonne amende, qui plus, qui moins, pour n'auoir diuerty les coups & empesché le meurtre ; car tous ceux qui s'y trouuent sont tenus de se saisir du meurtrier à peine d'encourir de grandes amendes & punitions corporelles, & de le presenter au Soubassi, qui est le Lieutenant du Cadi, lequel ayant ouy la partie, porte son iugement.

I'estois à Constantinople du temps d'Amurath 3. petit fils de Sultan Soliman, où i'apris beaucoup de particularitez de la cour de ce Prince par le moyen d'vn Bernardin Nadal Marseillois, qui estant ieune auoit esté pris par les Turcs & donné à Soliman, qui le fit renegat & vn de ses pages. Il sçauoit tres-bien la langue Turquesque, & quand il aprit que i'estois arriué là il prit la peine de me venir voir à *Galata*, où nous fimes bonne chere ensemble, & me promit de retourner

du sieur Vincent le Blanc.

tourner au Christianisme. Il m'instruisit assez soigneusement de toute ceste cour & du serrail, dont ie fis quelques memoires que i'ay perdus depuis. Ie puis dire que Dieu se voulut seruir de moy pour regagner cét homme, qui s'en reuint à Marseille où il auoit encores son pere & sa mere, & se remit au bon chemin; mais à quelque temps allant en trafic auec son vaisseau il fut repris vers le destroit de Gibraltar par les Turcs qui le firent mourir. Il me souuient encores de ce serrail qu'il me descriuoit, qu'entrant en la seconde porte à main gauche, on trouuoit la cuisine du Prince qui n'est pas telle que celle de nos Rois. Il me contoit & nommoit tous les officiers d'icelle que ie negligé d'escrire. Apres cela on vient dans vne grande salle l'habitation des *Agas, Capigis* ou *Cadun*, qui sont les gardes portes, qui est vne autre charge que celle des *Chaous*, qui sont comme Exempts des gardes. Ces gardes de la porte sont en grand nombre, & de trente en trente ils font vne compagnie. Apres la troisiéme porte on entre dans les iardins peuplés de palmiers & d'autres arbres de toutes sortes, au bout desquels il y a vn beau logement souterrain plein de grandes richesses; au sommet est vne pomme dorée, & sur icelle vn Croissant. C'est où le Prince va prendre ses ébats quand il fait bien chaud, & où il mange assez souuent, & là aussi il donne audience aux Ambassadeurs, que l'on fait passer par diuerses portes & cours pour leur faire voir la grandeur & magnificence de ce Palais, outre de riches colonnes, tapisseries Mosaïques, &c. Il donne audience aux Ambassadeurs deux fois seulement; quand ils arriuent, & quand ils prennent congé, & leur presente la main droite à baiser par grande faueur. Au milieu de la salle il y a vne grande pomme de cristal, qui donne vne grande satisfaction à la veuë pour la diuersité de couleurs qu'elle represente, enrichie à l'entour de gros diamans, rubis & esmeraudes. A l'vn des bouts de cette salle y a vne porte par laquelle le grand Seigneur va visiter les Sultanes, cependant que les Baschas s'entretiennent auec les Ambassadeurs; car le second logement est pour ses femmes & fauorites, où aucun n'entre que les Eunuques; ledit Nadal y a

Description du serrail.

III. Partie. BBbb

compagnoit souuent le Prince comme vn de ses fauoris, & fut bien fortuné de ce que le Sultan ne le fit retrancher comme les autres craignant de le perdre: car il y en a plusieurs qui en meurent, encores qu'ils les fassent retrancher tous endormis & sans aucun sentiment, par la force d'vne eau qu'ils leur font boire, qui les rend comme insensibles & stupefiez. Il me contoit que ces Dames le caressoient fort, mais qu'il n'auoit pas l'esprit de recognoistre cela, estant fort ieune garçon; il me disoit qu'il y en auoit remarqué vne en entr'autres qui tous les iours disoit le chapelet de la Vierge, & estoit fille d'vn prince de la *Natolie*. Le Sultan tient douze ieunes pages pour l'habiller tous les matins & pour le desabiller, comme ses valets de chambre: ils ne seruent point par quartier, mais ils sont continuellement aupres du Prince, comme pages d'honneur, qui sont choisis sur vn grand nombre d'autres, & ordinairement on les prend à la phisionomie & bonne mine. Vn de ceux-là a la charge tous les matins d'aller au *Chasna* ou tresor, prendre du tresorier quarante ducats pour mettre en la pochette du grand Seigneur, pour en faire ses aumosnes & liberalitez à qui bon luy semble, & le soir quand il est couché tout l'argent qui se trouue de reste en ses pochettes est partagé entre ces pages d'honneur, & bien souuent ils y trouuent encores la somme toute entiere, le grand Seigneur n'ayant eu loisir d'y songer pour les grandes affaires qu'il aura eu. Ils ne manquent tous les iours à aller querir ceste mesme prouision pour les menus plaisirs: ces pages veillent toute la nuit de deux en deux pendant que le Prince dort, & les flambeaux sont tousiours allumez iusqu'au soleil leuant que le Prince se leue; car le *Dalliman* appelle vn chacun du plus haut clocher pour prier Dieu. Sitost que le Prince est habillé, il s'en va à la Mosquee faire ses prieres, & y mene ses pages d'honneur quand il luy plaist. Quelquefois il monte à cheual pour aller en quelque Mosquee esloignee pour prendre la promenade, où il est accompagné en belle ordonnance.

Au reste, le portier ou *Capigis* ont le pouuoir de chastier tous ceux qui font quelque querelle dans le Palais, & ne laissent entrer personne dedans auec des armes. L'escurie du Prince est composée de 300. cheuaux des plus beaux, dont il y en a douze de reserue pour le Prince seulement, que les seuls pages d'honneur peuuent monter, parez de tres-riches & magnifiques harnois. Il y a plusieurs autres escuries pour plus de six mil cheuaux tousiours bien remplies, & trois mil palefreniers qu'ils appellent *Deuagilar* pour les penser ; il y a aussi quantité de cheuaux, & le chef de ces escuries est appellé *Abrahor Baschi*.

Imrohor Baschi c. grand Escuyer.

Tout cela estoit de mon temps, & peut-estre que cela a esté changé depuis : ie me contente d'auoir seulement touché en passant à ce qui est de ceste cour, me remettant à tant d'autres amples Relations qu'on voit imprimées auiourd'huy sur ce suiet.

Ie ne demeuray que 8. mois en mon voyage de Constantinople, & m'en retournay la mesme année à Marseille, où ie trouué la ville fort esmeuë, pour quelques esprits qu'on disoit qui reuenoient à la maison d'vn bourgeois de la ville nommé Georges Trian qui auoit eu deux femmes, toutes deux decedées : les lutins y faisoient vn estrange bruit, & diuerses illusions à ce Trian par plusieurs aparitions à ce qu'il disoit, & en effet cela incommodoit grandement tous les voisins : Enfin tout cela se termina, sur ce qu'on donna à entendre qu'vne de ses femmes venoit reueler certaines satisfactions à faire, dequoy ie me remets à ce qui en est. Il me souuient alors qu'allant visiter Monsieur le Comte de Carse qui demeuroit lors à Marseille, comme nous deuisions de cét affaire, il nous conta plusieurs choses de ces esprits, & entr'autres que se trouuant vn iour auec deux autres Seigneurs de ses amis à Suse en Piemont dans vn logis où l'on disoit que des esprits reuenoient en vne chambre où ils faisoient d'estranges tintamarres, ils eurent la curiosité de loger dans ceste chambre, quelque aduertissement que l'hoste leur donnast de ce qui en estoit ; ils s'amuserent tout le soir auprés du feu à causer sur les esprits, y en ayant vn qui les nioit absolument, & disoit que tout cela n'estoient que fables & imaginations creuses : mais estans couchez tous trois en mesme lict & endor-

Histoire de quelques esprits.

BBbb ij

mis, sur la minuit le Comte s'éueilla & aperceut à la clarté d'vn flambeau qu'ils auoient laissé allumé, comme des Moynes noirs & blancs qui lisoient en leurs Breuiaires, auec vne chandelle qui rendoit vne lumiere azurée, & faisoit paroistre toute la chambre bleüastre : il n'entendoit rien à tout ce qu'ils disoient, encore qu'il eust assez bien estudié : cependant il eut vne telle peur qu'il ne peut appeller aucun de ses compagnons, & poussa du coude celuy qui estoit aupres de luy, qui estoit si endormi qu'il n'auoit garde de s'esueiller non plus que l'autre : si bien que voyant ces Moines venir à petits pas vers le lict, sa frayeur redoubla, & bien qu'ils eussent leurs espees pres d'eux, il ne songeoit qu'à sa peur ; il luy sembla que ces fantosmes venoiēt leuer la couuerture & tirer vn de ses compagnons du lict, tousiours en marmonant leurs sufrages, puis le porterent ainsi tout endormy & le ietterent dans vn grand feu qui estoit là, où il fut aussi-tost reduit en cendres, à ce qu'il luy sembloit : & de fait on n'eut iamais autres nouuelles de luy, & n'y eut que l'autre de ses compagnōs & luy qui en demeurerent quittes pour la peur.

Il me souuient aussi que me trouuant à la sainte Baume, où estoit ce malheureux sorcier de Gaufridi, comme on luy donnoit à manger du poisson vn iour de Caresme, on le voyoit tousiours manger, & cependant tout ce qu'on luy auoit baillé demeuroit tout entier sur son assiete ; & le Pere Michaëlis exorcisant Magdelene de la Palu d'où procedoit cela, elle respondit qu'il ne pouuoit pas manger tant de choses, & que les demons luy apportoient de la chair humaine dont il mangeoit, & laissoit les autres. Et plusieurs sorciers executez à Aix ont tousiours dit le mesme, qu aux sabats on leur faisoit manger le plus souuent de telles viandes.

Cela me fait penser si ces fantosmes ou sorciers que vit le Comte de Carse emporterent point le corps endormy de ce pauure gentilhomme pour en faire leur curée ; car on ne le vid plus depuis, & les deux autres demeurerent si confus & estonnez de cela que rien plus. Cependant c'estoit vn des sages & valeureux gentilshommes de son temps qui s'appel-

du sieur Vincent le Blanc.

loit de Carsis, le troisiesme s'appelloit Vieramont qui reschapa auec le Comte de Carse.

La mesme année ie voulus faire vn petit voyage en Italie, & ayant passé à Pecholi pour y visiter quelques vns de mes parents, comme i'estois couché la nuict en l'hostellerie i'entendis vn grand bruit, vne voix qui m'appelloit par mon nom, & il me sembloit que c'estoit la voix de ma mere qui me disoit qu'elle estoit morte, sur quoy estant tout estonné & en larmes, vn mien beau-frere m'entendant vint auec de la chandelle, & sçachant que c'estoit me r'asseura, & six iours apres en estant encor tout contristé, ie rencontray de bonne fortune au partir de Pecholi vn marchand de Marseille de ma cognoissance qui en estoit party depuis trois ou quatre iours seulement, & estoit venu en deux iours à Bayonne, & de là en deux autres iours à Florence, qui me dit qu'il auoit laissé ma mere en bonne santé, par où ie recognus que c'estoit vne illusion ou vn songe, à quoy il ne se faut pas beaucoup arrester. Depuis au mesme voyage allant de Rome à Naples par le chemin de l'Aquila en la Bruzze, nous logeâmes dans vn village appellé *chelane*, & l'hoste nous ayant mis dans vn bon logis, apres nous auoir fait souper & coucher, se retira en vn autre à cause des esprits qui reuenoient en cettuy cy, où nous eûmes la mal nuict à bon escient, & ne peûmes iamais reposer pour le grand bruit & tintamarre qui s'y faisoit, tant sur les degrez, que dans nostre chambre mesme, sans rien voir, & eûmes assez de peine à nous asseurer les vns les autres, & ne gaignâmes rien d'appeler l'hoste, qui le matin s'excusa du mieux qu'il peut, & tout se passa en risée; mais au retour repassans par là nous trouuâmes cette maison abattuë pour y bastir vne Eglise. Depuis estant reuenu en France, comme nous passions à Beaucaire nous soupâmes chez le sieur de S. André Gouuerneur de Montpelier, & comme ie luy contois de ces esprits, il s'en mocquoit comme estant Protestant, mais le bon-heur que cette nuict là mesme comme il estoit couché en sa chambre il se leua tout en sursaut pour le grand bruit qui l'auoit resueillé, & prenant ses armes commença à nous appeler & nous faire tous leuer, croyant que les larrons eussent emporté tous les meubles de la maison, mais comme on trouua toutes les chambres & fenestres bien fermees, & que rien n'auoit bougé, il fut estonné & fit serment qu'il ne se mocqueroit plus des esprits.

Estant de retour de Constantinople ie m'en allay à Paris l'an 1580. & me trouuay au premier siege de la Fere sous Henry III. en la compagnie du sieur de Bus, Gentil homme Prouençal, & ayant demeuré cinq mois à ce siege le Roy y vint luy-mesme en personne auec le Duc de Guise, qui firent redoubler la batterie, le Mareschal de Matignon commendant l'armée Royale. Le iour de la Magdelaine l'assaut general se donna apres que le fauxbourg eut esté pris, quelques vns, du nombre desquels i'estois, trouuans vne eschelle fort prés des murailles de la ville, la dresserent contre vn rauelin en forme d'vn bastion, & quatre que nous estions sautâmes dedans, mais on nous en fit sortir bien viste à cause du canon qui y battoit à plein. Monsieur d'Espernon qui commandoit à vn costé fit auec sa batterie vn furieux rauage. En ce grand assaut moururent enuiron 500. hommes & de gens de qualité, & sans les digues qu'ils rompirent la ville eût esté prise ce iour-là, mais les eaux nous en empescherent. Apres on donna auis au Roy qu'il y auroit moyen d'auoir vne porte de la ville par certaine intelligence qui se tramoit: surquoy on fit sur la nuict vne camisade de trois mil hommes choisis chacun auec le pistolet & l'espée, & prenans le chemin vers cette porte qui va à Chauny, il y eut certains mignons qui voulurent aller à cheual à cause que toute la campagne estoit couuerte d'eau, mais le hannissement des cheuaux faisant de bruit que nous fûmes descouuerts, & ceux de dedans rompirent derechef les digues, firent de grands feux au chasteau, & nous saluerent de force mousquetades, si bien qu'ils s'en fallut retourner sans autre chose; enfin la ville fut tellement canonnée qu'elle se rendit. Ie n'en remportay qu'vne arquebusade pour ma peine, & fus pensé par le Chirurgien du sieur de la Guiche, où ie souffris beaucoup; enfin estant guery ie m'en allay au voyage de Flandres auec les troupes de Monsieur frere du Roy, où ie souffris encor beaucoup d'incommoditez, & principalement des froidures, car tout estoit alors gelé aux enuirons d'Anuers, où à ce qu'on me dit, toute la mer se congele par fois iusques à Flessinghes: alors c'est vn plaisir de voir aller les hommes sur la glace auec des souliers faits expres, qui ont vne pointe de fer par dessous en forme du deuât d'vn soulier à la Turque, courans d'vne telle roideur, que la poste ne va pas plus viste: les femmes mesmes s'exercent à cela, allans de deux en deux, en donnans vn petit trait du pied, au mesme temps ils se trouuent à quatorze ou quinze pas de là, puis recommençans de mesme, & font ainsi leur voyage.

VOYAGE D'ITALIE.

Estant de retour à Marseille au temps d'vne grande contagion, ie m'embarquay l'an 1583 sur vn vaisseau allant au Bresil sous la conduite du Capitaine Iaques Varin. Nous eûmes assez de peine en ce voyage, & sur tout au retour que nous mangeâmes tous les cuirs, papegans, guenons, rats, qui passoient pour hortolans. I'auois toutes les peines du monde de faire manger vn ieune Marseillois que i'auois mené nommé Guillaume Vias, voisin le plus malicieux & meschant garnement du monde, duquel ie ne pouuois tirer aucun seruice de luy, bien que i'eusse embarqué toute sa prouision & payé son passage: il se battoit auec tous, estoit battu de tous sans se corriger, deuenant tousiours pire. Il fut vne fois entr'autres bien estreillé pour auoir dit qu'il vouloit tüer le Capitaine; & si on m'eust creu on en eust fait vne fricassée, comme nous en auions veu faire au Bresil sur le boucan, dont ie parleray en mon second voyage des Indes Occidentales. Au retour nous abordâmes au Havre, où ie l'abandonnay & reuins seul à Marseille l'an 1583. où ie me marié auec vne des plus terribles femmes du monde, & telle que pensant me reposer, ie fus contraint pour la fuyr de voyager derechef, & de fait ie m'en allay en Portugal faire quelque emplete de perles l'an 1584.

Ie me chargeay de marchandises bonnes pour Calis, comme camelots de Leuant, toilles, corail, & de deux cens escus d'or en lettres de change adressantes à Geronime Viguier à Chatiua, & de cent pistoles que ie donnay à Noé Menestier homme de bien, lesquelles ie ne laissay pas de perdre, car ce Viguier Espagnol vsa de tant de ruses & eschapatoires, & de tant de temps & remises, que ie fus contraint d'abandonner tout pour vne disgrace qui me suruint : car attendant qu'il me deuoit aporter mon argent en Gandie chez vn sien frere nommé Emanuël, vn soir que ie m'en allois à l'Eglise faire ma priere, au sortir ie trouué vne troupe de Chanoines qui deuisoient à la porte de l'Eglise, & me voyans vestu à la Françoise, me dirent diuerses iniures selon la mauuaise coustume d'Espagne, ce que i'enduray le plus patiemment que ie peus ; & quoy que ie leur remonstrasse l'iniustice qu'ils commettoient de traitter ainsi vn estranger passant, il s'en fallut bien peu que des paroles ils ne vinsent aux coups sur mon valet & moy : surquoy ie m'en allay trouuer le Duc de Gandie pour luy en faire ma plainte, mais il ne m'en donna autre satisfaction sinon de me renuoyer à l'Euesque, qui ne m'en fit pas plus de raison. Enfin sortant de cette ville si mal satisfait, comme ie tirois vers Calis, ie rencôtray sur le chemin vn de ces venerables Chanoines qui s'en alloit à Valence monté sur vne bonne mule, auec les lunetes aux yeux pour n'estre incommodé du vent ; alors voyant l'occasion de me venger, ie ne me peus tenir de luy descharger vn tel coup qu'il luy brisa ses lunettes, & le fit tomber à terre tout estourdy, & le laissant là ie doublay le pas sur mon cheual, & m'en vins à Guadix, où de malheur ie perdis vne lettre de change que i'auois pour quelques toilles que i'auois venduës à Valence : de là ie m'en allay par Grenade à Calix, où ayant acheué mes petits negoces, ie m'en retournay en Prouence; mais ayant tousiours quelque remords en ma conscience d'auoir ainsi mal traitté ce Chanoine de Gandie, ie me presentay à confesse à vn Prestre, lequel si tost qu'il eut entendu
mon

mon crime me renuoya à l'Euefque, qui m'en donna l'abfolution, & pour penitence m'obligea de faire vn petit voyage à Rome en habit de pelerin ; ce que ie fis, & me trouuant dans l'Eglife de S. Pierre ie me voulus confeffer à vn de ces Penitenciers qui portent de longues baguetes, le mal heur voulut que c'eftoit vn Efpagnol, lequel fi-toft qu'il eut oüy que i'auois battu vn Chanoine de Gandie, s'efcria, difant que ie meritois d'eftre brûlé pour ce grand forfait ; neantmoins voyant ma contrition & mes raifons, il me donna enfin l'abfolution auec quelque legere penitence, fçachant que i'eftois venu à Rome pour ce fujet. Pendant que i'eftois là il y auoit vn certain Aumofnier du Pape qui tous les ans manioit douze ou quinze mil ducats d'aumofnes pour les pauures, & dit on qu'il luy en demeuroit vne bonne partie ; fi bien qu'il eftoit en peu d'années deuenu fort riche, mais extremement auare ; & quelques bons compagnons fe refolurent de luy iouër vne trouffe, & luy tirer des mains quelque bonne fomme d'argent. Pour à quoy paruenir l'vn d'eux leua vne petite boutique remplie de diuerfes bagatelles, meflées de quelques curiofitez de medailles antiques d'or & d argent. Cet Aumofnier fortant de l'Eglife s'alloit toufiours entretenir auec ce nouueau marchand, qui luy faifoit monftre de diuerfes curiofitez, dont quelquefois ils demeuroient d'accord, autresfois non : enfin comme la familiarité fut vn peu plus grande, voicy vn compagnon qui fe prefente veftu en efclaue, vn fer au col, & la barrete rouge, qui fe tient à la porte de S. Pierre demandant l'aumofne, & s'eftant adreffé à cet Aumofnier qui paffoit, luy demanda quelque courtoifie : l'autre le voyant de bonne mine, luy demanda qui il eftoit : il refpondit, qu'il eftoit vn pauure Gentil-homme forty d'efclauitude, & qu'il defiroit luy faire fa confeffion, & luy dire quelque fecret qu'il auoit fur le cœur : fi bien qu'eftans entrez en l'Eglife, ce galant luy donna à entendre bien au long comme il auoit demeuré plufieurs années efclaue de *Dragut Rais*, ce fameux corfaire, duquel il auoit efté enfin camerier, qui gardoit tout fon or, argent & ioyaux, & que fon maiftre ayant efté tué au fiege de Malthe,

III. Partie. CCcc

il s'eſtoit ſaiſi d'vne piece de grand prix auec quelques ducats, & qu'eſtant retourné auec la flotte à Conſtantinople il auoit trouué moyen de reuenir en Chreſtienté, & ſe retirer en ſon pays auec ſon riche butin. L'Aumoſnier entendant cela mouroit d'enuie de voir cette riche piece, & luy dit que ſi c'eſtoit choſe de tel prix il feroit en ſorte que ſa Sainteté la pourroit achepter : l'autre l'ayant coniuré au nom de Dieu de le tenir ſecret, luy monſtra vn criſtal taillé à face, & coloré ſubtilement auec du ſang de dragon, ce qui luy donnoit vn merueilleux eſclat, dont l'Aumoſnier eſbloüy le pria qu'il la peuſt faire voir à vn marchand ſien amy qui ſe connoiſſoit en cela, & de ce pas tous deux allerent trouuer le marchand antiquaire, qui voyant cette piece fit de grandes admirations, comme d'vn grand treſor, diſant à part à ce Preſtre que cela valoit pluſieurs milliers de ducats, ſurquoy le deſir lui en eſtant venu encores plus grand, apres beaucoup de diſputes & de barguignemens auec l'eſclaue, enfin il conuint auec luy de luy en donner iuſqu'à vingt deux mil eſcus, qu'il luy compta ſur le champ, pendant quoy le marchand ferma boutique, plia bagage & gaigna au pied, & l'eſclaue auſſi, ſans que depuis en en ait eu ny vent ny nouuelles.

Cependant le bon Aumoſnier eſtoit ſi content de ſon achapt qu'il ne pouuoit ſe tenir dans ſa peau, s'imaginant pouuoir paruenir par ce moyen à toutes ſortes de charges & de dignitez, & croyoit deſia eſtre Pape, & mettre cette precieuſe eſcarboucle ſur ſa tiare, il tint cela ſecret quelques iours, n'oſant le communiquer à ſes plus intimes amis meſmes; mais enfin ſe rencontrant auec deux orfeures de ſon ancienne cognoiſſance, il voulut leur monſtrer pour ſçauoir combien à peu pres ils l'eſtimoient; eux ayans veu ce faux eſcarboucle, ſe prirent à rire, diſans que c'eſtoit vn beau criſtal qui pouuoit valoir quelques reaux : ce qui eſtonna tellement ce pauure homme, que comblé tout à coup de regret & de faſcherie, il ſe mit au lict, dont il ne releua point. Voyla comme ce miſerable fut traitté par ces meſchans affronteurs.

du sieur Vincent le Blanc.

A propos de quoy ie diray vn trait qui me fut fait là mesme en ce voyage. Desirant aller iusques à Naples pour achepter quelques bons cheuaux, i'auois vne assez bonne somme d'argent d'vne chaisne de perles que i'auois apportée de Lisbonne, & venduë à la Marquise d'Oraison, laquelle i'auois mise dans deux petits sachets, dont i'en portois tousiours quelqu'vn sur moy. Vn iour passant par la place Colonne, ie vis vn orfeure qui estoit bien garny de ioyaux, & luy ayant marchandé vn diamant assez beau, du poids de quatre ou cinq carats & fort brillant, à cause que Monsieur l'Euesque de Marseille Ragueneau, m'auoit donné charge de luy en acheter vn si i'en trouuois à bon marché, nous en fimes le prix à soixante & tant de pistoles, que ie luy contay; mais comme il se fut rauisé & qu'il en voulut dauantage, ie retiray mon argent. Sur cela se presente vn homme bien vestu, la barbe blanche, auec la barrete de velours noir & sotane de damas, qui me dit en secret, que si ie voulois acheter vn beau diamāt & autres ioyaux, il m'en feroit voir des plus beaux & à bon marché. Ie prins cét homme pour quelque Senateur, & personnage d'honneur & de qualité, & le suiuis, quoy que l'orfeure me tirast par la manche pour me faire reuenir en sa boutique. Cependant ce galant m'emmenant m'entretenoit de belles paroles sur plusieurs sortes de ioyaux qu'il auoit dans vn sien logis hors la porte del popolo; enfin en discourant il me mena en quelques lieux vn peu escartez vers le ieu du pallemail, le long des murs de Rome: i'auois commencé à prendre mauuaise augure sur ce que nous rencontrâmes vn faquin, qui nonobstant son bel habit, luy dit en passant, Adieu tel, le nommant par son nom, & comme ie pensois de le quitter là & m'en retourner, ie me senty chargé de quelques coups, & faisi le poignard à la gorge par trois ou quatre rustres, qui me firent rendre la bourse, & vn des sachets que i'auois, & mon bon guide disparut sans que ie le visse plus. En ce miserable estat ie m'en retournay dans Rome, plein de desplaisir & de honte, & bien que ie n'en disse rien à personne ma disgrace fut sceuë incontinent par toute la ville de Rome,

CCcc ij

comme j'auois esté affronté par vn vestu de telle sorte, qui estoit assez reconneu & renommé pour tel, qui fut bien-tost aprehendé : m'estant confronté, ie ne le reconneus du tout point, car il s'estoit fait couper le poil & changé d'habit, & nioit fort & ferme tout le faict : on me monstra quelques pieces d'or que ie reconneus bien pour estre des miennes, mais ie n'en peus recouurer autre chose. Cependant le galand ne laissa pas d'estre pendu quelques iours apres auec deux de ses compagnons, conuaincus de diuers autres vols.

Estant de retour à Marseille, ie fis apres vn petit voyage vers la riuiere de Genes & Malthe, & à cause de la côtagion qui estoit aux Martigues, i'eus peine à entrer dans Nice, pour de-là gaigner Villefranche, & y prendre ma bulete de santé, pour trauerser la riuiere de Genes, où ils sont fort dificiles en telle occasion. Le second soir dont i'estois arriué, comme ie m'estois leué deux heures deuant le iour pour voir le temps, i'entendis vne voix pitoyable venant de la mer du costé du cap Ferin, disant, helas ! ne me tüez point, prenez tout, & me laissez ; en suitte de quelques grands gemissemens, en vn instant ie n'entendis plus rien. Le iour venu, on sceut incontinent le suiet de cela, qui estoit vn pauure hôme qui auoit esté tüé ceste nuict là par quelques assassins de Nice mesme, gens qualifiez & hors de tout mauuais soubçon ; car ces gens ayans pris la fregate du chasteau de Nice, allerent attaquer ceste barque, & ayans tüé tous ceux qui estoient dedans, la mirent à fonds, apres auoir pillé tout ce qui y estoit, ce qui demeura inconnu & impuny pour lors ; mais le iuste iugement de Dieu permit que celuy qui estoit au gouuernail se ietta en mer de frayeur, & ne sçachant pas nager, on conte qu'il y eut vn dauphin qui luy passa miraculeusement entre les iambes, & le porta en terre audeuant du Chasteau, où ayant frappé à la porte, il fut mené tout mouillé qu'il estoit deuant le Gouuerneur, auquel il conta qu'il y auoit enuiron vne heure que quelques-vns de la ville estoient venus auec son brigantin, auoient attaqué & mis à fonds la barque de son Patron, & massacré cruellement tous ceux qui estoient dedans, & que luy s'estoit sauué

du sieur Vincent le Blanc.

par vne grande grace de Dieu. Le Gouuerneur estonné de ce faict, appella celuy qui auoit en charge son brigantin, pour sçauoir à qui il l'auoit baillé : l'autre respondit, que tels & tels l'auoient pris sans demander, à cause que luy mesme leur auoit tousiours ainsi permis. Le Gouuerneur prend aussi-tost ses habits & se transporte sur la marine, où il trouue son Caic tiré en terre, & vn garçon dedans qui nettoioit du sang qui y estoit, à cause qu'vn des mariniers de l'autre barque se pensant sauuer, fut suiui de ces assassins, & au mesme temps massacré & ietté en la mer. Le Gouuerneur demande froidement au garçon ce qu'il faisoit : l'autre, fin & rusé, dit qu'ils auoient pesché vn grand poisson ceste nuict là, & qu'il en nettoioit le sang qui estoit resté là. Sur cela celuy qui auoit pris le brigantin vient trouuer le Gouuerneur pour luy donner le bon iour, & le marinier le reconneut aussi tost, & dit que c'estoit celuy qui auoit fait le meurtre du Patron & des siens. Le compagnon fut saisi aussi-tost auec deux autres & mené au chasteau, & leur procez leur estant fait, ils furent mis en quatre cartiers, deux autres se sauuerent ; mais ayant esté pris depuis, ils passerēt par le mesme suplice, apres auoir confessé plusieurs autres meurtres & force barques mises à fonds, & entr'autres vne dans laquelle il y auoit des Religieux, Iesuites, Capucins & autres, au nombre de vingt & trois, qu'ils auoient tous mis dans vne voile & iettez en la mer, pris & pillé tout l'argent & les hardes.

Nous partîmes de là & tirâmes à la ville de Genes, en compagnie d'vn nommé *Alari*, qui auoit porté certains oyseaux de proye au Roy, & s'en alloit ver le Duché d'Vrbin, & estans venus à *Vai*, à trois ou quatre mil de Sauonne, on ne voulut iamais nous laisser passer plus auant, & nous falut rebrousser chemin vers les montagnes de Montferrat, païs remply de bannis & autres, dans lequel passage nous fumes volez, & ce pauure *Alari* y perdit plus de deux mil francs qu'il auoit dans sa valise. Nous eûmes assez de peine en ceste trauerse, passans par de fascheux endroits de neiges, par Alcare iusqu'à Casoante, Alexandrie de la Paille, Plaisance, Parme, Boulongne, Florence & Rome, où nous nous

CCcc iij

trouuâmes à la canonisation de quelques Saincts. Ie pris quelques lettres de recommādation du sieur *Gulio Fulio* Ambassadeur de Malthe pour auoir payement de quelque partie que me deuoit le sieur grand Maistre. De là nous fûmes à Naples où il y auoit vne telle famine que les femmes y firent sedition, tirans de grands coups de pierre au Gouuerneur dās son carosse, le Cardinal Sapata, qui se sauua plus viste que le pas. Nous prîmes vne fregate pour Messine, où l'on nous fit commandement de ne prendre du pain que pour vn demy-iour, vn marinier fut mis aux galeres pour auoir achepté quatre pains, i'en achetay pour demy escu que ie cachay entre des tables : c'estoit fait de nous si on nous eût trouué ainsi, car les gardes fouilloient par tout. Nous endurâmes beaucoup quand le pain nous manqua, mangeans de la chair & du poisson, & passâmes ainsi deux iours entiers, & mesme estans abordez en la Pouille il nous fut impossible de tirer vn morceau pour de l'argent de quelques pescheurs, desquels nous eûmes seulement du poisson, que nous trocâmes apres pour du pain qu'vn certain garçon auoit en reserue. Estans arriuez à *Asillou* nous y trouuâmes du pain : de là nous passâmes à *Messine* par ce destroit dangereux de trois ou quatre lieuës, où le vent fut si furieux qu'il nous ietta parmy ces escueils, & me sauuay en terre du mieux que ie peus ; mais voyant deux ieunes femmes restees en la barque & prestes à se perdre, ie persuaday à vn ieune cordonnier des nostres de les aller assister, & en effet nous les allâmes prendre chacun la sienne sur le dos, & apres plusieurs trauaux & coups de mer, enfin nous les sauuames en terre, dont apres elles ne nous daignerent pas seulement dire grand mercy. Estant à Messine ie sceus que le sieur de Mantis estoit à Sarragosse auec son galion, ayant esté separé de son Admiral & de sept ou huict grands nauires qui estoient partis tous ensemble de Marseille, & s'estans rencontrez auec ce grand corsaire Sanson qui auoit six nauires, & s'estans combattus long temps, enfin le vaisseau de saincte Catherine alla à fonds des grands coups de canon qu'il auoit endurez, & sans le sieur de l'Isle Capitaine

du sieur Vincent le Blanc. 23

de l'Admirale il y eust eu encores pis, mais la nuict les separa. Le sieur de Mantis ayant radoubé son vaisseau, se voulut remettre en chemin pour recouurer ses vaisseaux perdus, mais il eut aduis que ce Sanson l'attendoit auec ses six gros nauires, & ne bougeoit de l'embouchure du port à tire canon, nonobstant quoy Mantis se resolut de le combattre tout seul. Il sort du port au grand estonnement de tous, qui l'estimoient vn fol d'aller exposer deux ou trois cens hommes à la boucherie ; mais tout cela fut changé en loüanges, quand on le vid au milieu de six nauires Turcs, auec tant de canonnades qu'il sembloit que toute la mer estoit en feu ; & fit si bien qu'enfin il s'en depestra, & les mal traitta d'vne furieuse façon. Il receut plus de sept cens coups de canon sur son vaisseau, perdit douze hommes en ce combat, & les Turcs en perdirent plus de trois cens, sans les blessez. Ainsi il retourna triomphant dans le port de Sarragosse, où tous les forts le saluërent de canonnades, & fut receu dans la ville auec vn grand honneur & caresses, d'auoir tout seul ozé attaquer six vaisseaux bien armez & conduits par vn Anglois renié, l'vn des plus asseurez & resolus pirates de toutes ces mers. Aussi depité de cet affront il équippa derechef ses six nauires auec deux galeres & trois cens mousquetaires, dont le sieur grand Maistre de Vignacourt eut aduis, & Mantis, estant arriué à Malthe auec son vaisseau bien debifé, il le r'acommoda, & cependant les nauires de Marseille venans de Surie arriuerent. Sanson estant sorty de ses ports, & se tenant à la veuë du cap *Passaro*, dont le grand Maistre en donna aduis aux vaisseaux Marseillois chargez de marchandises, Mantis faisoit dessein auec son Admirale d'aller attaquer les autres ; surquoy j'estois en grande inquietude, si ie deuois passer de Malthe en Sicile ; car il y auoit desia plus de quinze iours que i'auois mes depesches du grand Maistre, qui m'auoit donné charge entre autres choses de luy faire bastir au pluftost trois galeres ; ie craignois de m'embarquer auec le sieur de Mantis pour le hazard qu'il y auoit, bien que de sa grace il me promettoit de me bien traitter, &

faifois tout mon possible enuers vn Patron de me mener à Li-
gorne, & de là à Marfeille, luy promettant de le charger de
bois pour des galeres pour la Sicile, fi bien qu'il s'y refolut; &
fur cela nous fifmes voile à l'entree de la nuict pour n'eftre
pas apperceus des Turcs. Le grand Maiftre eftant aduerti de
noftre deffein enuoya la galiotte de la Religion pour nous
faire retourner dans le port, ce qui me fafcha fort pour me
voir fi long temps attendre ce paffage, & cependant le Patron m'ayant desbarqué auec mes hardes, eut permiffion de
s'en aller s'il vouloit, & le grand Maiftre me tanfa fort, difant que les Turcs eftoient au canal, comme il eftoit vray, &
de faict ce nauire ne manqua pas le lendemain d'eftre pris,
qui fut vne bonne fortune pour moy. Cependant le galion
de Malthe fe preparoit pour executer le commandement du
Roy, & dans quinze iours il fut prefque preft pour venir à la
pofte, où eftoit le fieur de Mantis auec les vaiffeaux Marfeil-
lois qui l'attendoient, pour partir tous enfemble à la volte
de France: fur cela les galeres de Malthe partoient pour la
Sicile, & le fieur de Mantis eftant fur vn vaiffeau du Roy où
il commandoit pour le feruice de fa Maiefté, ne les faluä point
en paffant audeuant de luy & de fon Admirale, dont les Cheualiers furent fort animez, prenant cela au poinct d'honneur, & aduertiffant Monfieur le grand Maiftre qu'il falloit
braquer toute l'artillerie du fort contre luy & le mettre à
fonds: mais ce bon Seigneur, fage & bien aduifé, paffa plus
doucemét cet affaire; & dans trois iours le galion eftant preft
de partir pour venir à la pofte, on demanda au fieur de Mantis, qui eftoit deuant le palais, s'il faluëroit le galion de Malthe quand il viendroit à la pofte, & ayant dit refolument que
non, il y eut des paroles picquantes de part & d'autre, & des
menaces que l'on luy feroit bien faire par force: luy perfi-
ftant qu'il mouroit pluftoft, & qu'il n'auoit pas cette com-
miffion; & comme on luy demandoit de monftrer fa commif-
fion, il le refufa tout à plat. Mais Monfieur le grand Maiftre
voulant remedier à tout cela, trouua cet expedient, de ce
qu'eftant la couftume à Malthe que toutes les fois que le
grand Maiftre vient à la marine tous les vaiffeaux qui fe
trouuent

trouuent dans le port tirent trois coups de canon pour le saluër, il commanda que sur les sept heures du matin le galion vint à la poste, & au mesme temps il partit de son Palais pour venir à la marine sous couleur de s'en venir prier Dieu à vne Eglise qu'il auoit fait bastir fort magnifique, auec vne belle fontaine audeuant iettant l'eau d'vne pique de haut. Si tost qu'on descouurit sa venuë, tous les nauires se mirent en ordonnance pour le saluër, & le sieur de Mantis le premier qui ne s'en pouuoit desdire, ne manqua pas aussi tost de faire tirer tout son canon tant de son vaisseau que de son Admirale commandée par le sieur de l'Isle, & en mesme temps tous les autres vaisseaux firent de mesme, si bien que tout estoit rempli de bruit & de fumee; le galion sur cela auec son estandart flamboyant de S. Iean sur la poupe, se presente à l'orée du port pensant que ces canonnades fussent à son occasion & pour le saluër, qu'il leur rend la pareille à beaux coups d'artillerie de mesme, & ainsi par la sagesse du grand Maistre fut pacifié ce different.

Pendant tout cela Sanson estoit sur le bord attendant le sieur de Mantis, mais sçachant que le gallion l'accompagnoit, il tint conseil, & se sentant foible pour venir aux mains, il prit son chemin ailleurs, laissant vne gallere pour nous sonder & voir nostre armement, laquelle se presenta vne matinée deuant le gallion faisant vn tour deuant toute la flotte; le gallion luy enuoya deux volées de coulourines, & le sieur de Mantis vne, & se departirent auec ce salut, & nous arriuâmes à bon port à Merseille.

III. Partie.   DDdd

VOYAGE DE GVINEE.

L'An 1592. me trouuant à Seuille negociant de pierreries & perles, ie trouuay quelques François de Marseille qui auoient achepté à bon compte vn vaisseau que les Anglois auoient pris sur mer, & me conuiant d'aller auec eux, & estans partis de Seuille pour Calis à seize lieuës de là, ils me sceurent si bien persuader que pour le trafic ie m'en allay auec eux, dont le dessein estoit d'aller au cap Blanc, dit autrement la Pesche, pour charger du poisson qui ne couste rien là qu'à prendre, en ayant vne telle quantité qu'il n'est question que d'auoir du sel pour charger en vn iour plusieurs vaisseaux. Nous partîmes de Calis le 22. Octobre, & dans dix iours nous vînmes à cap de Non pour donner vn peu d'eau fresche au vaisseau, & sept apres nous arriuâmes à cap Blanc, qui est vn grand abry pour hyuerner, où le poisson est en telle quantité que l'on sent le fond du vaisseau les froter & frayer comme s'il passoit sur quelque banc de sable. Nous ne trouuâmes là que deux vaisseaux, l'vn de Flamand, l'autre de Marseille, dont le Patron estoit Iean Baptiste le *Vast*, dit *Sernai*, qui auoit pour son marchand Antoine *Anriguez*. Le 15. Nouembre nous nous trouuâmes dans vne riuiere de Guinée, dite *Senega*. I'auois tousiours mon petit liuret ou memorial, où ie mettois plusieurs curiositez, dont ie m'enquerois sur l'assiete du pays, qualité, Rois & gouuernement, que ie racontray sommairement.

La Guinée vers le Ponent est comprise en la riuiere de *Senega*, qui s'engoulfe en l'Ocean à seize degrez vers le Nort, & les confins d'*Angela* sont à treize. Cette Guinée est haute & basse, la haute est plus proche du Nord, la basse est sur le *Senega*; qu'ils appellent *Ieni*, & s'estend iusques au Royaume de *Manicongo*, qui commence à 1. d. ½ de la ligne.

A la coste du cap Verd on trouue plusieurs isles de mesme nom, & douze entr'autres, dont la principalle est celle de S. Iacques, qui est possedée des Portugais depuis l'an 1446. où ils ont vne ville assez forte, & vn Euesché dit *Ciudad*. L'isle a soixante mil de long & trente-six de large, le païs est montagneux, & n'y pleut iamais qu'en Septembre & Octobre, qui est leur hyuer : les vallons y sont fertilles, & toute l'année il y a des melons excellens, palmes & cannes de succre en abondance, des chairs de toutes sortes, de la volaille & venaison, auec des haras & bons cheuaux. Il y habite de toutes nations comme à S. Thomas, quoy que l'air n'y est pas sain, & qu'il faille porter les malades dans vne autre isle voisine à deux lieuës de là, dite *Praya*, en belle assiete, où l'air est fort sain, auec vn port fort commode entre deux belles riuieres, qui font deux beaux goulfes en forme de ports, dont l'vn est capable de receuoir plusieurs vaisseaux en toute asseurance, ayant à son embouchure vne petite isle qui le defend de l'iniure des vents venans de la mer, & la terre estant haute qui le defend des vents de terre. Ceux des autres isles se plaisent à venir surgir à ce port, dautant que la pluspart des autres sont pleins de sables, & principalement ceux de *Borlauento*, ainsi que celuy de S. Thomas, où il se perd tousiours quelque vaisseau : cette isle est fort proche de l'isle de *Mayo*, qu'autrement on appelle de *Barlouento*, & de celles de *Bona-Vista*, S. Nicolas, S. Antoine, S. Vincent, S. Luce & du Fel, toutes peuplées de bestiaux, venaison, les habitans ne s'adonnans guerres qu'à la chasse, & sallans les chairs pour vendre aux suruenans, comme aussi les peaux. Tirant vers l'Oest il y a l'isle *del Fuego*, où croist de fort bons vins, comme ceux de Canarie, puis l'isle de *Braua*, remplie de force sauuagine & de bœufs sauuages, dont les peaux sont fort recherchees pour estre grasses & nerueuses.

Reuenant à nostre Guinee, le premier Royaume que l'on trouue en ceste coste est celuy de *Ialofes*, qui commence du costé du Nort en la riuiere de *Senega*, du Ponent confronte à l'Ocean, de l'Orient auec les *Ialofes*, qu'ils nomment *Fou loxagelas*, & du Midy au Royaume *Barbeſſin*, lequel a plus de cent cinquante lieuës de coſte, & abonde en diuerſes choſes, comme or & argent, que les habitans toutesfois cachent le plus qu'ils peuuent aux eſtrangers, bien qu'on recognoiſſe aſſez en leur negoce qu'ils en ont quantité, car ils en vendent par fois qui n'eſt du tout point affiné. Leur principalle ville eſt appellée *Tubacaton*. Ils ſont noirs, mais bien faits, & les femmes fort agreables, les viſages ronds, les yeux penetrans & attrayans: les hommes ſont tous ſoldats, qui s'adonnent à lancer la iaueline, dont ils tirent auſſi iuſte que nous ferions de l'arquebuſe; ils ont de bons cheuaux qu'ils montent, leurs habits à l'Africaine, ayans des calſons aſſez courts, & vn grand *barnus* en forme de linceul de laine eſtroit, qui les couure de la teſte aux pieds, chauſſez de ſandales de palme. Le long de la mer ils ont le port de *Beziguche*, fort bon & capable, & couuert à l'entree d'vne belle iſle, fort frequenté des eſtrangers negocians aux Indes. Parmy ces Negres il y a force Portugais habituez, les vns mariez, autres ne s'amuſans qu'à amaſſer de l'or, & viuans vn peu à la barbareſque. Pluſieurs de ces Negres vont nuds, & ſe couurent d'or moulu, & ſont inciſez iuſques au ſang, auec diuerſes couleurs d'azur iaune & roux, qui leur tiennent toute leur vie. Il y a pareillement des filles parees de la ſorte, auec de grands pendans d'or aux oreilles, les levres percées comme au Breſil, & tous ſont fort libertins & addonnez à leurs plaiſirs. Ceux qui ſe decouppent ainſi la chair pour s'y mettre des couleurs, ou du iuſt d'herbes, le font la pluſpart faute de moyens, cela leur ſeruant d'habits.

Par toute cette coſte on charge force cuirs, cire, or, argent, iuoire & ambre gris, qui eſt cauſe que les Anglois, Hollandois & Flamans y frequentent fort depuis quelque temps.

Ces *Ialofes* ſont aſſez faciles en leur croyance, & enclins à receuoir le Chriſtianiſme.

Quand ils deſcouurent la Lune ils font de grands cris, auec diuerſes ſortes d'adorations. Ils ont quelques autres idoles, ce qui n'empefche pas qu'ils ne foient fort irrefolus en leur creance, ayans d'vn cofté les Mahometans qui les battent de leur loy, & d'autre les Portugais qui leur reprefentent la noftre, & leurs Preftres qui leur chantent leurs abus & idolatries. Ils font leurs facrifices dans les bois, où ils ont de grands arbres creux dont ils fe feruent au lieu de Temples, où ils tiennent force idoles, aufquelles ils facrifient des legumes, mil, ris, du fang d'animaux, & en mangent la chair.

Le païs de *Bracala* confine à la riuiere de *Gambra* fort rapide, & qui a en fon embouchure cinq grandes lieuës de large, les vaiffeaux n'y peuuent monter qu'ils n'ayent le vent propre, auec lequel on entre auant plus de 300. lieuës de païs. Ce fleuue trauerfe au milieu du grand Royaume de *Mandinga*, habité de peuples tous noirs & idolatres, & de force forciers, gens malins, traiftres & mefchans. Quand ils tiennent confeil c'eft en vn grand creux fous terre, fe gardans bien de rien communiquer aux eftrangers. Ils ont force bois de brefil, auffi bon que celuy de l'Amerique, & fur la riuiere force bons bourgs & villages où ils tiennent des vaiffeaux à combattre contre qui que ce foit, mais à leur auantage. Ce païs fe va terminer vers Midy au cap faincte Marie à trente lieuës de la riuiere de *Chougala*, que les Portugais appellent S. Dominique. Entre ces deux riuieres de faincte Marie & S. Dominique, il y a deux peuples de mefme naturel que les *Barbachins*, appellez les *Ariates* & *Falupes*, qui n'ont autre trafic que de pefche & de beftiaux. Ils ont vne grande induftrie à prendre les bœufs marins, des peaux defquels ils fe feruent. Ils s'adonnent auffi à cultiuer la terre, qui porte mil, ris, maïs & autres grains. C'eft de ce pays que fort cette riuiere qu'ils appellent *Cafumanca*, qui du cofté du Nort a les peuples *Iabonaos*, & du Midy ceux de *Benium*, qui confinent au Leuant aux *Cafangas*. Depuis quelque temps les Portugais ont defcouuert que par vn bras de mer on pourroit entrer en ce pays de *Cafangas*, & pour ce fuiet ils ont fait à cette embouchure vne fortereffé dite de S. Philippes. Ce Royaume fe va confiner vers le Nort à vn autre appellé *Iaren*, qui tous dependent de la Sultanie de *Mandinga*, fort riche d'or & d'argent, y ayant de tres-bonnes mines. Le Prince tient sa Cour en la ville de *Sonrigo*, qui est à cent lieuës vers Orient plus que le cap de Palmes, & est recognu par tous les Noirs, tant de la haute que de la basse Guinée, au lieu que les autres qui habitent sur les fleuues de *Faraca*, *Nigrete* & *Budomel*, obeyssent au Roy de *Tombut*, qui a sous soy treize Royaumes de Noirs.

Ce pays est appellé par les Portugais *Mandimanca*, où ils adorent la Lune aussi bien qu'ils appellent *Bariamari*, c'est à dire Dieu des tenebres ou de la nuict, & luy font des sacrifices dans les bois les plus obscurs, dans des arbres concaues, & au plus fort de la nuict, comme ils font aussi à *Cassanga*, où leur principalle idole est appellée *China*, à laquelle ils font vne procession le 29. de Nouembre sur la minuict. Vn de leurs Prestres ou Magiciens, qu'ils appellent *Aracani*, portant vne banniere de soye azurée, où est peint vn faisseau de serment auec plusieurs ossements de morts: ie croy que c'est de ceux qui se sacrifient volontairement à ce demon qui leur apparoist en diuerses manieres, & ce porte banniere a vn habiliement tissu de palmes, où ont attachées plusieurs testes de petits chiens, guenons & autres bestioles. Quand leur procession est acheuée, ils posent l'idole dans cet arbre, & luy font des sufumigations fort odorantes, sacrifiant du mil, & font leurs prieres, & se retirent en leurs habitations. Ces gens sont sans foy dans leurs commerces, trafiquans auec les Portugais, & autres qui vont negocier des esclaues qu'ils vont desrober de tous costez pour les vendre en vne miserable seruitude. Ces *Cassanga* confinent auec vne autre nation qu'ils appellent *Lebouramos*, qui s'estendent le long de la riuiere de S. Dominique, que ceux du pays appellent *Iarin*, fort poissonneuse, mais le port en est vn peu dangereux à cause des bancs de sable, & des rochers qui s'y trouuent. Vers le Nort il y a vne autre grande riuiere appellée *Guinalle*, à l'amboucheure de laquelle les Portugais ont basty vn fort, nommé S. Croix, & le port est appellé *Guinalle*. Tout le pays est de Negres, qu'ils appellent *Beafares*, tres-

du sieur Vincent le Blanc.

grands larrons, se desrobans les vns les autres pour les vendre aux Portugais. Le Roy do *Guinalle* marche auec grande pompe, force archers de garde, auec cinquante dogues grands & forts, tous bardez de peaux de bœufs marins preparées, & tres-fortes à resister aux coups, chacun ayant vn homme pour les gouuerner : comme la nuict ils n'ont point d'autre garde en leurs villes que de ces dogues qui n'ont connoissance de personne depuis qu'ils sont vne fois destachez, aussi aucun n'ose aller alors par la ville, s'il ne veut estre estranglé. Ils ont cet vsage à cause de ceux qui vont de nuict rompre les maisons, qui ne sont que de gasons, couuertes de feuilles, pour desrober les Negres & les vendres; de sorte qu'il fait fort dangereux de marcher de nuict à cause de ces dogues qui font bon guet. Ce Roy a plusieurs femmes, & quand il meurt ils croyent que les femmes qui les accompagnent à leur mort les vont trouuer en l'autre monde pour estre encore leurs femmes. Mais depuis que quelques Peres de S. François qui leur prescherent l'Euangille, leur eurent remonstré leur folie, ils ont esté plus retenus. Ils en baptiserent quelques-vns qui se retirerent auec les Portugais.

La riuiere de *Guinale* fait vne autre branche, qui se va rendre au port de *Beguma*, & quelques lieuës plus haut se separe en deux, & va faire son embouscheure par dessus : les Portugais tiennent ce port, qu'ils appellent *Balola*, & les peuples habitans sur ce bras sont dits *Langados*. Chacun de ces ports est bon & habité de gens du païs & de Portugais, car de la pointe Meridionale de ce fleuue iusques au cap de *Vergas* il y a trois nations meslées parmy les Portugais, à sçauoir *Maius*, *Ebagas* & *Cosolins*. Et de ce cap vers le Midy commence vne belle prouince fort peuplée, qu'ils appellent *Gatulia*, & les Portugais *Serrelyonne*, qui est vne pointe se iettant en mer prés d'vne grande riuiere de mesme nom, à l'occasion d'vne concauité qui fait vn mugissement comme de lyon. Tout ce païs est fort plaisant, remply de bois de bresil & de raisins, qu'ils ne sçauent pas cultiuer, force figuiers des Indes qu'on appelle *Baneanes*, les cannes de succre y viennent sans culture, outre qu'ils ont de bonnes commoditez, pour auoir des moulins & engins à faire des suceres ; car il y a des minieres par tout: Il y croit aussi force ris, cotton, mil, bestiaux, pesche, poivre en abondance & plus picquant que l'autre & plus exquis ; mais il y a defense sur la vie d'en porter en Espagne & Portugal, pour l'interest qu'il porteroit à celuy qui vient des Indes. Il y a pareillement des mines d'or & d'argent, yuoire, ambre gris, blanc & noir, bref vn vray pays de promission & de delices. Ce poivre est appellé par les Portugais *Pimienta de cola*, l'on le prendroit pour vn chastaignier, car on le cueille auec la coque, laquelle toutesfois n'est pas espineuse ; les autres peuples de deçà qui y vont trafiquer s'en chargent, mais pour les Espagnols ils n'oseroient en prendre vn grain.

Dans ce pays il y a force oyseaux de diuerses especes, & vne sorte de singes qu'ils appellent *Baris*, gros & puissans, que les habitans prennent à la chasse auec des filets, fausses trapes & autres engins, & mettant les petits en des cages pour apres auoir les peres & meres. Ils les traittent vn peu rudement, & les font pleurer comme des enfans, & les font aller à deux pates, leur attachans celles de deuant sur le col auec vn baston, puis s'en seruant à diuerses choses, comme à aller querir de l'eau dans vne cruche, lauer les escuelles, attiser le feu, aller tirer du vin, querir de la chair en la boucherie, enfin à toutes les necessitez de la maison : parmy cela ils font tousiours quelque friponnerie de manger & boire, mais ils sont bien estrillez. Quand ils tournent la broche, c'est le plaisir de les voir sentir la fumée du rost, & tourner leur grosse teste peluë, long poil aualé, regardans de costé & d'autre si on les apperçoit, & faut estre bien auisé pour les empescher de faire vne curée du rost, comme il arriua à quelques Portugais, qui auoiët conuié certains marchands, lesquels voulans disner trouuerent que le maistre singe tourne broche, auoit commencé desia à aualler les cuisses d'vn cocq d'inde, dont ils sauuerent le reste ; le maistre ne le voulut pas battre alors pour la necessité qu'ils auoient d'en estre seruis, comme ils furent, leur donnant

du sieur Vincent le Blanc. 33

à boire, & nettoyant fort bien les verres, & luy-mesme sur la fin beuuant à son tour, ce qui leur donna mille plaisirs pour les droleries qu'il fit.

Les Portugais donc font de fort bons trafics auec tous ces Negres, qui leur baillent de l'or impur, pour des choses de vil prix; & pour faciliter ce commerce ils ont basty vn fort en vne pointe de mer appellée *Corco* à 5. d. vers le Nort, pres vn bourg habité de ceux du païs, & de Portugais. Tout ce pays de *Serrelyonne* est fort peuplé, & arrousé de grandes riuieres, bordées de palmes tres-hautes, & gros orangers. Le premier fleuue qui se rencontre venant du cap de *Vergu* est appellé par ceux du pays *Piterones*, & les Espagnols de *Pietro*, faisant plusieurs branches qui entrecoupent la terre, dont il se fait force isles, que les Negres appellent *Cagasian*, qui au reflus de la mer leur portent par fois de l'ambre gris; ce qui a donné sujet aux Portugais d'y faire vn bon bourg habité de Negres & de Portugais, où ils viuent d'vne façon si estrange, qu'il est malaisé de discerner l'Idolatre du Chrestien, & ne sçait-on qui vit le mieux: il y a bien deux mil Chrestiens de nom seulement, viuans & mourans comme payens.

Apres ceste riuiere il s'en rencontre deux autres, *Caper* & *Tanbasira*, qui viennent d'vne grande montagne, dite *Machamala*, où est vn grand rocher de cristal, à diuerses pyramides de mesme matiere, qui viennent de haut en bas, presque toutes en l'air, à deux & trois pans esloignées de terre, qui est vne grande merueille; car en les touchant seulement d'vne chiquenaude elles resonnent comme vne cloche; on dit que cela n'est qu'vne congelation faite par la chaleur du Soleil, qui a fondu le pied de la roche, & fait demeurer ces pointes suspenduës en l'air. Et de vray quelques Magiciens y porterent des idoles vn iour de feste, où tout le monde accourut pour le sacrifice, mais tout cela ne les sceut garentir que plus de deux mil d'entr'eux n'y demeurerent, & leurs Prestres des premiers; car durant ces grands sacrifices & sufumigations qui se faisoient au pied de ceste roche de cristal, le fondement de ces pyramides qui auoient la pointe

III. Partie. EE ee

en bas s'esbranla, de sorte qu'il en escrasa la plus part, & leurs demons ne sceurent pas empescher que la chaleur extraordinaire de ces sacrifices ne fit dissoudre ces congelations; & depuis ce grand accident, ils ont tousiours fuy l'approche de cette spelonque cristaline.

Plus auant vers le Nort, se trouue d'autres grandes riuieres, qui rendent cette prouince de *Serrelyonne* comme des Isles, & vis à vis l'embouchure de l'vne d'icelles il y a particulierement deux isles plaisantes & bonnes, l'vne appellée *Toro*, où y a certains rochers, qu'ils appellent de saincte Anne, & qui portent des huistres emperlées, quoy qu'ils ne s'y adonnent point à la pesche, à cause des monstres marins qui sont là, qui en ont englouty quelques vns qui s'y estoient hazardez. A vn degré vers Midy, ils ont l'isle de *Dolos*, & celle de *Tansente*, peuplées de palmiers, cannes de sucre & citrons, & de force bestail, bien habitées, auec du ris, millet & poivre long.

Enfin ces Noirs ont vn Roy qui les gouuerne, auec des Iuges pour leur rendre iustice, qu'ils appellent *Foncos*; le Roy se trouue quelquefois auec vne robbe de diuerses couleurs dans vn lieu tapissé de nattes, & entouré de sieges pour les Conseillers, nommez *Seitequi*, auec leurs Aduocats pour plaider de part & d'autre, qu'ils appellent *Troens*. Leurs armes sont le iauelot, sur lequel ils s'apuyent quand ils plaident; les Conseillers disent leur auis, & le Roy donne la sentence, qui est aussi tost executée.

Quand le Roy de Guinale, où sont diuers Royaumes, meurt, il y a douze *Seitequi* vestus de robbes longues de diuerses couleurs, faites de plumes, & douze clerons deuant eux, sonnans fort tristement, par le moyen de quelque pelicule qui rend le son esclatant, pour annoncer cette mort; & lors chacun sort de sa maison affublé d'vn drap de laine blanche, & de tout ce iour ils ne font aucun autre affaire, les parens du deffunct sont appellez pour en eslire vn autre. Le corps est pris, laué, les entrailles brûlées deuant leur idole, & les cendres conseruées, pour estre embaumées auec le corps: puis la Lune suiuante l'enterrement se fait, le peuple venant de tous les païs auec du beaume, encens, ambre gris, blanc & noir, musc, & autres drogues, pour brûler & parfumer le corps ainsi porté au tombeau par six des principaux, couuerts d'vne robbe de soye blanche, accompagné de flûtes & haut-bois auec vn son lamentable, force gens suiuant, couuerts de linceuls de laine, auec cris & chants de tristesse. Les Princes qui peuuent succeder, sont montez sur des cheuaux bardez de blanc, & eux couuerts de mesme. Ayant mis le corps en la sepulture bien bastie & cimentée, ils retournent au Palais, pour le festin on fait bonne chere. Le lendemain l'election se fait du nouueau Roy, & disent que c'est sans brigue & faueur, mais selon que Dieu les inspire. Lors quatre *Bacharin* auec douze *Seui*, vont en la maison d'iceluy, le lient & le chargent sur vn palanquin, & quatre le portent au Palais, où le principal *Bachir* le fait deslier, & luy donne trois coups de foüet bien rudement, & luy à genoux, luy dit force paroles de remonstrance, puis le prend par la barbe ou l'oreille, & luy dit, Me feras-tu cette honte, si ie te donne le Sceptre, d'estre mauuais enuers ton peuple? l'autre respond, *nec Bachir*, c'est à dire, non Seigneur: l'autre tire plus rudement, & dit, Le promets tu par le Dieu viuant: l'autre dit, *nec Bachir Ameleichina*, c'est à dire, ie le promets deuant le grand Dieu. Lors il est vestu d'vne robbe Royale, on luy met vn Sceptre à trois pointes en la droite, & vne lance en la gauche, & aussi-tost celuy-là se iette à ses pieds, luy demande pardon, puis est mené par la ville en triomphe, & chacun se resioüit, & luy fait des presens.

EEee ij

VOYAGE DES INDES OCCIDENTALES.

Description de l'Amerique: Sa longueur, & ses distances.

CHAPITRE PREMIER.

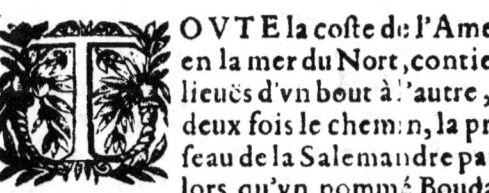TOVTE la coste de l'Amerique qui se trouue en la mer du Nort, contient pres de six mille lieuës d'vn bout à l'autre, comme i'en ay fait deux fois le chemin, la premiere dans le vaisseau de la Salemandre partant de Marseille, lors qu'vn nommé Boudar le chargea sous la conduite de Iacques Varin, & l'autre auec Iean Andes, qui m'auoit porté l'an 1597. de Marseille à Calis. Ce nouueau monde est vn Continent de la mer du Nort à celle de Sur, & qui s'estend au Nort iusques à *Groneland Island*, &c. D'Islande on conte 200. lieuës iusques à *Rio neuado*: de là 100. lieuës iusques au cap de Maluas, au pays de Labrador, vis à vis des isles des Demons: de Maluas au cap de Marcos 60: au cap Delgado 50. Cette coste a 200. lieuës de droict chemin tout d'vn tenant, & va aboutir à la riuiere de S. Laurens, où vn Capitaine *Velasio* Espagnol aborda, trouuant vn air fort doux & le païs bien peuplé, & force bestiaux, & au milieu de cette riuiere vne isle si couuerte de pigeons,

du sieur Vincent le Blanc.

qu'on ne peut y marcher sans les toucher, dont ils chargerent leur brigantin. Ils trouuerent là les peuples dits *Piperones*, geans de dix pans de haut, au reste doux & benins. Ce Capitaine *Velasio* pensoit que ce goulfe fust vn bras de mer, & monta plus de 200. lieuës auant, trouuant force habitations de gens qui ne viuent que de chasse & de poisson, de laict & de fromage. Ils luy presenterent force moutons, gazelles & cheureuls, & *Velasio* en eschange fit present au *Cacique* d'vne belle espée & poignard, & d'vne veste de taffetas bleu. Ces peuples portent des mantelines de peaux proprement cousuës, & ont au lieu de pain vne certaine substance tres-sauoüreuse, qui est vne racine de laquelle quand elle est seche, ils font farine, puis prennẽt des fleurs odorantes, qu'ils font vn peu boüillir dans des cruches de terre, l'escumant, y mettant force laict, auec du sel, & mettant cela dans des cuirs de bouc, qu'ils lient bien, puis le laissant au Soleil deux ou trois iours, cela vient dur comme du fromage Plaisantin, & le mangent en forme de pain tres sauoureux, dont on ne se degoûte iamais. L'emboucheure de cette riuiere fait vn golfe en quarré, qui s'estend iusques à la pointe de *Bacalaos*. De ce golfe iusques en la *Floride* il y a 600. lieuës, de là à *Saya del Rio* 60. lieuës. De là aux isles 70. l. à 40. d. à *Rio fondo* 75. l. en la riuiere de Gama 70. l. 43. d. cap saincte Marie 50. l. cap de Baco 50. l. R. de sainct Antoine 100. l. cap de *Arenas* 80. l. passant ce goulfe que les habitans appellent *Arjousa*, dont le cap est à 23. degrez, de là iusques au cap *Alegano*, ou des Princes 95. lieuës iusques à la riuiere de *Cambinga* ou *Iordan*, & 70 iusques au cap de saincte Elene à 32. degrez iusques à *Rio seco* 40. iusques à la Croix 20. (Berugon aux Indes :) de là au Cagnoual ou Cañaueral 40. l. peuples de Cano ou Cagnoual : pointe de Cagnoual à 28. d. & iusqu'à la Floride 40. l. Langue de terre s'estendant 100. l. de mer, vis à vis *Caba* : au Leuant Behame & *Lucavos* : pointe de Floride à 25. d. de là en l'Angle de Bacho 100. l. Ancon du Baxos, & à Rio de Nieue, & Rio de Flores 20. l. & 20. iusques au goulfe de l'*Espiritu Sancto*, que les Indiens appellent *Canhata*,

EEee iij

70. l. à 28. d. & de là 200. l. iusques en la riuiere de la Palme qui a 30. l. de trauerſe : de là à *Rio de Peſcadores* (Ind. Sotaſſi) ſous le Tropique : de là à Panonco 35. l. à *villa Rica* 70. ou *ſan Iouan de Loua*, port fort renommé à 5. l. de la plage de la *Vega*, iuſqu'en la riuiere d'*Aluarado* 40. l. (Ind. *Papalouapan*) iuſqu'à *Canacalo* fl. 50. & à *Guizalua* fl. 50. 18. d. de là à cap *Retondo* 80. l. ſur le chemin eſt *Coagraton* & *Lazaro* : de là à cap *Catuco* 90. l. (*Iacatan*) 21. d. de là à la Floride y a 900. l. de là 60. l. du golfe Mexican, où y a d'eſtranges courans & fonds d'eau : De l'extremité de ce golfe à *Rio grande* 120. l. paſſant *Punta de Mugeres*, & le golfe de l'Aſcenſion : *Rio grande* s'engoulfe en mer à 17. d. de là à cap *Cameroze* 150. l. à ſçauoir 30. iuſqu'à *Agueras* : 30. iuſqu'à *Caualles* : 30. iuſqu'à *Trionfado* : 30. iuſqu'à *Honduras* : & 20. à *Camezone* : de là à *Agata* ou *Gracia dios* 70. l. à 14. d. Cartago eſt au milieu de la coſte de *Gracia à dios* : iuſqu'à de ſa *Guadero* 60. l. qui eſt vne grande vuidange venant du lac *Nicaraga* : de là à *Zimbaro* 40. l. & à *Nombre de deos* 60. *Veragua* eſt au milieu du chemin.

De *Nombre de dios* à *Iulatan* y a bien 500. l. l'*Iſtme* n'eſt que de 5. l. mais de l'*Eſcaponcos* y en a 17. d: *Nombre de dios* iuſqu'aux *Farallones* 70. l. 8. d. on propoſa d'ouurir cet *Iſtme*, mais quelques vns dirent que la mer du *Sur* plus haute inonderoit tout. En ce chemin on trouue *Acla* & le port de *Miſſa*, à cauſe que le Prince qui deſcouurit ce pays y fit là celebrer la Meſſe en ſouuenance de ce bon rencontre : le golfe d'*Ordea* : de là à Cartagene 70. de là à ſainéte Marthe 50. l. outre le port de *Zembra* & *Rio grande* : de là à cap de Ville 50. l. & de là à S. Dominique 100. l. de cap de *Vello* à *Guiboucas* 40. l. puis le golfe de *Vene Suela* qui a 80. l. d'eſtenduë, iuſqu'au cap S. Roman : de là au golfe *Tuſte* 50. l. au milieu du golfe eſt *Curiana* : de là au golfe *Cariari* 100. l. la coſte eſt à 10. d. là ſe trouue le port de *Caſſia Tiſtula*, *chiribichy*, & *Cumana* fl. pointe d'*Areya*, *Cubaga* ou Iſle de la Perle, ou la Margueritte : de cette pointe aux Salines 60. l. de là à cap d'*Anegades* 8. d. 80. l. & là en la concauité eſt le golfe de *Paria* : d'*Anegade* à *Rio Dolce* 50. l. 6. d. de là à *Oreglane* ou des *Amaſones* fl. 110. l. de *Nombre de dios* à *Orallane* 800. l. ce fleuue a 50. l. d'emboucheure, là les premiers

du sieur Vincent le Blanc. 39

qui y parurent pensans negocier furent massacrez par les femmes.

Douglane à *Onaragnen* qui a 15. l. d'emboucheure à 4. d. ils content 100. l. de distance: de là 100. l. à la *Angla de S. Luca*: & 100. iusqu'au cap *Promero*: de là au cap S. Augustin à 8. d. ½ 70. l. terre plus proche d'*Vso*, car de là au cap Verd 500. l. de là au golfe de *Todes Santes* 100. l. 13. d. sur le chemin est le fl. S. François & f. Real: de là au cap *Abralosuios* 100. l. Cette coste a *Seques*, rochers cachez, & barres de sable dangereux, pour ce se faut tenir 20. mil en mer de 13. d. à 18. de là a cap de Fuë 100. l. & 100. iusqu'en la pointe de *Bon Abrigo*: de là à S. Michel pointe 50. l. & 60. iusqu'au fl. S. François 26. d. de là à *Tibiquiri* 100. l. sur le chemin, port de *Patos*, port *Fariel*, *Sigaro*, *Tounabaco*, &c. de là à *Plata* 50. l. 35. d. ½ de S. Aug. là 660. l. de sa bouche iusqu'en la pointe de S. Elene 65. l. de là à *Arenas goraas* 30. l. iusqu'au basse *Anegado* 40. à *Tierra Baxa* 50. à *Baya sin fondo* 60. goulfe à 41. à *Arifices de Loubes* 40. à cap S. Dominique 45. à *Chiquera* ou cap blanc 20. à la riuiere de Iean Serran 20. dite *Agoüa de Trabaios* 49. d. de là au prom. à mil Vierges qui finit au destroit, tout ce chemin est de 1200. l. de *Venosuela* à *Desrado* cap en la bouche du destroit du Nort au Midy: de cap *Desrado* à la bouche du destroit non loing de la Campane, rocher qui semble vouloir cacher son embaucheure, iusqu'en la mer du Sur 70. l. les limites sont à cap *Promero* 49. d. & de là à *Salmas* 44. d. y a 165. l. de *Salmas* a cap *Hermoso* 110. l. à 44. d. ½ de là à *Rio S. Francesco* 60. à *Rio sancto* 120. l. à *Chirinaca* 100. l. 31. quasi est Oest auec *Rio de Plata*, à *Chincha* ou *Rio de Poblados* 200. l. 22. d. à *Arequipa* 18. d. 90. l. à *Lima* 12. d. 140. l. au cap de l'Anguille 100. l. en cette coste sont *Truxillo* & autres ports: de là a cap Blanc 40. l. & 60. iusqu'au cap d Elene 2. d. de là à *Guegemir* 70. l. le cap S. Lorenso: ils mesurent de là à cap S. Augustin 1000. l. de là à la riuiere de *Peru* 100. l. se passe le golfe S. Mathieu, riuiere de S. Iacques, & S. Iean de *Peru*: au golfe S. Michel 70 l. 6. d. s'estendant 50. l. de là à *Panama* 8. d. ½ 155. l. à 17. de *Nomb. de dios*: Perou a 1000. de largeur, & 1200. de longueur: *Corcalatron* 4065. l. de *Panama* à *Tsouantepée* 650. l. en mettant

70. l. de coste de *Panama* à pointe d'*Aguera*: de la Bruce 100. l. de là 100. au cap Blanc, où est le port de *Heiradura* & 100. iusqu'au port de la possessiō de *Niqueraga* 12. d. de là à *Golfo Fonseca* 15. à *Corotega* 20. à *Rio grande* 30. à fl. de *Gualimala* 45. à *Sitoula* 50. ioint au lac de *Cortez* qui a 25. de long & 8. de large: de ce lac à *Port Pourade* 100. & 40. iusqu'à *Craniepee*, qui tire de Nort à Sur, auec le fl. *Coaſacalco* à 13. d. & là s'accomplissent les 650 l. de *Tecoantepee* à *Colima* 100 l. sur le chemin l'*Escapulic* & *Zacatula*: de colima à cap de *Coruentes* 100. l. 20. d. au milieu le port de *Natiuitad*: de là à *chiamelan* 60. sous le Trop. & là est *caliſto* & *Vanderas* ports: de *chiamelan* 250. l. iusqu'au fl. profond ou R. de *Miraflores* 33. d. & en ce chemin de 250. l. se passe la R. de *S. Michel*, *Lagugaual*: le port *del Remedio*, cap *Vermego*, le port des ports, le passage de *Miraflores*, à la pointe de *Balenas* 220 l. ou *California* en allant à *Porto Escondido*: en ce chemin on passe à *Belen*, porte *del Fuego*, golfe de *Canoas*, l'isle des Perles dite *Tarirequi*, de pointe de Balene iusqu'au cap de Courantes il y a 80. l. par lequel entre cette mer de *Cortez* qui semble l'Adriatique, estant aucunement colorée: de la pointe de *Valenas* 100. l. iusques en la pointe de *Abad*, & autant iusqu'à cap de Lingaño 30. d. de là au cap de la *Bruz* 50. l. & 115. iusqu'au port de *Sardinas*. En cette coste est l'Anglet S. Michel, & le golfe de *los Fuegos*, & coste Blanche ressemblant à la coste du Bresil, si bien qu'il semble qu'on y ait estendu des draps blancs de *Sardinas* à *Turra Neuada* 150. l. passant le port de *Todos Santos*, cap *Gabeca*, cap *Neuado*, *Golfo primero*, *Sierra Neuada* a 40. d. C'est le dernier païs qui suit le Nort iusqu'à l'*Abrador*. Ainsi en la mer du Midy il y a 3375. l. & 5960. en celle du Nort, & en tout 9300. l. le nouueau Mexique a 1000. l. de tour en 15. grandes prouinces habitées.

Partement

Partement de l'Autheur: Particularitez de la Dominique.

CHAPITRE II.

Estans partis du port de S. Marie qui est à 37. d. nous primes la route ordinaire des Canaries où il y a 590. mil de chemin, & en cet entre d'eux est le golfe qu'ils appellent de *delas Yegas*. Ces Canaries, dites autrefois Fortunées eurent ce nom à cause des chiens sauuages qui y estoient fort terribles & furieux, allans en troupe comme des moutons, & encores auiourd'huy il s'y en trouue vn bon nombre de fort dangereux. Ces isles sont la grande Canarie, Tenerife, Palme, Gomore, du Fer, Fortauenture, & autres moindres, enuiron à 28. degrez.

Les Canaries.

Il s'y trouue force choses curieuses, comme en Tenerife le mont qu'ils appellent *Pic*, lequel ie croy est vn des plus hauts du monde, & le Liban mesme n'est pas la moitié si haut, & moins encor le Mont-Gibel de Sicile: car on le descouure de 120. mil loin, comme c'est la premiere isle que les nauires venans d'Espagne trouuent à leur abord. Ce mont ne se peut monter que deux mois l'année, en Iuillet & Aoust, à cause des grandes froidures qui y regnent, & d'autant qu'il est ordinairement chargé de neiges, qui rendent l'air si froid qu'on n'y peut monter sans vn grand danger de la vie. Du haut d'iceluy vous descouurez toutes les autres isles, & entr'autres vne qui semble plutost fable ou enchantement, que verité; car on voit cette isle, & quand on y veut aller, on ne la peut plus rencontrer, de sorte que par impatience on la laisse là; ils luy donnent pour cela diuers noms, comme la *Fortunado*, l'*Incantade*, la *non Trouuada*, & l'on en sçait autre chose, sinon que le vulgaire dit que c'est vne isle habitee de Chrestiens, & que Dieu ne veut pas qu'elle se trouue; pour

L'isle Fortunado.

III. Partie.　　　　　　　　　　　FFff

moy qui l'ay veuë comme les autres, ie croy qu'elle se trouue couuerte de nuées à cause de la quâtité d'eaux douces qu'elle a, & que ces brouillars la rendent ainsi malaisée à trôuuer.

Tenerife. En l'isle de *Tenerife* se voit vne voute cauée dans le roc, où les Pasteurs auoient coustume de se retirer auec leur bestail durant le mauuais temps, elle est à quelque cinq lieuës de la ville de S. Cristoual. Ils content qu'autrefois il y a eu quelque apparition de clarté extraordinaire, auec vne image de la Vierge, qui y fit force miracles, & que cela a donné suiet d'y bastir vne Eglise du nom de *Nuestra señora dela candelaria*, où il y a des Religieux de S. Dominique.

L'isle de Fer. En l'isle de Fer se trouue cet arbre merueilleux dont les feuilles distillent de l'eau que les habitans boiuent : l'arbre est couuert d'vne petite nuée de couleur entre gris & blanc, & iamais elle ne diminuë ny pour tempeste ny pour vent, & n'a aucun mouuement, & de là procede toute l'eau que l'arbre iette dans des cuues tout à l'entour, qui la reçoiuent en telle abondance qu'elle suffit à abreuuer tous les habitans & leurs bestiaux, sans qu'il se trouue autre eau dans toute l'isle, qui sans cela seroit deserte, au lieu qu'auec cela elle est fort habitée & fructifiante.

Ayans pris nos prouisions aux Canaries, nous continuâmes nostre route vers la *Desseade*, trauersans ce grand golfe pacifique, qui est vne des paisibles mers du monde, puis que pendant les quarante iours que nous y auons voyagé, nous n'y auons trouué aucun changemêt, mais vn mesme vent ou air doux & esgal, qui y souffle sans cesse; si bien que les vaisseaux y vont tousiours en poupe sans presque toucher les voiles l'espace de plus de deux mil miliaires, & quatre cens nonante & deux mil de chemin iusques en la *Desseade*, qui a eu ce nom pour le desir qu'on a de la trouuer, n'y ayant autre terre que celle là depuis les Canaries, demeurant quelque trentre deux iours à passer ce grand golfe, & quelquesfois trente cinq selon la rencontre. Cette *Desseade*, l'vne des *Antilles*, fut la premiere que Coulon trouua en sa seconde nauigation, où il arriua en vingt vn iour des

Canaries, elle est à 15. d. vers le Nort.

De là on vient à la Dominique tres-bonne isle & fertile à 18. d. ses habitans y sont cruels & anthropophages, taschans d'y attirer les passans par toutes sortes de ruses, pour apres les manger. Ils sont adroits archers, & ne faillent gueres leur coup, leurs arcs sont de dix ou douze pieds de haut, & de leurs flesches ils perceroient vn corcelet à l'espreuue du coutelas, lesquelles sont d'vn bois dur & fort, nommé *Sourgar*, dont ils empoisonnent la pointe : ils viuent de chasse, de racines & fruicts, vont tous nuds tant les hommes que les femmes, adorent le Soleil, ont peu de mesnage, sinon quelques vstenciles de terre, & vn lict de coton fait en maniere de filets, qu'ils pendent & attachent d'vn bout à l'autre de leur maison, qui est ronde, faite de paille, qu'ils appellent *tortora*: leurs biens sont en commun, & mangent ce qu'ils ont ensemble. Ils ne se font point de tort les vns aux autres, sont grands guerriers, & combattent auec des masses de huict pieds de long, faites comme vn batail de cloche, dont ils s'aident fort bien ; mais ils s'aident plus volontiers de l'arc que de la masse. Ils ont quelques Prestres en leur Gentilité, qu'ils appellent *chaouris*, qui leur font quelques ceremonies & festes.

L'isle de S. Dominique.

Le vaisseau du cap *Molini* deuant faire de l'eau, dont il auoit besoin, quelques-vns voulurent descendre en terre, & le Capitaine mesme y vouloit aller aussi, mais il en fut empesché par les siens ; de sorte qu'il y enuoya son contre-maistre auec vingt hommes bien deliberez, & douze arquebusiers. Le Capitaine *Noguera* de nostre vaisseau, voyant cette folle entreprise, sçachant fort bien le style du pays, fit aussi-tost embarquer trente bons hommes des siens pour les assister au besoin, dont il y en auoit vingt arquebusiers ; mais ils ne furent pas plutost arriuez à la fontaine qu'ils se virent attaquez de plus de deux cens Sauuages, & s'ils ne se fussent promptement barricadez à la persuasion de quelques François qui estoient parmy eux, leurs affaires eussent fort mal reüssi, sur cela l'arquebuserie ioüa, si bien que ces Sauuages estonnez commencerent à se retirer, ayans perdu quatre ou

FFff ij

cinq des leurs, & comme les nostres en penserent estre deliurez, ils furent estonnez qu'ils les virent reuenir par vn autre costé, auec vne telle rage que sans la bonne conduite ils nous eussent fort mal traittez, à cause que nos arquebusiers auoient tellement pris l'effroy qu'ils ne sçauoient plus tirer, & nous ne sceûmes si bien faire qu'il n'y en demeurast sept ou huict des nostres ; car à fine force ils vindrent enfoncer nostre barricade; neantmoins auec l'aide de Dieu nous les repoussames si rudement qu'ils y laisserent des leurs, aussi nous vint il du secours fort à propos. Ils estoient resolus de r'auoir leurs compagnons, mais ne pouuans, ils se retirerent, nous laissans en paix, & vn d'eux en vie, qui estoit si estonné que rien plus, nous donnant mille plaisirs auec les grimaces & singeries qu'il faisoit ; il estoit tout nud, le visage rond & camus comme vn chien : on luy demanda en qui il croyoit, il respondit à *Toquilla* & à *Toupan*, qui est le Soleil & le Tonnerre. Il fut instruit à la Foy, & puis baptisé.

 Ces peuples ne sçauent que c'est de cultiuer la terre, & ne viuent que d'vne racine qu'ils appellent *Tuquen*, dont ils font de la farine, au Bresil ils l'appellent *Caouin*, & la font secher & la meulent, puis en font vn breuuage auec de l'eau, qu'ils font boüillir ensemble. Cela a le goust comme du laict aigre : cette racine est plus aspre au manger que les chastaignes qui ne sont pas encores meures. Ils ont vn arbre nommé *Sarboul*, qui croist naturellement parmy les bois, qui leur porte du fruict toute l'année ; il est ferme comme vn melon, & ressemble à ces pommes d'amour qu'en Espagne ils appellent *Berengenas*. Ils font aussi de la farine de poisson, comme ceux du Bresil, qu'ils font secher au Soleil, cela est aigre & cuisant au gosier à ceux qui n'y sont accoustumez. Ils ont abondance de bestial de toutes sortes, qu'ils appellent *Pascous*, qui veut dire comme oüailles. Ils sont grands pescheurs, & font leurs barques de cette paille dite *tortora*, & en ont aussi de bois tout d'vne piece, comme les Canies d'ailleurs. Ils vsent de quelques ceremonies en leurs mariages, & leurs Prestres les chaussent de certains souliers de corde, que les Espagnols appellent *Alpargates*, & les Indiens *Otrya*:

ils les chauffent tous deux, puis les font changer, & apres rendent ces souliers à leur *Chaouris*. La fille est libre à ce qu'elle veut, mais mariée elle est coupable de mort si elle manque. Ils n'ont aucune ambition ny auarice, disans que comme la terre a esté suffisante d'alimenter leurs peres, aussi fera elle eux, & que c'est folie de se pener pour le peu qu'on a de vie ; tant est le plus petit que le plus grand entr'eux. Les Espagnols qui sont en la ville de S. Dominique, le traittent fort rudement, de sorte qu'ils les appellent à cause de cela, *salbin*, c'est à dire Tyrans. Il y en a beaucoup qui se font Chrestiens, les autres rendent de grandes adorations au Soleil & au Tonnerre, & luy font quelques sacrifices.

Salbins Esp.

Furieuse tempeste : L'isle de Cuba, & l'Espa-
gnole : Les mœurs des habitans :
Ses Rois.

CHAPITRE III.

Artans de la Dominique, à quelque 336. mil de là on trouue vne isle nommée la *Nanasse* à 17. d. fort petite, mais bonne, & ioignant icelle vne autre appellée *Iamaica*, qui a 150. mil de long & 40. de large. En ces isles regne parfois vn vent que les Indiens appellent *Vracans* ou *Foracans*, qui est tres violent & dangereux aux vaisseaux, qui font tout ce qui se peut pour l'euiter, & quand on voit qu'il commence à s'eleuer, on demeure plutost deux & trois mois au port pour n'estre surpris. Nous en fumes battus entre ces deux isles d'vne telle fureur qu'il sembloit que tous les demons fussent dechaisnez, car cela emportoit voiles & antenes, arrachoit les cordages, & autres effets prodigieux, car il vient tout à coup, & en moins de rien nous fit perir vn de nos vaisseaux chargé de soldats qui al-

FFff iij

loient secourir *Truxillo*, que les Anglois molestoient. Nous en sauuâmes quelques vns par le moyen d'vn pont de tables lié d'vn fort cable que nous iettâmes en mer. La premiere fois nous sauuâmes ainsi vingt-six hommes auec vne femme, que sa robbe auoit soustenuë & fait flotter sur l'eau, mais la seconde fois que nous le iettâmes, & qu'il estoit chargé de plus de gens encor, par mal-heur le cable se rompit, & estant desia à deux ou trois brasses de nostre vaisseau, sans qu'il y eust moyen de le retirer, & tous ces pauures gens qui estoient proches de leur salut, se perirent miserablement, & n'eûmes pas mesme la force d'en faire vn autre, pour tant nous estions roides & engourdis de grand froid que ce vent mene auec soy; de sorte que c'estoit pitié de voir perir ces pauures gens faute de secours, & l'autre vaisseau n'y pouuoit donner non plus ordre s'estant escarté de telle sorte sur le soir que depuis on n'en n'eut aucune nouuelle. Toute la nuict nous n'entendions que gemissemens de personnes qui crioient à l'aide & au secours, que nous ne pouuions leur donner, & sur l'aube du iour nous ne vîmes plus aucun vestige ny de nauire ny de gens. Il y en eut quelques vns mesmes lesquels si tost qu'ils furent arriuez à nostre nauire moururent. On admira entre autres la constance & resolution d'vn Pere Capucin, qui estant dans la mer auec les autres, les exortoit tous à bien mourir, & se recommander à Dieu, les faisant confesser leurs fautes, & leur donnant l'absolution; puis mourant auec eux en les consolant iusqu'à la fin. Ce vent n'est pas vn seulement, mais tous les quatre ensemble, qui empesche qu'vn vaisseau ne peut aller ny auant ny arriere. Sur le iour nous commençâmes à respirer vn peu, mais touiiours attaquez de la tourmente & des vagues qui nous liuroient de si furieux assauts, qu'il sembloit à tous coups qu'il s'en alloit perir, comme ie croy que nous eussions fait, si nous n'eussions pris resolution de ietter tout en mer, & sans tenir autre conseil, ny sans dire mot, sept ou huict que nous estions, apres auoir pris quelques soupes au vin pour nous renforcer vn peu de nostre grande foiblesse, nous nous mîmes à enfoncer les cartiers de la

Tempeste furieuse.

hef, & à ietter les marchandises en mer, comme toilles, tapis, camelots, moncayars, corail, miel, vins, &c. auec telle promptitude que dans vne heure nous en iettâmes plus que l'on n'en auoit embarqué en tout vn iour, ce qui nous seruit bien, car nous reconnûmes aussi-tost que le vaisseau en estoit allegé, & la bonne fortune pour moy & mes compagnons, fut que toute la marchandise que nous auions embarquée pour faire nos despens, fut iettée en mer toute la premiere, ce qui nous donnoit aussi peu de peine & de soucy, comme si elle n'eust point esté nostre, estans assez contens de sauuer nos vies ; & si auec tout cela nous fûmes contraints de couper le grand arbre du nauire, outre que la voile du triquet de la hune s'estoit deployée & desliée, qui menoit vn estrange bruit, & faisoit vn grand dommage au vaisseau ; de sorte que le Capitaine commanda aux mariniers de l'aller plier, mais il estoit alors mal entendu & plus mal seruy encores ; sur quoy il y en eut vn plus gentil compagnon & resolu que les autres, qui entreprit de le faire, & le Capitaine luy crioit en luy donnant courage, mais il ne fut pas monté au milieu de l'arbre que le vent l'emportoit, & commença à crier, *Iuro à mi vida Senor que el viente me despega las manos delas cuerdas.* Ie vous iure ma vie, Monsieur, que le vent m'arrache les mains des cordages, & en mesme temps en criant *Santiago*, il se laissa tomber dans le vaisseau ; il luy eust esté meilleur de tomber dehors, car il mourut trois heures apres. Cependant la tempeste continuant, nostre vaisseau se trouuoit leger, & n auoit pas la force de soustenir le grand arbre pour les horribles secousses de ce fortunal, & des flots qui precipiterent quelques-vns des nostres dans la mer ; de sorte que nous fûmes contraints de couper cet arbre, mais en coupant les cordages il se rompit de luy-mesme & tomba en mer, en emmena quelques vns auec soy, & le vaisseau mesme donnant à trauers pour la pesanteur de l'arbre fut incontinēt remply d'eau, & redoublant de l'autre costé, plusieurs perirent sans qu'on les pûst secourir, le reste demeurant accablé de tristesse & desolation, & le vaisseau assailly de tant de vents contraires tout à la fois ne pouuoit bouger d'vne place, si ce n'est que quelqu'vn plus fort l'esbranloit plus d'vn costé que d'autre: car ces vaisseaux sont plus foibles de la moitié que les nostres. Ces vents au reste causent vne telle froideur que l'on n'oseroit mettre le visage dehors, coupent comme vn rasoir, & rendent tout le corps roide & immobile comme du bois; pour moy ie me sentois le visage dur comme vne pierre, ie croy que les demons se meslent parmy cela; car ie ne pense pas que naturellement il se puisse faire que le vent rompe vn gros cable, comme si c'estoit vn filet. Enfin le bon Dieu voulut que sur le Midy les brises commencerent à reuenir, & faire leur cours ordinaire, il nous estoit encore de bonne fortune resté vne voile de reserué que nous attachâmes le mieux que nous pûmes au trinquet, & à peine auions nous des cordes pour cela, la tempeste nous ayant tout rompu, nous suiuîmes ainsi nostre voyage. Il est vray que la mer estoit encores si esmeue & si enflée que nous doutions autant que iamais, car ces tempestes sont beaucoup plus dangereuses à la fin qu'au commencement, & l'on voyoit les flots comme deux armées combattans l'vn contre l'autre, & se choquans sans relasche; mais enfin cela s'apaisant vn peu, nous vinmes à la veuë du cap S. Antoine, pointe qui se void de fort loin en l'isle de *Cuba*, iusques où la tempeste nous accompagna tousiours, & ne me souuiens point en tous mes voyages d'Asie & d'Afrique d'auoir eu vne si furieuse rencontre; & bien qu'au voyage d'Alexandrie, venant à trois lieuës de la terre de Candie nostre nef se submergea au plus fort de l'hyuer & de la nuict, mais cela n'estoit rien au prix de ces *Vracans* diaboliques, car là on ne court que la fortune d'vn vent, & icy on a à combattre contre tous ensemble, dont il arriue que peu en eschapent.

Cuba, isle.   L'isle de *Cuba*, est vne des principales des Indes à 22. d. ayant 630. mil de tour, & 120. de large la plus fructifiante de toute l'Amerique, pleine de toutes sortes de fruicts, & mesme de mines d'or & de cuiure, & vn des plus beaux & meilleurs ports du monde, nommé la *Rauane*, ayant l'entrée fort estroite, flanqué des deux costez de bonnes tours,
puis

du sieur Vincent le Blanc. 49

puis la ville auec vne forte citadelle, où toutes les flotes du Perou & de *Nombre de Dios* viennent aborder là, & y prendre raffraischissemens, l'isle estant remplie de toutes sortes de biens, & en abondance pour les vaisseaux, c'est comme vn fauxbourg des Indes, n'y ayant pas de grand mer à trauerser, plus de 130. l. de là à S. Iean de *Loua* en la terre ferme de la nouuelle Espagne. Cette isle abonde particulierement en poisson, & entr'autres d'vne espece de *Taons*, que les Espagnols appellent *Besée espada*, qui est fort cruel & friand de chair humaine.

De sorte qu'on n'ose se baigner, pour le danger de ces animaux deuorans, dont les dents coupent comme vn rasoir, & qui a trois pointes sur le dos en forme de pertuisanes; il est si friand de la chair d'hommes qu'il suiura vn vaisseau 500. l. durant sans se monstrer pour gagner quelque corps. On les appelle aussi *Taburintes* ou *Tiburins*. Vn Capitaine me contoit que venant de la Floride, vn l'auoit suiuy plus de 500. l. sans se monstrer, & qu'arriuant à *Portorico*, la fortune luy amena ce poisson entre les mains, ayant la teste d'vn mouton auec les cornes dans le corps qu'il auoit apporté depuis la Floride, où ils l'auoient iettée en mer. Ils vont aussi par les riuieres.

Quand aux crocodilles, ils sont reuestus d'vne peau si dure qu'il est impossible de l'entamer, si ce n'est sous le ventre où elle est aisée à percer. Aux Indes Orientales & en Ethiopie ils en mangent, comme i'ay dit ailleurs, & la chair en est fort bonne, mais on n'en mange point icy; pareillement on y trouue en abondance de toute autre sorte de poisson, tant de ceux que nous auons en nos mers, que d'autres especes differentes.

Cette isle fut descouuerte par Coulon en sa seconde nauigation, & l'appella *Iuane*, puis Fernandine & Isabelle à cause de Ferdinand Roy d'Espagne & de Ieanne sa fille. Sa longueur est de 230. l. elle a à son Orient l'isle Espagnole ou *Haiti*, à l'Occident *Iucatan* & le golfe du *Mexique*, au Midy la *Iamaique* ou S. Iacques, & au Nort les Lucayes & le canal de *Bahama*. On y voit auiourd'huy force villes & habita-

III. Partie. GG ff

tions d'Espagnols, qui commencerent à la peupler ou plutost depeupler dés l'an 1511. car ils y exercerent de telles cruautez, qu'en peu de temps ils exterminerent presque tous les habitans, commençans par le pauure Roy ou *Cacique Hatuey*, qu'ils firent brûler toutvif pour auoir auerty les siens de la cruauté exercée par les Espagnols en l'isle de *Haity* ou Espagnole. Ils en firent mourir beaucoup aux mines, & *Las Casas* dit qu'y estāt il y vit mourir en quatre mois plus de sept mil enfans de faim, pource que les peres & meres estoient contraints de trauailler aux mines sans auoir la liberté ny le moyen d'assister leurs familles.

Pour l'Isle Espagnole qui fut trouuée par le mesme Coulon en sa premiere nauigation dés l'an 1492. elle commença d'estre habitée en 1494. & fut appellée autrement *Haity*, *Quisquera* & *Cipangi* ou *Cibai*, ayant quelque 400. l. de circuit. Elle abonde en fruicts, succres, troupeaux, mines d'or & de cuiure.

Cette isle auoit plusieurs *Caciques* ou Rois puissants, dont le principal estoit celuy de *Magua* ou *Magane*, qui signifie plaine ou campagne, lequel s'appelloit *Guarionexi*. Ces Rois viuoient en paix sans grande magnificence, & leur principale despence estoit à entretenir des danseurs, joueurs d'instruments & luitteurs, qui donnoient plaisir au Roy allant par pays, ou demeurant en son Palais. Il se faisoit porter par des hommes sur vne table ornée de diuerses plumes de belles couleurs, & ces gens sautoient & dansoient deuant luy, chaque peuple tenant son Prince comme vn Dieu, & le moindre d'iceux pouuoit faire iusqu'à seize mil hommes de guerre, armez de peaux de bestes sauuages, auec des masses de bois, vne pierre trenchante au bout, qu'ils appelloient *Courcoumaichi*; ils auoient aussi des arcs & des flesches auec vn os au bout. Tous ensemble pouuoient faire vne armée de quatre-vingts mil hommes, viuans en bonne intelligence, se visitans les vns les autres de quatre-vingts & cent lieuës loin, sans autre ambition que de faire bonne chere, aussi sont ce gens fort dociles & capables de Religion, n'estoit la grāde tyrannie & rigueur

Espagnole, isle.

du sieur Vincent le Blanc.

des Espagnols, qui de quatre cens mil ames trouuées en cette isle, à peine en ont laissé la centiesme partie, qui est cause qu'on ne voit par tout que deserts & ossemens de morts. Le premier de ces Royaumes estoit donc appellé *Mangua*, terre fertile & abondante en bonnes & grandes riuieres, de 80. l. de long, depuis la mer du Sur iusques à celle du Nort, enuironnée de montagnes, entre lesquelles sont celles de *Cibao*, où il y a des mines d'or de 22. carats & demy. Le second Royaume est *Sigouaya*. Le troisiesme *Magana* ou *Magnana*. Le quatriesme *Xantiga*. Le cinquiesme *Higuy*.

Mangua, Royaume.

Magana abonde en or & en succre, & le Roy à la difference des autres se faisoit par eslection. Les quatre *Tabusamin*, qui sont les principaux, le Roy estant mort faisans aussi-tost assembler le peuple pour pouruoir au siege de *Bibical*, qui estoit celuy qui auoit le premier conquis & establi cet Estat. Ce *Bibical* estoit le plus fort homme de son temps, lequel estant venu de terre ferme du *Mecheoarin* au Mexique en cette isle, pour visiter vn sien frere qui estoit au seruice du Roy de *Mangua*, & l'vn de ses principaux danseurs, & ayant veu son frere voulut aussi visiter les autres Estats de l'isle, & s'arresta quelques iours en celuy de *Sigouaya*, où il se plut fort à l'exercice de la lutte fort estimé entr'eux, d'autant qu'en guerre mesme ils se seruent autant & plus de la force des bras que des armes; & comme il y estoit fort experimenté, il se voulut esprouuer auec les plus braues, où il reussit si bien en presence du Prince qu'il en fut grandement honoré, & receut en don vne peau de lyon, chose si considerable qu'il n'y a que les gens signalez qui la puissent porter en guerre.

Ce Roy le pria mesme de demeurer en sa cour, ce qui estant venu aux oreilles du Prince de *Mangua* chez qui son frere estoit, il luy manda aussi-tost de le venir trouuer, luy promettant de luy donner quelque charge honorable auprés de luy, & de luy faire de beaux presens, non en valeur de richesses, mais seulement en quelques curiositez qui viennent du Mexique, comme de pierres à mettre aux oreilles & aux leures, ces peuples ne se soucians ny d'or ny d'argent, mais seulement de la vie simple, & de la liberté qu'ils estiment

GGgg ij

Les voyages

auec raiſon plus que tout. Bibical pour toutes les prieres de ce Roy & ſollicitations de ſon frere, ne voulut point quitter la cour du Prince de *Sigouaya*, qui le pria de vouloir prendre cent Indiens, & s'en aller au Royaume de *Magana* pour mettre la ville de Saalan aſſez forte en ſa puiſſance, d'autant qu'elle ne vouloit reconnoiſtre aucun Prince, & ſe tenoit en liberté. Bibical receut ioyeuſement cette commiſſion, & fit ſi bien par ſa valeur qu'il reduiſit cette ville ſous l'obeyſſance de ſon Prince, & y fit des proueſſes merueilleuſes, mettant à mort vn grand nombre d'ennemis, & les autres en fuite; il força leur fort baſtion dit *Courcoumeca*, reueſtu de bois de la hauteur de deux hommes. De ſorte que la ville & tout le pays vny fut contraint d'obeir au Roy de *Sigouaya*, qui en honora grandement Bibical, & luy fit dreſſer des monumens de pierre auec cet eloge, *Aray iourcoumac Bibical*, c'eſt à dire, homme digne de principauté. La ſœur de ce Roy, nommée *Gilbileca*, en fut ſi épriſe qu'elle ſe reſolut de l'auoir pour mary, quoy que ſon frere ny voulut pas conſentir, & qu'il la mit dans vne place en priſon, d'où Bibical la deliura, l'eſpouſa & la mena en *Magana*, où il ſe fit couronner Prince du lieu. Dequoy le frere irrité, taſcha par tous moyens de le faire mourir, & de fait il enuoya vn Indien qui l'attaqua en trahiſon ſur le chemin, & luy tira vne fleſche empoiſonnée, dont Bibical irrité, fit la guerre fortement à ce Roy, aſſiſté de ſon frere *Guouayquibal*, & enfin en vint à bout & le ſurmonta; mais la playe qu'il auoit receuë fut telle que le venin le gaigna peu à peu, & en mourut enflé & noir comme vn charbon, n'ayant laiſſé aucuns enfans. Le peuple ſupplia la veufue *Gibileca* de ſe remarier à quelqu'vn pour eſtre leur Prince, à quoy elle condeſcendit à toute force, & fit aſſembler le conſeil, où il fut ordonné que le plus fort ſuccederoit & eſpouſeroit la Reine. Lors y eut vne aſſemblée de tous exercices & ieux de force, de ſaut, luitte, & combat de maſſe, dans leſquels ſe ſignala entr'autres vn *Calips*, qui fut fait Roy, lequel prit pour ſon principal conſeiller le frere du defunct, & luy donna vne ſienne ſœur en mariage. Et depuis ce temps là les Rois furent tous faits par eſlection

Le Roy Bibical.

du sieur Vincent le Blanc.

du plus fort, ce qui s'est continué iusques au dernier *Moulfanberc*, qui mourut à la prise de cette isle par les Espagnols.

Cette isle estoit autre fois fort infectée par les Cambales des Antilles, & autres isles voisines, qui y venoient faire des chasses d'hommes comme de bestes pour les manger, & de femmes pour en auoir de la race. Cette isle, bien que sous la Torride, iouït d'vn air fort temperé, & quasi d'vn perpetuel printemps, à cause des montagnes qui la rafraichissent, & luy tiennent lieu de Septentrion, comme en beaucoup d'autres endroits de cette Zone. La fecondité du sol y est telle, que le bled qui y a esté semé est venu à produire des espics tres-hauts & tres-gros, où s'est trouué plus de 2000. grains : outre cela elle produit l'or, le mastic, aloës, coton, soye, sucres, espiceries, comme poiure & gingembre, la racine de *iuca* & la *caſſaue*, dont ils font du pain. C'est là d'où les Espagnols ont premierement pris & apporté en Europe la verole, & le remede du Gajac. C'est aussi là où regnent principalement ces furieux vents qu'ils appellent *Vracans* ou *Foracanes*, qui sont des typhons qui arrachent les arbres, esleuent les vagues iusques au Ciel, perdant les vaisseaux, & font autres effets prodigieux.

Mais comme ces peuples ont esté deliurez de la cruauté des Cambales, ils sont tombez sous celle des Espagnols, pire cent fois, ayans deserté toute cette isle, aussi bien que les autres, bien qu'au commencement ces pauures gens les eussent receus fort humainement ; mais les autres en firent depuis vne cruelle boucherie, les emmenans en esclauage ailleurs, & les reduisans à tel poinct de misere, que ces miserables aymerent mieux se deffaire eux mesmes, & massacrer leurs propres enfans, que les voir esciaues sous la tyrannie de tels Salbins, tyrans & voleurs.

Comme vn pere de S. François exortoit vn de ces pauures Rois, que les Espagnols alloient brûler, à se faire Chrestien, il luy approuua tout ce qu'il luy disoit du Ciel & de la vie eternelle, mais ayant sceu que les Espagnols y

Isles des Antilles.

Cruauté des Espagnols.

alloient aussi, il en perdit le desir, disant en sa langue, *Heiti sitiba Salbin*, les Espagnols au ciel & moy auec eux, fy, fy, adioustant qu'il aymoit-mieux aller auec les *Yares* ou diables, & mourut ainsi. Ils en fricasserent de tous viuans, & estans saouls & las de tuer vendirent le reste cōme des bestes, pour s'en seruir à porter la charge, quelque defence que le Roy d'Espagne eût faite de les tenir pour esclaues. Ils apellerent au commencement ces nouueaux hostes enfans du Soleil, mais depuis ils changerent bien de note, les nommans Salbins & diables, & auec raison, car lors que ces nouueaux venus leur faisoient porter des fais insupportables, & les voyans manquer & defaillir de trauail, ils leur coupoient le col pour n'auoir pas la peine de leur ouurir le colier de fer, qu'ils mettoient à vn autre. Cependant ces peuples estoient fort capables de Religion & d'instruction, comme les conuertis faisoient paroistre, se monstrans tres-bons Chrestiens, mais ces estranges Docteurs n'auoient soin que de saouler leur auarice & ambition insatiable.

Des costes de la nouuelle Espagne : De la Zone Torride, & des vents qui y souflent.

CHAPITRE IIII.

Yans demeuré quelques iours à nous rafraischir en la Cube, nous nous mîmes sur vn vaisseau pour continuer nostre voyage. Le Capitaine *Noguera* du nauire qui nous auoit passez, fut fort marry de nostre départ, & voulant gratifier quelqu'vn des nostres pour le seruice qu'il en auoit receu, il luy offrit toute sorte de courtoisie, & luy fit present de trois cens reales, luy promettant mesme s'il vouloit retourner auec luy en Sicile, de luy

du sieur Vincent le Blanc.

donner la superintendance d'vn vaisseau, & partageroient tout le gain, & le tenir comme frere. Cestuy là luy promit à son retour, & ne voulut prendre que la moitié de l'argent, encore fut-ce par force, dont il fit vn present à vne femme que le Capitaine auoit emmenee d'Espagne, qui en recompense luy donna vne croix d'or garnie d'esmeraudes ; & ils se separerent ainsi auec vn grand regret, ce Capitaine protestant que sans le Seigneur & les Leuantisques sa nef estoit perduë, & nous tesmoignant beaucoup d'obligation de ce que nous auions fait en la Dominique allans querir de l'eau. Il nous recommanda au Capitaine qui nous fit bonne compagnie, & ne voulut rien prendre de son port.

Nous vinmes au cap de S. Antoine, & de là nous prinmes nostre chemin vers *Fondora* ou *Honduras* auec vn tres-beau dessein ; ce n'est pas le chemin ordinaire des flotes qui prennent leur route droit à S Iean de *Loua* en la nouuelle Espagne, y ayant quelque sept cens mil de trauerse, passant à la veuë de *Campeche*, fort fertile, en la terre de *Iucatan*. Ce port de S. Iean est vne ville assez forte & bien munie d'artillerie à dix neuf degrez. On compte de là au Mexique septante lieuës & cinq iusqu'à la *Vera Cruz*, lieu fort mal sein & chaud, mais abondant en viures à deux cens mil du Mexique. On appelle tout ce quartier *la Vega*, qui est vne plage & non vn port. Ces deux lieux si proches sont bien diferends d'air, car en la *Vera Cruz* il est du tout mauuais, & en l'autre de S. Iean il est fort bon ; comme pareillement tout le Mexique est vn bon pays & bien habité de naturels & d'Espagnols, & assez temperé, qui contient quinze grandes Prouinces. Puis il y a le nouueau Mexique nouuellement descouuert, & que l'on descouure encore tous les iours, qui est d'vne merueilleuse estenduë, aussi bien que la langue Mexicane s'estend fort loin. *Coste du Mexique.*

De S. Iean de *Loua* on vient suiuant la coste par *Iucatan*, *Honduras* & *Nicaruga*, à *Nombre de Dios*, en la mer du Nort ; & de l'autre costé en celle du Sur à *Parama* ; & de là au Perou, &c.

Or il est necessaire de sçauoir qu'en tous ces endroits là *Vents basses.*

il souffle d'ordinaire vn vent qu'ils appellent *Brises*, qui conduit d'Orient les nauires en poupe allans aux Indes, & commence ledit vent à 28. degrez de hauteur Arctique vers la Torride, & ce vent suit le grand & rapide mouuement du Ciel en cette bande là, ressemblant plutost vn souffle doux, & vne respiration d'air, qu'vn vent, tant il conduit doucement les nauires, sans aucun changement ny violence contraire, comme ailleurs hors les Tropiques, où le plus fort l'emporte, & où diuers vents regnent selon les temps & les saisons diuerses.

Les autres vents sont *Tramontane* ou Nort, Midy Sur ou Sud, Leuant Est, Couchant Ouest, Siroc Souest, Maistral Noronest, Gregal Nordest, Lalech Soudouest, ou Garbin. Les Brises Est-ouest, & conduisent fort bien des Canaries à Cuba : car d'Espagne aux Canaries la route est plus difficile à cause des diuers vents qui souffent au golfe de *las Yeguas*, & de là en terre ferme il se trouue encore d'autres vents qui repoussent, & vous font tremper long temps en vn port à attendre le bon vent.

Mais comme en allant ce vent de Brises donne plaisir, il fait le contraire au retour, car il faut aller chercher souuent ceux d'aual hors les Tropiques, pource qu'autrement on a les Brises contraires, qui contraignent d'aller prendre les autres plus haut, & de voguer tousiours à la bouline, à la volte de la Terrete ; De sorte que l'on iroit deux fois aux Indes plutost que d'en reuenir vne, tant le retour est penible, i'entends de ceux qui viennent de la nouuelle Espagne en Seuille, car ceux qui viennent du Perou, ont vne mesme nauigation que les vaisseaux qui vont auec les Brises des Canaries aux Indes, & par la mer du Sur ; venant du Perou on a aussi le vent en poupe iusques à Lima à 12. d. qui conduit iusqu'à 17. au port de *Guatulco* en la nouuelle Espagne, puis de là il faut venir chercher le vent d'aual à la hauteur de 27. d. en sus, & encore est-on incertain de les trouuer, car par fois ces vents y regnent, par fois aussi les brises, car bien que le Maistral & Tramontane entrët en ces regions là, ils ne les appellent pas moins Brises pour cela, comme partant du mouuement de la mesme Hemisphere, & sont quelquefois accompagnez d'vne telle froideur, que bien que la mer apporte tousiours quelque chaleur de soy, ie n'ay iamais toutefois ressenty de si grands froids qu'en ces endroits là, & sans les vins que nous auions porté pour nostre retour, nous y eussions souffert beaucoup dauantage.

Il est donc certain que ces vents prosperes sont pour ceux qui vont aux Indes, & pour s'y maintenir il faut chercher le moins de hauteur qu'on peut, car plus on s'approche de l'Equinoctial, d'autant plus certains & durables sont ces vents de brises, comme plus proches du mouuement. Cette mer depuis les Canaries est pour cela appellée, mer des Dames, à cause de ce doux vent prospere, comme aussi celle de la mer Australe audelà du Perou, & ainsi tousiours en allant vers Occident; mais toutefois cette regle n'est point si generale qu'en la Torride des Indes Orientales, on n'y obserue deux vents principaux, comme anniuersaires, Est & Oest, qui y regnent chacun à leur tour six mois durant, plus ou moins, ce qu'ils appellent *Moussons* ou *Mussons*, comme nous auons dit ailleurs. *Vents admirables.*

Quant à la qualité de cette Zone Torride toute contraire à celle que les anciens nous auoient voulu donner à entendre, à sçauoir qu'elle estoit impenetrable, & du tout inhabitable, pour les excessiues chaleurs des rayons perpendiculaires du Soleil, nous en auons assez parlé ailleurs, & monstré que c'est le pays le plus temperé du monde, & le plus habité, & plein de grands lacs, fleuues, & de pluyes en certain temps & heures, & des vents qui rafraischissent & fertilissent merueilleusement. Ils auoient bien raison en parlant selon la Philosophie naturelle, de croire ce pays inhabitable, & brûlé des ardeurs du Soleil, qui leur est vertical; mais aussi ils ne sçauoient pas par experience les grands lacs & fleuues qui sont le long de la plus grande partie de cette Zone, & principalement en celle de l'Amerique, qui l'humectent & raffraischissent, en sorte que ces chaleurs en sont fort moderées, & par vne grande merueille, leur rendent l'extremité de l'Hyuer pleine de secheresse, & celle de l'Esté *Zone Torride.*

III. Partie. HHhh

de pluyes & d'humidité, ce qui les contraint alors en plufieurs lieux de se retirer pour quelques mois en leurs canoës pour esuiter les inondations des riuieres de *Orellano*, la *Flate*, *Paraguay*, & autres, qui rendent les pays circonuoisins comme des mers, à quoy aident fort aussi les grands lacs qui s'y trouuent, ainsi que les peuples d'Egypte se retirerent au temps des desbordemens du Nil dans de petites maisons basties en la campagne de fiente de bœuf, de terre & de paille pour la pluspart, & scituées sur des tertres & eminences de terre; mais ceux du *Paraguay* & de la *Plate* abandonnant lors leurs maisons exposées à la fureur des eaux pour s'aller habituer en leurs canoës & *Piragoua* sur les eaux comme des canarts, iusques à ce que cette violence passée, ils retournent en leurs maisons; de sorte que les plus grandes chaleurs de cette Torride engendrent & causent les pluyes, & quand il ne fait pas si chaud il n'y pleut point. Mais hors la Torride & les Tropiques ces qualitez changent, la pluye y venant auec le froid en hyuer, où en la Torride c'est auec le chaud en plein Esté, car le Soleil plus il y est fort, plus il attire les vapeurs, & puis les fond & reiette en pluyes fortes, abondantes & continuës; ainsi ceux qui sont par les villes & colonies basties sur lieux releuez, passent ces inondations & pluyes fort aisement, & les biens de la terre n'en sont perdus & gastez pour cela, non plus qu'en Egypte & ailleurs; mais ceux de la campagne plus sauuages & barbares, qui ne sement & cultiuent la terre, se retirent en leurs barques, & font amas de racines & autres fruicts que la terre naturellement & sans culture leur porte; ils ont aussi force bestiaux qu'ils nourrissent de ce osni, nommé *Turtura*, dont eux-mesmes aussi mangent & couurent leurs maisons, en font des barquetes, & du feu aussi.

Il est bien vray que tout le long de la Torride la qualité de l'air n'y est pas telle, s'y trouuans plusieurs endroits secs & brûlez faute d'eaux de lacs, fontaines ou riuieres, ou à cause des montagnes hautes & steriles, comme en plusieurs lieux d'Ethiopie, Guinée, deserts d'Afrique, Andes & montagnes du Perou, & ailleurs. Et de là vient que selon ces diuerses constitutions sous la mesme ligne naissent des hommes noirs en vn lieu, & des blancs en d'autre, & comme ces qualitez excessiues en chaleur & secheresse rendent les lieux inhabitables, aussi en d'autres l'abondance des eaux & lacs, marescages & grandes riuieres, faisans des inondations ordinaires, rendẽt le pays inhabitable, comme en la plus part de l'Amerique où cette incommodité est telle, que les riuieres enflées des grandes pluyes de l'Esté, sortent à tous coups de leurs lieux auec vne fureur & impetuosité si grande qu'elles forcent, rompent & emportent tout ce qu'elles rencontrent, & ne peut on cheminer en beaucoup d'endroits à cause de la bouë & fanges des marescages & vallons.

De l'Amerique Septentrionale & Meridionale, & de ses qualitez: Sa descouuerte.

CHAPITRE V.

La plus grande partie de l'Amerique est vne terre inhabitable, à cause de ses hautes & grandes montagnes steriles & froides, & du peu de plaines de longue estenduë, force forests sablonneuses & steriles, cõme en Egypte & Lybie, où il n'y a aucune habitation ny commodité de viures, de grands arbres sans aucun fruict pour alimenter les hommes & les bestes, sinon qu'en quelques endroits il s'en trouue quelques-vns dont le fruict est de bonne substance & donne quelque soulagement aux passans, qui ont la feuille comme celle de la vigne, & le fruict en quelque sorte comme le coin, mais plus ternit, & du goust de ces pommes qu'en Italie ils appellent *Mele rose*, & mesme encore plus doux; l'arbre est haut & beau comme vn meurier, le fruict n'eschauffe iamais estant sur l'arbre, & fort peu quand il est cueilly, desalterant & raffraischissant mer-

HHhh ij

ueilleusement plus que tout autre fruict du monde, & pource les Indiens le vont chercher à quinze ou vingt lieuës loin & plus pour le manger, & quand ils ont bien chaud ils en mettent vne piece sur le front & sur les ioües, ce qui les raffraischit grandement, comme de le manger, quelque chaud que l'on ait; mais il est dangereux aux estrangers, car les Indiens sont si ialoux de ce fruict que s'ils en voyent manger aux autres ils les assomment s'ils peuuent, comme ils firent à *Curanfour*, ville du pays, où ils tuerent vn bon nombre d'Espagnols qui en mangeoient, & puis les mangerent eux mesmes. Enfin ce fruict, quelque long temps qu'il demeure au Soleil, ne laisse pas d'estre tousiours frais.

Trois regions d'Amerique. Des trois regions esquelles l'Amerique peut estre diuisée, il y a les deux extremes, l'vne basse, l'autre haute, & celle d'entre deux. Pour la basse elle est le long de la mer, chaude & humide, n'ayant que peu ou point de pluyes, inhabitée en plusieurs endroits, pour les grandes sablonnieres, marescages & eaux mortes sans yssuë, qui rendent le pays perdu & mal-sain, mais les plaines du Perou iusqu'à *Chile* sont plus temperées à cause de force vallons frais & fructifians, dont elle est plaine.

La 2. terre Hamen est froide & seche, bien habitée, propre aux pasturages & riche en mines.

La moyenne est la meilleure, & ce fut la bonne fortune des Espagnols, ou plutost la Prouidence, qui les fit aborder là premierement, car si c'eust esté ailleurs ils n'eussent ou iamais ou plus difficilement veu le succez de leur entreprise, pour le peu de commoditez qu'ils y eussent trouué pour s'alimenter à leur mode, bien differente de celle de ceux du pays; mais ils trouuerent du premier coup les meilleurs endroits, comme les isles Espagnole & Cuba, & en terre ferme, d'vn costé la nouuelle Espagne, & d'autre le Perou, & autres, tous bons pays, traitables & bien temperez, dont leur sont venus tant de commoditez de viures de toutes sortes & de riches metaux: car en cette terre moyenne il y a abondance de toutes sortes de grains, fruicts, bestiaux, pasturages, forests; l'air y est sain, le pays plaisant & agreable.

Le bestial y est en grand nombre, comme de moutons,

du sieur Vincent le Blanc.

chevres, bœufs, cheuaux & autres, ils tiennent quantité de bœufs sauuages pour en auoir les peaux, dont ils chargent les vaisseaux allans en Europe, & font de ces cuirs vn grand trafic pour suruenir par deça à nostre luxe des carrosses, bottes & autres chaussures. Le terroir est assez bon pour les vignes en quelques endroits, mais les Espagnols ne veulent pas permettre qu'on y en plante, afin de tirer le profit du vin que l'on y porte d'Espagne, dont ils attirent l'or & l'argent par deça; toutesfois quelque defence qu'il y ait euë, ils n'ont pas laissé d'en planter en la nouuelle Espagne pour se soulager des grands tributs, car on ne faisoit pas conscience de faire payer 50. ou 60. escus d'vn tonneau de vin d'Espagne, ce qui leur reuient à bien moindre prix sur le lieu, où il vient fort bien.

Cuirs de bœufs sauuages.

Cette terre du Mexique ou nouuelle Espagne, où on va tousiours montant sans s'en appercevoir, est fort fructifiante & bonne, voire bien plus que celle du Perou vers *Cusco*, & *Goüamanga* & *Aroquipa*, qui est aussi fort bonne; mais celle-cy meilleure sans comparaison, & le seroit encore dauantage si elle auoit les montagnes voisines pour la temperer des chaleurs excessiues, mais nonobstant cela les femmes Espagnoles prennent grand plaisir d'y venir habiter, & passer 2000. l. de mers, quittant leur propre pays pour y venir demeurer, non point en petit nombre, car en la flotte de 1592. on fait conte que de trente nefs qui perirent en mer il s'y perdit plus de 800. femmes & force petits enfans; les vnes y alloient auec leurs maris, les autres auec leurs amis, quelques vnes de bonne volonté, & y en passe tous les ans vn bon nombre, & il ne se faut pas estonner si elles se mirent en ce hazard, estants assez miserables en Espagne, où il y en a vne infinité sans maris, & qui cherchent leur vie.

Or toute l'Amerique ou nouueau monde est diuisé en deux parties principales, à sçauoir la Septentrionale & la Meridionale, toutes deux comme des peninsules attachées par le destroit ou encoulure de terre de *Nombre de Dios* & *Panama*, & entre les deux est compris le grand Archipel de toutes les isles Antilles, Lucayes, de *Barlouente*, *Sotauento* &

Amerique Septentrionale.

62   Les Voyages

autres, dont nous auons jà parlé, vers le grand golfe Mexican.

La partie Septentrionale peut estre commencée assez proche du pole Arctique, & selon quelques-vns mesmes à *Groenlande*, qu'ils veulent estre continuà la grãde terre ferme de l'Amerique, puis de là on vient en deçà par les destroits *Hudsens*, *Dauis*, *Forbisher*, & autres, que l'on pense trauerser iusqu'à la mer Orientale & Tartarique; mais qui semblent iusques icy plutost golfes ou bras de mer que destroits : puis de là on vient aux terres de *Estotiland*, *Labrador*, *Cortereal*, nouuelle France ou *Canada* & *Bacalees*, *Norembeque*, *Virginie*, *Nieu-Nideoland* ou nouueau Pays Bas, Floride & nouuelle Espagne ou Mexique, tant ancien que nouueau, & les terres d'audessus la nouuelle Grenade, *Mar Vermejo*, *Californie*, *Quiuira*, ou nouuelle *Albion* & *Anian*, iusques au fameux destroit de terre ou de mer de ce mesme nom, qui lie ou separe l'Asie Septentrionale ou haute Tartarie, d'auec cette partie de l'Amerique. Et il y a apparence que c'est par là que depuis plusieurs siecles, voire milliers de siecles, sont passez hõmes & animaux, qui ont peuplé ce nouueau monde, soit qu'ils soient venus des Chinois, Tartares, Moscouites & autres, ou mesmes de la grande Scandie ; soit d'ailleurs portez par les vents, iettez par les naufrages, ou de dessein, & par descharge de peuples tousiours de proche en proche. Mais ie laisse la dispute & la decision de ceste question aux plus habiles, car elle passe ma portee, & n'est de mon dessein.

Amerique Meridionale. L'Amerique Meridionale, depuis *Iucatan*, *Honduras*, & *Nicaragua* au destroit de *Panama*, suit par *Vruba*, *Dariene*, *Castille Dor*, *Venesuola*, *Paria*, *Cabagua*, *Cuman.*, *Caribane*, & plus auant en terre la fameuse Guinee ; puis en suite la grande terre ou costé du Brezil de plus de mil lieuës, la *Patagone*, & *Chica*, iusqu'aux destroits de *Magellan* & du *Maire* ; & enfin en remontant vers la mer de Sur par *Chile* & Perou, iusqu'à l'Isthme de *Nanania*, &c.

Car pour la terre Australe au delà de ces destroits, vers la terre du *Fou* & de *Queiros* iusques vers les isles de Salomon, la nouuelle Guinée & les autres, on ne sçait bien encore ce que c'est.

Quant à la découuerte de ce nouueau monde, laissant l'ordinaire question, si les Anciens en ont eu quelque connoissance, elle a esté premierement faite de nos siecles par le grand Coulon en l'an 1492. puis de suite & de temps en temps par Americ *Vespuse, Cabot, Cortercat, Cupral, Verazan, Cortez, Pisarre,* & enfin par *Dras, Raleg, Forbisher, Dauis, Hudson,* & autres.

Vers les terres de Labrador & Canada, il y eut vn Capitaine Velasco Espagnol, qui passant cette coste entra en la riuiere de Canada ou de S. Laurens, & pensant que ce fust vn bras de mer, trouuans le vent à plaisir la surmonta quelques 200. l. & trouua force bourgs & villages habitez par certains peuples qui se disent *Piperones,* de grande stature, comme de dix pans de hauteur & plus, gens assez doux & dociles, ne viuans que de chasse & de pesche: leur viande ordinaire est de laict & de fromage. Comme ce Velasco voulut vn Dimanche descendre en terre pour faire celebrer la Messe, il vint là vne multitude inombrable de Sauuages, qui admirerent nos ceremonies & seruice, comme chose qui leur estoit du tout nouuelle. Ils firent present aux Espagnols de force moutons, gazelles & cheureuls, & pouuoient prendre à leur plaisir des vaches & autres bestiaux errans par la campagne. Ces peuples ne sont pas autremēt belliqueux, mais fort simples, & se seruent de barques comme les canoës des Brasiliens. Le Capitaine par reciproque fit present au principal d'entr'eux d'vne belle espée & poignard, lequel fit signe qu'il n'auoit autre chose à donner en eschange que cinquante vaches & deux cens moutons, le priant de les vouloir prendre pour la prouision de ses gens. Il en prit vne partie, & luy donna vne veste de taffetas azuré, qu'il eut en grande estime & admiration, & entra librement dans le vaisseau auec vne vingtaine des siens, & par interualles y arriuoient de petites nacelles chargées de fruicts, que ce Seigneur faisoit venir pour presenter au Capitaine, qui à son depart fit tirer quelques volées de canon, qui estonnerent merueilleusement ces pauures gens qui pensoient estre venus à la fin du monde. Ils vont vestus de man-

La riuiere de S. Laurens.

celines de peaux cousuës fort proprement.

Aux terres de Labrador, & plus auant vers le Nort, il se trouue force montagnes & forests où il y a quantité de bestes sauuages, & entre autres des ours & de grands grifons tous blancs, qui ne ressemblent point à ceux d'Orient & d'Afrique, qui sont de couleur grisastre, & sous le ventre vn peu roujastre, mais les vns & les autres n'ont que deux pieds & non pas quatre comme on les peint. Ils ont aussi des perderis & toutes autres sortes de volatilles blanches.

Mer glaciale   Au dessus de ce pays est la mer glaciale, que quelques-vns veulent dire n'estre pas des mers gelées, mais des terres couuertes de glace; & de fait vn Indien, nommé *Irica*, me contoit qu'en sa ieunesse il auoit esté mené en ces pays de Labrador, que ceux du pays appellent *Vehacara*, qui confine auec vne autre terre dite *Afringa*, & que trauersant d'vne prouince en l'autre, il auoit trouué des mers gelées d'vne tres grande estenduë, & que ceux du pays luy auoient asseuré, que ce n'estoit point mer, mais terres glacées dans l'eau douce. Ce qui est difficile à croire.

Il n'y a là aucunes villes, mais des villages, où ils habitent dans des maisons faites de bois, couuertes de cuirs de bœufs & autres animaux, & ces maisons sont sur de petits tertres, & la pluspart sur la glace; ils sont gens blancs, assez doux & traittables. Toute cette coste court par l'espace de 400. l. & s'y trouue vne grande riuiere qu'ils appellent des *tres Hermanos*, que quelques Capitaines Espagnols essayerent de passer outre, mais ils en furent empeschez par les grâdes neiges. Quelques vns ont creu qu'il y auoit là vn destroit pour passer en la mer Orientale, & d'autres vn bras de mer seulement.

Il y en a qui prennent ceste riuiere pour celle qu'ils appellent *Rio Neuado*, qui costoye ceste terre deux cens lieuës d'vn costé, & autres deux cens de l'autre iusqu'en la *Baye de Malua*, & golfe de *Meuosco*, vis à vis est l'Isle des de nons, pource qu'on dit qu'elle en est possedee, ainsi qu'il y en a plusieurs autres de mesme en Orient, comme nous auons remarqué ailleurs.

Il y a là des peuples qui sont vn peu basanez, & portent des

du sieur Vincent le Blanc.

des sercles d'or & d'argent en leurs oreilles, & des vestemens doublez de martres & autres animaux. Il y a aussi quelques Bretons & Anglois qui habitent parmy eux.

Apres cela est le pays dit de *Bacaleos* ou *Bacallao*, dit ainsi à cause de la pesche des moruës, que nos Basques appellent de ce nom. Ce poisson y est en telle abondance que quelquefois il empesche les barques de cheminer. De là iusques à la Floride il y a quelque 900. l. de coste. Ce pays est froid comme la Flandre, estant presque en mesme climat. Les peuples y sont idolatres & brutaux, sans aucune police, mais au long de la marine où habitent les François ils viuent autrement, & ne mangent point de chair humaine, comme font d'autres peuples d'alentour. Ils viuent sous l'obeyssance de quelques vns qu'ils choisissent des plus sensez & releuez d'entr'eux. Ce pays a quelques isles voisines, occupées la pluspart par les François.

En marge : Bacalao moruë.

Il y a vne contrée non loin de là qu'ils appellent *Chicora*, où les habitās sont de haute taille, portans de longs cheueux iusqu'à la ceinture, & les femmes beaucoup plus, qui croient l'immortalité de l'ame, & qu'estans morts ils habitent en vn pays beaucoup meilleur que le leur.

Ils ont force cerfs domestiques forts grands, qu'ils mennent aux pasturages, comme nous faisons les bœufs & les vaches, & en tirent des fromages excellens, les meslans auec certain laict à demy fait, qui est vn manger fort delicat.

Les Anglois veulent que les terres de Bacallaos ayent esté descouuertes par vn *Cabot*, lequel y fut enuoyé par Henry 7. Roy d'Angleterre, dont toutesfois les Espagnols ne demeurent pas d'accord, & moins encor les François, qui auoient le commerce de ces pays long temps auuant tous les autres.

Quant à *Chicora* qui est en la terre ferme audessus de Bacalaos, & qui selon quelques vns mesmes en font vne partie, comme aussi le païs de *du Haré*; les Espagnols disent que le licencié *Ayllon* party de l'isle Espagnole courut toutes ces costes, & entr'autres penetra en *Chicora*. Là ils mangent les racines de *iucca, casabe* & *patates* : ils ont plusieurs sortes d'ido-

III. Partie. IIij

latries & d'idoles auec mille ceremonies, superstitions & festes. Ils appellent leur grand Dieu *Matecxunga*, & vn moindre *Quexuga*, & font vn Paradis des Mahometans, auec toutes sortes de delices, chants, dances, embrassemens de femmes, &c.

Ils ne doutent nullement que la terre ne soit ronde au milieu du monde, & qu'il n'y ait par consequent des Antipodes. Leurs Prestres leur font mille sortes de prostiges & impostures. Les veufues ne se remarient iamais, si leur mary est mort de mort naturelle, mais si par iustice ou autre violence, elles le peuuent. Ils n'ont qu'vne femme, si ce n'est le Roy qui en peut auoir deux. Ils font leur an de douze Lunaisons. Tout leur commerce n'est qu'en la permutation. Ils se guerissent aisement de leurs maladies auec des herbes excellentes, dont ils ont connoissance, & entre autres d'vne appellee *Guachi* contre la bile. Cet Espagnol *Ayllon* contoit beaucoup d'autres choses qu'ils auoit remarquees en ce pays de *Chicora*, de grande estenduë, & contenant plusieurs autres prouinces.

Du Canada, ou nouuelle France.

CHAPITRE VI.

Our le païs de Canada ou nouuelle France, fut descouuerte & frequentée par les Bretons & Normans dés l'an 1504. & plus auant encor, & depuis par Verrazen, qui en 1524. prit possession de toute cette coste & terre ferme pour le Roy François I. ce qui a esté continué depuis de temps en temps iusques auiourd'huy.

Ce pais ne produit point de mines d'or que l'on sçache, mais quelque corail blanc, dit *Esurquy*, & quelques pierres de iaspes & caffidoine, & de plus force peaux de castor dont ils trafiquent.

On y a trouué vn certain arbre, dit *Aneda* ou *Zuahoya*, assez semblable à vn noyer, dont la decoction est vn souuerain & present remede, à vn mal assez ordinaire en ce païs, & dont ils sont affligez comme d'vne peste qui leur court depuis les pieds iusques à la teste, auec vne merueilleuse contraction de nerfs, vne haleine puante, & pourriture en la bouche, comme au *scurbut*, & enfin qui les attaque aux parties vitales & les fait mourir auec de grands tourmens ; mais la Prouidence leur a preparé ce remede de l'*aneda*, comme Cartier remarque en ses Voyages.

Tous ces pays de Bacaleos, Canada, Hochologa, est compris sous le nom de Terres neusues ou nouuelle France, où les François ont hanté depuis plusieurs siecles pour la pesche des moruës : de la description exacte, ie m'en rapporte aux Liures & Relations bien particulieres qui en ont esté faites, seulement ie diray en passant ce que i'en ay apris de diuerses personnes qui y ont voyagé.

Le païs de Canada s'estend par vne pointe vers Sudouest dans le païs de *Goulmaran*, venant iusques en la riuiere de *Biquere*, où est vn grand bourg du mesme nom, & aussi dit *Sougoubal*, où le Roy de ce païs fait sa demeure, & vers la mer ce païs se ioint à celuy de *Baraleol* & Terres-neusues : les peuples sont de grande stature, ayans le visage comme ceux du nouueau Mexique, graué comme vn morion d'or moulu : ils sont cruels, & font la guerre à leurs voisins, & il y en a mesme qui mangent de la chair humaine, & courent iusques au grand fleuue de *Hochelaga*, & se seruent de barques faites d'escorce d'arbre : & quand ils arrachent ces escorces, c'est auec force ceremonies & prieres qu'ils font à leurs idoles de les secourir en leurs guerres, & à cela assistent quelques Vierges dediées à leurs Dieux, comme nos Religieuses.

Il y en a entr'eux qui ont plus d'humanité & de douceur, ne s'adonnans qu'à la pesche, qu'ils font volontiers pour les estrangers. Le Roy se dit sorty de la race de ces premiers qui vinrent habiter le monde apres le Deluge, dont ils ont quelque connoissance. Ils portent grande reuerence au Soleil pour la lumiere & le bien qu'ils en reçoiuent. Ils se nourrissent de farine de poisson & de racines comme en la Floride, & viuent en commun, & ont des maisons si grandes qu'elles peuuent tenir plusieurs mesnages. Les hommes ont plusieurs femmes, se marians sans grande ceremonie, & les quittans quand il leur plaist. Leur Roy s'appelle le grand *Sagamos* ou *Sabagana*, c'est à dire le grand Roy, qui se fait porter sur vne *Sinaela* de coton, meslé d'ouurage de plumes fort artiste & delicat, & ce coton est trauaillé auec des peignes de plume d'vn grand artifice. Le Roy est seruy par ses femmes, & ne se fie aux hommes pour ce qui est de son manger. Quand il passe les autres baissent tous leurs yeux par grand respect. Il n'y a que le fils aisné qui succede, & tous les autres enfans sont ses suiets, d'où vient que ses autres femmes de peur de voir cela, ayment mieux se faire auorter: apres le decez de leur mary elles viuent en perpetuel veufuage, & se chargent aussi-tost de la *Singaye* en signe de tristesse, & se font inciser le visage iusques au sang, puis prennent la fumée d'vne gomme brûlée là dessus, qui fait deuenir ces incisions toutes noires. Celles de plus basse condition prennent des noyaux de palme, & d'huille qu'ils en tirent, meslee auec cette gomme, s'en noircissent la face, qui est meslée d'orangé. Elles portent le poil aualé sur les espaules, n'ayans à l'entour de leur teste que la *Singaye*, qui est le froc qu'elles portent comme les Mores, monstrans leurs cheueux par dessus & dessous. Cela est fait d'vne certaine plume d'vn oyseau, nommé *Tanaps*: cet oyseau est estimé de mauuais augure par les Americains quand ils le rencontrent. Les femmes populaires portent d'autres plumages auec du coton, mais elles ne se remarient iamais non plus.

Les hommes se vestent de peaux de cerf assez proprement accommodees, laissans vn bras à descouuert, & portans ainsi leur habit en escharpe, leurs chausses sont comme celles des Egyptiens, mais non pas si longues. Le pays y est fort froid, & suiet aux tremblemens de terre, c'est pourquoy ils font des sacrifices à leurs idoles, dont ils en ont vne en forme, moitié d'homme, & moitié de serpent, qu'ils appellent *Andouagny*, & la parent auec vn somptueux habit, couuert

du sieur Vincent le Blanc. 69

de diamans du pays, qui ne sont pas si fins que les autres. Ils ont des mines, mais non pas trop bonnes, & des fruicts de plusieurs sortes, & entr'autres vn arbre, nommé coltan, qui leur rend vne excellente liqueur, dont ils boiuent, & leur Roy ne boit autre chose. Ils ont force vignes que la terre produit naturellement & sans culture, qui portent quantité de raisins, mais dont ils n'en sçauent pas faire du vin, si ce n'est depuis que l'on en a monstré l'vsage. Ils ont des citroüilles & courges qu'ils mangent rosties, & diuerses sortes de palmes dont ils tirent de l'huille de quelques vnes en pressant le noyau du fruict qui est fort sauoureux, & s'en aident en leurs maladies. Ils ont vn arbre qui fait passer en peu d'heures la fievre, quelle qu'elle soit. Ils sont grands chasseurs, & portent certains engins aux pieds en forme de raquettes, dont ils se seruent sur la neige pour attrapper les bestes sauuages.

Depuis quelques années les Anglois ont tout changé, & transformé les noms que les François auoient donné à tous ces pays de la nouuelle France & du Canada, les appellans nouuelle Angletterre, nouuelle Escosse, & au dessus nouuelle Bretagne, ce qu'on disoit auparauant *Labrador* & *Estotiland*.

Goulmaran est le nom d'vne riuiere & d'vn pays, où les Sauuages viuent principalement de poisson, dont ils ont abondance, & en font de la farine sechee au Soleil, & la mangent ainsi sans la cuire autrement; ils mangent aussi de la chair humaine de leurs ennemis; viuent en des cauernes ou paures maisons de paille, sans aucuns habits ny vstensiles que de courges que leur terre produit en abondance, ont force bestiaux qui paissent d'eux mesmes sans autre soi; viuent en commun, & ne souffrent les estrangers habiter auec eux. Leurs grands ennemis sont les *Sinigas* leurs voisins qui habitent aux montagnes, & sont couuerts à demi d'vne peau de beste; & ces peuples se mangent entre eux comme ennemis. Leurs armes, sont bastons, arcs & fondes, dont ils se seruent tres bien, estans robustes & grands luitteurs. Ils meinent en guerre des troupes de chiens puissans & cruels,

II ii iij

& leur donnent pour pasture la teste, mains & pieds de leurs ennemis; ils pardonnent aux femmes seulement, qu'ils honorent & prennent en mariage : n'ont aucunes lettres ny caracteres, ny sciences, croyent l'ame immortelle, & que le Soleil est createur du monde, & l'appellent *Courcourant*, & la Lune *Beleida* : viuent tous comme freres, sans aucune loy particuliere, chacun a sa femme dont ils se contentent ne sçauent aucune distinction entre peché, vice ou vertu; s'estiment autant les vns que les autres, sauf qu'ils portent reuerence à vn principal d'entre eux comme Roy, qu'ils appellent *Caraybalan* : ils ont la barbe & la teste rasées, se faisans tomber le poil auec vne racine appellee *Meiré*, sechée au Soleil, puis mise en poudre, dont ils font des emplastres la nuict. Les filles qui ont perdu leur pucelage hors le mariage ne se marient iamais, quoy que pour cela elles n'en sont gueres moins estimees.

Les *Sinigay* les viennent souuent attaquer à la faueur de leurs montagnes; ils portent vne sorte de sarbacane, auec laquelle ils tirent de petites flesches enueninees qui vont fort roide, & la playe en est incurable; ils sont grands coureurs & fuient de leurs ennemis comme des leuriers, & se seruent bien de leurs chiens à cela; ils font de certaines pastes empoisonnees qu'ils espandent çà & là par la campagne pour attraper leurs ennemis; & de peur que leurs chiens, qu'ils ayment fort n'y soient pris, ils les tiennent attachez, & qui en meine deux auec soy il est asseuré : & quand le chien met le museau en terre, & le maistre crie *taip*, aussi-tost le chien attend que le maistre vienne visiter sa proye : ils s'en seruent comme de cheuaux pour porter toutes leurs commoditez. Leurs maisons sont de paille, & la closture de leurs villages de bois pointu, qu'ils empoisonnent contre l'ennemy qui les voudroit assaillir: Ils font des ponts pour passer les riuieres de la mesme paille dont ils couurent leurs maisons, car ils ne se fieroient iamais à vn pont de pierre aussi, ces ponts de paille sont fort asseurez. Ils ont quelques maisons de terre meslée auec de la paille subtile.

Chiens prodigieux.

Le *Caraybalan* ou Roy va tout seul par la campagne sans

autre compagnie que des chiens, & ne souffre qu'aucun s'aproche de luy: Ces chiens luy seruent de gardes, estans fort furieux, & ne trouuent iamais rien à terre pour manger qu'ils ne iettent premierement les yeux sur le visage de leur maistre ou de leur gouuerneur, & cognoissent si on leur permet d'en manger ou non, & seruent de bons valets: les ennemis les apprehendent fort: ces chiens ont la queuë grande comme vn toreau, & il y en a qui ont mis à mort des hommes tout d'vn coup, aussi en tiennent-ils la race fort chers.

De la Virginie, & de la Floride: Fontaine de Iouuence. Amour dangereux.

CHAPITRE VII.

Ous ces pays ont au Midy & à l'Orient la Virginie descouuerte par les Anglois & Ralley, & la Floride que dés l'an 1496. Sebastien Cabot, pilote du Roy d'Angleterre, cherchant autre chose, descouurit le premier, & plus exactement depuis en 1512. par Iean Ponce de Leon, qui luy donna ce nom pour l'auoir premierement abordée le iour de Pasques Fleuries, ou pour auoir trouué cette terre toute verdoyante & fleurie.

La Nicumaderilande ette Canada & Virginie.

Ce pays est de grande estenduë enuiron vers le 34. d. ayant à l'Orient le canal de *Bahama*, les Lucayes & Virginie, à l'Occident le Mexique & son golfe à Panuco, au Midy il regarde Cuba & Iucatan, & s'estend de ce costé là à vne pointe de plus de cent lieuës iusques au 24. d. Au Septentrion elle a Canada, la nouuelle France & les *Auanares*. Vers cette pointe ou langue de terre en forme d'*isthme*, la nauigation y est dangereuse à cause des vents & courantes eaux qui y regnent. Les habitans sont puissans & cruels, & mangent leurs ennemis en guerre, mais non iamais leurs amis & confederez, quelque necessité qu'ils eussent. Les hommes s'arrachent la barbe pour estre plus beaux & agreables aux femmes. Ils se percent le nez & les oreilles, où ils mettent des pierres & des anneaux. Ils ne se marient point qu'à l'aage de quarante ans, & les femmes à vingt-cinq, disans que les enfans qui en prouiennent sont plus forts & robustes: auant le mariage les femmes n'y obseruent point la chasteté, & cela ne leur est pas honteux, mais si bien depuis qu'elles ont vn mary, car lors pour la vie elles ne voudroient pas manquer contre leur honneur. Ils ont pour voisins au Nort les *Auanares*, & plus au delà les *Abardaos*, peuples cruels & meschans, qui se font tousiours la guerre, & vsent de mille ruses pour attraper leurs ennemis, & sur tout la nuict, faisans des chausse-trapes, puis donnans l'alarme, se mettent à fuir, & ceux qui les poursuiuent se trouuent souuent pris en leurs lacs, comme ils font aussi aux bestes sauuages, & de mesme les autres leur font des fosses aux auenuës pour les y faire tomber. Il y a aussi les *Iagares*, peuples si grands coureurs, qu'ils se vantent de prendre les cerfs à la course, & de vray les cerfs n'y sont pas si sauuages, car ils paissent par la campagne à troupeaux comme des bœufs & des vaches, dont ils se nourrissent d'ordinaire.

Ponce de Leon dit, qu'il enuoya vn de ces gens là donner aduis & faire porter des prouisions à quelques vns des siens qui estoient esloignez de là, & que dans peu d'heures il alla & reuint, ayant fait plus de trente lieuës.

Ils sont vestus de peaux de bestes, & principalement de cerfs, qu'ils sçauent bien accommoder.

Il y a aussi les peuples *Apalchen* & *Chahamo*, du tout barbares & brutaux, qui adorent & sacrifient aux demons qui leur apparoissent en diuerses formes. Tout ce païs est abondant en toutes sortes de biens, comme en chairs de toutes sortes, & en poisson, & dit-on mesmes qu'il y a des mines d'or & d'argent, dont ils ne font pas grand conte. Ils ont leur Roy qui se fait porter par quatre des principaux d'entre eux dans vne peau de *salcabs*, qui est vne beste qui porte le besouart, besoüart, qui ressemble à vn cerf: ils sont vestus de peaux auec force plumes: ils adorent le Soleil, & croient l'immortalité de l'ame, & enseignent que quelques-vns vont au ciel, & les autres aux entrailles de la terre. Vers le promontoire de *Baxos* il y a quelque pesche de perles assez communes, ni si grosses, ni si fines que celles de la riuiere des Palmes & de la Margueritte; aussi ceux du païs n'en font pas grand estat, & estiment plus vne mesure de farine de baleine, qu'vne poignée de perles. Ceux de Canada en font plus de cas, car les femmes en portent à leurs oreilles; en plusieurs endroits ils font leurs maisons en forme de Croissant pour la reuerence de la Lune, & les couurent d'escorces d'arbres ou de joncs marins.

Leurs armes sont des arcs & flèches empoisonnées, comme de la plusparat des peuples de l'Amerique: ils s'addonnent fort à la chasse & à la pesche. Mais ie me rapporte du reste de la description de ce païs & des mœurs des habitans à tant de Relations de François & d'Espagnols qui en ont esté faites.

Seulement ie racontray vne merueille de ce païs, attestée par le Iurisconsulte *Ayllon*, le Licencier *Figueroa*, & autres Espagnols de qualité, d'vne fontaine de Iouuence, dont l'eau estant beuë, non seulement remet les malades en santé, mais mesmes r'ajeunit les vieilles gens, & repare les forces & la vigueur perduë, comme ils en rapportent des exemples mesmes, d'vn certain vieillard du païs, fort cassé, qui en reuint sain & gaillard, se remaria & eut des enfans. *Matt. deca 3 de 7.c.7.*

Les Espagnols n'ont gueres auant penetré en ce païs, pour y auoir esprouué les gens fort belliqueux, cruels, & leurs grands ennemis, ce que ie croy estre venu plustost à cause des cruautez & barbaries qu'ils y ont eux mesmes exercées, que du naturel de ces peuples, que les François qui les ont plus doucement traictez, ont ressenty tout autre; & de faict depuis Ponce de Leon les ayant bien-tost quittez pour leur ferocité, vn *Fernand de Soto* y voulut aller en 1534. pour but ner & descouurir des mines, & y demeura quelques années à chercher, où il exerça mille cruautez & barbaries contre ces pauures gens & leurs Caciques mesmes ; si bien qu'enfin il y demeura mort auec tous les siens en vengeance des maux qu'ils y auoient fait. Ensuitte il y eut vn *Pamphile de Naruaez*, qui mena bon nombre d'Espagnols vers la riuiere des Palmes, mais ils se perdirent la pluspart par tempeste, ou par necessité dans le pays. Apres en 1549. on y enuoya quelques Religieux de S. Benoist, qui n'y firent pas mieux leurs affaires ; si bien que ce pays demeurant ainsi sans estre occupé de personne de dehors, nos François en 1562. en allerent faire la conqueste. Voila la premiere descouuerte & prise de possession de tous ces pays là, par Verrazan au nom du Roy François I. en l'an 1524. car Iean Ribaut Diepois, sous l'aduen & permission du Roy Charles neufiesme, auquel l'Admiral de Chastillon, desireux de l'honneur & de l'Empire François en ces quartiers là, auoit fait trouuer bon ce voyage, y alla faire vne peuplade à ses propres cousts & despens, ayant esté induit & instruit à cela par vn François qui auoit fait le voyage allant vers la nouuelle Espagne sous le nom de Leuantisque & Sauoyard, & non de François.

Ce Ribaut accompagné de bon nombre de soldats & mariniers François, toucha premierement le cap François, auquel il donna ce nom à 38. d. & de là à vne grande & belle riuiere qu'il appella de May, pour y estre abordé le premier iour de May : là il fut fort bien receu de ces Indiens & de leur Roy, auec force presens de part & d'autre, les nostres presenterent quelques brasselets d'estain, serpes, miroirs & couteaux ; & eux des panaches d'aigretes teintes en rouge, paniers de palmites fort bien tissus, & de peaux de bestes bien & industrieusement figurees : puis ils trouuerent d'autres riuieres ausquelles ils donnerent les noms de Seine, Somme, Loire, Charante, Garonne, Gironde, Belle, Grande, & autres, en moins de 60. l. de coste, puis aborderent la riuiere du Iourdain où ils mouillerent l'ancre, & appel-

du sieur Vincent le Blanc. 75

lerent ce lieu le port Royal, où ils planterent les Armes de France, comme ils auoient aussi fait en celle de May, sur vne colomne de pierre. Ribaut voulant establir vne colonne, y bastit vn fort qu'il appella Charle-fort au deuant d'vne belle riuiere que ceux du pays appellent *Toubachire*, & les nostres la nomment *Chenonceau*, & laissant dedans quatre pieces d'artillerie & vingt six soldats sous la charge du Capitaine Albert, s'en retourna en France, auec quelque monstre de pierres tirees des mines d'or & d'argent, & force guenons & perroquets, promettant d'y retourner en peu de temps auec force hommes & femmes pour peupler.

Or ce capitaine Albert demeuré au fort fut amoureux d'vne fille d vn des principaux Caciq. s, fort belle & auenante, laquelle il retira dans le fort auec luy par le consentement du pere ; car là les femmes tiennent à grand honneur d'estre aymees des estrangers : mais sur cela vn soldat des plus releuez & galans de la troupe en deuint aussi amoureux, & dautant plus que la fille luy faisoit bon visage, mais en secret : ce qui estant venu à la cognoissance du Capitaine, il en entra en telle furie qu'il le vouloit faire mourir, & l'eust executé sans la crainte des autres qui s'en formalisoient, il se contenta seulement de le releguer en vne Isle deserte à trois lieuës de là, où il promettoit d'enuoyer de temps en temps quelques viures pour le sustenter; ce que ne faisant pas, ce pauure homme fut reduit à telle misere, qu'il ne viuoit que d huistres, œufs de tortuë, & oyseaux qu'il prenoit à la main, & d'herbes dont il se repaissoit, se retirant dans le creux d'vn arbre pour se garantir des bestes sauuages, & entr'autres des crocodilles, dont il y a là bon nombre, qui sont fort friands de chair humaine, & contre lesquels luy faisoit bonne garde son espée & son poignard; les singes & guenons mesmes le venoient molester; il montoit quelquefois sur l'arbre pour estre en plus grande seureté, & dit on que s'estant vne nuict endormy il tomba à terre, sur vn crocodille qui estoit là attendant sa

Amour ialoux.

KKkk ij

proye, qui se mit aussi-tost en fuite, sans sçauoir qui eut plus belle peur ou l'homme ou la beste; mais luy de bonne fortune ne se fit aucun mal, & auec l'espee nuë poursuiuit le crocodille iusques à l'eau, cet animal ayant la course fort lente, à cause de ses iambes courtes & du corps pesant. Quelques Indiens peschans là auec de petites barques, apperceurent la misere de cet homme, dont ils aduertirent les compagnons du fort, qui irritez contre le Capitaine, tant pour cette cruauté, que pour plusieurs autres violences & mauuais traittemens qu'il leur faisoit, ils le tuërent, & firent reuenir le soldat, qui fut trouué demi mort de faim : puis eleurent vn autre Capitaine, & la necessité les pressant ils resolurent de se retirer en France, & à l'ayde des Indiens bastirent vn petit brigantin, cloué de cheuilles de bois, & garny de voilles de linges au mieux qu'ils pûrent, auec prouision de ce bled rond du pays, qu'ils appellent *maïs*, & de chairs salées; mais sur le chemin ils endurerent vne telle famine, qu'ils vindrent à ietter au sort entr'eux, lequel tomba sur ce mal heureux soldat qui seruit de curée aux autres.

L'an 1564. le Capitaine Laudoniere y fut enuoyé auec trois vaisseaux, où il bastit le fort de la Caroline sur la riuiere de May, & de là il fit quelques descouuertes en terre ferme, où entr'autres choses il est à remarquer, que pres de ce fort il tomba le plus estrange & prodigieux esclat de foudre dont on ait oüy iamais parler, car il tomba & consomma plus de 500. arpens de prez verds & arrousez d'eaux, rostit tous les oyseaux des prairies, & trois iours durant les feux & les esclairs continuels durerent sans s'appaiser. Nos François s'en seruirent bien vers les Indiens qui pensoient que ce fussent des coups de canon. L'année suiuante le Capitaine Ribaut y retourna auec vn sien fils & enuiron quatre cens hommes & femmes pour commencer sa peuplade, & faire cultiuer la terre. Il fut au descouurement de quelque mine d'or, où il trouua l'or afiné comme des pointes d'aiguilles dans le roc à quelque trente lieuës loin de la mer ; mais comme il estoit apres à y faire trauailler à bon escient, & à establir sa colonie & ses forts nouueaux, il eut l'attaque inopinée des Espagnols, dont il ne se defioit pas, qui le traitterent luy & les siens auec toutes les cruautez & perfidies qu'on sçauroit imaginer. Nos histoires racontent ce faict là bien au long. Si bien que nos forts furent pris, & tous les François tuez ou pendus. La nouuelle en estant venuë en France, auec la plainte au Roy par le fils de Ribaut qui s'estoit sauué, le Roy en escriuit au Roy d'Espagne, qui se contenta de mander au Viceroy de la nouuelle Espagne d'en faire information & iustice, ce qui ne se fit toutefois, & ainsi le faict demeura impuny iusques en l'an 1567. que le Capitaine Gourgues entreprit genereusement d'en aller faire la vengeance à ses propres cousts & despens, comme il fit heureusement, ayant chassé & tué tous les Espagnols, & demoly les forts qu'ils tenoient. Ie n'en diray pas d'auantage, à cause que cela se voit descrit bien au long dans les Relations de la Floride.

François pendus en la Floride.

Du Mexique: Naturel des habitans;
Leurs Rois, Sacrifi-
ces, &c.

CHAPITRE VIII.

E la Floride on vient de proche en proche à la nouuelle Espagne, ou Royaume du Mexique. Ce pays s'estend au long & au large depuis le fleuue *Tauasco* ou *Grisalue* vers l'Occident & Iucatan, iusqu'en la prouince de *Caliacan* & riuiere de S. Michel, & est terminé au Nort par la nouuelle Grenade, & par les prouinces du nouueau Mexique. Au Midy il a le grand golfe de la mer Pacifique du Mexique. A l'Orient il commence au fleuue *Panuco*, & aux extremitez de la Floride.

Ce Royaume du Mexique est dit *Culhua* & *Anauas* par les habitans, & sa iurisdiction s'estend depuis Panuco iusques à Dariene, qui la separe du Perou. Ses principales prouinces sont *Guatemala*, *Xalisco*, *Chalcos*, *Taica*, *Mechoacan*, *Tlascalan*, *Acapulco*, *Culiacan*, *Tezouco*, *Tescuco*, *Huaca-chalqué*, *Huacachala*, *Claortomaca*, *Maxalcinco*, *Gistecapan*, & autres. Au reste cette nouuelle Espagne est vne des meilleures & plus excellentes prouinces du nouueau monde, tres bien habitée, de tres-bon air, abondante en froment & en tous autres grains, bestiaux, mines d'or, & principalement d'argent, & qui ne manque que d'huille & de vin.

du sieur Vincent le Blanc.

La principalle & capitale ville est *Temistitan* ou *Tenoxtitlan* ou *Tenuistican*, sur vn lac de 30. l. de tour, & contenoit plus de soixante mil maisons lors que les Espagnols la prirent, sous le fameux Fernand Costez. Ce lac a deux sortes d'eaux, l'vne salée, & l'autre clere & douce, à cause des riuieres qui y entrent. Il y a plusieurs autres grandes villes, mais moindres que le Mexico.

Auant qu'ils eussent receu le Christianisme, ils estoient tous tres grands idolatres & adonnez à mille estranges superstitions; il y en reste encore beaucoup de ceux-là. Leurs sacrifices estoient horribles, les peres mesmes ne faisans point de conscience de sacrifier leurs propres enfans.

Les Mexicains sont gens de bon esprit & experimentez en toutes sortes d'ouurages, particulierement en tapisserie de plumes où se voient artistement tirées toutes choses au naturel, comme la terre abonde en toutes sortes de viures & fruicts, tant des leurs naturels, que de ceux que l'on y a portez de deçà: & mesme des vignes qui y viennent fort bien, quelque defence qui suit faite d'en planter.

Il est vray que les raisins ne peuuent pas venir à vne parfaite maturité en plusieurs lieux, à l'occasion des grandes pluyes qui arriuent ordinairement en Iuin & Iuillet, lors que les grapes commencent à meurir, & ainsi elles se remplissent d'eau & se pourrissent, de façon qu'ils sont contraints de les manger encor demy verts. Quelques-vns ont essayé d'en faire du vin, mais il deuient fort aigre, & ressemble plutost à du vin de coin que de vigne. Ils ont aussi planté des oliuiers qui viennent à vne fort belle monstre & bien couuerts de feuilles, mais sans aucun fruict. Tout le reste, excepté l'oliue & la vigne, y vient tres bien & abondamment. Tout le vin qu'ils boiuent vient d'Espagne, qui y est fort cher, car cinq que nous estions en auions pour trois escus par iour, & c'estoit encores bon marché, le reste est aussi assez cher à cause de l'abondance d'argent. Nous payons pour vn lict quatre reals chaque nuict. Au Perou il y fait en

Temperature du païs de Mexique.

cores plus cher, bien qu'il y croisse de fort bon vin & des figues, comme aussi és isles de *Barlouento*, & à la *Couba*. Ils ont force forests, que les Indiens appellent *Arcaboucos*, & beaucoup d'*Ebene*, *Gaiac* ou *Ligno sancto*, des grandes & espaisses forests de cedres, lauriers, palmes, pins, chesnes, & autres herbages de toutes sortes, & tout cela à cause de la temperature chaude & humide du climat des Indes. Neantmoins la pluspart de la terre n'y est pas cultiuée faute d'hommes de trauail, n'ayans que quelques Noirs de *Maniconge* & Guinée, qui encores ne trauaillent gueres & sont assez lasches & poltrons. Le païs n'est pas beaucoup peuplé. A la verité il y a assez de femmes, mais peu d'hommes, d'autant qu'ils perissent en guerre, en voyageant & trauaillant. Cela est merueilleux de l'estenduë de ces regions, qui est infinie, au respect du peu d'habitans, & moins de culture encores; car le nouueau Mexique descouuert depuis peu contient plus de quinze grandes prouinces de plus de mille lieuës de tour, & s'y trouuent de grandes villes, & des maisons en forme de celles de l'Europe : vne partie parle la langue Mexicane : plus auant ce sont nations inconnuës & sans nombre ; quelques Religieux y furent pour prescher la Foy, mais les Sauuages les mangerent. On ne sçait point encores bien quels pays confinent auec le cap *Mendocino*, la *California*, la haute Floride, nouueau Mexique, & autres vers le pole Arctique, non plus que ce qui est audelà du destroit de *Magellan*, plus haut que 56. & 57. degrez.

Pays peu habité.

Les peuples de l'ancien Mexique se sont entierement accommodez à tous les mestiers, artifices & maniere de vie des Espagnols, estans deuenus bons tisserans & ouuriers de toutes sortes de draps de soye, aussi sont ils fort dociles & de bon iugement, & ceux qui se sont rendus Chrestiens obseruent religieusement la loy Chrestienne selon qu'elle leur a esté enseignée.

Ce pays est de telle situation, que de quelque costé que vous y alliez en venant de la marine, vous allez tousiours montant, mais si doucement qu'on ne s'en apperçoit pas,

& de

du sieur Vincent le Blanc.

& de mesme retournant du haut pays vers la mer on va tousjours en descendant de terre, qu'on ne le reconnoist presque pas, & on s'estonne apres comment on est monté si haut & descendu si bas; & toute la terre Mexiane est de cette qualité & situation.

Au reste les Mexicains se disent originairement venus d'ailleurs; & les anciens habitans du pays estoient fort barbares ne viuant que de chasse, qui s'appelloient *Chichimeques* & *Otomies*; puis y vinrent de deuers le Nort les Nauatalques, des Prouinces du pays du depuis nouueau Mexique qui peuplerent, cultiuerent & ciuiliserent ce pays & les premiers habitans; mais aussi ne manqueret-ils pas d'y introduire leurs idolatries estranges & horribles de sacrifices d'hommes & d'enfans qu'ils font en grand nombr tous les ans; & il y a grande apparence que toute l'habitation non seulement de ce pays mais de toutes les autres terres de l'Amerique est venuë du costé du Nort, ou les peuples d'Asie & d'Europe pouuoient auoir passé, de proche en proche par les destroits de terre ou de mer, ainsi que nous auons desia dit.

Anciens Mexiquains

Enfin ces Mexicains s'estans bien establis là, firent election d'vn Roy pour les commander, qui fut vn *Acamipixosi* Seigneur Mexicain qui espousa vne fille du Roy de *Culliacan* vn ancien peuple du pays. Et depuis ce temps-là ils eurent tousiours leurs Roys, non par succession mais par élection, qu'ils continuerent iusqu'au 9. & dernier Roy Montezuma que Cortez prit: & sous ces Roys ils so rendirent maistres par diuerses guerres & victoires de tous les peuples voisins, & firent vn puissant estat. Cette élection du Roy ne se faisoit pas par le peuple, mais par quatre des principaux de sa Court, & la Couronne se donnoit par les mains de Tescaico. Mais auant qu'estre couronné, le Roy éleu estoit obligé d'aller combattre les ennemis & en emmener vne quantité de prisonniers pour leurs sacrifices sanglans: & s'il ne reüssissoit pour la premiere fois ils dissimuloient iusqu'à la seconde, & manquant encor ils le faisoient mourir par poison, & en élisoient vn autre. S'il reuenoit victorieux ils le menoient au temple en grand ceremonie ou se faisoit le grand sacrifice,

Acamapix.

Election du Roy de Mexique.

III. Partie   LL ii.

auec processions par la ville, & musiques d'instrumens; là il estoit couronné d'vne couronne faite en forme de mitre, & chacun faisoit serment de le seruir iusqu'à la derniere goute de leur sang; puis estoit conduit au Palais royal en toute magnificence, & marchoient les premiers les Electeurs du Roy qu'ils appelloient Lacoccal, c'est à dire les Princes des lances, puis les Lacaterel c. foudroyeurs des hommes, qui estoient les plus braues Cheu liers, apres Hazouacal c. verseurs de sang, les Lilhancalqui c Cheualiers des lances noires. Ces quatre sortes de personnes estoient le conseil souuerain du Roy; & outre cela la ville auoit ses conseils à part pource qui est de la Iustice. Quand le Roy alloit à son Goica au temple, cent hommes marchoient deuant auec de grands arcs plus hauts qu'eux; puis autres cent qui portoient de gros bastons renforcez, ayans au bout vne pierre fort dure large & trancheante, de sorte que tel Indien auec cela coupoit le col d'vn cheual, & i'en ay veu mettre vn mouton en deux parts; ils appellent ces gens-là *à la atilpeo*.

Pour le Palais du Roy il est sumptueux & magnifique, auec vn grand parc remply de bestes sauuages de toutes sortes, auec des viuiers pleins de poissons, & des barques de riche ouurage, des volieres pour les oyseaux. Le Palais composé de bastimens diuers & habitations differentes pour les Courtisans, chacun selon sa dignité & qualité.

Les Roys Mexicains faisoient grand estat des hommes valeureux & les recompensoient tres-bien, ce qui estoit cause qu'ils estoient bien seruy aux guerres & obtenoient plusieurs victoires. Leurs armes estoient bastons à pierres aiguës, lances, piques, forme de iauelines ou zagayes dont ils estoient forts adroits à lancer, arcs, flesches, petites rondelles & morions, auec forces plumes; vestemens de peaux de lyons ours, tigres & autres bestes, grand coureurs & luiteurs. Le Roy Montezuma auoit en sa milice vne sorte de Cheualiers portās le poil du haut de la teste lié auec des rubans incarnats, force riches plumes, vne escharpe de la mesme couleur, qui pour & autant d'actes valeureux faits en guerre, y portoient autant de flocs attachez qui leur pendoient sur les espaules.

du sieur Vincent le Blanc. 83

Ce Roy estoit de ce mesme ordre là, comme on en voit encores sa figure naïfuement representee à *Chapultapec*. Cet habillement estoit fort pompeux, & enrichy de plumes de toutes couleurs; lequel a donné sujet aux Espagnols de porter force plumes à leur imitation, & d'en parer mesme leurs cheuaux. Il y auoit vne autre sorte de Cheualiers nommez *Agourlas* vestus d'autre maniere & auec d'autres marques, puis il y auoit les *Ataroncos*, les tygres, les noirs qui s'armoient de la teste en bas à la guerre, d'autres vne partie du corps: Leurs habits estoient de *Conbi*, de coton & autres choses, & ceux-là auoient liberté de manger en vaisselle d'or & d'argent; ce qui n'estoit pas permis aux autres, qui ne pouuoient porter que des habits plus grossiers de draps appellez *Nequen*. {*Milice de Mexique.*}

Ces premiers Cheualiers logeoient au Palais du Roy, & auoient leur departement tres-bien accommodé de tout ce qui leur faisoit besoin; ce que ie ne puis mieux comparer qu'aux hauberges de Malte qui estoit distingué en diuerses compagnies appellées du nom de Princes, aigles, tygres, & noirs. Le reste de la milice valeureuse logeoit en d'autres maisons à part, qui leur estoient assignées par le Conseil, & ne pouuoient sur peine de la vie changer d'habitation. Cette milice estoit si bien ordonnee & reglee qu'elle faisoit trembler tous les peuples voisins: & ce qu'on admiroit le plus estoit de pouuoir maintenir tant de nations differentes en cette vnion; car de tous costez des peuples diuers estoient venus habiter ce pays pour la bonté. Il y en auoit d'autre sorte nommez *Chalcas*, c'est à dire gens du destroit; ce qui fait assez croire que ces gens-là pouuoient estre passez d'Asie par quelque destroit. Il y en auoit d'autres nommez *Souchimilcos*, c. gens de campagne, autres *Tapaneras*, c. gens de pont, autres *Ascapousalcos*, *couluas*, c. bossus, *Tlalmicas*, c. gens de montagne. Toutes ces sortes de nations vinrent habiter & cultiuer le Mexique, bastir villes & villages, & de cela selon que leurs caracteres montrent, il n'y peut pas auoir plus de 7. ou 800. ans. Les Tlascalteques n'aimoient gueres les Mexicains, aussi fauoriserent-ils les Espagnols contr'eux, & en recompense ils sont grandement soulagez de contributions, {*Peuples de Mexique.*}

LLll ij

auec force priuilges; & peuplerent le pays des *Chichimeras* qui auoient abandonné leur habitation à la venuë des Espagnols, tant ils furent estonnez de leur nouuelle façon de guerroier, les estimans du commencement fils du Soleil.

Ces Tlascalteques vserent de ruse pour occuper le pays des Chichimeques qui se defendoient bien; car sous couleur d'vn festin de paix, pendant que les autres beuuoient ils leur desroberent toutes leurs armes, & en vinrent ainsi à bout; comme l'on voit encores l'histoire peinte en ces pays-là. Les premiers peuples estoient des geans, comme il se voit encores par les ossemens qu'on a trouué, & par les dens grosses comme vn gros œuf de poule. Ceux qui resterent se policerent peu à peu comme les autres.

Ses Mexicains auoient cette horrible coustume de sacrifier à leurs Dieux tous les prisonniers de guerre, & leurs ennemis; & quand ceux-là leur manquoient ils mettoient leurs propres enfans en la place. Ce sacrifice se faisoit par leurs Prestres ou Papas en ouurant l'estomac du pauure miserable, luy arrachât le cœur, pour en asperger leur Idole & l'appaiser ainsi, & arrouser de son sang le temple & les degrez. Au Perou ils faisoient de semblables sacrifices d'enfans depuis 4. iusqu'à dix ans, auec tant de rage qu'ils en sacrifioient iusqu'à 200. à la fois, & cela pour le salut & la prosperité de leurs *Ingas* ou Roys; & de mesme des filles tirées de leurs Monasteres.

Sacrifices des Mexiques. Les Mexicains donnoient à entendre à leurs enfans pour les induire à cela de bonne volonté, qu'ils deuenoient ainsi saints, & alloient droit au Ciel auec leurs Dieux. Ils persuadoient aussi aux femmes de s'enterrer auec leurs meres. Et au Perou à la mort de leur Roy ils tuoient grand nombre de seruiteurs pour l'accompagner & seruir en l'autre vie. Cette coustume de sanglans sacrifices estoit commune par la pluspart des pays & isles de ce nouueau monde.

Ce qui est admirable est, qu'en la *Coluacane*, comme aussi en *Iacatan*, *Vraba* & *Dariene*, on a trouuez des peuples circoncis, qui est vne grande question s'ils pouuoient estre descendus de ces Iuifs de 10. tribus releguez en Tartarie & *Asfarach*.

du sieur Vincent le Blanc. 85

Le principal Dieu ou idole de bois des Mexicains estoit *Vitziliparzli*, que les Toucouacans ou Teucalhuacans premiers policeurs du Mexique, apporterent auec eux dans vne caisse de jonc marin, & qui leur auoit promis de les faire Seigneurs de tout ce grand pays, & leur enseignoit les chemins qu'ils deuoient tenir, & les moyens pour y paruenir. Ce qui se voit encores aujourd'huy peint & figuré en ces païs-là, comme ie l'ay veu plusieurs fois. Ensuitte de cela ils luy bâtirent des temples superbes, & instituerent des festes & de ces sacrifices sanglans dont nous auons parlé. Le Diable singe de Dieu auoit voulu imiter ce qui se lit dans le vieil Testament de l'arche, conduisant les enfans d'Israël & autres mysteres, qui est le stile ordinaire de ce seducteur pour se faire croire & adorer de ces pauures abusez. *Idole des Mexiquains*

Et de fait ces Indiens en memoire de cette arche ou coffre de jonc marin, depuis ne manquoient pas en tous leurs temples de mettre la figure de cette caisse sur l'autel.

Estans au Royaume de Tabin & passans de là en celuy de Seiton, nous arriuâmes au Palais d'vn Seigneur du pays, ou entre plusieurs portraits de Princes il y en auoit vn d'vn Roy ayant le nez percé dont pendoit vne esmeraude, on nous dit que c'estoit vn Roy de Mexico, & qu'apres la mort de Montezuma fut esleu Roy vn Seigneur du pays fort vaillant nommé *Tlacaeler*, qui toutesfois s'en excusa, disant qu'il auoit assez d'affaires en sa Seigneurie pour s'occuper, & qu'ils se contentassent de se seruir de son Conseil pour le gouuernement de l'estat; Les Mezicains voyans sa resolution le prierent de leur nommer luy-mesme vn Roy, & il donna sa voix au fils du deffunct nommé Ticocic, lequel estant ieune, fut aydé tousiours du conseil de Tlacaeler: à ce Roy ils percerent la narine & ymirent vne riche esmeraude: & de là est venu qu'en leurs liures & peintures ce Roy est denoté par la narine percée. *Premier du nom & 5. Roy.*

Au Perou ils auoient mis la figure du *Pachacamac* en leurs temples, tenant sous ses pieds tout le monde, disant qu'il auoit vn esprit qu'il enuoyoit en terre pour effectuer sa volonté, & que c'estoit vn grand Roy couronné qui alloit tout nud pour monstrer comment ils deuoient aller, & qu'il por-

LL ll iij

toit vn dard en la main pour exterminer ceux qui faisoient mauuaise vie, & appelloient cela *Chinnequil*, c'est à dire esprit du grand Createur.

Les Mexicains n'auoient aucunes lettres, mais seulement quelques caracteres signifians les choses, & des figures & peintures diuerses en forme de Hierogliphes, qu'ils ont encores conseruées pour exprimer les poincts & mysteres principaux du Christianisme. Et font tous leurs discours en ces figures-là, & forment toutes leurs paroles par peinture: comme quand ils veulent dire *Ie me confesse à Dieu*, Ils peignent vn Prestre assis auec vn homme à ses pieds à genoux, & au dessus trois faces en vn, signifiant la Trinité, & plus bas l'image de la Vierge auec son enfant, &c. & des figures d'Anges & de Saincts. Et ainsi ils expriment tout par ces peintures, & faut vn grand temps pour cela quand ils veulent signifier à quelqu'vn chose d'importance, & quelquesfois tout vn iour à peindre: Et pour cela par toutes les villes principales ils tiennent de ces papiers peints en forme de lettres, signifians tout ce qu'ils cognoissent estre necessaire, lesquels ils vendent à ceux qui en ont affaire.

Leurs anciennes histoires, & liures, calendriers & contes d'année, estoient peints de la sorte.

De l'année des Mexiquains de leur Paradis & enfer, de leurs danses, &c.

CHAPITRE IX.

v. suprà.

OVR l'année des Mexicains elle estoit diuisée en 18. mois, chacun de 20. iours, & les cinq iours de plus, ils les contoient à part, qu'ils emploient en festes, sacrifices & resiouyssances. L'an commencoit en Mars au renouuellement des feüilles, & chaque mois auoit sa peinture particuliere. Les Peruuiens diuiserent

du sieur Vincent *le Blanc.* 87

mieux leur an en 12. mois ou Lunes, où ils employoient fort bien tous les iours de l'an, qu'ils commençoient en Ianuier. Ils figuroient ces mois par 12. colōnes assises par ordre: le premier mois appellé Soucanga, (nom general des 12. qui monstroit les festes & temps propres à semer, recueillir & autres choses.) le 2. Raymé, puis *hostinconsqui*, *Aucayqui*, *Atoucousqui*, *Caualiarqui*, *Ioutarqui*, *Iouapaquy*, *Cayaraymé*, *Payconeo*, *Iomaraymé*, *Ayamara* le douisiesme. Le Soleil & la Lune y estoient figurez & on y reconnoissoit par certains poincts la plenitude & sa qualité par vn grand artifice. Les Mexicains vsoient de certaine roüe admirable, pour connoistre ces diuers mois, figurez de diuerses peintures, selon les festes & saisons. Les semaines estoient de treize iours. Car nos sept iours ne sont fondez sur le cours Solaire ny Lunaire, mais sur les iours de la creation entre les Hebreux, & le nombre des Planettes entre les Payens. Ils remarquoient les années par diuerses sortes de signes, de quatre en quatre, de treize ans chacune, qui comprenoit tout le periode en 25. ans, que la roüe estoit acheuée.

An & mois des Mexicains.

De Chicora.

Ainsi ceux de Chicora diuisoient leur annee en douze Lunes. En Coluacane, ils vsent de mois lunaires, & appellent les mois du nom de liures. La Lune, en leur langue *Tona*, & le Soleil *Tanatic*. Ie me suis souuent enquis de cette roüe des Mexicains, mais ie n'ay pas bien sceu sçauoir d'eux, de quel artifice elle estoit composée; elle tourne fort lentement, & fait chaque mois vn tour, marquant la fin du periode, & comtant les années, comme pour dire: Telle chose est auenuë en telle année, figurée par vn Temple, vn Roseau, vn Connil, vn caillou, qui sont les quatre marques de la roüe. Et quant vne petite aiguille qui est au milieu de la roüe vient à marquer la fin du periode de cinquante deux ans, alors ils entrent en vne merueilleuse apprehension, croyans que c'est la fin du monde qui doit arriuer, & font de grandes lamentations trois ou quatre iours durant, & de continuels sacrifices pour appaiser la cholere de leurs Dieux; puis quand le poinct est venu, ils quittent tous leurs sacrifices, rompent & brisent tous leurs vstensilles, comme s'ils deuoient mourir à l'instant, se

Roüe des Mexicains.

couchent en terre, auec de grandes contritions de leurs mauuaises vies, & crainte des chastimens proches; & ayant passé
tout le iour & la nuict en ceste misere, suruenant l'autre iour
qu'ils ne pésoient iamais voir, ils vont aussi tost visiter la roüe
qui a desia recommencé son autre tour, alors plains d'allegresse, donnent mille loüanges à leurs Dieux de ceste grace
receuë, dont ils se reputent indignes, & promettent de viure mieux à l'auenir ; puis se preparent à vne feste solemnelle, & ieusnent & ne mangent qu'il ne soit nuict ; ils passent
ainsi trois iours en ces abstinences, sans toucher aussi à leurs
femmes ; & leurs prestres, *Palpes* ou *Papas*, aprés cela portent
l'idole de leur Dieu Vriacocha, auec vne douzaine d'hommes & garçons tous parez de plumes, dançans au deuant sans
dire mot puis des ioüeurs d'instrumens : & des petits garçons
& filles couuertes de fleurs sur leurs habits blancs, & force
plumes de couleur ; apres des Religieuses proprement accommodées, puis vne douzaine de moutons pour le sacrifice ; puis les principaux chacun vn cierge en main : & en suitte
tout le reste, hommes & femmes, vont iusques à vne montagne prochaine, auec chants de loüanges & actions de graces, de là retournent en diligence à leurs temples : & y en a
qui sur leurs espaules descouuertes se battent furieusement
auec des espines de Mangouay, de sorte que tout le temple
ruisselle de sang, dont les Prestres frotent le front de leur
idole ; En suitte les moutons à oreilles persées & ornées de
mille gentillesses, sont egorgez, comme aussi quelques enfans pour faire le sacrifice, pendant que d'autres ne cessent de
sauter & dancer ; & le Prestre les presche & excite à cela.

Or auant que de commencer la feste, ce Prestre mange
de quelques bestes venimeuses meslées de quelques racines
auec du mais & tabac, ils appellent ceste viande, *Qoulqui-
ta*, c'est à dire, viande diuine ; car aussi-tost qu'ils ont pris cela, le Demon leur entre dans le corps & deuiennent furieux ;
puis ils font leur bal ; & toute ceste feste est appellée *Po-
craymé*.

A la fin de chaque année ils font de semblables sacrifices
apres quelques lamentations & abstinences. Ils ont aussi des
proces-

proceſſions, & ils portent leurs Dieux, ou Idoles en grande magnificence, auec danſes & chants: cela touſiours terminé par quelques ſacrifices ſanglans.

A la mort des Maiſtres & Seigneurs, les ſeruiteurs ſe ſacrifient, pour l'eſperãce qu'ils ont d'aller ſeruir leurs maiſtres en l'autre vie; où s'ils n'ont eu la diſcretion de les reconnoiſtre & recompenſer en ceſte-cy, ce ſera abondamment en l'autre. Ils croyent auec l'immortalité de l'ame, la recompenſe des bons & la punition des meſchans par les Demons, leſquels ils honorent pour ceſte conſideration, & en portent en pluſieurs lieux la figure penduë aux oreilles, afin d'eſtre plus doucement traittez par eux aux abyſmes infernaux. Ils croyent qu'eſtans morts, leurs actions ſont repreſentées & plaidées deuant leur grand Dieu, qui les iuge definitiuement, en l'vne ou l'autre vie pour iamais. Ils ne croyent point aucune reformation, comme les Bretiliens & autres ne croyent point d'enfers, mais que tous vont danſer en toutes ſortes de plaiſirs auec leurs peres.

En quelques endroits on embaume les corps, & on les enterre auec tous leurs treſors: en d'autres ils mettent aupres d'eux de quoy manger & boire, diſans que quelquesfois leur Dieu condamne les ames à garder leurs ſepultures, & ainſi qu'elles ont beſoin d'alimens.

Quand les Indiens ſont malades ils font force preſens de choſes exquiſes à leurs Preſtres, afin de prier leur Dieu pour leur ſanté, & eſtans fort malades, ils enuoyent vne chemiſe trempée dans vne decoction de bois de Breſil qui la rend vermeille; afin de ſacrifier cela pour leur gueriſon, puis ils enuoyent force oraiſons peintes, auec des caracteres & figures à leur mode, pour les bruſler auec des nacres, qu'ils appellent *vilacoronea*. Ils font auſſi faire des ſacrifices de moutons, & d'oyſeaux les plus beaux, & d'eſclaues meſmes, appellans ce ſacrifice *hurlanical*: & ceux des feſtes *contranical*, où ils mettent auſſi d'vn bois odorant, qu'ils appellent *Iaüti*, ſemblable au limonier; & cela accompagné deſdites oraiſons.

Ceremonies & prieres.

Contre leurs ennemis ils ont d'autres ſortes de ſacrifices, où ils bruſlent force figures, peintes de toutes ſortes de bestes cruelles & venimeuses, le Prestre disant : *Ainsi se perde la force de nos ennemis.* Puis ils sacrifient vn mouton noir qui a esté gardé long temps sans manger, le Prestre crie : *Ainsi soit affoibly le cœur de nos ennemis.*

Ils sacrifient aux riuieres des nacres qui en viennent; aux fontaines des fruicts & herbes exquises, & estiment qu'il ne se trouue rien sur la terre, qu'il n'y en ait autant au Ciel, & quelles correspondent les vnes aux autres. Et que toutes choses de bonne operation faites en terre, seront acceptées de leurs Dieux au Ciel.

Quoy que ce soit, sains & malades, en paix & en guerre, & en toutes occasions ils ont recours aux prieres & sacrifices, iusques là mesme que d'immoler leurs esclaues, mesme leurs propres enfans.

Les Mexicains ne vouloient iamais faire paix auec leurs ennemis voisins, *Tapteques*, *Tlascalcans*, & *Mechoacans*, pour auoir subiet d'en auoir des prisonniers de guerre pour fournir à leurs sacrifices, & tiennent ces pauures miserables ainsi comme sanctifiez & deifiez quand ils y vont de bon gré.

Les Danses estoient fort frequentes entre les Mexicains, meslées de beaucoup de superstitions, & les Seigneurs mesmes les plus graues en quelque charge qu'ils fussent, ne se desdaignoient pas de danser, & d'vser du *mitecos*, c'est à dire, de la danse, qu'ils font en quelques beaux palais ou iardins, où ils chantent parmy cela des chansons spirituelles, qui est plustost vne sorte d'adoration, que de danse. Vn Indien charge son compagnon sur le col, puis il danse & chante au son des tambours & fleutes, les autres font mille tours de corps & de souplesse, comme nos bateleurs. Quelquesfois ils y meslent des mascarades dits *Quacones*, où ils se desguisent entr'autres en formes de diables, & ce glorifient fort de ceste danse. Il y a aussi des danseurs sur cordes qui ont la teste en bas, & les pieds en haut auec mille soubre-sauts & singeries : d'autres dansent auec vn poids sur les espaules infiniment pesant, & appellent ceste danse *Tanquil* : puis vn autre viendra encore se poser sur ce bois, l'autre ne laissera de danser tousiours, bien que fort peniblement. Ils vsent de branles entrelaſſez l'vn dans l'autre, & danſent ſans ſe tourmenter d'vne belle maniere, & touſiours en chantant; & chacun à ſon tour ſort du bal de deux en deux, & danſent à l'entour du branle en mille ſortes, puis tout ſe remet en vn. Ils ſe parent de leurs plus beaux habits pour cela, & touſiours auec des oraiſons en l'honneur de leurs Dieux.

Des Volcans de la conqueſte du Mexique, & de quelques arbres particuliers.

CHAPITRE X.

VNE des merueilleuſes choſes qui ſoit au Mexique ce ſont les Volcans & montagnes ardentes, qui vomiſſent des feux & vne fumée épeſſe, & cela plus ou moins, ſelon l'abondance ou petiteſſe de la matiere ſuſceptible de ce feu enfermé dans les entrailles de la terre,

Les plus renommez volcans ſont ceux de Guatimala pour grandeur & hauteur; que les nauigeans en la mer de Sur découurent de bien loin. Il y eut vn Preſtre Eſpagnol qui meu de conuoitiſe & d'auarice voulut faire l'eſpreuue de ce Volcan, penſant que le fond de ce mont ardant ſans ceſſe eſtoit tout plein d'or : ce Preſtre eſtoit vn Moſſen Iaymé naturel d'Antequera, qui auoit paſſé aux Indes auec vn Capitaine Picarou, du temps de la conqueſte de Fernand Cortez, & qui mena auec luy vne ſienne ſœur qui auoit vne belle fille, laquelle le Capitaine maria auec vn Lazaro d'Almadie eſcriuain de ſon vaiſſeau, & luy promit mille ducats en faueur de Mariage; mais le mary ialous de ce Capitaine, laiſſa ſa femme en Eſpagne, & le Capitaine eſtant arriué, mourut de regret pour l'abſence de ſa maiſtreſſe; à laquelle par teſtament il ratifia les mille ducats : cependant l'Eſcriuain prit la charge du vaiſſeau, & arriua en la nouuelle Eſpagne, où le Preſtre fut le bien venu, les Preſtres eſtans là fort requis, &

Volcani, ou montagnes ardentes.

s'habitua en la ville de Sanda, où il fut fort bien logé & honoré, & vécut en tres-gråd estime de probité & deuotion: de sorte qu'en peu d'années il acquit beaucoup de bien: mais côme l'homme est insatiable, ne se contentant pas de cela, sur ce que quelqu'vn luy mit en la teste, que ce grand Volcan qui brusloit en la montaigne fort proche de là, estoit vne mine d'or: il s'imagina qu'il en pourroit tirer de grandes richesses, & pour en venir à bout, il fit faire vne grande chesne de fer, selon la mesure de la hauteur de la montagne, qu'il auoit faict prendre par gens experts, & ayant à force d'hommes fait applanir les chemins pour le chariage plus aysé des choses necessaires: ce qui ne se pouuoit faire sans de grands frais, le trauail des hommes estant là estimé à deux escus par iour & plus: ils furent vn mois & plus en ce trauail, ce qui luy fascha fort, de desbourcer tant d'argent, toutesfois son auarice luy fit passer doucement, en esperance d'en retirer de grands tresors, mais ce commencement ne fut rien, car il falut continuer, les ouuriers ayans bien peu auancé, à cause de la hauteur de la montagne & dureté du rocher, qu'il falloit creuser, & quoy que plusieurs trouuassent ceste entreprise estrange & temeraire, le Prestre ne laissoit pas de faire approcher tousiours de la bouche du Volcan, auec grand temps, trauail & difficulté, coupans des degrez dans le roc iusqu'au sommet de la montaigne, où ils trouuerent comme la bouche d'vne gråde fournaise: & quatre mois s'estans desia passez, les chaisnes & chaudieres tres pesentes y furét traisnées auec vn grand trauail & beaucoup de frais:) ce pauure homme se vantoit par tout qu'il esperoit en venir bien tost à bout: & que mesme il en auoit eu quelque reuelation en dormant: En fin tous ces engins de fer estoient bien preparez, & les ouuriers au nombre de plus de 50. commencerent à faire descendre la chaudiere bien attachée à ceste grande chaisne de fer, que d'autres machines tenoient bien ferme; & le Prestre mesme y trauailloit à bon escient, mais comme ils pensoient retirer ceste chaudiere pleine de ce riche metal fondu, tout fut consommé par la force du feu, & eux eurent bien de la peine à euiter de se brusler les pieds & les mains

Histoire de l'auarice d'vn Prestre.

du sieur Vincent le Blanc.

auprés d'vne si violente ardeur qui sortoit de là. Le Prestre demy desesperé crioit tout haut, que les Demons luy auoient detaché & rompu sa chaisne, & fit mille imprecations là dessus, sur le poinct de se precipiter là dedans, si on ne l'eust retenu ; si couuert de fumée & si plein de chaleur, d'effroy & de trauail, qu'il ressembloit vn vray fantosme, courant çà & là, comme vn furieux, les autres n'estoient guere en meilleur estat, la plus part estropiez & perdus de trauail, & de la force du feu qui les auoit tous desseichez. Enfin ce pauure homme fut remené en son logis auec grande peine, où il se mit au lict si plein de regret & de desolation, qu'il faisoit pitié à tout le monde. Enfin la nuict il fut surpris d'vne telle rage, qu'il se donna quelques coups de cousteau en la gorge, & le matin sa sœur l'estant venu visitez & consoler, le trouua tout en sang, pasle, & demy-mort, elle cria au secours : ses amis vinrent au secours, & vn Chirurgien pensa si bien ses playes auec le bosme excellent du pays, que dans peu de iours il en fut guery ; toutesfois sa grande tristesse, & son opiniastrise à ne vouloit rien manger, l'accablerent de telle sorte, qu'en fin il en mourut de langueur ; ne luy estant plus rien resté de tant de moyens qu'il auoit, & mesme ayant mangé ceux de sa sœur, & de quelquesvns de ses amis qu'il ruina du tout. Ceste pauure femme vesquit encore quelque temps fort miserable, son gendre faisant tousiours quelque voyages des Indes en Espagne, du mieux qu'il pouuoit, auquel il arriua depuis d'autres estranges malheurs, sur le subiect de sa femme, que quelques vns tenoient estre fille de ce mal-heureux Prestre.

Le dernier Roy du Mexique Montezuma estoit si puissant, qu'il auoit trois mil hommes pour sa garde, & en pouuoit mettre trois cens mil en bataille, tous les ans il sacrifioit plus de vingt mil personnes à ses Idoles. Son reuenu en or, argent, pierreries, perles, coton, mantes & fruicts estoit infiny, il auoit trente Roys ses subiets, dont chacun pouuoit auoir cent mil vassaux. Il gaigna neuf batailles contre ses ennemis, & fut neuf fois victorieux en camp-clos. Il estoit si graue & maiestueux, que nul ne l'osoit regarder en face. Il fut tué en

Montezuma Roy du Mexique.

vne reuolte des Mexicains, contre Cortez, & vn sien nepueu nommé Cacamazin fut esleu en sa place, mais il ne dura gueres.

Fernand Cortez conquist le Mexique.

Celuy qui fit la conqueste du Mexique fut Fernand Cortez, naturel de *Medelin* en *Estremadure*, qui dés l'an 1585. fut aux Indes Occidentales, & en 1519. partit de Cuba en la conqueste du Mexique, qui auoit esté desia descouuert par vn Fr. Fernandez de Cordoüa, qui trouua le Iucatan; en 1517. & sur l'auis qu'en eut Velasque Gouuerneur de Cuba, il y enuoya vn sien nepueu Iean de Grizalue; qui entra par la riuiere de Tauasco, nommée de son nom Grizalua, & fut iusqu'à san *Iouan de Vsua*, prenant possession du pays pour le Roy d'Espagne : Volasque enuoya apres vn Olio pour secourir Grizalue, mais en estant retourné sans passer outre, Cortez entreprit cela auec cinq cens soldats, & les Capitainés Auilla, Porto Carreco, Ordas, Escalente, Salsedo, Olid, Escouar, Aluarade & autres. Il vint à bout de ceste entreprise auec beaucoup de peines & trauaux, & défit & prit le Roy Montezuma : puis estant chassé du Mexique par les habitans, il y retourna auec quelques peuples du pays leurs ennemis, & les subiugua entierement; Les Indiés le nommoient Malnixe: cóme Dieu tombé du Ciel. Il eut de gráds ennemis entre les Espagnols mesmes qui le vouloient ruiner, comme vn Garary, Estrade, Olid & Nauez, cont il vint à bout, & acheua sa conqueste. L'Empereur le fit Marquis del Valle. Il eut toutes les qualitez loüables & vitieuses des Espagnols; Car il fut courageux, vaillant, prompt à executer; d'esprit vif, & fin, patient, resolu : mais ambitieux outre mesure, cruel & adonné à ses plaisirs. Il mourut en Espagne, aagé de 63. ans en 1546. Sa conqueste au Mexique fut depuis douze iusqu'à 15. degrez. La ville de Mexique est à 19. degrez. Enuiron le 8. de May, & le 16. Iuillet, le Soleil y est perpendiculaire. Le pays est assez temperé; mais plus chaud que froid, les habits n'y estans trop pesans & empeschans, ny la nudité importune & cuisante.

Les mines n'y sont si riches qu'au Perou, mais elles y ont plus profité, pour les moindres frais & dangers. Outre l'or &

l'argent, fer & cuiure; on en apporte de sucre, graine d'escarlate, coton, plumasserie, miel, cire, baumes, ambre, sel, drogues medecinales, soyes, &c. peu de vaisseaux en retournent à vuide, ce qui n'est du Perou; & l'Espagne s'est autant enrichie de l'vn que de l'autre: car bien qu'on en tire tant de richesses, il n'y a pas aussi tant de hasards & de dangers. La foy y a fait plus de progrez, le pays est plus peuplé, les naturels mieux conseruez, plus disciplinables, plus de trafic de bestiaux, cheuaux, sucres & chairs, dont le Perou ne se peut passer, qui seroit à la verité meilleur s'il y pleuuoit.

Comme ceux du pays s'estonnoient de ce que les Espagnols estoit si soigneux de rechercher l'or & l'argent, ils leur firent acroire au commencement que c'estoit pour les guerir d'vn mal de cœur, à quoy il estoient sujets; mais ils recognurent bien depuis que le mal leur tenoit vrayement-là.

Cortez pour attirer ces peuples à l'obeyssance de son Prince, leur donnoit finement à entendre que son maistre estoit Empereur de tous les Chrestiens, le plus grand Seigneur du monde, qui auoit sous son obeyssance plus de Royaumes & de Prouinces que les autres n'auoient de vassaux, que son gouuernement estoit fondé sur la Iustice & procedoit de Dieu immediatement, qu'il estoit accomply de toutes vertus, & que la Monarchie de tout l'vniuers luy estoit iustement deuë, & autres semblables vanteries & vanitez Espagnoles.

Vanité Espagnole.

Pour ce qui concerne les particularitez de ces grands pays, ou de ce que i'en ay dit, dans la Prouince de Mechoacan il y a vne racine excellente du mesme nom du pays, que d'autres appellent *Icheurait*, qui a la mesme vertu de purger que la rubarbe, mais qui est plus legere & blancheastre & purge sans alteration & violence, & s'en fait grand trafic pour Espagne ou elle vaut trois ou quatre reales la liure, & là presque pour rien. On en prend dans vn œuf du poids d'vn escu puluerisée, ou dans du vin ou du boüillon. I'en ay veu faire de plus grandes operations qu'auec la rubarbe. Elle ne se conserue que quatre ou cinq ans, & se pourroit dauantage, si on en auoit soin, mais l'abondance en est telle qu'ils ne s'en soucient pas. Cette racine deuint celebre entre les Espagnols, depuis que quelques-vns furent gueris de plusieurs maladies, par le moyen d'icelle que ceux du pays leur enseignerent. On l'appelle rubarbe des Indes.

Arbres admirables. Entr'autres arbres du Mexique ou pays des *Chapetons* & *Acapalco*, il y a l'arbre celebre du *Magney* ou *Mangouay*, duquel on conte autant de merueilles & diuers vsages comme du *Cocos* d'Orient; car ils en tirent de l'eau, du vin, vinaigre, huile, miel, scires, fil, esguilles; de sorte que ce seul arbre peut fort bien nourrir vn homme. Quand on en a tiré l'eau douce comme miel on trouue le fruit qui est comme des noisetes fresches. Cette eau bouillie vn peu, deuient de bon vin, & plus bouillie, encore dauantage comme du vin cuit; qui apres deuient miel exquis, dont on fait du sirops. La premiere eau laissée au Soleil deuient vinaigre, des feüilles de l'arbre il en sort du lait doux, & de-là encores se tire du fil de ces feüilles, bon à faire des toiles, i'en auois apporté deux chemises, & du fruit qui se garde long-temps, & aussi parfait en Europe comme s'il partoit de l'arbre; car l'escorce en est fort espaisse, ce qui le conserue. La toile faite de ce fil à toûjours quelques petites veines de gris obscur. A l'entour des feüilles il y a de petites pointes si fortes & dures qu'elles leur seruent d'aiguilles, & ne s'en seruent point d'autres pour coudre. Plusieurs ne viuent que de ce qui sort de cet arbre, qui fait tousiours feüille sur feüille, & en produit tant que l'arbre en est couuert du pied iusqu'au haut, ce qui le rend vn peu difforme. Ils metent de la cendre au pied pour le faire pousser. Le bois est de telle qualité, qu'il dure au feu trois fois plus que d'autre: & pour conseruer long-temps du feu, ils y metent vne piece de ce bois.

Baume. Pour le bausme il se tire d'vn arbre semblable aucunement au grenadier; & s'en trie de plusieurs sortes de differentes vertus : le premier des *opobalsamo*, est excellent contre les coups d'espée, & contre la peste : sa couleur est dorée comme de l'ambre. Il y en a d'autre sorte tirant sur le blanc, & d'autre noir qu'on exprime des fueilles & branches bruslées; sa force est telle, qu'elle iette toute sorte de ferremens dehors

dehors. I'en ay apporté en France & en ay fait des cures admirables fur des playes & vlceres inueterez, qui auoient mangé iufqu'à l'os d'vn Pilote d'Antibe. En vn mot il eft tres-bon pour dés bleffures, mal de cofté, & maux contagieux, & en tenant vn peu à la bouche, il preferue de tout mauuais air.

Ils ont vn autre arbre dont ils font grand eftat, qu'ils appellent *Cacao*; Auffi le fruit eft d'vn tres-grand vfage & commerce, ils s'en feruent mefme de monnoye, pour en achepter toute fortes de marchandifes. Le fruit eft comme l'amende, vn peu plus petite; Ils ont de ce Cacao toufiours en leur poches, foit pour achepter tout ce qu'ils veulent, foit pour donner l'aumofne, ou pour le manger, auffi fe garde-il long-temps. La Prouince de *Guatimala* en produit en abondance, ou ils en font du breuuage fort eftimé: qui felon qu'il eft meflé d'autres ingrediens rafrefchit ou efchaufe, & on en vfe comme de bon vin: Ils en font des paftes bonnes pour le mal d'eftomac & pour le catarre. L'arbre eft côme l'amendier, les feüilles plus larges, & le corps plus toufu. Pour le faire mieux venir, ils luy en plantent vn autre auprés; il eft delicat, & craint également le chaud & le froid. Ils appellent cet autre arbre la mere du Cacao, pource qu'il le preferue des incommoditez de l'air. Qui a de ces arbres fe tient bien-heureux, & eft eftimé homme de bien, fur la perfuafion que s'il n'eftoit tel, leur Dieu ne leur auroit pas donné cet arbre là, & quand cet arbre vient à mourir, ils penfent que le maiftre doit auoir commis quelque grand peché. De mefme ils ont au Perou le *Coca* qu'ils eftiment autant, & qui en le mafchant & portant en la bouche, leur donne vn grand courage & eft vne viande fort friande, dont il fe fait vn grand trafic à P...

Pour les mines d'or & d'argent du Mexique nous en traiterons en parlant de celles du Perou.

Fruit qui fert de monnoye.

III. Partie.   NNnn

Les Voyages

De la nouuelle Espagne, de ses Prouinces, & du Perou.

CHAPITRE XI.

A nouuelle Espagne est le plus grãd estat qui soit dans l'Amerique Septentrionale, comme en la Meridionale celuy du Perou, & entre deux est Iucatan, Hondura, Nicaragua, Veraga ou est Nombre de Dios, & Panama, qui les lient ensemble.

Iucatan.

Iucatan est vne pointe de terre qui s'estend iusqu'à 21. d. comme vne peninsule, ayant en son plus estroit, quelque cent lieuës de large, depuis *Xicalanco* ou playe des termes, iusqu'à *Chetemal*; Ce pays fut descouuert premierement en 1517. par vn Fernandez, puis par Grisalue, qui de Cuba vint à l'Isle de Cosumel, ou S. Croix, puis à Campeche, Champaton, iusqu'à Tauasco.

Hondura.

Hondura fut descouuerte ou touchée premierement par Coulon en son dernier voyage en 1502. puis du tout par vn certain Casan qui y fit la peuplade de Tourille en 1515. Pedrarias d'Auila peupla en 1509. les Colonies de Nombre de Dios & Panama vers la mer Australe, & le premier qui descouurit cette mer, en partant de Dariene fut Vasco Nunez, en 1513. qui auec vne extreme ioye en rendit graces à Dieu & en prit possession pour le Roy d'Espagne.

Entre *Nombre de Dios* ou *Dortobelo* & *Panama*, il y a 17. ou 18 l. de pays, de marests & montagnes & rochers aspres & difficiles, ou sont toutes sortes de bestes sauuages & cruelles, & force singes qui importunent merueilleusement du grand bruit qu'ils font. Le transport des marchandises se fait d vne mer à l'autre, ou par carauanes de terre par 18. l. ou par le fleuue *Chagra*, iusqu'à cinq lieuës de terre par Carauane à

du sieur Vincent le Blanc. 99

Panama. On a pensé souuent de trancher cet Isthme par le plus estroit, mais la difficulté des rochers & montagnes à couper qui s'y est rencontrée, outre la crainte comme en l'Isthme d'Egypte, de ne trouuer les deux mers à niueau, quoy qu'elles s'y rencontrent bien au destroit de Magellan, en a empesché l'execution.

<small>Isthme de Panama.</small>

Il y a la Colonie *de sancta Maria antiqua* en Dariene, qui s'est depeuplée pour y estre l'air fort mal sain: car en iettant de l'eau chaude sur la terre, il s'y engendre des crapaux & autres animaux veneneux.

Ensuite vers l'Orient on trouue les Prouinces d'*Vraba*, *S. Marthe*, *Cartagene*, *Popayan*, *Dorado*, *Nouuelle Estremadure*, *Nouuelle Grenade*, *Venecuela*, *Castille d'or*, *Bogota*, *Nouuelle Andalousie*, *Paria*, *Cabagua*, *Cumana*, ou *Caribane*, &c.

Vers le midy est Dariene, puis le grand Royaume du Perou, puis Chilé & Chica iusqu'au destroit.

Dariene fut peuplée par vn Ancise. On y void des vaches à pieds de mulets & sans cornes.

Perou s'estend selon quelques-vns depuis Dariene iusqu'à Chile, les autres se restreignent depuis Popayan au Nort, iusqu'à Chile au midy. La Plate & le Bresil sont à l'Orient, & la mer Pacifique à l'Occident. Le nom luy vient du fleuue Perù à 2. d. vers le Nort. Ses Prouinces sont *Quito*, *Quixos*, *Popayan*, la *Canela*, *Pacamores*, *Gualsonge*, puis *Collao*, *Charchas*, *Ancdes*, *Tacuman*, iusqu'a Chile.

Popayan à quelque 200. l. de long & 40. de large, ayant la Nouuelle Grenade à costé vers Orient. Ses Prouinces sont *Antioche*, *Tatabo*, *Anserma*, *Arma*, *Pacoura*, *Carapa*, *Quinbaya*, *Caliz* & *Pasto*.

Anserma à 70. l. d'Antioche, est dit par les Indiens Ombra; mais les Espagnols voyans ceux du pays tenans du sel à la main, & l'appellans Anser, creurent que la ville s'appelloit ainsi, dont le nom luy est demeuré. La riuiere de S. Marthe y passe. Arma est remarquable pour les riches mines, Parmoura a aussi des mines d'argent. Arbi Prouince s'estend iusqu'aux montagnes des Cordilleras, qui tirent plus de mil lieues vers le midy. Celle qui s'estend vers la mer n'a iamais

<small>Prouinces de la nouuelle Espagnes.</small>

de pluyes à cause des vens d'aual & de Sur qui y soufflent & empeschent que les nuées ne s'en peuuent approcher, & pour cette cause, cet endroit est sterile, sans arbre, fruits & herbage, mais l'autre costé esloigné seulement d'vne lieuë est rempli de pasturages, herbages, fruits, & abondant en tous biens à cause des pluyes.

En la Quinbaya à l'extremité des *Cordilleras*, vis à vis des Andes, il y a vn fameux volcan ou montagne ardente. En la Prouince de Pasto il y a vne grande vallée nommée *Atris* qui est tousiours froide, autant l'Esté comme l'Hyuer. Tous ces pays sont fort peuplez, & les habitans ne sont pas cruels & mangeurs d'hommes comme beaucoup d'autres; ayans leur police & obeyssans à leur Prince, sans aucunes idoles, croians la resurrection apres la mort, & qu'ils habiteroient en des campagnes en repos & auec toutes sortes de plaisirs.

Perou, son estenduë. Le Perou commence depuis Pasto iusqu'à Chilé, qui s'aboutit vers le midy à la riuiere de Maulo, & vers le Nort à celle d'*Angarmayo*. En ce pays se trouuent de grandes plenes sablonneuses iusqu'aux Andes, & on y sent de grandes chaleurs, & aux montagnes ce ne sont que neges; ainsi que des diuerses saisons, comme il me souuient, que voulant passer en Sicile, cheminant du costé de la Calabre l'Hyuer y estoit aspre, au commencement de Mars, & il n'y auoit pas vne seule vigne qui bourgeonnast; ou en Sicile elles passoient déja vn pan de haut, & les feues nouuelles & artichaux y estoient bons, & l'on coupoit le gros bled pour donner le verd aux cheuaux.

En cet endroit qui est entre la mer & les Cordilleras que ils appellent la *Sarannia*, n'ayant aucun bois, ils prennent vne certaine terre ou bitume dans l'eau, & en font des gasons, qui estans sechez leur seruent à brûler comme la tourbe és pays-bas. Ces montagnes sont vastes, desertes & autant & plus difficiles que autres du monde, de longue estenduë, commençans depuis Panama iusqu'au destroit. Elles iettent force riuieres, & ont de bonnes vallées tres-fertiles. De la pointe de Sagoté ou l'on entre en ces grandes plenes, on trouue vn grand pays entre les montagnes & la mer ou ce ne font que fablons comme ceux des deferts d'Arabie, mais non si blanchaftres, & se trouue quelque bois parmy, ou plustost vne groffe paille ferme comme des baftons de Caprier, que les deferts de la Palestine produisent, qui est l'herbe que nous appellons Salicor, ou soude, qui soulage fort les passans. Là l'esté commence en Decembre, lors que le Soleil entre au Capricorne, & leur dure iusqu'en May, & ces saisons sont fort peu differentes en tout le Quito Cagnales, Santiago de Porto Viejo, Caxamalca, Cusco, Cagnae, Collao, Charcas. La Prouince de Quito est appellée par les Espagnols, la *Poblada de san Francesco*, & la principale ville, sainct François de Quito.

L'estenduë du Perou depuis Quito iusques à Chile est de quelques six cens lieuës, & de largeur enuiron cinquante, plus ou moins. Ce pays est diuisé en trois, à sçauoir en plaines sur la coste de la mer, d'enuiron dix lieuës de large, en montagnes & vallées de vingt lieuës, & en landes ou montagnes & forests d'autres vingt lieuës. Dans vn si petit interualle de cinquante lieuës, il y a telle difference, qu'il pleut quasi tousiours en vn endroit: & en l'autre, sçauoir en la pleine quasi iamais, & au milieu, sçauoir des montagnes quelquefois. Les Cordileras, qui courent d'vn pole à l'autre, sous le nom d'Andes & Sierra, sont bien differentes en mesme eleuation: car vn costé est tousiours reuestu de bois où il pleut & fait chaud tousiours, l'autre est tout pelé & froid, soit l'esté soit l'hyuer. Ces montagnes courent plus de mil lieuës à la veuë l'vne de l'autre, & se separent à Cusco, où se fait la Prouince de Collao, où sont de grandes campagnes, pleines de riuieres & lacs. Apres Collao est Charchas pays montagneux & abondant en mines riches.

Quito est soubs l'Equinoctial, pays abondant en toutes sortes de fruicts, dont ils font deux cueillettes l'année. La saison productiue y dure depuis Auril iusqu'en Nouembre, & les pluyes depuis Octobre iusqu'en Mars, ce qu'ils appellent hyuer. Là ils ont ces brebis tant renommées qu'il appellent Pacos, qui leur seruent à porter, aussi commodes que des cheuaux; de la grandeur d'vn asne mediocre, hautes en

Quito.

jambes, le ventre large, le Col tiré & esleué, la teste comme celles de nostre Europe; ils s'en seruent à labourer, & à tout autre seruice, la chair en est bonne & sauoureuse, soit salée, soit fraische: ces animaux sont fort domestiques & docile à la charge.

De la Prouince de *Cagnate* vers le Leuant, sort le grand fleuue *Maragnon*, & à l'Occident est la prouince de Gouacabilcas, dont la principale ville se nomme Guayaquil, puis Porto viejo, où sont de tres-bonnes mines, comme nous dirons cy-apres. La Prouince de Santiago est soubs l'Equinoctial vers le Midy, ayant le Port de Passao, la riuiere de saint Iaques, Tamebamba, Pointe de S. Elene, val de chaga, Monte Christo, Cheramicha, Manta, Sapil & autres villes. Les maisons y sont basties de bois, & couuertes la plus-part de Tortota ou Tortora vne sorte de paille de ioncs, dont ils se seruent à plusieurs choses.

Puis vient la prouince de *Caxamolca*, qui commence à la ville de Traxillo & à Gouancabanca, & peut auoir 50. lieuës de large. Ce fut en ce pays-là où *Pizarro* print le Roy Atabalipa.

Suit apres la Prouince de Cusco, où est la ville Royalle du mesme nom, & son beau palais euironné de plusieurs murailles, à 13. degrez au midy, le pays est froid aux montagnes, mais les vallées sont bornes & fertiles. C'est là qu'estoit la principale Noblesse de cét Empire, qui tenoit à beauté & grandeur de puissance, d'auoir de grandes oreilles pour y pouuoir porter d'auātage de ioyaux: & pour ce les Espagnols les nommerent Oreillons, *orejones*, les plus magnifiques de tout le Perou. Au Leuant sont les monts des Andes. Il y a les Canches & *Ayauires*, peuples guerriers. Les villes principales sont *Huron cana*, *Chicano*, *Cacha huroré*. Tous ceux qui habitent-la sont vestus & sont voisins de la prouince de Collao, la plus grāde de toutes, ayant au Leuant les Andes, au Midy Suchiab ses principales villes sont Chuli & Chilane, Acos, Pamoura, Pomata, Cepita, *Tiquanaco*, & s'estend iusqu'à Caracoles Le pays est plat & a force belles riuieres: & le grand lac de *Titicata*, c'est à dire, Isle de plomb; à cause que dans iceluy il y a vne Ifle d'où ils tirent le plomb. Il a quatre-vingts lieuës de tour, & est profond en des endroits d'autant de braffes, où il entre plusieurs rinieres, qui se descharge apres dans vn autre dit, les *oul igas*.

La derniere prouince au Perou voisine de Chilé est appellée Charcas, où est la ville de Plata, qui est la capitale, où sont les fameuses mines de Porco & Potoffi : Potoffi de quatre ou cinq maisons qu'il y auoit au commencement pour entretenir les gouaires ou fourneaux pour affiner le metail, s'est peu à peu faite vne bonne & grande ville, a 21. ou 22. degrez, où quelque sterilité qu'il y ait au pays, toutes sortes de commoditez y abondent, à cause de la riche mine d'argent, tant le gain a de pouuoir & d'effect. Car la Prouince de Charcas luy fournit toutes sortes de viures & de delices : en recompense de quoy ils luy donnent de l'argent en abondance. En suite de ceste Prouince de Charcas, est celle de Chile, dont on conte 500. lieuës iusqu'au d'estroit. [Plata]

C'est chose admirable de voir la qualité du pays de Perou, en sa coste. Car vous n'y auez qu'vn vent qui n'est pas celuy qui court vniuersellement en la Torride de deuers l'Orient, comme nous auons dit, mais c'est le Sud & Sudoüest, & sans iceluy il seroit impossible d'y habiter à cause de la seicheresse du pays, que ce vent tempere & rend fort sain : car il faut remarquer qu'en toute ceste terre il ne pleut iamais, ny neige, ny tonne, ny fait autre chose qui la puisse raffraichir, sinon ce seul vent qui opere cela : Et ce pays a de coste & d'autre des montagnes dites *Cordilleras*, fort hautes & produisans de beaux arbres, & la terre y a comme ailleurs diuers temps, de chaud, froid, pluye & neige, d'vn costé, & de l'autre les montaignes y sont pelées & froides à l'extremité, proches l'vne de l'autre.

Ceste terre est longue & estroite, composée de pleines, montagnes & vallons. les plaines sont la coste de la mer de l'autre sont les montagnes assez bonnes, & y en a d'aspres. La plaine peut auoir trente ou quarante mil de large, de Ponant à Leuant, & court de Nord à Sur, & c'est estrange, qu'en vn endroit il ne pleut point du tout, & en vn autre plus qu'on ne veut, n'y ayant distance que de quarante ou cinquante lieuës, comme i'ay desia dit.

En ces pleines dóc il ne pleut point, & tout ce qu'ils peuuēt auoir de doux, est vne petite broüée ou broüillars si subtil que cela ne moüille pas. Leurs maisons sont couuertes de paille ou ioncs comme celles des Esteres d'Espagne. Aux montagnes ils se nourris de ces vicognes, qui est vne sorte de cheures sauuages, qui portent la pierre de Besouart.

Il y a aussi quantité de moutons & de iumens qu'ils appellent *Guanacos* & *pacos*, force Singes & Guenons, qui font mille grimaces & singeries en regardant les passans ; on en void les vns marteller les dents, les autres se grater le ventre & les fesses, ceux-cy auec deux ou trois petits entre leurs bras, ceux-là sur des arbres, sans se bouger : mais le mal est que quand on en veut apporter par deçà, ils meurent aussi-tost qu'ils ont changé de pays. Il y a aussi vne infinité de Perroquets sur les arbres, qui ne se bougent point pour les passans, dont les petits de crainte mettent la teste sous l'aisle de leur mere pour estre mieux cachez ; & si on prend ces petits sans la mere, ils meurent incontinent.

<small>Singes.</small>

Il y a certains vallons meilleurs que les autres, comme ceux de *Yncay*, *Andagaylas*, & autres qui s'estendent iusques à Cusco, ville Royalle, autresfois tres grande & tres-peuplée, mais auiourd'huy toute ruinée par les Espagnols.

Les *Cordilleras*, qui sont des montaignes, qui s'estendent plus de mil lieuës, venans à s'eslargir & separer l'vne de l'autre, font la grande campagne de Collao. Vers *Titicata* le pays est assez sterile, n'ayant ny pain ny vin, mais les habitans mangent d'vne certaine racine appellée *Papas*, qu'ils font seicher, & qui leur sert de pain, assez miserable, qu'ils appellent *Choignos*, le pays ne laissant pas d'estre fort peuplé, pour les grands troupeaux de vaches, cheures, & moutons qu'ils nourrissent. Il y a aussi force chasse, comme de perdrix & autres sortes de gibier.

En la prouince de Charcas il y a de bonnes terres aux vallées, & les montaignes y produisent force mines, riches.

La cause qu'il ne pleut point en certains endroicts, vient faute

du sieur Vincent *le Blanc.*

faute de matiere nuées & broüillars, qui ne se peuuent engendrer-là, n'y ayant que des sables sans aucunes riuieres ou fontaines. Il est vray qu'on y trouue des puits qui sont extrememement profonds, les autres n'y peuuent estre portées d'ailleurs, à cause des hautes montaignes qui les empeschent de passer; aussi qu'il n'y court autre vent que celuy de la mer, qui n'a aucun contraire pour engendrer les vapeurs. Aux lieux où les montagnes ne sont pas si hautes, ils ont quelques pluyes, comme à *Arica*, *Arequipa* & autres endroits quasi semblables. Et nonobstant qu'en ces autres il ne pleuue pas, les broüillars & vens de mer ne laissent pas de rédre le pays fructifiant à merueilles, & l'herbe croist dans le sable, d'où le bestail se nourrit & engraisse, comme aux enuirons de la ville des Roys *ou Lima*, où vous voyez germer l'herbe en vne montagne toute de sable. *Temperament du Perou.*

Or au temps que nous commençons à ressentir les chaleurs en Europe au mois de May, au Perou ils sentent les froidures tres-grandes, où commence à regner le *Toumacaui*, comme à *Potossi*, & par tout le pays de Charca, qui est comme le cœur du Perou, vn vent tres-froid & penetrant plus qu'en Flandres, & est insupportable à Potossi, qui ne laisse pas d'estre habité, quoy que la montagne ne soit pas plus grande que celle de Nostre Dame de la Garde à Marseille, ou le Montmartre de Paris : il y a vne autre petite montaigne à costé, qu'ils appellent *Guaina Potossi*, c'est à dire le ieune Potossi, toutes deux ont vne couleur roussastre, sans aucune verdeur, l'air fort intemperé, la froideur ou la chaleur si insupportable, qu'vn hermite auroit bien de la peine à y habiter, & toutesfois la conuoitise de l'or & de l'argent font que chacun s'y plaist. Les mines furent trouuées premierement par quelques Indiens, dont l'vn en auertit son maistre *Villaroel* Espagnol, qui en deuint Seigneur, en payant le quint à son Roy, enuiron l'an 1545. *Mines du Potossi.*

L'vne des merueilleuses & estranges choses qui soit au Perou, voire au reste du monde, est la montagne celebre de *Pertaca* ou *Pelacaca*, où l'air est si froid, subtil & fort, qu'il fait mourir la plus part des passans, en leur donnant des vomisse-

III. Partie. OOoo

mens estranges iusques au sang, auec des douleurs incroyables. Et si ceux qui y passent ne sçauoient l'industrie de faire auancer les montures, ils en seroient bien plus molestez: Car les hommes perdent toute connoissance en ce peu de chemin dangereux qu'il faut passer, qui ne dure pas plus de quatre ou cinq heuës: qu'il faut trauerser auec toute la diligence qu'il est possible; & souuent les bestes y demeurent immobiles, sans ressentir ny craindre les esperons & le baston: & l'on a beau les picquer iusques au sang, sans qu'elles s'en auancent plus pour cela ; si bien qu'on est contraint de mettre pied à terre, & les chasser tant qu'on peut : & les plus sains conduisent les malades le mieux qu'ils peuuent. Vous en voyez les vns qui se bandent les yeux, les autres se bouchent le nez & les oreilles, les autres qui se serrent tout le corps & la teste mesme bien couuerte. Il y en a d'autres qui la mettent dans vn sac d'herbes & drogues odoriferentes & fortes : les autres portent des conserues cordiales pour manger, & autres ne mangent de tout le iour, pour n'auoir pas tant de subiet de vomir : mais le plus souuent tout cela ne sert de rien, quand on est en ce mauuais pas, où l'on n'entend que lamentations & vomissemens : & bien que l'air y soit tres-pur & le Soleil bien luysant & purifiant, on ne laisse pas de ressentir ceste vapeur si forte: Il y en a qui prennent d'autres chemins à costé, mais ils trouuent tousiours la mesme incommodité, & le danger quelquesfois plus grands ; & tous les diuers passages sont tousiours tres-mauuais, & le pire est celuy qui est vers la coste de la mer, n'y ayant personne qui ne les maudisse en passant. Vous n'y voyez en tout ce cartier là d'estenduë, de plus de vingt cinq lieuës de trauerse, aucune habitation de gens, ny de bestes, ny arbres, ny fruicts, tant tout y est desert & brulé ; & outre cela est long de plus de cinq cens lieuës, & le passage est assez difficile à monter par les degrez & escales qu'ils appellent. Au bas de ces montagnes, vous trouuerez quelques miserables *Tambos* ou *choças*, qui sont de chetiues tauernes & cabanes, où l'on est fort mal traicté. C'est le grand passage de Perou Achilé, au bas de la montagne vers la mer, on iugeroit le passage plus doux;

<small>Froid prodigieux.</small>

mais il y regne vn vent, principalement en May, Iuin, Iuillet & Aoust, qui est froid & violent & penetrant au possible, si bien que les doigts des pieds & des mains engelent & tombent de froid, & la plus part en meurent: ce vent les tuë, puis rend les corps incorruptibles. On dit que les Indiens au commencement faisoient leurs repas de ces corps ainsi trouuez, mais ils doiuent maintenant auoir perdu ceste malheureuse coustume.

Pour les volcans & montagnes ardentes nous en auons assez parlé au Mexique: il s'en trouue au Perou vers Arequipa & ailliers qui iettent des pierres: d'autres qui ne font que de la fumée, les autres des pierres ponces toutes enflammées, & quelques vnes ne iettent que des flammes & des cendres, les autres que des vents chauds & embrasans: Au Mexique pres vn lieu dit *la puebla de los angelos*. Il y a vn mont de plus de vingt cinq lieuës de hauteur, qui respond à vn autre, qui est en la montagne de l'escaile: où quand il tonne il se fait vn Echo, qui retentit & fait trembler tout le pays; chose espouuentable à ceux qui n'y sont pas accoustumez Pres *Guatimala* en 1586. durant six mois, ce mont ne fit que de ietter des cendres, & des flammes suiuies de tremblemens, de terre, qu'ils penserent ruiner tous les pays, comme tout le Mexique, & Perou y sont fort suiets, & principalement les costes de mer, depuis *Chilé* iusques à *Quito*, plus de deux cens lieuës. *Tremblemens de terre.*

Parmy ces tremblemens l'on voyoit sortir quantité de flammes de ces volcans, qui estonoient les nauigeans en la mer de Sur, pour voir des flammes d'vne distance si esloignée, lesquels sceurêt apres cōme la ville de Guatimala auoit presque esté tout abysmée de ces treêblemēs: & en 1587. cela passa iusques à cent lieuës de large, & cinquante de long; & à sainte Croix le Refectoir de sainct Dominique fut abbatu, & vingt Religieux morts soubs les voûtes. Les habitans de Guatimala, ayans esté aduertis se retirerent de bonne heure Il y a de ces volcans pres *Lima*, & vn autre en Ariquipa, où il faut monter deux jours par vn chemin de table. Et ainsi plusieurs lieux de ceste Inde sont subiets à ces volcans, & pareillement aux trēblemens de terre, & sur tout les lieux maritimes.

O Ooo ij

Pres de Leon de Nicaraga il y a vn terrible volcan, dont quelquefois on voit de nuit luire les flammes à plus de 25. l. de là, à propos duquel Benzoni conte le mesme d'vn Iacobin, qu'Acosta fait d'vn Prestre à Guatimala.

Lib.12.c.16.

En la prouince de Seiton pres la ville de Bousan, il y a le mont de Malat, ou se trouue l'vn des plus fameux volcans des Indes apres celuy de Guatimala; car il a cinq bouches au bout de la montagne & deux au milieu, qui sont plus esmerueillables que les cinq autres, pour ietter & vomir le feu auec vne merueilleuse furie, ce n'est neantmoins que par interualles, n'en sortant par fois que de la fumée, & autrefois iettant des pierres embrasées, & sur tout quand vn certain vent comme le *ourmacani* regne, pendant lequel l'on entend vn terrible tumulte & tempeste dedans. Vn Roy voulut faire esteindre ce feu à force d'eau, mais en vain, le feu s'augmentant dauantage, ou plusieurs perirent, & entr'autres, vn proche parent du Roy auquel il fit dresser vne statue auec forces panaches, monté sur vn Elephant, armé d'vne peau de crocodile. Tous ceux qui passent par là, se prosternent deuant auec humilité, croyans ce Prince bien-heureux d'auoir esté deifié par leur Dieu, qui est ce feu qu'ils adorent comme vne Diuinité. Les Mexicains appellent ces volcans *Popocatepech*, car *Popoca* veut dire fumée, & *epech* mont: & les voisins portent en leurs armoiries & aux batailles la figure d'vn mont ardent.

De quelques fontaines, lacs, fleuues, &c.
de ce pays.

CHAPITRE XI.

IL y a vn lac pres Potoſſi au bout de la vallée de Tarapaye, tout rond comme s'il eſtoit fait au compas, & l'eau ſi chaude qu'on ne la peut ſouffrir ſi ce n'eſt ſur les bords, mais à trente pas auant il n'y a moyé: & cependant tout le pays eſt ſi froid. Au milieu il bout & fait vn rond, que vous diriez que la tempeſte eſt deſſous qui veut ſortir. De ce lac on tire l'eau par vn canal, pour faire moudre certains engins de cuiure qui ſeruent aux mines, ſans que l'eau s'en diminuë iamais. Pour le *Titicaca* en *Collao*, il eſt merueilleux en grandeur, & les grands vaiſſeaux peuuent nauiger deſſus; le poiſſon de toutes ſortes y abonde, dont il ſe fait vne grande peſche par les habitans des enuirons, qui ſont fort doux & benins & careſſent les paſſans, auſquels ils font liberalement part de leur poiſſon, qu'ils font prendre à la main auec certains engins propres à cela. S'il paſſe vn Preſtre par là ils luy font mille careſſes, & celuy-là eſt bien-heureux qui le peut loger on eſt en toute ſeureté parmi eux, ne ſcachans que c'eſt que de larcin, & vous pourrez leur laiſſer tous les treſors du monde ſans qu'ils y touchent viuans en bons Chreſtiens.

Lac poiſſonneux.

Par tous ces pays il y a abondance d'autres lacs, comme celuy d'*Eupama* au Breſil, d'où ſortent tant de fleuues, & entre autres le grand de *Paraguay* ou *de la Plata* qui inonde quaſi comme le Nil, mais non pas ſi doucement & moderement; car le Nil ne porte aucun dommage, au contraire tout bien: mais la Plata venant auec rauage pendant trois mois dans le pays, courant depuis les Cordilieras du Perou iuſqu'à la mer méridionale. Ils ont vne façon de passer les riuieres auec des courges ou citroüilles, liees d'vn costé & d'autre, comme des radeaux, ou ils portent hommes & bagages; d'autres ont des ponts de paille bien iointe, les Espagnols y ont fait des ponts de pierre que les Indiens admirent, & au commencement ils ne se croyoient pas asseurés de passer sur des pierres ainsi éleuées en l'air.

Fontaines bitumineuses. Pour les fontaines, il y a au Cap de S. Helene au Perou vne fontaine d'ou sort vne liqueur qui brûle comme l'huile. C'est vn bitume ou gomme qu'ils appellent *Copei* ou *Copal* qui iamais ne diminuë, quoy qu'on en tire. Les mariniers s'en seruent pour brûler & pour froter & poisser leurs cordages. En l'isle de *Lobos* au *Mexique*, il y en a vne autre semblable qui sert fort aux nauigeans, qui la cognoissent par la senteur & odeur de 3. mil auant en mer, & plus quand le vent est fauorable.

Il y a des fontaines à Cusco ou l'eau se congele aussi-tost en sel blanc, dont il y a grande abondance au Perou. A *Guancauelica* il y a des sources d'eau chaude qui se conuertit en pierre en peu de temps, dont ils bastissent leurs maisons: mais cette eau est mortele à boire & pour ce suiet on a fait brusler tous les passages, de peur du danger que plusieurs y couroient; car on se sentoit aussi-tost apesantir, & peu apres mourir. Il y a plusieurs autres fontaines chaudes & froides à merueilles & proches l'vne de l'autre, dont les vnes guerissent le mal de Naples quelque inueteré qu'il soit, à cause de la salsepareille qui croist là. Il y a vne source en Perou rouge comme du sang, qu'ils appellent pour ce *Rio Vermejo*. En Caramel vne autre fontaine guarit de toutes fieures, & purge comme de la rubarbe; l'eau en est grosse & salee au premier goust, mais apres on ne la sent plus, on en peut boire tant qu'on veut sans qu'elle fasse mal: Elle fait euacuer tout ce qui moleste le corps; puis sort pure. I'en pensay vomir iusqu'aux entrailles, & peu apres ie me trouuay sain & gaillard, & guery d'vne grãde defluxion sur la bouche, que i'auois depuis long-temps, & en beuuois trois flacons par iour, trois iours deuant sans aucune peine, & en beuuant elle m'excitoit à en boire dauan-

du sieur Vincent le Blanc.

tage ; On y va de tous costez & pour toutes sortes de maladies, mesmes de blessures. Aussi le lieu est si bien accommodé, qu'on s'y peut bagner. Cette eau seulement est contraire à ceux qui ont le foye chaud.

Il y a à l'entour des habitations de paille & des lits de coton ou de peaux de mouton, où l'on vous fait toutes sortes de courtoisie & bonne chere pour peu de choses, & les Indiens vous vont chercher allaigrement toutes vos necessitez, & vous apportent entr'autres d'vn oyseau dit *Magnoca*, qui surpasse en bonté la perdrix, & autres peints de blanc & de noir dont la chaire semble de chapon, & la prenois pour cela, & force tourtes.

Mais pour les lacs qui a-il de plus admirable, que celuy du Mexique, sur lequel la ville est fondée, dont l'vn à l'eau en partie salee comme celle de la mer, à cause du fonds salpestreux claire, & l'autre celle d'vne bonne fontaine, à cause des rivieres qui y descendent, chacun deux à huict heuës en longueur & cinq en large, & trente trois de tour, auec vne belle montagne au milieu & vn bain d'eau chaude comme celle de Baleruc. Au milieu de ce lac est le cimetiere, où les tombes sont tousiours au fraix, couuertes d'herbes & de fleurs. Les Espagnols ont mis la plus part de cette ville à sec, car auparauant elle estoit comme Venise, & y ont laissé quelques conduits d'eau qui peuuent aller par toute la ville, & principalement à l'entour des murailles. L'auarice de ces nouueaux conquerans a fait que les Indiens ne peuuent pescher en ce lac, sans licence de ceux ausquels il est affermé, & qu'ils n'ont plus la liberté comme auparauant, bien qu'on leur eust promis de les laisser viure comme auparauant.

Lac du Mexique.

On entre en cette ville par 3. chaussées de demi-lieuë chacune. On y compte 4000. maisons d'Espagnols & 30. mil d'Indiens.

Pour les fleuues on y en voit de tres-grands lacs ou plustost des mers, comme celuy de la Magdelene, en la Prouince de S. Marthe dit *Riogrando* puis l'*Orenoque ou de Paria* vers la Castille d'or & Venesuela. Le grand fleuue d'argent au Bresil qui sort des montagnes esloignées du Perou, & sur tous le

Vide infra.

grand d'Oreillane ou *Maragnon* & des *Amafones*, qui trauerfe toute la largeur de l'Amerique Meridionale depuis les *Chachaneyas* & *Quito* iufqu'à la grand mer du Nort, par infinies terres & pays.

Ce fleuue fort de la Prouince d'*Atanquixo* ou *de los Quixos* pres celles de Quito ou *Popayan*, à 30. l. de la mer Auftrale, & fut defcouuert & nauigé premieremét par François Orellano Capitaine Efpagnol, qui y fut enué, é par Gonçale Pizarre qui cherchoit le pays de la *Canela* le long de ce fleuue, & ne trouuant les richeffes qu'il cherchoit de ces arbres en petit nombre & de peu de prix, ny le pays du Prince furnommé le Dorado, il enuoya en 1592. Orellano auec 50. hommes chercher des viures, confiderer le pays, & l'atendre en certain endroit. Ce Capitaine fuiuant les courantes de ce fleuue qui alloit toufiours en s'eflargiffant pour les riuieres en grand nombre qui s'y rendent, faifant 25. l. par iour fans peine ny rameurs, fut quelquefois fans trouuer habitations, & ne pouuant plus monter; & parterre tout eftant plein de bois & de buiffons efpais, apres auoir beaucoup fouffert de faim & de mefaifes, il trouua diuers peuples, de meurs, langues differentes, les vns paifibles les autres farouches & cruels, pourfuiuant fa route fans carte, bouffole ny cognoiffance de chemin, par plufieurs ifles & pays bien peup ez, & entr'autres des femmes archeres qui font des Amazones, dőt on a quelque Courtifanes au Brefil par ceux qui les hantent, & ne font pas fort differentes des anciennes, renommées en Afie, car elles viuent fans hommes, & ont quelques voifins qu'elles font venir certain temps pour en auoir des enfans, retenans les filles & renuoyans les mafles. Enfin apres vne longue nauigation de ce fleuue & plufieurs tours & retours par plus de 17. cens lieuës au bout de 8. mois & plus, il paruint à fon emboucheure dans la mer de Nort de plus de 40. l. de large, & fuiuant la cofte vint furgir à *Cubaga* ou l'Ifle des perles qui en eft à plus de 400. l. d'ou Orellano auec 14. des fiens reftez vint à S. Dominique, & depuis en fit fa relation bien ample à l'Empereur, où Ouiede aprit d'eux leur voyage, qu'il infera dans fon hiftoire. Cependant Pizarre qui attendoit toufiours

Amazones.

Voy Ouiede.

voyant

du sieur Vincent le Blanc. 113

voyant qu'Orellano ne retournoit point, apres auoir souffert vne grande famine s'en retourna à *Quito*, bien marry de n'auoir peu trouuer la *Dorado* qu'il cherchoit, qui estoit vn Prince abondant en richesses, n'ayant autre habit que de l'or en poudre, dont il se couuroit tous les iours, auec certaine gome pour le faire tenir. En vn mot ce fleuue est vn des plus grands, & long du monde, & qui arrouse le plus de pays & de peuples diuers. Il y a eu quelques autres Espagnols qui l'ont nauigé depuis, comme vn *Salinas*, *Orbia* & autres.

Adioustez le grand lac ou mer de *Guiane*, Parime & Manoa, dont le pays fut descouuert par l'Anglois Raleg en 1595. qui la fait égale à la mer Caspie, où il y a force Isles. La ville capitale est Manoa, pays riche en or & en tous fruits, & animaux, &c. Au Nort est Castille d'or, Paria, & Caribana. A l'Occident la nouuelle Andalousie, & le Perou, au midy Omaga, Perou, Picora, Paguana. A l'Orient Tisnado, Bresil, &c.

Pour les animaux de l'Amerique il y en a bon nombre tant de ceux du pays differens des nostres, que de ceux qu'on y a portez de l'Europe qui y ont grandement multiplié. Entr'autres au Mexique est celuy que les Espagnols ont appellé l'*Armadillo* pour estre armé de dures escailles comme le Rinocerot, de la forme d'vn petit cochon, & grand comme vn chat qui demeure caché en terre comme les lapins. Il y a le *Pacacou* de la forme d'vn renart, tres-mauuaise beste, qui mange les corps morts, & les va déterrer pour auant qu'ils soient, & les ronge iusqu'aux os. J'en ay veu de mesmes en Asie & Afrique, qu'ils appellent *Chicali*.

Il y a aussi des oyseaux appellez *Conderos* ou *Contours* que les *Chachapoyas* adoroient au Perou, si puissans & forts, qu'ils enleuent vn mouton le despiecent & le mangent; qui ont les plumes blancheastres comme vn vieux corbeau. Il y en a d'autres en recompense si petits, nommez *Tomineios*, qu'il semble que ce sont des mouches ou papillons.

Il y en a qui sont presque toute plume & peu de chair, *Tabain.* & ne descendent iamais en terre à ce qu'on dit. Leurs plumes sont de toutes couleurs parfaitement belles, & ne se reposent qu'en tortillant leur queuë à vn arbre. On en

III. Partie. PPpp

porte des panaches fort estimez: i'en ay veu vendre vn à Marseille 500. escus, en Portugal il reuenoit à quelque 60. De ces plumes excellentes les Indiens font des portraits & peintures fort artistes comme auec des couleurs, & ne peut on bien distinguer l'vn de l'autre.

Plumes en usages.

Il y a des *Guacamayos* de plumes plus belles & fines que le Perroquet. Les Indiens vsent fort de ces plumes & sur tout au Mexique, pour s'en parer & pour en orner leurs temples & idoles, & pour en faire des portraits à leurs mode. Ces plumes s'y vendent bien, & i'ay veu vn Indien qui troca des perles pour des plumes qu'vn Leuantisque (comme ils nous appellent là) auoit apportées, qui ne luy coustoient pas 25. escus, dont il eut pour plus de 300. de perles; c'estoit vn pauure marinier qui fit sa fortune auec cela, car il fit depuis d'autres voyages aux Indes auec vn bon nauire & force marchandise qui estoit à luy.

Ils en portent aussi dans leurs danses; & le premier qui danses dit le *Tamari* ayant dansé vn temps tout seul, fait signe à vne Dame de venir danser auec luy, puis les autres de mesme; mais ils ne baisent point, ny ne touchent pas les mains, & vsent de tout respect enuers les femmes; C'est ainsi qu'ils en vsent au Mexique.

Poissons du Mexique.

Pour le poisson, ils ont force Crocodiles & Tiburons qui deuorent les hommes. Il y a le Manati poisson qui alaite ses petits de ses mammelles, & a des jambes pour cheminer en terre, où il mange des fruits & des herbes. La chair en est bonne, comme de la chair de veau. Il s'en trouue fort aux Isles de Barlouento, costes de Perou, Cap de la Magdelene, & Isles de Salomon. Ils sont tres-bons à saler & ressemblent du bœuf salé. Il y a aussi force balenes, mais ils n'ont pas l'industrie de les prendre. Ceux de la Floride en prennent, & en font leur principale nourriture, les faisant secher au Soleil puis en font de la farine, qui nourrit fort, sans la destremper auec de l'eau, prise en poudre. Ils ont d'autres poissons auec des aisles, volans vn trait d'arc, qui sont comme nos maquereaux; mais non si bons à manger. Il y en a d'vne autre sorte nommez *Meri* qui vont tousiours contre le fil de l'eau,

du sieur Vincent le Blanc.

& les Indiens disent que au mois d'Aoust, vn certain ver s'engendre en leur teste qui les moleste fort, ce qui les fait aller ainsi contremont, à ce que le fil de l'eau leur donnant droict en la teste par vn petit trou les soulage vn peu. Il y en a d'autres appellez *Perpil* tout bigarrez de diuerses couleurs, qu'ils mangent le plus souuent rostis, & en donnent aux malades. Ils ont des soles fort grasses, pesans dix ou douze liures, mais la chair en est dure & de peu de substance.

Les vicognes sont comme nos cerfs sans cornes, plus grandes qu'vne cheure, viuans sur les plus aspres montagnes sans craindre le froid & la nege. Elles portent dans le ventre vne pierre qui a la vertu de la licorne, contre le poison, soit Besouart, ou autre. Les Roys Ingas deffendoient cette chasse, comme le grand Duc de Toscane fait celle du cerf en son pays. Leur laine est comme de la soye tres-fine, dont il font des couuertures pour l'esté, car elles rafreschissent. La chair en est bonne à plusieurs maladies. La pierre est comme vn œuf de poule, blanche, noire ou grise. On dit que cette beste trouuant force herbes veneneuses, en prend vne autre nommée *Capa*, pour contrepoison, dont elle mange, & de là s'engendre la pierre de mesme vertu.

Il y a de petits sangliers dits *Saynes*, qui vont en troupe & sont fort dangereux ; Il y en a d'autres aussi dangereux à attaquer, si l'on n'est beaucoup de chasseurs, dont la chair est fort bonne & saine, & la graisse leur sert d'huile ; car l'huile qui vient d'Espagne est fort chere.

Il y a vne autre beste fort pesante nommée *Managuail*, toute couuerte de pointes comme le herisson, qu'elle iette longues d'vn pied, le museau d'vn pourceau, mais plus petit, & & le pied fort court, dont la chair est fort exquise. *Bestes sauuages.*

Ils ont aussi vne espece de crocodile, dont nous en trouuâmes vn iour vn, allans à la chasse au bois de Caramel, qui est pour la plus-part d'araboutan ou de biche, nous le iugeâmes de sept ou huict pas de long ; & apres l'auoir regardé assez long-temps nous le fismes fuir à grand cris, lequel s'enfuyant faisoit vn merueilleux bruit parmi les branches.

Pour les singes & guenons il y en a vn nôbre infiny de tou-

PPpp ij.

tes fortes & grandeurs. Il y en a de petites comme des rats & souris, auec la barbe blanche, qui imitent tout ce qu'ils voient faire & rendent mil seruices, comme i'en ay veu à Seuille, de tels qu'ils sembloient auoir quelque intelligence. I'en ay veu vn autre en Candie, lequel quand le maistre luy commãdoit d'aller faire la garde, & descouurir s'il y auoit des vaisseaux en mer qui parussent, ne manquoit pas de monter aussi tost sur l'arbre ou lanterne, & descouurant vn vaisseau faisoit signe & crioit, & se trouuoit tousiours veritable.

Il y a des moutons dits *Lamas* ou *Pacos* qui leur seruent à toutes charges; de la laine plus fine desquels ils font le Combi & de la Grossiere l'*Auasra* dont ils s'habillent. Ces moutons porteront huict arrobes pesant & feront neuf & dix lieuës; mais ils sont phantasques comme des mulets, & faut auoir vne grande patience pour les caresser, & atendre leur bonne humeur à cheminer.

En la nouuelle Espagne il y a l'*Esboulcou* ou *Espalucou*, gros comme vn lieure qui a la peau si fine & excellente qu'elle n'est que pour les grands Seigneurs qui en portent, & disent que son sang aualé fait fendre la pierre en la vessie dans peu de iours.

Arbres. Pour les espiceries, aux Isles de Barlouento il y a force sucres, (comme aussi au Bresil) du gingembre, mastic, aloës, casse, canelle. En la *Caribane* il y a aussi de la canelle, & au pays de la Canela sur l'Orellane; de là les Quixos, ou Goncale Pizarre fut pour la chercher: car on luy auoit dit qu'elle estoit vn peu differente en forme à celle de *Borneo*, des Moluques & Zeilan, que l'autre se recueilloit en Cannes & Roseaux, & cette-cy à certains arbres grands & beaux d'vn fruit comme vn gland, dont l'escorce où cette polote est enclose est la canelle; le fruit n'en est pas agreable, & l'escorce de l'arbre non si bonne que de ce tuyau, ny comme les feüilles, on se sert neantmoins de tout. Pizarre enfin apres beaucoup de peine trouua de ces arbres sur vne montagne en petit nombre, & encores de peu de prix.

Il y a d'autres arbres d'vne telle grandeur que l'on peut y faire des habitations & maisons dans le tronc, qu'ils appelfent *Sesbiraich*, comme en l'Isle Espagnole il y en a que huict hommes ne peuuent embrasser, si hauts qu'vne flesche tiree n'y peut pas venir, au faiste desquels ils bastissent des Cabanes.

Des mines du nouueau monde.

CHAPITRE XII.

LE nouueau monde entr'autres singularitez & richesses, produit les mines d'or & d'argent, perles, & pierreries en diuers lieux, & sur tout en la nouuelle Espagne & au Perou, qui sont les plus auātagez païs du monde en ces dons de la nature ; encores que cela se trouue presque aussi abondément en quelqu'autres endroits d'Asie & d'Afrique, & méme en nostre Europe: mais il semble que l'Amerique ait voulu prendre la principale & meilleure part en cela, comme en beaucoup d'autres choses que nous auons raportées. Il se trouue de tres-riches mines en plusieurs Isles comme en l'Espagnole, Cuba & autres de ce grand Goulfe, puis en la Caribane, Veragua, Castille d'or, pays du Dorado ou Estremadure. La nouuelle Espagne à celles d'argent, à *Paxuco*, *Tasco*, *Zurango*, *Guanaxato*, *Tumazlan* & autres lieux en *Acapulco*.

En ces mines d'or & d'argent ils n'ont pas moyen de le battre & monnoyer faute d'oüuriers, mais ils en font des pieces & plaques où ils mettēt la marque du prix, qui est d'vne reale de huict ; & les enuoyent ainsi en Espagne. Ces mines sont à des marchands particuliers, qui donnent vn tant au Roy, les vns quatre, les autres cinq pour cent. Il y a grande peine à tirer ces metaux faute de personnes qui vueillent ou puissent y trauailler, à cause que c'est dans cet exercice penible que les Espagnols ont fait mourir tant de miliers, voire de milions de miserables Indiens.

Mines d'or & d'argent.

III. Partie.   PPpp iij

Ces mines sont tres-profondes, où les ouuriers trouuent quantité d'eaux, qui les incommodent fort, & sur tout les mauuaises vapeurs qui les rendent malades; ils gagnent trois escus par iour, presque tous esclaues qui y trauaillent, & peu de gens libres, qui souuent sont accablez soubs les ruines de la mine. Si bien que cela va consommant peu à peu le reste des pauures Indiens, lesquels sont violentez à entreprendre ce trauail pour gaigner leur vie, quelques bons Chrestiens qu'ils soient. Et à la verité eux voyans l'auarice insatiable des Espagnols, & la peine que ces mines leur donnent, ne veulent pas leur declarer où sont les meilleures, qu'ils sçauent fort bien, pour l'apprehension qu'ils ont d'vn si iniuste & malheureux trauail; & où les esclaues s'y achettent à huict cens & mille escus au moins : & puis souuent meurent par les grandes froidures qu'ils endurent en ces profondeurs, n'ayans que peu ou point de vin pour se remettre; le pays y estant tousiours sterile, & le moindre verre de vin coustant vn real au moins, qui est la plus petite monnoye qu'ils ayent: pource qu'ils n'ont point l'vsage de battre des demireales. & s'ils veulent viure honnestement, ils en auront pour vn escu par iour. Ce qui emporte vne bonne partie de leur gain à trois escus par iour; les habits y sont fort chers, & s'y en gaste beaucoup, & principalement des souliers de corde, qui se pourrissent à cause de l'eau qu'ils ont tousiours aux pieds. Ceux qui ont meilleur temps, ce sont ceux qui sont auprés de la porte ou entrée de la mine; Car ils se donnent les matieres les vns aux autres, & ont au moins le contentement de voir la lumiere du iour, où les autres ne voyent que celle de la chandelle, & la profondeur qu'il leur faut descendre est quelquesfois de mil ou deux mil degrez, qu'ils accommodent auec des pieces de bois, & des peaux de bœuf, pour donner soulagement aux montans & descendans, autrement il seroit impossible d'y durer : au reste qui n'y est accoustumé, a bien plus de peine, à cause de l'air, qui fait vomir iusques aux entrailles, comme il m'arriua lors que i'y voulus entrer vn iour, quoy que i'eusse esté par toutes les mers du monde, sans auoir iamais eu de mal au cœur.

du sieur Vincent *le Blanc.*

Or la mine d'argent est composée de quatre escailles ou venes de toutes differentes pierres, que les Espagnols appellent *vetas*: aussi sont ce differens metaux, qui vont tous d'Occident en Orient, & ont peu de largeur, comme de deux aulnes au plus, & chaque escaille a plusieurs mines, tant d'argent que d'airain, estaim & fer. La plus grande mine qui se trouue, & qu'vn marchand puisse acheter, est de quatre vingts aulnes, & non plus, & selon la loy il n'en peut tenir dauantage, sur quoy il y a des patentes royales. Il y a de fort petites mines, qui n'ont que quatre aulnes de long, mais la profondeur en est iusques aux abysmes s'ils peuuent, sans occuper la place de leurs compagnons. Et s'il auenoit qu'ils s'escartassent de la droite ligne qu'ils doiuent tenir, minant sur leurs voysins, ce qu'ils trouuent est perdu pour eux auec vne bonne amende.

En l'escaile, ou vete de l'argent, se trouue qu'il y a 78. mines, dont toutes ont leur maistre particulier, si ce n'est qu'vn seul en ait trois ou quatre, la mine de l'estain est à 24. maistres, ayant chacun sa miniere à part, qui va tousiours en diminuant, selon la qualité des metaux, comme celle d'estain est moindre, & celle du fer moins encore. Chaque mine a sa porte bien fermée de clefs & le maistre y fait trauailler ses gens par cartier, car ils ne pourroient durer autrement en ce trauail nuit & iour dans vn air si gros & mal sain. La mine d'argent peut auoir cent cinquante aulnes de profond, où l'on trauaille auec grand peine, particulierement les esclaues, qui ont les espaules chargées d'argent, & les pieds de fer. Quand la mine donne cinq pour cent à son maistre, c'est assez.

Il faut de l'industrie pour sçauoir conduire la mine, & quelquesfois on ne trouue l'argent ny les gens, ny aucune trace: par fois pour estre mal conduites elles accablent tout, la Geometrie y est fort necessaire.

L'argent va d'ordinaire entre deux montagnes ou roches, dont l'vne est fort mole, l'autre bien dure, & est tousiours presque au milieu. Il y en a de diuerses sortes, le plus purifié s'appelle *Casilla* par les Espagnols, par les Indiens *Ta ana*, &

tient de la couleur de l'ambre, & l'autre est plus noir : & y en a d'autres couleurs. Ie prenois tout cela pour vn, trouuant tout pierre sans en apperence d'argét, mais les ouuriers le recognoissent fort bien à certains signes que la roche donne. Ils portent cet argent aux *Quairas* ou fourneaux pour l'afiner. Il s'y trouue grande quantité de plomb. Quand la matiere est bonne, sur vn quintal il en sortira cinquante peses ou pieces de huict, autres n'en donnent que trente, voire cinq, les riches iusques à deux cens & plus. Il n'y a mine qui n'ait trois & quatre mil d... es fourneaux, & quelques-vnes cinq à six mil comme en c... ne de Cacatecas & Potossi. Il semble qu'on void vne petite armee de ces souffleurs pour affiner l'argent. Ils ont vne mine de vif argent, dont le feu rend vne vapeur fort pestiferée & mortelle, qui tuë le monde, fait perdre les dents, & quelquesfois le sens & entendement mesme. Pour y auoir demeuré vn quart d'heure seulement, i'estois deuenu comme pierre, & tant que nous estions fusmes de la sorte, & nous fust arriué pis, si l'on ne nous eust aduertis. Ils tirent de cette terre qu'ils appellent à *Azogué* & la font fondre, &

Vifargent. en tirent l'argent vif, & de cette matiere sort cette vapeur si dangereuse ; qui sert à purifier l'argent, & on en fait mesme venir d'Espagne, y en ayant vne mine pres de Seuille : car celle de la Cacatera ne suffiroit pas. Quand l'argent est afiné & monnoyé, ils le font conduire à la marine sur des moutons, pour de là l'embarquer pour Espagne. Il est assez difficile à afiner, car ordinairement ils le font passer iusqu'à 7. & 8. fois par le feu.

D'ordinaire il s'en porte tous les ans en Espagne 12. à 13. millions, plus ou moins, dont le quint est au Roy, le reste aux particuliers. Il y en eut vn qui en quelques années y auoit gaigné deux cens mil escus & plus pour sa part, & à sa mort il n'eut pas vn linceul pour l'enseuelir.

Pour l'or il y en a de diuerses sortes, celle de *pepita* ou de morceaux & pepins d'or, est or franc, pur & net sans meslange d'autres matieres, & sans besoin de le passer par les fourneaux, & de le fondre, que pour le monnoyer, la nature l'ayant ainsi formé parfaict. La plus grande pierre ou morceau

du sieur Vincent le Blanc.

...eau que i'a... e peu voir ; n'estoit pas de plus de trois liures; & ...esfois il s'en est porté au Roy d'Espagne du poids de dix ... vingt liures. On en tira vn des mons de *Libaui* en Cuba, du poids de trois mil trois cens dix peses, le pese vaut 14. ou 15. reaux, & comme on le portoit par merueille en Espagne auec force autres richesses, le nauire se perdit dans la mer ; on ne trouue pas ainsi l'argent purifié de la mine, ou ce sera vn bien petit morceau, qui s'appelle capa de Plata, c'est à dire, argent pur.

Il y a vn autre maniere d'or infus en la roche de la mine, qui est difficile à tirer ; & ces pierres en les rompant on y void peu de lustre d'or, en d'autre on le discerne d'auantage, & en d'autres on void moitié pierre, moitié or. La plus belle façon que i'aye veu, c'est la pierre trauersée de pointes d'or, comme des aiguilles en forme de herissons, & est luisante dedans & dehors ; & cet or là est du tres-bon & affiné.

Il y en a vne autre sorte en poudre & grains, qui se trouue és riuieres, il est tout net & n'a besoin que de la passer vne fois au feu : il s'en trouue de tel és riuieres des Isles de Barlouento, & sur le Tafaguey, &c.

L'or le meilleur est celuy de *Chilé*, *Quito* & *Grenado*. La la mine de Caranaua au Perou, & de Vuldiuia en Chilé, qui est le plus parfaict, à vingt trois carats & demy : aussi à Veragua.

Pour l'argent il est en abondance en la riche mine de Potosi, en la Prouince de Charcas. Puis celle de Porco non loin de là, qui est aussi fort riche, mais presque inutile à faute de gens pour la trauailler, à cause du mauuais air & des froidures extresmes, & aussi des eaux qui la gastent, mais en Potosi non. Du temps du Roy Ingas du Perou, celle de Porco estoit ouuerte & trauaillée, non celle de Potosi, qui n'a esté descouuerte que du temps des Espagnols. C'est la plus riche, & dont on a tiré le plus. Et au commencemens on en tiroit toutes les semaines plus de deux cens mil peses ou Castillans. dont le gain estoit quelque quarante mil.

Pour les Perles, la pesche s'en fait en la mer du Sud pres *Panama* & en la mer du Nort en plusieurs endroits, comme à l'Isle de la Marguerite vers la coste de *Paria*, où les huitres passerét de Cubuga, & luy donnerent le surnom. Il s'en trouue de fort grosses & precieuses; i'en ay veu vendre vne trois mil ducats, qui n'estoit pas plus grosse qu'vne noix. Il y en a eu de plus grand prix. Celuy qui commande à la Pescherie de Sud, masseuroit en auoir veu pescher de la grosseur d'vn œuf, mediocre. Il en fut apporté trois à Lisbone si grosses qu'elles payerent seize mil ducats de droit au Roy : comme il se void dans les Registres de la maison de la Contratacion. Il y en a d'vne sorte qu'ils appellent estoilles, d'autres demi-estoiles, autres *Cadenetas*, *Pedreria*, &c. Aljofar ou Perles menües & Perles de conte; & celles de plus grand prix : *quilates*, ou *carats*. On choisit pour ceste Pesche les hommes de meilleure haleine & plus longue soubs l'eau, i'en ay veu aux Isles de Barloente ou Cuba, & Espagnole, demeurer trois quarts d'heure sans respirer : & on me disoit qu'il y en auoit qui demeuroient 1 heure entiere. Le General de la Marguerite nourrit quantité de ces hommes qui sont ces esclaues, qu'ils appellent *Bouzé*; lesquels sont subiets à desrober les plus belles, qu'ils vendent, bien qu'il soit defendu sur peine de la vie, d'en acheter d'eux, si le Maistre ne les tire d'extremité de leurs mains en leur donnant quelque chose; autrement ils aymeroient mieux les ietter que de les luy donner, s'il ne les faisoit boire d'autant, & ne les gaignoit ainsi par douceur & belles paroles, & bonne chere.

Pesche des perles.

Les Ingas ne se seruoient point de perles, pource qu'ils ne vouloient pas, par bonté exposer leur sujets au hasard de cette pesche dangereuse; mais les Espagnols non pas esté si conscientieux; Ils font plonger ces pauures pescheurs dix & douze brassée de profond, pour arracher les huitres des roches, & pour fortifier leur haleine en cette grande profondeur & longue demeure de pres d'vne heure par fois : ils les font manger peu & garder continence.

Il en fut apporté vne pour le Roy, grosse comme vn œuf de pigeon, qui fut prisée 14000. ducats. On dit qu'elle en valoit cent mil, & fut appellée la Peregrina. Le negre qui la tira de l'huistre eut la liberté pour cela, & le maistre fut fait Arguizil ma,or de Parama.

Pour les Esmeraudes la mine en est au Mexique, & la nou- *Pierres precieuses contraires à l'impureté.* uelle Grenade au Perou, pres Manta & Portouiejo; I'en auois vn iour achepté vne tres-belle d'vn Marchand Abissin, qui surpassoit en dureté & beauté celles du Mexique & du Perou, estant vn iour en compagnie d'vn gentil-homme de mes amis, il me la demanda & luy en fis vn present; mais deux iours apres, ie la vis rompuë en son doigt, dont il fut estonné, & ie luy en rendis la raison; c'est qu'il auoit couché auec quelque femme, ce qu'il ne me voulut pas confesser, à cause que il n'y auoit là que des idolastres, qui estoit vn tres-grand peché: Vne autre fois me trouuant en vne ville de ces Indes habitée d'Espagnols, i'en auois vne autre, telle qu'vne Damoiselle femme du Lalcayde ou Gouuerneur du lieu, me pria de luy vendre; mais le lendemain elle m'enuoyaquerir, se plaignant que ie luy auois vendu vne pierre rompuë, & moy disputant que non; enfin ie luy demanday si son mary estoit en ville, & elle m'ayant respondu que non & qu'il estoit dehors; lors ie luy dis doucement en riant qu'elle auoit donc couché auec quelque amy, dont elle fut fort estonnée, & enfin elle m'auoüa la verité, pensant que ie fusse vn deuin. Le mesme arriua d'vne autre pierre que ie donnay à vn autre gentil-homme de mes amis, qui me confessa vne semblable verité: car telle est la vertu de cette pierre, quand elle est bonne & fine, & de la vieille mine; Il s'en tire de tres-belles & de grand prix; sinon que la quantité les fait estimer moins. I'en ay veu vne pesant quatre onces donnee pour six mil reaux, qui valoit vn tresor.

L'Esmeraude qui est incorporée dedans la roche, est presque semblable à la mine du metal qui se trouue dedans, & quand elle est imparfaite, la roche mere est venee de vert & de blanc, & ouurant ladite roche on trouue l'Esmeraude imparfaite en sa maturité, de la couleur de la roche verte & blanche: de sorte qu'il est necessaire de la laisser encore long-temps, iusqu'à ce que la nature l'ait renduë en sa perfection, & ils vont fossoyer autre part pour en trouuer de plus parfaites.

Les Mexicains auoient coustume de percer le nez & le

menton de leurs idoles pour y mettre des Esmeraudes.

Vn de leurs Roy mesmes eut ainsi la narine percée, où il mit vne Esmeraude, & de là il fut surnommé nez percé, comme i'ay deſia dit ailleurs.

Du Perou, des Roys, ou Incas du pays de Chilé.

CHAPITRE XIV.

Perou par qui deſcou-uert.

LE Perou fut premierement deſcouuert par Vaſco Nunez de Balboa en 1513. & le premier port recongnu, fut Porto vie o ſous Lequinoctial. L'eſtat du Perou ſous les Incas eſtoit depuis *Quito* iuſqu'aux *Charcas* de 700. l. puis iuſqu'à Chilé de 500. Il y a enuiron 500. ans, à ce qu'ils remarquent par tradition, que les habitans du Perou viuans brutalement ſans police, loix & ciuilité, que quelques-vns eſtimez deſcendus du Ciel, & enfans du Soleil les policerēt & eſtablirent cet eſtat ; dont le premier Roy s'appella *Manco capac*, & tous ſes deſcendans & ſucceſſeurs *Incas*, c'eſt à dire Roys, comme *Capa Inca* ſeul Roy. Ce premier Roy leur enſeigna l'adoration du Soleil, auec des temples & ſacrifices. Leurs Preſtres ou Philoſophes s'appelloiēt Amantas, qui croyoient l'immortalité de l'ame, & apres la mort le repos pour les gens de bien, & vne peine pour les meſchans, puis la reſurrection des corps. Ces Roys Incas eſtablirent de bonnes loix, & eſtendrent peu à peu ce grand Empire, iuſqu'en l'eſtat qu'il eſtoit quand les Eſpagnols y arriuerent Si bien que l'on remarque que comme autrefois entre les peuples de deça l'Empire Romain fut vn moyen de la prouidence, pour reünir, adoucir, ciuiliſer & policer pluſieurs peuples farouches & barbares, & les diſpoſer enfin à la vraye Religion ; ainſi en quelque maniere au Perou, la mo-

Par qui po-lice.

narchie des Incas feruit à la mefme chofe, entre tous ces peuples rudes & groffiers, fauuages & idolaftres, ou fans loy & religion, viuans comme des beftes brutes, pour les vnir & policer, & enfin pour les amener à la cognoiffance d'vn vray Dieu, comme ils font aujourd'huy.

Cependant ce qui eft à admirer en cette rudeffe & igno- *Calendrier* rance de toutes les fciéces morales & naturelles, leurs *aman-* *du Perou.* *tas* ou fages ne laiffent pas d'auoir quelque cognoiffance des effets du Soleil, de la Lune & autres aftres, car ils couurent en quelque forte le mouuement du Soleil annuel, & le vulgaire contoit les années par les recoltes. Ils cognurent auffi les Solftices qu'ils marquoient par huict iours, à l'Orient de Cufco, & autres à l'Occident, ils contoient les mois par Lunes, & en donnoient 12. à l'an, adiouftans, bien que groffierement, les onze iours de refte par les points du Solftice, obferuoient les Equinoxes, dont celuy de Septembre eftoit la principale fefte du Soleil, puis que c'eftoit en leur climat le retour du Soleil. Ils recognoiffoient ces Equinoxes à l'ombre d'vne colonne: de mefme que les Eclipfes, pendant lefquelles ils eftimoient le Soleil irrité contr'eux, & la Lune malade. Les Roys auoient pris l'Arc-en-ciel pour leurs armes, & deuifes.

Ils contoient toutes chofes par nœuds faits de filets de diuerfes couleurs, & auoient quelques confonnance de mufique, par chants & inftrumens de cannes liees enfemble de quatre en quatre, en façon de fleûtes, furquoy ils fçauoient diftinguer leurs paffions d'amour, contentement ou douleur. Comme auffi ils auoient quelques poëfies & vers auec mefure & fans rime, & appelloient leurs Poëtes *Harauec,* c'eft à dire inuenteurs, comme eftoient nos *Trouuerres*.

Leurs temples eftoient bien baftis de pierre, pleins de richeffes d'or & d'argent. La figure du Soleil eftoit toute d'or, qu'vn Efpagnol prit & ioüa en vne nuit, dont on difoit par prouerbe ou brocart, qu'il auoit ioüé le Soleil auant qu'il fut leué. Pour des pierreries il n'y auoit que des Efmeraudes & Turquoifes: car de Diamás & Rubis le pays n'en porte point. Il y auoit le Iardin d'or où eftoient toutes fortes d'herbes, ou plantes, arbres, fleurs, fruits, animaux, faits d'or ou d'argent au naturel. En vn mot les richesses qui furent trouuees par les Espagnols estoient sans nombre, & si encores n'estoit ce rien au prix de ce que les naturels cacheoient ou iettoient dans les lacs & dans la mer, qui ne se peuuent iamais retrouuer. Ils auoient des Monasteres de filles dediés au Soleil & gardans perpetuelle virginité, & ne voyans point d'autres personnes, les superieurs s'appelloient *mamacunes* ou *Aiamacones*.

Le dernier de leurs Incas ou Roys, fut *Atahualpa* ou *Atabalipa*, qui fut le 14. apres Manco Capac.

Leon 7 Inca, dit Viracocha, fut grand guerrier & conquerant, lequel eut vne vision d'vn de leurs Dieux Viracocha, phantosme, portant la barbe longue & vn long vestement, de la sorte que les Espagnols estoient, ausquels ils donne-

Incas ou Roys du Peron.

rent ce nom de *Viracocha* à cause de cela. Les Indiens estans sans barbe, & portans des habits courts. Ils disent que ce phantosme predit la venuë des Castillans, peuple incognu, qui leur osteroit leur estat & religion.

Le 10. Roy *Tapanguy* fit de grandes conquestes & estendit son Empire plus de mille lieuës. iusqu'à Chisé, & fit bastir le Palais ou forteresse de Cusco, qui semble plustost des rochers entassez par enchantemens, qu'edifice, basti par industrie & force d'hommes; pour la grandeur des pierres de 38. pieds de long & 1v. de large, & qu'ils n'auoient aucun vsage de fer, charetes, beufs, esquicores, gruës, ny poulies: mais l'ont tirée de bien loin à force de bras.

Le 12. Inca *Huaina Capac* dit par les Espagnols *Guainacaua*, fut celuy qui fit faire ces grands chemins si fameux, auec leurs tombes & hostelleries de Quito à Cusco, par plus de 500. l. l'vn par la montagne, l'autre le long de la mer par la plaine, qui sont des ouurages, surpassans tout ce qu'on vante tant des Romains, pour leur longueur, industrie, trauail & frais; & aussi cette riche & prodigieuse chaisne d'or de 350. pas de lõg, dont chaque chesnon estoit gros comme le poignet, pour seruir à vne danse, que les Espagnols ne sceurent iamais trouuer.

Ce Roy estoit capable de la vraye religion, car il raisonnoit, que le Soleil ne pouuoit estre leur souuerain Dieu, mais qu'il y en auoit vn plus puissant, qui luy commandoit de marcher continuellement, autrement si le Soleil estoit le maistre il se reposeroit quelquesfois pour son plaisir seulement, non pas par necessité, au lieu que le souuerain Dieu doit estre en tres-grand repos & fait tout sans trauail, ce que ne faisoit pas le Soleil.

Ce Roy *Huaina* estant en repos en son Palais de Tumipampa, eut en 1515. nouuelles de quelques gens estrangers, non inconnus tous, qui costoyoient les riuages de son estat; c'estoit Nunez Balboa, qui le premier descouurit la mer de Sur, en 1513 & depuis Pizarre & ses compagnons, qui les premiers gagnerent le pays en 1531. Cette nouuelle mit ce Roy en grand soucy, se souuenant lors d'vn ancien oracle entr'eux, que des gens estrangers, barbus, viendroient gagner & destruire leur Empire: outre qu'il y eut dés l'an 1512. diuers presages qui signifierent cela. Pour ce sujet ce Roy donna aduis à ses enfans en mourant, de se faire ami de ces hommes blācs & barbus qui deuoient venir, pour estre leurs maistres; & les Indiens disent pour leurs excuses de ce qu'ils ne se sont pas defendus contre les Espagnols en si petit nombre, que ce n'estoit faute de courage, mais pour obeyr au commandemens & aduertissemens de leur Roy. *[Presage de la venuë des Espagnols.]*

Ce *Huaina* laissa plus de 300. enfans de ses femmes, neantmoins il n'y en auoit qu'vn legitime nommé *Hilascar*, de sa femme, qui estoit sa sœur. Et en eut vn autre d'vne concubine fauorie, nommée Atabalipa, auquel il laissa le royaume de Quito ou Quitos, & Huascat regna souuerainement à Cusco; mais Atabalipa ne voulant pas rendre hommage à son frere, luy fit vne guerre cruelle, le defit & prit, & fit mourir tous les Incas & Princes du sang Royal, pour regner seul, contre les Loys de l'estat, n'en estant pas capable, pour n'estre pas né d'vne mere fille de *Coya* c. de reyne, ny de *Palla* c. princesse du sang. Il fit mourir plus de 200. de ses freres, puis grand nombre d'autres proches, tant hommes que femmes, tant qu'il en peut attraper, auec de grands tourmens : &

estendit sa cruauté mesme sur tous les seruiteurs & officiers Royaux, auec des embrasemens, violemens & plusieurs autres maux. En la prouince seule des *Canares* il fit mourir 60. mil hommes, pource qu'ils auoient tenu le party de son frere, & remplit tout l'estat de morts & desolations horribles. Ausi ce meschant homme, en fut iustement puny par les Espagnols, encore plus meschans que luy, & eux depuis par eux-mesmes ne pouuans trouuer pires qu'eux.

L'an 1526. François Pizarre & Diego d'Almagro estans à Panarma, ayans desia demeuré assez long temps aux Indes, & aydé aux conquestes d'Vraba, Cartagene & autres lieux, resolurent l'expedition, & descouuerte du Perou, où ils aborderent auec de mauuaises rencontres du commencement: puis Pizarre estant allé en Espagne obtint le gouuernement de ceste conqueste à faire: & auec quatre de ses freres, Diego, d'Almagro & quelques autres, firent ceste entreprise l'an 1531. & la mirent heureusement à chef, ayans pris Atabalipa, qui leur donna pour sa rançon, tant d'or & d'argent, lequel nonobstant il ne laisserent pas de faire mourir ignominieusement par les mains d'vn bourreau.

Cruauté Espagnole

C'est ainsi que fut conquis ce grand & riche Empire, par vn petit nombre d'Espagnols; la Prouidence par des secrets inperscrutables, se seruant de l'auarice, cruauté & autres vices de ces Conquerans, pour amener ces peuples à la connoissance d'vn vray Dieu: & cependant les Espagnols y commirent toutes les sortes d'insolences & cruautez don on se sçauroit auiser, pour enrichir & assouuir leur insatiable cruauté: ce qui a esté tant dit, remarqué, & exageré, par leurs histoires, & docteurs mesmes, qu'il n'est besoin de les representer dauantage: mais aussi tous, ou la plus part le payerent bien, quand par haines, enuies & guerres intestines entr'eux, ils les firent mourir les vns & les autres, & vengerent ainsi les mauuais traittement qu'ils auoient faits aux paures Indiens; Et ceux qui eschapperent de leurs mains propres furent diuersement executez par iuste commandement de l'Empereur Charles le quint, qui enuoya quelques licentiez, comme *Vacca de Castro*, & *la Gasca*, pour faire vne bonne & ferme iustice de

tous

tous ces mutins & seditieux; les Pizarres & Almagros entr'-
autres y perirent tous. Le premier Vice-roy eſtably au Perou fut vn Blaſio Nunez en 1544. la ville de Lima ou des
Roys y fut fondee, premierement par Pizarre en 1533. qui
depuis a eſté touſiours la demeure des Vice-roys, le ſiege
du Parlement, Inquiſition, Vniuerſité, & Egliſe Metropolitaine de tout cet eſtat.

Quant au grand pays de Chilé, que les Incas n'auoient peu dompter, *Almagro* fut le premier qui le trouua, puis en 1540. vn *Valdiuia* y penetra & le conquit, mais il trouua telle reſiſtance des *Araucans* petit peuple de cette grande Prouince, qu'enfin il y demeura, fut tué & mangé en 1553. & depuis ce temps-là pédant plus de 50. ans ils n'ont ceſſé de guerroier les Eſpagnols auec vn grand ordre & diſcipline militaire, qu'ils auoient apriſe d'vn *Lautaro* Indien fils d'vn Cacique qui auoit eſté page de *Valdiuia*, puis ſe reuolta contre luy. Cet Arauco eſt vn petit endroit de Chilé, qui n'a pas plus de 20. l. de lōg & 7. de large le long de la mer, & cōtient le plus braue & belliqueux peuple des Indes, que les Eſpagnols appellent pour cette conſideration; *El eſtado indomite* ou ſont les vallées de *Penco, Purto, Incapol, Angol, Cauten*, &c. & les villes de la Conception & de l'Imperial. En 1599. les Araucans prirent & ruinerent la ville & fort de Valdiuia & autres, y ayant tué tous les Eſpagnols, tant hommes que femmes & enfans, & ſacagé & bruſlé tout; & euſſent acheué tout le reſte du pays s'ils n'euſſent eſté repouſſez, &c.

Chilé Prouince.

Cette guerre continuelle contre les *Araucans* a donné ſujet au fameux Poëte *Alonſo de Ercilla* d'en compoſer ſon Poëme de l'Araucane, ou il décrit le pays & la guerre faite par les Eſpagnols contre eux, & commence par cette vanité, vrayement Poëtique, & Romanciere Eſpagnole.

> *No las damas, Amor, no gentilezas*
> *De Caualieros canto enamorados,*
> *Ni las maeſtras, regales y ternezas*
> *De amoroſos aſertos y caydados,*
> *Mas el valor, los hechos, las proeſas*

*De aquelles Espagnoles esfercados
Que ala cermi de Aranco no domada
Pasieron duro y ago, per la espada.*

La entr'autres choses ie remarque la façon singuliere de ces peuples, a élire pour chef ou Capitaine souuerain, celuy qui portera plus long-temps vn gros arbre de palmier sur ses espaules; comme vn Canpolican fut éleu, qui le porta trois jours entiers sans se reposer tant soit peu.

Du destroit de Magellan.

CHAPITRE XV.

Destroit de Magellan.

E Chilé on vient au destroit de Magellan, qui a pres de cent lieuës de long, & non gueres plus encore de largeur où detrauers, & vn peu dauantage en d'autres parts, lequel ne se descouure point que l'on ne soit du tout en terre, ou les marées sont grandes & dangereuses, & principalement du costé de la mer du Sur, à cause de la petite entrée, au deuant de laquelle il y a force rochers & montagnes, ce qui rend le passage difficile à trouuer, & pour peu auant qu'on soit en la mer, on n'en peut auoir de cognoissance; de sorte qu'il faut l'aller chercher auec la barque du vaisseau, bien que d'ailleurs on en sçache le chemin & la vraye hauteur, qui est d'enuiron 52. d. Il y a vne grande montagne assez pres de sa bouche, qui s'appelle *la Campana*, à cause de sa forme de cloche. Sa plus petite profondeur est de 15. ou 20. brasses, & le fonds en est fort bon. La mer du Sur entre 30. l. dedans, entre des montagnes fort hautes chargees de neiges; celle du Nort y entre 70. lieuës de son costé, ou se peut donner fonds en plusieurs endroits, comme au contraire du costé du Sur la profondeur est telle qu'aucun nauire ne s'y peut arrester. Du

du sieur Vincent le Blanc.

costé du Nort il y a de tres-grandes pleines & campagnes de terre ferme, de part & d'autre, & force riuieres qui se rendent dans ce destroit, couuertes d'arbres d'vne suaue odeur, qui font paresſtre la bonté des terres. Il s'y trouue quelques Isles dedans où il faut aller auec beaucoup de discretion.

Ceux qui habitent le costé du midy sont petits, & ceux du Nort de grande stature, & comme des geans, que Magellan nomma *Patagons*, pour leurs grands pieds; qui sont vestus de peaux de moutons & autres bestes, à cause des froids de ce climat. Ce sont des peuples sans loy, ciuilité & police, vagans çà & là, sans demeure certaine, se retirans sous des cabanes, n'ayans point d'autres armes que des arcs & des fleches. Quand on leur parle & qu'ils n'entendent pas la langue ils regardent le Ciel: ils viuent de chairs qu'ils sechent au Soleil, ils ne font guerre à personne, & s'adonnent fort à la chasse & à la pesche.

Le pays est appellé Chica Patagons.

Ce destroit est fort suiet aux grandes marees, venans des deux costez auec vn grand bruit à la rencontre de deux mers, où est le plus grand danger, & principalemet l'Hyuer, que les vents y regnent auec plus de violance: car iamais le destroit n'est sans vent, ny l'Esté mesme; Il s'y est perdu plusieurs vaisseaux en passant à trauers les rochers, qui semblent vn archipel d'Isles, du costé de la mer du Sud, & mesmes de ceux qui viennent de Lima. Du costé du Sud l'immense profondeur rend la mer plus nauigable, & du costé du Nort la longue traite oste vne partie de la force des ondes: de sorte qu'il n'y a peril qu'au peu de largeur, & en quelques endroits, qui n'est quasi que de la portée d'vne arquebusade. L'Hyuer, les eaux sont plus hautes que l'Esté, & la largeur en est plus grande; mais nonobstant cela ce n'est pas le bon têps pour y passer, à cause des vents fascheux & des froidures. Il y en a qui pensent que les marees ne se rencontrent pas là en mesme temps, & que quand le flux croist d'vn costé il descroist de l'autre, par vn mouuement local de la mer; mais ils se trompent, estant certain, que le flus & reflus y entre & sort de part & d'autre en mesme temps; ainsi que le boüillon d'vn pot sortant du centre s'estend en tous endroits, & diminuant, cesse aussi par tout en mesme instant ; & cela a esté recognu par experience, que en mesme temps les eaux entrent par les 30. lieuës du Sur, & par les 70 du Nort ; la mer s'enflant ainsi de tous costez comme les Pilotes ont remarqué, suiuant le mouuement de la Lune, les marées augmentans ou diminuans selon sa plenitude ou diminution, l'auancement ou retardement chaque iour de ce flux & reflux estât d'enuiron trois quarts d'heure, vn peu plus, conformement au cours de cet astre. Les Espagnols appellent *Cabeça de Aguas* la haute marée de la nouuelle Lune, & *Aguas viuas* celle de la pleine & *Aguas muertas*, les basses marees des cartiers. Ce mouuement admirable de la mer semble plustost vne altercation & vne feruer ou boüillonnement, comme de l'eau dans vn pot sur le feu, que non pas vn mouuement local comme d'autres veulent ; toutesfois ie m'en rapporte aux Naturalistes.

Ce destroit commence au Nort au Cap des onze mille vierges, comme l'appella Magellan, & finit au Sud à celuy de la Victoire, dans l'entre-deux on bastit la ville & forteresse de S. Philippe, laquelle apres, les habitans estans tous peris de faim & de froid, fut appellé le port de famine.

Le premier qui trouua & passa ce destroit fut Fernand Magallanes ou Magellan Portugais qui en auoit ouy parler, & mesme en auoit veu quelque chose dans des cartes Portugaises. Ce fut l'an 1519. lors qu'il alla descouurir le chemin des Moluques de ce costé, pour l'Empereur Charles V. Depuis vn Pedro Sarmicates passa ce destroit du costé du Nort à Sud: du Sud au Nort peu y ont passé à cause du danger & de la difficulté grande de le trouuer de ce costé-là. Depuis ces fameux Argonautes qui ont tournoyé le monde par mer, y ont passé, comme le Drac, en 1579. Candish en 1585. Oliuier de Nort en 1599. & de plus fresche memoire, Sspilberg, le Maire, l'Hermite & autres. Mais le Maire en 1618. a trouué heureusement plus auant vers le midy, à quelque 56. ou 57. degrez le nouueau destroit, appellé de son nom beaucoup plus court, & plus aysé à ce qu'ils disent que l'autre n'ayant

du sieur Vincent le Blanc.

pas de longueur plus de sept lieuës à passer, & la largeur assez grande & aysée. Les Espagnols y ont esté ensuite, & luy ont donné le nom de S. Vincent.

Aux enuirons de ce destroit de Magellan, sur la coste vers le Nort, se trouuent quantité d'oyseaux qui n'ont point d'ailes, & font des trous en terre où ils se retirent, lesquels sont gras & bons à manger, on les appelle *Pinguins*. *Oyseaux sans aisles.*

Le Drac trouua ce destroit à plusieurs beaux havres, ou descendent de bonnes eaux douces; mais on n'y peut aysément entrer à cause de la tres-grande profondeur, & des grands vents & tourbillons qui y regnent. La terre des deux costez est fort haute & bordée de montagnes inaccessibles, particulierement celles du costé du Sud & de l'Est, qui sont en tout temps couuertes de neige. Sa largeur est en quelques endroits de deux, trois & quatre lieuës, & le moins d'vne, ou de deux portees de mousquet. Il y fait fort froid, & l'on n'y est presque iamais sans verglas, glaces, & neges: & toutesfois les arbres y sont tousiours verds, & chargés de fruits.

De ce destroit on remonte par le Cap de *Fendo*, & le Cap blanc, à la riuiere d'argent, où commence la terre de Bresil à 35. degrez au de là de la ligne, iusqu'à la riuiere des Amazones, sous la ligne. Ce fleuue de la Plate ou *Paranai*, *Parana*, & *Paraguay*, le petit s'embouchant tous en vn, sort de la grãde *Cordillera de Sierra Neuada* du Perou ou Charcas, & parcourt beaucoup de pays, auec de grands desbordemens qui couurent tout le pays, & font que pendant trois mois de l'an les naturels habitent en des Canoës attachees aux arbres iusques à ce que les eaux se soient retirées. Il a quelque 35. degrez de bouche; & plus auant en terre, il a plus de 50. l. de large s'estrecissant vers l'embouchure à cause des montagnes, & faisant vn grãd nombres d'Isles. Ce fleuue sort pres la ville de Plata vers Potossi, dont il tire le nom. Quelques autres le tirent d'vn grand lac nommé *Eupama*, dont sortent d'autres fleuues du Bresil, cõme le *Maragnon*; mais ce doit estre plustost le fleuue *Parana* qui entre apres en celuy de la Plate. Le premier qui aborda à l'embouchure de ce fleuue fut Americ *Paranague sort grand mer.*

III. Partie.   R R rr iij

Vespuce l'an 1501. enuoyé par le Roy de Portugal pour descouurir le Bresil ; & pensant que ce fust vn passage de la mer Australe pour les Moluques, se contēta de cela, & s'en retourna sans autre chose. Depuis en 1512. vn Ian Solis pour le Roy d'Espagne y alla & luy donna son nom de Solis ; Sebastien Ganot en 1525. entra bien auant en ce fleuue, & à cause de l'argent qu'il trouua parmy ces peuples, ou plustost à cause que sa source vient proche de la ville de la Plata, vers Potosi comme i'ay dit, il le nomma le fleuue d'argent, ou de la Plata. Les habitans le long de ce fleuue sont d'assez grande taille & longue vie, fort legers & vistes à la course ; vsent d'arcs & de fondes en guerre, & ont la langue Patagonique, ou de Chica. Les Espagnols ont depuis nauigé ce fleuue en montant tousiours iusques vers Charcas & Collao.

L'autre fleuue dont nous auons desia parlé, a cinquante lieuës ou plus de bouche, & sa source est aux montagnes de *Cuntisnya* pres Cusco, les Indiens l'appellent *Apurimac*, c'est à dire, principal chef, & *Capacmaya*, Roy des fleuues : il court du Midy au Nort plus de cinq cens lieuës, depuis sa source à l'Equinoctial : de là il tourne à l'Orient par 650. lieuës en droite ligne, & fait en ses tours & destours plus de mil cinq cens lieuës, voire deux mil l. C'est le plus grand fleuue du monde, qui à son emboucheure rend la mer douce à plusieurs lieuës à l'enuiron. Les Pinçons de Seuille le descouurirent premierement, en l'an quinze cens : puis Orellane le nauigea depuis sa source, presque iusques à son embouchere l'an 1543. Il est remply de force Isles, & la marée y monte plus de cent lieuës. On fait le Maragnon different à 70. lieuës au midy de l'Orrellane, qui sort des grands lacs du Perou, qui viennent des mons couuers de neige : d'autres n'en font qu'vn des deux : Peut-estre pour-ce qu'entrans si proches l'vn de l'autre dans la mer, leurs eaux se ioignent & l'Orellane en porte tout le nom.

marginalia: Orellane fleuue.

du sieur Vincent le Blanc.

Du Bresil, sa conqueste, des Brasiliens, &c.

CHAPITRE XVI.

E Bresil est vne grande Prouince de la Couronne de Portugal, en l'Amerique, depuis le vingt-cinquiesme degré iusques au deuxime de Nord à Sur, qui a quelque 10. degrez en sa largeur, d'Est à Oest, depuis le fort de Para à la bouche du grand fleuue des Amazones iusques à la Plata. Ses limites sont le *Maragnon* au Nord à deux degrez, au Midy la Plate, à 35. A l'Occident les hauts & inaccessibles monts du Perou, & à l'Orient la mer Ethiopique ou Atlantique & de Nord. Pour le pays, c'est vne merueille de la temperature de son climat, bonté & douceur de son air & de ses eaux, & fertilité de sa terre: ce qui rend ses habitans de si saine & longue vie; & bien que son climat soit sous le Torride, toutesfois les vents doux & frais venans de la mer le moderent, de sorte que l'habitation en est tres-douce: faisant le matin quelques broüillards & nuages qui raffaichissent, & que le Soleil apres resout en air. Ce ne sont que belles campagnes ouuertes, collies agreables, montagnes fertiles, vallées fresches, douces prairies, force bois, riuieres & fontaines d'eaux excellentes, auec vne merueilleuse abondance de toutes sortes d'arbres, plantes, fruicts, grains, animaux, sucres, baumes. En vn mot, c'est le meilleur pays du monde pour toutes les necessitez, & delices de la nature. Entre les animaux estranges, il y a le Cerigon de la grandeur & forme d'vn regnard, de couleur entre iaune & gris, qui porte en son ventre comme des bourses ou poches, où il enferme ses petits, quand on le chasse. Puis vn autre que les Portugais appellent *Pereza*, à cause qu'il va si lentemét, qu'en quinze iours il n'auance pas vn ic. de pierre, & n'y a force &

Bresil.

Cerigon animal.

coups qui le puissent faire haster dauantage. Il ne vit que de fueilles d'arbres, où il est quelques iours à monter & descendre. Il y a aussi des Cameleons, dont nous auons assez parlé ailleurs.

Du Bresil au Cap de bonne esperance, il y a vn golfe de 1200. lieuës horrible & furieux à cause, de ses vents & tempestes, dont la coste est de 1000. ou enuiron.

Le pays est diuisé en 9. Gouuernemens ou Capitaineries, où il y a enuiron quelques 17. peuplades de Portugais le long de la coste, comme *Tamaraco, Pernanbuco, Todos Santes*, ou *San Saluador, Puerto Seguro, Espiritu santo, Paraiba Genere* & autres, &c. les Caps S. Augustin, & S. Vicent, le fleuue S. François, &c.

Par qui le Bresil fut descouuert.

Les premiers qui descouurirent ce pays furent Vespuce, les Pinions, Lopez, & Cabral enuiron l'an 1500.

Pedro Aluarez Cabral le descouurit principalement en 1500. estant enuoyé par le Roy Emmanuel pour les Indes d'Orient, mais la tempeste le ietta là, & il nomma le pays de Saincte Croix & le lieu où il aborda Porto Seguro.

Ce Cabral se contenta pour lors de prendre possession du pays, sans s'y arrester, & les Roys de Portugal ayans d'assez autres grandes affaires en Affrique & en Orient, negligerent ces nouuelles conquestes, iusques à ce qu'Emmanuel, vn peu auant sa mort, y enuoya vn Gonzalo Cotello qui suiuit ceste coste auec beaucoup de trauail & de dangers, & retourna sans auancer aucune chose : & depuis le Roy Dom Iean 2. enuoya y Christoual Iaques, qui descouurit quelques 11. cens lieuës de coste, & entr'autres la Baye de todos santos, où il trouua au fleuue de Paraguasu deux vaisseaux François qui trafiquoient auec ceux du pays : ce qui monstre que nos François ont esté des premieres à negotier auec ces peuples, dont les Portugais n'y auoient que peu ou point de connoissance. Ce Iaques traitta mal nos François, mettant à fond leurs vaisseaux, & faisant mourir tous les hommes assez barbarement, mais à la mode Espagnole, qui ne peut tout descouurir & habiter, & ne veut souffrir que les autres le facent.

Depuis

du sieur Vincent le Blanc.

Depuis ce temps-là les Roys de Portugal y enuoyerent, & firent le departement du pays en Capitaineries, & vn *Duarte Coello* s'accommoda en celle de Pernembuc où il se fortifia: ceux du pays qui aymoient mieux l'humeur douce de nos François luy faisans forte guerre. Et ainsi d'autres Portugais auec la licence de leur Roy, s'accommoderent en d'autres lieux soubs titre de capitaineries, comme vn Pereire Contino au fleuue sainct François & Baye de tous les saincts, où ils y planterent des Cannes de sucre, & bastirent des engins à le faire. Mais ce chef enfin fut defaict & assommé par les Topinambous ses voysins & ennemis. [En 1535]

Le premier Gouuerneur & Capitaine general de tout le Bresil, fut vn Thomas de Sosa en l'an 1549. auec vne flote de mil soldats: & quelques Peres Iesuites qu'on y mena pour la conuersion & instruction de ces peuples sauuages, lesquels furent logez en la nouuelle ville de San Saluador: Et le premier Euesque du Bresil fut en 1550. vn *Fernandez Sardina*.

Nos François sous Villegagnon y voulurent aller peupler en 1555. vers le fleuue Ganabara à 23. degrez: mais chacun sçait la mauuaise issuë qu'il eut au voyage, par la faute des nostres & le mauuais traittement qu'ils y receurent des Portugais; il n'en est pas arriué mieux depuis en 1594. 1604. & 1612. vers Maragnon, où les mesmes fautes des nostres, & le mesme cruel traittement des Portugais, nous ont exclus entierement de ce pays-là; où depuis les Hollandois ont eu plus de bon heur & de resolution & patience à s'y establir. Et cependant les nostres y auoient plus de droict, à cause du commerce de tout temps entr'eux & ces peuples-là; qui nous ayment naturellement, & hayssent les Portugais, voire tous autres. [Villegagnon]

On dit que l'origine de la plus part de ces peuples Brasiliens, vient depuis quelques siecles des costez du Perou, d'où ils sont venus en diuerses habitations, de proche en proche, & de temps en temps.

Ces peuples sont fort barbares, mangeans la chair humaine, de leurs ennemis seulement vont tous nuds, tant hommes que femmes, & sont de couleur iaunastre & verdastre,

III. Partie. SSss

assez petits & tous camus : car leur coustume est que quand vn enfant n'aist, ils luy enfoncent le nez, comme on faict icy aux petits chiens ; les femmes sont exemptes de cela, ausquelles ils laissent le nez en son entier. Les hommes n'ont point de poil à la barbe, & l'arrachent soigneusement auec de petites pincetes.

Ils se font des trous soubs le menton si grands qu'il y passent la langue, qui est chose hideuse & vilaine à voir, où ils enchassent des pierres, tenans cela à beauté : les femmes portent les oreilles percées, auec de petits grains de verre qu'on leur donne en eschange. Elles portent vne petite tuffe de coton à l'entour de leur poil pendant, & les filles de mesme ; du reste elles sont nuës ; mais ie trouue qu'elles prouoquent moins à la lubricité dans leur nudité, que les nostres auec leurs habits pompeux & leurs affiquets : d'autant qu'estans ainsi nuës elles sont laides & brutales, encore qu'il s'en rencontre de belles : elles sont du tout à la volonté des hommes, principalement les filles & les veufues : car les mariées se tiennent auec leurs maris pendant qu'ils viuent : bien que ces coustumes varient fort, cõme tout le reste d'entre ces peuples qui sont si diuers. Ils viuent tous naturellement de ce que la terre leur donne d'elle-mesme, sans la cultiuer. La racine dont ils font leur manger & leur boire, est d'assez bonne substance. Ils en ont vne autre qu'ils appellent *Pachouqui*, qui a le goust de la chastaigne ; on en a porté en Espagne qui y a fort bien reussi : les Espagnols l'appellent *Parates*. Ils ont force bestiaux & toute sorte de chasse, & sont fort adroits à prendre auec l'arc, dont ils tirent fort iuste.

Plusieurs Chrestiens se sont naturalisez parmy eux, ayans esté pris, soit pour n'auoir eu moyen de se sauuer, soit de volonté, pour y auoir femme & enfans : & de ceux-la on a appris plusieurs choses de leurs mœurs & langue : mais le mal est que quelques vns se sont laissez aller aussi à leurs mariages, superstitions & idolatries. Et quelque chose que nous puissions leur remonstrer pour les exciter à quitter vne si malheureuse & brutale vie, il ne nous respondoient autre chose que des larmes & des souspirs, & encore ne les eussions

du sieur Vincent le Blanc.

nous pas connus pour François, & ne se fussent iamais decla- *Anthropo-*
rez ce's à nous, si vn des nostres ne les eust descouuerts en les *phages.*
voyant si attentiuement escouter nostre langue, & comme
nous leur disines qu'ils estoient Chrestiens, vn d'eux respondit que non, ce qui monstroit bien qu'ils nous entendoient:
& de faict l'vn estoit Rochelois, & l'autre de sainct Malo,
qui furent pris en 1571. en allant chercher de l'eau vers le Cap
sainct Augustin. Cinq des leurs furent mangez par les sauuages, & trois à cause de leur ieunesse furent gardez, ou peut-
estre pour en auoir asses d'autres, encore qu'ils soient fort
frians de la chair humaine, disans que c'est la meilleure &
la plus delicate de toutes.

Ces peuples viuent au reste fort simplement dans de petites maisons ou cabanes toutes rondes, sans aucuns meubles
ou vstensiles, sinon quelques petits vaisseaux de terre ou de
bois, & vn lict de coton attaché en l'air, d'vne part & d'autre,
au bout de leur maison, & ce lict est faict comme des rets à
pescher. Ils sont gens fort faciles à croire, & faudroit peu
auec l'intelligence de leur langue pour les conuertir.

Leur creance generale est de l'immortalité de l'ame, &
qu'apres leur mort, ils vont danser auec leurs peres derriere
les montagnes: car tout leur plaisir est à la danse, & à toutes
les heures ils dansent, quand ils en ont la moindre enuie, *Leur cré-*
comme aussi ils mangent à tous propos sans auoir aucune *ce.*
heure reglée pour cela: & se leuent quelquefois du lict à
minuict pour manger, & ne boiuent iamais en mangeant,
mais apres tout leur saoul. Il y a quelques-vns de ces peuples
qui croyent que les ames de ceux qui ont bien vescu selon
leur loy naturelle, passent en de beaux corps, & les autres au
contraire en de fort laids & difformes, pour peine: qui est
aucunement la metempsychose Pythagorique, dont nous
auons parlé dans les Indes Orientales.

Les Sourous & Caramels qui sont pres la riuiere de la
Plate, vers le Paraquay en leurs mariages, n'ont qu'vne femme qu'ils demandent à leur pere, qui ne la refuse iamais à
des gens braues & genereux en la guerre, où est toute leur
noblesse & vertu, & en ces mariages leurs Prestres *Caraibes*

SSss

ou pages, font quelques ceremonies, en leur faifant changer d'*Otoya* ou fouliers de corde: pour leur menage ils n'ont que quelque couche & vn lict de coton, & vne *ftere* faicte de paille de *Totora* ou ionc marin. Le pere leur fera porter auffi quelque petit pannier où il y aura des ceintures de coton & autres rubens à lier les cheueux, quelques pieces d'Otoya, & des fleurs, & pour le mary de belles plumes.

Tous leurs biens font en commun, finon les femmes, qui demeurent & viuent fidellement auec leurs maris, fans iamais leur faire faute, car quand elles y manquent, elles font punies fans remiffion, ou il faut quelles s'en fuyent du pays: ailleurs ils ne fōt pas fi Rigoureux: mais pour les filles & vefues, viuent en toute liberté : & fi vn mary trouuoit fa femme pucelle, il s'eftimeroit mal marié, & qu'elle feroit bien laide puis que perfonne ne l'auroit touchée. On ne voit gueres ou point le mary & la femme en debat enfemble, & ils tiennent cela à vn grand courroux de leurs Dieux, aufquels ils font quelque facrifice pour les appaifer. Quand les femmes ont enfanté, elles mettent leur enfant dans vn petit filet de cotō fans autres drapeaux, & s'ils fe fouillent, elles les nettoyent auec du fable, & quand ils veulent dormir leur mettent le front contre terre ou fable, où ils dormēt fort bien fans courir aucun danger. Ils ont certaines herbes connuës, qu'elles mettent pres d'elles, quand elles font proches d'accoucher, ce qui les ayde fort; & tout auffi-toft elles menōt grand ioye en la naiffance d'vn enfant, fur tout quand c'eft vn mafle: & cette ioye eft generale, difans tous que ceftuy-là les vengera de leurs ennemis.

Ils mangent à terre ou fur des efpeces de ionc, qui leur fert auffi à couurir leurs cabanes. Ils dorment auffi fouuent au ferain fans acune incommodité, tant l'air y eft doux & temperé.

Mœurs de Brafiliēs.

Ils font fort ignorans fans aucunes lettres ou caracteres, viuent d'vne racine dite *Mandioc*, dont ils font de la farine, & mangent cela fans la cuire, & en font auffi leur breuuage, la faifans boüillir auec de l'eau, qui a le gouft de laict aigre: ils viuent auffi de farine de poiffon feiché au Soleil, font grands

du sieur Vincent le Blanc. 141

chasseurs & bons archers. Leur principal trafic est de Bresil ou Araboutan que les hommes & femmes vont querir bien loin, & qu'ils apportent sur les espaules pour les changer à des bagatelles de verre ou de petits cousteaux & miroirs. Ce Bresil est vn arbre fort haut, qui a les feuilles fort petites sans aucun fruit. Il y en a de plusieurs sortes, comme iaune, blancheastre & incarnat. Ils trafiquent de cela auec les Marchands sans s'entendre, en metant leur bois tout droit d'vn costé, & de l'autre ce qu'on leur veut donner, & s'accordans ainsi par signes chacun emporte sa marchandise.

Il y a des endroits ou leur boire est d'vne racine, dite Piroüa, qui a vne certaine odeur qui donne à la teste à qui ne la accoustume: & qui rafieschit comme de la tisane, estant de couleur orangee quand elle à boüilly.

Comme nous estions en Caramel, ils nous faisoient la meilleure chere qu'ils pouuoient, & nous conuioient de manger à tout propos, & s'estonnoient fort de nos coustumes, & admiroient & estimoient grandement nostre ciuilité: mais ils s'estonnoient entr'autres de nous voir si souuent leuer le chapeau qu'ils appellent Tamin, & quand nous leur disions que c'estoit pour faire honneur, ils en estoient satisfaits, & nous conuioient de nous marier là & nous habituer au pays, nous offrant de leurs plus belles femmes, & prenoient grand plaisir a voir toutes nos façons de faire & nos sortes d'habits.

Ces peuples la pluspart en mangeant & beuuant, prenent la resolution d'aller à la guerre contre leurs ennemis, pour auoir des prisonniers, & en mesme temps sont d'acord de sortir tous ensemble, & font reuerence au Soleil, auquel ils promettent, s'il leur ayde, de luy sacrifier des plus beaux prisoniers, puis choisissent quatre des plus vieux d'entr'eux pour les commander, & leur obeyssent tous d'vn accord. Ils marchent auec de certains instrumens comme tambours qui font grand bruit, & sont enioliuez de force plumes, leurs armes sont de masses de Bresil, que les vns appellent sangai autres araboutant, des arcs tres grands & des flesches sans fer faites de bois tres dur, & qui font vn aussi grád effet qu'auec du fer;

Brasiliens Anthropophages.

SSss iij

ils iront en cet equipage 15. ou 20. l. en la montagne, pour tafcher d'atraper leurs ennemis qu'ils ne trouuent gueres defpourueus, & là fe combattent auec tant de rage qu'ils ayment mieux mourir que de fe laiffer prendre; car tout leur contentement & leur gloire eſt de prendre leurs ennemis en vie pour en faire chere; ils les prennent & lient, les traittent bien, & mefmes les marient auec leurs fœurs & telle qu'ils voudront, que le prifonnier l'efpoufe & demeure auec elle iufqu'à ce que le iour de fon facrifice viéne; le foir d'auparauant ils le luy fignifient en bons amis, & l'autre reçoit cela alaigrement & fait bonne chere auec eux, beuuans, mangeans & danfans auec grande refiouyffance tous enfemble, fans diftinction quels font les prifonniers ou non. Le iour venu ils le mennent faire le tour de leur habitation, ville ou village, felon les diuers pays du Brefil, chacun le fuit auec ioye, & les enfans le huent & fe mocquét de luy; qui fans fe foucier de cela, exalte fes proüeffes, leur reproche qu'il en a bien fait autant des leurs, & que fa mort fera bien vengee par les fiens, puis il nomme tous ceux d'entre eux qu'il a mangez auec fes compagnons, les autres vont toufiours chantans & danfans fans fe foucier de ce qu'il dit, puis arriuez au lieu de l'execution, ils le detafchent & luy difent quil fe vange comme il pourra auant que de mourir, & luy prenant tout ce qui luy vient en main, frape, ruë, & iette contre qui il peut, & par fois en bleffe quelqu'vn qui ne s'eſt pas efcarté affez toft, cela fait vn deux vient qui d'vn coup de maffe fur la tefte l'affomme, & auffi-toft quele corps eft fendu, ils luy arrachent toutes les entrailles, & donnent le cœur à leurs Caraibes, Pages ou Preftres pour le facrifier à leurs Dieux, lo Soleil, le tonnerre, ou autre chofe felon les pays, & nettoyans le corps auec de l'eau chaude le mettent en pieces, puis fur le boucan ou gril de bois, le faifant roſtir, & ne tournans iamais la chair qu'elle ne foit toute cuite d'vn cofté, dont apres ils font chere tous enfemble.

Prifonniers de guerre. Ils vont attaquer leurs ennemis en leurs habitations, qui feront en quelques endroits enuironnés de pieces de bois pointues afin que les ennemis s'y attrapent & enfilent: & les

du sieur Vincent le Blanc. 143

autres taschent d'enfoncer cela par quelque endroict le plus foible, & taschent tousiours de venir aux mains & aux prises, car ils sont robustes & fort de reins.

La pauure femme de ce prisonnier ainsi traité, fait les plus grandes desolations du monde, & mesmes lors qu'elle se sent enceinte, pensant bien que l'on en fera autant de son enfant lors qu'il sera arriué à l'aage de deux ou trois ans, qui est vne estrange cruauté : & ainsi ils esgorgent ce qui sera venu de leur propre sang, sous le seul pretexte qu'ils sont enfans de leurs ennemis ; mais ils ne mangent que les hommes & non iamais les femmes.

Parmi ces barbaries ils ne laissent pas tousiours de tesmoigner quelque bon sens naturel, auquel il faudroit peu d'instruction & d'adresse pour le faire reüssir à mieux. Comme quand nous leur reprochions leur nudité, ils nous respondoient de mesme que nous estions bien stupides & insensez de cacher ce que Dieu nous auoit donné si liberalement, & que nous n'auions que faire d'employer & perdre nostre argent en habits, qui ne seruent de rien, puis que nous n'auons pas esté creez de la sorte.

Vn autre me demandoit vn iour pourquoy nous autres Chrestiens venions hazarder nos vies si loin, si c'estoit pour voir seulement ou pour gagner leur terre, ou nous n'auions aucun droict, & luy ayant respondu que ce n'estoit pas pour cela, mais pour tascher de gagner quelque chose parmi eux, & quel guain disoient-ils d'vn meschant bois & autres choses qui vallent si peu, & luy disant que ce bois valloit beaucoup d'argent en nostre pays, & que cela nous aidoit à viure ; Et quoy disoient-ils, se prenât à rire, vostre terre est elle si miserable qu'elle ne puisse suffire à vous donner la vie & la nourriture, & luy disant que nostre pays estoit assez bon pour nous nourrir suffisamment : mais que nous desirions d'en auoir dauantage & gagner des richesses pour en viure plus à nostre aise nous & nos enfans : Et quoy disoient-ils, ces richesses là vous mettent-elles plus en la grace de vostre Dieu, vous empeschent elles de mourir, & les emportez vous auec vous ? & luy disant que non de tout cela ; mais que nous estions bien

Barbares douez d'vn bon sens.

aises de laisser cela aux nostres, & puis que la terre, disoit-il, a esté suffisante de vous nourrir vous & vos peres, ne le sera telle pas aussi pour vos enfans & vostre posterité? Et cette mesme raison ils l'alleguoiēt quand nous les blasmions de ne cultiuer pas leur terre, disans que puis qu'elle auoit nourry eux & leurs peres de la sorte, qu'elle ne manquera non plus à leurs enfans. Si bien que ces pauures gens là viuent exempts de toute sorte de passion d'auarice, ambition, enuie, conuoitise, & trauail de corps & d'esprit: S'ils ont quelque chose de bon ils appellent leurs voisins & se reiouyssent ensemble en le mangeant, n'y ayant qu'amitié, candeur & franchise parmi eux, sans iamais se quereller, ny dire vne mauuaise parole, ils vont librement les vns chez les autres, ou ils mangent de bon cœur ce qu'ils trouuent: comme de leur breuuage de Cauain que les Caramels appellent Piroua, qu'ils mettent en des cruches & font boüillir la racine auec de l'eau, & quand ils en veulent boire ils la troublent fort, & la rendent tiede: qui a le goust de lait aigre, & pour en auoir de meilleure, en quelques endroits ils la font macher par des filles, puis cracher & faire boüillir cela leur est vn breuuage exquis. Ils ont vne autre sorte de racine qu'en quelques endroits ils appellent elcout, que ie trouue meilleure que toute autre, qui a le goust de la noix: mais si on en mange trop elle altere, & a de grandes vertus: car en la destrampant auec vne autre appellee monqueit,

Herbe medicinale. purge sans violence: Ils ont vne certaine herbe fort basse & les feüilles larges comme la main, dont il guerissent toutes sortes de playes & de blessures, & ie l'ay esprouué quelquefois. Estāt tombé sur vn rocher ou ie me fis sept ou huict blessures assez fascheuses, veu vn Indien me fit cueillir de cette herbe dont ie fus guery dās trois iours. I'ay veu de cette herbe en Egypte & en Italie aussi, & croy qu'en France il s'en trouueroit. Ils ont d'vne autre racine dite Iehearait qui purge comme la rubarbe mais plus doucement; ie croy que c'est ce qu'on appelle Mechouacan qui vient de la nouuelle Espagne. Ils ont vne autre racine, bonne à emplastres sur l'estomac pour purger, & les femmes l'appliquent sur la teste

des

du sieur Vincent *le Blanc.* 145

des filles, & leur font sortir leurs fleurs par là: car elles leur font mettre les deux pieds ioints sur vne pierre, & auec vne petite incision leur tirent ce sang sans aucune douleur.

Ces Brasiliés & entr'autres les *Toupinanba* caressent fort les Estrangers & sur tout les François, & leur donnent librement à manger de ce qu'ils ont: Quand vne femme veut caresser & receuoir quelqu'vn, elle s'assie à terre, puis se met fort à pleurer comme si on l'auoit bien batuë, & soudain se redresse & vous fait mille caresses, & vous remercie des petits presens de bagatelles qu'on luy aura faits, & tesmoigne qu'elle prendroit plaisir qu'on se resiouist librement auec ses filles pour auoir souuenance d'eux: & i'en ay veu de si miserables entre les nostres, qui abusoient de cette malheureuse courtoisie, se meslans indfferemment auec ces paures filles idolatres, qui est vne abomination qu'on ne sçauroit assez detester.

Ils estoient du tout sans lettres & caracteres, & en leur prononciation mesme ils manquoient des lettres F. L. R. si bien que l'on peut dire par là qu'ils estoient sans foy, sans loy, & sans Roy. Ils s'adonnoient à quelques diuinations & superstions de leurs Prestres enchanteurs. Ils auoient quelque obscure cognoissance du deluge vniuersel par vne ancienne tradition, les vns croyãs la recompense & la peine du bien & du mal apres la mort, les autres non, mais tous l'immortalité de l'ame, & qu'ils demeureroient tels en leurs personnes qu'ils auoient esté en cette vie & au temps de leur mort; Ils enterrent les morts, & metent en la sepulture quelque alimens pour certains iours, auec leur amaca ou lit de coton. Ils n'auoiët aucun Roy ou Superieur qui leur cõmandast sans demeure certaine, ceux d'vn mesme lignage se mettans ensemble en quelque vallon à part, comme les Adoüers d'Afrique, & changeans aussi d'habitation, selon leur phantaisie: Plusieurs familles viuans sous mesme toit, ils sont grands chasseurs, pescheurs & nageurs, vindicatifs aux iniures receuës; ont l'esprit fort inquiet & enclin à la guerre, en prosperité & diuersité sont tousiours d'vne sorte, patissent aisément la faim quand ils ne trouuent dequoy manger, & quand

III. Partie.   TTtt

ils en ont, ne cesse de manger & boire, & s'urongner à leur
mode. Ils attribuent tout le bien & le mal qui leur arriue, les
vns au destin, les autres à la fortune & au hasard.

Ils sont partagez en plusieurs nations diuerses, & le plus
souuent ennemies. Comme les Souros & Carmels, & les
Tapus qu'ils appellent sauuages, vers le mydi, aussi sont
ils ennemis de tous pour estre plus farouches & cruels. Il
y a les Cariges plus doux & humains, habitans au delà du
Tropique d'hiuer à 2. l. de la mer, ceux-là ont des habitations en lieux hauts, & sement le Mandioc, puis y a les Oe-
Venetasas. uetacas, Margajars, Toupinanbas & autres. Ces derniers
sont ceux qui sont plus cognus de nos François qui ont fait là
leurs voyages, & dont nous auons des relations bien amples
imprimées. C'est là où nous eussions peu faire de bonnes &
vtiles colomnies, si nous eussions sceu nous seruir de nos a-
uantages, & moderer vn peu nos passions.

---

*Isle de S. Thomas, suiuant la description que le
sieur de la Courbe & Cassis en rappor-
terent à l'Autheur.*

CHAPITRE XVII.

Ette Isle sous l'Equinoctial, entre les Isles
du Prince & d'Anchon, descouuertes par
les Portugais au temps de leurs premieres
nauigations en Orient. Cette-cy de S. Thomas a 50. l. de terre ferme, fut descouuerte
le iour de S. Thomas, dont le nom luy en est
demeuré. Elle ne porte gueres que des sucres dont les cannes
furent plantées par les Portugais & les arbres y sont tousiours
verds. Les Portugais y ont basti la ville de Pauoazau, dont
le port regarde la coste d'Ethiopie, au commencement tou-

du sieur Vincent *le Blanc.* 147

tes sorte de nations s'y habituerent, à cause de la franchise, & maintenant les Portugais n'en veulent plus d'autres qu'eux, & des François qu'ils ayment fort, à cause d'vn pere Iesuiste François, qui fit de grands progrez pour la Religion en cette Isle. Les habitans y sont partie blancs & partie noirs, & se marient chacun auec ceux de sa couleur. La ville est assez plaisante, & tout le terroir est peuplé de cannes de sucre, qui fait que le pays est fort molesté des moucherons qui ayment la douceur, ainsi que l'Arabie heureuse est affligée des mesmes insectes, à cause de la casse qu'elle produit. Le sucre y est à si bon prix que le quintal ne vaut que huict reaux : mais il a cette imperfection qu'il ne se seche pas ayfément : en eschange on leur porte des vins, fromages, cuirs, draps, toiles, à cause que le vin & le bled n'y peuuent venir. S'il y a quelque vigne on void en mesme temps le raisin meur d'vn costé, & de l'autre tout verd, & l'autre encore en fleurs. Les jardinages y produisent toutes sortes d'herbes & de fruits, excepté ceux à noyau, & sur tout des melons & des figues. La racine d'Ignama y croist abondamment, laquelle est fort salutaire, mangée cuite ou cruë. Le Mil qu'ils appellent Zabourou, & dont ils font diuerses compositions auec le sucre, s'y trouue en abondance. Le terroir est fort & puissant vn peu jaunastre, & en quelques endroits il tire sur le rouge, que la rosée de la nuit destrempe en forme de cire : de sorte qu'il ne fait iamais de poussiere. Ils plantent la canne de sucre courbez, vers le Soleil Leuant, disant que cela fait plus de fruit. Il y peut auoir quelques 70 moulins pour moudre les cannes : Ces engins ou moulins ressemblent assez à celuy du Pont-neuf de la Samaritaine de Paris, se haussant & baissant assez lentement. Ce qui en dégoute ils le versent en de grandes chaudieres, & est comme le miel, puis estant cuit ils le metent en pains, auec assez de difficulté pour le secher, ne venans iamais bien solide & dur comme celuy de Madere, aussi ne se vent il pas tant, quoy qu'ils vsent de beaucoup d'artifice pour l'afiner. Ils le purifient auec les cendres. Es sucrieres eslongnées de l'eau, il faut que les Noirs aillent querir l'eau à force de bras, pour faire trauailler les engins. Quant ils ont tiré le sucre, ils

donnent le reste aux pourceaux qui en font vne chair sauoureuse & excellente pour les malades: ce qui engresse aussi
merueilleusement le bestiail: & au temps que certains vents
de Leuant soufflent, depuis la mi-May iusques à la mi-Aoust,
ils sechent leurs sucres, sans lesquels vents anniuersaires de
la Torride, ils n'en pourroient iamais venir à bout: car tous
les autres vents leur sont contraires, à cause des pluyes frequentes qu'ils excitent aux autres mois de l'année.

L'Isle est mal saine à cause de la corruption de l'air. Les
maisons sont bien basties, faites & couuertes de bois, pour la
grande quantité des hauts arbres qu'ils ont.

Il y abordoit autre-fois toutes sortes de nations, à cause de
la franchise dont iouyssoient les habitans; mais maintenant
il faut payer vn tribut pour y demeurer, excepté les François
qui iouyssent de la mesme liberté que les Portugais, comme
i'ay dit.

Ils achetent forces esclaues de la Guinee, que les Corsaires enleuent pour les vendre.

Le Capitaine Ribaut Diepois, prit vn vaisseau où il y
auoit grand nombre de familles entieres, hommes, femmes,
& enfans qu'il deliura, & les fit tous reporter en terre, &
pendre le patron auec cinq mariniers par deux de ces noirs,
qui exercerent cette charge de bon cœur. C'est vne grande
inhumanité d'enleuer souuent vn pere & le reduire à vne
seruitude perpetuelle, cependant que toute la pauure famille demeure en misere, exposee à la faim sans aucun secours.
On marie ces esclaues les vns aux autres pour en auoir de la
race, comme des haras de cheuaux, demeurant tousiours
esclaues: au lieu qu'en Oriant au bout de dix ans ils sont tous
affranchis, & ne seruent plus que de leur bon gré. Ils n'ont en
toute la semaine qu'vn iour de franc, pour trauailler pour
eux, qu'ils employent diligemment, auec vn grand trauail
pour tascher de gagner vn habit pour faire l'amour, & paroistre deuant leurs maistresses.

Les Portugais de sainct Thomas ont vne telle vanité, suiuant l'humeur de la nation, qu'ils veulent que leurs esclaues
s'enrichissent & marchent auec grauité comme eux, & leur

donnent cent ou deux cens escus pour acheter des Turcs, dont ils profitent & se mettent à leur aise. Ils les font baptiser pour la plus part, & marier ensemble, & leur donnēt de quoy viure. Ils celebrent certaines festes auec des tambours, à la façon de ceux de Basque, touchez auec la main, & des chansons de mesme: & font leurs assemblées soubs la frescheur des arbres. Tous les ans ces esclaues elisent vn Prince entre eux pour leur commander & regenter dans leurs assemblées, qui se met au milieu, & aussi-tost on luy donne vn de ces tambours, haussant ses deux mains sur sa teste, en sonne fort harmonieusement, accompagné de fleutes, musetes & autres instrumens, regardās tous leurs maistresses auec mile grimasses: & elles auec de belles chemises tissues de soye, en font de mesme auec des sauts & gambades, dansans des sarabandes à la Moresque. Ils vōt querir leur Prince chez son maistre couronnés de fleurs au son des instrumens de Musique, & le maistre leur donne la colation, puis emmenant le Prince tout fleurissante, le sceptre en main & le bouquet en l'autre dans vn palanquin sur leurs espaules, le portent au lieu du bal où se trouuent les maistresses: le Prince commence la danse auec sa Maistresse, puis les autres suiuent. Ce Prince d'amour est appelle *Arcadit* qui saliie, & puis presente le bouquet à sa Dame, la regardant auec grauité, lequel elle reçoit & danse auec tant de mines & simagrées que rien plus. Apres cela ils accompagnēt le Prince en la maison de son Maistre, où le mariage se fait, pourueu qu'auparauant ils se fassent Chrestiens. Au temps que le sieur de la Courbe estoit là, il y eut vne Dame Portugaise vefue d'vn Marchand nommé *Bornauente*, riche belle & ieune, qui estoit recherchée de plusieurs des principaux en mariage, à quoy elle ne vouloit entendre, pour ne se mettre en subiection, elle auoit force esclaues qu'elle faisoit trauailler. Il arriua vn vaisseau de marchands chargé d'esclaues, dont elle en acheta quelques vns, entre lesquels il y en auoit vn ieune de fort bonne façon qu'elle iugea estre de bon lieu, & luy ayant demandé d'où il estoit, il respondit qu'il estoit de Damiete, fils d'vn riche Seigneur qui estoit informé de sa captiuité, & qui le tireroit biē tost de

TTtt iij

peine, qu'il auoit esté pris peschant sur vn petit bateau; & l'ayant enquis de sa Religion, elle trouua qu'il estoit idolatre. Mais la Dame aucunement esprise de la gentillesse & bonne grace de l'esclaue, luy faisoit le meilleur traitement qu'il estoit possible, iusqu'es à ce qu'vn iour attirée par la concupiscence, elle se resolut de le faire venir en sa chambre pour accomplir son plaisir auec luy; & s'estant mise au lict pour ce subiet & l'attendant, elle s'endormit profondement: pendant son sommeil, il luy fut aduis que quelque chose luy tiroit son linceul bien rudement, estant esueillée & effrayée elle appelle sa seruante, à qui elle conta sa vision; la chambriere la consola, & luy conseilla de se recommander à Dieu à bon escient; elle le lendemain de bon matin se leua & alla trouuer son Confesseur, auquel elle fit recit de tout son fait, qui luy donna pour penitence de vendre cet esclaue, pour ne le voir plus deuant soy, & promit luy mesme de l'acheter, pour le faire ramer le long du riuage en s'allant promener. Ceste Dame faisant son profit de cela, se doutant que ce fust quelque Demon ou Magicien, enuoya cet esclaue au Prestre, qui l'acheta à son grand malheur, car voulant aller se promener auec luy le long du riuage dans vn petit basteau, il se leua soudain vn gand vent de terre, qui renuersa le bateau, & le Prestre sçachant bien nager, se voulut sauuer en terre: mais l'esclaue luy donna vn si rude coup d'auiron sur la teste, qu'il luy fit sauter la ceruelle dans la mer, & l'esclaue ne fut iamais veu depuis.

En ceste Isle de san-Thome ou sainct Thomas, les rats y font vn grand dommage, car ils vont manger les pains de sucre, sans qu'ils y puissent apporter remede. Il y a vne montaigne où il y a certains arbres qui descoulent continuellement l'eau, comme en l'isle de fer des Canaries. Ces arbres sont tousiours ombragez d'vne nuée espaisse qui les mouille en sorte que l'eau en coule suffisamment pour arrouser leurs champs pleins de cannes de sucre, où celuy de l'isle de fer ne distile qu'à certaines heures du iour.

F I N.

TABLE DES PRINCIPALES
MATIERES, PROVINCES ET
villes contenuës en cette troisiesme partie.

A

Affronteur Italen, 17
Amazones en Amerique, 112
Americ Vespuce, 134
Amerique sa longueur, 36. sa diuision, & conqueste, 59
Antilles Archipel, 42
Araucans peuples de l'Amerique, 129
Arbre merueilleux de l'Isle de Fer, 42
Arbre merueilleux du Mexique, 95
Asciou, ou Scio Isle, 2
Atabalipa dernier Roy du Perou, 128

B

Bacalao où se peschent les moriies, 65
Baume du Mexique, 96
Bresil, sa conqueste, 135. & seq.
Bresiliens, leurs mœurs, 137

Brises vens des Indes, 56

C

Cacao fruict seruant de monnoye, 97
Canada par qui descouuert, 66
Canadois, leur humeur, 67
Canaries Isles, 41
Caraibes Prestres du Bresil, 140
Chaous Officiers Turcs, 9
Chanoine de Valence battu, 16
Chicora dans l'Amerique Septentrionale, 65
Combat naual, 23
Chilé Prouince, 129
Constantinople, sa scituation, &c. 3
Costes de Mexique, leur longueur, 55
Coulon descouurir le nouueau monde, 42
Cuba Isle, 48

D

Desseade, Isle la premiere descouuerte par Ch. Cou-

Table des Matieres

lon, 42
Dominique Isle des Antilles, 43

F

Espagnols, nommez *Salbins*, c'est à dire Tyrans, 45
Espagnole, Isle descouuerte par Coulon, 51. contient plusieurs Royaumes, 51

F

Fere en Picardie assiegée & prise, 14
Fernand Cortez conquit le Mexique, 94
Floride, grand pays, 71
Fontaines bitumineuses, 110
Fortunade Isle des Canaries, 42
Froid prodigieux, 106

G

Galata ou Pera fauxbourg de Constantinople, 3
Gambra riuiere de Guinée, 29
Guinale riuiere & Royaume de Guinée, 30. Election & funerailles du Roy, 34. & 35
Guinée en Afrique, 26. mœurs & religion du pays, 30

H

Herbes medicinales, 144
Histoire de l'Auarice d'vn Prestre Espagnol, 91
Hondura Prouince du nouueau monde, 98

I

Ialofes Royaume de Guinée, 27
Incas ou Roy du Perou, 127
Isles du Cap verd, 27
Isthme de Panama, 99
Iucatan Prouince de la nouuelle Espagne, 98

L

Labrador. terres de Labrador, 64
Lacs poissonneux, 109
Lutins, histoires prodigieuses, 119 & seq.

M

Machamaia rocher de cristal, 33
Magellan, Destroit, 130
Mandinga Royaume de Guinée, 29
Mer glaciale, 64
Mexique grand Royaume, 80
Mexiquains leur estat, 81. milice, 83. leurs années, 87. Festes & religion, 88. & seq.
Mines d'or & d'argent, 117. & seq.
Montezuma dernier Roy de Mexique,

Table des matieres.

Mexique, 93

N

Negres de Guinée, 28

O

Or du Perou, 120
Or en grains, nommé de Pepitas, ibid.
Orellane fleuue, 134
Oyseaux sans aisles, 133

P

Patagons peuples d'Amerique, 131
Pera prés de Constantinople, 3
Perles, leur pesche, 121
Perou, son estenduë, 100. par qui descouuert, 124
Pic, mont le plus haut du monde, 41
Pierres pretieuses ennemies de l'impureté, 123
Plata grande riuiere, 133

R

Riuiere de Canada, sa grandeur, 63

S

Serrail de Constantinople, 9
Serre Lionne, en Affrique, 31
Singes seruiables, 28

T

Tempeste furieuse, 46
Tenerif Isle des Canaries, 41
Tiburins, poissons friands de chair humaine, 49
Tubacaram ville de Guinée, 30
Turcs, leur religion, 4. funerailles, 5. iustice & officiers, 8

V

Villegagnon, ses voyages, 137
Virginie descouuerte, 71
Vracans vents impetueux, 45
Volcans ou montagnes ardentes, 91
Voyage de l'Amerique, 36
Voyage de Guinée, 26
Voyage d'Italie, 15
Voyage de Constantinople, 1

Z

Zone torride, sa qualité & temperament, 57

F I N.

III. Partie. VVuu

Fautes plus remarquables suruenuës en la premiere partie.

PAge 8. l. 15. ville autrefois, lisez, ville fût aut. p. 16. lig. 1. & au plus bas, ostez, plus p. 31. l. 3. tons, l. tous. p. 4. l. 16. retrouuer, l. retrouuer p. 57. l. 22. est vn coin, l. est à vn coin. l. 23. l'on y peut, ostez y. p. 69. l. 15. *assa cœtido*. l. assa fœtida. p. 72. l. 24. Macaron, l. Macarou. p. 98. l. 8. boncan, l. boucan. p. 100. l. 14. *Sumatie*, l. *Sumatre*. p. 113. l. 5. *Palaca-se*, l. *Palacate*. p. 116. l. 28. *Sansome*, l. *San-thom*. p. 119. l. 25. sortoient, l. sortirent. p. 121. l. 13. abandante, l. abondante. p. 129. l. 22. chacude, l. chacune. p. 130. l. 13. *Badurus*, l. *Badurus*. p. 131. l. 9. & ailleurs. *Mogoz*, l. *Mogor*. p. 142. l. 36. preschuer, l. pescheur. p. 143. l. 3. filles, l. filets. p. 166. l. 3. en d'Arabie, l. Arabie. l. 14. Pepu. l. Pegu. p. 172. l. 36. les nôme, l. le nomme. p. 181. l. 20. destribuer, l. distribuer. p. 182. l. 13. *Bramenis*, l. *Bramaius*. p. 187. l. 16. *Palois* l. *Polonis*. p. 218. l. 24. *Brameni*, l. *Bramin*. p. 267. l. 35. *Palermo*, l. *Palerme*. p. 272. l. 10. eniron, l. enuiron.

Seconde partie.

Pag. 24. l. 5. soit, l. sort. p. 37. l. 22. sout, l. sont. l. 30. l'ouce, l. l'once. p. 47. l. 25. teste de drap, l. toile de drap. p. 80. l. 1. dont Dieu, l. que Dieu. p. 101. l. 19. és fins, l. aus confins. l. 22. arres. l. arrhes. p. 135. l. 27. quia, l. qu'à. p. 169. l. 11. *Tingeane*. l. *Tingitane*. ou vous trouuerez *Niceria-ne*, l. *Nicotiane. Cacus*, l. *Cocos Brises*. l. Brises.

Troisiesme partie.

Pag. 25. l. 7. Siuille. l. Seuille. p. 35. l. 10. festin, on, l. où, l'on. p. 36. l. 21. & ailleurs. *Velasio*, l. *Velasco*. p. 38. l. 19. In-

Iatam. l. *iucatan*. l. 29. vene Suela, l. Venesuëla. p. 41. l. 11. Tenerife, l. Tenerife. & l. 15. il Liban, l. le Liban. p. 44 l. 36. leus. l. leurs. p. 45. l. 10. *Sabin*. l. *Salbins*. p. 46. l. 10. se perirent, ostez se. p. 81 l. 4. Mexiane, l. Mexicane. p. 90. l. 19. deifiez. l. deifiez. p. 122. l. 15. Barloente, l. Barlouente. p. 123. l. 13. du lalcaide. l. de. p. 124. l. 25. estendrent. l. estendirent. p. 144. l. 30. ostez veu.

TABLE DES VILLES,
PROVINCES ET CHOSES
MEMORABLES CONTENVES
en cette seconde partie.

A

Bibliacana, ou Abba Licanos, baptiza la Reyne Candace, 59
Abyssins imprimēt vne croix sur leur chair, 27
Ayssine, ou Ethiopie, 50. Religion des Abyssins, 54
Æthiopie double, 53. 59
Æthiopiens noirs & blancs, 60
Afrique, son estenduë, 2. & ses Royaumes, 3. 6. sa diuision, 7
Aiasita ville, 28
Albiar ville, 102
Alexandrie ville belle & ancienne, 147
Amara montaigne d'Ethiopie où sont esleuez les Princes du pays, 86
Amatura herbe singuliere, 106
Amazones, leurs Royaumes, 60
Ambassadeur Espagnol vers le Negus, 76
Amima, 103
Amelignu courtisane, 172
Amour estrange d'vne fille, 42
Arache forteresse d'Afrique, 158
Asbeste linge incombustible, 135
Astaboras & Astapus bras du Nil, 113

B

Bagamedry ville imperiale d'Ethiopie, 58. 59
Barca desert d'Afrique, 148
Bataille d'Afrique, 168
Barua ville d'Ethiopie, 98
Baume d'Egypte, 138
Belugara ville d'Ethiopie, 14
Berniermi desert d'Afrique, 132
Bernusse habit des Afriquains, 110
Bigan ville, 116
Biguen ville de Mongibir, 83

C

Cachimo ville d'Ethiopie, 54
Caire grande ville, 137. par qui bastie, ibid.
Caraman Royaume, 105
Cassouda ville, auec vn college de langue Syriaque, 111
Cataractes du Nil, 118
Cefala pays, 24
Combats de bestes, 64

Z iij

Table des villes & prouinces, &c.

Cofcoma arbre, 38
Crocodiles, la façon de les pefcher, 12. leur cruauté, 98
Cuama fleuue, 25

D
Angala ville, 133
Dara prouince d'Afrique, 172
Delta ifle du Nil, 52

E
Eglifes d'Ethiopie, 87
Eglife baftie par l'Eunuque de Candace, 108
Eglife d'vne feule pierre, 59
Egypte grand pays, 145
Elefbaan Roy d'Ethiopie Chreftien, 111
Empereur d'Ethiopie fe faict Moyne, 89
Ethiopie, voyez Æthiopie.
Euaté bois precieux, 74

F
Alacia herbe contraire aux punaifes, 153
Femmes courageufes, 86
Femmes qui fe proftituent à leurs hoftes, 80
Fez capitale du Royaume, 169
Fougrara ville d'Afrique, 112

G
Ago Royaume: maiefté du Roy, 3. 173
go giens Chreftiens. Miracles ... ur faueur, 234
... es nation farouche, 1
... go ville prife par le Negus, 72

Grandel ville, 135
Gueguere, ancienne, Meroë, 113
Guelba ville de Meroc, 114

H
Ermita ville d'Ethiopie, 111
Hiftoire eftrange d'vn Prince de Monomotapa, 39
Hiftoire prodigieufe d'vn ieune Prince changé en finge, 118
Humes riuiere, 21

I
Ambarou ville principale de l'Ifle de fainct Laurens, 12
Ifle de fainct Laurens, 8. & feq.
Ifle des larrons ou Comore, 13
Iuftice du Neguz, 62

L
Ybie, fon eftenduë, 172

M
Acheda Reyne de Saba, 54
Machifada, 134
Marzalquibur port de Maroc, 171
Macrobes Ethiopiens, 105
Marar prouince, 84
Maroc, 169. fes prouinces, 170. & feq.
Maramorres, 4
Madrogan ville principale de Monomotapa, 33
Melinde, ville & Royaume, 19
Melli Royaume riche, 183
Memite ville, 83
Miracle plaifant d'vn Chetif, 133
Miticales monnoye, 174
Momies, 144. & 145
Monbaz ville & Royaume, 16
Monomotapa Royaume, 31. meurs

des peuples, & seq.
Montgibir Royaume, 79. & seq.
Morabo fleuue d'Ethiopie, 98
Moynes en grand nombre dans vn seul Monastere, 66
Mozanbique isle, 12

N

Nains prodigieux, 85
Neguz ou Prestc-Ian Empereur des Abyssins, 65. sa magnificence, 66. religion, richesses, &c. 74. & seq. ses noms. 50
Nil, cause de son debordemēt, 56

O

Ophir de Salomon, 22
Oran port de Maroc, 171

P

Paraquay riuiere qui desborde comme le Nil, 140
Pyramides d'Egypte, 142

Q

Quiloa ville ancienne, 21

R

Romadan feste des Turcs, 167
Roumarans Chrestiens, 79

S

Saba pays fertile, 104. Histoire de la Reyne de Saba, ibid.
Sebastien Roy de Portugal, sa mort, 168
Singe velu, 64. histoire estrange d'vn Prince changé en Singe, 118
Sorciers. histoires estranges, 177
Suguelane ville, 29

T

Tammatans voleurs, 115
Temesne Royaume, 114
Temple dedié à Venus, 172
Tigremahon Royaume, 59
Tombut Royaume d'Afrique, 172
Tortuës de terre, 49

V

Vents qui conseruent les corps incorruptibles, 14
Vierge Marie tres-honorée parmy les Infideles, 109

Z

Zaflan grand lac, 23
Zaire & Zembre lac source du Nil, 24
Zanzaga, & Zuenziga deserts, 172
Zanzibar isle, 21. & 23
Zarat desert, 172
Zis montagnes,
Zobana estoiles dangereuses au bestail, 102
Zunan isle,

F I N.

www.ingramcontent.com/pod-product-compliance
Lightning Source LLC
Chambersburg PA
CBHW051324230426
43668CB00010B/1141